JN440659

달라진 북한땅 이름이야기

양태진 지음

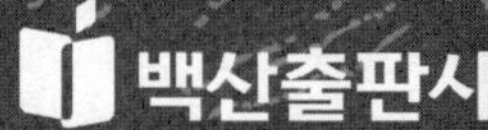

| 머리말 |

만물은 각기 나름대로의 명칭을 갖고 있기 마련이다. 명칭이 없다면 그 표상은 없는 것이나 마찬가지이다. 명칭의 속성은 매우 가변적이거나 고착적일 수도 있다. 대체로 국호나 개개인의 인명들은 쉽사리 바꾸지 않는 속성을 가지고 있다. 그런가 하면 쉽사리 바뀌는 매우 가변적인 명칭도 있다. 그 가운데는 이 책에서 기술하고 있는 땅 이름이 이에 해당될 수 있다.

땅 이름은 우리가 지상에 살고 있는 한 결코 무시하거나 도외시할 수 없는 명칭이다. 대체로 대도시이거나 역사가 오랜 지명들은 인지도가 높으면 높을수록 고착화될 가능성이 높다. 그러나 이러한 지명들도 국가적 변란이나 전쟁과 같은 참화를 겪게 되면 정황에 따라 변칭, 변화하게 마련이다. 이같은 지명들은 당해 지역의 표피적인 현상을 담고 있는가 하면, 지역의 내면사를 함께 수반하고 있어 지역 연구나 지방사 연구에 매우 필요한 분야이다.

우리나라는 국토가 분단된 지 반세기를 훨씬 넘는 60여년의 세월을 보내면서 남과 북의 정치 · 경제 · 사회 · 문화 전반에 걸쳐 상호 다른 이질적 상황하에서 살아오고 있다. 그러나 양측은 통일이라는 지상명제를 달성하고자 체제의 우월성을 강조하면서 경쟁관계를 늦추지 않고 있다.

그러한 와중에도 분단 이후 수십 여년 간에 걸쳐 북한지역에 대한 제반연구를 지속해 왔고 앞으로도 지속해 나간다고 할 때 북한지역의 지명 변천 내지 행정구역의 변천상황에 따른 연구는 피할 수 없는 과제라 하겠다.

그러한 연유에서 본서는 북한지역의 행정구역 변천상황 내지 지명변천을 역사적측면에서 연대기적으로 기술함으로써 당해 지역의 지명변천상황을 행정구역별로 찾아볼 수 있도록 하였다. 먼저 특별시가 된 평양시의 지명과 직할시가 된 남포·개성시의 관내 변천개황 그리고 각 도·시·군별로 없어진 동·리와 자연부락 마을, 그리고 새로이 생겨난 지명들에 대해 기술해 보았다. 그 다음으로 예로부터 자연적 경계지역이 되어온 명산대천과 역사적 흔적을 남겨놓은 유적·유물들에 대해서도 간간이 언급해 보았다.

이렇게 하여 분단 이후 고향을 떠나온 실향민들로 하여금 지난날 살아왔던 고향땅의 변모를 엿보게 하고 그 후손들에게는 조상의 옛 활동지나 기거지를 이후에라도 찾아볼 수 있는 길잡이가 되도록 하고자 하였다.

특히 북한지역 연구자들에게 연구의 기초가 되는 지명변천상황을 통해 연구의 지경을 넓히고 다져나가는 계기가 될 것으로 기대한다.

끝으로 출판여건이 매우 어려운 상황에도 본서의 출간을 맡아주신 백산출판사 진욱상 사장님에게 이 자리를 빌어 심심한 사의를 표하는 바입니다.

2008년 11월 망우재 서실에서

저자 씀

| 차례 |

제1장 달라진 평양의 지명들

제2장 북한의 명산대천과 유적

제3장 북한의 시 · 도 · 군 · 리별 행정구역명 연혁

제1장

달라진 평양의 지명들

01 왕검성이 평양으로 되다

1945년 8 · 15 광복 당시 6개 도에 10개 시, 89개 군, 810개 읍 · 면의 행정구역 가운데 제일 먼저 특별시가 된 평양시에 관해 살펴보고자 한다. 평양은 수천년 이래 고대문명의 발상지이며 고조선, 고구려의 수도로 일명 왕검성이라 하였다.

고구려는 기원 247년에 평양을 부수도로 삼고 여기에 종묘사직을 옮기고 이후 천도하였다. 고려에서는 개경 다음 가는 서쪽 서울이라 하여 서경(西京)이라 칭해왔다.

평양이라는 뜻은 고어(古語)에 부루나를 이두문자(吏讀文字)로 표기한 것으로 큰 성시인 수도를 의미한다. 평양이라는 칭호는 사실상 고구려 이후의 것이요, 그 이전의 호칭은 아니다.

삼국사기에 평양(平壤)은 선인왕검(仙人王儉)의 댁(宅)이라 하고 고려 때 술가(術家)인 김위제(金謂磾)는 숙종에게 올린 글 가운데 서경(西京)의 다른 명칭을 백아강(百牙岡), 즉 백악(白岳)이라 하였다.

주나라 때의 서경을 호경(鎬京)이라 한 바 있는데 이를 본따 한 때 평양을 호경이라 부르기도 하였는가 하면, 버드나무가 잘 자라는 지역이라 하여 유경(柳京)으로도 불렀다고 한다. 버드나무를 순수 우리말로 부루나라 하는데 '부루'는 버들이라는 말과 비슷하므로 유경이라 한자화(漢字化)되었다는 것이다. 이밖에 평양을 기성(箕城)이라고도 했다는데 모두 후대에 붙인 이름들이다.

이러한 평양은 남으로 대동강, 서와 북으로 보통강에 에워싸인 성곽도시로 마치 동쪽에서 서쪽으로 배가 가는 모형(行舟形)의 지세로 보아왔다. 풍수설에 의하면 영명사(永明寺)의 당간지주를 돛대로 삼고 배가 움직이지 못하도록 연광정(練光亭) 밑 덕바위 아래 닻을 숨겨두어 왔다는 행주형(行舟形) 설을 내세우고 있는가 하면, 배 모양의 성시(城市)인 까닭에 성 안에 샘을 파지 못하게 하고 성 밖에서 물을 길어다 먹게 하였다고 하는데 이러한 풍수지리설은 고구려 때부터 전해왔다고 한다.

고려조에 와서는 고려 태조 원년(서기 918)에 염주(鹽州)·백주(白州)·황주(黃州)·해주(海州)·봉주(鳳州)의 백성들을 평양성으로 이주, 살게 하고 평양대도호부를 설치하였다가 얼마후 급을 높여 개경 다음 가는 서쪽 서울이라 하여 서경(西京)이라 칭하였다.

광종 때인 서기 960년에서 995년까지는 서경을 서도(西都)로 고쳐 불렀고 성종 14년(995)에 다시 서경(西京)이라 하였다. 목종 원년(998)부터 1062년까지는 호경(鎬京)이라 하였으며 문종 16년(1062) 다시 서경이라 하였다가 공민왕 18년(1369)에는 평양만호부로 개칭하였고 이후 평양부라 불렀다.

조선조에서는 전 기간에 걸쳐 평양부라 통칭해왔으며 조선조 태종 13년(1392) 이후 공식 지명으로 평안도 평양부라 하였다. 평양성은 남서에서 북동으로 외성, 중성, 내성, 북성 넷으로 나뉘며 성곽의 길이가 23km이다. 동쪽 뱃머리(이물)에는 금수산이 있고 모란봉 위에 최승루(북성의 장대)와 을밀대(내성의 장대)가 있다.

대동강은 동에서 서로 굽이치며 청류벽과 같은 석벽으로 절경을 이룬다. 청류벽 위 누대가 부벽루(본래 영명루이다)다. 속담에 '시냇가에 사는 것이 강가에 사는 것보다 못하고, 강가에 사는 것이 바닷가에 사는 것보다 못하다' 라는 말이 있는데 강가에 살 만한 곳으로는 평양 외성을 팔도 중에서 첫째로 꼽는다.

평양은 앞뒤로 백리나 되는 들판이 탁 트이고 산빛은 수려하며 강물은 급하게 흐르지 않고 찬찬하게 출렁이면서 흐른다. 산은 들과 어울리고 들은 물과 어울려 평탄하고 수려하다.

강물이 넓고 커서 크고 작은 장삿배가 물결 가운데 들락날락하고 층층바위는 강 언덕을 둘러싸고 있다. 서북쪽은 좋은 밭과 평평한 두렁이 지평선까지 펼쳐졌으니 이것은 하나의 별천지이다. 내성에는 관청과 관속의 집이 있고 평민들은 모두 외성에 모여 산다.

외성이라는 것은 위만 주몽 때 토성을 쌓아서 외성으로 하였던 곳인데, 후에 성은 뭉개졌으나 아직도 성터는 남아 있고, 이 터에 여염집들이 가득히 들어차 있다. 성 남쪽으로 큰 강이 임해 있어 봄 · 여름이면 여인들이 십리나 되는 길에 널어 말리는 빨래가 즐비하고 빨래방망이 소리에 갈매기와 오리가 놀라서 달아날 정도이며, 집들은 빗살처럼 촘촘하고 저자 거리가 번화하다.

기자 때부터 지금까지 더 번성하거나 쇠한 적이 없었으니 지세의 아름다움을 가히 상상하고도 남음이 있다. 이상은 250년 전에 쓰여진 이중환의 택리지 가운데 복거총론(卜居總論)에 수록된 것을 옮겨 본 것이다. 이러한 평양은 일제침략기인 1930년대에는 평안남도 평양부라 하였는데, 이 때에 이전의 평안남도 대동군의 고평면, 용산면, 서천면, 임원면, 대동강면 등에서 31개 리를 편입하였고, 1940년 초에는 평안남도 대동군의 추을미면 율리면에서 10개 리가 평양부로 들어왔다.

광복 이후기인 1946년에는 평양특별시라 개칭하고 대동군 임원면에서 남사리, 복사리, 청호리, 양암리, 고산리, 상오리를 편입하였고 중구, 동구, 서구, 북구 등 방위개념에 따른 4개구를 최초로 신설하였다.

1948년에는 중구 일부를 분할하여 남구를 신설함으로써 5개 구를 두었다가 한국전쟁기인 1952년에는 평양특별시를 평양시로 고치고 구를 구역으로 개편하였다. 1958년에 대성구역을 신설함으로써 6개구역이 되었고 그 면적은 2800㎢이다.

02 부별(部別)로 나뉘어졌던 평양

:: 인흥부(仁興部)

평양성 안과 성문 밖 서남북쪽 10리 가량의 영역을 인흥부(仁興部)라 하였는데, 조선조 전기에는 융흥부, 융덕부, 대흥부, 천덕부, 홍토부, 고순화방, 합지방, 서시원방 등 5부, 4개방을 두었고, 조선조 후기에는 융흥부, 융덕부, 대흥부, 고순화방은 같으나 천덕부, 합지방, 서시원방을 폐지하고 내천방, 외천방, 평천방, 서천방, 용산방, 임원방으로 개편하여 3부, 7개 방으로 개편하였다. 1896년 갑오개혁 때에는 부방제도 폐지에 따라 면제로 고쳐졌다.

:: 의흥부(義興部)

인흥부(仁興部)의 서쪽에서 서해까지의 지역을 포괄하였는데 1392년 이후 금려대방, 잉차곶방, 초리방, 반석방, 잠진방, 상산방, 사기리방, 반포방, 돈산방, 사도동방, 소을촌방, 석다산방, 글이방방, 불곡방, 감초방, 둔전기방 등 부는 없어지고 16개 방을 두었다. 조선조 후기에는 금려대방, 잉차곶방, 초리방, 반석방은 그대로이나 나머지는 평안도에 편입되고 새로이 대보방, 성대방, 초곡방, 송석방, 덕산방 등을 설치해 9개 방으로 하였다. 1871년경에는 금려대방, 대보방, 덕산방은 그대로 두었으나 나머지 방은 평안도에 편입시켰다가 1896년 면으로 개편하였다.

:: 예안부(禮安部)

대동강 동쪽의 중화군, 사원군 경계선까지의 지역으로 조선조 전기에는 대동강방, 추오미방, 생이방, 율사방, 남제산방, 석을곶방, 지량방, 협촌방 등 8개 방으로 이루어졌다. 후기에는 대동강방, 생이방, 남제산방은 그대로이나 추오미방을 추을미방으로, 율사방을 율리방으로, 석을곶방을 돌곶방으로 각각 개칭하고, 지량방, 협촌방을 폐지하여 용연방으로 개편함으로써 7개 방을 두었다. 1896년 부방제도 폐지에 따라 면으로 개칭되면서 추을미방은 추을미면으로, 생이방은 청룡면으로 되었다.

:: 지안부(智安部)

인흥부(仁興部)의 북쪽 순안현과 오늘날 삼석구역 서남부인 강동현 경계선까지의 지역인데 조선조 전기에는 부산방, 재경리방, 시족방, 남형제산방, 서제산방, 북형제산방, 서형제산방, 유동방, 두용동방, 수여방, 소초두등방, 불지방, 눌산방, 오고미방 등 14개 방으로 이루어졌다. 그런데 후기에 와서는 부산방, 재경리방, 시족방, 남형제산방, 서제산방은 그대로이나 나머지 방들은 평안도에 편입되었고 대신 새로이 용악방을 신설 6개 방을 두었다가 면으로 개편되었다.

:: 융흥부(隆興部)

융흥부가 융흥면으로 되었다가 1910년 동 · 리가 평양부 직속이 되었다. 면제의 도입으로 각 면의 설치 연혁을 살펴보면 먼저 평양부 산하의 융흥면은 오늘날 중구역 서문동, 종로동 일대로 1896년 남수구동, 옥동, 영창동, 순라동, 계동, 법교동, 대죽동, 정찰방동, 장별동, 학당동, 문소동, 관후동, 당동, 하처동, 하수구동, 무렬사동 등 16개 동을 둠으로써 융흥부는 폐지되었다. 1910년에는 위 16개 동을 수옥리, 순영리, 대찰리, 장별리, 계리, 관후리, 하수구리 등 7개 리로 통합 개편하고 융흥면을 폐지 평양부에 직속시켰다.

:: 융덕부(隆德部)

평양부 융덕면에 박석동, 대구동, 소구동, 순동, 육로동, 아동, 향청동, 이간동, 향후동, 문무동, 진석동, 향목동, 동표동, 준비동, 단동, 대전동, 염전동, 점동, 이문동, 대관동, 소관동, 차동 등 22개 동이 1910년 초에 박구리, 육로리, 아청리, 이향리, 진향리, 죽전리,

염점리, 이문리, 차관리 등 9개 리로 통합 개편되었는데 이 일대는 오늘날 평양 중구역 중성동 해방산동 일대이다.

:: 대흥부(大興部)

1896년 대흥부가 대흥면이 되었는데 오늘날 중구역 만수동 능라도를 포함한 경상동 일대이다. 총 16개 동으로 이루어졌는데 상수구동, 개천동, 상영동, 공수동, 열녀동, 당암동, 안주동, 설씨동, 창석동, 의전동, 경상동, 경파동, 도제동, 창동, 신수구동, 능라동 등이다. 1910년 초에는 임원면의 기림동을 편입하고 전 지역을 8개 리로 개편, 대흥면을 폐지하고 평양부로 직속시켰다. 8개 리는 상수리, 상수구리, 설암리, 창전리, 경상리, 경제리, 신창리, 기림리 등이다.

03 면제(面制) 실시에 따른 변화

이상의 부(部)내의 각 방(坊)은 면제(面制) 실시에 따라 방(坊)은 면이 되었고, 내천방은 평양부 관내 내천면이 속하게 되면서 이전의 내천방을 면으로 고쳤는데 신양동, 서월동, 경상동, 고가동, 신원동, 강촌동 등 6개 동이다. 1910년 서월동, 강촌동, 신양동 일부를 평천면에 편입시키고 나머지 동을 아래와 같이 개편하고 내천면을 폐지시키고 평양부에 직속시켰는데 즉 2개 리, 9개 정으로 하였다. 신양리, 경창리, 수정, 남문정, 대화정, 욱정, 천장, 암정, 산수정, 남산정, 항정 등이 그것이다. 외천방은 인흥부 부방의 하나이었는데 천덕부가 폐지되면서 생긴 명칭이다. 외천이란 보통강 밖이라는 의미로 평양성 중성의 동남문인 함구문 밖에 있다가 대동강에 인접한 방으로 되었으며, 1896년 평양부 외천면으로 되었다. 이 때의 면 관할지로 상오탄동, 하오탄동, 연화동, 연당동, 사창동, 사리면촌동, 양각동 등 7개 동이었다.

1910년대에는 양각동을 대동강면에, 사리명촌동 일부를 평천면에 각각 편입시키고 나머지 동을 아래와 같이 개편하여 외천면을 폐지하고 평양부에 직속시켰다. 빈정, 진정, 앵정, 본정, 황금정, 행정, 팔천대정, 동정, 서정, 남정, 죽원정, 교구정, 유정, 홍매정, 약송정 등 15개 정으로 나뉘어졌다.

평천방은 1896년 평천방을 평천면으로 고쳤는데, 이 때 평양부 평천면이 되었다. 이 때에 정촌동, 효자동, 구정동 등 3개 동을 관할하게 되었다. 1910년대 초에는 내천면에서 서월동, 강촌동, 신양동 일부와 외천면에서 사리명촌동 등 일부를 편입하여 아래와 같이 통폐합 개편하였다. 서성리, 평천리, 구정리 등 3개 리와 평천면과 고순화면을 통합하여 고평면으로 개편하고 평안남도 대동군에 편입시키고 평천면을 폐지하였다.

고순화방은 인흥부 소속 부방의 하나이었는데, 고순화(古順化)란 옛 순화 땅을 의미하는 것으로 고려 때 순화현이 이 고장에 있는데서 연유했다. 위치로는 평양성 서쪽 15~40리 영역이었다. 이 순화는 뒤에 순안으로 되고 오늘날에 순안구역에 속해 있다. 고순화면은 16개 동을 관할하였는데 금천동, 광탄동, 차동, 장광동, 망일동, 일화동, 신흥동, 추자동, 내동, 송산동, 남동, 서동, 문발동, 상단동, 중단동, 하단동 등이다. 1910년 동을 리로 개편하고 고순화면과 평천면을 통합하여 고평면으로 개편하고 평안남도 대동군에 편입시키면서 고순화면은 폐지되었다.

용산방은 1896년 용산방을 개편한 것으로 용산면은 17개 동을 두었다. 즉 소룡동, 전촌동, 원로동, 상오동, 서산동, 오류동, 봉수동, 대타령동, 당상동, 조전동, 상구로동, 하구로동, 구촌동, 용봉동, 초담동, 상동, 하동 등이다. 1910년에는 평양부 용산면이 평안남도 대동군 용산면으로 되었는데 이 때에 상오동, 시산동을 통합하여 시산리로 고치고 위의 나머지 동을 리로 개편, 평안남도 대동군 용산면에 속하게 하였다. 1930년대에는 위의 시산리를 고평면에, 대타령리, 봉수리, 당상리 등 3개 리를 평양부에 편입하였고 용산면은 나머지 12개 리를 관할하였다. 1940년대 초에는 용봉리 일부를 쪼개 용악리로 고침으로서 용산면은 13개 리로 늘어났다. 1941년에는 면이 읍으로 승격되면서 대동읍은 조전리, 초담리, 상리, 하리를 통합하였고 원로리에는 구촌리, 하구로리가 통합되고 용봉리는 용악리, 오류리가 통합되었고 소룡리, 전촌리, 상구로리가 용산리로 통합되었다.

서산방은 1896년 서산방을 평양부 서천면으로 속하게 하고 여기에 삼봉동, 이계동, 천남동, 동포동, 서룡동, 하당동, 내동, 상동동, 상흥동, 인흥동 등 10개 동을 두었다. 1910년대 초에는 평안남도 대동군 서천면으로 행정구역이 개편되고 인흥리, 상흥리, 내리를 평양부에, 이계리, 천남리, 하당리를 남형제산면에, 1930년대에는 상동리, 서룡리, 동포리를 임원면에, 삼봉리를 부산면에 각각 편입하고 서천면은 폐지시켰다.

임원방은 평양부 임원면으로 하고 여기에 기림동, 용흥동, 청암동, 미산동, 와산동, 청계동, 운월동, 화성동, 기암동, 송암동, 노성동, 상오동, 고산동, 북사동, 남사동, 양암동, 청호동, 용성동 등 18개 동을 두었다. 1910년대 초에는 평안남도 대동군 임원면은 기림동을 대흥면에 편입시키고 나머지 동을 리로 개편하고 평안남도 대동군에 17개 리를 두었다. 1930년에는 용흥리, 청암리, 미산리를 평양부에, 용성리를 부산면에 각각 편입시키고 서천면에서 상동리, 서룡리, 동포리를 편입시키고 16개 리를 두었다. 1946년에는 대동군 임원면의 복사리, 남사리, 상오리, 고산리, 청호리, 양암리를 편입시키고 그 밖의 10개 리를 관할하였다. 1952년에는 면제를 폐지하면서 평안남도 대동군 내에 노성리, 송암리를 통합하여 대성리로 하고 서룡리, 동포리, 상동리를 통합하여 서포리로 화성리, 기암리를 통합하여 화성리로 하고 청계리, 와산리, 운원리를 통합하여 청계리로 하였다.

고평면은 1910년대 초에 고순환면과 평천면을 통합하면서 고순환면의 고와 평천면의 평을 따서 고평면으로 하였다. 고평면은 평안남도 대동군 고평면에 금천리, 광탄리, 차리, 장광리, 망일리, 일화리, 신흥리, 추자리, 내리, 송산리, 남리, 서리, 문발리, 상단리, 중단리, 하단리, 서성리, 평천리, 구정리 등 19개 리를 두었다. 1930년대에는 평양부에 고평면의 서성리, 평천리, 구정리를 포함시켰고 문발리를 남곶면에 각각 편입시키고 용산면에서 시산리를 떼내 16개 리를 두었다. 1948년에는 상단리, 중단리, 하단리를 평양에 편입함으로써 13개 리가 되었다. 1952년에는 면제의 폐지로 평안남도 대동군에 내리, 송산리, 남리, 서리를 통합해 만경대리로 금천리, 신흥리, 시산리를 합쳐 금천리로 광탄리, 차리, 일화리를 합쳐 대평리로 망일리, 장광리, 추자리를 통합해 망일리로 하였다.

대보면은 1896년 평양부 대보면에는 문현동, 반천동, 용인동, 서기동, 용담동, 대평내동, 대평외동, 팔청동, 안청동, 선대동, 외사기동 등 11개 동을 두었다. 1910년대 초에는 평안남도 대동군 대보면이 되면서 안청동, 신대동, 외사기동을 통합하여 안정리로 개편하고 나머지 동을 리로 고쳐 평안남도 대동군 대보면에 9개 리를 두었다. 1947년에는 평안남도 강서군 대보면으로 하고 9개 리를 두었다. 1949년에는 팔청리를 팔청1리, 팔청2리로 개편 10개 리를 두었다. 1952년에는 평안남도 강서군에 문현리, 반천리, 용인리를 통합하여 대보산리로 팔청1리, 팔청2리, 용담리를 통합하여 팔청리로 대평내리, 대평외리를 합쳐 대평리로 서기리, 안정리를 묶어 서기리로 고쳤다. 금려대면은 1896년 금려대방을 평양부 금려대면으로 하였는데 은적동, 당우동, 노하동, 은천동, 원장동, 산수동, 상지동, 가장동 등 8개 동을 두었다. 1910년대 초에는 은적동, 당우동을 통합하여 은적리로, 원장동, 은천동을 합쳐 원장리로 하고 나머지 동을 리로 개편함으로써 6개 리를 관할하게 되었다. 금려대면과 서제산면을 통합하여 금제면으로 개편해 평안남도 대동군에 편입하고 금려대면을 폐지하였다.

서제산면은 1896년 평양부 서제산면에 위박동, 학림동, 목당동, 외제동, 부차동, 황각동, 대정동, 맥산동, 정동, 리인동, 외동우동 등 11개 동을 두었다. 1910년대 초에 와서는 리인동, 외동우동을 통합하여 리인리로 개편하고 나머지 동을 10개 리로 개편, 서제산면과 금려대면을 통합하여 금제면으로 개편, 평안남도 대동군에 편입시키면서 금려대면을 폐지하였다.

금제면은 1914년 금려대면의 금자와 서제산면의 제자를 따서 금제면으로 한 이 지역은 평안남도 대동군 금제면으로 하여 위박리, 학림리, 목당리, 외제리, 부창리, 황각리, 대정리, 맥산리, 리인리, 정리, 은적리, 노하리, 원장리, 산수리, 상지리, 가정리 등 16개 리를 두었다. 1949년에는 면내 원장리를 원장1리, 원장2리로 개편 17개 리를 두었다. 1952년 면제 폐지로 도내 대동군에 원장1리, 원장2리, 리인리를 통합 원장리로, 노하리, 은적리를 통합하여 순화리로, 위박리, 학림리, 목당리를 합쳐 학수리로, 맥산리, 대정리, 정리를 금정리로 하였다. 이밖에 외제리, 황각리, 부창리를 통합 세제리로, 산수리, 상지리, 가정리를 합쳐 장산리라 하였다.

덕산면은 평양부 덕산면으로 되면서 화산동, 검암동, 주촌동, 봉도동, 귤동 유촌동, 덕수동, 탑동, 동하동, 삼정동, 제동, 원오동, 대포동, 호려동 등 14개 동을 두었다. 1910년대 초에는 평안남도 평원군 덕산면이 되었고 위의 동을 리로 개편하였다. 1952년에는 면을 폐지함에 따라 유촌리, 덕수리, 귤리를 통합하여 덕촌리로 하고, 화산리, 검암리, 주촌리, 봉도리를 합쳐 덕화리로 하였는데, 곧이어 덕촌리, 덕화리를 대동군으로 편입시키고 탑리, 제리, 삼정리를 통합 덕계리로 하고, 원오리, 대포리, 호려리를 합쳐 덕포리로 하고, 동하리는 심원리에 편입시켰다.

남제산면은 평양부 남제산면이 되고 18개 동을 두었는데 자류동, 고천동, 학교동, 승침동, 적갈동, 사당동, 장산동, 시정동, 작산동, 사포동, 모로동, 당촌동, 내동, 노포동, 와우동, 마흘동, 고산동, 서동 등이다. 1910년대 초에는 평양부 남제산면이 평안남도 대동군 남제산면으로 되면서 동을 리로 개편되었다. 1930년대에는 시당리를 재경리면에 편입시키고 서천면에서 이계리, 천남리, 하당리, 남교리를 편입시키면서 21개 리를 관할하였다. 1952년에는 평안남도 대동군으로 되어 면제 폐지에 따라 고산리, 적갈리, 승침리를 통합하여 고산리로 하고, 와우리, 학교리, 마흘리, 노포리가 합해져 와우리라 하였다. 시정리, 장산리, 작산리를 통합하여 시정리라 하고, 고천리, 내리, 모로리, 사포리 등 4개 리를 합쳐 고천리라 하였다. 당촌리, 자류리, 서리가 통합되어 당촌리로, 천남리, 이계리, 하당리, 남교리 등은 당촌리로 합쳐졌다.

재경리면은 재경리방이 재경리면으로 되면서 1896년 평양부에 속한 재경리면으로 16개 동을 관할하게 되었는데 현암동, 간동, 천동동, 신중동, 천서동, 빙장동, 오금동, 수산동, 천동, 망덕동, 다원동, 판교동, 중석화동, 하석화동, 갈산동, 송리동 등이다. 1910년 초에는 평안남도 대동군 재경리면으로 되고 오금동, 수산동을 합쳐 오금리로 개편하고, 나머지 동을 리로 고쳐 평안남도 대동군에 편입시켰는데 이 당시 15개 리를 관할하였다. 1930년에는 인근의 남형제산면의 사당리를 재경리면에 편입시키면서 16개 리가 되었다. 1949년에는 빙장리를 분리하여 빙장1리, 빙장2리로 간리를 분리하여 간1리, 간2리로 각각 개편함으로써 18개 리가 되었다. 1952년에는 면제의 폐지에 따라 대동군 판교리(판교리, 다원리, 송림리 통합), 오금리(오금리, 망덕리, 사당리 통합), 중석화리(중석화리, 하석화리, 갈산리 통합), 신간리(간 1 · 2리, 현암리 통합), 재경리(천리, 빙장1 · 2리 통합), 천동리(천동리, 천서리, 신중리 통합) 위의 통합 리 가운데 신간리, 재경리, 천동리는 순안군에 편입시켰다.

부산면은 평양부에 속하게 된 부산면에는 학산동, 서산동, 신흥동, 신미동, 신안동, 중동, 대양동, 상일동, 둥이도, 하삼동, 서양동, 용궁동, 남궁동, 화곡동, 수산동, 범사동 등 16개 동을 두었다. 1910년대에는 평안남도 대동군 부산면이 되면서 시족면의 마람동, 지산동 일부를 편입시켜 마산리로 개편하였고, 나머지 동을 리로 고치고 평안남도 대동군에 속하게 하고 17개 리를 관할하게 하였다. 1930년대에는 마산리를 용악면에 편입시키고 서천면과 임원면에서 삼봉리와 용상리를 편입 범사리를 분리하여 동범사리, 서범사리로 개편, 19개 리를 두었다. 1952년에는 평안남도 순안 서산리를 통합하여 학산리로 하고, 신미리, 신안리, 신흥리를 통합하여 신미리로, 중이리, 상일리, 서범사리를 통합하여 중이리로, 대양리, 중리, 하삼리를 합쳐 대양리로, 용성리, 화곡리, 수산리를 합쳐 용성리로, 용궁리, 서양리, 남궁리를 합쳐 용궁리로 하였다.

용악면은 평양부 용악면은 서동, 동남동, 동북동, 상동, 하동, 원동, 상차동, 하차동 등 8개 동을 관할하였다. 1910년대 초에는 평안남도 대동군 용악면이 되면서 동을 리로 개편함으로써 8개 리를 관할하게 되었다. 1930년에는 부산면의 마산리를 편입시켜 9개 리가 되었다. 1952년에는 평안남도 순안군이 되어 면이 폐지되고, 마산리와 부산면 동범사리가 통합되어 마산리가 되고, 하리, 상리, 동북리 일부가 통합 하리로 하차리, 상차리, 원리, 동북리 일부가 통합되어 하차리로, 서리, 동남리가 합쳐져 서리가 되었다.

시족면은 평양부 시족면이 된 이 면에는 남경동, 호남동, 련화동, 내동, 연화동, 삼상동, 토포동, 노산동, 성산동, 성덕동, 농문동, 청운동, 송학동, 삼석동, 석삼동, 건지동, 지산동, 송화동, 대천동, 마람동 등 21개 동을 두었다. 1910년 초에는 평안암도 대동군 시족면이 되면서 마람동과 지산동 일부를 부산면에 편입하고, 련화동, 연화동을 통합하여 련화동으로 하고, 성덕동, 농문동을 통합하여 성문리로 각각 개편하고, 나머지 동을 리로 개편하고 평안남도 대동군에 18개 리가 편입되었다. 1947년에는 시족면은 대동군에서 강동군으로 편입되었는데 이 때의 면 관할 리로 18개 리를 두었다. 1952년에는 면제 폐지에 따라 시족면이 없어지면서 승호군으로 넘어가면서 시족면의 호남리, 남경리, 원탄면 표대리를 통합하여 호남리로 하고, 삼석리, 청운리, 건지리, 석삼리를 통합하여 삼석리로 하였으며, 성문리, 연화리, 천봉리를 합쳐 성문리로 하고, 로산리, 삼상리, 토포리, 성산리, 내리를 합쳐 노산리로, 대천리, 송학리, 지산리, 송화리를 통합하여 대천리로 하였다.

대동강면은 1896년 평양부 대동강면이 되면서 의암동, 오촌동, 동대원동, 봉룡동, 비석동, 장림동, 불당동, 칠산동, 율동, 신동, 장진동, 소신동, 원북동, 현교동, 사통교동, 삼정동, 정백동, 오야동, 토성동, 석암동, 조왕동, 두단동 등 22개 동을 두었다. 1910년대 초 평안남도 대동군 대동강면이 되면서 대흥면 외천면에서 능라동, 양각동을 편입, 봉령동, 비석동, 장림동을 통합하여 서교리로, 현교동, 사통교동을 합쳐 현교리로, 각각 개편 나머지 동이 리로 개편되어 21개 리가 되었다. 1930~1940년대 초에는 의암리, 오촌리, 동대원리, 선교리, 불당리, 율리 신리, 장진리, 정백리, 오야리, 토성리, 석암리, 조왕리, 능라리, 양각리를 평양부에 편입시켰다. 원북리 현교리 칠산리를 율리면에, 삼정리, 소신리를 용연면에, 두단리를 남곶면에 각각 편입하고 대동강면은 폐지되었다.

추을미면은 추을미면이 평양부에 속하면서 면 관할로 백양도동, 빈동, 미림동, 신동, 법수동, 이목동, 이천동 등 7개 동을 두었다. 1910년대 초에는 평안남도 대동군 추을미면이 되고, 백양도동을 사동리로 개편하고 나머지 동을 리로 개편하고 7개 리가 이 면에 속하게 되었다. 1940년대 초에는 사동리, 빈리, 미림리, 신리를 평양부에 편입시켰다. 1947년에는 추을미면의 법수리, 리목리, 리천리를 평안남도 중화군에 편입시키고 추을미면은 폐지되었다.

율리면은 1896년경에 평양부에 율리면이 속하게 되고 송신동, 장지동, 신동창동, 구동창동, 장천동, 석정동, 대중동, 답현동, 추빈동, 남당동, 중동, 무진동, 은송동, 유신동, 조촌동, 한간동, 삼합동, 양합동 등 18개 동을 두었다. 1910년대 초에는 시도군면제 실시에 따라 율리면은 평안남도 대동군 율리면이 되고, 1930년대에는 삼합리 양합리를 청룡면에 편입시키고 대동강면에서 현교리, 원북리, 칠산리 등 19개 리를 편입시켰다. 1940년대 초에는 송신리, 장지리, 신동창리, 구동창리, 장천리, 칠산리 등 13개 리를 평양부에 편입시켰다. 1947년에는 평양부 율리면의 13개 리가 평안남도 중화군으로 편입되었다. 1949년에는 유리면의 중리, 은송리를 통합하여 중송리로 대중리, 조촌리를 통합하여 대중리로 각각 개편 11개 리를 두었다. 1952년에는 면제 폐지에 따라 평안남도 중화군 관할하에 무진리를 동두면에 편입하고 나머지 리는 유신리 현교리, 원북리를 통합하여 유신리로 하고 대중리, 답현리, 한간리, 석정리를 통합하여 대현리로 하고 추빈리, 남당리, 중송리를 통합하여 추당리로 하였다.

용연면은 평양부 용연면이 된 이 면에는 도제동, 파장동, 가장동, 소동, 류동, 천동, 한정동, 지양동, 랭정동, 산음동, 검포동, 향모공, 당정동, 양지도 등 14개 동을 두었다. 1910년 초에는 평안남도 대동군 용연면이 되면서 기존의 동을 리로 개편하였다. 1930년대~1940년대 초에는 대동강면 삼정리, 소신리를 편입하여 16개 리로 되었다. 1947년에는 평안남도 중화군 용연면으로 바뀌었다. 1949년에는 류리, 천리를 통합하여 유천리로 하고 양지리를 분리하여 양내리, 신양리로 각각 개편 16개리로 하였다. 1952년에는 용연면이 없어지면서 평안남도 중화군에서는 소신리를 평양시 동구역 칠불리에 편입시키고 신양리를 동두면 채송리에 편입 나머지 리들이 개편되었는데, 유천리, 소리, 도제리, 파장리를 통합하여 유소리로 하고 검포리, 한정리, 향목리를 합쳐 역포리로, 지양리, 산음리, 랭정리를 합쳐 양음리라 하였다. 삼정리, 가작리가 합쳐져 삼정리가 되고 당정리에 양내리가 흡수되어 중화군은 5개 리로 이루어졌다.

청룡면은 1896년 평안도 생이방은 평양부 청룡면이 되면서 사도동, 지탄동, 양지동, 미산동, 사동, 추동, 리현동, 기림동, 래도동, 모운동, 대수동, 대원동, 대오류동, 소오류동, 회동 등 15개 동을 두었다. 1910년대 초에는 평안남도 대동군 청룡면으로 되고, 사동과 미산동 일부를 통합하여 산사리로 추동과 미산동 일부를 통합하여 추미리로 각각 개편하였고, 나머지 동을 리로 개편하고 평안남도 대동군에 편입함으로써 14개 리로 하였다.

1930년대에는 율리면에서 삼합리 양합리를 편입하여 16개 리로 하였다. 1947년에는 대동군에서 중화군으로 옮겨지면서 추을미면에서 법수리, 이목리, 리천리를 편입하여 19개 리가 되었다. 1947년에는 중화군의 19개 리가 고스란히 강동군으로 바꾸였다. 1949년에는 강동군 청룡면의 지탄리를 분리하여 지탄리, 금탄리로 개편하여 20개 리가 되었다. 1952년에는 평안남도 강동군은 승호군으로 바뀌면서 청룡면은 폐지되고 대오류리, 소오류리, 량합리를 합하여 오류리로 하고 리현리, 모운리, 래도리를 통합하여 리현리로 하고 대원리, 대수리, 삼합리, 추미리, 산사리, 회리 등을 합쳐 대원리로 하였다. 금탄리, 지탄리, 사도리, 양지리, 기림리 등 5개 리를 합쳐 금탄리로 하고 리천리, 리목리, 법수리 등이 합쳐져 리천리가 되었다.

남제산면은 평양부 남제산면으로 속하게 되면서 송암동, 효남동, 용포동, 월내동, 평성동, 원암장동, 대매동, 장동, 노매동, 보성동, 간동, 노남동, 유사동, 남정동, 석사동, 황룡동, 송오동 등 17개 동을 두었다. 1910년대 초에는 송오동을 중화군 마정면에 편입시키고 중화군 마정면 당촌면에서 로람동 동모동을 통합 개편하면서 원암리 대송리 장매리 로남리 석사리 효남리 월내리 보성리 유사리 간리 남정리 용포리 황룔리 등 13개 리를 두었다. 남제산면과 돌곶면을 통합하여 남곶면으로 개편하여 평안남도 대동군에 편입되고 남제산면은 폐지되었다.

돌곶면은 평양부 돌곶면이 되면서 벽지도동, 각금동, 대이도동, 소이도동, 라신동, 평호동, 에포동, 적선동 등 8개 동을 두었다. 1910년대 초에는 적선동을 중화군 마정면에 편입시켰고 나머지 동을 리로 고쳐 7개 리를 두었다. 이러한 돌곶면은 남제산면과 합쳐지면서 남곶면으로 개편하고 평안남도 대동군에 편입하고 돌곶면을 폐지하였다.

남곶면은 1914년 평안남도 대동군 남곶면에는 벽지도리, 각금리, 대이도리, 소이도리, 리신리, 평호리, 에포리, 효남리, 용포리, 월내리, 원암리, 대송리, 장매리, 보성리, 노남리, 유사리, 간리, 남정리, 석사리, 황룡리 등 20개 리를 두었다. 1930년대에는 대동강면 두단리, 고평면 문발리를 편입하여 22개 리가 되었다. 1946년에는 평양시 동구역 낙랑리 일부를 조왕리로 개편하여 23개 리로 늘어났다. 1947년에는 평안남도 중화군 남곶면이 되었다. 1949년에는 원암리를 분리하여 원암리와 하원암리로 개편하여 24개 리가 되었다. 1952년에는 평안남도 강남군이 되고 조왕리를 평양시 동구역 낙랑리에 편입 벽지도리는 같으나 나머지는 통합 개편되어 남곶면은 없어졌다. 이에 대송리, 노남리, 원내리와 당정면 검암리를 통합하여 송남리로 하고 보성리 황룡리 간리를 통합하여 보성리로 남정리, 석사리, 류사리를 통합하여 남사리로 하고 원암리, 하원암리, 장매리를 통합하여 원암리라 하였다. 두단리, 문발리를 합쳐 두단리라 하고 용포리, 평호리, 효남리, 이신리를 통합하여 룡호리라 하였고 각금리 대이도리 소이도리 애포리를 통합하여 금대리로 하였다.

04 18개의 구역(區域)에 4개 군(郡)을 포괄한 평양시

평양특별시가 17개 구역, 4개 군을 관할하게 되는데 그 넓이는 약 2천8백㎢에 달한다. 17개 구역명은 다음과 같다. 중구역, 평천구역, 보통강구역, 모란봉구역, 서성구역, 선교구역, 동대원구역, 대동강구역, 사동구역, 대성구역, 만경대구역, 형제산구역, 룡성구역, 삼석구역, 승호구역, 락랑구역, 순안구역 등과 강남군, 중화군, 상원군, 강동군 등 4개군이다.

1) 중구역

중구역은 기존의 평양시 중구를 1952년에 중구역이라 하였는데, 이 지역은 그 옛날 고구려가 장안성을 건설하고 이곳을 성안이라 하였는데, 장안성은 일명 평양성이라 하여 내성, 중성, 외성, 북성을 두었는데, 중구역은 내성, 중성과 외성의 일부가 차지하고 있던 지역이다. 이제 이 지역의 전래지명과 없어진 지명들을 간략하게 살펴보고자 한다. 먼저 역사적으로 유명한 오탄리는 양각도 웃쪽 북동방향으로 가로 놓여 있는 여울인데, 임진왜란 때 왜적들은 대동강물의 밀물과 썰물의 조수 간만의 차를 모르고 한 낮의 썰물 때 까마귀들이 이 여울에 걸어 다니는 것을 보고 이 여울목을 깊은 밤에 몰래 건너가 평양성을 침공하고자 하였으나, 밤사이 밀물이 밀어닥쳐 적들은 몰살을 당하였다. 날이 밝은 후의 썰물로 인해 적들의 시체들이 즐비하게 드러났는데 시체를 본 까마귀들이 모여들어 요란스럽게 울어댐에 이것을 본 사람들이 까마귀여울이라 하였고 이를 한자로 옮겨 오탄리(烏灘里)라 부르게 되었다. 만수대 마루에는 오순정이라는 못이 있었는데 1707년에 평양감영 서쪽 담장 안의 벽월지 가운데 세운 반구정을 1776년 개축하고 그 이름을 오순못이라 하였다. 오순정은 삼강오륜을 의논하는 정자란 뜻에서 연유되었다.

예전의 영문동이라는 동명은 조선시대 평양감영으로 드나드는 문이 있던 마을이라 하여 영문동(營門洞)이라 하였고, 영문동 이웃 동에는 설(薛)씨 집성촌이라 하여 1945년까지도 설수리라 하였는데, 인근의 설암리와 상수리를 합쳐졌다가 1955년에 영문동, 창전동, 종로동에 편입되어 없어졌다.

상영동이라는 곳이 조선조 말까지 평안남도 평양부 대흥면에 속해 있었는데, 평양감영의 영문 웃쪽에 있는 마을이라 하여 윗 상(上)자를 붙여 상영동이라 하였다. 1914년 평양부 상수리에 편입되면서 없어졌다. 또한 평양감영에 물자를 수급하는 관청이 있던 마을을 공수동(供需洞)이라 하였는데, 역시 1914년 평양부 상수리에 편입되면서 없어졌다.

상수리에 합쳐져 없어진 곳으로 열녀동이 있었는데, 열녀가 살았던 곳이라 하여 붙여진 마을로 역시 1914년 평양부 상수리에 합쳐지면서 없어졌다. 상수리 또한 오래된 마을 이름으로 1914년 평양부 대흥면의 상영동, 공수동, 열녀동을 합친 동명이었다. 상수란 명칭은 상수리의 '상' 과 공수동의 '수' 자를 합쳐 생긴 이름이었으나 1946년 중구 설수리에 합쳐져 없어졌다.

이밖에 만수대 바우 위에 있는 설씨당 밑마을이라 하여 당암동이라는 동리가 있었는데 설암리에 편입되면서 없어졌다. 안주 땅에서 이주해 온 사람들이 살던 마을이라 하여 안주동이라는 곳도 있었으나 역시 설암리에 편입되면서 없어졌다. 설암리는 1914년 설씨동의 '설' 자와 당암동의 '암' 자를 합쳐진 리로 1946년에 설수리에 편입되었다.

커다란 바위돌에 깔려 있다는 의미에서 생긴 창석동이 있었으나 이 역시 1914년 창전리에 합쳐지면서 없어졌다. 의전동이라는 마을도 있었는데 이 마을 안에 옻나무밭이 있어 옻밭재라고 하던 것을 한자로 옻을 옷 '의' 자로 밭을 밭 '전' 자로 옮기면서 의전동(衣田洞)이라 하다가 1914년 평양부 창전리에 편입되었다.

창전리는 1914년 평양부 대흥면 창석동, 의전동, 설씨동 일부를 합친 동(洞)명으로 창석동의 창과 의전동의 전(田)자를 합쳐 생겼던 이름이나, 1972년 만수동에 편입되면서 없어졌다. 개천동은 개천(价川)에서 온 사람들이 살던 마을이라 하여 개천동으로 명명하였는데 1914년 상수구리에 편입되어 없어졌다. 상수리는 상수구동으로 바뀌어졌는데 빗물이 흘러나가는 구멍 윗쪽에 있는 마을이라 하여 붙여진 곳으로, 1914년 개천동 일부를 통합하였고, 1946년에는 영문리에 합쳐지면서 없어졌다.

중성동은 1946년 평양특별시 중구의 한 리로 옛날 평양성 중심지역의 한 마을이라 하여 중성리라 하였다가 1952년에는 중구역 중성리로, 1955년에는 중구역 중성동으로 1979년에는 남문동이 중성동에 편입되었다. 중성밥공장, 해방산려관, 김일성광장, 인민대학습당 등이 이곳 중성동에 자리잡고 있다. 남문동은 남산재 동남쪽 일대로 1946년 평양특별시 수옥리, 순영리, 대찰리를 합쳐 남문동으로 하였다.

원래 남산재 동남쪽 평양성 내성의 남문인 주작문이 있던 마을이라 1955년에 남문동이라 명명하였었다. 1979년에는 중구역 중성동에 편입되고 없어졌다. 큰 비가 내릴 때 고이는 빗물을 성 밖으로 뽑기 위한 수구문이었던 남수구문이 있던 마을이라 하여 남수구동이라 하여 평안남도 평양부 융흥면에 두었던 것이나, 1914년 평양부 수옥리에 편입되면서 없어졌다.

감옥이 있던 마을이라 하여 옥동이라는 명칭이 붙여졌는데 감옥(監獄)이라는 옥자를 발음이 같은 구슬 옥(玉)자로 바꿔 불렀는데, 1914년 평양부 수옥리에 편입되어 없어졌다.

기존의 그 어떤 동보다 여러 곳으로 찢겨져 나간 고가동은 평안남도 평양부 내천면에 속해 있었다. 이 동은 1914년 수옥리 남문정, 경창리 수정, 남산정, 대화정, 옥정, 산수정, 천장, 암정에 분리 편입되어 없어졌다. 평양부 융덕면의 남수구동과 옥동 영창동 일부와 내천면의 고가동 일부가 합쳐져 생긴 수옥리는 남수구동의 수와 옥동의 옥을 따서 수옥리라 하였는데, 1946년 평양특별시 중구 나문리에 편입되어 없어졌다.

순라동은 평양부 융흥면에 있었던 동으로, 1914년 평양부 순영리에 편입되면서 없어졌다. 평양감영의 창고가 있던 곳이라 하여 영창동이라 하였다가 1914년 평양부 순영리에 통합되어 없어졌다. 역시 1914년 남산재 북쪽의 평양부 융덕면의 순라동, 법교동, 영창동 일부가 합쳐지면서 순영리가 생겼는데, 1946년 평양특별시 중구 남문리에 편입되면서 없어졌다.

조선시대 중군청 법수교 다리가 있던 마을이라 하여 법교동이라 명칭을 붙였는데, 1914년 평양부 순영리에 통합되어 없어졌다. 1914년 평양부 대찰리에 합쳐지면서 없어진

대죽동은 이 마을에 큰 대나무들이 있었던 관계로 생겨났던 명칭이다.

장찰방동은 장씨 성을 가진 찰방벼슬을 지낸 사람이 살던 마을이라 하여 생긴 이름으로, 평안남도 평양부 융흥면에 속해 있었는데 1914년 평양부 대찰리에 통합되어 없어졌다. 대찰리는 남사마루 북쪽 평양부 융덕면 대죽동과 장찰방을 합쳐 생긴 이름으로, 1946년 평양특별시 중구 남문리에 편입되어 없어졌다.

원천리는 샘 물이 난 곳이라 하여 지어진 이름인데, 1946년 중성리에 합쳐져 없어졌고, 해방산 동쪽 기슭에 중앙리가 있었는데 광복전 욱정을 고친 이름으로 평양시의 중심에 위치하고 있다 하여 붙여진 이름이다. 1946년 평양특별시 중구 중성리에 편입되었다. 대항리는 광복직후 중구에 속해 있던 리인데, 1946년 평양특별시 중구 중성리에 편입되어 없어졌다.

경상동(慶上洞)은 중구역 북동쪽 대동강 기슭에 있는 동으로 조선조 말 평안남도 평양부 대흥면의 한 리였다. 경상골을 중심으로 하는 마을이라 하여 이름지었는데, 1946년 평양특별시 중구 경상리로 있다가 1952년 중구역 경상리로 1955년 경상동으로 바뀌었다. 여기에는 모란봉, 능라도, 청년공원 등을 비롯하여 유원지가 있다. 평양성, 영명사터, 부벽루, 을밀대, 청류정, 전금문, 현무문, 칠성문 등 역사적 명승지가 많이 있는 곳이다.

옛날 사창못이 있던 자리라 하여 사창리라 하였는데, 1955년 중구역 사창동으로 되었다가 1959년 중구역 경상동에 편입되면서 없어졌다. 문수리는 모란봉청년공원 앞에 있던 리인데 1948년 평양 특별시 중구 문수리가 되었다가 1955년에 경상동에 편입되어 없어졌다.

대관동은 옛날 활터의 하나로 화살이 날아와 과녁을 맞추게 하였던 장소의 마을이라 하여 대관동(大貫洞)이라 하였다. 1914년 평양부 리문리에 통합되어 없어졌다. 대동문 북쪽 옥류교 부근 리문골에서 연유된 리문리는 대관동과 합쳐졌다가 1946년 평양특별시 중구 경상리에 편입되면서 없어졌다.

경파동(鏡波洞)은 동대동강의 물결이 거울같이 아름답게 보이는 마을이라 하여 생긴 동명으로 1914년 평양부 경제리에 합쳐지면서 없어졌다. 모든 것이 다 아름답다는 뜻에서 지어진 이 동은 1914년에 평양부 경제리에 합쳐지면서 없어졌다.

경제리는 오늘날 옥류관 위 모란봉 쪽에 있던 리로 1914년에 평양부 대흥면 경파동, 도제동, 창동 일부와 경상동 일부가 통합되어 나온 리로 경파동과 도제동에서 경, 자와 제,

자를 합쳐 경제리라 하였는데, 1946년에 평양특별시 중구 경상리에 편입되어 없어졌다. 신수구동은 지난날의 수구동 대신 새로이 물을 뽑아내는 마을이라 하여 명명하였다가 1914년 신창리에 편입되어 없어졌다.

창동은 옛날 창고가 있던 마을이라 하여 조선조 말까지 대흥면에 속해 있다가 1914년 신창리에 편입되어 없어졌다. 1914년 평양부 대흥면에 있던 신수구동과 창동 일부가 합쳐진 신창리는 1946년 평양특별시 중구 경상리에 편입되면서 없어졌다.

능라리는 유명한 능라도가 있는데서 나온 리로 1939년 평양부 능라리로 있다가 1955년 중구역 경상동에 편입되어 없어졌다. '능라' 라는 의미는 비단을 펼친 것과 같이 아름다운 곳이라는 의미를 뜻한다.

경상동은 평양시민들이 자랑스럽게 여기는 곳이 경상골인데 이곳은 을밀봉에 오르는 입구인 골짜기로, 매우 경사스럽게 여긴다는 의미에서 나온 동명이다. 경상골 끝자락에는 청년공원과 급양편의시설들이 몰려 있다. 경상동의 옥류교 부근 마을 어구에는 큰 문(대동문)이 있는 골짜기를 리문골이라 하며, 경상동의 중심지인 사창장마당과 사창못이 있던 곳을 사창골이라 한다. 옥류관에서 모란봉쪽으로 가는 곳에 기생들이 살던 기생골은 오늘날 고층살림집들이 늘어서 있다. 조선시대의 연병장 자리에는 청년공원극장이 들어서 있다. 이밖에 옥행산, 을밀봉, 춘양대, 청류벽, 옥류벽 등과 썰물 때는 드러나고 밀물 때에는 잠기는 조천석은 고구려 동명성왕이 기린굴에서 기린말을 타고나와 이 바위에서 하늘에 올랐다는 전설을 간직하고 있다.

금수산 모란봉과 능라도를 연결하는 땅굴은 1988년 9월에 개통되었는데 금릉동굴이라고 부른다. 동명왕이 말을 타고 굴속으로 달려 이 바위에 나타나 하늘로 올랐다는 전설을 남기고 있는 기린굴은 청류벽 밑으로 장경문밖 강가에 있는 바위까지 뚫려 있다고 한다. 이 굴은 동명왕의 구제궁 뒤쪽에 있는데 구제궁은 부벽루에서 전금문으로 내려가는 청운교, 백운교를 지나 오른편 평탄한 공지에 있었다.

능라도와 반월도 사이에는 백은탄이라는 여울이 있었는데, 1990년 능라도 조경공사를 하면서 반월도와 연결시킴으로써 여울은 그 자취를 감추었다. 백운탄이란 명칭은 신비로운 흰빛의 은종을 감춰두었다는 여울 이름이다.

먼 옛날 모란봉 꼭대기에는 언제 누가 만들었는지 알 수 없는 아름다운 무늬를 새긴 크고 웅장한 종이 있었는데 외적이 쳐들어오거나 나라에 경사가 있을 때에는 저절로 울렸다고 한다. 이 소문은 이웃 나라들에게까지 알려져 이 종을 탐내 무력으로 이 종을 빼앗아가려고 적들이 평양성으로 쳐들어왔다. 그 때마다 평양사람들은 은종(銀鐘)을 청류벽 밑 대동강 물속에 숨겨놓았다가 외적이 다시는 쳐들어오지 못하도록 성벽을 튼튼하게 쌓아놓고 이 은종을 모란봉 꼭대기로 옮겨 놓았으나 이후 온 데 간 데 없어졌다.

이 때 서해바다에서 사는 검은 용이 연광정 앞 덕암소에서 은종을 물고 대동강을 따라 내려가는 것을 주암소 쪽에 사는 집채같은 붉은 용이 보고 급히 달려와 3일간이나 검은 용과 싸워 은종을 다시 찾고 원래 숨겨놓았던 자리에 갖다 놓았다고 평양지는 기재하고 있다.

고구려 때인 어느해 여름인데 평양 태생인 왕손이라 하는 군인이 외적의 침략에 항거하여 대동강에 몸을 던졌는데 신비하게도 물이 줄어들어 강바닥에 큰 다리가 생겨남에 이에 평양의 군사들과 시민들은 일제히 강을 건너 적들을 물리쳤다. 이러한 일이 있은 후 왕손의 위훈을 길이 전하기 위하여 그가 몸을 던진 여울을 왕손탄이라 불렀는데 이후 왕손이 왕성으로 잘못 전해져 왕성탄으로 알려지게 되었다. 이 여울은 능라도 웃쪽 고구려 궁성 앞쪽에 있었다.

사창못이라는 연못이 경상동에 있었는데, 이 못은 모래가 많아 점차 매몰되어 그 자리에 마을이 들어섰는데 그 곳을 사창골이라 불렀다. 모란봉 을밀대와 최승대 중간쯤 다소 평평한 곳에는 영명사라는 옛 절터가 있었는데 이 절은 고구려 광개토왕이 서기 329년 세운 9개의 사찰 중 하나라고 한다.

석양무렵이 되면 영명사 중들이 찾아들던 풍경은 평양8경의 하나로 알려져 오고 있다. 1950년 6·25전쟁시 폭격에 의해 불에 타 없어지고 지금은 그 자리에 8각5층탑 하나와 불감이 1기가 남아 있다.

옥류교와 옥류관 사이에 선창이 있는데 이를 새수구선창이라 한다. 이밖에 능라도에는 오일경기장(능라도경기장)이 조성되어 있고 능라도에 합쳐져 지금은 흔적을 찾을 수 없는 반월도가 있었는가 하면, 장경문안에 있던 모란봉 동쪽의 동양못도 있었으나 오늘날은 흔적을 찾을 길이 없다. 옥류관 근처에는 위장병, 고혈압 등에 약효과가 있다는 약수터가 있었다.

대동문동은 1965년 경상동 일부와 경림동 일부를 합쳐 생긴 동인데 대동문이 있는 동이라하여 붙여진 이름이다. 여기에는 대동인민학교와 대동문영화관(전에 중앙영화관이었음), 대동문식료상품점, 중구괴실남새상점들이 들어서 있다.

염전동은 조선조 말까지 오랫동안 소금 파는 가계들이 있어 붙여진 동명인데 1914년 염전리에 합쳐졌고, 염전리는 평양부 융덕면 염전동, 점동, 륙로동 등 일부와 동포동 일부를 합쳐 염점리라 하였다가 1946년 평양특별시 중구 경상리에 편입되면서 없어졌다.

죽비동은 참대로 문짝을 만들어 파는 사람들의 마을이라 하여 생긴 이름으로 1914년 평양부 융덕면 죽전리에 통합되어 없어졌다. 죽전리는 오늘날 대동문영화관 부근에 있던 리로 1914년 죽비동, 단동, 대전동이 통합되어 생긴 리였는데 1946년 평양특별시 중구 경림동에 편입되어 없어졌다. 차동은 1914년 중구 경림리에 편입되면서 없어졌고, 소관동 역시 차관리에 통합되면서 없어졌는데, 소관이란 활 쏘는 작은 과녁이 있던 마을이라는 데서 생긴 명칭이다.

차관리는 1914년 평양부 융덕면 차동, 소관동 대흥면의 신수구동 일부 창동 일부를 합치면서 생긴 명칭이다. 1946년 평양특별시 중구 경상리에 편입되면서 없어졌다.

대동문동 안에는 여러 골이 있었는데 소금전골(아동유희장 부근에 굵은 소금을 구워서 파는 가게들이 있던 골목), 전주골(대동문영화관 뒤 술집들이 있던 골목), 널다리골(조선역사박물관 부근에 널다리가 있던 골목), 숙막골(과객들이 묵을 수 있었던 숙박시설이 있던 골목), 신전골(노동자 아파트 주변에 초신을 파는 가게가 있던 골목) 등이 있었다.

덕암이란 큰 바위가 련광정을 떠받들고 있는데 이 바위가 장마 때 양덕 맹산에서 흘러내리는 큰물을 막아 성안으로 밀려들지 못하게 하여 평양사람들이 덕을 입는다 하여 덕암이라고 불렀다. 오늘날도 속칭 이 너럭바위에 [덕암]이라고 쓴 글자가 남아 있다.

평양팔경의 하나로 꼽는 애련못은 대동문에서 종로로 통하는 길 중간에 있었던 못인데 이 못에 연꽃이 많이 피었는데, 여기에 500년전 세운 애련당이 있었다. 애련못의 비내리는 소리를 듣는 것이 평양팔경의 하나라 하였다.

대동강 기슭에는 옛날 경림당이 있던 마을이라 하여 1946년 평양특별시 중구 경림리라 하였는데, 1955년 중구역 경림동으로 고쳐졌다. 이곳에는 대동강려관(이전에 평양국제려관), 대동강식당(이전 대동강 숭어국집), 평양지하상점이 있다.

조선조 말 평안남도 평양부 융덕면에 박석동이라는 마을이 있었는데, 이 마을에서는 돌을 가공하여 다듬이판을 만들던 마을이라 하여 붙여진 이름인데, 1914년 박구리에 합쳐졌다. 아홉 번째 골에 있는 큰 마을이라 하여 대구동(大九洞)이라 하였던 이 마을은

1914년 박구리에 통합되면서 역시 없어졌다.

소구동은 대구동보다 작은 마을이라 붙여진 이름으로 이 역시 같은 시기에 없어졌다. 순동(旬洞)은 열 번째 끝의 마을이라 하여 붙여진 동명인데, 1914년 평양부 육로리에 합쳐져 없어졌다.

육로리는 대동문 남쪽 대동강 기슭 나루터와의 경계에 있던 마을로 융덕면의 순동, 내천면의 신원동 일부가 합쳐지면서 생긴 동명이다. 1946년 평양특별시 중구 경림리에 편입되어 없어졌다.

평양성 본 바닥에 생긴 마을이라 하여 신원동이라 한 동이 있었는데, 평안남도 평양부 내천면에 속해 있었다. 1914년 평양부 박구리에 합쳐지면서 없어졌는데, 박구리는 평양 전신전화국 부근에 자리하고 있었다. 박구리는 원래 평양부 융덕면의 박석동, 소구동, 내천면과 신원면의 일부가 통합되어 1914년에 생겼던 리인데, 1946년 평양특별시 중구 경림리에 편입되어 없어졌다.

옛날 이아(貳衙)라는 관아가 있던 마을이라 하여 아동(衙洞)이라 한 이 마을은 1914년 평양부 아청리에 통합되면서 없어졌다. 이아(貳衙)란 서윤본(庶尹本)이었는데 1646년 본부가 감영청과 청사를 바꾸고 이곳으로 와서 본부청으로 쓰인 청사이다.

향청동은 향청골에 있는 마을이라 하여 생긴 동명인데, 1914년 평양부 아청리에 통합되면서 없어졌다. 아청리는 김일성광장 남쪽 종합청사 부근에 있었던 리이다. 1914년 평양부 융덕면 아동과 향청동이 합쳐져 생겨났던 아청리 역시 1946년 평양특별시 중구 경림리에 편입되면서 없어졌다.

이간동은 신을 파는 거리인 신전골 사이에 있던 마을이라 하여 생긴 동명인데, 1914년 리향리에 통합되어 없어졌다. 리향리는 지금의 조선미술박물관 서쪽 부근에 있던 리간동과 향후동을 합해 생긴 것으로 역시 경림동에 편입되면서 없어졌다.

옛날 평양감영 관청인 향청 뒤에 있던 마을이라 하였던 향후동은 1946년 평양특별시 중구 경림동에 합쳐진 후 없어졌다. 차돌이 많이 나는 마을이라 하여 진석동이라 불려졌던 이 고장도 평양부 진향리에 편입되면서 없어졌다. 커다란 향목이 있던 마을이라 하여 향목동이라 하였는데 진향리에 통합되면서 없어졌다.

평양성 동쪽에 떠 있는 것처럼 보이는 마을이라 하여 동표동이라 한 이 마을은 진향리와 염전리에 통합되면서 없어졌다. 이아다리거리는 미술박물관 남쪽 부근 동표루와 육로

문 나루 사이에 이아로 통하는 다리가 있던 거리이다.

빙고골은 옛날 사골 북쪽 대동강 기슭에 대동강 자연 얼음을 채취하여 보관하여 두었던 창고자리에는 경림아동공원이 들어섰는데, 이 공원은 1959년 이래 어린이들의 여러 가지 체육오락시설들을 갖춰 놓은 곳이다. 해관선창은 대동교 북쪽 광복전 대동교 옆 일제의 해상세관 부근에 있던 선창이다.

서문동은 1946년 평양특별시 중구의 한 리로 평양성의 서쪽문이 있는 마을이라 하여 생긴 이름으로 서문리라 하였다가 1955년 중구역 서문동으로 고쳤다. 이곳에 신양식료품상점과 학당골 분수공원이 있다.

서쪽에 뜨는 달을 제일 먼저 볼 수 있다는 곳이라 하여 서월동이라 한 이 곳은 1914년 평양부 신양리 수정 서성리에 분리되어 없어졌다. 서문밖 장마당 맞은편에 있은 신양리는 평양부 내천면에 속해 있던 지역으로 양지바른 곳에 새로 생겨난 마을이라 하여 명명된 곳이다. 1914년 신양동과 서월동, 용산면 대타령동 등 일부가 합쳐져 신양리로 되었다가 1946년 평양특별시 중구역 신양동으로 바뀌고, 1952년에는 신양리로, 1955년에는 다시 신양동으로, 1981년에는 창광거리가 형성되면서 창광동, 보통문동, 서문동에 각각 분리되어 없어졌다.

평양부 융흥면에는 학당동이 있었는데, 1914년 평양부 장별리에 편입되어 없어졌다. 장대재와 떨어져 있는 마을이라 하여 장별리라 한 이 마을은 1914년 장별동, 학당동이 합쳐져 장별리가 되었는데, 1946년 중구 서문리에 편입되면서 없어졌다. 하수구리란 마을은 오늘날 만수대예술극장 부근으로 1914년 평양부 융흥면 하수구동, 무렬사동, 장별동 일부와 대흥면의 상수구동 일부를 합쳐 생긴 동명으로 1946년 중구 서문리에 합쳐지면서 없어졌다. 경치가 매우 아름답다 하여 경상동이라 한 이 마을은 1914년 평양부 경찰리에 통합되어 없어졌고, 경찰리 역시 1946년에 서문리에 편입되면서 없어졌다. 장관청이 있었다 하여 장관청골이라 불려졌던 골짜기와 무렬사정당이 있었던 무렬사골, 그리고 학당골 혁명사적지가 있는 학당골에는 분수공원이 있다.

오정포대에는 훈련재 서쪽으로 옛날 포를 쏘아 정오를 알리던 포대와 산등재에 달구지가 서쪽 기슭 서문밖에 모이던 달구지재가 있었다. 보통문동은 1955년 중구역 서성1동 일부와 서성4동 일부를 분리 병합하여 지은 명칭으로 보통문이 있는 마을이라 하여 그렇게 붙여진 동명으로 여기에는 보통문공업품상점이 있다. 이곳에는 6세기 중엽 고구려가 평양성을 쌓을 때 중성의 서문으로 세운 성문이 있는데, 이 문은 일반 백성들이 성안팎을 드나들 수 있는 문이라 하여 보통문이라 하였다. 보통강반을 따라 쌓았던 토성랑도 있었다. 이 인근에 천리마거리가 형성되면서 인민문화궁전 평양체육관, 창광원 빙상관, 청류관 등 명소가 자리잡고 있다.

보통문동 안에는 1914년 평안남도 평양부 내천면 신양동, 서월동, 강촌동을 통합하여 평양성 서쪽지역에 있는 마을이라 하여 서성리라 칭하였다. 1946년에는 서성리를 서성 1·2·3·4·5리로 분리되었다가 없어졌고, 서성1리는 서성동과 보통문동에서 분리,편입되었다가 1955년에 없어졌다. 서성2리는 창성동과 서창동에 각각 분리 편입되었고, 서성3리는 서성동과 창광동에, 서성4리는 보통문동과 서성동에, 서성5리는 동성동과 서성동에 각각 분리 편입되었다가 1955년에 없어졌다. 서성동 역시 1955년 중구역 서성1동 일부 서성4동 일부를 분리 병합하였다가 1981년 창광동, 보통문동에 각각 분리 편입되어 없어졌다.

보통문동에는 유적지로 고구려 때 쌓은 토성랑 자리가 보통문으로부터 평천구역 안산동에 이르는 긴 구간에 펼쳐져 있었다. 과거에는 빈민촌락군으로 형성되었으나 천리마거리를 형성하면서 현대식 건물들로 개량되었다. 청류관과 창광원 사이의 공원에 서성련못이 있고, 보통문옆 보통교 부근에는 보통문나루가 있는데 이 나루에서 전별하는 모습이 평양8경의 하나로 꼽혀왔다.

혀처럼 생긴 2 개의 못이 있었는데, 큰 못을 대설지(大舌池)라 하고 작을 못을 소설지라 하였다. 이 못들은 보통문안 서쪽에 자리하고 있었던 것으로 추정된다. 광복직후인 1946년에 평양시 한복판인 중구에 옛날 종각이 있었던 거리를 종로리라 하였다.

1952년 중구는 중구역으로 바뀌고 1955년에 리는 동으로 바뀌었는데, 여기에 평양학생소년궁전과 평양제1백화점이 있다. 동 안에는 예전에 문신동이 있었는데 이는 문무골에서 나온 동명이다. 조선조 말까지 평안남도 평양부 융흥면에 속해 있다가 1914년 평양부 계리에 편입되어 없어졌다.

계리는 장대재 동남쪽 부근에 있던 마을인데 이 마을에서 닭을 많이 길러왔다는 데서 유래되었는데, 계리는 1946년 종로리에 편입되면서 없어졌다.

엿을 많이 만든 마을이라 하여 당동(糖洞)이라 부르던 이 동은 1914년 평양부 관후리에 편입되어 없어졌다. 관후리는 장대재 동쪽기슭(오늘날 학생소년궁전, 맞은편 부근)에 위치했던 리였는데, 위의 당동과 하처동(장대재 아래 고을이라 하여 생긴 동명)을 합쳐 생긴 리로 1946년 중구 종로리에 편입되어 없어졌다.

장대재는 만수대 남쪽에 있는 언덕으로 조선시대 평양감영의 군사를 지휘관리하는 중군청이 있었다. 이곳에는 숭덕여학교가 있었는데 이 학교 운동장에서 3 · 1만세 독립선언문을 낭독하고 시위를 벌였다. 일명 집승대라고 하는데 평양소년궁전이 이곳에 있다.

종로동에는 그 옛날 골목으로 엿전골(엿 파는 가게들이 있던 곳), 문무골(문무관들이 살던 곳), 하처골(장대재 아래 골짜기), 장골(장이 섯던 곳), 안주전골(술안주를 파는 가게들이 있던 곳), 지적잔골(돗자리를 팔던 곳), 승인목(승인전으로 들어가는 길목) 등 민속적 자취를 간직해 온 곳들이다.

1957년에는 창광동 일부를 분리하여 해방산 기슭에 있는 곳을 해방산동이라 하였는데 이 산을 아래마루(모란봉 줄기가 밋밋이 아래로 뻗어 생긴 산으로 추앙대라고도 한다) 또는 서기산(상서로운 기운이 돈다는 산)이라 부르기도 하였다. 인근에는 해방식당, 해방산 식료품상점 등이 있다.

대동강 건너편에서 보면 마치 버드나무로 성을 쌓은 것처럼 보이는 마을이 있었는데 이 마을을 유성동(柳城洞)이라 한 마을로, 1946년에 중구 류성리로 있다가 1948년에 남구로 바뀌고, 1952년에 남구역 유성리로, 1955년 남구역 유성동으로, 1959년에 외성구역 유성동으로, 1979년에 중구역 유성동이 되었다.

:: 중구역의 리 동 구역의 변천과정을 연대별로 살펴보면 다음과 같다.

1946년 역전리, 교구리, 유성리, 오탄리, 외성리, 련화리, 동흥리, 서성1리, 서성2리, 서성3리, 서성4리, 서성5리, 신양리, 신암리, 중성리, 경림리, 남문리, 서문리, 종로리, 창전리, 사창리, 설수리, 영문리, 경상리, 릉라리, 양각리, 정평리, 평천리 등 23개 리를 두었고 2년 후인 1948년에는 중구를 남구로 분리해 이전의 중구에서 교구리 류성리 오탄리 외성리 련화리 역전리 동흥리 양각리 평천리 정평리 등을 남구로 넘겨주고 서구의 대타령1리, 대타령2리, 대타령3리를 넘겨받았으며 중구에 문수리를 신설하여 21개 리가 되었다. 1952년에 중구를 중구역으로 바꾸고 위와 같은 21개 리를 관장하였다. 1955년에는 리를 동으로 개편하고 신암동 일부와 서성2동 일부를 합쳐 창광동을 서성1동 일부 서성4동 일부를 분리하여 보통문동을, 서성1동 일부와 서성4동 일부와 서성5동 일부를 합하여 서성동으로 하였다. 서성2동 일부와 신암동 일부를 합쳐 서창동으로, 서성 5동 일부를 동성동으로, 대타령1동을 분리하여 미륵동, 굴원동, 적굴동, 서정동으로 대타령2동을 분리하여 대타령동, 보통강동, 석암동으로 대타령 3동을 분리하여 서재동, 봉수동, 궁골동을 신설하였다. 서성 1 · 2 · 3 · 4 · 5동과 대탄령 1 · 2 · 3동을 폐지하였다.

이어서 남구역 당상1동 일부를 분리하여 중구역 신서동을 신설하고, 설수동을 분리하여 종로동과 영문동에 합병하였다가 폐지하고, 능라동과 문수동을 경상동에 병합하였다가 폐지함으로써 27개 동을 두었다. 1957년에는 창광동 일부를 분리하여 해방산동이 신설됨에 따라 중구역은 28개 동으로 늘어났다. 1959년에는 사창동을 경상동에 합치고 사창동은 폐지되었으며, 봉수동 금골동을 만경대구역에 넘김으로써 25개 동이 되었다.

1960년에는 대타령동, 보통강동, 서장동, 석암동, 서재동, 적굴동, 미륵동을 보통강구역에, 서창동, 동성동, 창광동, 신서동, 서성동을 외성구역으로 넘기고 영문동을 만수동으로 개칭함으로써 중구역은 13개 동으로 대폭 축소되었다. 1965년에는 경상동 일부와 경림동 일부를 합치고 대동문동을 신설하여 14개 동으로 늘어났고, 1972년에는 창전동을 만수동에 병합하고, 창전동을 폐지함으로써 다시 13개 동이 되었다.

1979년에는 중구역과 외성국역을 합쳐 중구역으로 하고 중구역에 만수동, 경상동, 종로동, 대동문동, 경림동, 중성동, 해방산동, 서문동, 보통문동, 신암동, 신양동, 류성동, 동흥동, 서창동, 창광동, 동성동, 교구동, 서성동과 외성구역의 외성동, 련화 1 · 2동, 역전동, 오탄동으로 구성, 중구역 남문동은 중성동에 합치고 남문동을 폐지하여 24개 동이 되었다.

1981년에 신양동, 신암동서성동을 각각 분리하여 창광동, 보통문동, 서문동에 편입하고 신양동, 신암동, 서성동을 폐지하여 21개 동이 되고, 1992년에는 만수동, 경상동, 종로동, 대동문동, 경림동, 중성동, 오탄동, 류성동, 교구동, 역전동, 동안동, 동흥동, 창광동, 동성동, 서창동, 보통문동, 서문동, 련화1동, 련화2동, 외성동, 해방신동 등 21개 동을 두었다.

1995년에서 1997년 사이에는 교구동의 일부 지역을 동안동에 편입시키고 만수동, 경상동, 종로동, 대동문동, 경림동, 중성동, 오탄동, 류성동, 교구동, 역전동, 동안동, 동흥동, 창광동, 동성동, 서창동, 보통문동, 서문동, 련화 1 · 2동, 외성동, 해방산동 등 21개 동을 두었다.

1952년 남구를 개편하여 남구역으로 하고 교구리, 류성리, 오탄리, 외성리, 련화리, 역전리, 동흥리, 평천리, 정평리, 양각리, 당상1리, 당상2리, 중단리 등 13개 리를 두었다. 1955년에는 양각동을 유성동에 합치고 정평동 일부와 평천동 일부를 합쳐 봉지동으로, 당상1동 1부를 분리하여 토성동을 당상2동을 분리하여 선내동과 당상동을 당상1동 일부와 당상2동 일부를 합쳐 운하동 정평동 일부를 분리하여 북성동을 신설하고 양각동, 당상1동, 당상2동을 폐지하여 16개 동을 두었다.

1957년에는 봉지동 일부를 분리하여 간성동을 신설 16개 동이 되었고 1959년에는 당상동과 선내동을 신설한 만경대구역에 넘겨주어 15개 동이 되었다가 외성구역으로 개편됨으로써 남구역은 없어졌다. 없어진 남구역 대신 새로이 생겼던 외성구역은 1959년 교구동, 류성동, 오탄동, 외성동, 련화동, 역전동, 동흥동, 평천동, 정평동, 토성동, 봉지동, 간성동, 북성동, 운하동, 중단리 등 14개 동 1리를 두었고, 1960년에는 토성동, 북성동, 간성동, 봉지동, 평천동, 정평동을 새로 신설한 평천구역에, 운하동을 보통강 구역에 중단리를 락랑구역에 각각 넘겨주고 중구역의 서창동, 동성동, 창광동, 신서동, 서성동을 넘겨받아 12개 동이 되었다. 1972년에는 신서동을 쪼개서 서성동과 동성동에 붙이고 신서동은 폐지되었고 1979년 중구역에 통합되면서 외성구역은 폐지되었다.

2) 평천구역

평양시 중심부 서남쪽에 있는 구역으로 1960년 외성구역의 7개 동을 분할하여 새로 생긴 구역이다. 평천은 그 옛날 평천방을 이어받은 지역명으로 조선조 말까지는 평안남도 평양부의 평천방과 용산방에 소속되어 있었던 지역이다.

1914년에 평안남도 대동군 고평면 서성리 일부와 평천리 구정리 등지를 1939년에는 평양부 평천리, 구정리, 서성리 일부지역이었다. 1946년에는 평양시 외성구역에 속하였다가 1960년에 평천구역으로 되었다. 1960년 평천구역에는 토성동, 북성동, 봉지동, 정평동, 평천동, 간성동과 간성동 일부를 분리하여 봉학동을 신설하고 토성동을 안산동으로 개칭하여 7개 동을 두었다.

1963년 평천구역 평천동 일부를 분리하여 해운동으로, 간성동 일부를 분리하여 육교동을 북성동, 봉지동 일부를 분리하여 봉남동을 신설하였고 안산동을 안산 1 · 2동으로 분리하고 안산동을 폐지한후 11개 동을 두었다. 1967년에는 여타 동은 같으나 육교동이 육교 1 · 2동으로 나누어지고 육교동은 폐지되었고 대신 새마을동이 신설되어 13개 동을 관할하게 되었다. 1972년에는 평천동을 평천 1 · 2동으로 분리하고 새마을동을 새마을 1 · 2동으로 분리하면서 새마을동은 폐지되어 15개 동이 되었다. 1989년에는 북성동이 북성 1 · 2동으로 분리되고 북성 동이 폐지되었으며 해운동이 해운 1 · 2동으로 나누고 해운동이 폐지됨에 따라 17개 동이 되었다. 1997년에는 안산 1 · 2동, 북성 1 · 2동, 간성동, 봉지동, 봉남동, 정평동, 봉학동, 해운 1 · 2동, 육교 1 · 2동, 평천 1 · 2동, 새마을 1 · 2동 등 17개 동을 두었다. 현존하는 안산(鞍山) 1 · 2동은 평천구역 북쪽에 위치해 있는데 1963년에 1 · 2동으로 분리되었다. 안사동은 1946년 중구 당상 1리와 2리로 나누어졌다가 1948년 남구 당상 1리로 1955년 당상 1동으로 개편되고 같은 해 토성동과 운하동에 분리편입되어 없어졌다. 1955년 평양시 남구역 당상1동 일부를 분리하여 토성동이 생겨났다.

1960년 외성구역에 속했던 토성동이 평천구역으로 넘어오면서 안산동이 되었고 안산 1, 2동으로 나누어지면서 안산동 자체는 없어졌다. 안산동에는 안산 1호못과 2호못이 안산공원안에 있었는데 연꽃이 무성하며 낚시터로 이용되고 있다. 이곳에는 먼옛날 용왕이 평양경치에 반해 평천땅으로 오르려고 보통강하류에 물홈을 팠다는 용왕수구가 있다. 북성 1 · 2동은 1989년 1 · 2동으로 분리되었는데 평양성 외성 북쪽에 있다고 하여 붙여진 동명이다. 1914년 평양부, 내천면, 신양동, 서월동, 강촌동이 합쳐지면서 평안남도 대동군 고평면에 속해 있던 서성리는 평양성 서쪽에 있다하여 붙여진 이름이다.

1939년 서성리, 1946년 서성 1 · 2 · 3 · 4 · 5리로 갈라졌다가 없어졌다. 서성3동 역시 광복전 서성리였으나 1946년 평양특별시 중구 서성리가 분리되어 나온 동이다. 1952년에는 중구역 서성3리로 있다가 같은 해 남구역 북성동에 편입되면서 없어졌다.

북성동은 1955년 남구역 정평동 일부와 중구역 서성3동 일부가 합쳐져 생긴 동명으로 1959년 외성구역 북성동으로, 1960년에는 평천구역 북성동으로 되었다가 1989년 북성 1 · 2동으로 갈라지면서 없어졌다. 북성 2동에는 현대식 문화주택이 들어서 있다. 1957년 남구역 봉지동 일부를 분리하여 간성동(干城洞)이라 하였는데 동(洞)에는 외적의 침입을 막고 나라를 지킨 큰 성터가 있다. 1955년 평양시 남구역 정평동 일부와 평천동 일부를 분리시켜 봉지동(鳳池洞)이라 하였는데 이 곳에는 지난날 나무가 무성하고 아름다운 연못이 있어 큰 새들이 날아들었다고 한다. 1950년 외성구역 봉지동은 1960년 평천구역에 속하였다. 1963년 봉지동 일부와 북성동 일부 지역이 분리되어 봉남동이 되었다.

평천구역 서쪽에 있는 정평동은 1946년 평양부 구정리와 평천리 일부를 합쳐 평양특별시 중구 평천리라 하였다. 1948년 남구 정평리, 1952년에는 남구역 정평리, 1955년에는 정평동으로, 1959년에는 정평동은 외성구역에 속하게 되었다.

1914년 평안남도 대동군 고평면 구정리는 평천리에 편입되면서 없어졌다. 정촌동 역시 1910년 평천리에 합쳐져 없어졌다. 정평동 관내에는 보통강하류가 대동강과 합쳐지는 골목에 삼강호라는 못이 있는데 보통강 대동강 샛강 등 3강이 합쳐지는 곳이다. 봉학동은 1960년 봉지동 일부 지역이 분리되면서 생겨난 동으로 이 고장에 학이 많이 날아들었다 하여 학자를 붙여 봉학동이라 하였다.

해운 1 · 2동은 1989년 해운동이 분리되면서 생긴 동으로 1963년 평천동의 일부를 분리하여 내온 동이다. 부둣가에 있다 하여 해운동이라 하였는데 1989년 1 · 2동으로 나누어졌다. 1910년대에 없어진 동으로 평천면 효자동이 있었는데 노부모에게 효성이 지극한 효자가 살았다 하여 붙여진 동명이었다. 이러한 효자동은 1917년 평안남도 대동군 고평면 평천리에 편입되면서 없어졌다. 사리면 천동이라는 곳도 있었는데 1914년 대동군 고평면 평천리에 편입되면서 역시 없어졌다. 동에는 평양 외성 나문인 거피문 충성의 다리 등이 있고, 여객선들이 드나들고 있으며 샤만호격침 기념비, 평양제사공장, 한사정, 홍복사와 홍복사 7층석탑 등이 있다.

육교 1 · 2동은 1967년 육교동이 분리되면서 생긴 동으로 육지의 철길 위에 놓은 구름다리 건너편에 있는 마을이라 하여 육교동이라 하였다. 1967년 대동강과 보통강의 범람으로 잡초가 무성하고 사람이 살 수 없었던 진펄에 택지를 조성하여 새로운 마을을 세웠다는 의미에서 새마을동이라 하고 3월 26일 공장도 동 안에 세웠다. 새마을동은 1972년 인구증가에 따라 새마을 1 · 2동으로 갈라졌고 본래의 새마을동은 없어졌다. 신증동국여지승람에 의하면 이 지역에 사다리 모양의 다리가 있었다고 하는데 이 다리를 이용하여 배를 타고 유람하였다고 한다. 고려 숙종은 1102년 이곳에 행차하여 수행군사에게 명해 옛 사다리를 찾아 보라고 명함에, 물밑으로부터 10자 깊은 곳에 사다리기초가 있었음을 확인했다고 기록하고 있다.

평천구역 서쪽에 있는 정평동은 1946년 평양부 구정리와 평천리 일부를 합쳐 평양특별시 중구 평천리라 하였다. 1948년 남구 정평리, 1952년에는 남구역 정평리, 1955년에는 정평동으로, 1959년에는 외성구역 정평동이 되었다.

없어진 구정동은 평안남도 평양부 평천면에 있던 리로, 1910년대에 평천지역과 토성랑 지역에서 살고 있던 주민들이 안산기슭에 9개의 우물을 파서 생명수로 이용하였다는데서 구정(九井)이라는 지명이 생겼다. 1914년 평안남도 대동군 고평면 구정리로 있다가 평천리에 편입되면서 없어졌다. 정촌동 역시 1910년 평천리에 합쳐져 없어졌다.

3) 보통강구역

보통강 기슭에 있는 구역이라 하여 붙여진 지역으로, 1960년 당시 중구역의 8개 동과 외성구역의 1동을 포함하여 이루어졌다. 보통강 구역내 동명(洞名)은 다음과 같다. 대타령동, 보통강동, 서장동, 서재동, 석암동, 락원동, 경흥동, 봉화동, 운하동, 보통강동, 일부와 석암동 일부를 합쳐 생긴 신원동, 서장동 일부와 보통강동 일부를 분리 통합하여 대보동이 신설되었고, 석암동 일부와 보통강동 일부를 서장동에 편입시켰고, 서재동 일부와 적굴동 일부를 분리하여 미륵동에 편입시켰다. 이전의 미륵동을 봉화동으로, 적굴동을 낙원동으로, 굴원동을 경흥동으로 고쳐 11개 동을 두었다.

1991년 대타령 1동을 개칭, 유경(柳京)동이라 한 이곳은 버드나무가 많다고 하여 평양의 옛이름에서 비롯되었는데, 현대에 와서 유경호텔 가까이에 있는 곳이라 하여 유경1동으로 하고, 유경2동은 1991년 대타령2동을 바꿔치기한 동명이다. 1972년에는 보통강동을 1동과 2동으로 나누었는데, 보통강동은 원래 중구역의 대타령2동의 일부를 1955년에 분리해 만든 동이다. 1960년 미륵동을 개칭하여 봉화동으로 하였는데, 연유인즉 이곳에서 외적의 침입을 막아내기 위한 횃불을 올린 봉화산 기슭에 자리해 있다는 데서 유래되었다.

1963년에 와서는 대타령동을 분할하여 대타령 1 · 2동으로 하고 대타령동은 폐지함으로써 12개 동이 되었다. 1965년에는 서정동을 분할하여 서장 1 · 2동으로 하고 서장동을 폐지하여 13개 동을 두었다. 1967년에는 대탄령2동을 일부 분리하여 세거리동을, 낙원동 일부를 분리하여 붉은거리동을 신설해 15개 동으로 늘어났다.

1972년에는 보통강동을 1 · 2동으로 나누고 대타령1동 일부를 떼내 보통강2동에 붙이고 붉은거리동을 1 · 2동으로 나누고 보통강동과 붉은거리동은 폐지함으로써 17개 동을 관할하게 되었다.

10년 후인 1983년에는 서장2동을 분할하여 서장1동을 경흥동에 넘기고 서장2동은 폐지시켰다. 그리고 서장1동을 서장동으로 개칭하고 붉은거리2동 일부를 떼내 붉은거리 3동을 신설함으로써 17개 동을 두게 되었다. 1986년에는 서제동을 낙원동에 편입시키고 1991년에는 운하동을 붉은거리2동에 편입, 대타령1동을 유경1동으로, 대타령2동을 유경2동으로 개칭함으로써 15개 동을 두게 되었다.

1997년에는 경흥동, 대보동, 락원동, 유경1동, 유경2동, 보통강1동, 보통강2동, 봉화동, 붉은거리1동, 붉은거리2동, 붉은거리3동, 서장동, 석암동, 신원동, 새거리동 등 15개 동을 두었다. 보통강구역 중심부 북쪽의 동(洞)으로 경흥동이 있는데 이 경흥동은 1960년 보통강구역 굴원동을 개칭한 동명으로 늘 경사가 나고 흥성한다는 뜻으로 지어졌다.

1955년 구역내의 대타령1동은 대타령1리가 개칭된 것이며 적굴동, 굴원동, 미륵동, 서장동으로 갈라져 없어졌다. 위의 굴원동은 굴원사가 있던 곳에서 연유되었는데, 1955년 대타령1동 일부가 분리되면서 생겨났다가 1960년 경흥동으로 개칭되면서 없어졌다. 대보동은 구역 중부에 있는 동으로 1960년 보통강동 일부와 서장동 일부를 합쳐 생겨난 동이다. 그 위치는 대타령동과 보통강동 사이에 위치하고 있다.

구역 서쪽에 있는 낙원동(樂園洞)은 1960년 보통강구역 적굴동을 개칭해 내온 동이다. 광복후 인민들의 생활이 꽃피는 낙원으로 전변된 마을이라 하여 낙원동이라 하였다. 1991년 대타령 1동을 개칭, 유경(柳京)동이라 하였다.

1972년에는 보통강동을 1동과 2동으로 나누었는데, 보통강동은 원래 중구역의 대타령2동의 일부를 1955년에 분리해 만든 동이다. 붉은거리동은 1972년 1 · 2동으로 나누어졌는데, 원래 낙원동 일부를 1960년 10월 21일 보통벌 현지지도시 붉은거리를 옆에 끼고 있다하여 개칭한 것인데, 2동은 1983년 다시 그 일부를 분리하여 붉은거리3동으로 하였다. 1955년 2월 중구역 대타령1동을 분리하여 서장동이라 하였는데, 옛 평양성 서쪽 장대대가 있던 곳이라 하여 이름지어졌다. 1960년에 서장동은 보통강구역에 속하면서 1965년에 서장 1 · 2동으로 나누어지면서 서장동이라는 명칭은 없어졌다.

1983년 서장2동은 서장1동과 경흥동에 각각 분리되었고 서장1동은 다시 서장동을 환원되었다. 1955년 중구역 대타령2동을 분리하여 생긴 석암동은 예로부터 돌바위가 많다 하여 생긴 이름으로, 1960년 보통강구역 석암동으로 굳혀졌다. 1960년 석암동 일부와 보통강동 일부지역을 분리하여 지어진 이름인데, 그 연원은 보통벌에 새로운 주택지구가 형성됨으로써 그렇게 명명하였다. 1961년 대타령2동 일부를 분리하여 세거리동이라 하였는데 이곳이 봉화거리, 붉은거리, 경흥거리로 이어진 곳이라 하여 생긴 동명이다.

4) 모란봉구역

모란봉구역은 평양시 중부 모란봉 서북쪽에 있는 구역으로, 1960년 서성구역내의 15개 동과 대성구역의 2개 동으로 구역을 새로 내왔는데, 모란봉기슭에 있으므로 모란봉구역이라 하였다. 구역의 변천개황을 살펴보면 다음과 같다. 본 구역에는 김일성경기장, 조선중앙방송위원회, 교예극장, 청년공원, 김정숙탁아소 등 이른바 혁명사적단위들이 많은 구역이며 고적과 명승지로는 칠성문, 현무문, 최승대, 봉화사, 모란봉 등이 있다.

모란봉구역은 서성구역의 모란동, 평화동, 칠성문동, 북새동, 서흥동, 인흥동, 월향동, 감현동, 감흥동, 항미동, 성북동, 비파동, 민흥동, 고노동, 기림동, 대성구역의 흥부동, 전승동 등으로 구성되었다. 모란동, 고노동, 기림동 일부가 평화동에 편입되면서 모란동, 고노동, 기림동 등은 폐지되었고, 감현동을 장현동으로, 감흥동을 진흥동으로 개칭 총 15개 동으로 이루어졌다. 1963년에는 인흥동을 분할 1 · 2동으로 나누고 인흥동은 폐지하였고, 전승동 일부를 분리하여 전우동을 신설함으로써 17개 동이 되었다.

2년 뒤인 1965년에는 서성구역의 상신동이 보통강구역으로 이전되고 성북동과 장현동이 서성구역으로 옮겨짐으로써 구역에는 16개 동이 존속하였다. 1967년에는 서성구역의 성북동, 장현동이 모란봉구역으로 넘어왔고 상신동을 서성구역에 넘겨줌으로써 17개 동이 되었다.

1969년 항미동을 긴마을동으로 개칭하면서 17개 동이 되었고, 1972년에는 칠성문동을 북새동에 합치고 칠성문을 폐지하여 16개 동으로 줄어들었다. 1979년에는 긴마을동을 갈라 긴마을 1 · 2동으로 나누고 비파동 역시 1 · 2동으로 갈라짐으로써 위의 긴마을과 비파동은 폐지되어 18개 동이 되었다.

1983년에는 평화동을 개선동에 합치고 평화동을 폐지하여 17개 동이 되었고, 1997년에는 북새동, 서흥동, 인흥1동, 인흥2동, 월향동, 진흥동, 긴마을1 · 2동, 비파1 · 2동 민흥동, 흥부동, 전승동, 전우동, 개선동, 성북동, 장현동 등 17개 동을 두게 되었다.

구역내 남쪽에 위치해 있는 가장 큰 북새동은 1955년 서구역 기림3동의 일부와 기림4동의 일부지역을 떼내 만든 동이다. 북새라는 말은 북쪽 성새를 뜻하는 것으로 옛날 평양성을 지키는데 북쪽지역의 요새지가 되어 왔기 때문에 비롯되었다. 그런가 하면 평양성 북쪽에 있는 모래터라는 뜻에서 북새라 하였다고도 하는데, 북새를 모래터라고도 하는가 하면 평안도지역 방언에서 모래를 모새라고도 한다. 1959년 서성구역 북새동이었던 것이 1960년 모란봉구역으로 변경되었고, 1972년에는 칠성문동에 편입되었다. 1966년에는 거리와 마을을 정화하는데 모범이 됨으로써 북새동의 경험을 살려 전국에 그 방식을 전파하게 하였다.

칠성문동은 칠성문 아래에 있던 동으로 1955년 기림3동의 일부와 기림4동의 일부를 합하여 이루어졌던 이 동은 1972년에 북새동에 합쳐졌다. 이 지역에는 거랑촌이라 부르든 곳이 있었는데 예전에는 이 지역이 낮은 습지대로 사람이 살지 못할 고장이라 거랑촌이라 불렀다.

모래터는 북새동과 서흥동 일대로 홍수 때마다 보통강의 모래가 많이 쌓였는데 현재는 고층건물이 즐비하게 들어서 있다. 서흥동은 1955년 서구역 인흥3동의 일부와 기림4동의 일부를 합친 동으로 인흥동의 서쪽에 있는 동이라 하여 서흥동이라 하였다. 1959년에는 서성구역에 있다가 1960년에 모란봉구역으로 옮겨졌다.

1963년 인흥동은 1, 2동으로 분리되었는데 인흥이란 마을사람들이 어질고 마을이 흥성하라는 뜻에서 붙여진 것인데 오래전부터 쓰여져 온 이 고장 이름이다. 1850년대에는 평안남도 평양부, 인흥부, 서천방에 속해 있었고 1910년에는 서천면 인흥리로, 1939년에는 평양부 인흥리로, 1946년에는 평양특별시 서구 인흥 1리 · 2리 · 3리로 분리될 때 인흥3리로 되었다가 1955년에 인흥3동으로 개편되었다.

이 해 인흥3동의 일부 지역이 다시 분리되어 인흥동이 되었다. 1959년에는 서성구역 인흥동으로, 1960년 모란봉구역 인흥동으로 되었다. 인흥동은 현재의 인흥1 · 2동과 민흥동, 서흥동 일부지역과 월향동의 일부를 포괄하는 지역으로 1910년에는 평안남도 평양부 서천면 인흥동이었는데, 1914년 대동군 서천면 인흥리로, 1939년에는 평양부 인흥리로, 1946년 전에는 평양특별시 서구 인흥 1 · 2 · 3리로 나뉘였다.

1955년 서구역 인흥3동의 일부지역이 분리되어 다시 인흥동으로 되었다. 1960년에는 모란봉구역 인흥동으로, 1963년에 인흥 1 · 2동으로 분리되면서 없어졌다. 인흥3리는 원래 인흥1동과 2동 월향동지역과 서흥동 일부를 포괄하는 지역으로 광복전 평안남도 평양부 인흥리가 1946년 평양특별시 서구 인흥1리 · 인흥2리 · 인흥3리로 갈라지면서 나왔는데 1952년 서구역 인흥3리로 되었다.

1963년 인흥동이 인흥1동과 인흥2동으로 분리되면서 나왔다. 1955년 서성구역의 인흥1동의 일부 지역을 합쳐 만든 월향동(月香洞)은 임진왜란 때 계월향이 왜장을 죽이고 자결한 곳이라 하여 그의 이름을 붙여 동명으로 하였다. 1959년에는 서성구역 월향동으로 있다가 1960년에 모란봉구역에 속하였다. 인흥동은 1955년에 월향동에 속하면서 없어졌다. 계월향과 관련된 가루개(여러 갈래로 길이 갈라진 고개), 가루개재동(월향동의 중간에 있는 재 등), 가루개시장 등은 장마당 고층건물로 바뀌었다.

1960년 서성구역 감흥동이 모란봉구역으로 넘어오면서 진흥동으로 개칭된 감흥동 마을은 앞으로 계속해 마을이 흥해 나가라고 한 뜻에서 지어졌다. 위의 감흥리는 오늘날의 긴마을 1동과 2동 비파 1동 · 2동, 진흥동, 장현동, 서북동의 일부지역이었는데 광복 이전에는 평안남도 평양부에 속해 있었고 1946년 평양특별시 서구 감흥 1리 · 2리 · 3리 · 4리로 갈라지면서 감흥리는 없어졌다.

긴마을 1동 · 2동은 1979년 종래의 긴마을동을 분리한 동명으로 길게 뻗은 산마루에 놓여진 마을이라는데서 생긴 명칭이다. 긴마을2동에는 과거 전승각이라는 요식업소가 있었는데 1959년 평양면옥이라고 상호를 바꿨다.

1955년 서구역 감흥4동은 항미동으로 고쳐졌다. 이는 중국인민지원군의 위훈을 기리기 위해 세운 우의탑이 있는 마을이라 하여 붙여진 동명이다. 1960년 모란봉구역 항미동으로 되었다가 1969년 긴마을동으로 개칭되었다.

금파동(琵琶洞)은 모란봉구역 북쪽에 있는 동으로 옛날 비파교라는 다리 옆에 있는 마을이라 하여 생긴 동명이다. 비파교라는 다리 이름은 옛날 강을 사이에 두고 사는 오누이가 나무다리를 놓고 건너다니면서 자주 만났는데 그 누이의 이름이 비파였던 데서 유래한다고도 하고, 다리의 모양이 비파의 등처럼 둥글게 휘여 있어 비파교라고 하였다고 한다. 동에는 1946년 평양특별시 서구 감흥리가 1리 · 2리 · 3리 · 4리로 1955년에 비파동으로 개칭되어 없어졌다.

1959년 서성구역 비파동으로 있다가 1960년 모란봉구역 비파동으로 1979년에는 비파1동과 2동으로 분리되었다. 비파2동의 북쪽 골짜기에는 보통강주변에서 살던 주민들이 큰 물피해로 이곳에 와서 살게 되면서 새로 마을이 생겼다 하여 새골이라 불렀는데 지금은 고층건물이 들어서 있다.

인민들의 살림살이가 흥해진다는 뜻에서 민흥동이라 하였는데 1955년 서구역 인흥2동을 개칭한 동명이다. 1959년에는 서성구역 민흥동으로, 1960년에는 모란봉구역 민흥동이 되었다. 이곳에는 1954년 4월 당시 평양제4인민학교가 있었는데 뒤에 민흥인민학교라 고쳤다. 인근에는 지장산이 민흥동 동쪽에 있는데 옛날 이 산밑에는 한지 종이를 만드는 사람들이 살았다고 한다.

1955년 모란봉구역 동북쪽에 흥부동이라는 동이 생겼다. 서구역 기림1동 일부와 용흥동 일부지역을 합친 곳이다. 이곳은 옛날 흥보 또는 흥부라는 사람이 산 곳이라 하여 흥부마을이라고 부른 데서 연유되었다. 옛날 고구려 어느 왕이 수도를 남쪽으로 옮길 것을 생각하고 평양으로 한 관리를 파견하였는데 평양에 도착한 이 관리는 한 농가에 들려 물 한 그릇을 청하였다. 집주인이 큰 술잔으로 길옆에 있는 샘터에서 물을 퍼서 대접하였는데 마셔보니 그것은 물이 아니라 향기로운 술이어서 관리는 그 술을 마시고 피로가 가시어 새힘이 솟아났다. 그는 이 사실을 왕에게 전하였더니 왕은 평양이야말로 수도가 될 만한 지세를 갖춘 곳이라 하여 평양으로 수도를 정하게 하였다는 전설이 전해지는 곳이다. 이후로 이 노인이 살던 마을이 흥취를 돋구어주는 술이 있는 마을이라 흥배라고 하였다가 세월이 흐르는 과정에서 흥부로 변하였다고 한다.

동에는 수리봉, 밤나무골, 절고개 등이 있었는데 전우산과 전승산 옆을 지나 흥부동으로 넘어가는 고개를 옛날에 절이 있어 절고개라 하였다. 전승동은 구역 동북쪽에 있는데 1955년 서구역 용흥동 일부와 기림1동 일부가 합쳐져 전승동이라 하였다. 1958년에는 대성구역 전승동으로, 1960년에는 모란봉구역 전승동으로 되었다.

칠성문동은 칠성문 아래에 있던 동으로 1955년 기림3동의 일부와 기림4동의 일부를 합하여 이루어졌던 이 동은 1972년에 북새동에 합쳐졌다. 안산기슭에 있었다는 아흡개 우물 중 하나인 천강우물은 동명왕이 기린말을 타고 조천석에서 하늘에 올라갔다가 산천경개가 하도 아름다워 구름을 타고 내려온 곳이 다리 난간 위였다. 그 다리를 천강교라 하고, 왕이 유람하다 물을 마신 우물을 청강우물이라 한다.

위의 북새동, 흥부동, 서흥동 일부지역의 마을로 이루어진 기림동은 1910년대 평안남도 평양부 임원면 기림동으로 있었다. 1960년에 모란봉구역 기림동으로 있다가 같은 해 개선동과 평화동으로 나뉘어졌다. 기림이란 주위에 많은 나무를 심어 숲을 이루게 한데서 비롯된 지명이다. 이 지역에는 용화사가 있고 그 옆에 흥복사 7층탑과 영명사 팔각석불암이 보존되어 있다.

5) 서성(西城)구역

1959년 서구역을 개칭한 것으로 구역내에는 장산(長山), 지장산, 감북산이 있고 서포천, 감흥소하천, 비아니개 등의 하천이 흘러내린다. 관할 동으로는 1955년 서구역 상흥동 일부를 분리하여 신설한 장산동, 상흥동(上興洞)과 1955년 서구역 감흥1동 일부를 분리하여 생겨난 석봉동(石峯洞)과 장산 앞에 현대적인 건물들이 들어서면서 장경(長慶) 1 · 2동이 생겨났다. 중신동은 1963년 하신동 일부와 상신동 일부를 분리병합한 동이다. 1960년 상신동 일부를 분리해 만든 하신동은 평양성 서쪽을 흐르는 보통강 기슭에 있다 하여 명명된 서천(西川)동인데 1957년 대동군 청계리의 일부지역을 넘겨받아 내온 동으로 마치 사람이 누운 모양의 지세와 같다 하여 와산동(臥山洞)이라 하였다. 1960년 서성구역 하당동 일부와 중구역 미륵동 일부를 분리 병합해 내온 남교(南橋)동은 1967년 서성구역 와산동 일부를 분리한 지역으로 마을에 큰 연못이 있다 하여 연못동이라 하였다.

1955년 상흥동 일부를 분리하여 상신동이라 하였는데, 1965년 모란봉구역 상신동으로 있다가 1967년 현재의 상신동으로 환원되었다. 서산(西山) 1 · 2동은 1972년 서산동을 1 · 2동으로 분리한 것으로 원래 대동군 서포리 일부를 떼내온 동인데 산밑에 있는 서포리의 일부지역으로 구성된 곳이다. 이곳에는 원래 큰 골짜기가 있었는데 이 골짜기를 근거지로 임진왜란 때 왜군이 노략질을 감행하였던 곳이다. 1972년 장산동 일부와 상흥동 일부를 분리, 병합하여 긴 재가 있는 동이라 하여 긴재동이라 하였다. 구역내에는 총 15개 동을 두었다.

6) 선교(船橋)구역

평양시 중부 대동강 동쪽기슭에 있는 구역으로 1959년 동구역을 선교구역으로 개편하고 선교동을 중심으로한 구역이라 하여 선교구역이라 하였다. 남신(南新) 1·2동, 장충(將忠) 1·2동, 율곡(栗谷) 1·2동, 등메 1·2·3동, 선교(船橋) 1·2·3동, 무진(戊辰) 1·2동, 강안(江岸) 1·2동, 산업(産業) 1·2동, 영제(永濟)동, 대흥(大興)동, 웃메동 등 20개 동을 두고 있다.

구역내에는 옛날 싸움터로 보낸 아들의 무사귀환을 기다리며 누워 있던 고개와 장충동이 있었는데 일명 장풍마을 또는 창포마을이라 불렀다. 장풍은 늪이나 습한 땅에 절로 나는 향긋한 냄새가 나는 약재인 창포가 변한 말인데 창포의 변음이 장풍을 한자로 옮겨 쓰는 과정에서 장충으로 되었다고 한다.

창포라는 풀이 많이 나던 마을에서는 단오절에 창포를 끓인 물로 머리를 감았으며 창포뿌리를 깎아 비녀를 만들어 꽂는 풍습이 있었다. 장충은 옛날 나라에 충성을 다한 어떤 장군이 이곳에 살았는데 그의 공적을 길이 전하기 위해 장풍이라는 풀이름을 붙였다고 한다.

창공동은 1955년 평양시 중구역 서성2동 일부와 신암동 일부를 분리병합하여 만든 동(洞)으로 창광산을 끼고 있는 마을이라 하여 그렇게 이름지었다. 바위가 많은 곳에 새로 생긴 마을이라 하여 신암리라 하였던 이 마을은 1981년 창광동에 편입되면서 없어졌다. 창광산(蒼光山)에 얽힌 전설로는 고려 때 묘청이 반란을 일으킴에 관군이 이를 진압하기 위하여 평양성으로 출동하였는데, 묘청의 반군은 멍석으로 이 산을 둘러쳐 마치 이 산이 곡식낟가리처럼 보이게 하였다. 관군은 이를 보고 반란군의 임전태세가 대단한 것으로 알고 일시 물러났다. 이후 이 산을 창고같이 생겼다 하여 창광산이라 부르게 되었다. 오늘날에는 공원으로 꾸며져 있다. 또다른 설로는 푸른 하늘 높이 빛나라는 뜻에서 그렇게 불렀다고 하는데 고려초에는 창관산이라 하였다고 한다.

연화(蓮花) 1·2동은 조선조 말 평양부 외천면에 속하였던 마을로 연당동과 함께 1914년에 없어졌다. 1967년에는 외성구역의 연화동을 영화 1·2동으로 분리하여 이 동은 연꽃이 많이 피는 마을이라는 데서 비롯되었다. 연화2동에는 외성밥공장이 있다.

7) 동대원(東大院)구역

동대원구역에는 동대원동이 조선조 말까지 평양부 대동강방에 속해 있었으며, 고구려가 서기 472년 수도를 평양으로 옮긴 후 평양성 동쪽에 큰 원(院)집을 두고 그 이름을 동대원이라고 하였다. 동대원 인근에 동대원벌이 펼쳐져 있었는데, 이 벌은 대동교와 옥류교 사이의 동대원구역을 중심으로 동평양지구에 자리하고 있다. 임진왜란 때에 일본의 소서행장이 20만 대군을 거느리고 평양성 밑까지 밀고 들어와서 이 벌판에 진을 치고 평양성에 쳐들어올 기회를 노리고 있을 때, 평양시민들이 밤을 이용해 감쪽같이 대동강을 건너 불의의 기습을 가해 왜적들을 도륙한 곳이 바로 동대원벌이다. 이러한 역사적 고장이 1914년 평안남도 대동군 대동강면 동대원리로 개편되고, 1955년에는 평양시 동구역 동대원동으로, 1958년에는 평양시 북구역 동대원동으로, 1958년에는 북구역 동대원동으로, 1959년에는 선교구역 동대원동으로, 1960년에는 동대원구역 동대원동으로 되었다. 1967년 동대원동은 1 · 2동으로 나뉘면서 없어졌다. 구역내에는 서씨 성과 관련된 삼마동이 있는데 옛날 이 고장에는 서씨 성을 가진 사람들이 사는 마을이라 하여 서마을 혹은 서말이라고 불러왔는데 그것을 한자로 옮기면서 서는 석삼자인 三자로 마을 또는 그 준말인 말은 말 馬자로 변해 삼마(三馬)가 되었다. 삼마동은 1955년 동구역 율1동을 분리하여 생긴 동인데, 1959년까지 선교구역에 속했다가 1960년 동대원구역으로 넘어왔으며, 1972년 삼마동을 1 · 2동으로 나눌 때 삼마동은 없어졌다. 구역은 동대원 1 · 2동, 동신(東新) 1 · 2 · 3동, 문신(紋新) 1 · 2동, 신흥 1 · 2 · 3동, 냉천(冷泉) 1 · 2동, 삼마(三馬) 1 · 2동, 신리(新里)동, 율동(栗洞), 새살림동 등 18개 동을 두고 있다.

8) 대동강(大洞江)구역

1960년 사동구역의 5개동과 선교구역의 문신동 일부지역을 합쳐 대동강을 끼고 있는 지역이라 하여 대동강구역이라 하였다. 1981년 대동강구역의 6개 동을 분리하여 신설하였던 문수구역이 있었는데 1983년 대동강구역에 합쳐지면서 없어졌다.

대동강구역 북쪽에 의암동이 있었는데 이 동명은 옷바위를 한자로 표기하면서 명명된 동명이다. 그 옛날 어느 한 총각이 주암산으로 나무를 하러 갔다가 갈증이 나서 마신 샘물이 고량진미로 빚은 술이었다. 술을 마신 농부는 대동강을 한걸음으로 날아건너 이 바위 위에 앉았는데 취기가 올라 바위 위에 옷을 벗어놓고 한잠 실컷 잤다. 이 때부터 이 바위를 옷바위 즉 의암(衣岩)이라 하였다. 또다른 전설로는 마을에 중병을 앓고 있는 홀아버지를 모시고 사는 총각이 있었는데 어느날 강가에 나가 물고기를 잡고 있었는데 솔밭 가운데서 선녀들이 화려한 옷을 입고 춤을 추다가 쉴참에 옷을 벗어놓고 강물에 들어가 목욕을 하고 있었다. 이 때 난데없이 돌개바람이 일어나 선녀들의 옷 한 벌이 바람에 날려 총각이 사는 집 가까이에 있는 바위 위에 떨어졌다. 총각은 선녀들이 놀라지 않게 그 옷을 가져다 주었다. 선녀는 고마워 소원이 있으면 풀어주겠다고 하였다. 총각은 아버지의 병을 고쳐주고 은 마음에서 만병통치약인 하늘나라 복숭아를 가져다 주었으면 좋겠다고 하였다. 총각의 아버지는 그후 선녀가 가져다 준 복숭아를 먹고 병이 나았다고 한다. 그 때부터 총각의 지극한 효성이 깃든 바위를 옷바위 또는 의암이라고 하였고 그가 살던 마을을 옷바위 마을, 또는 의암동이라고 불려졌다고 한다.

이 의암동 남쪽 대동강 기슭에는 대취섬이라는 섬이 있었는데 옛날 어느 한 젊은이가 주암산 바위틈에서 샘솟는 물을 마시고 크게 취해 대동강을 한 걸음으로 날아건너 옷을 벗어놓고 한잠 자고나서 내려온 섬이 이 섬인데 취기가 더 올라 더 이상 걷지 못하고 누워 있었다고 한다. 이 때부터 이 섬을 몹시 술에 취한 섬이라는 뜻에서 대취섬이라고 하였다고 한다. 본래 섬의 이름은 대추나무가 이 섬에 많았다 하여 생긴 명칭이나 그것을 한자로 써 대취가 되고 또 거기에 살을 붙여 말한 것이 대취섬이다.

대동강구역 능라2동 관할하에 능라도 웃쪽에 왕성탄이라는 여울이 있다. 옛날에는 평양을 왕성이라고 하였으므로 평양성을 끼고 있는 여울이라 하여 왕성탄이라고 하였다. 전설에 의하면 고구려 어느 왕 때인가 적이 평양성을 공격해 옴에 하늘이 도와서인지 대줄기 같은 비가 며칠째 내려 침략자들이 강을 건널 수 없어 지체하고 있었다. 이 틈을 타서 평양성내 관민들은 만반의 준비를 하였다.

사흘이 지나도록 강물은 줄지 않아 적은 공격을 멈추지 않을 수 없었다. 적들은 동대원벌 인근을 노략질을 함에 주민들의 적개심은 날로 높아져 가는 가운데 낯선 백발노인이 나타나 외치기를 주민 가운데 젊은 사람 한 사람을 강에 뛰어들게 해 용서를 빌어야 한다고 한후 사라졌다. 이 말을 들은 한 군졸이 선뜻 나서 자신이 외적을 평양성 가까이까지 쳐들어오게 한 죄를 내가 강물에 뛰어들어 그 죄를 빌겠다고 하였다. 그 순간 천지가 진동하면서 신비하게도 강물이 삽시간에 줄어들고 돌다리가 나타났다.

이에 고구려군은 방심하고 있던 적들을 향해 급습을 함으로써 적을 섬멸시킬 수 있었다. 이렇듯 몸을 던진 왕손의 위훈을 기리기 위해 여울을 왕손탄이라 하였는데 오랜 세월이 흘면서 왕손이 왕성으로 변하여 왕성탄이 되었다. 구역에는 소룡(沼龍) 1·2동, 탑제(塔濟) 1·2·3동, 사곡(寺谷) 1·2동, 동문(東紋)1·2동, 문흥(紋興) 1·2동, 문소(紋繡) 1·2·3동, 옥류(玉流) 1·2·3동, 능라(綾羅) 1·2동, 청류(淸流) 1·2·3동, 의암동(衣岩洞), 대동강동, 북소(北繡)동 등 25개 동이 있다.

9) 사동(寺洞)구역

사동(寺洞)은 옛날 절간이 있었다 하여 생긴 마을로 사동구역은 조선조 때 평안도 평양부의 생이방, 추오미방, 률사방, 대동강방 지역을 포괄하였던 곳이나, 1910년대 초에 평양부의 추을미면, 청룡면, 율리면에, 1914년에는 대동군에 속하였었다. 이가운데 추을미면은 지난날 추을미방에 속해 있었다. 세종실록 지리지에 추오말(推吾末=미루말)이라는 명칭에 대한 기록이 그후 음이 비슷한 한자로 잘못 표기하면서 추을미로 표기되었다. 미루는 모란봉 웃미루에서부터 뻗어내려온 아래미루이다.

조선조 말부터 미림으로 표기하여왔다. 후에는 미림을 숲이 우거진 경치가 아름다운 곳이라는 뜻에서 미림이라고 하였다. 옛날 어느 임금이 배를 타고 대동강을 거슬러 올라가다가 이 지대의 우거진 숲을 보고 그 풍치의 아름다움에 탄복하여 지어준 이름이라고도 한다. 추을미동은 1910년대 초부터 평양부의 추을미면 미림동으로 정착되었다. 광복전 미림리로 있다가 1967년 남산리로 개편된 미림리 마을 앞은 논이 질펀하게 펼쳐져 있는 미림벌이 있다. 이곳에 승리부락이 들어섰고 여기를 동소재지로 하였는데 여기서 동쪽으로 먹골이라는 마을이 있었다. 먼 옛날 살길을 찾아 유랑하던 두 형제가 이 곳 마을앞 샘터에서 쉬면서 여기가 어딘가고 물으니 사람들은 이곳은 나무도 많고 샘터도 좋아 길손들이 쉬어가기는 하지만 아직 고장이름이 없다고 하였다. 두 형제는 살 만한 곳이라고 여겨 짐을 풀고 숯으로 먹을 만들어 팔면서 살았다.

이 때부터 이곳을 먹골이라고 부르게 되었다고 한다. 그후 식구가 늘고 살림이 늘어나자 형은 골 안쪽으로 들어가 살게 되었는데 그 때부터 안먹골과 밖먹골로 갈라졌다. 이곳을 흑화동, 묵동, 외묵동, 내묵동이라고도 하였다. 조선조 말 평양부 추을미방 빈동이었던 곳이 1914년에 평안남도 대동군 추을미면 빈리로 있다가 1946년 장천리에 편입되면서 없어졌는데, 밖먹골 위쪽이 1946년 잡초가 무성하던 지역을 새로 마을이 형성되면서 새마을동이라 하였다.

이 인근에 마라무지라 부르던 곳이 있는데 예전에 서울과 평양을 연결하는 큰길을 끼고 있어서 사람들의 내왕이 빈번하고 점포와 여인숙 주막들이 많이 있었다. 특히 말을 타고 내왕하는 사람들이 많아 자연히 말무리가 모여들었다. 따라서 이곳에서 어떤 말들은 병들어 죽거나 노쇠해 죽는 말들이 많아졌다.

자연히 말무덤이 많아졌는데 이를 마라무지라 하였다. 즉 말묻이의 뜻이다. 마라무지의 마라를 이곳에서 많이 자라는 마름풀에 갖다대어 '마름빈' 자를 씀으로서 빈리(蘋里)라 부르기도 하였다.

구역내 장천동(將泉洞)이라는 마을이 있는데 장천은 한모금의 물을 마시면 장수처럼 힘이 솟는 샘이 있는 마을이라 하여 생긴 명칭이다. 1914년 평안남도 대동군 율리면 장천리로 있다가 1946년에는 오늘날 새마을동이 된 빈리(蘋里)를 통합하여 평양시 북구 장천리가 되었다가 1959년에는 사동구역에 편입되었으며, 1965년 장천리는 장천동으로 편입되면서 없어졌다.

속칭 소우물이라고도 하는데 옛날 한 농군이 수풀이 무성한던 이곳에서 자주 소를 풀어놓아 풀을 먹여왔는데 하루는 소가 없어져 소의 행방을 찾아 헤맸는데 얼마 후 어느 샘터에서 물을 먹고 있는 소를 발견하였는데 좀처럼 자리를 떠나지 않으려 하였다. 물맛이 지극히 좋았기 때문이다. 이에 사람들이 우물을 파고 이 우물을 소우물(牛井)이라고 하였다.

장천동 이웃에는 동창리(東倉里)가 있다. 평양부 율사방에 있는 리로 평양 동쪽에 있던 나라의 창고가 있었다 하여 동창이라 하였는데, 점차로 많은 집들이 생겨나 먼저 생겨난 마을을 구동창, 나중에 생긴 마을을 신동창이라 하였다.

사동구역 남쪽에 오류리가 있는데 옛날 이곳에 늪이 있었는데 그 주변에 다섯 그루의 큰 버드나무가 있었다 하여 오류리(五柳里)라 하였다.

이 마을에는 화목하고 부지런한 두 형제가 하루는 조밭의 김을 매고 있었는데 갑자기

회오리바람이 일어나면서 난데없는 용을 만나 용궁으로 가게 되었다. 용왕은 의좋고 부지런한 이 형제를 칭찬하면서 많은 금은보화를 주며 고향으로 돌려 보냈다. 이후 형이 살던 마을을 큰오류리, 동생이 살던 마을을 소오류리라 하였다.

광복 이전에는 평안남도 대동군 청룡면에 속해 있었고, 1947년에는 강동군에 속해 있다가 1959년 평양시 승호구역 오류리로, 1965년에 사동구역에 속해 오고 있다. 구역에는 배나무가 많은 고개밑에 있는 마을이라 하여 배고개라 하던 것을 한자로 옮기면서 이현(梨峴)이 되었고, 1952년 평안남도 대동군 청룡면 모운리 래도리와 합쳐 승호군의 리현리로 되었다가, 1965년 사동구역에 속하게 되었다. 리현리에는 야방골이라는 곳이 있었는데 마을앞에 비석돌이 있는데 한 비석에는 앞에는 남강 뒤에는 점점 아방산이라고 씌여 있고 다른 비석에는 야방동이라는 마을 이름이 새겨져 있었다. 옛날 밤길을 헤매던 한 나그네가 이 골안에서 비치는 불빛을 보고 마을을 찾았다고 한다. 이후로 이 마을을 야방동이라 하고 골안의 산을 야방산이라고 한다.

이현리에는 조산이라는 곳이 있는데 사골앞 인공적으로 만들었다는 산으로 한 풍수가가 이 고장 사람들이 잘 살지 못하는 것은 사골과 쑥골 사이가 터져 있어 재산이 흘러나가기 때문이라고 하면서 흙을 날라다 산을 만들어 그것을 막아야 잘 살 수 있다고 하였는데 이 말을 좇아 만든 산이 조산이라 한다.

위의 쑥골옆 절간과 부처가 있던 부처벼랑이라는 곳이 있는데 이곳 절간의 한 중이 부처의 코구멍에서 떨어지는 구슬을 돌문이 달린 석함에 보관하였다가 착하고 어진 사람의 병을 고치는데 썼다고 한다. 함과 부처가 있던 흔적이 오늘날까지 남아 있다고 한다.

냉주천이라는 지명도 있는데 풍년골에 있던 3형제못의 별칭이다. 의좋은 3형제가 척박한 땅을 일구어 얼마간의 소출을 내 보려고 하였으나 별다른 소득을 올리지 못하였다. 원인이 물을 제 때에 대지 못하는데 있다고 보고 물줄기를 찾으려 날마다 땅을 파헤쳤다.

그러던 어느날 하루는 땅속에서 이제야 사람을 만났군 하는 하는 소리와 함께 물줄기가 솟구쳤다. 이렇게 하여 세 개의 못이 생겼는데 이 물이 얼마나 소중했던지 찬술과 같다는 뜻에서 냉주라고 하면서 이 세 못의 물줄기가 서로 합쳐져 흐르는 개울을 냉주천이라 하였다.

대동여지도에도 표시되어 있는 소선대는 쑥골옆 벼랑터는 신선들이 이곳에 내려와 웃고 춤추며 즐겁게 놀았다고 하여 일명 석선정이라고 한다. 소선대 인근에는 낙암정이라는 정자가 있는데 사원군 능성리와 접하는 곳에 세워져 있던 정자인데 남강을 끼고 바위 벼랑 한 끝에 기묘하게 서 있어 명물로 알려져 왔다.

이현과 오류리 연결노상 중간지점에 놓여 있는 대원리는 조선조 말 동산마을 또는 원동이라고 불렀다. 이후 점차 마을이 커지면서 큰 '대' 자를 붙여 대원동이라 하였다. 이러한 대원동에는 진봉 옆 절이 있던 산골마을인 산사리라 하는 곳이 있는데 이곳 산밑 둘레에는 버드나무가 우거진 연못이 있었는데 이 못을 지나서야 절로 갈 수 있었다. 하루는 스님이 시주를 받아가지고 늦게 절로 돌아오다가 잘못하여 그만 못에 빠져 죽었다. 마을 사람들은 중의 원한을 풀어주기 위하여 절을 헐어서 못에 쳐넣어 절도 없애고 못도 메웠다고 한다. 현재는 농경지가 되어 있다.

이러한 산사리는 1914년 평양부 청룡면 사동과 미산동 일부가 합쳐져 대동군 청룡면 산사리가 되었다가 1952년에 대원리에 통합되어 없어졌다. 대아산마을이 삼합 아래 크고 맑게 보이는 산을 대아산이라 불렀다.

풍수에 도통한 선거사의 한 스님이 이곳 마을사람들에게 묘자리를 잡아 주면서 얼마만큼 파면 푸른색의 돌이 나오는데 그 돌을 절대로 들추지 말라고 당부하고 자기에게 먼저 알리면 반드시 앞으로 이 마을에서 성인이 날 것이라고 하였다. 사람들은 스님의 말을 반신반의하면서 땅을 파 내려가니 과연 푸른돌이 보였다. 호기심이 발동되어 돌을 들어내니 흰비들기 한 쌍이 날아갔다. 이에 스님은 몹시 화를 내면서 마을사람을 꾸짖고 다시 다른 자리를 잡아주면서 여기에다 묘자리를 쓰면 집안에 명기가 날 것이라고 하였는데 이후 과연 스님의 말대로 명기가 태어났다고 한다.

이밖에 당재우물, 해지개등 등과 관련된 여러 전설도 있다. 먼저 당재우물에 관한 이야기로 '호개 고을 아래 성황당이 있던 재등밑 마을로, 한 스님이 이곳을 지나다가 어느 부자집에 들러 시주를 청했으나 인색한 주인영감은 마침 하인이 거름을 퍼내던 넉가래로 두엄이나 가져가라는 시늉을 하였다. 이러한 광경을 보고 있던 마음씨 고운 이 집 며느리가 시아버지의 눈을 피해 시주를 듬뿍하였다. 이를 고맙게 여긴 스님은 며느리에게 말하기를 머지않아 이 고장에 큰 재앙이 닥칠터이니 당장 이곳을 떠나라고 하는 말을 남기고 스님은 홀연히 자취를 감추었다. 이에 마음씨 고운 며느리는 황급히 마을을 벗어나자 마자 천둥번개가 요란하게 치면서 장대같은 비가 억수같이 퍼부으면서 마을은 온데간데 없이 사라지고 말았다. 그리고 마을이 있던 자리에는 크다란 물웅덩이가 생겼는데 웅덩이

에는 애꾸눈 물고기가 와글거렸다고 한다.'

해지개등은 당골 옆에 있는 등성이로 해질녘에만 해가 드는 등밑 마을에 딸과 며느리를 데리고 사는 심술이 고약한 노파가 있었는데 해지개등 서쪽 밭은 며느리가 해지개등 동쪽 밭은 딸로 하여금 김을 매게 하였다. 그래서 딸은 등너머로 해만 떨어지면 일손을 털고 돌아왔으나 며느리는 해가 등을 넘어가서 어둠이 깃들 때까지 김을 매게 하였다고 하여 해지개등이라는 명칭이 생겨났다.

대동강 양각도 인근에 위치하고 있는 송신동은 원래 평양부 율리방 송신동이었는데 오래전부터 솔아티 혹은 송신이라고 불리워왔다. 솔아티는 솔밭이의 변한 형태이고 송신은 소나무가 많은 곳에 새로 생긴 마을이라 하여 붙인 이름이다.

솔 '송' 자와 섭 '신' 자를 쓰기도 하는데 옛적부터 소나무를 베어 장안에 가서 팔아 온 마을이라는 데서 유래한 것이다. 1914년 평안남도 대동군 율리면 송신리로 1967년 다시 송신동으로 되었다가 1972년에 1, 2동으로 분리되면서 송신동 자체는 없어지고, 솔아티라는 전래지명만 남아 있다. 소나무와 관련해 이름이 생긴 또다른 고장으로 송화동이 있다. 송화동은 송신리 일부를 분리하여 생겼던 동명으로 소나무가 많고 솔꽃이 많이 피는 곳이라 하여 큰솔아리라고도 불렀다. 송화동에는 칡이 많다 하여 칠산리 큰 불당이 있는 곳이라 하여 불당리 등의 마을이름이 있었는가 하면, 좌기청이라는 고장 명칭도 있었다.

영두천 앞마을에 옛날 어떤 벼슬아치가 왕명을 받고 역포구역 원북리의 연당산을 지나다가 이 지방의 산세와 풍치를 살피고 하도 아름다워 이곳에서 쉬려고 하자 나졸들이 원의 뜻을 알아차리고 유숙할 집을 지었는데 갈길이 바쁜 원은 잠시 쉬고나서 떠났다. 이로부터 잠깐 앉았다가 일어나 떠난 집이라 하여 좌기청이라 하였고 그것이 이곳 마을 이름으로 되었다. 아직도 집터와 그 때 쌓았던 주춧돌이 남아 있는데, 돌의 규격은 가로 30㎝, 세로 20㎝, 높이 5㎝로 귀맞물림 할 수 있는 장식문양이 있고 집터규모는 폭 3m, 길이 8m정도이다. 이러한 좌기청이라는 말소리가 변하여 장기롱이라 불려졌다고도 한다. 호기재(회계재) 학내들 위쪽에 있는 등성이에 평양부자 학내라는 사람이 상원과 중화 사이의 들판에서 소작료를 거둔 곡식을 해마다 이곳에서 셈을 하고 매상천에 배를 띄워 실어갔다고 한다.

학내와 관련해 학내의 누이가 서재골 건너편에 살고 있었는데 고개에 올라서서 소작료를 거두어들인 쌀을 배로 실어가는 오라비를 건너다 보며 오라비 못지 않게 산다고 자랑하였다 하여 이 고개를 자랑고개라 하였으며 부근에는 학내라는 부자가 판 세 개의 우물이 있었다.

매상천은 학내들 아래 매생이가 다니던 개울로 물줄기가 상류로부터 범람하게 되면 이곳까지 뻗쳐 배가 드나들었다고 한다. 오늘날까지 가로 10m 정도의 폭을 가진 못으로 남아 있다. 남강의 지류인 상원강변에 위치하고 있는 덕동리는 사동구역 동편 끝쪽에 자리하고 있다.

높은 언덕에서 물이 이 고장으로 흘러들어옴에 덕수동(德水洞)이라 하였는데 후에 물 '水' 자를 빼고 덕동리라 하였다. 조선조 말 평안남도 상원군 상도면 덕수동이었는데, 1914년 중화군 상동면 덕수동으로, 1930년부터 광복직후까지는 중화군 풍동면으로, 1947년에는 강동군 풍동면에, 1952년 평안남도 상원군 덕동리가 되었는데 이 때에 용강리, 고암리, 니현리, 덕동리가 합쳐졌다. 1965년에 평양시 사동구역에 들어갔다. 덕동리에 편입된 고암리의 지명 유래는 가정골 옆 오랜 바위가 많았는데 상원 원님으로 부임한 원이 이 고장을 지나다가 어느 한 바위를 보고 그 모양이 하도 신기하여 나졸들에게 〈고 바위 좀 보라〉라고 하였는데 이 때부터 이 마을을 '고바위' 또는 '고암리' 라 하였다고 한다.

덕동리 대추골에는 옛날부터 대추나무가 많았는데 덕동대추나무라 하여 천연기념물로 등록되어 있기도 하다. 대추골 옆에는 거북이가 기어 넘어가는 모양을 하고 있는 산이 있는데 이 산을 구월산이라 한다. 옛날 바다에서 쫓겨난 거북이가 강을 따라 살 곳을 찾아 헤매다가 한 산을 넘어왔는데 문득 산밑에서 물맛이 좋은 샘을 만나 그 곳에 머물러 살기로 하였다. 그후 거북은 이곳에 살다가 죽었는데 그 거북이의 형체가 굳어져 산이 되었다 하여 구월산(龜月山)이라 불렀다.

인근에는 밴배루 또는 반벼루라 부르는 곳이 반천다리 위쪽 벼랑을 끼고 있는데 위의 '벼루' 는 벼랑을 뜻하는 말로 벼룻돌의 벼루와 같은 발음이다. 전설에 강세균이라는 스님이 이곳을 지나다가 좋은 벼룻돌이 있는 지대라 하면서 그 자리에서 벼루를 만들고 대원리에 있는 신필봉에 손을 뻗쳐 붓을 뽑아들고 진펄의 물을 찍어 넓다란 백지에 조상대대로 있어 보지 못한 명당자리로다 라고 썼다. 이 때부터 이 고장 사람들은 이곳에 묘를 썼는데 말 그대로 가문이 번성하였다고 한다. 한자로 옥연이라 하였는가 하면 벼루 '硯' 자를 고개 '峴' 자로 헷갈리게 옥현 또는 옥연이라고 하기도 하였다.

평양과 상원 중간에 있는 반천개라 불려지는 개천이 있는데 연유인즉 상원군의 원이 평양성으로 가던 중 개천가 어느 주막에 들러 쉬게 되었는데 주막 앞으로 흐르는 개천 이름을 물으니 모른다고 함에 이곳이 평양 상원 중간쯤이니 반천개라 부르는 것이 좋겠다고 하여 생긴 개천 이름이다. 일명 물줄기가 가늘다고 해서 가는개라고 하기도 한다.

덕수동에서 고암으로 넘어가는 고갯길에 소나무가 무성하였고 수풀이 무성해 범이 나온다 해서 범골이라 부르는 이 곳에 어느날 나무꾼이 소를 끌고 나무를 하려고 이 골 안으로 들어갔는데 범과 맞닥뜨렸다. 두려움에 벌벌 떨고 있는데 소가 머리를 숙이고 씩씩거리며 범을 향해 돌진해 나갔다. 이에 용기를 얻은 나무꾼은 소와 힘을 합쳐 범을 때려잡았다.

나무꾼이 범을 소잔등에 싣고 마을로 돌아오니 모두 장사라고 칭찬하면서 그 때부터 이 골짜기를 범골이라 하였다. 덕동리에는 전래 고장명으로 전촌, 원골, 리생산, 한산, 송산, 백산, 권산, 양산, 소산등, 권추모루, 백가굴, 도리굿 등 특유의 명칭이 많다. 이 가운데 권추모루 아래에는 뾰죽바위로 된 벼랑이 있는데 이 고장 한 소년은 성격이 비뚤어져 무슨 일을 시키면 꼭 반대로 하였다. 이에 어느 스님이 이 아이의 비뚤어진 성품을 고쳐주려고 벼랑쪽으로 데려가면서 절대로 뒤를 돌아보지 말라고 신신당부하였다.

그러나 결국 뒤를 돌아봄으로써 그 소년은 그만 그 자리에서 바위로 굳어져 버렸다고 한다. 그렇게 해서 생긴 이 바위가 바로 애기벼랑바위라고 불려지고 있다. 또한 치선녀라는 머슴이 살다 떨어져 죽은 바위라 하여 치선녀바위도 있는데, 포악한 부자가 치선녀를 혹사시킴에 굴욕을 견뎌내지 못하고 벼랑밑으로 떨어져 죽었다. 이에 사람들은 이 바위를 치선녀바위라고 불렀다. 금탄리(金灘里)는 1949년 평안남도 강동군 청룡면 지탄리 지역을 분리하여 생긴 리로 금탄이란 금을 캐던 여울이 있다 하여 붙여진 이름이다.

1952년 강동군 청룡면 사도리, 양지리, 기림리, 금탄리, 지탄리를 합쳐 승호군의 1개 리로 하고 리 명칭을 소재지 마을인 금탄마을의 이름을 따서 명명하였다. 1959년 승호구역 금탄리로 되었다가 1960년 사동구역에 편입되었다. 위의 청룡면은 면소재지가 있던 마을에 큰 못을 낀 여울이 있었는데 흐린 날씨에는 해묵은 물고기들이 물기둥에 휘말려 하늘로 오르는 것처럼 보였다고 한다. 속칭 쇠여울, 지탄, 버들여울은 모두 금탄과 관련된 것들이다. 구역 서북쪽에 두루동이 있는데 이 곳에 두루봉이 있었는데 웬일인지 이 봉우리에는 새들이 둥지를 틀지 않았는데, 어느 때인가 암두루미 1마리가 다리가 부러져 더 날지 못하고 이곳에 내려 앉게 되었다. 짝인 숫두루미는 이곳 인근 버드나무에 둥지를 틀고 안간힘을 써서 암두루미를 옮겨 앉힌 후 부러진 다리가 아물 때까지 시중을 들면서 새끼를 쳤다.

이 때부터 두루미가 날아들었는데 두루봉의 이름도 여기에서 나왔고 두루동도 이와 관련해 생겨났다. 두루동은 1960년 사동구역 장천리 일부와 대천동을 합쳐 만든 동이다. 1974년 이 동을 1 · 2동으로 나누고 1981년 두루 1동은 대동강구역 소룡2동으로 개편되고 두루2동은 두루동이 되었다.

1991년 다시 1 · 2동으로 나누어지면서 두루동은 없어졌다. 두루동 관내에는 평양 주변에서 가장 높은 산으로 평양구경 온 사람은 예로부터 고두산을 보고 가야만 했다. 궤도전차 종점이 여기에 있는가 하면, 산 아래부분은 소나무가 무성하지만 윗부분은 펀펀하여 시야가 넓게 트여 산마루가 높게 보여진다.

옛날 절골을 사동이라 하였는가 하면, 쉴 바위가 있다 하여 휴암동이라고도 하였는데 1955년 사1동을 고쳐 휴암동이라 하였다. 1981년 대동강구역으로 넘어갔다가 1983년 다시 사동구역으로 옮겨졌다. 이 쉴바위와 관련한 이야기로, 어떤 장수가 이곳에 큰 바위를 가볍게 지고 왔다가 쉬어갔다고 하고, 마귀할미가 치마폭에 싸서 가지고 왔다가 잠이 들어 그냥 놓고 갔다고 한다. 그런가 하면 선녀들이 의암동에 옷을 벗어놓고 대동강에서 물놀이를 하다가 쉴바위에서 쉬어 갔다고 해서 휴암동이라는 명칭이 생겼다고 전해지고 있다. 오늘날 사동구역에는 미림(美林), 남산, 장천(將泉), 동창(東倉)리, 오류(五柳)리, 이현(梨峴)리, 대원(大圓)리, 덕동리(德洞里), 금탄(金灘)리, 송신(宋新) 1 · 2 · 3동, 송화(松花) 1 · 2동, 두루1 · 2동, 휴암(休岩)동, 삼골동, 석정(石井)동 등 19개 동 리를 두고 있다.

10) 대성(大城)구역

평양 대성산성이 자리잡고 있는 구역이라 하여 대성산성구역으로 구획되고 일대에는 대성산성 남문, 고구려시기의 고분군, 안학궁터, 청암동 토성, 고방산성, 금강사지 광법사 등의 고적이 산재해 있다. 오늘날 대성구역에는 대성동, 안학동, 갑문동, 임흥동, 고산동, 용남동, 청암동, 미산1동, 미산2동, 미암동, 용복동, 용흥1동, 용흥2동, 용흥3동, 청호동 등 15개 동 등을 두고 있다.

대성구역 중심지인 대성동내에는 기원 427년 초까지 100여년에 걸쳐 쌓은 수도성으로 을지봉, 장수봉을 비롯한 6개의 봉우리를 연결한 석성으로 성벽과 망루 장대들과 21개소의 성문과 암문, 무기고, 식량창고, 병사(兵舍) 170여 개의 못과 물주머니 등 방어시설들을 갖추고 있었다.

동내(洞內)에는 대성산 수삼나무, 두충나무, 목란 등과 중생대 화석을 비롯한 여러 가지 천연기념물들이 있다. 특히 대성산은 평양중심부에서 가장 높은 산이며 큰 산성이 있다고 하여 대성산성이라고 하는데 일명 구룡산, 용산, 노양산, 노산이라고도 불렀다. 산천경개가 아름다워 일찍부터 평양팔경의 하나로 알려졌다.

문헌통고에 이르기를 평양부의 동북쪽에 있는 로양산이 있는데 산 정상에 3개의 못이 있다고 하여 산성의 유구성을 입증하고 있다. 대성산 골에는 소문봉 북쪽에 동천호라는 호수가 있는데 동천은 기원 274년 평양성을 쌓고 성을 옮긴 동천왕의 왕호를 따 부르게 된 것이다.

또한 산성 서쪽에는 미천호라는 호수가 있는데 옛날 한평생을 산성건설에 바친 미이찬이 생의 마지막 시기에 대성산성을 건설하고 장수각지붕에 적의 침략을 알려 스스로 불을 뿜는 기와인 자봉와를 씌웠으나 산성의 약점인 물문제를 풀지 못하고 있었다. 그는 이것이 늘 마음에 걸렸다.

한편, 적국에서는 자봉와 때문에 고구려에 대한 침략기도를 이룰 수 없게 되자 염탐군을 보내 미이찬이 자봉와를 적국에 팔아 넘겼다는 헛소문을 퍼뜨리게 하였다. 거짓 소문을 들은 왕은 즉시 미이찬을 잡아들여 사실 여부를 캐묻게 하였다. 미이찬의 심문을 통해 염탐군은 자봉와의 위치를 알아내려는 적들의 간계를 간파한 미이찬은 끝내 그 위치를 언급하지 않고 억울한 누명을 쓰고 혹독한 고문을 당하면서도 장수각지붕에 자봉와가 있다는 것을 내색하지 않았다.

따라서 미이찬은 멀리 귀양을 가게 되었다. 그는 귀양살이를 떠나면서도 자기 아들에게 생전에 풀지 못한 산성내의 물 문제를 해결할 것을 당부하였다. 이에 아들은 백방으로 노력한 끝에 산성 북쪽 끝에서 큰 물줄기를 찾아내어 호수를 이루게 하니 이 호수의 이름을 미천호라 하였다. 이후 산성내의 물줄기는 계속 발굴되어 170여 개의 못을 두게 되었고 나중에는 99개로 줄었으나 세월이 흐름에 따라 대개가 메워져 현재는 그 흔적을 찾아보기 어렵게 되자 1989년에 99개의 못을 발굴하여 그중 6개의 못은 옛 이름대로 하고 나머지는 번호를 붙여 놓았다.

즉 구룡연, 형제못, 장수못, 사슴못, 이어못 등인데 각 못에 관한 전설을 안고 있다. 여기서 빼놓을 수 없는 전설로 장수각 지붕의 자봉와에 관련한 이야기이다. 자봉와는 스스로 봉화를 뿜어내 적의 침략을 알리는 기와이다. 그런데 자봉와는 기와와 뭇기와들 속 사이에 감추어져 있었다. 적국의 밀정이 이 기와를 찾아내 없애려고 온갖 술책을 다 썼다.

이 밀정 중 봉선이라는 첩자가 고구려장군의 시중군으로 발을 붙이고 은밀히 활동하는 것을 임돈이라는 장군 수하에 있는 고구려 군사에게 발각되었다. 그러나 눈먼 장군은 봉선녀의 꾀임에 빠져 임돈을 처형하였다. 비보에 접한 임돈의 딸 달매는 원수를 갚을 기회를 얻기 위하여 전국무술대회에 출전하여 1등으로 뽑혔고 고관들과 접하게 되었다.

하루는 봉선이 장군부인들 틈에 끼여 있는 것을 보고 그 뒤를 추적하였다. 낌새를 눈치챈 첩자인 봉선은 탈출을 위해 장수각 지붕과 잇닿은 천막에 불을 질렀다. 달매는 위험에 처한 자봉와를 지켜내기 위하여 불을 먼저 끄고 다음에 원수 봉선에게 비수를 날려 처단해 버렸다. 그러나 안타깝게도 달매는 봉선녀가 던진 독이 묻은 칼에 맞아 최후를 마쳤다는 전설을 남기고 있다. 대성구역 동북쪽에 위치하고 있는 안악동은 고구려의 왕궁이었던 안악궁이 자리잡고 있던 곳이라 하여 안학동이라 하였다.

안학동에는 안학궁터와 고분 17기가 남아 있다. 안학궁은 고구려가 수도를 평양으로 옮기기 위하여 대성산성과 함께 건설하고 장수왕 때 이곳으로 옮긴 왕궁이다. 궁전은 5동의 건축물로 이루어졌는데 중심에 남궁, 중궁, 북궁 등의 3개 동(棟)과 동서로 2개의 건축물이 있었다.

중궁은 내전으로서 왕실 내부행사에 사용되었으며 남궁은 외전으로서 국가적 행사에 사용되었다. 궁은 네모난 성벽으로 둘러쌓였다. 성벽 동서남북 사방에 4개의 성문이 있었으며 427년부터 587년까지 왕궁으로 쓰여졌다.

궁터 동북쪽에는 왕궁우물터가 있었는데 매몰되었던 것을 1992년에 복원하였다. 안악동은 조선조 말 평양부 임원방에 있던 동으로 1914년 평안남도 대동군 임원면 북사리이었던 이 곳을 1946년 평양특별시 북구 북사리로, 1952년 남 · 북사리를 합치고 1955년 북구역의 남북사동으로 개칭하면서 없어지고 대신 안악동과 삼신동으로 갈라졌다. 삼신동이 없어지면서 대신 1990년에 갑문동이 생겨났다.

미림갑문을 끼고 있다 하여 갑문동이 된 이 동에는 4세기에 토성으로 쌓은 고방산성터가 있다. 산성은 대성산성을 전면에서 지키는 위성의 역할을 하였다. 성안에는 각종 군사 시설들과 고방사라는 절간이 있었다. 1960년 림흥리를 림흥동으로 바꾸면서 과거 북구역에 속해 있다가 대성구역에 속하였다.

무성한 숲이 있었다는 의미에서 임흥(林興)이라 하였다. 동에는 대동강 위쪽에서 오리가 되는 마을이라 하여 상오리, 100세대 주민들이 살았다는 백호동네, 대동강과 합장강이 합쳐지는 곳으로 경치가 아름답고 농사가 잘 되어 살기좋은 고장이라 하여 신미리가 변음되어 시무리가 되었다고 한다.

합장포는 임흥동의 서남 청암동 동남쪽에 있는 개울물이 대동강물에 흘러드는 곳이라 하여 합장포라 하였다. 높은 산 아래에 있는 마을이라 하여 고산동이라 하는 이 동은 1952년에 임흥리로 편입되어 없어졌다가 1955년 임흥리 일부를 분리하여 북구역 고산동이 다시 생겼다가 1958년 대성구역 고산동으로 되었다.

이 곳에는 고구려 때의 고분 23호 · 24호 2기가 있다. 오늘날 김일성종합대학이 자리하고 있는 용남동은 1955년 서구역 용흥동의 일부를 떼내어 용흥동 남쪽에 위치하는 동이라 하여 1958년 대성구역 용남동이 되었다.

이 동에는 용남산이 있는데 산마루에 김일성동상이 서 있다. 청암산을 끼고 있는 마을이라 하여 청암동으로 명명된 이 동은 조선조 말 평양부 인흥부 임원방에 속해 있었으며 1914년 대동군 임원면 청암리로, 1943년 평양부 청암리, 1946년 평양특별시 서구 청암리로, 1952년 미산리와 청암리가 통합되어 미암리로 되었다가 1955년 서구역 미암리가 미산동과 청암동으로 분리되어 다시 부활되었으며, 1958년 대성구역 청암동으로 되었다.

청암동에는 청암토성 성터가 있는데 이 토성은 대성산성과 함께 4세기에 축성된 것으로 반달형의 성이다. 대성산성을 방어하기 위한 위성역할을 하였다. 경치가 좋은 곳이여서 임금의 휴식처로도 이용되었다. 토성안에는 기원 394년에 세워진 금강사의 터가 있고 팔각전과 대문, 금당 등의 건축물이 있었다. 아축이라는 부처와 미륵이라는 부처의 머리글자를 따서 지은 아미산 아래에 있는 마을이라 하여 미산동이라 하였는데 조선조말 평양부 임원방에 속해 있었다.

1914년 평안남도 대동군 임원면 미산리로, 1939년 평양부 미산리로, 1946년 평양특별시 서구 미산리로 되었다가 1952년에 서구역 미산리와 청암리가 통합되어 미암리로 되어 없어졌다.

1955년 평양시 서구역 미암리가 분리되어 청암동과 미산동이 다시 부활되었고, 1958년에는 대성구역 미산동으로, 1963년에는 미산 1 · 2동으로 나누어지면서 미산동 자체는 폐지되었다.

아미산과 관련된 전설로는 산밑 한 마을에 효성스러운 자매가 살고 있었는데 아버지가 북쪽으로 수자리를 갔다가 고구려땅에 잠입한 적의 첩자를 무찌르고 희생되었다고 한다. 이에 아버지의 원수를 갚기 위해 자매는 밤낮없이 무예를 익히고 있었는데 어느날 벌판으로 달아나는 사슴을 좇는 왕자와 맞닥뜨리게 되었다. 왕자는 말 위에서 달아나는 사슴을 겨냥해 거듭 화살을 날렸으나 끝내 사슴을 놓치고 말았다. 그 광경을 지켜보던 자매가 산벼랑으로 달아나는 두 마리의 사슴을 한 살에 쏘아 맞혔다. 그것을 본 왕자는 무엄한 행동을 했다는 죄명을 씌워 자매를 왕궁으로 끌고 갔다.

왕이 이들 자매들에게 날아가는 여덟마리의 기러기를 쏘아 맞혀보라고 하니 명령이 떨어지자 마자 쏘아맞히니 떨어진 기러기들은 죽지 않고 퍼덕거렸다. 연유를 물으니 우리 고구려가 못내 그리워 불원천리 찾아왔던 기러기들인데 어찌 이를 죽일 수 있으리오! 그래서 날개를 쏘아 맞혔다고 하였다. 왕은 이들 자매가 석가모니의 충실한 제자로 재간이 있는 성인인 아축과 미륵에 비해 손색이 없다고 칭찬하였다.

그날로 이들 자매들의 소원대로 고구려의 장군이 되었다. 형은 아축장군, 동생은 미륵장군이라고 하였다. 장군이 된 이들은 아버지가 싸우던 전장으로 군사들을 이끌고 나아가 큰 공을 세우고 최후를 마쳤다. 그 때부터 이곳 사람들은 그들이 살던 마을 뒷산을 아미산이라 불렀다. 용흥동은 그 옛날 비가 많이 내릴 때 이곳에 있던 늪에서 용이 하늘로 올라갔다는 전설에 의해 생겨난 동명인데 1 · 2 · 3동이 있다. 푸른 호수와 같은 대동강 기슭에 있는 마을이라 하여 청호동(靑湖洞)이라 하였는데 구역 동남쪽에 위치해 있다.

여기에는 기원 403년 고구려왕궁인 안학궁으로부터 똑바로 남쪽에 큰길을 건설할 때 청호동 남쪽에서 사동구역쪽으로 놓았던 대동강다리가 있었던 고구려 다리터가 있다.

11) 만경대구역

만경대구역은 1959년 당시의 중구역 일부 동과 남구역의 일부 동 및 평안남도 대동군의 읍과 일부 리를 합해 구역내 만가지 경치를 다 볼 수 있다는 산인 만경봉이 있다 하여 만경대구역이라 하였다. 1997년 현재 구역내에는 만경대동을 비롯하여 칠골 1·2·3동, 금성 1·2·3동, 갈림길 1·2동, 축전 1·2동, 팔골 1·2동, 광복 1·2동, 건국동, 선구자동, 장훈 1·2·3동, 당상 1·2동, 선내동, 삼흥동, 용악산동, 금천동, 대평동, 용산동, 서산동, 용봉리 원로리 등 29개 동 2개 리를 두고 있다. 구역내에는 대체로 그 동명이 광복 이후 북한체제와 관련해 명칭화되고 있다. 다만, 만경대동은 조선조 말 평안남도 평양부 고순화면 내동, 서동, 송산동, 남동지역이었고 1910년대 초에는 대동군 고평면(고순화면과 평천면이 통합되어 만들어진 면) 내리, 서리, 송산리, 남리 지역이었다. 1952년 위의 4개 리를 통합하여 대동군 만경대리로 개편하였다. 1959년에 만경대구역이 생기면서 만경대동은 구역의 중심 동이 되었다. 1994년에는 3월 동의 일부를 갈라내 서산동을 내왔다.

이 고장은 자연히 만경봉과 연관된 지명 및 전설이 많다. 몇몇 예를 들어보면 만경봉 아래에는 구렁이머리라는 곳이 있는데 장수가 날 곳이라 하여 일제는 구렁이 눈을 파 낸다고 고개마루에 쇠말뚝을 박아놓기도 하였는데 오늘날에는 도로공사를 하면서 없어졌다. 높이 292m인 용악산은 기묘한 생김새와 험준한 산세를 용에 비겨 부른 이름이다. 이러한 아름다운 자연경치로 평양8경의 하나로 꼽히고 있다. 용산만취라는 말은 용악산의 저녁풍경이라는 뜻인데 저녁무렵 산기슭 아래 안개가 감돌고 산봉우리들이 푸르러가는 풍경을 일컫는 것이다. 산 남쪽 중턱에는 고구려시대에 세우고 조선시대에 고쳐지은 백운암과 1656년에 지은 용곡서원이 있다. 용악산 천연기념물로 백운암 절간옆에 있는 두 그루의 큰 느티나무와 참중나무와 용곡서원 담장 가까이에 있는 100여년 전에 관상용으로 심은 향오동나무가 있다.

용악산 밑에는 선우골이라는 골짜기가 있는데 어느날 선우도감이라는 한 노인이 낮잠을 자는데 꿈에 범이 나타나서 무작정 자기를 끌어당기는 꿈을 꾸었다. 꿈에서 깬 그는 하도 이상하여 밖으로 나가보니 범의 울음소리가 들렸다. 범이 함정에 빠진 것이었다. 그는 범을 가엾게 여겨 나무꾼들이 베어놓은 나무단을 던져주었다. 범은 나무단을 딛고 밖으로 뛰쳐나왔다. 범은 기뻐하며 선우영감을 등에 태우고 용악산을 넘나들었다. 이후 사람들은 선우도감이 범을 타고 다녔다 하여 선우골이라 불렀는가 하면, 일명 범골 또는 골안이 오목하다 하여 오목골이라고도 한다.

옛날 봉화를 올리던 봉화산기슭의 마을을 봉화동이라 하였는데, 조선조 말에는 평양부 용산면의 한 동이었다가 1910년 용산면의 봉수리와 대타령리로 되었다. 1946년 평양특별시 서구 대타령3리로 개편되어 없어졌다가 1955년 대타령3리가 일부가 분리되어 봉수동이 다시 생겨나고, 1959년 만경대구역에 속했다가 1972년 봉수 1 · 2동으로 분리되면서 봉수동은 없어졌고 1988년 봉수동은 광복동으로 개칭되어 없어졌다. 1993년 12월 광복동은 다시 광복 1 · 2동으로 갈라졌다.

광복동과 같은 시기에 생겨난 선구자동은 웃고개동을 개칭한 것으로 그 이전의 궁궐 1 · 2동을 합쳐 내온 동이다. 옛날 이 고장사람들은 웃고개라는 곳에 갑옷을 보관해 두었다가 전쟁이 나면 여기와서 갑옷으로 갈아입고 전쟁터로 나갔다고 한다. 궁궐1동 역시 1988년 장훈 1동으로 바뀌었고 궁궐 2동은 장훈 2동으로 고쳐졌다.

12) 형제산(兄弟山)구역

형제산구역은 모양은 비슷하고 크기는 서로 다른 두 개의 산인 형산(兄山)과 제산(弟山)이 있는 구역이라는 뜻에서 1960년 당시 서성구역 천남리, 학산리, 신간리, 서포동, 하당동 일부와 만경대구역의 당촌리 봉수동 일부, 고천리, 용성구역의 신미리 평안남도 순안군 대양리 일부로 구역을 만들었다. 1997년 현재 형제산구역은 서포 1 · 2 · 3동, 서룡동, 석전동, 하당 1 · 2동, 중당동, 상당동, 학산동, 서산동, 신간 1 · 2 · 3동, 신미동, 형산리, 제산리, 천남리 등 18개 동, 리를 관할하고 있다. 위의 여러 동과 리 가운데 천남리는 조선시대부터 불려져 온 리로 마을 남쪽으로 보통강이 흐른다는 뜻에서 붙여진 이름이다. 평안남도 대동군 서천면에 속해 있다가 1952년 면제가 폐지되면서 평안남도 대동군 남형제산면 남교리, 이계리, 하당리와 통합되어 평양시 서구역 천남리로 되었다. 1953년 천남리 일부를 분리하여 하당리를 신설하고 1959년에 서구역이 서성구역으로 고쳐지면서 이 구역에 속하였고, 1960년 형제산구역이 새로이 생기면서 이 구역에 속하게 되었다. 학산동 역시 오랜된 동명인데 풍수지리상 학을 품고 있는 형상의 마을이라 하여 지은 이름이다. 1910년대 이후에는 평안남도 대동군 부산면의 학산리였는데 1952년 대동군 부산면의 삼봉리, 서산리를 합쳐 순안군의 한 개 리로 되고 그 이름을 소재지 마을인 학산마을의 이름을 따서 학산리라고 하였다. 1959년에는 학산리를 서성구역에 편입시켰다가

1960년에 형제산구역에 속하게 되었다. 1991년 학산리에 속해 있던 서산(해지기) 마을이 갈라져 나와 서산동이 되고 학산리가 학산동으로 되었다. 구역내에는 예전의 부산면이 속해 있는데 부산은 학산동 봉수산의 다른 이름이다. 부산이란 도끼산이라는 뜻인데 전설에 의하면 옛날 어떤 장수가 도끼로 몰려오는 적들을 모조리 이 산에서 무찔렀다.

임진왜란 때에도 이 산에서 왜적들을 격퇴하고 평양성탈환 전투에서 승리하였기 때문에 백성들 사이에 왜놈들이 부산에서 일어나고 부산에서 그친다는 말이 나돌았다고 한다. 여지승람에 의하면 봉수산은 북쪽으로 독자산, 남쪽으로는 작약산(보통강구역 봉화산)과 연락을 취하였다고 한다. 신미동(新美洞)은 조선조 말 평안도 평양부 부산방에 있던 동인데 신미(新美)는 봄이 오면 온 마을에 과일꽃이 만발하여 늘 새롭게 아름다워진다 하여 붙여진 지명이다. 1910년대에는 평안남도 대동군에 속해 있었고 1952년에 신안리, 신흥리와 통합하여 순안군의 한 개 리로 되면서 소재지 마을의 이름을 따서 다시 신미리라고 하였다. 1959년에 용성구역에 편입되었다가 1960년에 다시 형제산구역에 넘어왔고, 1991년에 신미동으로 개편되었다.

동생격인 제산리는 1960년에 형제산구역이 신설되면서 당시의 만경대구역 당촌리와 봉수동 일부로 새로 내온 리인데 형제와 같이 나란히 서 있는 두 산 가운데서 제산(弟山) 즉 아우재를 낀 마을이라 하여 제산리라고 하였다. 1910년대에 이곳은 평양부 남형제산면의 자류동, 장촌동, 사동이었다. 그후 1914년에 평안남도 대동군에 속하였다가 1952년에 면이 없어질 때 자류리, 장촌리, 사리가 통합되어 대동군의 장촌리로 되었다가 1959년에 평양시 만경대구역에 편입되었다. 1960년에 형제산구역이 생겨나면서 만경대구역 당촌리와 봉수동 일부를 평양시 형제산구역에 편입시키고 리 이름을 제산리로 불렀다. 리안에 움무덤 유적에서 국보급유물인 줄 놋단검이 발굴되었는데 고조선사람들이 남긴 것이다. 제산리에는 사리라는 절터가 있던 골짜기마을이 있는데 전하는 말에 의하면 옛날 이 고장 마을 사람들이 집터를 닦고 절간을 짓고 있었는데 어느날 샘물에 담가 놓은 술동이에 구렁이가 빠져 죽었다고 한다. 불길한 징조라고 하여 마을사람들은 절간건설을 중지하고 용악산에 그 절간을 옮겨지었다고 한다. 제산리는 1910년대에 평안남도 대동군 남형제산면에 속해 있다가 1952년에 면이 폐지되면서 자류리, 당촌리와 합쳐 당촌리로 되면서 없어졌다. 일명 절골이라고 한다.

1960년 만경대구역 고천리를 형제산구역에 편입시켜 그 이름을 형산리로 고쳤다. 조선조 말 평안남도 평양부 남형제산면 고천리, 내리, 사포리, 모로리 등 여러 마을이 있었다. 1952년 4개 리를 합쳐 대동군의 한 개 리로 하고 그 이름을 고천리라 하였다. 그후 평양시 만경대구역에 편입되었다. 형산리에는 석우부락이 있었는데 이 마을은 홍촌과 인접한 마을로 해마다 많은 소가 병에 걸려 죽었는데 마을사람들은 액을 막는다면서 화강석으로 된 큰 돌소를 만들어 세웠다. 그후부터 소들이 잘 자랐다고 한다. 이 때부터 마을 이름을 석우(石牛)라고 하였다. 1936년 이 부락에 사는 차모라는 자가 이 돌소를 몰래 훔쳐 화를 막는 기물(忌物)이라고 속여서 팔아먹었다. 격분한 마을사람들이 들고 일어나 돌소를 다시 찾아내 세웠는데 1972년까지 그대로 있었다고 하는데 이후의 소식은 알 수 없다.

형제산구역에는 조선조 말까지 동로골과 강촌 사이에 있는 마을이라 하여 '새골' 이라 불려져 온 동리가 있었다. '새골' 은 사이골과 같은 의미인데 이를 한자(漢字)로 옮긴 것이 간동 또는 간리가 되었다. 1952년 간리와 현암리를 합쳐 순안군의 한 리가 되면서 명칭을 신간리라 하였다. 즉 새로운 간리라는 것이다. 이러한 신간리는 이후 신간 1 · 2 · 3동으로 나누어졌다. 오늘날 신간2동에는 승글늪 또는 성굴늪이라 하는 곳이 있는데, 여기에는 애기바위와 낚시바위가 있는데 이곳에서 고려 때 묘청의 승군들이 관군과 맞서 싸울 때 이 늪의 물을 음료수로 사용했다고 한다.

형제산구역 동남쪽에 서포(西浦)라는 포구가 오래전부터 있어왔는데 1952년부터 동(洞)이름으로 쓰여지게 되었다. 조선조 말까지 평안남도 평양부 서천면의 동포동, 상동동, 서룡동 등 마을이 있었으나, 1914년에 서천면이 없어지면서 대동군 임원면에 속하게 되었다. 1952년에는 임원면 동포리, 상동리, 서룡리를 합쳐 평안남도 대동군의 한 개 리로 리의 이름을 서포리로 하였다.

1959년에 평양시 서성구역에 속하였다가 1960년에 형제산구역이 생기면서 서포리는 이 구역에 속하고 1972년 서포 1 · 2동으로 나뉘어지고 1979년에는 다시 서포 1 · 2 · 3동으로 나뉘어졌다. 서포2동에는 도끼산과 제롱산이 있는데 도끼산은 홰불산 맞은편에 있는 산으로 옛날 한 나무꾼 총각이 도끼로 평양성에 쳐들어온 적들을 이 산밑에서 쳐부셔 평양성을 지키는데 큰 공을 세웠다 하여 도끼산이라 하였으며, 그의 공을 기리기 위해 제롱산에 신당을 짓고 매해 제사를 지냈다고 한다. 인근의 앞남산은 학산동에 속해 있는데 봉수산앞 남쪽산 밑에는 오늘날 북한군묘지가 있다. 구역내에는 상당(上堂), 중당(中堂), 하당(下堂) 등의 동명(洞名)이 있다. 상당동은 1963년 하당동이 3개동으로 분리될 때 생겨났고 그 가운데 있는 동을 중당동으로 하고 하당동 자체는 1972년에 하당 1 · 2동으로 나뉘어졌다.

상당동에는 천남리와의 경계에 가방산이 있는데 옛날에는 이 산 바위굴을 과방처럼 이용하였다는 데서 과방(果房)이 가방으로 변해지면서 생겨난 산 이름이다. 같은 동내에 애기바위가 있는데 마치 여인이 애기를 업은 것처럼 보이는 바위가 있다. 이 바위에 대한 전설로 '심보 사나운 한 지주가 며느리와 함께 살고 있었다. 며느리는 워낙 가난한 집 딸이어서 인정이 있고 무던하여 늘 마을사람들을 눈치껏 도와주곤 하였다. 어느날 바람이 불고 천둥 번개와 우뢰가 치더니 갑자기 한 신선이 나타나 악독하기 그지없는 지주를 벌하려고 하니 며느리는 애기를 업고 빨리 산으로 피하라고 하였다. 그러면서 뒤에서 그 어떤 소리가 나도 절대로 뒤를 돌아보지 말라고 당부하였다. 며느리가 집을 나선지 얼마쯤 갔을 때 벼락치는 요란한 소리가 남에 며느리는 신선이 당부한 말을 어기고 뒤를 돌아보았다. 이 때문에 며느리는 애기를 업은 채 돌로 변해 버렸다' 하여 한자로는 부아산(負兒山)이라 쓰고 속칭 애기바위라 칭하고 있다. 민속놀이의 하나인 석전(石戰)놀이와 연유해 생긴 석전동이라는 유서깊은 마을도 있다.

이 마을은 평안도 평양부 서천방에 속하였고 1910년 이전에는 평안남도 평양부 서천면의 장당동이었고, 1914년에는 대동군 서천면 상당리로, 1939년에는 대동군 림원면 상동리로, 1952년이 면제가 없어지면서 상동리는 평안남도 대동군 서포리에 통합되면서 없어졌다. 1959년에는 서포리가 평양시 대동군에 분리되어 평양시 서구역에 들어갔다가 서구역이 서성구역으로 개편될 때 일부 지역을 갈라 평양시 서성구역 서산동이 되었다. 1963년에는 평양시 서성구역 서산동이 2개 동으로 분리될 때 이곳은 서산2동으로 되었다가 1965년 형제산구역에 들어감으로써 석전동으로 고쳐졌다. 이곳에는 평양닭공장으로 알려져 있는 서포닭공장이 있다. 용이 하늘로 올랐다는 전설에 따라 서룡동이라 하였는데, 이 마을에는 용이 드나들었다는 문 모양을 한 바위가 있다 하여 용문동이라 불려졌다는데 현재는 철길이 나 마을은 없어졌다. 해가 지는 서쪽 산밑 마을이라 하여 서산동은 평양부 부산방에 속해 있다가 1910년에는 평안남도 대동군 부산면에 속하였고, 1952년에 없어졌으며 1991년에 학산동의 일부 지역을 분리하면서 되살아났다.

13) 룡성구역

1959년 평안남도 순안군의 일부와 평양시 대성구역의 일부를 합쳐 생겨난 구역으로 소재지명을 따서 룡성구역이라 명명하였다. 당시 순안군의 용성노동자구 서리, 마산리, 중이리, 하리, 하차리, 신미리와 평양시 대성구역 청계리 화성리를 통합하여 1개 동, 8개 리를 두었는데 동, 리는 다음과 같다. 동성동 서리, 마산리, 중이리, 하리, 하차리, 신미리, 청계리, 화성리 등이다. 1960년 위의 마산리 중이리 하리 하차리 등의 리를 동으로 고쳤고 서리는 어은동으로 변경하고 신미리는 형제산구역으로 넘김으로써 룡성구역은 5개 동, 3개 리가 되었다. 1963년에는 용성동 일부를 분리하여 용궁동과 용추동을 신설하였고 청계리를 청계동으로 개칭하면서 8개 동, 2개 리를 두었다. 1965년에는 어은동, 하리, 하차동 등의 일부를 각각 분리하여 임원동을 신설함으로써 9개 동, 2개 리가 되었다. 1967년에는 청계동 일부와 룡궁동 일부를 각각 분리하여 용문동이 신설되어 10개 동 2개 리로 1972년에는 용성동을 용성 1 · 2동으로 나누고 용추동 역시 용추 1 · 2동으로 임임원동 일부를 마산동에 마산동 일부를 용추2동에 붙여 12개 동 2개 리가 되었다. 1979년 용궁동이 용궁 1 · 2동으로 나누어지고 1984년에는 평양시 삼석구역 대천동이 편입되어 옴으로써 14개, 동 2개 리가 되었다.

1988년 평양시 룡성구역 마산동 일부와 삼석구역 삼석리 일부를 통합하여 명오동을 신설하여 15개 동, 2개 리가 되고 1997년 청계동, 화성동, 마산동, 임원동, 어은동, 중2동, 용궁1동, 용궁2동, 용추1동, 용추2동, 용성1동, 용성2동, 용문동, 대천동, 명오동 등 15개 동을 두고 있다. 구역내 청계동은 합장강의 맑은 물이 마을 앞을 지난다고 하여 얻어진 이름으로 조선조 말에는 평양부 임원방 청계동으로 있었고, 1914년 평안남도 대동군 임원면 청계리로, 1952년에는 운월리 와산리와 합쳐 새로운 청계리가 되었다.

1959년에는 평양시 대성구역에서 룡성구역으로 넘어왔으며, 1963년에 리가 동으로 개편되었다. 청계리 소재지인 운월리는 조선조 말 평양부 임원방의 운월동이었다. 마을 뒷산이 높아 구름이 자주 끼며 밤이면 달도 구름속에 가리워지곤 하여 운월동이라 하였다. 1914년 대동군 임원면 운월리로 되었다가 1952년에 청계리와 합쳐지면서 없어졌다. 화성동(和盛洞)은 화목하게 지내면서 글공부를 잘하여 마을을 흥성하게 하라는 뜻에서 서재(書齋) 이름을 화성재(和盛齋)라 하였다. 1910년대에는 평양부 임원방 화성동이었다가

1914년 평안남도 대동군 임원면 화성리가 되었다. 1952년 면제가 없어지면서 대동군 화성리와 기암리가 합쳐져 새로운 화성리로 되었다. 이후 평양시 대성구역에 들어갔다가 1953년 평양시 룡성구역 화성리를 화성동으로 고쳐졌다.

마산(말메)을 끼고 있는 마을이라 하여 조선조 말 평양부 시족방의 마람동과 지산동(일부)이 있어왔는데, 1914년에 마람동과 지산동의 일부를 합쳐 평안남도 대동군 부산면 마산리로 있다가 1939년 대동군 룡악면으로 이관되었다가 1952년 평안남도 대동군 부산면의 동범사리와 합쳐 평안남도 순안군 마산리로 있었다.

1959년에 마산리는 평양시 룡성구역으로 편입되면서 이듬해인 1960년에 마산동으로 고쳐졌다. 이 마산리는 흔히 말메골이라 불려져왔다. 마산에는 그 옛날 용마가 나왔다는 전설이 있는가 하면, 마람동은 아지랑이가 많이 끼는 말메 아랫마을을 지칭하며, 지산동은 잔디가 많은 산 아랫마을로 조선조 말에는 평양부 시족방 지산동이었는데 1914년 일부는 마산리에 들어가고 다른 일부는 1952년 대천리에 포함되면서 없어졌다.

범사리는 온 마을이 모래땅으로 된 리로, 1910년대까지 평양부 부산방 범사동이었던 것이 1914년에 평안남도 대동군 부산면 범사리로 되었다가 1930년대에 동범사리와 서범사리로 나뉘어져 오다가 1952년 대동군 룡악면 마산리에 통합되어 폐지되었는데 일명 범골이라고 하였다.

1910년부터 광복 이전까지 평안남도 대동군 용악면 하차리지역이 1959년 평양시 룡성구역 하리, 하차리로 나뉘었다가 1965년 평양시 룡성구역 임원동으로 바뀌었는데, 이 때에 하차동 일부와 하리 일부, 어은동 일부가 합쳐지면서 생긴 지명이 하차리이다. 임원동(林原洞)에 흡수된 하리는 원래 면소재지 마을이었다. 원래 평양부 용악방 하동이었고 1914년에는 용악면 하리로 되었다가 1965년에 그 일부가 임원동에 들어가 극히 일부는 평성시로 넘어가면서 없어졌다. 하차리는 하리 다음에 있었던 마을로 1959년 평양시 룡성구역에 편입되었다가 1965년에 일부는 평양시 룡성구역 임원동에 넘어가고 다른 일부는 평성시에 넘어가면서 없어졌다. 이밖에 1952년 이원동 구역내에 1914년까지 평안남도 대동군 용악면 동북리가 있었는데 서리와 하차리에 각각 편입되어 없어졌다. 1960년에 새로이 생겨난 어은동은 지형상 늘어진 골짜기에 있는 동리라는 데서 비롯되었다.

서리는 본래 용악방 서쪽에 있다 하여 붙여진 이름으로 조선조 말에는 평양부 용악방에 속해 있었는데 1914년 평안남도 대동군에 편입되었다가 1952년 평안남도 대동군 용악면의 서리와 동남리가 합쳐져 순안군의 서리가 되었다. 1959년 평양시 룡성구역에 편입되었고 이듬해인 1960년에 어은동으로 개칭되었다. 위에 언급되고 있는 동남리는 일명 동북리라고도 하는데 지난날 면 동남쪽에 있던 리라 하여 그렇게 불려졌고, 1914년 평안남도 대동군 용악면 동남리로 있다가 1952년 서리와 합쳐지면서 폐지되었다.

어은동과 이웃하고 있는 중이동(中二洞)은 이 고장 3개 골 가운데 두 번째 골을 중심으로 한 마을이라 하여 중이동으로 이름 지어졌다. 조선조 말에는 평양부 부산방 중이동이었다가 1914년 평안남도 대동군 부산면 중이리로, 1952년에 상일리 중이리 서범사리와 합쳐 순안군 중이리로 개편되고, 1959년에 평양시 룡성구역에 넘어왔으며, 1960년에 중이동으로 개편되었다.

위의 상일리는 여러 마을 가운데서 위쪽으로 첫 마을이라 하여 상일리라 하였다가 1959년에 중일리에 속하면서 없어졌다. 서범사리는 상사동의 서쪽에 있었던 마을로 1930년대에 평안남도 대동군 부산면 범사리가 나누어져 상사동이 되었다가 1952년에 중이리에 합쳐져 역시 없어졌다. 일명 모래여울 아래에 있은 골이라 하여 하사골이라고도 불려졌다. 중이동 동소재지 웃골짜기 마을에 오룡동이라는 곳이 있었는데, 옛날 이 골짜기 개울에서 갑자기 흰물줄기가 갈라지면서 다섯 마리의 용이 하늘로 올라갔다고 한다.

그 후 이 마을에는 오씨 성을 가진 사람들이 많이 살게 되면서 五자가 오(吳)자로 바뀌여져 오룡동(吳龍洞)으로 적게 되었다. 룡성구역내에 있는 용궁동은 이 고장에 있던 마을의 큰 늪에서 용이 올랐다 하여 생긴 용연의 '용' 자와 제사를 지냈던 재궁이 있던 두 마을의 첫 자를 각각 따서 용궁동이라 하였다. 일명 다섯 번째 골짜기에 있던 마을이라 하여 오골이라고도 불려졌다. 용궁리는 1914년 평안남도 대동군 부산면에 속해 있다가 1952년 부산면의 용궁리와 서양리 남궁리가 합쳐져 용궁리가 되었고, 1958년에 용궁리는 평안남도 순안군 용성노동자구에 편입되어 폐지되었다. 1959년 용성노동자구는 평양시 룡성구역에 속하면서 위 노동자구는 용성동으로 개편되었다. 1963년 용성동이 용추동과 용궁동으로 나뉘어지고 1979년에는 용궁동이 1 · 2동으로 나뉘어졌다.

용궁1동에는 내각결정 17호에 의해 지은 17호사택이 들어서 있다. 용궁2동에는 웃재원동에서 재궁부락으로 넘어가는 국수당고개가 있는데 옛날에는 고개 마루에 국수당이 있었으나 오늘날에는 대형 건물이 들어서 있다.

룡성구역 소재지인 용성동은 원래 평양부 임원방 용성동이었는데 후에 용성리로 되었고, 1930년대에 평안남도 대동군 부산면에 속했다가 1952년 화곡리 수산리가 통합되어 평안남도 순안군 용성리로 개편되고, 1957년 순안군 용성로동자가 되었다. 1959년 평양시 룡성구역 용성노동자구로 들어갔고, 1972년에 용성 1·2동으로 갈라졌다. 용성1동내에는 개울물에 도롱뇽이 많이 살던 골짜기라 도룡골이라 불려졌던 곳이 있었는데, 현재는 아파트와 학교 구역병원이 들어서 있다.

예부터 양지바른 곳이어서 꽃이 늘 많이 피여진다 하여 화원골이라 하다가 이를 줄여서 황골이라 하였던 화곡리가 있었으나, 1952년에 순안군 용성리에 합쳐지면서 없어졌다. 용성2동에는 박촌, 허촌, 김산, 홍산, 리산, 박산 등의 자연부락명칭이 있었다. 12세기 초인 고려 때 묘청일파가 대화궁이라는 궁전을 새로 지은 적이 있었다고 하는 용추동은 1963년 용성동에서 갈라져 나왔는데, 가래가 많이 나는 골짜기라 하여 가래나무 '楸'자와 용성동의 용 '룡' 자를 합쳐 용추동이라 하였다.

1972년 용추동은 용추 1·2동으로 나누어졌다. 용추2동은 선우씨와 연고가 있어 선우촌이라고도 하였는데 보통 수산리라 불렀다. 조선조 말에는 평양부 부산방 수산동이라 하였으며, 1914년에는 평안남도 대동군 부산면 수산리라 하다가 1952년 순안군 용성리에 편입되면서 없어졌다.

1967년에 용궁동 일부와 청계동 일부를 분리하여 생긴 용문동은 용궁동의 '용' 자와 과학자가 많이 산다는 마을이라 하여 글 '문' 자를 합쳐서 붙인 동명이다. 조선조말 평양부 시족방 대천동이었던 이 동은 큰 샘이 나는 마을이라 하여 붙여진 동명인데, 1914년 대동군 시적면에 속해 있다가 1952년 강동군에 속한 송학리 지산리와 합쳐 평양시 승호군 대천리가 되었다.

대천동은 1959년 삼석구역에 편입되었다가 1984년 룡성구역 대천동으로 개편되었다. 위의 송학리는 소나무에 학이 많이 깃든다 하여 생긴 마을이다. 다시 말해 소나무가 무성하고 꽃이 많이 피는 마을이라 하여 송화리 또는 토기를 굽던 마을이라 하여 토기골이라고도 불렀으며, 지산리는 잔디가 많은 산아래 마을이라 하여 생긴 지명으로 모두 1952년 대천동에 편입되어 없어졌다.

건지리는 평안남도 대동군 시족면 건지산 아래에 있던 마을로 1952년 승호군 삼석리에 통합되어 폐지되었다. 이러한 건지리는 1988년 평양시 마산동의 명오부락과 지지골 삼석구역의 진지리를 합쳐 새로 생겨났는데 동의 중심마을인 명오부락의 명칭을 따서 명오동이라고 하였다. 명오라는 뜻은 양지바르고 밝은데다 오동나무가 많다 하여 붙여진 이름이다. 일명 오동나무골이라 부르기도 한다.

14) 삼석구역(三石區域)

1959년 평안남도 승호군과 강동군의 일부 리들이 분리 통합 신설된 삼석구역은 기묘하게 생긴 세 개의 큰 돌이 있는 마을의 삼거리 이름을 따서 구역명을 정한 지역이다. 이 당시 관할 리로는 성문리, 로산리, 삼석리, 대천리, 호남리, 원신리, 원흥리, 삼성리, 도덕리, 광덕리 등 10개 리였다. 구역내에는 고조선시대의 유적인 남경유적, 고구려벽화무덤 봉화갑문, 장수원협동농장, 삼석인민학교 등이 자리하고 있다. 1960년 위의 10개 리 가운데 성문리는 성문동, 노산리는 노산동, 대천리는 대천동으로 바뀌면서 3개 동, 7개 리를 관할하여 왔다.

1967년에는 성문동 일부가 분리되어 문영동이 신설되면서 4개 동, 7개 리로, 1983년에 노산동이 장수동으로 개칭되고, 1984년에는 대천동이 룡성구역으로 넘어감에 따라 3개 동, 7개 리가 되었다. 1987년 삼석리의 일부 지역인 건지 석삼부락이 룡성구역으로 넘어갔고 1992년 성문동, 문영동, 장수원동, 삼석리, 호남리, 원신리, 원흥리, 삼성리, 도덕리, 광덕리 등 3개 동, 7개 리가 되었다가 1995년 성문동을 분할하여 성문 1 · 2동을 신설하고 성문동은 폐지되었다.

장수원동의 일부를 성문1동에 원신리의 일부를 삼성리에, 삼성리의 일부를 도덕리에 편입시킨 후 1997년에는 광덕리, 삼성리, 도덕리, 원흥리, 호남리, 원신리, 성문1동, 성문2동, 문영동, 삼석리, 장수원동 등 4개 동, 7개 리를 관장하게 되었다. 구역소재지 중심마을인 성문동(聖文洞)은 성덕동의 '성' 자와 농문동(農文洞)의 '문' 자를 따서 지은 명칭이다. 원래 평양부 시족방에 속해 있었는데 1910년대 초에는 평안남도 대동군 시족면 성문리였고, 광복후인 1947년에는 강동군 시족면에 속해 있었다. 1952년에는 강동군 시족면 련화리와 철봉리를 합쳐 평안남도 승호군 성문리로 되었고, 1959년에는 평양시 삼석구역 성문리로 있다가, 1960년에 리가 동으로 바뀌었다. 1967년 동 일부를 갈라 문영동이 새로 생겼고. 1995년 성문동은 성문 1 · 2동으로 분할되면서 폐지되었다. 삼석구역 소재지는 성문2동에 자리하고 있다. 구역내에는 고조선시대의 유적인 남경유적과 고구려 벽화무덤, 봉화갑문, 삼석인미학교, 장수원협동농장 등이 자리하고 있다.

농문동은 농민들이 어려운 환경속에서도 글공부를 많이 하는 고장이라 하여 생긴 이름이다. 이 마을은 지대가 낮아 비가 많이 오면 온 마을이 물에 잠기는 곳이라 하여 일명 수역동이라 부르기도 하였다. 1914년 성덕동과 합쳐져 성문동이 되면서 없어졌다. 문영동(文榮洞)은 1967년 성문동에서 갈라져 나온 동으로 문영골에서 따온 동명이다. 문영은 무명의 변한 말이 무녕에서 나온 말이다. 즉 무녕을 한자로 옮기면서 문영으로 되었다. 이 고장은 땅이 유달리 메말라서 농사가 제대로 되지 않았다. 그런데 고려 때 목화씨를 가져온 문익점의 먼 후손이 목화농사 짓는 법과 무명 짜는 법을 가르쳐 줌으로써 목화고장으로 알려지면서 문영골로 알려졌다. 이곳에는 오늘날 성문협동농장이 있다.

연화리 또는 연화동이라 하는 이 지역은 여름철이면 늪에 연꽃이 만발하게 피어나 연꽃 마을이라는 데서 생겨난 이름이다. 1910년대 초에는 대동군 시족면 연화리이던 것이 1947년 평안남도 강동군 시족면 연화리로, 1952년 평안남도 승호군 성문리에 편입되면서 없어졌다.

철봉리는 철봉산 아래 마을이라 하여 생긴 명칭으로 1947년 평안남도 강동군 시족면 철봉리로 있다가 1952년 승호군 성문리에 편입되면서 없어졌다. 문영동에는 봉국골이라 부르는 골짜기가 있는데 이곳에 고려 때 지은 봉국사라는 절이 있었는데 임진왜란시 불에 타 없어졌고 현재는 절터만 남아 있다. 철봉산은 오늘날 자연보호구역으로 되어 있는데 이 곳에 선녀도랑이 있다.

선녀들이 무지개를 타고 내려와 놀다가 하늘로 올라갔다는 도랑인데 금당연못에서 흘러내려오는 이 도랑에는 바닥에 옥돌이 깔려 있어 물이 수정처럼 맑고 소낙비가 온 다음에는 안개가 뭉게뭉게 피어오르면서 오색영롱한 무지개로 변하곤 하는데 그 광경이 마치 도랑에서 선녀들이 무지개를 타고 하늘로 날아오르는 것 같았다고 한다.

장수원동(長壽院洞)은 1983년 노산동을 개칭한 동으로 장수천 옆에 원(院)이 있어 생겨난 동명이다. 지난날에는 흔히 노산 또는 노산리라 불렀는데 그 연원은 대성산을 일명 노양산이라 불렀기 때문이다. 1910년대 초에는 대동군 시족면 로포동의 일부와 합쳐져 노산리로 되었다가 1952년 시족면의 삼산리, 내리, 토포리, 성산리와 합쳐지면서 승호군 노산리로 되었다. 1959년 평양시 삼석구역에 속했다가 1960년 노산동이 되었으며 1983년에 장수원동으로 개칭되었다.

삼산리는 매봉산 앞 세 개의 봉우리가 있는 마을이라 하여 붙여진 이름으로, 1947년 강동군 시족면 삼산리였다가 1952년 승호군 노산리에 합쳐지면서 없어졌다. 내리는 낮은 야산 안쪽에 자리잡은 마을이라 하여 붙여진 이름으로, 1947년 시족면 내리였는데 여기에 송가골, 종단골, 벼랑개마을들이 속해 있었다. 내리 역시 1952년 승호군 노산리에 편입되면서 없어졌다. 이곳에는 7세기 초의 고구려벽화무덤이 있고 성황당이 있어 당현동이라 부르기도 하였다. 토포리는 질그릇구이에 쓰이는 흙이 깔린 개울이 있어 흙개라고 하는 마을 이름에서 비롯된 것으로 1947년 강동군 시족면 토포리였다가 1952년에 승호군 노산리에 편입되면서 없어졌다. 이곳에도 고구려시기 고분이 있다.

장수원동 관내에는 두씨(杜氏) 성과 관련된 두무동이 있는가 하면, 판서골도 있는데 조선시대 호조의 내자시를 담당하였던 한 관리가 이곳에 살면서 왕실용 쌀, 국수, 장, 기름, 꿀, 남새, 과일 등을 걷어들였던 자리이였는데 현재는 토지정리로 논이 되었다. 고구려 때 장수왕이 다녀갔다는 전설이 있는 장수천은 청운산에서 발원되는 이 물줄기는 사시사철 마르지 않고 대동강으로 흘러들어가고 있다.

삼석리에는 기묘하게 생긴 세 개의 돌이 있는 고장이라 하여 생긴 이름으로 삼석동이라 하였다. 원래 대성산의 장수봉 북쪽에 자리잡고 있는 이 고장은 옛날에는 탑골이라 하였다. 고구려 때 화강석을 정교하게 다듬어 세운 7층돌탑이 있었기 때문이다. 삼석이라 한 것은 이 곳에 세워진 두 개의 7층석탑과 하나의 선돌이 있는데다 또 기묘하게 생긴 세 개의 큰 돌인 장수바위(꿩봉 남쪽의 고구려 안학궁을 일생동안 지켜온 장수의 큼직한 발자국자리가 찍혀 있다는 10평쯤 되는 큰 바위가 지금도 남아 있다), 범바위, 선바위가 있는 고장이라 하여 붙여진 이름이다. 1910년대에는 평안남도 대동군 시족면 삼석리였고 1947년에는 강동군 시족면 삼석리였고, 1952년에는 강동군 시족면 청운리, 건지리, 석삼리와 합치면서 승호군 삼석리가 되었다.

1959년 평양시 삼석구역 삼석리로, 1987년에는 삼석리의 건지, 석삼부락이 룡성구역으로 넘어갔다. 없어진 청운리는 짙은 구름이 항상 끼며 사시사철 푸르다 하여 청운산(대동여지도에는 백운산이라 적고 있기도 하다)이라 하는데, 이 산밑에 있는 마을이라 하여 청운동이라 불렀다.

1910년대에 대동군 시족면 송학동의 일부를 합쳐 청운리로 1947년 강동군 시족면 청운리로 있다가 1952년 승호군 삼석리에 편입되면서 없어졌다.

호수와 같은 대동강을 남쪽에 끼고 있는 마을이라 하여 명명된 호남리(湖南里)는 1910년대에는 대동군 시족면에 속하였다가 1947년에는 강동군 시족면 관할하에 있었다. 1952년에는 강동군 시족면 남경리, 원탄면 표대리와 합쳐 승호군 호남리로 있다가 1959년 평양시 삼석구역 호남리가 되었다.

1952년에 없어진 남경리는 대동강을 남쪽에 끼고 있는 경치가 아름다운 마을 또는 강동군 남쪽지경에 있는 마을이라 한 데서 한자로 남경동(南景洞) 또는 남경동(南京洞)이라 적기도 하였다. 1910년대에는 대동군 시족면 남경리였는데, 여기에는 금산골, 정동, 월명동, 매당골 등의 자연부락이 속해 있었다. 1947년에는 강동군에 속했다가 1952년에는 승호군 호남리에 편입되었다. 이러한 남경리에는 약 5만㎡ 넓이에 신석기시대의 집터 자리들과 청동기시대의 무덤과 고조선 후기의 독무덤들이 있다.

표씨 성을 가진 사람들이 많이 살던 마을이라 하여 표대동이라 한 이 마을은 1910년대에는 평안남도 강동군 원탄면의 표대리였다. 당시 리에는 중표대, 하표대가 속해 있었는데 1952년 승호군 호남리에 편입되어 없어졌다.

오늘날의 호남리지역에는 남경유적과 5세기 말~6세기 초의 고구려벽화무덤인 사신무덤을 비롯한 여러 무덤떼들이 있다. 특히 광대산 서쪽에 위치하고 있는 둥글묘가 대표적인 묘소이다.

이전의 원탄방(元灘坊)의 '원' 자와 새로 내온 동이라 하여 새 '신(新)' 자를 붙여 원신리라 하였는데, 여기에는 문산 성주골, 대골, 원당골 등의 자연부락들이 속해 있었다. 갈풀이 무성한 곳이라 하여 갈골이라 별칭되기도 하였다.

1910년대에는 강동군 원탄방에 속해 온 곳인데, 1952년 평안남도 강동군 원탄면 원신리, 문우리, 남경리 일부가 합쳐져 승호군 원신리가 되었다가 1959년 평양시 삼석구역 원신리가 되었다. 문우리는 문매산 모퉁이에 있는 마을이라 하여 문우동이라 하였는데 여기에는 몽모루와 양지마을이 속해 있었다.

1914년에는 평안남도 강동군 원탄면 삼성동 일부와 합쳐져 문우리가 되었다가 1952년에는 승호군 원신리에 편입되면서 없어졌다. 원흥리(元興里)는 드루늪마을을 한자음화하면서 생긴 명칭이다. 옛날 이곳 들판에 둥글고 큰 늪이 있었는데 늪 주변의 경치가 아름다워 마을 이름을 드루늪마을이라고 하였다.

1914년 평안남도 강동군 원탄면 내동, 상동, 하동의 일부와 합쳐 원흥리로 되었다가 1952년 강동군 원탄면 내리, 신룡리, 상리, 하리와 합쳐 승호군 원흥리가 되었다가 1959년에 평양시 삼석구역 원흥리가 되었다.

없어진 내리는 평양부 강동군 원탄방에 속해 있던 오래된 마을로 내동이라고도 불렀는데, 1914년 강동군 원탄면 신룡동, 원신동의 일부와 합쳐 내리가 되었다가 1952년 평안남도 승호군 원흥리에 편입되어 없어졌는데 속칭 안마을이라고도 불렀다. 신룡리 역시 내동과 같은 행정구역에 있었는데 등룡소(용이 하늘로 올라갔다는 못)가 있는 곳에 새로 생겨난 마을로 1914년 평안남도 강동군 고천면 수동의 일부와 합쳐 원탄면 신룡리가 되었다가 1952년 평안남도 승호군 원흥리에 편입되었고 상동, 하동 역시 대동강 기슭 웃마을 아랫마을을 각기 상 · 하로 구분하여 동명을 붙였는데 1952년 내리 신룡동과 마찬가지로 없어졌다.

세 개의 골짜기가 합쳐진 마을이라 하여 삼성동이라고 하였는가 하면, 산사이에 있다 하여 새리라고도 불렀다. 1914년 평안남도 강동군 원탄면 삼성리로 있었고, 1952년 강동군 원탄면 삼성리, 마학리, 관학리와 고천면 천답리를 합쳐 강동군 삼성리로 되었다.

마학리는 1914년 강동군 원탄면 마학동과 이전의 마산동과 학산동을 합치면서 합성된 동명이다. 학산동은 학이 많이 날아든 산 밑 마을명이다. 관학리 역시 관산밑에 있는 마을과 학산동 일부가 합쳐지면서 생긴 리로 1952년에 없어졌는데 일명 과녁골이라고 하였다.

천답리는 천수답이 많은 지역이라는 데서 유래한 곳으로 1914년 강동군 고천면 수탄과 원탄면 문우동의 일부와 합쳐져 고천면 천답리가 되었다가 1952년 강동군 삼성리에 편입되어 없어졌다. 도덕리(道德里)는 원래 평양부 강동군 고천방에 있던 동이다. 도와 덕을 갖춘 마을이 되라는 뜻에서 비롯되었다. 중평, 하평마을이 여기에 속했었고 고천면 동서동의 일부가 여기에 합쳐졌다.

1952년에는 평안남도 강동군 고천면 도덕리, 열파리, 선광리, 수리가 합쳐져 도덕리가 되었다. 1959년에는 평양시 삼석구역으로 들어갔다. 도덕리에는 봉화갑문이 있다. 1952년에 없어진 열파리는 여울파 또는 열파라고도 하였는데 이 말은 대동강 여울 물결이 바위에 부딪쳐 눈부시게 퍼져나가는 것이 볼 만한 고장이라는 데서 생긴 명칭이다. 현재는 밭으로 변하였다.

아침 햇빛이 먼저 비치는 마을이라 하여 선광리라 불렀던 이 마을은 1914년 강동군 고천면 도덕동의 일부와 합쳐 선광리로 있었으나 1952년 도덕리에 합쳐지면서 없어졌다. 대동강변에 있는 마을이라 하여 수동(水洞)이라 하다가 때로는 수동(壽洞)으로도 쓰여진 바 있는 1914년 강동군 원탄면 신룡동의 일부와 합쳐 고천면 수리로 되었다가 역시 1952년에 도덕리에 합쳐지면서 없어졌다. 언덕 위에 있는 마을 높음이라고도 불렀던 동서리 역시 위의 리들과 함께 병합되면서 없어졌다.

광덕리(廣德里)는 넓은 덕지대에 있는 마을이라 하여 생긴 이름이다. 1914년 강동군 상암동 일부와 합쳐져 고천면 광덕리가 되었다가 1952년 광덕리, 구암리, 룡천리, 반석리, 고성리가 합쳐져 강동군 광덕리가 되었다가 1954년 강동군 한왕리의 일부가 합쳐져 1959년 평양시 삼석구역 광덕리가 되었다.

구암리는 마을안에 거북이처럼 생긴 바위가 있다 하여 붙여진 이름이며 용이 하늘로 날아오르는 것 같다 하여 용천동이라 하였는가 하면, 웃논골이라고 속칭되기도 하였다.

고성리는 옛날 한 여성이 할머니가 될 때까지 지킨 성이 있다 하여 고성리라 하였다. 임진왜란 때 성을 지키고 있던 장수가 군사를 이끌고 전장터로 달려나가 종횡무진으로 왜적들을 무찌르다가 적의 화살에 맞아 전사하였다. 이 비보를 받은 장수의 젊은 아내는 비록 여성의 몸이지만 남편이 지키던 성을 떠나지 않고 무술을 연마하여 할머니가 될 때까지 성을 지켰다는 것이다.

논골이라고도 불려졌던 고성리 역시 1952년 광덕리에 편입되면서 없어졌다. 반석리는 너럭바위와 돌이 많은 고장이므로 반석동이라고도 하였는가 하면, 능골 또는 나분돌이라고도 불렀다.

광덕리는 동쪽 한왕리 서쪽에 옛 창고가 있던 마을이라 하여 사창이라 불려져 왔다. 1260년경 고려조정에서 이곳에서 왕궁을 짓는다고 하면서 둘레 752m, 높이 15m의 성을 쌓았다. 그러나 풍수지리상 왕궁의 위치가 좋지 않다고 하여 왕궁을 한왕리로 옮겨 짓게 하고 이곳을 조세와 환곡을 보관하는 창고로 이용하였다.

15) 승호구역(勝湖區域)

승호라는 명칭의 연유는 지난날 외적이 평양성을 향해 쳐들어왔을 때 우리나라 군사들이 침략군을 물리치고 대승리를 거둔 후에 경치좋은 남강의 합탄 여울가에서 쉬고 간 일이 있는데 이 때부터 이 고장을 승호라고 부른 것이 구역명칭의 유래가 되었다고 한다.

일제침략기에 승호동은 평안남도 만달면에 속해 있었고, 1914년에는 입석동과 파릉리의 일부가 합쳐 승호리가 되었고, 1950년에는 강동군 승호면 승호 1 · 2 · 3리로 갈라졌다가 1952년 평안남도 승호군 승호읍으로 다시 통합되었다.

승호구역은 1952년 평안남도 강동군의 일부 면으로 평안남도 승호군이 신설되었는데 승호면지역을 중심으로 하였으므로 군이름을 승호라고 하였다가 1959년 평안남도 승호군과 중화군의 일부가 합쳐져 승호군으로 개편되었다. 이 당시의 관할구역은 승호동, 괴읍리, 입석리, 오류리, 리천리, 리현리, 대원리, 금탄리, 봉도리, 추당리, 당정리, 대현리, 석정리 등 1개 동, 12개 리를 두었다.

위의 승호동은 이전의 승호읍이 개칭된 것으로 승호읍에 관내에 속하였던 고비리, 삼청리, 화천리, 금옥리를 강동군에 넘기고 원흥리, 원신리, 대천리, 석문리, 노산리, 삼석리를 분리하여 삼석구역에 넘기고 중화군의 추당리, 당정리, 대현리, 석정리가 승호구역으로 들어갔다.

1960년대에 승호구역내의 추당리, 당정리, 대현리, 서정리는 력포구역으로, 금탄리는 사동구역으로 이관되면서 평안남도 삼청리, 화천리, 금옥리, 일부로 다시 구성 1개 동, 10개 리가 되었다. 1963년에는 승호동을 분리하여 승호 1 · 2동이 되고 만달리를 신설함에 2개 동, 11개 리가 되었다. 1965년에는 위의 여러 리 가운데 대원리, 오류리, 이현리를 사동구역으로 넘김에 따라 2개 동, 8개리로 줄어들었다. 1967년에는 화천리를 화천동으로 변경하고 승호1동에서 일부를 떼내 앞새동을, 삼청리 일부를 분리하여 독골동을 두어 5개 동, 7개 리가 되었다.

1972년 입석리를 입석동과 남강동으로 분리 7개 동, 6개 리가 되었다. 1985년에는 광음리를 광전리로 고쳤고 10년 후인 1995년에는 화천동을 화천 1 · 2동으로 나누고 1997년에는 승호 1 · 2동, 앞새동, 독골동, 화천 1 · 2동, 입석동, 남강동, 만달아, 이천리, 봉도리, 광정리, 금옥리, 삼청리 8개 동 6개 리를 두었다. 승호2동에는 흰메 또는 백산이라고 불려지고 있던 석회산이 있었는데 이 산을 스므살 전에 과부가 된 백선행이라는 여인이 여든이 넘을 때까지 홀로 지내면서 근검절약한 돈으로 이 산을 헐값에 사두었다. 이후 일본인들에게 이 산에서 나는 석회석을 비싼 값에 팔아 큰 자산을 모으게 되었고 자선사업을 크게 벌여 그 이름이 자자하였다. 오늘날 이 산은 승호리세멘트공장과 석회석광산부지로 되어 있다.

전설이 서려 있는 용천개울은 승호동 방아골 남쪽에 있는 개울로 옛날에 억수같이 쏟아져 내리는 비에 갑자기 용 한 마리가 개울을 따라 올라가다가 꼬리를 치며 하늘로 올라갔다. 그후 마을사람들이 개울에 가보니 난데없이 깊이가 수십척이나 되는 소(沼)가 생겼다 한다. 오늘날까지 이 소의 깊이가 10여m에 달하는데 사람들은 용천의 '천' 자를 줄여 그냥 용개울이라 부르고 있다. 이러한 용개울 반대쪽 멀리에는 크다란 바위밑에 굴이 있는데 무엇이든 이 굴속에 들어가면 나오지를 못한다고 전해오고 있다. 바위 옆에는 크다란 늪이 있어 구렁이가 그 늪에 살고 있다가 용으로 변해 하늘로 올라갔다고 한다. 용왕이 이 일을 노엽게 여겨 다른 구렁이는 또 다시 용으로 변하지 못하게 하였다고 한다. 이에 굴속에 남아 있던 다른 구렁이들은 심사가 뒤틀려 무엇이든 굴속으로 들어오는 것은 먹어치우고 말았다고 한다. 그래서인지 지금도 이 바위밑 굴안으로 물이 흘러들어가면 어느 곳으로 빠져나가는지 모른다고 한다. 승호1동에는 광복전 백산에 승호리세멘트공장이 들어서면서 새 거리가 생겨났는데 일명 새동네라고 불려졌다. 이 새 거리는 앞새거리와 뒷새거리가 있었는데 1967년 앞뒤 새거리를 합쳐 만든 동이 앞새동이다.

16) 력포(力浦)구역

1960년 낙랑구역에서 유현리, 소신리, 장진리, 역포리, 양읍리와 승호구역에서 석정리, 대현리, 추당리, 당정리를 통합하여 신설한 구역으로 구역의 관문이 있는 역포역이 있는 가장 큰 마을인 역포동의 이름을 따서 구역명칭으로 하였다.

구역내에 동명왕릉이 있고 대현동에는 10여만년 전의 구석기시대 원시인 역포사람들의 원시 유적 · 유물들이 있는 곳이다. 유현(柳絃)리를 비롯하여 소신(小新)동, 장진(將進) 1 · 2동, 소삼정(小三井)리, 력포동, 양읍(陽陰)리, 대현(大峴)동, 추당(楸塘)리, 용산(龍山)리, 능금동, 세우물리 등이 있다.

1959년 평양시 동구역 정백동, 정오동, 송가동, 두단리, 낙랑리, 토성리, 소신리, 장정리와 강남군의 남사리, 보성리, 송남리, 원암노동자구 중화군의 유소리, 역포리, 양읍리,

유현리를 통합하여 내온 구역이다. 낙랑 1 · 2 · 3동, 승리 1 · 2 · 3동, 정백(貞柏) 1 · 2동, 정오(貞梧) 1 · 2동, 충성 1 · 2 · 3동, 통일거리 1 · 2동, 관문(關門) 1 · 2 · 3동, 동산(東山)동, 원암(猿岩)동을 두고 있다. 이 두단섬이 있는 두단(豆段)동, 중단(中端)리, 유소(柳巢)리, 남사(南寺)리, 긴골리, 유사(柳寺)리, 보성(甫城)리, 송남(松南)리, 용호(龍湖)리, 금대(金垈)리가 있다. 두단섬이라는 섬 이름은 벼가 많이 나는 섬이라 하여 벼기섬이라 부르던 것을 한자로 옮기면서 벽지도(碧只島)리가 되었다.

17) 순안(順安)구역

순안구역은 1972년 평남 순안군 순안읍 오산리, 성주리, 구서리, 안흥리, 택암리, 산양리, 용복리, 재경리, 천동리, 대양리로 구역을 내왔다. 순화란 고려 때 묘청의 난을 평정한 후 순하고 평화롭게 되었다는 데서 붙여진 지명이다. 현재는 신성(新成)동, 남산(南山)동, 역전(驛前)동, 석박(石礡)동, 대양(大陽)동, 오산(梧山)리, 동산(東山)리, 구서(九瑞)리, 안흥(安興)리, 택암(宅菴)리, 용복(龍伏)리, 산양(山陽)리, 재경(在京)리, 천동(川東)리 등 5개동에 9개 리를 두고 있다.

18) 강남군(江南郡)

강남군은 1952년 중화군의 5개 면을 떼내 만든 군으로 대동강 남쪽에 위치해 있다 하여 강남군이라 하였다. 곤양강 기슭에 위치한 중화군 양정면의 석양리, 고잔리, 대양리를 합쳐 강남읍을 만들고 군내에 문암(文岩), 고읍(古邑), 동정(東井), 용교(龍橋), 유포(柳浦), 이산(二山), 영진(永津), 간천(間川), 석호(石湖), 용곡(龍谷), 신흥(新興), 상암(上岩), 용포(龍浦), 신정(新井), 고천(古川), 당곡(唐谷), 장교(長橋), 마정(馬井)리 등 18개 리를 두고 있다.

19) 중화군(中和郡)

중화군(中和郡)은 1136년 서경 6현의 하나로 중화현이 나왔다가 1322년에 중화군이 되었다. 이 일대가 개성으로 내려갈 때 점심을 먹게 되는 가운데 위치한다 하여 생겨난 고을 이름이다. 1997년 현재 강남군 고천리 일부가 중화군으로 편입되었으며 관봉(館峯), 삼성(三成), 백운(白雲), 진광(鎭廣), 건산(乾山), 동산(東山), 금산(金山), 장산(長山), 명월(明月), 채송(蔡松), 마장(馬場), 용산(龍山), 어룡(魚龍), 충룡(忠龍), 삼흥(三興), 물동리 등 16개 리로, 읍은 1952년 중화면 락민 1 · 2리, 초현리, 청학리를 합쳐 중화읍이라 하였다.

20) 상원군(詳原郡)

상원군(詳原郡)은 고구려 때 식달현이라 하다가 금달현이라고 하였다. 그후 토산현으로 고쳤다가 1322년 호아주목이라 하다가 토산현이 된 후 상원군으로 개편되었다. 1963년 평양시에 편입되었고 1997년 명당노동자구 일부와 대동리 일부를 떼내 신하리를 신설하고 대천리 장항리에 흑우리 일부를 떼내 각각 편입시켰다. 명당노동자구에 대동리, 령천리, 로동리, 룡성리, 대천리, 금성리, 흑우리 일부를 떼내여 각각 편입시킨 후 현재는 명당노동자구, 대동리, 령천리, 로동리, 용성리, 대천리, 금성리, 흑우리, 대흥리, 번동리, 전산리, 용곡리, 귀일리, 사기리, 장리, 중리, 신원리, 장항리, 식송리, 수산리, 은구리, 신하리 등 1읍, 1 노동자구, 21개 리를 두고 있다.

21) 강동군(江東郡)

강동군(江東郡)은 1136년 평양을 6개의 현으로 나눌 때 평양 동촌지역에 있던 잉을사향, 반석촌, 박달곶촌, 마탄촌을 합해 강동현을 내왔는데 송양이라고도 하였다. 1952년 강동군 강동면 이다리와 칠포리, 지례리, 송학리를 합쳐 강동읍을 내왔다. 1997년 현재 봉화(烽火)리, 흑령(黑嶺)노동자구, 속추(束芻)노동자구, 문흥(文興)리, 향목(香木)리, 동

(東)리, 맥전(麥田)리, 용흥(龍興)리, 명의(明義)리, 고비(高飛)노동자구, 송가(松街)노동자구, 영남노동자구, 대리(垈里)노동자구, 삼등(三登)리, 송석(松石)리, 남강(南江)노동자구, 구빈(九賓)리, 난산(卵山)리, 태잠(太岑)리, 문화(文化)리, 순창(順昌)리, 화강(花岡)리, 하리(下里)노동자구, 상리(上里)노동자구 등 1읍, 9개 노동자구, 15개 리를 두고 있다.

05 달라진 도(道) 및 도청소재지 개황

1) 평안남도

평안남도의 면적은 대략 1만4944㎢로 남북의 길이는 140㎞, 동서로는 약 200㎞가량 된다. 도내 동북편은 비교적 높고 남서쪽으로 낮아 서해안 깊숙이 접해 있다. 평양시가 특별시로 되기 전에는 도청은 평양시 상유동에 있었다. 이러한 평안남도는 고려 성종 14년(995) 이후 도 전체가 패서도(浿西道)에 속했으며, 숙종 7년(1162)에는 서북면에 속하였다가 조선 태종 13년(1413)에 평안도로 고쳐졌다.

1895년 8도제가 폐지되고 전국을 23개 부로 나눌 때, 본도는 평양부, 의주부, 강계부로 갈라졌다가 이듬해인 1896년 13도제를 실시하면서 청남이라고 부르던 청천강과 묘향산맥 이남지역을 평안남도로 구획하였다. 1904년 부군(府郡)폐합시 1부, 14개 군을, 1910년 평양군이 평양부로, 삼화부(三和府)는 진남포로 되었다.

1914년에 2부 14개 군 169개 면으로 있다가 광복당시에는 평양, 진남포 등 2개 시에 대동군을 비롯하여 맹산, 성천, 중화, 강서, 안주, 덕천, 순천, 양덕, 강동, 용강, 평원, 개천, 영원군 등 14개 군, 5개 읍, 134개 면이었던것이 광복이후 여러 차례에 걸쳐 행정구역 개편을 해오면서 현재는 평성, 순천, 안주, 덕천, 개천 등 5개 시, 득장 · 운곡지구 등 2개 지구, 문덕군을 갈라 내온 청남구 1개 구와 대동 증산, 온천, 평원, 숙천, 문덕, 성천, 회창, 신양, 양덕, 북창, 맹산, 녕원, 대흥, 은산군 등 15개 군을 두고 있다.

도내는 예전의 사민정책(徙民政策)에 의한 탓인지 1930년대까지도 도내 동성(同姓)마을이 무려 112개 처나 되었다. 예컨대 100호 이상의 동성마을이 12곳이나 되었으며, 평원군 동송면 연안 차씨(延安車氏)마을은 차씨 동성 가호(家戶)가 230호나 되었다.

안주군 신안주면 동칠리와 운송리에는 순흥 안씨가 166호, 성천군 삼흥면 난산리에는 경주 김씨촌, 개천군 중남면 답도리에는 광주 이씨, 인곡리에는 연안 현씨 마을 등 타성이 전혀 없는 동성마을로 채워져 있었다.

순천시 용봉리에는 방씨(方氏)들 만이 모여살던 방촌(方村)마을도 있었다. 방촌은 대동강 물줄기를 옆에 끼고 드넓은 용봉벌을 바라보며 청룡산 남쪽 아늑한 산자락에 들러앉은 부락으로 조선조 고유의 건축양식의 살림집들이 잘 보존되어 있었을 뿐만 아니라 광복직후에 지은 집들도 예전의 전통양식을 그대로 계승했기 때문에 온 동네가 조선식 기와집으로 된 한옥마을이었다. 결코 화려하거나 크지는 않지만 조선조 말기의 주택양식과 주민들의 주거생활양식을 알아 볼 수 있는 귀중한 민속촌으로 존속해 왔다.

대동강과 청천강 두 강 사이에 끼여 있다 하여 개천이라 명명된 개천군(价川郡)은 1990년에 26개 동, 11개 리를 둔 개천시(价川市)가 되었는데 시내 묵방(墨房)벌에 고인돌, 돌무지무덤, 산성, 가마터, 쇠부리터 등 시기를 달리하는 각종 유적들이 군락을 이루고 있다. 고인돌은 강 옆에 펼쳐진 벌 가운데와 산기슭 구릉 위에 40여기나 되는 떼를 이루고 있다.

이들 고인돌은 고조선 전기의 돌무덤 종류의 하나로서 당시의 생활상면을 밝혀주는 자료들이다. 이밖에 무릉도원이라고 일컬어지고 있는 개천꽃동굴이 1964년에 발견되어 천연기념물로 보호되고 있으며 동굴의 길이는 450m이다.

그리고 고려 때의 전장터이던 건지산 밥모루, 군모루, 마장, 되너머고개, 파군소, 안수진성, 토성, 조양진성, 장학성, 고야성, 대림사 9층탑, 고인돌군 등도 있다.

고구려 때 평원(平原), 고려(931) 때는 나라를 편안하게 하는 고장이라 하여 안북(安北), 영주(寧州)라 하다가 안주군(安州郡)으로 정착해 온 후, 1987년 군이 18개 동, 15개 리를 두고 있는 안주시가 되었는데 시에는 안주읍성인 백상루(百祥樓)가 있다.

이 누각은 성의 서북쪽 언덕에 세워진 서장대(西將臺)인데 100가지 아름다운 경치를 한눈에 바라볼 수 있다고 하여 붙여진 이름으로 관서팔경 중 하나이며 관서제일루(關西第一樓)라 하기도 한다. 백상루가 있는 안주성은 내 · 외성(內 · 外城), 신성(新城)으로 이루어졌었는데 내성은 고구려 때에, 외성은 조선 초기에, 신성은 17세기에 쌓은 것이다. 이외에 칠불사, 보현사, 안흥역 등의 명소가 있고, 안주벌은 예로부터 유명한데 이 벌은 청천강의 쌓임작용으로 생긴 평야이다. 넓이는 600㎢에 달하며 오늘날 북한에서는 열두삼천리벌이라 불려지고 있다.

을지문덕 장군의 이름을 따 온 문덕군(文德郡)은 1952년 안주군의 대니, 용화, 연호, 입석면을 합쳐 내온 군인데 1읍, 21개 리, 1노동자구를 두고 있다. 군내 풍년리(1977년 나서리를 개칭)에 소재하고 있는 소니산은 경치가 아름답기 그지없는 명산이다. 그리고 오리 이원익 정승과 관련이 있는 상공정(相公亭)이라는 정자가 송림가운데 있어 운치를 더해주고 있다.

숙천군(肅川郡)은 외적을 막아 나라를 지키고 민심을 안정시킨 고을이라 하여 엄숙할 '肅' 자를 쓰면서 생긴 지명으로 고려 때 고을의 진산인 당산에 토성을 쌓고 이 성을 진국성이라 하였는데, 이후 진국성은 통덕진으로 개칭된 바 있다. 숙천군은 1914년 평원군에 합쳐지면서 없어졌다가 1952년 평원군 숙천, 조운, 서해, 검산, 동소, 해송면 등의 전체 리와 용호면의 11개 리를 합쳐 다시 숙천군으로 환원되었다.

1997년 현재 남양노동자구와 숙천읍 및 20개 리를 두고 있으며 군내에는 문화유적보호대상인 평산리와 쌍운리의 고인돌, 광천리의 대총, 백석사, 천불암, 석림사, 월은사, 영천사 등 여러 고찰터가 있다.

옛 성(古城)터로는 호진성, 고행성, 성산토성과 검산리의 봉화산을 비롯한 봉수대자리가 여럿 있다. 검흥리(검서리, 신지리, 동검흥, 서검흥리를 합쳐 내온 리)에는 탄산칼슘 성분이 함유되어 있어 약수로서 효능이 뛰어난 검산(檢山)약수와 망망대해를 조망할 수 있는 창랑대(滄浪臺)가 있다.

1997년 현재 1읍, 2노동자구, 29개 리를 두고 있는 평원군(平原郡)에는 서산대사가 임진왜란시 승병들을 이끌고 의병활동을 편 법흥사가 있고, 예부터 적의 침입을 막아내던 요새인 마두산 기슭에 1630년대에 세운 훈련정(訓練亭)이 있어 당시의 누각 건축물의 양상 및 군사제도 연구에 좋은 자료가 되고 있다.

유명한 덕화리 고분군과 고구려인의 낙천적인 기질을 잘 나타내주는 팔청리벽화무덤이 소재해 있는 대동군(大同郡)은 1읍, 1노동자구, 21개 리를 두고 있다. 6세기 고구려 때의 덕화리 1 · 2 · 3호무덤은 1973년에 발굴된 국보급유적으로 3호무덤의 경우 일본 다카

마쓰 고분의 무덤칸을 연상케 하고 있어 사료적 의미를 더해주고 있다. 위의 덕화리는 평원군 덕산면의 화산리, 검암리, 주촌리, 봉도리를 합쳐 새로 생겨난 리(里)이다.

1952년 강서군 증산, 신정, 함종, 쌍룡, 성태, 반석, 적송면 등 7개면을 합쳐 내온 증산군(甑山郡)은 현재 1읍, 17개 리를 두고 있는데 군의 형세가 시루뫼 같다하여 생긴 명칭이다. 군내 낙생리(1952년 낙생, 반룡, 오흥, 부암, 미회리를 합친 리)에는 고사(古史)의 한 대목을 알려주는 쌀섬(米島)이 있는데, 이 섬은 수군(隋軍) 침략시 을지문덕 장군이 빈가마니를 높게 쌓아 섬 전체를 군량미로 위장함으로써 이를 보고 적이 물러갔다 하여 이후 이 섬을 쌀섬으로 불려졌다고 한다.

삼국유사에 을지문덕 장군이 석다산에서 출생했다고 기록하고 있는데, 석다산은 석다리(石多里: 1952년 적송면 石2 · 3 · 4 · 5리를 합친 리임)에 있는 산으로, 이 산 곳곳에 을지문덕 장군과 관련된 전설이 산재해 있다.

1952년 평안남도 용강군에서 7개 면을 떼내 만든 온천군(溫泉郡)은 현재 1읍, 5개 노동자구, 14개 리를 두고 있다. 관내 운하리(용강군 해운면, 월지리, 궁산, 연봉, 룡반리를 합친 리)에는 4천년전 후반기에 해당하는 5개의 집터 자리와 각종 유물들이 나온 궁산패총 유적이 1950년에 발굴되었고 군내 성현리(용강군 해운면 갈성리, 룡정리와 합쳐진 리) 온천벌에는 옛 성(城)인 어을(샘을 뜻하는 고구려 말) 동토성이 있는데 성터안에서 여러 종류의 질그릇과 기와 및 벽돌조각이 출토되었다.

또한 군내 성현리 동남쪽 금당리와 경계를 이루고 있는 신덕산에서 용출되는 신덕샘물은 해외에까지 수출되고 있는데, 이 샘물은 장수(長壽)물로 알려지고 있어 주변에는 1백세 장수노인이 많다고 한다.

1986년 덕천군이 덕천시(德川市)가 된 이 곳에는 덕천승리산 유적이 있다. 이 유적은 구석기시대로부터 청동기시대를 포괄하는 덕천의 원시인들이 살고 있었던 동굴유적이다. 승리산은 광복 이전에는 남뫼(401m)라 불려졌던 산인데 여기에 고려 때 쌓은 성터들이 있었으나 1982년 금성호가 생기면서 수몰되고 말았다.

고려 때 유명한 홀골산성이 비류강가에 자리잡은 곳이라 하여 군명(郡名)을 성천군(成川郡)이라 명명한 군에는 1개 읍, 3개 노동자구, 20개 리로 되어 있는데 옛 지명인 비류, 다물, 송양 등의 명칭을 가지고 있다. 이곳에는 1343년에 처음으로 세워진 성천객사가 있었는데 객사의 본채를 동명관이라 하였다. 이 동명관 좌우에 통선관, 유선관 등 모두 337

간에 달하는 10여 채의 크고 작은 건물들이 있었다.

동명관은 강선루라는 별칭을 갖고 있었는데 이 객사는 6·25전쟁시 소실되고 동명관 터에서 약 700m쯤 떨어진 곳에 객사의 바깥문이었던 방선문(訪仙門)이 본래의 모습대로 남아 있다.

1952년 성천군 구룡면의 15개 리, 용증면의 15개 리, 숭인면 6개 리, 대곡면 5개 리, 황해북도 곡산군 봉명면 3개 리를 합쳐 만든 회창군(檜倉郡: 현재 1개 읍, 4노동자구, 16개 리임)내에는 성천금강(成川金剛)이라 불려지는 금강산 성천12봉(成川十二峯) 명소가 있다.

군내에는 단군조선 2대왕의 이름과 같은 부루골이 있다. 부루골은 조선시대에 황주동이라 하였고 오늘날까지도 고황동이라 불려지고 있다.

군내 장림노동자구역 내에는 고조선 14대왕의 명칭인 고불바위, 고불방이, 향풍리에는 25대왕의 이름인 솔나, 성천읍내에는 38대 왕명인 다물샘 등의 지명이 존속하고 있어 지명상 연구자료가 되고 있다. 이밖에 11칸 자리 순장무덤이 발굴된 용산리에는 신지성(神誌城), 신지동(神誌洞), 신지굴(神誌窟) 등 단군 측근자의 이름도 지명으로 남아 있다.

송전리에는 고려시기에 축성된 토성터, 화암산성터, 지동리와 관성리의 봉수대터, 신양읍 장산리 문명리의 고인돌, 백석리의 용천폭포 등의 명승지가 있다.

양덕군(陽德郡)은 조선 태조 5년(1396) 양암진(남양받이 바위에 의거하여 쌓았다는 성이라 하여 붙여진 명칭)과 수덕진(나무숲이 우거진 덕이라 하여 붙여진 명칭)을 합쳐 내온 군명이며 현재 1개읍 18개 리를 두고 있다. 군내에는 덕암사 4층석탑과 양덕온천이 있다.

1952년 맹산군의 옥천면, 보인면, 덕천군, 장도면, 장삼면이 합쳐 생긴 북창군(北倉郡: 현재 1읍, 5노동자구, 20개 리)은 조선시대 평안도 본창(本倉)을 두었던 곳이다. 풍곡리 옥동동굴에는 구석기시대의 인골 머리뼈 및 화석과 생활도구가 발견되었고 광로리 우량사터, 삼리 계관산 청룡암터, 안포리 서운사터 등이 있다.

맹산군(孟山郡)은 패수현 또는 철옹성으로 불려지다가 1415년 맹덕주를 갈라 맹산현을 내왔고, 1895년 맹산군으로 고쳐져 오늘에 이르고 있는데 현재는 1읍, 24개 리로 이루어져 있다.

이러한 맹산(孟山)군은 북방방비에 으뜸가는 고을이라는 의미를 내포하고 있다. 외진 산간지대인 본 군에는 국가식물보호구로 된 맹산 흑송림이 있다.

녕원군(寧遠郡)은 요원(遼原)이라는 다른 이름으로도 불려져 왔는데 뜻은 수도로부터 멀리 떨어져 있으면서도 북방을 믿음직하게 지켜온 요새지라는 의미에서 붙여진 지명이다.

1997년 현재 1읍, 1개 동, 23개 리를 두고 있으며 군내 상당지역이 금성호가 생기면서 침몰지로 변하였고, 마산리에는 적성무덤과 마초가 풍부해 발해시기부터 있어온 양마성(養馬城)터가 남아 있다. 1952년 영원군 대흥면, 소백면, 신성면, 성룡면, 덕화면 일부와 온화면 일부를 합쳐 새로 내온 대흥군(大興郡: 군으로 현재는 1읍, 1노동자구, 16개 리임)에는 천리장성의 일부와 벼루성, 박굴묘, 고인돌군 등의 유적과 낭림약수, 창현약수가 있다.

은산군(殷山郡)은 고구려 때부터 있어온 군명(郡名)으로 성주 자산군, 순천군, 순천시 등에 속해 오다가 1952년 1읍, 1노동자구, 20개 리를 두고 있었고 1997년 현재 1읍, 5개 노동자구, 16개 리를 두고 있다.

군내 은산읍에 국보적 문화재로 간주되는 화강석재로 된 5층석탑이 있는데 높이는 3.5m이다. 또한 고려 때 쌓은 길이 2㎞의 토성인 읍성이 있으며 성안에는 우물 9곳, 늪이 3곳이 있었다고 여지승람에 전하고 있다.

이상과 같은 평안남도는 8·15광복 당시에 2시, 14개 군, 5읍, 134개 면, 1937개 리였으나 2000년 현재 평성, 순천, 덕천, 안주, 개천시 등 5개시에 15개군, 군급인 2개 처 외에 득장·운곡지구, 특정구역이라 할 수 있는 청남구가 있으며, 또한 도내에는 15개의 읍(邑), 362개의 리(里), 117개의 동(洞), 36개의 노동자구가 있어 광복 당시와 오늘날의 행정구역 단위에 따른 단순비교를 하더라도 2개 시가 5개 시로 늘어났고 1937개 리는 362개 리로 대폭 축소되었으며, 117개 동과 36개 처의 노동자구가 새로이 생겨남으로써 행정구역변화의 실상을 대비하기 매우 어려운 상황이다.

이제 도내 각 시·군별 유물유적 몇몇 명소를 간략히 살펴보고자 한다. 1413년부터 순천이라 불려져 온 순천군은 시로 되어 1997년 현재 21개 동, 11개 리를 두고 있는데, 관내 용봉리(1952년 용소, 운봉, 마상리를 합친 리) 운봉마을의 예가도라는 섬에서 1953년 2월에 요동성무덤이 발굴되었다. 무덤에는 인물풍속 및 사신이 그려진 곁칸이 있으며 무덤칸의 벽화는 도굴로 인해 파손됨으로써 앞칸 남벽의 성곽도, 서쪽 곁칸의 장방생활도와 사신도, 동쪽 곁칸의 방앗간 그림, 동서벽의 인물도, 천장고임부의 구름무늬 등 그림의 흔적만 희미하게 남아 있을 뿐이다. 이 무덤 안에 요동성(遼東城)이라고 해서(楷書)로 내려 쓴 문자와 요동성도(遼東城圖)가 그려져 있어 고구려의 역사와 문화를 연구하는데 좋은 자료가 되고 있다.

순천갑문 북쪽에 있는 검무마을(고구려 때부터 검무를 즐기던 데서 유래)에 길이 2.9m, 너비 2.6m, 높이 2.45m 크기의 벽화무덤 안에 인물풍속도가 있는데 무덤안은 안길 앞칸, 사잇길 안칸으로 이루어져 있으며 방향은 남쪽으로 약간 치우친 서향이다. 무덤속의 벽화는 이미 오래전에 박락(剝落)되어 무덤칸 안에 쌓인 흙속에 섞여 있었는데 조각들을 하나 둘 맞춰보면 다채로운 옷차림을 한 인물들이 그려져 있음을 알 수 있다. 이 무덤은 오늘날 동암동(東岩洞: 1952년 선소면 동림, 룡암, 간동리를 합쳐 내온 동)에 속해 있다.

:: 도 소재지인 평성시

평안남도 도청소재지인 평성시는 1964년 10월 10일 순천군 사인리였던 곳을 수도 평양을 보위하는 성새가 되라는 의미의 성과 평양의 평자를 따서 평성(平城)이라 하고 이듬해인 1965년 1월 4일 정령으로 평양시 룡성구역과 순안군 상차리를 갈라 평성구로 하였다가 1969년 12월 31일 정령으로 평성시로 하고 평안남도 소재지로 삼았다.

유명한 고구려시대에 건립되었던 안국사터가 평성시내에 있으며 1400년 이상이 되었다는 안국사 은행나무를 비롯해 주요 문화재인 대봉산성이 있다. 평성시는 북한내 유수한 과학도시(정무원 기구인 과학원이 있다)이며 노쇠하지 않는 신흥도시라 하여 청춘도시라 별칭되고 있기도 하다. 도내에는 신흥도시인 평성시가 생겨난 반면에 순천, 안주, 덕천, 개천 등 예전부터 있어온 도시들도 있다.

평안남도 도청소재지가 된 평성시는 1965년 1월 14일 정령으로 평양시 룡성구역 하리, 하차동과 순천군 사인리, 봉학리, 덕산리, 순안군 상차리를 갈라 평성구를 내왔다가 1967년 10월 2일 순천군 월포리, 삼룡리, 후탄리, 청옥리, 강동군, 하단리, 한왕리가 평성구로 넘어왔다.

1969년 12월 31일 22개 동, 6개 리로 시를 만들었는데 1999년 현재 20개 동, 14개 리이다. 평성시는 평양의 외곽도시로서 경공업과 근교농업지대로 육성된 신흥도시이다. 평성시와 인접한 은정(恩情)구역은 1995년 평성시 덕산, 배산, 지경, 송령동 등의 일부 지역을 갈라 내온 구역인데 과학자들에게 은정을 베풀기 위해 설정한 구역으로 알려지고 있다. 이른바 과학문화기지로 알려지고 있는 이 구역은 과학 1 · 2동 광명동 배산(裵山)동 등 특수 구역이다. 은정구역은 이상 19개 구역, 4개 군으로 이루어져 있다.

자산리(慈山里)는 옛 자산군의 명칭에서 비롯된 것으로 창골 동쪽 등성이에 7백년 이상 된 은행나무가 있는데 높이가 24m, 밑 둘레 7.7m나 된다.

이러한 평성시는 조선시대의 자산군 인동방에 속해 있던 유서깊은 지역으로 북방에서 평양성으로 들어오는 주요 군사방어지로 변화와 우여곡절이 심한 지대였다. 즉 거란, 몽고, 여진의 침투로인 동시에 이들의 침략을 막아내는 관방시설상 요지인데 세 개의 고개가 있다.

첫 고개는 갈마을에서 함정모루로 넘어가는 강동고개, 두 번째는 함정모루에서 소평동으로 넘어가는 고개, 이 고개를 지나 순안쪽으로 향하는 순안목이 있다. 셋째 고개는 소평동에서 굴골로 넘어가는 고개로 평양성을 향한 평양목이다.

이러한 지세에는 적이 쳐들어오는 것을 방어하기 위해 산성을 쌓고 적들의 동태를 감시하기 위해 망덕을 갖추고 있었다. 산성을 따라가면서 제일 높은 곳에 4~5m 간격으로 둔덕을 쌓고 내성에 13개의 망덕을, 외성에 4개의 망덕을 두었다.

백족산 동북쪽 제일 큰 골안에 있는 피무리 마을은 1018년 몽고의 장수 소배압과의 격전을 벌인 곳으로, 이 골짜기 도랑에 피가 넘쳐 흘렀다 하여 피무리라는 지명이 생겨났다. 후탄리 동쪽에는 선돌이 있는데 높이 2.9m, 너비 0.95m, 두께 0.4m나 되는 입석(立石)이 있어 일명 입석마을이라 부르고 있다.

조선시대 평양성 지안부 운곡방이었던 산수골 아래에 위치한 오늘날의 하차동은 돈전골이라 불려지는 고장인데, 이곳에서 서기 1130년 묘청이 거사를 꾸미면서 돈을 주조(鑄造)하던 곳이라 하여 붙여진 지명이다. 관산 뒤에 있는 장박산은 묘청 반란시 그의 휘하 장군들이 모여들었던 곳이다.

평성시 서북쪽에 있는 고천리에는 자성산성으로 들어가는 사람들을 검열하던 군문이 있었으며 길옆에는 장군무덤이 있다. 이 무덤은 고려 때 몽고의 침략을 막아내던 최춘명 장군묘로 전해지고 있다.

1231년 몽고의 장수 살례탑이 이끌고 있던 대군이 구주성에서 대패를 당하였으나 고려 정복의 야망을 버리지 못하고 자주성에 나타나 항복을 재촉하였다. 그러나 최춘명 장군은 끝내 항복하지 않고 용감하게 대적하였다. 이에 살례탑이 말하기를 너는 나에게 굴복하지 않는 자이기는 하나 너의 나라에게는 충신이다.

비록 적이기는 하지만 어찌 남의 나라 충신을 내가 죽일 수 있겠느냐 하면서 물러났다. 그후 최춘명은 추밀원부사로 임명되고 1250년에 죽었다. 이 산성 앞에 묘를 썼는데 이것을 최춘명 장군묘라 한다.

시 동남쪽 경신리에 한왕리가 있는데 이는 고구려 동천왕의 무덤인 큰 무덤이 있다하여 붙인 고장명으로 1969년 평성시 한왕리로 있다가 1981년 경신리로 개칭되었다. 근처에는 크고 작은 18기의 묘소가 있는데 이 가운데 가장 큰 무덤을 한왕묘 또는 황제묘라 부른다.

강동읍지에는 고구려 제11대 왕인 동천왕(227~248)의 무덤이라고 하면서 묘 근처에 정자각이 있었다고 하는데 오늘날에는 그 흔적이 보이지 않는다. 봉분 밑 둘레는 네모지게 되어 있고 점차로 위로 올라가며 높아지고 있다. 봉분의 크기는 높이 약 12m, 직경이 약 54m에 달한다. 마치 작은 산을 옮겨다 놓은 것 같아 보인다. 무덤의 향은 남쪽이며 앞면에 길고 네모형 돌을 반듯하게 깔아놓은 것이 있다.

봉분 흙 표면에서 깊이 30m 정도 들어간 곳에 기와조각들이 가지런히 깔려 있어 무덤의 특색을 나타내고 있다. 무덤 내부는 현실과 긴 연도로 되어 있는데 현실의 크기는 동서 길이 약 3.5m, 남북 길이, 3.3m 높이 3.5m이다.

천장은 돌로 이은 벽 위에 두꺼운 판석으로 사방 돌아가며 벽과 평행되게 돌을 두 단 괴어, 좁혀 올라간 다음 맨 꼭대기 한가운데에 넓적한 돌을 덮어 막았다.

벽면과 천장 전체는 회를 발랐는데 현실 위쪽에는 석회와 자갈을 섞어서 발라 덮고 벽과 천장을 쌓은 짬들은 석회를 다져 견고하게 하였다.

연도는 너비 약 1.5m, 길이 5m 이상으로 위로 올라가면서 좁아들고 있다. 연도에서 현실로 들어가는 곳에는 큰 돌문이 설치되어 있다.

현실 안에는 시체를 두었던 곳으로 보이는 돌로 만든 석상이 좌우 두 개 놓여 있고 벽에는 벽화를 그렸던 흔적이 보이나 알아볼 수 없다. 이 무덤은 그 규모가 크고 구조가 독특하며 또한 무덤의 시설들이 비교적 완전히 갖추어진 것으로 희귀한 유물로 평가되고 있다.

무덤의 조성시기는 알 수 없으나 봉분 속에서 발견된 기와 조각들은 만주 길림성 집안현의 고구려 무덤인 장군총의 기왓장과 비슷한 점이 보여 연구대상이 되고 있다. 평성시 서북쪽에 자리하고 있는 어중리(御重里)는 옛날 왕이 지나가다 잠시 쉬고 있을 때 마을사람들이 임금 일행을 잘 대접한 마을이라 하여 붙여진 곳이며, 자산군 용곡면에 속해 있던 오늘날의 덕성동은 군유골 또는 군유동이라 하던 마을인데, 이곳은 1592년 선조가 의주로 몽진하였다가 귀경할 때(1593년 5월부터 9월까지 머물러 있었다고 안국사 사적비에 기록) 신하들과 일시 거처하였던 곳이 중덕산 밑 덕동(예전에 자산군 룡곡방임)이었는데 이 자리를 뒤에 사인동(舍人洞)이라 하였다. 사연인즉, 왕이 군유골에 머물러 있을 때 의정부의 소고(詔誥)와 사인(舍人)을 파견하여 통행자를 단속하였기 때문에 생겨난 지명이라고 하며, 고려 현종 9년(1018) 거란이 침입해 왔을 때 흥화진에서 강감찬 장군이 거란을 대파시켰고, 인조 14년(1636) 병자호란 때에는 중덕동 동남쪽 덕산동과의 경계에 높지도 낮지도 않은 덕지대를 끼고 있는 야산에 양곡을 쌓은 낟가리로 위장해 적을 물리치는데 기여하는 등 유서깊은 고장이기도 하다.

위에 언급한 어중리에는 산성마을이 있고 이곳으로부터 동편에 관처럼 생긴 바위가 있는데 이 바위를 관의암이라 하며, 관의암 주변에 장대가 있는데 산성안 동쪽 성안 골짜기와 개울에는 크고 작은 바위들이 널려져 있다. 이 큰 바위돌 가운데 99개의 돌절구통이 있는데 그 규격은 직경 30~40㎝, 깊이는 25㎝로 자연석인 바위 돌절구통들이다.

조선시대 산성을 환곡창고로 이용하면서 숙천, 영유, 순안, 순천, 자산, 은산 지방에서 받은 15,000여석에 달하는 곡식을 이곳에 저장해두었다. 현재도 순안창, 숙천창, 영유창, 자산창, 은산창 등 건물을 지었던 터가 남아 있으며, 1958년 밭을 갈다가 은산창 부근에서 좁쌀 한 가마니를 파낸 일도 있었다고 한다.

이처럼 평성시 일원은 전략상 주요 방어지로 또는 군창지로 내륙 교통의 요지가 되어 온 곳이다. 따라서 일찍부터 주변지역은 삶의 개척지임과 동시에 정착지로 자리잡아 오면서 많은 일화와 옛이야기를 남기고 있다.

하차동에서 배산동으로 넘어가는 고개를 옛날에 거래이고개라고 불렀다. 이 고개 위에 올라서면 천림사라는 절이 한눈에 들어오는데 이 절터에는 8층석탑이 서 있고 탑 앞쪽으로 천림동이라는 동리가 자리하고 있다.

이 마을은 합장강 상류에 위치하고 있으면서 드넓은 원리벌을 끼고 있고 사시사철 푸른 숲과 마를줄 모르는 시냇물, 기암절벽과 봉우리들이 어우러져 산천경개가 아름답고 농사가 잘 되어 마을인심이 아주 좋았다.

길손들을 잘 맞아줌은 물론, 먹을 것을 찾는 거지들이 이 고개에 모여들어 이른 아침부터 마을에 오르는 연기와 천림사에서 나오는 회색연기를 바라보다가 점차 때를 맞추어 민가로 내려가 걸식을 구하였다.

특히 해마다 4월 초8일이면 유난히 많은 거지들이 구름떼같이 모여들었기 때문에 원래의 이름인 풍년고개 대신에 거래이고개라는 별칭을 남기고 있다.

평성시 중심가인 은덕동 소재 장수산 동쪽에는 장수샘이 있는데 옛날 효자 장손이 시름시름 앓고 있는 어머니를 모시고 의원을 찾아 병을 고쳐주기를 청하였다. 그런데 의원이 말하기를 이 병은 백약이 무효라 하면서 '세 마리 지렁이가 놀고 있는 물' 을 찾아내 마셔야 한다고 하였다.

장손은 몹시 낙담하였으나 곧바로 마음을 가다듬고 어머니를 등에 업고 '3마리 지렁이가 놀고 있는 샘물' 을 찾아나섰다. 여러 날 헤매다가 자신도 모르게 지쳐 실신하고 말았다. 그후 얼마간 쓰러져 있다가 정신을 차리고 보니 어머니가 우묵한 바위 밑 고인물에 입을 대고 있는데 혈색이 차츰 돌고 숨결도 점차 고르게 쉬고 있었다.

이에 그는 보다 맑은 물이 흐르는 곳으로 어머니를 옮겨 놓고 시원스럽게 샘물을 마시게 하였다. 그리고서 자신도 실컷 들이켰다. 그 후로 어머니의 병은 완쾌됨은 물론 점차 근력을 되찾고 활력이 넘쳐나 오랫동안 무병장수하였다고 하여 이 샘물을 장수샘이라 한다. 장수샘은 오늘날 평성시 중심가인 은덕동에 있다.

봉학산 아래 봉학동 봉린산 남쪽기슭에는 유명한 안국사가 있다. 이 절은 기원 503년에 세운 2층 목조건물로 조선조 정조 10년(1786)에 개축하였다. 대웅보전 승방(료사) 주필대(산신당) 태평루와 9층석탑이 남아 있다. 절 앞에는 1400년이나 되는 천연기념물인 안국사 은행나무가 있다. 절터에는 고구려 때의 것으로 보이는 붉은 기와조각들이 절터 서남간 약 200m 지점에 널려 있었던 것으로 보아 대찰이었음을 알 수 있다.

2) 평안북도

평안북도는 세종 25년(1443) 폐사군지대의 하나로 소우예(小虞芮)와 자성군(慈城郡) 등지의 주민을 이주시켜 우예군을 설치한 이래 리산(理山)의 독산(禿山) 등 여러 지역과 강계의 봉화대 가을파지(乫巴支) 직동 등지를 분할하여 위원군(渭原郡)을 설치하고 두 군을 평안도 강계부에 소속시켰다.

청천강을 중심으로 강 이북을 평안북도라 하였는데 1895년 전국의 행정구역이 23부제로 개편될 때 평안도는 평양부, 의주부, 강계부로 나누어졌다. 이 당시의 평안도를 일명 관서(關西) 또는 청북(淸北)이라고도 하였다.

1896년 13도제가 실시되면서 평안북도로 되었고 치소(治所)를 정주(定州)에 두었다가 다시 영변(寧邊)으로 옮겼다. 이 당시 의주, 강계, 정주, 영변, 선천, 초산, 창성, 구성, 용천, 운산, 박천, 태천, 자성, 후창 등 21개 군을 두었으며, 1914년 행정구역 개편으로 곽산(郭山), 가산(嘉山) 등 2개 군이 폐지되었다. 1945년 광복당시 1시, 19개 군, 10 읍, 163 면으로 구성되어 있었는데, 1947년에 신의주부가 시로 개편되고 1949년 자강도가 신설되면서 강계, 자성, 후창, 위원, 초산, 희천 등 6개 군이 자강도로 넘어갔다.

1952년에는 피현, 천마, 향산, 염주, 청성, 동림, 곽산, 운전, 구장, 북진, 대관, 동창, 우시군 등을 두었고, 1954년 광성군을 새로 내오고 북진군을 운산군에 편입시켰으며 우시군을 자강도로 넘겼다. 1963년 광성군을 신의주시와 피현군에 편입시키고 광상군을 폐지하였다.

1967년에 신도군을 새로 내오고 구성군을 구성시로 개편하였는가 하면, 1969년 신도군을 용천군에 넘기고 신도군은 폐지시켰고, 1974년 청성군을 삭주군과 의주군에 편입시키고 청성군은 폐지하였다.

1980년 5월 박천군의 송도리, 용흥리, 덕성노동자구를 평안남도 안주군으로 편입시켰고, 1984년 묘향산구를 새로 내왔다가 이듬해인 1985년 묘향산구를 폐지하고 향산군을 중앙에 직속시켰다.

1985년 현재 신의주시, 구성시 등 2개 시와 피현, 용천, 염주, 철산, 동림, 선천, 곽산, 정주, 운전, 박천, 영변, 구장, 향산, 운산, 태천, 천마, 의주, 삭주, 대관, 창성, 동창, 벽동 등 22개 군을 두었다.

1988년 신도군을 다시 설치하였고 1994년에 정주군을 정주시로 개편하였다. 1996년 중앙에 직속시켰던 향산군을 다시 도에 넘김으로써 1997년 25개 동, 18개 리를 두게 되었다. 1998년 현재 평안북도에는 3개 시, 22개 군을 두고 있다.

이 가운데 구성시는 1455년(세조 원) 정주목을 갈라서 내온 구성군을 구성읍을 중심으로 하여 1967년 구성시로 승격시켰다. 거북산 기슭을 따라 쌓은 구주성이 있다 하여 구성군으로 명명하였다고 신증동국여지승람은 전하고 있다.

군에는 고구려 때 만년 무궁하라는 의미의 만년군이라는 칭호의 군명이 있었다. 고려 성종 13년(994) 구주라 하였는데 일명 봉산이라고도 불렀다. 고려 고종 18년(1231) 거란이 침략해 옴에 병마사 박시가 선전하였다 하여 정원대도호부로 승격시켰는데 정원(定遠)이란 수도로부터 멀리 떨어져 있으나 안정된 고을이라는 의미이며 후에 정주목(定州牧)이 되었다.

1952년 12월 구성군 구성면, 동산면, 오봉면, 방현면, 서산면, 노동면의 전체 리와 리현면 중 6개 리, 태천군 원면 송백리 일부를 개편하여 1읍, 26개 리를 구성군 관할하에 두었다. 군 소재지인 구성읍은 구성면 좌부리, 우부리, 성외리, 서산면, 남평리를 통합하여 구성읍으로 하였는데 개편된 리인 이구리는 전 구성군 구성면 이구리를 비롯하여 청룡리, 백운리와 합쳐졌고 상단리는 전 구성군 상단리, 중단리, 고양리와 합쳐졌다. 차흥리는 전 구성군 구성면 백상리, 차유리, 은곡리, 원흥리를 합쳐졌고 양하리는 전 구성군 구성면 하단리, 동산면, 양지리, 서산면, 입석리와 합쳐졌다.

두향산 구장, 운전 등 12개 군을 신설하여 26개 군으로 되었다가 1954년 10월 우시군을 분리하여 자강도로 편입시켰고, 구성군의 차흥리를 차흥노동자구로, 남창리를 방현노동자구로 개편하였다.

1956년에는 군의 길상리를 원진리로 고치고 1961년에는 정주군 봉명리 일부가 원진리로 편입되었다. 1967년 10월에는 구성군을 시로 승격하고 구성읍과 서산리를 폐지하였다.

구성시 동문에는 구성닭공장이, 성안에는 994년 고려 성종 13 평장사 서희 장군이 거란을 축출하기 위해 축성한 성터가 남아 있다.

남문을 비롯 8개 성문과 1632년 창건된 만년사 대웅전이 남아 있다. 구성시 중심부에는 역전이 있고, 아파트 밀집지역인 청년동을 비롯해 새날, 새골, 서성, 남산동이, 흰 차돌이 나는 곳이라 하여 붙여진 백석동, 구성방직공장이 있는 방직동, 국영사과 과일농장이 있는 과일동과 서산동을 신설하고 양하리 리구(犁邱: 보습처럼 생긴곳) 상단(上端)리: (구주성을 쌓을 때의 자매산성 둘레 1만50척(尺) 2개의 우물과 자연동굴 안에 500나한(羅漢)을 진열한 것이 있었음) 등을 동으로 개칭하였다.

1974년에는 차흥노동자구를 방현노동자구로 고치고 용천군의 서석리 일부와 신서리 신도노동자구를 합하여 신도군을 신설하였다가 이후 용천군에 다시 병합시켰다. 1974년 5월에는 청성군의 대부분 지역을 삭주군에, 나머지 지역을 의주군에 분리 병합하여 청성군을 폐지하였다.

1976년에는 백운동 신흥동을 새로 내온 이후 1997년 25개 동, 18개 리를 두고 있다. 각 리 단위의 개편상황을 열거해 보면 다음과 같다.

동산(東山)리	전 구성군	구성면 덕화, 백석, 풍덕, 차복, 남산리 등을 합침
용풍(龍豊)리	〃	동풍면 용풍리
금풍(金豊)리	〃	동산면 룡덕, 금곡, 부풍리를 합침
남산(南山)리	〃	남산리 일부와 신흥리를 합침
오대(五峯)리	〃	오봉면 양지, 인봉, 엄교리를 합침
조양(朝陽)리	〃	조양, 상단, 장우리를 합침
기룡(氣龍)리	〃	룡연, 사기, 봉덕리를 합침
남흥(南興)리	〃	남양, 내양, 선모, 태천군, 원면, 송백리를 합침
발산(鉢山)리	〃	방현면 발산, 송정리를 합침
청송(靑松)리	〃	소룡, 청송, 변산리를 합침
남창(南倉)리	〃	하단, 시중, 하창, 상창, 월천, 와룡리를 합침
금산(金産)리	〃	서산면 왕인, 평지를 합침
상석리	〃	대성 룡흥 상석리를 합침
신풍(新豊)리	〃	신풍, 신덕, 인평리를 합침
운양(雲陽)리	〃	로동면 상승, 상석, 백석리 일부를 합침
중방(中坊)리	〃	복리, 길상, 방현, 길하리를 합침
운풍(雲豊)리	〃	운포, 운흥, 풍산리를 합침
백상(白上)리	〃	상승, 상석, 백석리 일부를 합침
청룡(靑龍)리	〃	리현면 택인리, 로동면 청룡, 운남리를 합침
원진(元鎭)리	〃	북리, 길상, 방현, 길하리를 합침
서산리	〃	서산면 렴잠리, 립석리를 합침
대안(大安)리	〃	리현면 광덕 오상, 대안리를 합침

이밖에 차흥 1 · 2동 방현(芳峴)동, 신흥 1 · 2동, 백운동, 약수동 등이 있다.

피현(枇峴)군은 1952년 의주군 피현면, 월하면, 위원면의 전체 리와 고판면의 11개 리, 용천군 동상면의 전체 리와 양광면의 15개 리를 신의주시 17개 리, 철산군 서림면의 1개를 합쳐 내온 군으로 피현면을 중심으로 이루어졌다.

피현이란 피나무가 많은 고개를 의미한다. 원래 피현(批峴)으로 쓰다가 1923년부터 피현(枇峴)으로 고쳐 써왔다

군소재지는 피현읍인데 피현면 체마리, 가마리, 삼대리, 구룡리를 합쳐 내온 읍명이다. 1997년 현재 1읍, 양책(良策)과 백마(白馬) 2개 노동자구에 21개 리를 두고 있다. 량책노동자구는 원래 용천군 동상면에 있는 동인데 양책관(良策館)이 있었던 마을이라 하여 량책동이라 하였다.

양책(良策)이란 좋은 계책을 생각해 냈다는 데서 얻어진 명칭으로 양책관(良策館)의 기능은 교통 · 통신 · 운수체계를 위한 관(館)이기는 하나, 여기서 중앙에서 파견된 관찰사나 순찰사를 비롯하여 지방관리들이 모여 국사와 외적을 막아내는 데 따른 논의를 하던 곳이다.

1949년 양책리로 있다가 1952년 양책리와 사악리, 철산군 서림면 일신리를 합쳐 피현군 양책리로 있다가 1972년 동산리 일부와 농건리 일부를 합쳐 양책노동자구가 되어 오늘에 이르고 있다. 유명한 백마산성이 백마노동자구 관내에 있다.

백마노동자구는 1949년 의주군 위원면 서하리를 갈라 백마리로, 1952년 서하리와 백마리를 합쳐 피현군 백마리로, 1958년 연상리 일부가 리에 들어왔고 1978년 성하리와 합쳐 백마노동자구가 되었다.

백마협동농장과 백마역이 있고 백마산성내에 현충사가 있다. 갈이 많던 마을이라 하여 노중동(盧中洞)이라 하던 로중리는 노남리, 노북리를 합친 리이다. 여기에 국가유적으로 지정된 연평성이 있다.

10세기 말인 고려 때에 축성된 이 성은 삼태기형으로 성둘레가 3㎞, 높이는 1.5m이다. 이 성은 의주 동남쪽 80리에 위치하고 있는데 군에는 1읍, 2노동자구, 21개 리를 두고 있다.

용천군은 1914년 서북면 용주를 개편 용천이라 한 군인데 1997년 현재 북중 용암포 진흥노동자구 등 3개 노동자구와 용천읍을 비롯해 19개 리를 두고 있다.

1967년 새로 생긴 신도(薪島)군은 도의 서북단 압록강 입구에 있는 섬으로 된 군으로 10월 용천군 서석리 일부와 신서리 신도노동자구를 분리해 내온 군이다. 섶이 많은 섬이라 하여 지은 신도의 이름을 따서 신도군이라 하고 1969년 신도읍을 비단섬노동자구에 합치고 비단섬노동자구와 신서리가 용천군에 들어갔다가 1988년 용천군 비단섬노동자구 황금평리, 서석리 일부를 분리하여 신도군을 다시 내왔다.

신도(薪島)의 행정구역명칭 변경은 매우 혼란스러울 정도로 빈번하게 변해왔는데 내용은 대략 다음과 같다. 신도를 한때 비단섬이라 고쳐 불렀는가 하면 신도라고 겸칭하기도 하였다. 섬 전체를 비단섬노동자구로 하였다가 그 일부를 떼내 신도읍으로 하고 용천군에서 떼낸 서석리 일부를 서호노동자구로 하였다. 이후 용천군은 1읍, 3개 노동자구, 19개 리를 두게 되었다.

신도는 군으로 승격되기도 하였는데 이때의 군 관할지로 1967년 용천군 서석리 일부와 신서리 신도노동자구를 분리한 지역에 국한하였다. 신도군은 섶이 많은 섬이라 하여 신도(薪島)라 부르던 이름을 따서 신도군이라 칭하였다. 1969년 신도읍을 비단섬노동자구에 합치고 비단섬노동자구와 신서리가 용천군에 들어갔다. 1988년 용천군 비단섬노동자구, 황금평리, 서석리 일부를 분리하여 신도군을 다시 내왔다. 이때에 비단섬노동자구 일부를 떼내 신도읍으로 하고 용천군에서 떼낸 서석리 일부를 서호노동자구로 하였고 이곳에 수천 톤에 달하는 갈을 재배하여 화학섬유원기지를 설립하였다.

신도읍 관할로는 건넌섬(읍 동쪽 학교마을에서 건너다 보이는 섬), 가운데섬(건넌섬과 나란히 있는 3개의 섬 중 가운데 섬), 마지막섬(가운데 섬 다음에 있는 섬) 이밖에 싸리, 마을, 박수, 납작, 돌섬, 긴섬, 조개섬, 마안도(읍의 서쪽 모래동마을 건너편에 있는 말안장 모양의 섬으로 제일 큰 섬이다), 작은마안도, 코끼리섬, 뾰죽섬, 두꺼비섬, 구룡섬 등 작은 섬들이 있다.

황금평리(黃金坪里)는 1982년 용천군 신서리를 개편해 내온 리인데 원래 황초평이라 하던 곳이다. 1988년 리로 하였는데 1952년 용천군 신도면 로평리 황초리, 농화리, 병호리를 합쳐 신도면의 서쪽에 위치해 있다 하여 신서리라 하였다가 1963년 신서리 일부를 신도리에 병합하고 1967년 신도군에, 1969년에 다시 용천군에, 1982년 황금평리로 개편, 1949년 용천군 신도면 황초리를 갈라 갈밭이 많은 리라 하여 노평리라 하고 1952년 용천군 신서리에 들어갔다. 농화리(갈 농사가 잘 되고 화목한 마을이라는 의미), 병호리(제방을 쌓은 모양이 마치 군대가 적을 막는 것과 같이 생겼다 하여 붙인 마을 이름) 역시 마찬가지이다.

황초리는 1914년 용천군 신도면 황초평을 개편하여 내온 동으로 거치른 풀밭만 무성해 사람이 살곳이 못된다는 의미로 황초동이라 하였다. 1949년 동을 리로 고치고 황초리, 로평리, 농화리, 병호리로 나누었다.

서호(西湖)노동자구는 1988년 용천군 서석리 일부를 갈라 놓은 노동자구로 여기에 예부터 봉화를 올리던 비단섬 남쪽에 연대산이 있다. 비단섬노동자구는 1967년 용천군 서석리 일부와 신도노동구 일부를 합쳐 내온 구로, 갈밭을 조성하여 비단원료가 생산된다고 하여 비단섬노동자구로 하였다. 1969년 신도읍을 이 구에 합치고 용천군에 소속시켰다. 1988년 신도군 비단섬노동자구가 되었다. 신도노동자구는 1952년 용천군 신도면 동주리와 남주리를 합쳐서 내온 리인데 1963년 신서리 일부를 합쳐 신도노동자구라 개칭하였다. 1967년 신도군을 설치하면서 서석리 일부와 신도노동자구를 갈라 신도읍과 비단섬노동자구를 내왔다. 동주리와 남주리는 다 같이 1949년 동을 리로, 1952년 용천군 신도리에 편입시켰다.

염주(塩州)군은 1952년 용천군, 와하면, 외상면, 내중면, 부라면의 12개 리와 철산군 서림면의 15개를 합쳐 내온 군이다. 1997년 현재 염주읍과 다사(多獅)노동자구 외에 22개 리를 두고 있다. 광복이전의 용천군 외하, 외상, 내중, 내상, 부라면 등과 철산군 서리면 16개 동을 합쳐 내온 군이다. 군소재지인 염주읍은 1952년 용천군 외상면 신성리, 정차리, 정남리, 신룡리, 안평리, 남시리, 남동리를 합친 지역이다. 삼개리의 신선봉은 장화홍련의 비화의 소재지이기도 하다. 1972년 다사(多獅)노동자구가 된 이 곳은 1952년 원성리, 남겸리, 선리를 합쳐 염주군 다사리로 있었다. 다사리는 곽곶이라고도 한다.

철산군은 1413년 서북면 철주를 개편하여 평안도에 내온 군인데 쇠가 많이 매장되어 있는 고장이라 하여 붙여진 군명이다. 예전에 장녕현, 동산현, 철천이라고도 불렀다. 1읍에 장송노동자구와 가봉노동자구를 비롯하여 25개 리를 두고 있다. 철산읍은 1952년 철산면 중부리, 서부리, 동부리와 부서면 인흥리를 합친 지역이다. 장송노동자구는 조선조말 철산군 정해면에 있은 동인데 1952년 등곶리, 대계리, 월암리와 합쳐 1958년에 노동자구가 되었다. 옛날 배곶이라 부르던 이화(梨花)리에는 거령산이 있는데 산동쪽 기슭에 정묘호란(1627) 때의 정봉수 장군의 전공비가 있다. 정봉수 · 정기수 형제는 용천 용골산성과 철산 운암산성에서 적을 대파시켜 용천 철산지구를 지켜온 충신들이다. 숙종~영조 연간에 전공비를 세웠는데 현재도 비는 남아 있다.

동림군은 동림산성의 이름을 딴 것으로 1952년 선천군 심천면, 용연면과 참면의 전체 리 수정면의 5개 리, 신부면의 5개 리를 합쳐 내온 군이다. 군은 동림읍 산곡노동자구, 오봉노동자구 외에 20개 리를 두고 있는데 고려 강조의 전투지가 있는 곳이다.

선천군은 선천읍 외에 24개 리를 두고 있으며 선주, 통주, 안화군으로도 불려졌다. 북한지역내 서해상에 가장 큰 신미도가 여기에 속해 있다.

곽산군은 1413년 정양현을 개편하고 성곽이 있는 고장이라 하여 곽주라 하다가 곽산으로 불려지게 되였다. 1952년 정주군 림포면, 안흥면, 곽산면, 관주면의 전체 리와 옥천면의 14개 리를 남서면의 1개 리를 합쳐 내온 군이다.

군에는 곽산읍과 19개 리를 두고 있다. 고구려 때는 장리현이라고 하였으며, 994년 이곳 진산인 능한산에 성을 쌓고 난 후 곽주라 하였다.

정주시는 1994년 정주군을 개편하여 내온 시로 1231년 정원대도호부 이후의 이름인 정주목이 개칭된 것이다. 만년군 구주, 오천, 정원, 수천군으로도 불려진 바 있다. 정주는 외적의 침입을 막아내고 안정된 고을이라는 데서 붙여진 고장 이름이다. 정주시에는 14개 동, 18개 리를 두고 있다.

운전군은 정주군의 마산면 대전면, 고덕면, 갈산면과 박천군의 용개면, 서면의 전체 리와 가산면의 8개 리를 합쳐 드넓은 운전벌을 끼고 있다 하여 운전군이라 하였다. 군에는 운전읍과 25개 리를 두고 있다.

박천군은 995년 넓은 둔덕이 있는 고장이라는 의미로 박릉이라 하여 박릉군으로 있다가 이를 개편하여 박주라고도 하였다. 박천읍과 맹주노동자구 외에 20개 리를 두고 있다.

영변군은 1429년 연산과 무산을 합쳐 영변대도호부로 하였는데 편안하고 안정하다는 의미의 영(寧)과 변(邊)은 변방을 뜻한다. 동국여지승람에는 약산이라고 하였다. 영변읍, 팔원노동자구, 26개 리를 두고 있는데 읍내에 유명한 약산동대가 있다. 군내 세죽리에는 신석기시대에서부터 고구려시기에 이르는 세죽리 유적이 있다. 구장(球場)군은 1952년 영변군 용산면, 남신현면, 백령면과 오리면의 4개 리, 고성면의 3개 리를 합쳐 내온 군으로 오래전부터 이 지역에 장이 서 왔다는 데서 군명이 붙여졌다고 하며 등립, 용등, 용문 , 용철, 용수 등의 5개 노동자구와 22개 리를 두고 있다.

향산(香山)군은 1952년 영변 태평면, 북신현면의 전체 리와 남송면의 11개 리를 합쳐진 군으로 층암절벽으로 기묘하게 생긴 바위와 산세 향기 그윽한 향나무로 아름다운 풍치를 돋구는 묘향산을 끼고 있는 고장이라 하여 붙여진 군명이다. 1읍, 20개 리를 두고 있다.

운산(雲山)군은 1261년(고려 원종 2) 서북면 운주를 개편한 군으로 높은 지대에 위치하고 있는 지리적 특성으로 구름과 안개가 자주 낀다는 고을이라 하여 운산군이라 하였다. 운중, 운양, 위화진이라고도 하였다. 운산읍을 비롯하여 북진노동자구 외에 27개 리를 두고 있다. 군내에는 고연주성, 백벽진성, 고성리토성, 천리장성의 한 곳인 행성 성터유적과 화옹리 고인돌 용호리선돌 고구려의 용소무덤 등의 문화유적이 많다. 영웅(英雄)리라는 곳이 있는데, 1952년 운산군 위연면 우상리, 우중리, 우간리, 우하리를 합쳐 북진군에서 내온 리이다. 1954년 북진군이 운산군에 편입되면서 운산군 영웅리가 되었다.

태천군은 1413년 서북면 태주를 개편한 군으로 대령강 상류지대에 자리하고 있는 큰 고을이라 하여 붙여진 지명이다. 영삭, 연삭, 광화현이라고도 하였다. 군에는 태천읍과 발전노동자구를 비롯하여 21개 리를 두고 있다. 발전노동자구는 태천군 마평리, 은덕리, 덕천리, 개혁리를 합친 지역으로 발전소의 노동자들이 모여 사는 고장이라 하여 명명된 곳이다. 그 옛날 산이 하도 높아 이 산에 오르면 하늘도 만져 볼 수 있다는 의미로 천마(天摩)산이라 한 데서 군명이 생겨났다. 천마읍 외에 20개 리를 두고 있다. 만풍호라는 인공호수가 군 남쪽에 있는데 이 호수는 압록강 관개체계의 기본수원으로 평북도내 주요 곡창지대와 간석지에 물을 대고 있다.

1895년 의주부에 있던 의주군은 1914년 평안북도 의주군으로 개편된 고장인데 의주읍과 덕현, 덕룡노동자구와 17개 리를 두고 있다. 1018년 고려 현종 9년 영색현을 삭주로 개편하였다. 청천강 이북지역에 위치해 있어 북쪽을 의미하는 '삭' 자와 고을을 의미하는 '주' 자를 붙여 삭주라 하였다. 군에는 남사 사평(모래부리), 청성(읍소재지), 대대(한터 고을 큰 옛 집터자리), 청수(청수보) 수풍노동자구 등 6개 노동자구와 18개 리를 두고 있다.

삭주읍은 1952년 삭주면 동부리, 서부리, 남대리 일부를 합친 지역에 자리하고 있다. 대관(大館)군은 1952년 삭주군 외남면, 양산면, 수동면, 남서면을 합친 군으로 영색관의 큰 집자리가 있으므로 대관군이라 하였다. 1읍, 22개 리를 두고 있다.

창성군은 1402년(태종 2)에 서북면 창주와 니성을 합쳐 내온 군인데 1997년 현재 유전(楡田: 느릅나무가 많은데 유래)노동자구와 15개 리를 두고 있다. 창성읍은 창성면 창신리, 임산리, 옥계리 일부를 합친 지역이다.

동창군은 1952년 창성군 동창면, 대창면, 청산면과 신창면의 4개 면을 합쳐 내온 군으로 대유노동자고와 16개 리를 두고 있으며 읍은 동창면 대유리, 장현리, 금산리를 합친 지역에 자리하고 있다.

벽동(碧潼)군은 압록강 연안에 위치해 있으며 고려 때 림토와 벽단의 두 지역으로 나뉘어져 있었다. 고려말 림토를 음동이라 하였고, 1403년 벽단과 음동을 합쳐 새 군을 만들었는데 벽동이라 하였다. 군에는 벽동읍을 비롯하여 19개 리를 두고 있다. 벽단은 푸른 숲이 우거진 골짜기를 가리키며 옛말로 〈부루다니〉라 하였는데 부루는 숲을 다니는 골짜기를 가리키는 이두어이다. 림토는 산이 많고 골짜기마다 숲이 우거져 부로도 부루는 숲을 도는 땅을 의미하는 이두어이다.

:: 도 소재지 신의주(新義州)

고려 때부터 용만(龍灣), 화의(和義), 보주(保州), 포주(抱州), 파주(把州), 함신(咸新), 송산(松山)이라는 옛 명칭을 가지고 있는 신의주시는 거란이 고려의 압록강 동쪽 기슭에 성을 쌓고 보주(保州)라 하였고 문종 8년(1054)에는 궁구문(弓口門)을 세우고 포주(抱州) 또는 파주(把州)라 하였다.

고려가 이 지역을 완전히 수복한 후인 예종 12년(1117)에 의주방어사를 두고 남쪽의 백성들을 이주시켜 압로강 하류를 경계로 하여 관방(關防)을 설치하였고, 고종 8년(1221)에는 반란이 있어 함신(咸新)이라는 지명으로 격하하였는가 하면, 얼마 안 되어 곧바로 복구시켰다.

원종 10년(1269)에는 한때 원(元)나라 박색부(博色府)에 소속되었다가 충렬왕 2년(1276)에 회복되었다. 공민왕 15년(1366) 의주목으로 승격시킨 후 방어사를 두었고 3년후인 1369년에 만호부(萬戶府)가 설치되었다.

조선조에 와서는 태종 2년(1402)에 판관(判官)을 두었고 1408년 정주(靜州)와 위원진(威遠鎭)을 내속시켰다. 선조 25년(1592) 임진왜란이 일어나자 선조가 이곳으로 피란하였다가 이듬해에 환도하였으며, 1593년에 부윤(府尹)으로 승격시켰고, 인조 12년(1634) 청북방어사(淸北防禦使)를 겸하였으며, 병자호란(丙子胡亂)이 일어난 이후 부윤(府尹)을 혁파시켰다가 1641년에 양서운향사(兩西運餉使)를 겸직토록 하였다.

1895년 전국의 행정구역을 23부제로 개편할 때 의주부라 하였고, 1904년 2월 10일 러일전쟁이 일어나자 일제가 용산~의주 간의 철도를 부설하고 종착역으로 정함에 이 고장은 국경취락지가 되면서 새로운 의주라는 뜻에서 신의주라 하여 오늘날의 지명으로 굳혀졌다. 1906년 11월 일제는 이곳에 이사청(理事廳)을 둔 바 있으며 평안도가 남북도로 갈라질 때 영변에 두었던 도청소재지를 1921년 11월 이곳으로 옮겼다.

신의주하면 떠오르는 상념이 허다하지만, 그 가운데서도 우리나라와 중국대륙으로 통하는 관문임을 상기하지 않을 수 없다. 따라서 자연히 접경국인 명 · 청국을 비롯한 중국과의 대소 관계사가 이 곳을 통해 이루어져 평시에는 사신들이 압록강(길이 803㎞: 유역넓이 6만4739.8㎢로 이 가운데 북한측 3만 2557.7㎢)을 건너 오가면서 내왕하는 출국, 출입처로, 전운(戰雲)이 감돌 때에는 가장 긴박감을 자아내게 하는 전초기지로, 전쟁 발발시에는 피아간에 고수(固守)와 침탈지로, 때로는 혈전지가 되어왔다.

그러기에 의주는 북변의 최대 주요 관방지로 천리장성의 주성이 되었는가 하면, 긴장감이 고조될 때에는 적의 동태를 감시할 수 있는 봉수대의 첫 알림지로 대소 봉수대의 응신을 모아 중앙에 알리는 통신기지로, 교통로로, 교역처가 되어왔다.

관방지로는 천리장성의 시발지로 그 옛날 이곳은 동북쪽으로 방산진, 서남으로 인산진, 동으로 수구보, 동북으로 청수보, 동남으로 소관보(속칭 大母城), 이밖에 고미성보, 광평보, 옥강보, 송산보 등의 진보(鎭堡)를 두고 있었다.

봉수시설로는 통군정봉수를 중심으로 수구, 위원, 금동전동, 노토탄, 전왕구비, 도산, 용천의 용호산, 정자산, 송봉, 구룡연, 부동, 석계봉수, 오언대, 쇄아첩, 인산진성, 기이성, 진병곶, 미륵당, 우리암, 봉수등과 연결되어 있어 위난시에 통신체계의 핵심적 역할을 다해왔다.

위와 같은 여러 관방시설의 중추통제소이었던 통군정은 의주 객관 북쪽 압록강변 삼각산 봉우리에 위치해 있다. 통군정에 올라서면 이끼 푸른 의주성의 옛 성벽이 눈앞에 보이며 아래로는 압록강 강가운데 점점이 떠 있는 여러 섬들이 굽어보인다.

서쪽으로는 용암포 일대가, 남쪽으로는 의주 금강으로 불리우는 석숭산과 백마산 일대의 크고 작은 여러 봉우리들이 한눈에 보여 예로부터 관서팔경의 하나로 꼽혀왔다.

통군정은 주변에 둘러싸여 있는 높고 험한 산과 언덕들을 살필 수 있을 뿐만 아니라 강건너 저편의 산하와 성곽 형세도 조망할 수 있는 곳으로 일찍부터 관서팔경(關西八景)의

하나로 꼽혀온 곳이다.

이같은 통군정의 건립연대는 고려 성종 9년(990)에 편찬된 임사홍기(任士洪記)에 따르면 1천여년 전인 고려 초기에 건립된 것으로 추정된다. 성종조의 의주목사이었던 한천손(韓千孫)이 김철손(金哲孫)과 함께 개축 기와를 얹었다는 기록이 있고, 중종 33년(1538)에 재건하고 숙종 때 중수하였으며, 순조 23년(1823)에 수리하였다고 한다. 청일전쟁과 러일전쟁시 일본군의 포병진지로 활용되기도 하였다.

신의주시 면적은 1만2574㎢이며, 도는 동쪽은 자강도, 서쪽은 황해, 남쪽은 평안남도와 접하고 북쪽은 압록강을 사이에 두고 중국과 접경을 이루고 있다. 1914년 의주부 광성면 신의주동 일부, 민포동 일부, 미륵동 일부를 합쳐 의주의 아래에 만들어진 고장이라는 뜻에서 의주에서 의(義)자와 새 신(新)자를 붙여 신의주부(新義州府)라 하였다가 1947년 시(市)로 개편하였다. 1954년 시의 남민리, 송한리, 류하리, 류상리, 석하리, 탑리, 마전리, 백토리, 유초리와 의주군 정문리, 신상리, 용천군 성서리, 토성리, 낙원리, 삼룡리, 창포리, 피현군 삼상리, 중제리, 향교리를 합쳐 광성군을 새로 내왔는가 하면, 1957년 낙원리가 낙원노동자구가 되고 1958년 창포리가 광성읍이 되었다. 1963년 광성군이 폐지되면서 군내 대부분의 리가 신의주시에 속하였고 삼상리만이 피현군에 들어갔다. 1989년 신의주시에 광명구역, 강안구역, 남구구역 등 3개 구역을 두면서 리와 동의 명칭, 지역 범위가 변화되었다. 1991년 구역제를 없애면서 관할 행정 동과 리는 신의주시로 환원되었다.

이제 신의주시의 주요 동, 리의 명칭 유래를 간략히 살펴보면 예부터 국경도시로 국방과 관련된 지명이 곳곳에 남아 있어 유서깊은 관방도시임을 실감케 한다. 먼저 압록강 기슭에 있는 압강동은 1949년에 압강리라 하던 것을 리를 동으로 고쳤다. 동에는 창고개가 있는데 이 고개에 군량미 저장창고가 있었고, 수구너머에 고린주성의 어구로 넘어가는 영마루에 외적 침입시 퇴로를 차단하기 위한 수구가 있었다. 고성동(古城洞)은 옛 성터 안에 있는 동이라는 데서 명명되었고, 유명한 위화도와 관련해 생긴 상단동(上端洞)과 하단동(下端洞)은 원래 의주부 위화면에 있던 마을로 성터 위아래를 따라 윗쪽을 상단동, 아래 마을을 하단동이라 하였다. 하단동에는 오막리라는 자연부락이 있었는데, 이 마을은 국경수비를 위한 5번째 파수막이 있었던 데서 연유되었다. 사막(四幕)부락도 있었는데 이 또한 4번째 파수막이 있었던 데서 유래된 것이다. 연대봉(煙臺烽) 아래에 있는 마을이라 하여 연하동(煙下洞)이라 한 이곳은 접경지(接境地)에서 가장 높은 북산(北山)이 있는 산 아래에 웃문고개, 아래문고개, 성랑고개가 있는데 이 고개들은 성벽을 따라 이어지고 있다. 의주와 백마 중간지대에 점령 고개에 역참이 있었다.

천리장성 서쪽에 있는 마을이라 하여 일컬어진 성서리(城西里)에는 화평리, 동화평, 서화평 등의 명칭이 있는데 이는 장성 아래로 질편하게 펼쳐져 있는 들판을 지칭하는 것이다. 토성리(土城里)는 석성(石城)이 아닌 흙으로 쌓은 성이 있는 지역이라는 의미에서 붙여진 명칭으로, 리 안에 창(倉)마을이 있었는데 여기에 세미(稅米)를 보관해 왔다. 1952년 향교리에 편입된 연제리((煙堤里)는 봉화를 올리던 산봉우리 밑 개울가에 위치해 있다 하여 붙여졌던 고장 명칭이다. 인근에 고려 때 강감찬 장군의 지휘처와 숙소가 있었다고 한다. 조선조 말에는 재궁이 있었던 가운데 마을이라 하여 중제리(中齊里)라 명명한 곳이다.

선상동(仙上洞)은 원래 진리면(津里面)에 속해 있던 곳으로 강 나루터에서 비롯된 것으로 나루터 주변이 경치가 좋아 선경(仙境)이라 하여 선상동으로 명명되었으나, 여기에는 연대봉(煙臺烽)이 있어 봉수를 올려 적의 동태를 알리던 전초기지였다. 표루봉은 국경수비를 위한 망루가, 장대봉에는 무술연마장으로, 새너머고개에는 개경(開京)으로 긴급보고를 전하는 새가 날아 넘는 고개가 있었는가 하면, 백마산정에서 흘러 내리는 백마천이 있다.

송한동(送鷴洞)에는 흰 꿩을 날려보냈다는 데서 생긴 동명인데 이곳에 고린주성을 지키는 웃수구너머 고개가 있다. 1967년에는 삼청리 일부를 떼내 독골동을 두게 되었는데, 독골동이라 함은 흑룡산밑 골안에서 독을 구어 팔던 사람이 있었던 데서 연유된 것이다. 독골동에는 독같이 생긴 바위가 있다 하여 독바위골짜기라는 곳도 있는데, 주변에 오누이바위, 말바위, 갓바위, 선바위, 수리바위, 감투봉, 병풍바위 등 다양한 모습의 바위들이 솟아 있는 곳으로도 유명하다.

그런가 하면 국토분단 이후 북한체제하에서 이념성 짙은 동명들도 적지 않게 생겨났다. 예컨대, 1947년 시 중심부인 본부동 일부를 떼내 조국광복을 기념하기 위한 해방동(解放洞)을 신설하였고 미륵동 일부를 갈라서 평화동을, 친선 1 · 2동은 동면동 일부를 떼내 이른바 조 · 중친선을 영원히 꽃 피우려는 뜻으로 붙여진 명칭이다.

시의 구시가지 중심에 자리하고 있는 5 · 1동(五一洞)은 1990년 미륵동을 개편하여 5 ·

1절 노동절을 기념하기 위해 고친 동명이고 개혁동(改革洞) 역시 미륵동 일부를 갈라 내온 리인데 민주개혁이 승리적으로 이룩된 것을 기념하기 위해 지어진 명칭이라는 것이다. 이 당시 시에는 압강동을 비롯해 61개 동, 23개 리를 두고 있었는데 1952년 대대적인 행정구역 개편을 통해 관내 61개 동을 39개 동으로, 23개 리를 9개 리로 고쳤다가 1997년 현재에는 49개 동, 9개 리를 두고 있고 노동자구가 없는 국경도시로 주목받고 있다.

3) 함경남도

고구려 때 철령이북의 동해안 지역에는 12개의 큰 고을과 진(鎭)이 있었고 발해시대에는 남경남해부 관할하에 있었던 함경남북도 동해안지방이다. 그 중심지는 남경이었는데 남경은 오늘날 북청군 신창(新昌)지방으로 추정되고 있다. 고려 명종 8년(1178)에는 오늘날의 강원도 강릉지방까지 포괄한 지역을 연해명주도라 하였다. 1356년에는 강릉사방도 또는 동북면, 1360년 삭방강릉도 또는 강릉삭방도라 하였다.

고려말기에 강릉삭방도를 두 개의 도로 나누면서 철령이북 지역을 삭방도라 하였다. 조선조 태종 16년(1416)에는 함흥부와 길주목을 중심으로 한 도(道)라 하여 함길도라 하고 1470년 영흥과 안변의 이름을 따서 영안도라 하였다. 1509년 도관찰사 감영을 함흥에 옮겨 놓고 함흥부와 경성군을 중심으로 한 도라 하여 함경도라고 하였다.

함흥시라는 명칭은 1416년 함길도의 함주목을 고쳐 내온 부(府)였는데, 행정구역단위 목을 부로 승격시키면서 함주의 함(咸)자에 번흥하는 고장으로 되라는 뜻에서 흥(興) 자를 붙여 함흥부라 하다가 광복후 함흥시가 되었다. 고려 때 함주(예종 8년: 1108) 함주목(공민왕 18년: 1369)이라 불렀고 함평(咸平), 함산(咸山)이라고도 하였다. 고려사 지리지에 의하면 이 고장을 갈라전(曷懶甸) 합란부(哈蘭府)라고도 적고 있기도 하다.

북한정권 수립 직후부터 빈번한 행정구역 개편을 통해 기존의 도내 관할지이던 원산시 안변군, 문천군을 1946년 9월 강원도에 넘겨주고, 1954년 10월에는 부전령산줄기 북부지역을 량강도로, 낭림군은 자강도에 넘겨주었는가 하면, 대흥군을 도에 편입시켜 오늘에 이르고 있다. 도내 면적은 1만8천7백㎢로 1998년 말 현재, 도의 행정구역 체계는 도청소재지인 함흥시와 단천, 신포시 등의 3개 시 외에 7개 구역, 15개 군, 1개 구로 되어 있다.

단천(端川)시는 1982년에 단천군을 시로 개편한 지역이다. 단천이란 지명은 1413년에 생겼는데 이전에는 단주라 하였다. 고려 때 북쪽 끝 고을이라는 의미와 고을에 큰 강인 예전의 니마이천을 북대천이라 하였고 파독천을 남대천이라 하였는데, 이 두 큰 강물이 흐르고 있어 끝 '단' 자와 내 '천' 자를 합쳐 단천으로 명명하였다.

단천시는 1997년 말 현재 39개 동, 39개 리를 두고 있다. 시 소재지 중심부에 있는 복천동에는 1438년에 세운 단천아사와 단천읍성이 있다. 광복 당시 내문리의 일부였던 오늘날의 금봉동에는 단천아사의 다락인 공민루가 있는데 이는 조선조의 대표적인 관아 누정의 하나이다.

광복후 단천군 하다면 백자동리의 일부를 갈라 백상리를 내왔는데, 리에는 16세기 초에 쌓은 석성인 인연현산성이 있는데, 내성과 외성으로 되어 있고, 인근에 시리봉봉수터와 백자동 고인돌이 있다.

봄이면 온 마을이 꽃으로 뒤덮인다 하여 붙여진 화장리(華藏里)에는 고려 때 축성한 타원형의 성이 있다. 둘레의 4분의 1은 천연적인 옹벽을 이용해 조성된 성벽이다. 두연리에는 일명 화장사라고도 하는 동덕사가 있어 예전에는 함경도 북부의 모든 사찰을 통괄하는 절이었다. 용흥리에는 유명한 운시산성이 있는데, 이 성은 고려 때 윤관 장군에 의해 축성되었고 15세기에 남이 장군에 의해 개축되었다.

광복이전에 용양리라 하던 영웅동은 1982년에 고쳐진 동명인데 이는 북한의 광산노동자 가운데 최초로 영웅소대가 나온 곳이라 하여 붙여진 동명이다.

1952년 북청군 신포면, 양화면, 홍원군 용원면, 용포면을 합쳐 내온 신포시(新浦市)는 도의 동북부 동해 바닷가에 있는 시로 이 고장을 관통해 흐르는 개울 이름인 시신개에서 유래되었다. 개울물은 장마철이 되면 범람하여 온 마을을 씻어 내린다 하여 개천의 이름을 시씻개라고 하였고 마을 이름도 그렇게 불려졌다.

이 시씻개는 음이 와전되면서 시신개로 그것을 한자인 새 '신' 과 개 '포(浦)' 로 옮겨 신포라고 하였다. 이 고장은 원래 자그마한 어촌에 지나지 않은 나루터 마을이었으나 점차 사람들이 모여들어 큰 어장으로 변하면서 새롭게 번창해 가는 포구라는 뜻에서 신포라고 하였다.

1952년에 신포군으로 있던 이 지역을 1960년 시로 개편하고 이전의 신포읍 일부를 갈라 해암동, 어항동, 포항동, 해산동을 내왔다. 이후 신포읍 일부와 연호노동자구 일부를 갈라 신흥동을 내 오는 등, 관내 행정구역 개편의 개편을 거듭해 1997년 말 현재 16개 동, 7개 리를 두고 있다. 속칭 마랑이라 하여 말을 기르던 마양도(馬養島)라는 섬 이름은 세종실록지리지와 신증동국여지승람에도 올라 있다. 마양도는 1971년 신포시 마양도리를 개편하여 마양노동자구로 하였다가 1974년 마양동으로 고쳐졌다.

해산동에는 1963년 8월 신포조선소 구내에 신포어항고등중학교를 세웠고, 시 서북쪽 신풍리 서남쪽 춘동부락에는 동서 길이 2.1m, 남북 길이 2.2m의 돌덮개가 서쪽에서 동쪽으로 경사지게 올려 놓은 고인돌이 있다. 주변에서는 돌도끼, 돌활촉 등의 유물이 1960년에 발굴되었다. 시내 육대동(六坮洞)에는 육대수산사업소가 자리잡고 있는데 원래 이 동(洞)은 조선조 때 북청군 양화사에 속했던 마을로 바다와 강이 둘러싸여 있는 물섬이라 하여 육도(六島)라고 하다가 육대리(六坮里)로 바뀌었다. 이러한 육대는 북청지방 명승 12대 중 여섯 번째의 명승지로 꼽히고 있다. 시와 군 급의 행정구역인 금호지구의 속후리에는 발해비가 있고 금호지구 북쪽 바닷가에 있는 남흥리에는 짜고치마을이 있는데 성의 고어인 〈잣〉이 〈짜〉로 변하면서 짜고치마을로 불려졌다.

이 마을 곁에는 짜고치산이 있고 이 산에 성을 쌓았던 고개를 성치산이라고 한다. 이 마을을 중심으로 주변에 쌓여 있는 흰모래, 푸른숲, 붉은 해당화 등의 보배로운 고장이라 하여 보배산천이라고 불려졌다. 이 고장에는 예로부터 정월 대보름과 추석날에 젊은 청춘 남녀들이 한데 모여 하루를 즐기는 풍습이 있었다. 이들은 1년 내내 쌓인 회포를 칼자루 장단인 닐니리곡조에 맞추어 춤을 추었는데 이러한 놀이를 달리데놀이라고 하였다. 이 놀이는 이전의 꽃놀이와 곁들여 머리에 고깔을 쓰고 몸에는 방울을 단 쾌자를 입고 산대놀이, 떼놀이, 고깔춤 등을 번갈아 추면서 원무형식으로 빙빙돌며 흥겹게 노는 놀이였다.

1930년 함흥군에서 갈라져 나온 함주군은 〈크다〉, 〈큰〉의 옛말로 발음이 비슷한 한자 〈함〉자로 옮기고 전래적인 행정구역 단위인 〈주〉자를 붙여 생긴 명칭이다. 군내에는 조선조시대의 한희사가 갈골로 알려진 노동리(蘆洞里)에, 고려 때의 것으로 조양리(朝陽里)에는 화음산성, 물흐름이 살같이 빠르다 하여 일명 사리개 마을이라 하기도 하는 흥봉리(興峯里)에는 신성성지, 추상리(楸上里)에 신덕토성이 있고 이곳에 흥상청년닭공장이 있는데 함주조선닭을 기르고 있다. 운동리(雲東里)에 준봉산성과 준봉봉수 등이 있고 역시 고려 때의 검산령돌무지탑이 풍송리(豊松里)에 있다. 함주군은 함주읍을 비롯해 37개 리를 두고 있다.

함주군에 속해 있던 영광군은 1952년 오로군으로 되었다가 1981년에 영광군(榮光郡)으로 개칭되었다. 군에는 영광읍과 수전노동자구 및 24개 리를 두고 있다. 봉흥리(鳳興里) 백운산에는 고려 때의 백운산성, 용흥사, 불지암 등이 산창리(山蒼里)에 석틀길성, 가평성, 황초령성, 용흥사 등이 화장리(花藏里)에는 임진왜란 때 전공을 세운 12공신 중의 한 사람인 방응융비 등이 있다.

새로 생긴 신흥군(新興郡)은 함흥군의 일부와 홍원군의 지역을 떼내 1952년에 만든 군으로 신흥읍, 신흥, 부흥(赴戰)발전노동자구 등의 3개 노동자구와 22개 리로 구성되어 있다. 흥경리(興慶里) 북쪽 운봉리에서 오늘날의 량강도 풍산군으로 넘어가는 높고 험한 고개가 있는데 이 고개를 함부로 넘나들지 말라는 팻말을 박았던 고개(嶺)마루라 하여 금패령이라 부르며 이에 따른 전설을 남기고 있다.

고려시절 하가루라 불려져 왔던 장진군(長津郡)의 〈하〉는 옛말로 크다는 뜻이며 〈가루〉는 강 또는 호수를 뜻하였는데, 1667년(현종 8)에 한자로 이 지명을 옮기면서 긴 나루로 표현, 장진(長津)이라고 하였다.

1787년 장진부, 1843년에 장진군, 1895년 전국을 8도 23부제로 개편할 때 강계부에 속하였고, 이듬해 13도제로 개편할 때 함경남도 장진군이 되었다.

1952년 면제 폐지에 따른 행정구역 개편때에는 장진읍 이외에 23개 리를 두었다가 1997년 말 현재는 1읍, 황초, 양지, 만풍노동자구 등 3개 노동자구와 16개 리를 두고 있다. 장진군은 서쪽으로 낭림산, 동백산, 철의물산, 설한령, 마대령이 있고 동으로는 연화산, 대암산, 매물령이, 동남쪽으로는 고대산 오봉과 황초령이 있다.

장진강, 구읍리강, 풍류리강이 있고 장진고원은 장진강 상류일대에 펼쳐진 높은 개마고원의 한 부분으로 분지를 이루고 있는데 해발 1400m, 남북 동서 길이 50~60㎞로 군안의 전체 리 · 읍 · 구를 포괄하고 있다. 군내에는 우리나라 유일의 장진정 장어알쓸이터와 속사리강 명태알쓸이터가 있는데 천연기념물로 보호받고 있다.

신라 진흥왕의 순수비가 세워진 곳으로 잘 알려진 황초령고개는 함흥에서 영광, 장진을 거쳐 강계로 통하는 령마루로 이곳에 풀이 누렇게 보인다는 데서 생겨난 명칭인데 여지승람에는 초황령이라 기록되어 있다.

황초령순수비는 기원 58년 8월에 세워졌고 비문에는 건비(建碑)의 연유와 진흥왕의 업적 및 순회목적, 수행자의 직위, 성명 등이 적혀 있어 당시의 역사적 사실을 규명하는데 매우 중요한 자료가 되고 있다. 비의 높이는 1.37m에 너비는 47~48cm 가량, 석질은 화강석인데 비문은 12줄에 35자씩 420자라고 동국문헌비고에 인용된 해동집고록에 밝히고 있다.

정평군(定平郡)은 고려 이전에는 나라의 지경(地境) 끝에 있던 고장이라 하여 파지라 하였는가 하면, 외적을 막아내 민족의 위엄을 떨친 고장이라는 의미에서 선위라고도 하였다.

1896년 정평도호부를 군으로 개편한 정평군의 정평이란 지명은 본시 1413년에 생겼는데 그 때까지는 이곳을 정주라고 하였다. 즉 벌지대에 있는 안정된 곳이라는 의미로 생겨난 지명이다. 정주는 북방외족들의 침략로였던 까닭에 성곽이 많이 구축되어 있는 고장이다. 군의 중심위치에 자리잡은 산이 증산인데 성곽은 창신리에 성덕진성, 복흥리에 원흥진성, 광흥리에 세류성, 관평리에 상주성, 초원리에 초원성, 구창리에 여위성, 율성리에 율성, 봉대리에 봉대성 등이 구읍리에 있었던 정주성을 둘러싸고 있다.

군내의 금진강은 강바닥에 사금이 깔려 있는 강이라 하여 금(金)자를 붙여 생겨난 강 이름인데, 이 강은 함주군 백산에서 흘러 내려 구창리, 고양리, 용흥노동자구와 중평리, 사수리와 관평리, 초원리, 광흥리, 풍양리, 신풍리, 기산리, 신상노동자구, 동천리, 문봉리, 조양리, 내동리, 복흥리와 하남리를 거쳐 동해로 흘러드는 강으로 예전에는 금강이라고도 하였는가 하면, 상류로부터 길게 흘러 내리는 강이라 하여 장계천, 하류를 제비가 날아 도는 강이라 하여 생천이라고도 하는 등 금진강은 정평군의 내력을 껴안고 오늘날도 묵묵히 흐르고 있다.

군내 도련포는 일명 광포라 하였는데 봉대리, 호남리, 향동리, 호중리, 선덕리, 동호리, 삼도리 및 함주군 경계에 접하고 있는 넓은 호수로 경치가 매우 아름다운 명승지이다. 도련포란 포구와 잇닿은 곳이라는 데서 생겨난 지명이다.

오늘날의 금야군(金野郡)은 1977년 3월 영흥군을 개칭한 군인데, 검은 금으로 별칭되는 석탄이 많이 나고 기름진 밭을 낀 살기 좋은 고장이라는 의미에서 금야라 하였다. 이 지역은 고구려 때는 장령진 또는 류화군으로 혹은 당문이라고도 한 바 있는데, 큰 고을이라는 옛말인 〈가라구루〉를 이두문자로 표기한 것이다.

고려 때에는 화주, 말기에는 쌍성이라 하였고, 조선조에 영흥이라 하였다. 사료(史料)에 빈번하게 등장되는 용흥강도 군내에 있다. 이 강은 원래 횡강이라 하다가 용흥강으로 강 이름이 바뀌었고 1977년부터는 군 명칭과 같이 금야강으로 고쳐졌다.

금야에는 고려 때 쌓은 천리장성, 정병산성, 성덕산성, 성력산성, 진수산성을 비롯하여 8곳의 성터와 진수산봉수와 백암봉수를 비롯한 6개의 봉수터가 있다.

1949년 덕흥면의 직동리, 직서리를 합쳐 내온 동흥리(東興里)에 안불사가 있다. 금야군은 1977년 말 현재 금야읍을 비롯해 갈전구, 인흥구, 가진구 등 3개 구 52개 리를 두고 있다.

요덕군(耀德郡)의 요덕(耀德)이라는 지명은 고려 때부터 있어온 명칭으로 해가 잘 쪼이는 덕이 진 곳이라는 뜻이며, 1952년 영흥군의 요덕면, 황천면, 선흥면을 갈라 내온 군으로 고려장성과 그에 속하는 여러 성과 봉수 그리고 이름난 요덕약수가 나는 곳이다.

1993년 현재 요덕읍을 비롯해 21개 리를 두고 있다. 고원군(高原郡)은 고려 때는 홍원 또는 덕령진이라고 하였다. 군에는 고흥읍을 비롯해 부래산구와 18개 리를 두고 있다. 조선조 말 고원군 신산면이었던 약천리(藥泉里)에는 고구려 때의 유적인 량천사와 석고미륵이 있다. 량천사와 관련해 지금까지 량천골, 고량천, 북부도갈, 여승당골 등의 자연부락 명칭이 전해 오고 있다.

홍원군은 그 옛날 드넓은 벌에서 많은 곡식을 거둬들이며 즐기는 고장이라는 뜻을 한자로 홍긍 또는 홍헌이라 하였는데 뜻은 매우 좋고, 착하다는 의미로 쓰여졌다. 이러한 홍원군은 1895년부터 현재의 군명으로 계속해 이어져 오고 있는데 군에는 홍원읍과 경포, 운포노동자구와 27개 리를 두고 있다. 정자와 성터로는 홍원읍의 관풍루, 방동리의 해월정, 신포시와 경계에 있는 삼성리에 대문령장성과 요원산성이, 경포노동자구 내에 성미산성 등이 있다.

도내 동북부의 남대천의 중류와 하류 일대에 자리잡고 있는 북청군은 예전에 안북이라 불러오다가 고려 공민왕 때인 1372년에 북청이라 고쳤는데, 이전의 안북에서 북자와 푸른바다를 끼고 있는 고장이라는 뜻에서 청자를 써, 북청이라 하였으나, 조선조 태조 7년에 청주(青州)라 고치니 충청도 청주목과 발음이 같다 하여 1417년(태종 17)에 다시 북청으로 고쳐졌다.

1997년 말 현재 1개 읍, 2개 노동자구, 38개 리를 두고 있고, 군내에는 죽상리에 광제사가 있고, 토성리에 발해시대의 청해토성, 평리에 역시 발해시기의 것으로 거산성유적, 안곡리에 안곡산성, 신상리에 조선조 개국공신의 한 사람인 이지란(李之蘭)의 신도비와 부도가 있다.

북청군 상거서면, 하거서면, 나곡면, 성대면의 전체 리와 덕성면 13개 리를 합쳐 새로 내온 덕성군(德城郡)은 덕성읍과 철산노동자구 외에 23개 리를 두고 있다. 명소로 정광사(원사리)와 복흥사의 7층석탑(청산리), 동해명승 학사대(학사대리)가 있다.

이원군은 이원읍과 활석, 차호, 나흥 등 3개 노동자구와 21개 리를 두고 있다. 허천군(虛川郡)은 단천군 수하면과 풍산군 천남면을 합쳐진 군으로 허천강 발전소가 있는 고장이라 하여 군명을 허천군이라 하였다. 군은 1개 읍, 5개 노동자구, 17개 리를 두고 있다.

부전령에서 비롯된 부전군(赴戰郡)은 싸움에 나선다는 의미를 지닌 것으로 1952년 함경남도 신흥군 영고면과 상원천면, 하원천면, 동상면의 전체 리를 합쳐 내온 군인데 1954년 량강도에 속하였다가 1965년 다시 함경남도로 넘어왔다. 1개 읍, 2개 노동자구, 14개 리로 군에는 부전호가 있는데 인공호수로 바닥은 바위로 뒤덮여 맑고 깨끗하다.

낙원군은 1952년 함주군 동천면 덕산면, 퇴조면, 홍원군, 삼호면의 전체 리와 흥남시의 7개 리를 합쳐 1982년에 퇴조군이라 하였다. 이러한 낙원군은 현재 낙원읍을 비롯해 삼호노동자구 외에 11개 리를 두고 있다.

:: 도 소재지 함흥시

함흥지역은 한 때 원(元)나라에 복속되어 쌍성총관부(雙城摠管府)에 예속되어 있다가 수복 후 이 곳을 함주(咸州)라 하였다. 조선 태종 16(1416)년에 함흥부라 하여 관찰사 영(營)으로 삼았다. 이후 이시애(李施愛)의 반란으로 인해 1470년(성종 1)에 군으로 강등되었다가 1509년(중종 4)에 다시 함흥부로 환원되었다. 이러한 함흥부가 근대적인 도시로 변모되기는 1928년 함경선의 개통과 1929년 부전강수력발전소 준공, 1931년에 성천강 제방 개수공사의 완공으로 함흥평야의 홍수범람을 막아 낸 이후부터이다.

1933년 함남선이 개통됨에 따라 도시는 가일층 확대되어 1943년에는 인구 12만2760명을 포용하는 대도시가 되었다. 행정구역은 광복직후 38개 구, 17개 리였으나 북한측이 면제를 폐지한 1952년에는 38개 구, 25개 리가 되었고, 5년후인 1957년에는 33개 동, 7개 리가 되었다. 그러나 1960년 함흥시를 직할시로 고치면서 함흥시와 흥남시, 퇴조군, 함주군 일부와 오로군 일부를 편입시켜 성천, 반룡, 회상, 덕산, 사포, 본궁, 룡성, 흥남,

퇴조구역 등 9개 구역으로 재편되었다.

10년 뒤인 1970년에는 직할시를 폐지하고 이전의 시로 환원시켜 함흥시의 덕산구역과 퇴조구역을 떼내 덕산군과 퇴조군을 신설, 7개 구역을 두었다. 1997년 말 현재는 성천, 동흥, 회상, 사포, 흥덕, 해안, 흥남구역 등 7개 구역을 두고 있다.

시의 중심구역이었던 본궁구역은 1960년 흥남시의 용흥, 운흥, 흥덕, 흥남동 등의 4개 동과 용신, 창흥리를 함흥직할시를 내 오면서 본궁이 있는 고장이라 하여 본궁구역이라고 하였다가, 1963년, 1965년, 1967년, 1970년, 1974년에 이르기까지 2~3년 간격으로 행정구역을 변경시켜 오던 중, 본궁 구역명은 없어졌다. 퇴조구역 역시 1982년 락원군에, 덕산구역은 1974년 회산구역으로 편입시켰다.

이상과 같이 빈번한 행정구역 변경을 해온 함흥시는 장진강과 부전강의 양대 발전소와 마천령지대의 광산물, 고원(高原)의 무연탄전을 기반으로 하여 종합비료공장과 제련소 등의 기간산업시설을 갖추고 있다.

지역별 산업시설로는 본궁구역은 종합화학공업지구를, 사포구역은 2·8비날론공장과 동흥산화학연합기업소를, 흥남구역에는 흥남비료연합기업소를, 그밖의 지구에는 용성기계공장, 방직공장, 제재소 등이 자리하고 있다.

여타 시설로는 서운1동에 함흥제2백화점, 덕산동에 함흥닭공장, 성천강구역 서문동에는 서문식료상점, 통남1동에 채과직매점, 남문1동에 함흥아동백화점, 남문2동에 함흥일용품종합공장, 당보1동에 함흥요업공장, 흥덕구역 은덕동에는 비날론공장인 화학공장을 세웠는데 이같은 시설을 본궁1동에 세워준 은덕을 기리기 위해 기존의 동 이름을 없애고 은덕동으로 바꿨다.

흰실동에는 2.8비날론연합기업소가 있는데 이전의 용흥동을 흰실동이라 고쳤고 해안구역 운성1동에 운성백화점, 흥남구역 천기동에 흥남비료연합기업소를 두고 있다. 교육시설로는 새별동(이전의 용마동)에 영광고등중학교를, 세거리동(치마3동을 고친 동)에 함흥화학공업대학을, 리화동에 함흥의학대학이 있다.

회양동에는 과학원 함흥분원이 있으며, 은정동에는 함흥대극장과 청년공원, 금사동에 함흥경기장, 풍흥동에는 주은래의 동상과 기념비와 천연기념물인 흥남구경대가 있고, 성천동에는 성천교 다리를 1962년 9월에 건설하였고, 마전리에는 마전유원지를, 대진도, 소진도 등의 섬은 서호1동에 속하게 하였다.

4) 함경북도

함경북도라는 도 이름이 생겨나기 이전까지는 수많은 명칭이 등장, 소멸되어 오다가 오늘날의 도명으로 정착되었다. 고려 때만 하여도 삭방도, 동북면, 연해명주도, 강릉도, 강릉삭방, 삭방강릉이라 불려지다가 고려말기에는 삭방도로 귀착되었다.

조선조에 들어와서는 영길도, 함길도, 영안도라 하였다가 1509년(중종 4) 전국을 8개 도로 나누면서 함흥(咸興)과 경성(鏡城)의 첫 글자를 따서 함경도라 하였다. 1895년(고종 32)에 8도제를 23부제로 고치면서 경성부로, 이듬해에는 함경도를 남북도로 나누면서 오늘날의 함경북도가 되었다. 광복당시의 행정체계는 3시, 11군, 7읍, 68개 면이었으며, 도청소재지이던 경성이 나남으로 옮겨졌고 나남이 청진시로 편입되면서 도청은 청진시에 두게 되었다.

함경북도의 총면적은 2만345㎢로 전 국토의 9.2%이며, 80% 이상이 산지이고 대부분의 지역이 500m이상의 고지대로 농사에는 적합치 않은 지대이다. 대신 철광석과 갈탄 등 지하자원의 매장량이 압도적으로 많다. 무산광산, 고건원탄광, 용북탄광 등은 대표적인 탄광지대이다.

유명한 함경산맥에는 관을 쓴 모양을 한 관모봉(해발 2540m)이 있는데 10월 중순경부터 내리는 눈은 이듬해 5월에야 녹기 시작한다. 해발 1000m 이상의 관모봉에는 식물자연보호구를 두고 있다. 명승지로 유명한 칠보산은 도내 남부지역에 위치해 있는데 칠보(七寶)란 금, 은, 호박, 차거, 산호, 마뇌, 진주 등 7종의 보물을 일컫는 것으로 이러한 보물들이 나타내는 예쁜 색깔과 같은 경치가 펼쳐지는 곳이라 하여 붙여진 산 이름이다.

칠보산은 내칠보와 함께 상매봉, 조롱봉, 책바위, 찰떡바위, 기둥바위, 제자굴, 구룡폭포, 구룡담 등 등 수많은 봉우리와 재, 크고 작은 폭포들이 있는데 이 명소들은 제각각의 전설과 설화를 간직하고 있다.

하천으로는 연면수, 오룡천, 화대천, 수성천 등이 있으며, 오늘날 국경하천이 되고 있는 두만강은 유구한 강의 역사만큼이나 여러 명칭을 갖고 있다. 대동수경(大東水經)에 의하면 만수, 분계하, 어윤하, 보려천, 수빈강, 아야고강, 애호강, 도문수, 토문강, 통문수, 토문색감, 토목강 등의 이름으로 불려져 왔다고 기록하고 있다.

토목강에서의 도문, 토문, 통문, 토목 등은 〈즈믄(千)〉을 한자로 적을 때 생긴 다양한 표기변종으로 생각되는데 만수는 여러 물줄기들이 모여서 이루어진 강이라는 뜻이며 어윤하는 물고기가 많고 물이 맑은 강이라는 뜻에서 유래 된 것이라 한다.

함경북도는 광복이후 북한체제하에서 그 어떤 시 · 도보다 복잡다양한 행정구역명칭으로 얼룩지고 있다. 예컨대 도청소재지인 청진시는 1963년에 직할시로, 1967년에는 다시 이전의 시로 환원되고, 10년이 지난 1977년에는 또다시 직할시로, 1985년에는 다시 청진시를 도에 소속시키는 등 변천의 변천을 거듭해 옴에 따라 여타 도내의 시 · 군의 행정구역이나 지명 변화에 영향을 끼쳤다.

행정구역 개편내용에 대한 사례를 잠시 언급해 보면, 1949년 나진시를 폐지하고 나진군을 신설하고 성진시를 김책시로 개칭하였다. 1952년에는 위의 김책군의 7개 리를 함경남도로 이관, 1954년 량강도를 신설하면서 상사군을 벽암군으로 개칭, 량강도에 이관하였고 1960년에는 청진시에 나남시와 부령군을 병합 7개 구역을 둔 후 직할시로 승격시켰다.

1961년에는 김책군을 김책시에 편입하고 연사군의 일부를 량강도의 삼지연군으로 이관하였으며, 1967년에는 영안군을 명간군으로 개칭하였고 청진직할시를 일반시로 격하시켰다. 1974년에는 유선군을 회령군에 병합시키고 유선군과 종성군을 폐지하였다.

1977년에는 경원군을 샛별군으로, 경흥군을 은덕군으로, 무산군과 경성군을 청진시에 편입하고 청진을 다시 직할시로 승격시켰다. 1981년 명간군을 화성군으로, 웅기군을 선봉군으로, 1985년 청진직할시를 다시 일반시로 격하시켰다.

시에는 신암, 포항, 청암, 수남, 송평, 라남, 부령, 부윤구역을 두었다가 부령구역을 다시 부령군으로 환원시킴으로써 3개 시, 14개 군, 7개 구역이 되었다.

1991년에는 회령군을 회령시로 하고 1993년에는 나진시와 선봉군을 떼내 나진-선봉직할시를 신설하였다. 1997년 현재 함경북도는 청진시, 김책시, 회령시 3개 시와 길주, 화대, 명천 화성, 어랑, 경성, 부령, 연사, 무산, 온성, 새별, 은덕 등 12개 군과 신암, 청암, 포항, 수남, 송평, 나남, 부윤구역 등 7개 구역을 두고 있다.

먼저 도내 중심부에 위치한 부령군은 예전에 북방 방어를 위해 설치한 영북진과 부거현을 합쳐 설치된 군으로 부령읍을 비롯하여 창평, 최현, 형제, 금강, 사하리 등 5개 리와 고무산, 무수, 석막노동자구 등 3개 노동자구를 두고 있다. 군내의 행정구역의 명칭 변경을 개괄적으로 살펴보면 먼저 창평리(倉坪里)는 창고가 있던 벌마을이라 하여 붙여진 이름인데 여기에는 1513년에 축성한 양영만동보성과 7세기 중엽에 축성한 고무산보성이 있다. 마을사람들이 가장 어질고 화목하게 지낸다 하여 명명된 최현동(最賢洞)은 1949년 동이 리로 바뀌면서 1952년 부령면 백사리와 합쳐서 부령군 최현리가 되었다. 형제와 같이 나란히 선 바위가 있는 마을이라 하여 형제리는 1952년 부령면 다갈리(칡이 많은 곳), 허통리와 합쳐 부령군 형제리가 되었다. 금채동과 강선동(하늘에서 선녀가 내려와 놀았다는 곳)을 합쳐 내온 금강동(金降洞)은 1952년 석막면 장흥리와 합쳐 부령군 금강리가 되었다. 사하리는 석막면을 흐르는 사하천(沙河川)이 있는 동이라 하여 붙여진 이름인데 1952년 석막면 황만리와 합쳐 부령군의 사하리가 되었다.

그 옛날 오롱구 또는 모릉고라도 불려졌던 경성군은 거울같이 맑은 감호가 있었기 때문에 오늘날의 군명이 되었다. 군은 경성읍을 비롯해 5개 노동자구, 15개 리를 두고 있는데 군내에는 경성모래온천(하온포노동자구), 온포온천 등이 있고 승암산이 자리잡고 있는 승암노동자구역에서 나는 구기자는 약효가 뛰어나 각광을 받고 있기도 하다.

온포천과 관모천에 의해 생긴 벌에 자리하고 있는 용천노동자구는 용이 두 개천에서 올랐다 하여 생긴 명칭이다. 소금을 굽던 곳이 있는 마을에서 유래된 염분리는 광복직후 줄온면에 속해 있던 곳이다.

온대진리는 주을온면의 차향동을 분리해 내온 리인데 이 고장에서 제일 큰 나루터가 있다 하여 붙여진 지명이다. 박충노동자구는 이전의 박하동과 박중동을 합쳐 내온 리인데 박가 성을 가진 사람들이 개척한 지역이라 하여 붙여진 명칭이다.

경성성의 위성인 오성성과 4개의 봉수가 있던 오촌보남봉수가 자리하고 있는 지역에는 오상리, 독연리, 장평리, 남석리, 매향리 등이 있다. 산에 나무가 많다 하여 붙여진 무산군은 두만강 연안에 자리하고 있다.

무산군은 1읍, 6노동자구, 15개 리를 두고 있는데 군에는 무산탄광 옛 성터로 임강대고성, 서호리성, 칠성봉수가 있다. 김책시(金策市)는 1951년 성진시를 고친 것이며, 1961년 성진군이던 김책군마저 시에 편입시켰다.

유적으로는 경성읍성, 경성남문, 원수대패총, 보로지포성, 보로지포봉수, 독구미진성 등이 있다. 과거 승암동이었던 승암노동자구에는 1437년에 토성으로 쌓았다가 1616년 돌로 고쳐 쌓은 석성이다. 성의 둘레는 2260m로, 남북간 거리는 282m이며, 성의 높이는 7.2m로 현재는 남문만이 보존되어 있다.

유명한 주을온천이 있는 곳은 지금은 상온포리라 하며, 온천이 있는 서북쪽 방향에 천연기념물인 높이 33m의 선바위가 있는데 마치 벽돌을 올려 쌓은 것 같은 모양을 하고 있다. 마을 한 가운데로 관모천이 흐르는 대향리는 천연기념물인 산천어 서식지이다.

성상리토성, 성진진성, 덕인보성은 온호리와 옥천리에 덕인리에는 고인돌이, 세천리와 림명리에는 봉수대 터전이 보존되어 있다. 김책시는 1997년 현재 22개 동, 22개 리를 두고 있다.

본래 궁한촌, 해양, 삼해양이라 불려지던 길주는 조선조 말 길성현이라 하다가 길주로 바뀌었다. 1읍, 5노동자구, 22개 리에 길주향교, 길주동헌, 읍성, 봉수, 평륙리선돌, 문암리고인돌 등이 있고 보현사의 나한 전설과 왕거미 전설이 유명하다.

화대군(花臺郡)의 명칭은 '덧붙어 있는 고을이라는 뜻으로 〈더부〉라 불려졌던 고장이다. 면제 실시이후 〈하데〉라고 하던 것을 〈하대〉라고 하다가 비슷한 음인 화대(花臺)로 고쳐 썼다. 군은 화대읍을 비롯하여 20개 리로 편성되어 있다.

함북금강으로 알려지고 있는 해발 663m의 칠보산이 자리하고 있는 명천군은 1읍, 2개 노동자구에 13개 리를 두고 있다. 칠보산 내에는 개심사가 있는데 이 절은 내칠보산의 오봉산을 배경으로 하여 기묘한 바위와 아름다운 봉우리들이 병풍처럼 사방을 둘러 싸고 있는데 맑은 개울물이 구슬처럼 흐르는 곳에 자리하고 있다.

개심사는 1377년(고려 우왕 3)에 창건되었는데 현재의 건물은 1853년(철종 4)에 다시 지은 것이다. 특히 개심사는 옛건물의 아름다움이 절승인 자연경치와 잘 조화된 매우 운치 있는 고찰이다.

1981년 명간군을 고쳐 내온 화성군은 1개 읍, 2개 노동자구, 23개 리를 두고 있다. 군내에는 명천구읍성, 부화리보성, 대사동보성이 있고 간성보수체계에 속하는 니마리봉수, 북봉봉수 등이 있다.

원시유적으로는 요반부락고인돌, 도룡, 봉원시유적, 광암리누운온돌 등이 있고 부암리에 있는 쌍계사는 내포역에서 서북쪽으로 백록산을 향하여 약 30리 가량 가면 동서북 3면이 백록산줄기에 둘러 싸이고 남쪽만이 열려 전망이 매우 좋다.

이러한 쌍계사의 창건연대는 1395년(태조 4)으로 전해 오며, 초기에는 상주사라 불렀는데 6 · 25전쟁 중에 불에 탄 것을 1957년에 복구하였다.

해변가로 흘러 들어오는 냇가를 중심으로 고기잡이를 하는 사나이가 많다 하여 생긴 어랑군(漁郎郡)은 경성군 주남면의 전체 리와 어랑면 중 21개 리, 주북면 중 16개 리, 명천군의 동면 중 1개 리를 떼내 새로 만든 군이다. 군은 어랑읍, 어대진노동자구 등 20개 리를 두고 있다. 군에는 장연호, 무계호, 어랑8경, 석양대산성, 수남산성, 장승대산성, 남중산성, 상삼포성, 보화보성 등의 유적지가 남아 있다.

도의 서쪽 고산지대에 있는 연사군은 1952년 무산군 연사면 전체와 삼장면의 5개 리를 합쳐 내온 군인데 연사면을 주로 한 군지역이기 때문에 연사군이라 하였다. 군에는 신양노동자구를 비롯하여 10개 리를 두고 있다.

두만강 중류 연안에 있는 회령시는 고려 때 오음회라 하였는데, 방어진인 영북진에서 령자를 따서 오음회의 회자와 합쳐 회령이라 하였다. 회령군을 1991년 회령시로 개편하고 1992년 현재 19개 동, 28개 리를 두고 있다.

시에는 예로부터의 국경도시로서 두만강행성, 원산산성, 우두산성, 회령읍성, 풍산산성, 고령산성, 오류성, 방원성 등 여러 성보(城堡)들이 이 고장의 지명으로 정착화되어 있는가 하면, 이와 관련된 연두봉, 인계남 북봉, 백천산, 방원리 봉수대 터 등도 남아 있어 옛 정취를 느끼게 하고 있다.

유물유적으로는 회령오동 원시유적지가 있으며, 조선조 명종 때(1551) 세운 유서깊은 향교도 있다. 회령시에는 지명사상 유례를 찾기 힘든 7월8일동이라는 동명이 있는데 이는 1954년 7월 8일 소위 김정일의 현지 지도일을 기념하기 위해 내온 명칭이다.

우리나라 최북단에 위치하고 있는 온성군은 외적을 막아낸 후 온화한 고장이 되었다 하여 붙여진 이름이다. 동국여지승람에는 다온평이라고 하였는데 다온은 털가죽을 의미하는 말이다. 역사상 유명한 사군육진의 중심지이었던 종성군이 1974년 완전 폐지되어 온성군으로 합쳐지면서 오늘날 북한땅 내에는 유서깊은 종성군이란 군명은 자취를 감추고 정치범수용소 지대로 둔갑되어 있다.

이전의 온성읍은 남양노동자구로, 고성노동자구를 온성읍으로 하고 있으며 군에는 10개 노동자구, 15개 리를 두고 있다. 김일성가계 우상화를 위한 지명변기의 대표적 사례로 꼽을 수 있는 새별군(1977)은 경원군을 없앤 군명이며 3개 노동자구, 21개 리를 두고 있다.

경흥군 역시 은덕군으로 고치고 5개 노동자구에 11개 리를 두고 있다. 이처럼 함경북도에는 3개시, 12개 군, 신암, 청암, 포항, 수남, 송평, 나남, 부윤구역 등 7개 구역을 두고 있는데 행정구역 개편이 매우 심한 도이다.

:: 도 소재지 청진시

함경북도의 도청소재지인 청진시는 일반 시(市)에서 직할시로 반전을 거듭해 온 도시이다. 청진은 1900년대 초까지 부령군의 일개 촌락이었다. 1438년(세종 20) 부거현에 속했으며 4군6진 개척에 의해 부령부(富寧府)가 생겼을 때 부령부 관할인 청하면에 소속되었던 곳인데 당시에는 60여호에 불과한 한빈한 마을이었다.

이 곳은 푸른색을 띤 바위가 많은 청암산(靑岩山)과 산 앞 나루가에 위치한 고장이라는 뜻에서 청진이라 하였다. 초기에는 〈푸를 靑〉자를 썼으나 후에 글자가 바뀌어 소리가 같은 〈맑을 淸〉자로 쓰게 되면서 청진(淸津)으로 굳어졌다.

오늘날 신암지역에서부터 산기슭을 따라 점차적으로 마을이 생겨났는데 이후 수성벌 일대로 마을은 확장되고 따라서 행정구역도 넓어졌다. 조선조 말까지는 수성천(輸城川)을 중심으로 동쪽은 부령군(富寧郡), 서쪽은 경성군(鏡城郡)에 속하였다.

1904년 러 · 일전쟁이 발발하자 이곳은 병력과 군수물자의 출입항으로 발전하여 1908년 1월에는 만국통상항(萬國通商港)으로 개방되었다. 1913년에 기존의 부령군 일원을 통폐합하여 청진부(淸津府)로 승격되었다.

1914년 군면 통폐합 때 부령군을 다시 군으로 환원시키고 청진부는 다시 청하면 청진동과 신암동 지역을 관할하다가 이후 부령군 청암면의 일부 동리(洞里)까지 편입시켜 시의 구역을 확장하였다.

철도가 함경선(咸鏡線)과 청회선(淸會線)이 개통됨에 따라 간도(間島)방면의 물자 수출입항으로 각광을 받게 되었고, 1921년에는 대대적인 축항공사가 시작되면서 도시규모는 확대되었다. 1930년대에는 배후지의 무산철광 개발과 더불어 함북지역 3대 제철공장을 비롯하여 방직, 기계, 유지, 통조림 등을 생산하는 각종 공장이 건설되어 중공업도시로서의 면모를 갖추었고, 1943년에는 부령군 청암면 일부와 경성군 나남읍, 용성면 등을 편입시킴에 따라 이곳은 함경북도의 중심도시로 자리매김 하게 되었다.

광복직후에는 명성, 동신암, 서신암, 천마, 서흥, 관해, 중앙, 근동(근화), 교동, 신진, 동서수라, 대서수라, 남강, 민주, 낙양, 해방, 정산, 인곡, 반죽, 직하, 창평, 수남, 신양, 어항, 추평, 송평, 송향, 강덕, 농포, 수성, 용호, 월포, 남석, 근동리 등 34개 리를 두었고 당시의 인구는 23만4388명에 4만6513가호(家戶)였다.

시의 신암동에 소재하고 있는 쌍연산(雙燕山)은 이 산자락에서 뻗어 내린 고말산(高秣山)이 시내를 가로질러 남쪽에 자리잡고 있고, 서쪽으로는 수성천 하류의 천마산(天馬山)이 가로 놓여 있기 때문에 산기슭까지 주택지로 이용되고 있으며, 산의 배후지에 수성평야가 펼쳐져 있다.

1960년에는 나남시 부령군을 분리하여 청진시에 포함시켜 신암, 청암, 포항, 수남, 송평, 나남 부령구역 등 7개 구역을 내왔다. 1962년 10월 21일 북한 최고인민회의 상임위원회 정령에 의하여 청진시는 나남시와 부령군 일부 지역을 합쳐 직할시로 하였다가 1970년에 다시 함경북도 관할하에 놓이게 되었다.

이 때에 나남구역의 부윤노동자구와 어유리를 합쳐 부윤구역을 내오고 부령구역을 청진시에서 떼내어 부령군으로 하여 도에 소속시켰다. 1977년에는 다시 직할시가 되면서 경성군과 무산군이 편입되어 2개 군, 8개 구역이 되었고, 1985년 7월에는 청진시는 다시 도로 환원되고 경성군과 무산군은 분리되어 8개구역화하였다.

1985년 12월에는 8개 구역의 하나이든 부령구역이 부령군으로 되면서 7개구역을 두게 되었으며, 1993년에는 부윤구역을 부윤노동자구로 하고 나남구역에 합쳤다. 따라서 청진에는 6개 구역, 1개 노동자구에 75개 동에 17개 리가 있게 되었는데, 라진시의 관해동, 방진동, 낙산동, 리전동, 삼해동, 노창동, 이석동, 무창리, 서리가 청암구역에 들어왔다.

이듬해(1994) 3월에는 나남구역에서 부윤노동자구, 어유리를 떼내 부윤노동자구를 갈라 부윤1동, 부윤2동, 천수동, 고성1동, 고성2동, 선바위동, 아양동 등을 내오고 부윤노동자구를 없앴다. 1995년 3월에는 청진시 청암구역 무창리를 나진-선봉시에 넘기고 1997년 신암, 청암, 포항, 수남, 송평, 나남 부윤구역 등 7개 구역을 두고 있다. 신암구역의 신암동은 1900년초 청진항을 건설하면서 천마산(天馬山)의 바위돌을 캐내 써온 연유로 마을 이름을 신암(新岩)이라 하였고, 신암동 서쪽에 자리하고 있던 포항동은 서흥동이라 개칭하였고, 여기에 오늘날 서흥식료상점인 청진식료품전문상점을 두고 있다.

관해동에는 청진여자중학교를, 중앙리였던 포항동에는 인민극장을, 근화동에는 청진백화점을, 예전에 새나루터로 알려져 온 고장은 신진동(新津洞)이라 명명하였고, 전통어린 서수라리는 은혜동으로 바뀌었는데 이는 최고 지도자의 은혜를 입었다 하여 고쳐 놓은 동이기도 하다.

청암구역 낙양동에는 인민군묘지가 있고, 인곡 1 · 2동은 전래 지명을 살린 보기 드문 예(例)의 동명이다. 연천리에는 청진시 소년 야영단이 자리하고 있으며, 제철동에는 김책제철소, 강덕2동에는 농포협동농장이 있다. 교육기관으로는 강덕(康德)1동에는 오중흡대학(이전의 청진제1사범대학)과 마동희대학(전 청진교원대학)이 있는데, 이들 학교의 교명은 북한체제에 충성을 바친 자연인 인명을 붙친 대학명이다. 이밖에 이전의 교명을 개명한 여명대학(전 청진제2사범대학), 경성대학(전 청진의학대학), 광산금속대학(전 청진광산금속대학) 등이 있고, 인민학교로는 포항구역 남강2동에는 수원인민학교를, 은정2동에는 청진제8인민학교를 두고 있다.

:: 나선시(羅先市)와 나진 선봉지역

나진시와 웅기군을 합친 라선시(羅先市)는 행정구역의 통폐합이 극심한 구역이다. 1949년 함경북도내 유수의 시(市)였던 나진시를 없애고 시를 군으로 고쳤는데 이 때에 유현, 신해, 창평, 삼보, 신흥, 청계, 안지, 중앙, 남산, 명호, 동원, 안주, 나진, 항로리 등 14개 리를 나진면에 속하게 하고 풍해면의 명동, 후창, 무창, 방진리 등 4개 리와 부령군에 속해 있던 연천, 부거, 삼해, 관해면 등 4개 면을 분리 병합하여 나진을 중앙으로 한 나진군을 신설하였다. 1952년 면제 폐지로 위의 면들은 없어지고 이전의 군내 관해면과 풍해면의 전체 리와 라진면 가운데 12개 리, 삼해면의 6개 리, 부거면 중 5개 리를 포함해 나진군에 속하게 하였다. 이후 해마다 여러 리들을 통폐합 분리하는 행정구역 개편을 해 오다가 1967년에는 나진군 일부와 웅기군을 통합하여 나진시로 환원시켰다. 시의 명칭은 비록 환원되었지만 행정구역 범위가 넓어졌을 뿐만 아니라 이전의 리 · 동 등의 명칭은 뒤죽박죽이 되고 북한 특유의 여러 노동자구가 생겨났는데 신흥, 두만강, 락산, 삼해, 라석, 방진노동자구 등이 그 예이다.

위의 웅기군은 이 고장에 원래 있던 면 이름과 동 이름인 〈웅기면〉과 〈웅기동〉에서 나왔는데 광복후까지는 경원군과 경흥군에 속해 있다가 1952년 경흥군 웅기면과 로서면의 전체 리와 화방면에서 1개 리, 경흥면에서 3개 리, 나진군 나진면에서 1개 리를 떼내 웅기군을 만들었다. 1967년 8월에는 라진군 일부와 웅기군을 통합하여 나진시로 하였고 두 달 후인 이 해 10월에는 다시 웅기군으로 복원시키고 이전의 웅기읍을 홍의리로 하고 웅상리를 웅기읍으로 고쳤다. 웅기군은 이른바 지도자의 영도하에 군을 하나의 종합농장화하여 사회주의 농촌건설에 선봉에 선 군이라는 뜻으로 선봉군이라 명명하면서 1981년 10월 웅기군을 선봉군으로 고쳤고 웅기읍을 선봉읍으로, 서수라리를 우암리로 바꿔놓았다.

선봉군의 모체인 웅기군은 경원군과 경흥군에 소속되어 있던 지역으로 경흥군 웅기면, 노서면과 화방면에서 1개 리, 경흥면에서 3개 리, 나진군 나진면에서 1개 리를 떼내 1991년 10월에 선봉군에 편입시켰다.

1991년에는 선봉읍을 비롯해 웅상, 두만강 등 2개 노동자구와 철주, 백학, 굴포, 우암, 부포, 조산, 홍의, 사회리 등 8개 리를 두었다가 1993년에는 "나진-선봉시, 선봉군이 되면서 은덕군의 원정리, 하회리, 하여평리가 군에 들어오고 철주리는 은덕군으로 넘어갔다. 1993년 9월에는 〈나진-선봉시 나진구역〉으로 되었고 2000년에는 나진-선봉시를 나선시로 고치면서 웅기군을 없애고 선봉읍을 갈라 상현, 중현, 사현, 송평동을 새로 내오고 동시에 선봉읍도 없어졌다. 그리고 이전의 두만강노동자구를 두만강동으로, 웅상노동자구를 웅상동으로 고쳤으며 나진구역을 없애고 나선시에 소속시켰다.

1991년 12월 28일 정무원 결정(제 74호)를 발표하고 두만강 3각지대에 있는 나진시와 선봉지역을 자유경제무역구로, 청진항을 자유무역항으로 한다고 선포한 바 있다. 나진. 선봉 자유경제무역구는 총면적 621㎢로 북부는 두만강을 사이에 두고 러시아, 중국과 접하고 있는 유일무이한 우리나라 북방3각국경지대이다. 즉 러시아의 하싼구, 중국의 훈춘시와 마주하고 있는 곳이 이 지역이다. 이 지역과 연접한 동해안의 해안선 길이는 1.564㎞이다. 서쪽은 은덕군, 남쪽으로는 청진시, 북서로는 부령군으로 자유경제무역 구내에는 선봉군의 7개 리, 2개 노동자구, 1읍, 나진시의 13개 동과 1개 리가 속해 있었다.

서쪽의 높은 함경산맥의 지맥들이 동쪽으로 뻗어오면서 점차 낮아져 두만강에서 흘러내려오는 토사가 퇴적해 삼각가주가 형성되면서 바다쪽으로 웅기만과 서호를 형성하고 있다. 서호 가운데는 서호번포가 제일 큰 호수로 둘레는 34.5㎞이고 수심은 1, 2m이며 면적은 16.12㎢로 북한내 유수의 호수가 되고 있다. 이러한 지역 주변에는 서북부지역에 유명한 아오지탄광이 있는데 탄전면적은 724㎢로 매장량은 우리나라 전체의 75%를 차지하고 있다. 연간 갈탄 생산량은 750만톤으로 국내 전체 생산량의 대부분을 충당하고 있다.

북한 최대항인 청진항에 버금가는 라진항은 자연조건이 매우 좋은 항만으로 부두의 총길이가 청진항 못지 않은 양항이다. 부두의 길이는 2,515m에 달하는데 항만 전면에 대초도, 소초도가 있어 자연방파제 역할을 하고 있어 선박들이 정박하기 매우 좋으며 수심은 10~20m에 달해 대형선박의 정박도 가능하다. 선봉항(예전의 웅기항) 역시 두만강 하구 남쪽에 자리잡은 천연의 양항이다. 수심은 6~22m이며 대형선박이 드나들 수 있다. 항구의 면적은 22만㎡로 북한 유일의 석유운수전용부두로서의 설비를 갖추고 있다.

부두는 두 부분으로 나누어지는데 하나는 석유인입부두로 수심 30m에 20~30만톤 급의 유조선이 정박할 수 있게 되어 있으며, 다른 하나는 해저로 3, 263m의 석유수송관이 설치되어 있어 이곳에서 6㎞ 가량 떨어진 승리석유공장까지 관이 연결되어 있다. 이밖에 석유화학제품 운수부두가 있는데 여기에는 5만톤급 유조선이 동시에 정박할 수 있다. 이 지역 철도망의 수송능력도 1200만톤급으로 알려져 있으나 현재는 원활하지 못한 형편이다. 약 405㎞에 달하는 청진, 회령, 남양, 나진, 청진 사이의 철도망도 형성되어 있다. 러시아 하싼으로부터는 두만강대교를 지나 라진, 청진에 이르는 표준철도와 광궤철도가 나진 청진간에 연결되어 있고 남양과 도문까지는 두만강철교가 이어져 있어 중 · 러와의 수송로도 열려져 있다.

육상도로망은 청진, 회령, 삼봉, 남양, 새별, 선봉, 나진, 청진을 연결하는 총 길이 431㎞로 평균 너비는 5.5m이나 비포장 도로이다. 두만강대교를 지나서는 삼합, 개산툰, 도문과 연계되어 나진, 선봉, 새별 구간은 러시아 하싼에, 중국과는 훈춘시의 권하, 사타자와 연결되어 있다. 이같은 지형조건과 교통망은 나진 선봉자유무역구가 향후 동북아와 서유럽 대륙과 통하는 교두보로 활용될 때 한반도는 세계물류중심지로 부상하는데 손색이 없을 것이다.

5) 자강도(慈江道)

1949년 1월 평안북도 강계군, 자성군, 후창군, 위원군, 초산군, 희천군과 함경남도 장진군을 분리 통합하여 만든 도로 자성군의 자(慈) 자와 강계군의 강(江)자를 합쳐 자강도라 하였다. 이 지역은 본래 고조선 땅이었고 그 후에는 고구려 땅이었다. 남북조시대에는 발해의 서경압록부에 속하였다. 995년 고려가 전국을 10도로 나눌 때에는 패서도에 속한 지역이었으며 그후 5도 양계(兩界)로 나누면서 북계에 속하였다. 1102년 북계를 서북면으로 고쳐 부르면서 서북면에 속하였다. 1895년 전국을 23부로 나누면서 강계부에 속하였다가 1896년 전국을 13도로 나누면서 평안북도에 속하게 되였다. 이러한 연혁의 자강도의 도청소재지는 강계시이며 강계시 외에 만포시가 있다. 만포시는 원래 1461년 북방경비를 위해 성을 쌓고 만포진을 설치하였던 곳이다. 광복직후 문흥동을 중심으로 만포면을 새로 내오면서 평안북도 강계군 만포면으로 되었고, 1949년 자강도가 새로 생겨나면서 만포군이 되고 1967년에는 만포시가 되었다.

만포란 지명은 압록강을 오르내리는 배들로 가득찬 포구라는 뜻에서 생겨났다. 만포시에는 봉화동을 비롯하여 군막(軍幕), 샘물, 강안(江岸), 관문(關門), 세검(洗劍), 고개, 구오(해방노동자구로 9월 5일), 별오(別午), 문악(文岳), 새마을동 등 11개 동과 마타(美他), 고산(高山), 남상(南上), 연상(延上), 연하(延下), 건하(乾下), 건중(乾中), 건상(乾上), 등공(登公), 송하(松下), 송학(松鶴), 함부(咸富), 삼강(三江), 연포(煙浦), 십리동리(十里洞里) 등 15개 리를 두고 있다.

희천(熙川)시는 1967년 자강도 희천군을 개편하여 내온 시이다. 이 고장 옛 이름 희주(熙州)의 희(熙)자와 주(州)를 천(川)이나 산(山)으로 바꾸는 규례에 따라 '천(川)' 자를 따서 지은 이름이다. 희(熙)는 외적을 물리치는데 큰 전과를 이룩한 빛나는 고장이라는 뜻에서 쓰인 말이며자 천은 청천강 기슭에 자리잡은 고장이라는 뜻에서 붙인 말이다. 시에는 고구려 때 쌓은 성인 청새진(青塞鎭)이 있었는데 1217년 위주(渭州)로 바뀌었고 그후 희주(熙州)로 변칭되었다.

희천읍은 1952년부터 1967년까지 존속해 왔으나 희천군이 시로 되면서 없어졌다. 시에는 솔모루동을 비롯하여 역전, 청천, 남천, 서문, 추평(楸坪) 1 · 2동, 청년, 대흥, 매봉, 풍산(風山), 신흥, 지신(知新), 신전평(新全坪), 갈골, 평원(平院), 역평(驛坪), 금산(金山), 청하(淸下)동 등 21개 동과 청상(淸上), 관대(館垈), 명대(明垈), 갈현(葛峴), 유중(柳中), 부흥(富興), 남신(南新), 송지(宋之), 극성(克城), 상서(上西), 마선(馬船), 동문(東門), 장평(長坪)리 등 12개 리를 두고 있다.

자강도 중심부에 있는 장강(長江)군은 1949년 12월 강계면이 강계시가 되면서 강계군에 속하였던 5개 면과 함경남도 장진군의 동문면을 넘겨받아 새로 내온 군이다. 군에는 장강(長江)읍을 비롯하여 낭림(狼林), 오일(五一), 승방(勝芳)노동자구 등 3개 노동자구와 장평(長坪), 원평(院坪), 장항(獐項), 무총(武穗), 종포(從浦), 명신(明新), 성장(成章), 향하

(香河), 혁신(革新), 신성(新城)리 등 10개 리를 두고 있다.

화평(和平)군은 1952년 자강도 후창군 남신면과 칠평면 자성군 이평면의 12개 리를 합쳐 내온 군으로 화평은 군소재지 유화리의 화(和)와 이평면의 평(坪)자를 따서 붙인 군명이다. 화평읍은 후창군 남신면 유화리와 지인리를 합친 지역이다. 군에는 가산(佳山), 장백(長白), 중흥(中興)노동자구 등 3개 노동자구와 이평(利坪), 진송(榛松), 송덕(松德), 회중(檜中), 양계(陽溪), 가림(佳林), 부남(富南), 흑수(黑水), 소북(小北), 대흥(大興)리 등 10개리를 두고 있다.

낭림(狼林)군은 1952년 함경남도에 있던 군으로 1954년 자강도에 속하였다. 산이 높고 수풀이 우거진 낭림산줄기를 낀 군이라 하여 낭림군이라 하였다. 낭림읍은 1943년 장진면 동문거리였다가 1949년 자강도 강계군 동문면 동문거리로 있었다. 1952년 랑림군에 속하면서 이듬해에 읍으로 승격되었다. 신원(新院)노동자구 외에 삼포(三浦), 장성(長城), 서중(西中), 서산(西上), 황포(黃浦), 문악(文岳), 중흥(中興), 운수(雲水), 연화(蓮花), 중강(中江), 대흥(大興), 갈점(葛店), 인산(仁山), 신전(新田), 유벌(流筏)리 등 15개 리를 두고 있다.

도의 장자강 하류에 있는 시중(時中)군은 1952년 12월 북한내 전체의 면이 없어질 때 만포군 시중면, 장강군 곡하면과 어뢰면에 속했던 리들로 새로이 내온 군인데 시중면을 중심으로 한 군이라 하여 시중군으로 명명하였다. 시중읍은 군이 생겨날 때 외시천리와 전평리를 합쳐진 지역을 읍으로 하였다. 상청(上淸), 영흥(永興), 안찬(安贊), 연평(淵坪), 천성(天城), 천장(天章), 풍룡(豊龍), 종인(從仁), 풍청(豊淸), 노남(魯南), 심귀(深貴), 약수(藥水), 흥판(興判), 이남리(吏南里) 등 14개 리로 이루어졌다.

1443년 군사적 요충지인 자작마을에 성을 쌓고 자성군이라 하였는데 1949년 자강도 자성군이 되었다. 자성읍은 자성면 동부리와 서부리를 합쳐 내왔다. 군은 운봉(雲峰)노동자구외에 호례(好禮), 삼거(三巨), 귀인(貴仁), 상평(常坪), 법동(法洞), 연풍(延豊), 송암(松岩), 양덕(兩德), 역수(逆水), 구중영(舊中營), 자작(慈作), 신풍(新豊), 유삼(流三), 대남(大楠), 관평(館坪)리 등 15개 리를 두고 있다.

중강(中江)군은 본시 압록강 연안에 길게 뻗어내린 마을이라 하여 여연촌(閭延村)이라 하였다. 4군6진 개척시 맨 처음 개척한 곳이다. 1952년 자강도 자성군에 속해 있던 이 지역을 압록강 중부에 위치해 있다 하여 중강군이라 하였다. 중강읍은 중평리와 창평리를 합친 지역이다. 호하(湖下)노동자구 외에 중상(中上), 중덕(中德), 장흥(獐興), 오수(烏首), 건하(乾下), 장성(長城), 토성(土城), 상장(上長)리 등 8개 리를 두고 있다.

위원(渭原)군은 위원강이 동북쪽으로 흘러 압록강으로 들어가는데 이 강 유역에 자리하고 있어 위원군이라 하였다. 용연(龍淵), 양강(兩江) 등 2개 노동자구외 도봉(刀峯), 낙민(樂民), 신연(新延), 고성(古城), 송진(松榛), 향양(向陽), 덕암(德巖), 구암(鳩岩), 용탄(龍灘), 개원(開原), 화창(和昌), 어곡(漁谷), 광천(廣川), 창평(倉坪), 축포(丑浦), 대야(大野), 삼락(三樂), 고보(古堡), 지산(只山), 부흥(復興)리 등 20개 리를 두고 있다. 위원읍은 1949년 자강도 위원군 위원면 월평동으로 있다가 1952년 남파리 일부를 합쳐 월평리가 되었다. 1985년 읍소재지가 침수되어 당시의 월평리와 신연리 일부로 새로 위원읍을 내왔다. 읍내에 하남파성 성터가 있다.

초산(楚山)군은 고구려 땅으로 한 때 두목리라 하였고, 1402년에는 이주 1413년 이산군이라 하였다. 1724년에는 이산부, 1777년에 초산부라 하다가 1895년 초산군이 되었다. 궁벽한 산골에 나무가 무성하게 자라고 있다 하여 초산이라 불렀다. 초산읍은 앙토(央土), 운평(雲坪), 수참(水站), 와인(瓦仁), 직리(直里), 연무(蓮舞), 용상(龍上), 구룡(龜龍), 신양송(新楊松), 화신(花薪), 화건(化建), 연풍(蓮豊), 이산(梨山), 구평(龜坪), 충상(忠上), 송묘(松廟), 장토(章吐), 안찬(安贊)리 등 18개 리로 되어 있다.

군내에는 압록강행성, 덕리산성, 고리산성, 산양회보 평지성, 앙토리목책 등의 관방시설이 많은 지역이다. 현재의 초산읍은 1952년 초산군 초산면 성동리, 성서리, 성남리를 합쳐 내왔다. 이전의 읍성은 오늘날의 고풍군 방성리였다고 한다.

우시군(雩時郡)은 1952년 평북 벽동군 우시면 오북면, 가별면, 전체 리와 벽동면의 9개 리를 합쳐 내온 군이다. 우시군은 우시읍과 발은(發銀)노동자구 외에 우중(雩中), 우상(雩上), 금양(金陽), 하창(下倉), 용해(龍海), 시상(時上), 시하(時下), 별하(別下), 별상(別上), 가하(加下), 가중(加中), 가상(加上), 평상(坪上), 대평(大平), 상평(上坪), 하평(下坪), 부흥(富興), 북하(北下), 북상(北上), 오상(吾上), 오하(吾下), 금성(金城)리 등 22개 리인데 자강도, 초산군, 고면, 풍면, 강면을 합쳐내온 군이다.

고풍군(古豊郡) 고풍읍은 1952년 자강도 고풍군 고면 부평리와 사곡리를 합쳐 고풍읍으로 되었다. 방성(坊城), 삼평(三坪), 월명(月明), 문덕(文德), 용당(龍塘), 용풍(龍豊), 용대(龍大), 용곡(龍谷), 용성(龍星), 동도(東島), 석상(石桑), 신창(新倉)리 등 12개 리를 두고 있다.

송원(松源)군은 1952년 자강도 초산군, 송면, 판면, 도원면을 합쳐 새로 내온 군으로 읍은 자강도 희천시 명문리가 1981년 소원군에 넘어갔다가 1987년 송원읍이 되었다. 양지(陽地), 회양(檜陽), 창덕(倉德), 월현(越峴), 송천(松泉), 전창(田倉), 신양(新陽), 원대(元垈), 연강(淵江), 송관(松館), 차평(車坪), 월숭(月崇)리 등 12개 리이다.

성간(城干)군 역시 1952년 자강도 전천군 성간면, 간북면의 전체 리와 장강군 공북면의 부지리를 합쳐 내왔는데, 장자강과 간북강이 옛성을 방패처럼 막아 흐른다 하여 성간군이라 하였다. 읍은 평북 전천군 성건면 성하리, 별하리를 합친 지역이다. 창평(倉坪), 외중(外仲)노동자구 외에 백암(白岩), 백자(栢子), 무채(茂采), 무선(舞仙), 북리(北里), 신청(新清), 부지(富只), 외서(外西), 광명(光明)리 등 9개 리로 되어 있다. 전천(前川)군은 1949년 자강도가 새로 나오면서 평북 강계군의 화경면, 전천면, 성간면, 간북면, 입관면, 요림면을 합쳐 새로 내온 군이다. 화살처럼 물살이 빠른 살내가 있는 전천면을 중심으로 이루어져 있다고 하여 전천이라 하였는데 원래 전천(箭川)이라고 표기하였다.

전천읍은 전천면 중암리로 옮겨져 전천읍이 되었고, 신적(新積), 운송(雲松), 고인(古仁)노동자구, 무평(武坪), 장림(長林), 창덕(倉德), 회덕(回德), 와운(臥雲), 창평(倉坪), 이만(梨滿), 전평(箭坪), 운포(雲浦), 화룡(化龍), 진평(津坪), 신계(新溪)리 등 3노동자구, 11개 리를 두고 있다.

동신(東新)군은 평북 희천군 신풍면, 동창면, 장동면, 전체와, 동면의 일부를 합쳐 1952년에 새로 내온 군이다. 동신읍은 1981년 희천시에 속해 있던 청운리가 동신군에 넘어오고 동신군 청운리가 된 후 청상리 일부와 합쳐 읍이 되었다. 동창(東倉), 생리(生里), 원흥(元興), 용평(龍坪), 문화(文化), 서양(西陽), 온천(溫泉), 수전(水田), 백산(白山), 약수(藥水), 동흥(東興), 석포(石浦), 금석(金石), 경흥(京興)리 등 14개 리이다.

용림(龍林)군은 장자강 상류에 위치해 있다. 1952년 전천군에서 용리면과 입관면의 일부를 분리하여 내온 군이다. 용림읍은 전천군용리면 신창리를 고쳐 읍으로 하였다. 구룡(舊龍), 남흥(南興), 남상(南上), 광성(廣城), 용상(龍上), 도양(道陽), 신창(新昌), 후지(厚地), 신흥(新興), 두문(杜門), 용문(龍門), 천상(天山)리 등 12개 리를 관내에 두고 있다.

:: 도청 소재지 강계(江界)시

강계는 옛날에는 독로강(禿魯江)이라 하기도 하였다. 조선 태조 원년에는 입석(立石)과 등이언(等伊彦)을 합쳐 석주(石州)라 하였고 태종 3년에 강계부로 고쳤다. 세조 때 우예(虞芮)와 자성(慈城) 두 군을 고쳐 그 주민을 강계부에 옮기고 후에 진(鎭)을 두었다. 본래 동면과 서면으로 나누어져 있던 것을 1914년에 병합하여 강계면이라 하였고, 1931년 읍으로 승격하였는데 1949년 12월 자강도 강계시가 되었다. 강계라는 명칭은 1369년부터 쓰여졌는데 장자강 북천, 남천 등 여러 갈래의 강들의 경계에 있다 하여 붙여진 이름이다. 1949년 자강도 강계군이 생겨나면서 강계, 공북, 종남, 종서, 곡하, 어뢰, 동문면 등 7개면을 합쳐 강계군이 되고 이해 12월에 강계면을 강계시로 승격시킨 후 20개 리를 두었다. 1952년에는 만수, 서산, 향로, 공귀, 공인, 두흥리 등 6개 리가 늘어났다. 이후 여러 차례에 걸쳐 리(里), 동(洞) 수가 늘었다 줄었다 하면서 시구역에 변동이 있어 오다가 1998년 7월 현재 노동자(1981년 고당동을 노동자들이 많이 산다 하여 개칭) 연주(煙州), 석조(石造), 유동(柳洞), 고영(古營) 1 · 2동(강계군청이 있던 동), 연풍(淵豊), 수참(水砧), 신문(新門), 남산(南山: 명륜당이 있던 마을), 만수(萬壽), 북문(北門), 부창(府倉: 강계부 창고가 있던 동), 충성(忠誠; 인풍루가 있던 곳이라 하여 인풍동이라 하다가 1981년 2월 고침), 동문(東門), 야학(野鶴), 동부(東部), 향로(香爐), 남문(南門), 석현(石峴), 강서(江西), 외룡(外龍), 대응(大應), 서산(西山), 독산(獨山), 내룡(內龍), 흥주(興州), 공귀(公貴), 공인(公仁), 연석(煙石), 은정, 남천(南川), 장자(將子)동 등 33개 동과 두흥(斗興), 의진(義眞), 신흥(新興)리 등 3개 리를 두고 있다. 강계시의 명승지로 장자산, 인풍루, 망미정, 강계읍성, 공귀리원시유적 등이 있다.

6) 량강도(兩江道)

1954년에 신설된 량강도는 우리나라에서 가장 큰 압록강과 두만강을 끼고 있는 곳이라 양강도(兩江道)라 하였으며 고려 때(995)에는 삭방도(朔方道), 그 후 10도를 5도 양계로 개편할 때 동계(東界)에 속해 왔다. 1047년 동북면, 1178년 연해명주도에, 1391년 강릉삭방도에 속하였으며 갑주만호부가 있었다. 1413년 영길도, 1416년 함길도에 속하였으며, 이 때 갑산군의 서북부 일부 지역을 떼내 여연군을 만들었고 그곳을 평안도에 속하게 하였고. 세종 28년(1446) 갑산군의 서부지역을 갈라서 함길도 삼수군을 내왔다. 1509년 함경도의 갑산군과 삼수군 지역에 속하였다. 1896년 13도제를 실시할 때 이 고장은 대부분 함남 갑산군과 삼수군에 속하였고 현재의 대홍단군과 삼지연군, 백암군은 함경북도에 속해 있었다. 1914년 갑산군의 일부를 떼내 풍산군을 신설하였고 1952년 함경남도 보천군, 풍서군, 풍산군, 신파군이 신설되었다.

1954년 10월 함경남도의 혜산군, 보천군, 삼수군, 신파군, 갑산군, 풍산군, 풍서군, 부전군과 함경북도의 삼사사군 자강동의 후창군을 넘겨 받아 량강도가 생겨났다. 도가 신설될 때 삼사군은 백암군으로 바뀌고 혜산군에서 혜산시와 운흥군이 분리 신설되었다.

1981년 8월 신파군을 개칭하여 내온 김정숙군은 압록강과 장진강이 합쳐진 고장이며, 신파군은 1952년 함경남도 삼수군 삼수면, 자서면, 삼서면의 전체 리와 호인면의 인산리를 합쳐 내온 군인데 신파란 신갈파의 준말로 갈파는 칡 또는 갈이 많은 고장이라는 의미이다. 군은 이전의 신파읍을 김정숙읍이라 하고 용하노동자구(龍河노동자구: 강파보성), 신흥노동자구 외에 신상리(新上里)와 세 개의 골짜기가 흘러내리는 개울물이 합친다는 마을이라 하여 삼포동리, 나난웅성이 있던 풍양(豊陽)리, 구갈파리의 강하리(江下里), 노루목처럼 긴 산등성이를 낀 마을이라 하여 부여진 장항(獐項)리, 상대(上台)리, 자서(自西)리, 태양(太陽)리, 도룡덕(道龍德)리, 석평(石坪)리, 자작포 곁에 있다 하여 생긴 차보(車堡)리, 원동(院洞)리, 거룡(巨龍)리, 황철(黃鐵)리, 목서(木西)리, 하원동(下院洞)리, 성동(城銅)리, 삼서(三西리: 어면보성), 송지(松芝)리, 저풍(諸豊)리, 포덕(浦德)리, 송전(松田)리 등 22개 리를 두고 있다.

김형직(金亨稷)군은 1988년 후창군을 개칭한 군으로 후창이란 1869년 후주(厚州)와 무창(茂昌)을 합친 후 그 첫글자를 합해 만든 군명이다. 1895년 강계부에 속하였다가 이듬해 평안북도에 속했으며, 1949년에는 자강도에 들어갔다가 1954년 량강도에 속하였다.

군소재지가 된 김형직읍은 원래 후창읍이었고 군내에 녹림(綠林), 노탄(蘆灘), 고읍(古邑), 남사(南社), 월탄(月灘), 연포(鉛浦)노동자구 등 6개 노동자구와 두지(杜芝), 연하(蓮下), 연송(蓮松), 대응(大鷹), 나죽(羅竹), 무창(茂昌), 부전(富田), 죽전(竹田), 금창(金昌)리 등 1읍, 9개 리를 두고 있다.

김형권(金亨權)군은 1990년 풍산군을 개칭한 군으로 1997년 현재 예전의 풍산읍을 김형권읍이라 하고 평산(平山)노동자구 외에 직설(直雪), 신원(新元), 사아(士雅), 지경(地境), 하지경(下地境), 광덕(廣德), 이포(梨浦), 양평(陽坪), 장안(長安), 내중(內中), 동흥(東

興), 파발(擺撥), 노은(老隱), 황수원(黃水院), 미감(米甘), 수동(水東), 장평(長坪)리 등 17개 리로 구성되어 있다.

1413년 갑주를 갑산이라 하였는데, 갑산이란 사람들이 처음 산골지대를 개척해 살기 시작하였다는 의미의 갑(甲)자를 붙이고 당시 행정구역단위의 명칭인 산(山)을 붙여 지은 고을 이름이다.

일명 외적의 침입이 있었던 곳이라 하여 사람들이 살지 않던 곳에 큰 강이 있다 하여 허천이라고 하였다. 허천강과 진동천이 합쳐지는 물목지역으로, 읍에는 갑산읍성을 비롯하여 진북루 장평산성 등 유서깊은 유적이 있으며 동점(銅店), 오일(五一), 삼일(三一), 문락평(文略坪)노동자구 등 4개 노동자구와 남평(南坪), 임동(林銅), 삼봉(三峰), 사평(砂坪), 창송(蒼松), 송암(松岩), 양흥(陽興), 평화(平和), 토장(土庄), 회린(會麟), 대중(大中), 조양(朝陽), 천성(泉城), 창동(倉東), 금풍(金豊), 중천(中川), 상흥(上興), 추풍(秋豊), 신정(新亭), 사동(砂洞)리 등 20개 리를 두고 있다.

삼수군은 1441년 함길도 갑산군 삼수보였던 곳으로 1446년 갑산군에서 분리되어 함길도 삼수군이 되었다. 압록강, 장진강, 허천강 등 세 개의 큰 강을 끼고 있으므로 삼수라고 하였다. 대동수경에는 삼잔수 속빈 흘품이라고도 적고 있다. 삼수군에는 외적의 침입을 방비하기 위한 인차외보성, 전원경보, 소농보, 가을파지보 등의 여러 보(堡)가 있었다. 현재는 포성(抱城)노동자구외에 삼수읍을 비롯하여 동수(東水), 반룡기(盤龍基), 신양(新陽), 중평장(仲坪場), 일자봉(一字峯), 원동(院東), 천남(川南), 관동(館洞), 심포동(深浦洞), 풍덕(豊德), 관흥(館興), 관서(館西), 청수(淸水), 간령(間嶺), 개운(開雲), 성룡(城龍), 복동(伏洞), 삼곡(三谷), 영성(嶺城), 신전(新田), 회골, 관평(館坪), 광생(光生), 번포(蕃浦)리 등 23개 리를 두고 있다.

풍서(豊西)군은 1952년 풍산군 웅이면 전체와 풍산면 8개 리와 갑산군 서남면의 9개 리를 합쳐, 풍산 서쪽에 있는 군이라 풍서군이리 하였는데, 1954년 량강도가 신설되면서 본도에 속하였다. 약수(藥水), 합포(合浦), 서창(西倉)노동자구와 노흥(櫓興), 문조(文藻), 임서(林西), 용문(龍門), 유상하(楡上下)리, 내포(內浦), 신덕(新德), 우포(隅浦), 상리(上里), 무하(舞下), 귀복(貴福), 신명(新明), 신창(新昌), 속신(俗新), 석우(石隅), 관흥(館興), 회은(會隱)리 등 1읍, 3노동자구, 17개 리를 두고 있다. 풍서읍은 풍산군 웅이면 늪평리와 어룡리를 통합해 내온 읍이다.

1854년 함경남도 혜산군을 개편하여 량강도내에 신설된 운흥(雲興)군은 1961년 운흥군 봉두리와 동포리 일부를 합쳐 군소재지인 운흥읍으로 하고 군내에 남중(南中), 대덕(大德), 대동(大洞), 대전(大田), 대오(大五), 시천(是川), 용암(龍岩), 생장(生長), 용포(龍浦), 영하(嶺下), 일건(日建)노동자구, 대중(大中), 복안(福安), 동포(洞浦), 동평(東坪), 대하(大下), 상산(上山), 심포(深浦), 신중(新中), 장항(獐項), 잠운(潛雲)리 등 10개 노동자구와 10개 리를 두고 있다.

보천군은 1952년 혜산군 보천면과 대진면의 전체 리와 운흥면의 1개 리를 합쳐 신설된 군으로, 군이 신설될 때 혜산군 보천면 보천리를 군소재지로 하고 1979년 중흥리와 통남리 일부를 흡수하여 지경을 넓혔다. 가산(佳山), 화전(樺田), 의화(儀化), 신흥(新興), 흥성(興成), 대신(大新), 보흥(保興), 내곡(內曲), 대진평(大鎭坪)노동자구, 대평(大坪), 문암(門岩), 대흥(大興), 송봉(松峰), 용덕(龍德), 상룡(上龍), 호산(虎山), 청림(青林), 백자리(栢子里) 등 1읍, 2개 노동자구, 17개 리를 두고 있다.

무산군은 이전의 삼사면, 길주군 양사면 3개 면을 합쳐 내온 군으로 대부분 노동자구로 되어 있다. 삼사읍을 백암읍으로 하고 백암(白岩), 10월 15일리(里), 은덕(恩德), 옥천(玉泉), 청봉(青峰), 원봉(圓峯), 삼수평(三水坪), 광덕(廣德), 증산(曾山), 세봉, 유평(楡坪), 덕립(德立), 천수(千獸), 동계(東溪), 박천(博川), 산양(山羊), 양흥(陽興), 부흥(富興), 대택(大澤)태백노동자구 등 19개 노동자구와 황토(黃土)리, 상단(上壇)리, 서두(西頭)리, 양곡(暘谷)리 등 4개 리를 두고 있다.

삼지연군은 압록강과 두만강 상류에 있는 군으로 1961년 보천군 이명수노동자구와 포태리 함경북도 연사군의 신덕, 가동, 신흥, 삼상, 로은노동자구를 합쳐 내온 군이다. 1997년 현재 무봉(茂峯), 이명수(鯉明水), 백두산밀영, 흥계수(興溪水), 중흥(中興), 보서(寶西), 통남(通南), 포태(胞胎), 5호물동 신무성(新武城)노동자구 등 10개 노동자구를 두고 있다. 군소재지인 삼지연읍은 1961년 보천군 리명수노동자구의 일부를 분리하여 구획을 정하였다.

대홍단군은 1978년 량강도 5호지구(5호노동자구, 신덕, 선두, 신흥, 홍암노동자구 등)와 삼지연군 대홍단노동자구와 함경북도 연사군 상장리, 삼하리 일부와 원봉노동자구 대부분지역을 합쳐 내온 군이다. 군에는 유곡(柳谷), 개척(開拓), 삼장(三長), 삼봉(三峯), 신덕(新德), 서두(西頭), 홍암(紅岩), 농사(農事), 신흥(新興)노동자구 등 1읍 9개노동자구로 되어 있다. 대홍단읍은 1978년 이전 5호노동자구 일부를 개편해 읍으로 하였다.

:: 도 소재지 혜산시(惠山市)

량강도의 도청소재지인 혜산시는 압록강 연안에 자리하고 있으며 1391년 강릉삭방도 갑주의 관할하에 있었으며 1421년 영길도 갑산군 혜산진성에 속하였다가 후에 갑산도호부 혜산사에 속하였다. 혜산이란 명칭은 압록강기슭 주민들이 큰 물이 낫을 때 이곳의 산에 올라가 목숨을 구했을 뿐만 아니라 이 곳의 산에 있는 자원의 혜택으로 살아왔다는 데서 유래되었다. 광복직후 혜산군 혜산면에 속해 있던 지역을 1952년 면내 혜산리, 혜흥리, 혜강리, 혜화리, 혜장리, 혜명리 등 6개 리를 분리하여 혜산읍을 신설하였다. 2년후인 1954년 량강도를 신설하면서 혜산읍을 혜산시로 승격시키고 읍은 폐지하였다. 혜산시 강구(江口)동은 압록강과 허천강이 합쳐지는 허천강 하류쪽 어구에 있는 마을이라 하여 강구리라 부르던 이 지역이 1952년 혜산군 춘동리에 들어갔다가 1961년 춘동리의 옛 강구리지역과 삼수군 중운리의 일부지역을 합쳐 량강도 혜산시 강구동이 되었다. 동에는 압록강 기슭의 신안보와 갑주성을 쌓고 압록강 연안의 파수체계 유지와 봉수연락체계를 세웠던 파수령이 있다. 강구동 서편에는 1440년초 여진인의 계속적인 침략이 있어 강 연안에 운총보, 위연보, 보천보, 혜산보를 설치하고 상호 방위연락체계를 갖추도록 하였다. 4군6진 설치시 무창에서 보천까지 130개의 지점을 연결하는 16개의 큰 성과 21개의 소보(小堡)를 설치하고 연락체계를 갖추었는데 이 당시 있었던 봉수재 또는 봉화덕이라는 곳이 강구동에 자리하고 있다. 강구동과 이웃한 혜탄동은 1965년 혜화동 일부와 춘동 일부를 합쳐 내온 동으로 이곳에서 탄이 나오는 고장이라 하여 혜탄동(惠炭洞)이라 하였다. 1973년 춘동에서 분리된 마산동을 1, 2동으로 나누었는데 마산령을 끼고 있는 고장이라 하여 마산동이라 하였다. 1440년경 혜산진이 개척되면서 횃불을 올리던 동봉봉수터가 이곳에 위치해 있었다. 이 지역에서 봄이 가장 먼저 찾아온다는 춘동은 1949년에 석덕리를 편입시켰고, 1952년에는 강구리 늪평리 요동리와 통합되어 혜산군 춘동리가 되고 1954년 량강도 혜산시 춘동리로 있다가 1961년 춘동이 되었다. 1973년 동의 일부가 마산동으로 분리 신설되었다.

혜산지방에서 진달래꽃이 많이 피는 고장이라 하여 붙여진 혜화동은 일명 꽃산덕이라고도 불려져 왔다. 혜산에서 흥하는 마을이라 하여 붙여진 혜흥동, 1965년 혜흥동 일부를 분리해 신설한 혜산시 중심부에 자리하고 있는 신흥동, 혜산읍 소재지였던 혜산동, 혜화동 일부와 혜흥동 일부를 합쳐 혜산지역에 새로 생긴 동이라 하여 혜신동이 된 동과, 혜산동 일부와 혜흥동 일부를 합쳐 1961년에 새로 내 온 혜강동 등이 있다.

혜산일대에서 가장 높은 곳에 있어 아침 일찍 찾아드는 마을이라 하여 혜명동이라 하였고, 연꽃모양의 봉우리 아래 마을이라 하여 붙여진 연봉(蓮峯)동은 후에 연봉1 · 2동으로 나누어졌다. 이러한 연봉동에 괘궁정에 있던 소위 해방탑을 1960년에 옮겨 놓았다. 연봉동 남쪽에 조선시대 백두산에 산신제를 올리던 제당령이 있었다. 혜산진성이 자리하였던 탑성(塔城)동은 1952년 위연포노동자구에 속해 있다가 분리된 성후(城後)동은 1965년 탑성동으로 분리되었다. 이 성후동에서 혜산과 위연으로 올라가는 중도에 산사태에 따른 피해를 최소화하기 위해 얼룩 얼룩하게 구멍이 뚫린 기차굴이 있다.

연두동과 위연동 일부가 1965년에 분리해 여당평리라 하던 고장으로 합쳐져 동으로 개편한 영흥(英興)동이 되었다., 연못 옆벼랑에 용머리와 같이 생긴 바위가 있는 마을이라 하여 1955년에 생겨난 연두(蓮頭)동, 혜산진 아래 위연보가 설치되면서 개척된 마을이라 하여 위연(渭淵)동, 늪에 물고기가 많은 마을이라 하여 연풍(淵豊)동, 소나무가 많은 봉우리를 낀 마을이라 하여 붙여진 송봉(松峰)동은 1999년 6월 1, 2동으로 각각 나누어졌다.

칼산이 변해 검산(劍山)이 된 검산동, 구름이 많이 낀다는 의미의 운총보(雲寵堡)가 있던 고장인 운총동 등도 이 지역에 있다. 1952년 함경남도 혜산군의 별동면 동평리, 안계리, 장강리를 통합하여 장강리와 안계리의 첫 글자를 따서 장안리라 하였다.

허천강하류 연안에 있던 신서리와 장수리 보사리를 1952년에 통합하였다가 1961년 혜산시 신장(新長)리로 칭명하였다. 운흥군 일거노동자구와 경계를 하고 있는 노중(盧中)리는 1952년 혜산군 운흥면 로동리, 중평리, 장성리 일부를 통합하여 혜산군에서 내온 리이다. 2000년 현재 혜산시는 25개 동 4개 리를 두고 있다.

7) 황해북도

16세기 이래 황주진관(黃州鎭管)에 속했던 황주, 평산, 서흥, 봉산, 안악, 재령, 수안, 곡산, 신천, 신계, 우봉, 문화, 토산, 장연 등지를 황해좌도라 하였던 이 일대를 1954년 10월

30일 북한 최고인민회의 상임위원회 정령에 의하여 황해도를 남북도로 나누면서 재령강의 여러 지천 주변과 예성강 이동지역의 시·군들을 비롯한 경기도 개풍군, 판문군을 포괄하여 황해북도를 신설하였다.

1961년 개성시가 직할시로 되면서 장풍, 개풍, 판문 3개 군은 개성시로 넘어갔고, 1965년 현재 도의 행정중심도시인 사리원시와 송림시 등 2개 시, 14개 군으로 면적은 약 8153㎢이다. 도에는 황해제철소가 있어 북한내 제강소와 기계공장들에 원료와 소재를 공급해 왔다.

송림시란 1947년 행정구역 개편으로 광복 당시 황주군 송림면을 송림시로 개편한 것으로, 도 서북부 대동강 기슭에 자리하고 있다. 기존의 겸이포읍은 1939년 황주군 송림면 겸이포리, 동겸이포리, 서겸이포리를 합쳐 겸이포읍이라 한 것인데 1947년에 송림시로 흡수되었다. 겸이포라는 읍명은 일제 때 와다나베 겐지(渡邊兼二)가 자기 이름 겸이(兼二)에 포구가 있는 마을이라 하여 겸이포(兼二浦)라 지명화한 곳이다. 1997년 현재 시에는 신흥, 송산, 오류, 월봉, 운곡, 동송, 철산, 사포1·2동, 석탑, 전동, 삼가동 외에 새살림 1·2·3·4동과 새마을 네길 꽃핀동 등 19개 동 외에 당산, 석탄, 신성, 마산, 서송, 신량리 등 6개 리를 두고 있다.

송림시에는 송산동고인돌, 마산리고인돌, 석탄리무덤흔적자리와 천연기념물로 송림산 통바닥층 등이 있다. 시의 북동쪽에 자리하고 있는 석탄리(石灘里)는 원래 돌여울이라 하던 것을 한자로 옮기면서 1947년 송림시 석탄리가 되었는데 임진왜란 때 피란지가 되었던 피서골에는 청동기 시대의 큰 부락자리로 유적지는 그 범위가 수십만㎡에 달한다.

특히 시우지골 동남쪽 비탈면의 10만㎡이나 되는 넓은 지역에는 100여 개의 집자리가 널려 있으며, 유적으로 신석기시대 집자리 1개처, 청동기시대 집자리 32개, 돌상자 무덤 2기, 고구려 무덤 1기가 있다.

신석기시대 집자리는 기원전 3천년 후반기인 궁산문화 제4기에 해당되며 청동기시대 집자리들은 모두 긴사각형 평면의 반움집자리(보통 길이 6m, 너비 4m, 깊이 0.4m)로, 이 집자리들은 불탄 집자리이다. 집자리에서 나온 질그릇의 대부분은 팽이그릇과 변형 팽이 그릇이며 돌단검, 돌활촉, 턱자귀, 반달칼, 돌본 등 석기도 많이 나왔다. 39호 집자리에서는 팽이그릇에 담긴 긴 기장과 팥이, 38호 집자리에서는 미송리형 단지의 밑부분 조각이 나왔다.

석탄리 유적은 우리나라 서부지방에서 처음으로 알려진 청동기시대의 큰 부락유적으로서 팽이그릇 관계유적의 전반적 연대와 사회관계를 연구하는데 귀중한 자료로 평가되고 있다. 송림시와 이웃한 황주군은 누런 흙으로 덮인 넓은 들이라는 뜻으로 명명되었다고 하는데 신증동국여지승람에 제안, 룡흥, 성성, 대룡, 동음, 대흘이라고도 불려졌다고 기록하고 있다.

1997년 현재 황주읍을 비롯하여 28개 리를 두고 있는데, 황주에는 유명토산품이 적지 않으나 그 가운데서도 황주사과가 오랜기간 명성을 유지해 오고 있다.

유적으로는 초기 철기시대의 목곽묘(木槨墓)가 발굴된 금석리유적(金石里遺蹟), 원삼국시대의 토광묘(土壙墓)가 있는 선봉리 고분(仙峯里古墳), 청동기시대에서 고구려시대까지 이르는 순천리유적(順川里遺跡) 등이 오사동벌에서 발굴되었고, 이밖에 심촌리(沈村里), 천주리(天柱里), 청용리(靑龍里), 흑교리유적(黑橋里遺蹟) 등이 있다.

황주읍내에는 읍성이 있는데 이 성은 고구려 때 쌓은 평양의 남쪽 위성이다. 동쪽과 북쪽은 제일 높은 산봉우리인 주산봉의 능선에 잇대어 쌓았고 서쪽과 남쪽은 황주벌과 연결해 높은 언덕위에 축조되었다. 이 성은 석성으로 둘레 4km, 높이가 3m이다. 성에는 동서남북의 성문과 북소문을 비롯하여 5개의 성문터와 여러 개의 못이 있다.

황주군과 접해 있는 연탄군(燕灘郡)은 제비처럼 물살이 빠른 여울인 연탄(燕灘)이 있는 군이라 하여 연탄군이라 하였다. 1952년 황주군 구락면, 도치면, 인교면, 서흥군 도면, 소사면, 세평면과 수안군 율계면의 6개 리를 합쳐 내온 새로운 군으로 1997년 현재 1읍, 16개 리를 두고 있다.

연탄읍 미산리에는 민란을 지휘하였던 이괄(李适)이 부하를 이끌고 지나가다 하루밤을 묵어가면서 진을 쳤던 곳인 이괄봉이 있다. 자바령 산맥에서 제일 높은 천여봉 동쪽 중턱에는 심원사라는 절이 있는데 여말선초의 인물인 이색이 이 절에서 공부를 했다는 옛 기록이 전해지고 있다.

자비령 산 중턱에는 유명한 심원사(心源寺)가 자리하고 있는데 이 절은 천여봉을 뒤로하고 오른쪽에 백운봉과 청학대 왼쪽에 청룡봉 전면에 관음봉 등 여러 봉우리가 둘러쳐져 있는 중심부에 자리하고 있다.

절은 보광전을 중심으로 청풍루와 기타 건물들로 이루어져 있는데, 보광전은 고려 공민왕 23년(1374)에 고쳐 지은 것으로 보아 창건연대가 오래임을 알 수 있다. 건축구조와 수법상 이 건물은 아래위가 가파르고 가운데가 느릿하게 약간 부른 두리기둥에 복잡하며 섬세하게 짜 올린 두공에는 짤막한 살미로서 간결한 맛을 내고 모든 부재의 다듬새들이 정교하여 한 없이 부드럽고 아름다운 감을 주고 있다. 또한 이 건물에서는 네 귀에 인형을 새겨 장식 겸 추녀를 떠받들게 하였다. 옆면의 두공 배열은 기둥 위에 올리지 않고 길이를 등분하여 배치함으로써 다른 건물에서는 찾아볼 수 없는 독특한 형식을 이루고 있다.

그리고 정면 문살에는 세련된 솜씨로 모란꽃과 연꽃 문양을 새겼으며, 내부에는 소란반자를 한 천장에 닷집을 만들고 건물 전체에 금단청을 입혀 장식하였다. 이리하여 장중하면서도 화려하게 꾸며진 보광전 건물은 부재를 깎고 다듬고 새겨서 하나하나의 이음새와 조각 단청 문양의 선 하나에도 옛날 선조들의 독창적이며 기발하고도 뛰어난 예술적 재능과 높은 건축 기술수준을 보여주고 있다.

봉산읍과 송정노동자구를 비롯하여 18개 리를 두고 있는 읍내에는 2 · 8세멘트연합기업소가 있고 가촌리(佳村里)에는 고구려 때의 고분군이 있다. 토성리는 조선조 때 봉산군 첫 소재지였던 리로 토성이 있음으로 생겨난 지명인데 이 성은 고구려시기에 쌓은 가장 오래된 토성(土城)이다. 성벽은 대부분 허물어지고 성터만 남아 있다.

또다른 토성으로 태성이라는 성이 있는데 성의 왼편은 외부의 흙을 파서 쌓고 오른편은 막돌로 각담식으로 쌓은 것이다. 성안에는 태봉이 있는데 태봉에 쌓은 성이라 하여 태성이라고 불려진다.

성의 길이는 약 1천5백m, 높이는 1, 2m이다. 전설에 의하면 왕이 피난하였다가 아들을 낳았는데 태를 이곳에 묻고 축성하였다 하여 태성이라는 명칭이 붙여졌다고 한다. 토성리 웃심산 골짜기에는 신석기시대의 유물인 심산동 제11호 고인돌, 제2호 고인돌 떼가 있다.

군내 유서깊은 지탑리(智塔里)는 1914년에 봉산군내 문정면 초포동, 지인동, 상탑동, 중탑동, 전신동, 후신동을 합쳐서 내온 리였는데, 1952년 문정면 지탑리와 월성리, 석성리를 합쳐 지탑리가 되었다. 지탑리에는 옛 성과 고분군이 원시, 고대, 중세별로 여러 유적 유물층이 분포되어 있다. 이 가운데 신석기시대의 유물로는 빗살무늬를 새긴 계란 모양을 한 것이 절대 다수인데 여기에서 질그릇과 돌활촉, 돌창끝, 돌도끼, 칼, 숫돌 등이 나왔고 청동기 시대의 유물로는 팽이그릇을 비롯하여 거석문화에 속하는 질그릇과 양쪽에 부리가 달린 돌활촉, 짤막한 단검, 반월도, 벼루 등이 출토되기도 하였다. 이 유적의 발굴내용은 1957년 북한 과학원 고고학 및 민속학연구소에서 유적보고서 제8집으로 발간된 바 있다.

군 북쪽에 자리하고 있는 오봉리는 다섯 개의 봉우리로 된 오봉산이 있는 마을이라 하여 오봉리라 하였으며, 유적으로 관문성이 있는데 이 성을 경계로 황주군과 봉산군이 나누어졌다. 오늘날에는 연탄군과 경계를 이루고 있다.

관후동 고인돌이 있는 관정리(舘亭里)는 예전에 객관(客館)과 정자(亭子)가 있었던 마을이라 하여 붙여진 명칭으로 1952년 봉산군 산수면 관정리, 망정리, 청송리를 합쳐진 리이기도 하다. 리에는 역참에서 기른 세 마리의 말이 유다르게 빠르고 잘 길들여진 곳이라는 삼마동과 역참의 말을 맡아 사육하던 마사동이라는 전래지명이 잔존해 있다. 연못에 거북이가 많다 하여 생긴 구연리(龜淵里)는 1952년 서흥군 목감면 홍수리와 봉산군 구연면 신원리, 상동리, 구룡리를 합쳐서 내온 리이다.

조선조 때 150여 년 간 읍소재지였던 마산리(馬山里)는 일명 고골이라 불려졌으며, 1952년 동선면 구읍리와 신령리를 합친 구읍리(舊邑里)의 은행동에는 500년 이상된 천연기념물인 은행나무가 있는데 이 은행나무 아래에서 임꺽정이 결의형제들을 불러 봉산군수를 응징할 것을 계획하였다는 이야기가 전해지고 있다.

리에는 동선령이라는 영(嶺)이 있는데 이 고갯마루가 사리원시 황주군, 봉산군 세 분기점이 되고 있다. 동선령은 영마루가 험하고 초목이 무성하기는 하나 인마가 지나다닐 정도의 큰 길이 나 있는데 영마루 북쪽에 동선관이 있었고, 병마절도사가 여기에 부임해 이곳에 100여칸이나 되는 객관을 두었다고 한다.

1952년에 새로 생겨난 은파군은 은파천을 끼고 있는 지역이라 명명된 군으로 1읍 광명노동자구와 15개 리를 두고 있다. 군내에는 광명노동자구 서북쪽에 궁대리성, 원시유적과 옛무덤이, 적성리 한대동에 한대동 고인돌, 태정리 문수동에 문수동 고인돌, 양동리 하탑동에 하탑동 고인돌과 대청리 장골에 장골 무덤떼들이 있다. 삼국시대의 고분이 남아 있는 예로리(禮老里)는 1952년 군내 서종면 예로리, 화리, 영천면 갑현리를 합쳐 내온 리이다.

인산군(麟山郡) 역시 1952년 평산군 신암면, 인산면, 사월면과 문무면의 일부 서흥군 대덕면을 합쳐서 내온 군으로 군내에는 안창리 굴우물 1호고인돌떼, 굴우물 2호고인돌,

석련리 장풍동고인돌, 주암리 무른여울 고인돌 등 4개의 고인돌 유적이 남아 있다.

군소재지인 인산읍은 1952년 평산군 인산면 허사리, 기린리, 낙촌리를 합쳐 내온 읍이며 군에는 19개 리를 두고 있다. 신증동국여지승람에 의하면 군내 지택리(池澤里)에는 멸악산이 있는데, 이 산은 평산도호부의 진산이었다 한다.

도내 중심부에 있는 서흥군은 고려왕실의 태를 이 곳에 묻었다 하여 상서롭고 흥한다는 뜻에서 서흥(瑞興)이라고 하였다. 군내에는 숭덕산에 있는 귀진사와 대현산성 그리고 5개의 원시유적을 비롯한 24개의 고적들이 산재해 있다. 1997년 현재 서흥읍을 비롯한 20개 리를 두고 있는데, 후기신라 때 고구려 오곡군을 개편하여 고려초에 큰 골짜기가 많은 군이라 하여 동주라 하였다가 1270년 서흥군이라 개칭하였다. 1952년 서흥군 서흥면 화곡리, 와류리, 예운리, 명운리, 잠두리, 영파리를 합쳐 서흥읍이라 하였다.

읍 남쪽 남한리(南漢里)를 서북쪽으로 하여 도로 양 옆에는 두 그루의 커다란 백양나무가 서 있어 마치 큰 문과 같다 하여 거문리(巨門里)라 하였다. 고찰인 귀진사와 고분군이 자리하고 있는 송월리(松月里)는 1952년 유리면 소월리, 오동리, 서달리, 신방리를 합쳐 서흥군 송월리로 하였다.

귀진사는 12세기 중엽에 건설된 것으로 전해 오는데 지금 남아 있는 건물은 16세기에 고쳐 지은 것으로 이 절에서는 인쇄목판을 만들어 불교경전을 찍어내고 보관하였다는 대장경전이 있었으나 오늘날에는 찾아볼 길이 없다.

이 건물은 유달리 굵은 기둥을 세우고 있는데 이 기둥을 통해 건물의 웅장한 감을 느끼게 하고 있다. 귀진사에는 용감수경, 법화경, 화엄경, 십지론, 수륙문, 42장경(四十二藏經), 부모은중경 등 판목 2천여매가 유물로 보관되어 있었으나, 일제가 대부분 약탈하여 갔고 일부는 현재 묘향산에 보관되어 있다.

읍 북쪽에 자리하고 있는 고성리(古城里)에는 옛 성인 대현산성이 자리하고 있는데, 이 산성은 주위가 3373간(10리 20여정)이고 성의 높이는 거척 8촌, 성 위로는 높이는 8촌이며 성위에 남문루와 장대포루 등이 있었으며, 성안에는 군량과 군기의 창고 기타 관사 등이 있었다. 성에는 별장을 두고 이곳을 주장으로 하여 수안, 곡산, 신계, 토산의 군사를 통제하였다. 현재는 건물 유적이 남아 있을 뿐이고 성벽은 서 있다.

산성으로 들어가는 골짜기는 층암절벽과 기묘하게 생긴 바위와 돌들이 양쪽에 솟아 있고 몇 백년 묵은 소나무가 백척이 넘는 벼랑에 늘어져 있어 경치가 참으로 아름답고 황홀

하다. 산성 남문에는 폭포가 있어 마치 은하수가 구천에서 떨어지는 것 같다고 서흥읍지에 기록하고 있다.

도의 남쪽에 위치한 금천군(金川郡)은 1952년 황해도 우봉현과 개성부 강음현을 합쳐서 황해도에서 내온 군이다. 이 금천군은 고구려 때의 다른 이름으로 소뿔같이 크고 뾰죽한 영마루를 끼고 있는 마을이라 하여 우장군 또는 수지의라고도 하였는데, 수지의는 옛날말 소달에 대한 소리옮김이다. 수는 소를 나타낸 말이고, 디이는 지의로 달 또는 산을 의미한 것이므로 소산이라는 뜻에서 지은 이름이다.

서기 743년~765년 사이에 고구려 우잠군을 소처럼 큰 봉우리가 있다 하여 우봉현이라 하였다가 1952년 황해도 금천군으로 개칭하였다. 금천읍은 1952년 금천군 금천면 잠성리, 금릉리, 영파리와 고동면 구현리를 합쳐 내온 읍인데 위에 말하고 있는 영파리는 영파역이 있던 리이다. 영파란 오조천물결이 비치어 반사되는 영수병영 앞에 있는 마을이라 하여 붙여진 이름이다.

이러한 영파역은 고려 때 강감찬 장군이 거란침략자들을 물리치고 개선할 무렵 현종이 영파역에 나와 성대한 연회를 베푼 후부터 홍의역이라고도 하였다. 홍의란 의로운 병사가 흥한다는 뜻에서 지은 이름이다. 읍 동남쪽에 있는 양합리(兩合里)는 1952년에 새로 내온 리인데 고적으로 국사봉수와 대둔산봉수가 있다.

장재성 대릉리성 대군리봉수, 공포리봉수, 유동고인돌이 있는 연산군(延山郡)은 수안군 도소면, 수구면, 연암면, 공포면과 대오면의 6개 리와 곡산군 서촌면 금성리 등을 합쳐 내온 군으로 많은 산이 늘어 서 있다고 하여 연산군이라 칭하게 되었다.

읍의 동쪽에 있는 홀동노동자구는 1952년 보석리를 개편하여 내온 곳으로 이 곳은 그 옛날 홀(笏)을 한 신하가 떨구고 간 곳이라 하여 생긴 지명이다. 1952년 남강 상류 유역에 있는 신평군(新坪郡)은 곡산군 상도면, 하도면, 멱미면, 이령면, 화촌면의 전체 리와 봉명면의 1개 리, 동촌면의 1개 리를 합쳐서 내온 군이다. 신평읍과 멱미노동자구 만년노동자구 외에 11개 리를 두고 있다.

신평군 내에는 달해산성 문성진성과 남천폭포 용해골만지송을 비롯한 천연기념물이 있다. 이밖에 대각산동물보호구에는 사향노루, 산양, 딱다구리 등의 동물들이 서식하고 있는데 곡산군지에 의하면 대각산에 용수굴이 있으며 그 봉우리는 기이하고 수려하며 그 옆에 광무 5년(신축) 고종황제 때 엄상궁이 원당을 구축하였다고 한다. 1413년 곡주군을 개편 곡산군이라 하였는데 1997년 현재 1읍 20개 리를 두고 있다. 군에는 새림리무덤을 비롯하여 5기의 고분이 있으며 천연기념물인 동산리 소나무와 입문소나무가 있다. 곡산군에는 미완의 궁성터가 남아 있는데 사현리(砂峴里)의 궁내동이 오늘날까지 3개의 계단 흔적이 남아 있는 것을 볼 수 있다.

1895년 개성부에서 내온 신계군은 신계읍을 비롯하여 27개 리를 두고 있다. 후기 신라 때 단계현이라고 하기도 하였는데 단계는 골짜기 시내라는 뜻이다. 신계군 능수리 태봉산에는 조선조 때 왕의 맏 손자의 태를 묻었다 하여 태봉산이라 하였는데 산마루에 만력(萬曆) 217년 2월 18일(1599년 선조 32년 기해년 2월 18일) 왕의 맏손자 태를 묻었다고 쓰여져 있다.

평산 신씨의 궁위(弓位)인 평산군은 신숭겸(申崇謙)과 얽힌 설화와 금나라 태조 아골타(阿骨打)와의 설화를 고려사(史), 동국여지승람(東國與地勝覽), 금사(金史), 송막기문(宋莫奇聞)에 싣고 있다. 평산읍 남쪽에 있는 산성리에는 태백산성이 있는데 원래 성황산성이라 하던 것을 조선조 때에 성벽을 고쳐 쌓고 태백산성이라 하였다.

성 둘레 2425m, 높이 7m이다. 여기에 고려 건국의 주요 신하들을 제사지내던 사당집이 있었는데 6 · 25전쟁 중에 소실되었다. 토산군 역시 1952년에 금천군에 속했던 지역을 새로 나누어 내온 군으로 토산읍 외에 17개 리를 두고 있다. 기원 748년 통일신라 때에 오사함달현이라 하던 곳이다. 토산읍은 금천군 서천면 성번리, 리구리, 시변리를 합쳐 만든 읍이다. 토산읍 서남쪽에 위치한 석봉리는 명필로 유명한 한석봉의 출생지이며, 그의 묘가 있다 하여 이전의 금천군 구이면 무릉리와 덕안리를 합쳐 1952년에 석봉리(石峯里)로 개칭한 지명이다.

1997년 현재 황해북도는 도청소재지인 사리원시와 송림시 등 2개 시에 14개 군을 두고 있다.

:: 도 소재지 사리원시

1947년에 사리원시가 된 봉산군의 지명 유래는 유구하다. 원래 봉산군은 삼국시기 고구려의 휴암군(鵂嵒郡)이었는데 뒤에 우리말로 조파의(租波衣)라고 불려졌으며, 4세기 초엽에 이 지역에 휴류산성이 축조되었다.

삼국통일 후에는 서암군(棲嵒郡)으로 개칭되었고 고려 때에 와서 봉주(鳳州)로, 이 봉주가 1285년(충렬왕 11) 봉양군(鳳陽郡)으로 되었다가 1413년(태종 13)에 봉산군이 되었다. 군의 관아는 삼국시대 이래 계속해 휴류산성 안에 있었으나 1523년(중종 18) 전염병이 성내에 만연됨에 따라 백운산 아래에 있는 지금의 봉산읍으로 옮기게 되었다.

광복이후인 1947년 6월 황해도 봉산군 사리원면을 사리원시로 승격시켰는데 이 당시 구천리, 대원리, 신창리, 신양리, 철산리, 경암리, 상하리, 사원리, 사리, 동리, 서리, 복리 등 12개 리를 두었다가 1952년에 새로이 원주리 상매리, 대성리를 내오고 기존의 철산리, 사원리, 사리, 대원리를 폐지하였다.

1954년 황해도를 황해남·북도로 분할하면서 황해북도의 도청소재지가 되었고, 이후 계속해 시 관할 행정구역이 개편되어 오다가 1973년 8월 봉산군의 미곡리(嵋谷里), 만금리(萬金里), 어수(御水)노동자구를 시에 편입, 구역을 확대한 이래 1993년 현재 31개 동에 9개 리를 두고 있다. 시로 승격된 사리원이라는 지명은 조선조 초기부터 불려져 온 지명인데, 신증동국여지승람에 보면 사리원은 행정단위의 명칭으로서가 아니라 역원(驛院), 역참(驛站)의 명칭으로, 사원리 또는 사리에 있는 역원이라 하여 〈사리원〉이라고 하였다.

즉 역원제(驛院制)에 의해 경의로상(京義路上)에 있던 수많은 원(院) 가운데 하나였다. 이러한 사리원이 본격적으로 개발되기는 신작로의 건설에 따라 자연히 교통로의 요지가 되어오면서 서울에서 신의주로 향하는 경의선 철도와 장연선 등의 철도 기점이 사리원에 두게 된데다, 주변지역으로 통하는 도로가 발달되면서 황해도 북부지역 물산의 집산지로 자리잡혀졌기 때문이다.

오늘날에도 쌀, 강냉이, 콩 등이 주된 농산물집산지로, 광복후에도 제사(製絲), 직조공장들이 방직, 연사, 염색부문을 모두 갖춘 대규모 종합공장으로 확장시켜 놓은 사리원방직공장이 자리하고 있다.

사리원방직공장이 자리하고 있는 곳은 1965년 구천삼동(駒泉三洞) 일부를 분리해 산업동이라 하였는데, 이 산업동에서 코르덴혼방직, 스프직 내의류, 양말, 스웨터 등을 생산하고 있다. 교통은 사리원 해주를 잇는 기존의 황해선을 개칭한 황해청년선과 사리원 장연을 잇는 은파선, 그리고 서사리원에서 정방까지를 잇는 서사리원선이 있다.

도로로는 경의선과 병행하는 기존의 남북관통로가 지나며 길성포(吉星浦)에서 재령강과 대동강을 따라 송림, 남포, 평양까지 선박이 운항하고 있다. 이 길성포(吉星浦)는 오늘날 대성동(大城洞)에 속해 있는데 지난날 재령강으로 들어오던 고깃배, 소금배들이 밤에

별 방향을 따라 들어와서 정박하였던 좋은 포구라는 의미에서 붙여진 지명이다.

교육기관으로는 사리원농업대학, 사리원지질대학, 사리원제1사범대학, 사리원제2사범대학, 사리원의학대학 등의 대학과 각급 학교가 있으며, 평양 · 개성의 박물관 수준의 사리원역사박물관도 갖추고 있다.

시 남쪽에는 경암산(景岩山)이 있는데 봉산군지(鳳山郡誌)에 의하면 경암산의 봉우리가 닭볏 같다 하여 볏바위를 〈별 경〉자와 〈바위 암〉자를 따서 경암산으로 표기했다고 기록하고 있다. 오늘날 경암산 아래 동이동(東二洞)에는 경암호수(景岩湖水)가 있어 유원지화(遊園地化)되어 있다. 경암산(景岩山)은 예로부터 사리원의 진산(鎭山)으로 일명 남산 또는 그 제1봉이 봉황의 머리모양과 같다 하여 봉황산(鳳凰山)이라고도 불려져왔다. 이 산을 중심으로 하여 주위가 평야지대로 되어 있어 산정에 오르면 사리원 시가는 물론 재령평야와 재령강, 서흥강 등이 한눈에 들어온다.

이같은 전망을 동령월조(東嶺月照), 서강어적(西江漁笛), 남평무림(南坪茂林), 북악고성(北嶽古城)이라 하여 사가경(四佳景)으로 꼽고 있다. 산 정상(頂上)에는 경암정(景岩亭)이 있는데 이 정자에 오르면 재령, 신천, 황주, 안악 일대의 평야는 물론 동쪽의 고려왕산, 서쪽의 구월산, 남쪽의 장수봉(長壽峯), 북쪽의 정방산(正方山)이 손에 잡힐 듯하다.

산 서쪽 기슭에는 경암사(景巖寺) 절터가 있다. 절터 뒷편으로 깎아세운 듯한 암벽이 병풍같이 둘러섰으며, 이 암벽 사이에서 맑은 샘물이 솟아나는데 물맛이 좋고 만병에 효과가 있다 하여 영천(靈泉)이라는 명칭이 붙여지기도 하였다.

이제 사리원시의 31개 동, 9개 리의 개황을 살펴보면 시 중심부 동쪽에 있는 구천동(駒泉洞)은 경암산 동남쪽 기슭에 있는 큰 샘물터인 매지우물에서 연유된 동명으로 4개 동으로 나누어져 있다.

구천 3동 일부가 뒤에 산업동으로 되었는가 하면, 동일동(東一洞)은 1955년 사리원시 동리(東里)를 1, 2동으로 나누었고 북일동(北一洞)은 4개 동으로 나누었는데 1991년에 북 4동을 나누어 은별동을 새로 내왔다. 1961년에는 시의 신양동 일부와 구룡리 일부를 합쳐 내온 운하동 역시 1, 2동으로 나누었다.

1991년에는 기존의 신창리 일부와 신흥동 일부를 합쳐 신흥동이라 하고 역시 신흥 1 · 2동을 분리하였다. 삵매산을 한자로 옮기면서 상매산이라 한 데서 유래한 상매동은 이전의 철산리와 구천리 일부를 합쳐 역시 1991년에 1, 2동으로 나누었다.

예로부터 서울~평양간 교통의 요충지인 이곳이 모래가 쌓여 있는 언덕 아래 마을이라 하여 사원리(沙院里)라 하던 것을 1952년 사원리와 사리를 합쳐 원주동(元州洞)이라 하였다. 동 뚝이 마치 커다란 성처럼 둘러쳐져 있는 리라 하여 대성리(大城里)라 한 이 곳에는 재령강으로 들어오던 배가 정박하던 길성포에 합쳐져 있다. 아홉 개의 샘에서 아홉 마리의 용이 나와서 승천했다는 전설에 기초해서 생겨난 구룡리는 1953년 봉산군 구룡리, 만금리, 은파군 묘송리 각 일부를 합쳐 내온 리이다. 지난날 복숭아나무가 많던 리라 하여 도림동(桃林洞)이라 한 이 지역에는 사리원과수농장과 사리원곡산공장 등이 자리하고 있다.

그옛날 임금이 지나가다 마신 우물이 있는 마을이라 하여 명명된 어수동(御水洞)은 1952년 봉산군 문정면 탄광리와 어수리를 합쳐 어수노동자구로 개편된 바 있기도 하다. 산 모양이 마치 눈썹과 같이 생겼다 하여 미라산(嵋羅山)이라 하였는데 이 산아래 마을이라 하여 미곡리(嵋谷里)라 한 리(里)에는 모든 포전(圃田)을 규격화, 기계화, 화학화한 본보기단위로 만들었다는 곳이기도 하다.

만금같이 귀중한 샘물이 나온다 하여 붙여진 만금동, 우물가에 오래된 오동나무에서 매미울음소리가 그치지 않아 이 우물을 선정(蟬井)이라 한데서 유래한 선정리, 넓은 벌판에 봉황새처럼 생긴 둔덕이 있다 하여 생겨난 봉의리(鳳儀里), 유명한 정방산을 끼고 있다하여 붙여진 정방리(正方里), 정방산성의 남문이 있는 마을이라 하여 성문동(城門洞)이라 한 이 동(洞)은 1952년 황주군 도치면 노동리, 성동리 일부와 상산리 일부를 합쳐서 연탄군에서 새로 내온 리인데, 성동리의 '성' 자와 상산리의 '산' 자를 따서 성산리(城山里)라 하였으며 이후 성산리가 동으로 바뀌었고 그 위치는 사리원시 동북쪽 끝자리이다.

이러한 성문동(城門洞)은 1991년 광성동, 원주동, 정방리 각 일부를 합쳐 새로 내온 동(洞)이고, 이밖에 운하(運河) 1 · 2동, 신양동(新陽洞), 철산동(鐵山洞), 신흥(新興) 1 · 2동, 상하동(上下洞), 서리동(西里洞), 신창동(新昌洞), 경암동(景岩洞), 해서리(海西里), 문현리(文峴里) 등이 현존하고 있다.

8) 황해남도

6 · 25전쟁 후 3 · 8선 이남의 여러 지역이 북한정권하에 놓여짐으로써 이 지방에 살던

주민들 상당수가 이산가족이 되고 말았다. 이 지역은 한강 경기만과 서해를 사이에 두고 남북간에 손을 뻗으면 닿을 듯한 거리에 있기도 하다. 본 도는 1954년 10월 북한당국이 기존의 황해도를 남북도로 나누면서 서남부지역을 황해남도라 하였다. 6 · 25전란 이전의 경기도 연백군, 옹진군 전 지역이 이 도에 속하게 되었다.

지리적 위치면에서는 예성강을 경계로 개성직할시와 접하고 있으며 남부와 서부는 한강과 서해의 휴전선을 사이에 두고 있다.

1952년 면제 폐지로 연백군, 벽성군 일부를 갈라 청단군을 신설하고 옹진군을 갈라서 강령군을, 연백군 일부를 배천군과 연안군으로, 평산군 일부와 연백군 일부를 갈라 평천군을, 재령군 일부와 벽성군 일부를 갈라 태탄군을, 장연군 일부를 갈라 용연군을 만드는 등 신설된 군이 적지 않게 생겨났다.

이러한 행정구역 개편을 바탕으로 1954년 황해남도가 되면서 도청소재지는 기존의 해주시에 두고 벽성군, 청단군, 강령군, 옹진군, 연안군, 배천군, 평천군, 재령군, 신원군, 송화군, 은률군, 장연군, 태탄군, 룡연군, 신천군, 삼천군, 안악군, 은천군 등을 두고 있다가 1967년에 송화군을 갈라 과일군을 새로 내옴으로써 1987년 현재는 1 시, 19개 군으로 되어 있다.

본 도는 비교적 관개수리시설이 잘 되어 있는 고장인데다 북한지방의 유수의 평야지대인 까닭에 수리시설 보강에 박차를 가해 관개망이 비교적 발달되어 있는 편이다. 도내에는 은률의 관산리 고인돌, 안악 1 · 2 · 3호 고분, 수양산성, 연안산성, 옹진산성, 오누이성, 구월산성 등 50여 개의 국보급 유적과 200여 개의 보존대상 유적들이 있다.

천연기념물도 150여 종이 지정되어 있는데 고생대나무인 해주락우삼, 해주설송, 은률황목련, 석담느티나무, 라암나무, 몽금포코기리바위 등이 있다. 이제 도내 각 군의 정황을 간략히 살펴보면 먼저 푸른돌이 많은 고장이라 한 벽성(碧城)군은 광복 당시에는 영천면, 금산면, 동운면, 추화면, 내성면, 일신면, 청룡면, 동강면, 송림면, 해남면, 서석면, 가좌면, 월록면, 대차면, 장곡면, 운산면, 검단면, 미률면, 고산면, 나덕면 등 20개 면을 두고 있었는데, 1999년 현재는 벽성읍을 비롯해 옥정리, 장현리, 석동리, 서원리, 상림리, 월현리, 용정리, 죽천리, 쌍암리, 백운리, 대성리, 월봉리, 안곡리, 내호리, 도현리, 통산리, 원평리, 사현리, 석담리, 남창리, 장천리 등 21개 리를 두고 있어 광복 당시의 행정구역 명칭으로는 대비가 어려울 정도로 엄청난 변화를 가져왔다.

군 소재지인 벽성읍은 1952년 당시 벽성군 용호리, 취야리, 국봉리를 합친 곳이다. 옥정리(玉井里) 남쪽 산줄기들이 은빛 파도처럼 물결치는 듯한 산이라 하여 은파산이라 불려지는 고지가 있는데 6·25전쟁 이전 남북 양측의 무력충돌이 있었던 산이다. 장현리(長峴里)에는 긴 재가 있다는 마을로 리 서남쪽에 낭모루라는 곳이 있는데, 고려말 왜구의 침입이 극성을 부릴 때 이 고개에서 관군이 왜구를 격파시켰던 곳이다.

대성산성이 있는 대성리, 1952년 해주군 고산면 사현리에 편입되었다가 1965년 사현리 일부를 떼낸 석담리(石潭里)는 우거진 솔나무숲이 병풍처럼 둘러 쌓인 절벽과 바위 그 밑을 감도는 냇물이 소(沼)와 연못을 이루고 있어 석담이라는 고장이름이 생겨났다. 이곳에는 이율곡 선생과 관련이 있는 소현서원과 청계당이 있다.

전하는 말에 의하면 이순신 장군이 율곡 선생을 찾아가 청계당 옆 연못에서 거북선 모형을 실험해 보았다고도 한다. 석담리에는 아홉굽이의 골짜기가 있는데 이 곳은 계절 따라 특이한 풍경을 나타내는데, 오랜 세월 물에 씻기어 거울처럼 닦아진 너럭바위 위로 구슬같은 맑은 물이 옥쟁반에 담긴 듯이 새파랗게 고였다가 넘쳐 흐르는데, 매 아홉 굽이마다 거기에 어울린 아름다운 풍경이 펼쳐진다는 데서 석담구곡이라는 명칭이 생겨났다.

원평리(原坪里) 입암마을에는 큰 선돌(支石)이 있으며, 만촌동리는 리 소재지로 이 마을에 들어서면 드넓은 취야벌과 서해바다가 환하게 내다보인다. 강령군은 1997년 현재 강령읍(옹진군 부민면 강령리, 고동리를 합친 곳)을 비롯해 부포노동자구 외에 23개 리를 두고 있는데 군내에는 70여 개의 섬이 있다.

대표적인 유인도로 순위도 비암도 무도 대수암도 소수암도 어화도 등이 있다. 신암리(薪岩里)에는 고인돌이 순위리(巡威里)는 옛날 순위군이 있던 섬이다.

어화도리(漁化島里)는 고기가 많이 잡히는 섬이며 수압리(水鴨里)는 바다에 떠 있는 물오리처럼 생긴 섬인 대수압, 소수압 두 섬을 합쳐 내온 리이다. 옹진군은 독벼루에 대한 한자표기로 고구려 때 옹천이라 하였다가 고려 때에 옹진이라 불렀다.

원래 이 고장에 화산골 마을이 벼랑으로 둘러 싸여 그 모습이 독과 같다는 데서 연유되었다. 1997년 현재 옹진군은 옹진읍을 비롯해 남해, 구곡, 옹지노동자구 등 3개 노동자구와 24개 리를 두고 있다. 군에는 고인돌, 옹천성, 봉화터, 고려자기터 등의 유적이 있고 옹진이팝나무, 옹진쪽가래나무, 옹진재두루미, 옹진온천, 한동약수 등 천연기념물이 있다. 옹진군 동남면 서곶리, 서장리, 전당리, 인평리를 합쳐 내온 남해노동자구에는 옹진참김, 옹진재두루미 보호구역이 있다.

서해리에는 해암도, 귀섬, 태배, 소섬, 조롱섬 등이 있다. 본영리(本營里)는 숙종(45년) 때 수영(水營)을 설치하였던 곳이며, 화산은 고려 때 화산산성이 있고 성 아래에 이용상의 몽고침략을 쳐부수고 항복서를 받아 낸 수항비문이 있다. 여러 포구와 내왕이 빈번한 제작리(諸作里)에는 딴섬, 마합도, 기린도리, 창린도리, 용호도리 등의 섬이 속해 있다.

태탄군(苔灘郡)은 광탄천 하류에 있던 나루 이름으로 밀물이 빠지면 물이끼가 긴 바닥이 드러나면서 큰 여울이 진다 하여 붙여진 이름이다. 군소재지인 태탄읍은 1952년 장연군 속달면 하태탄리, 상태탄리, 속달리를 합쳐서 내온 읍이다. 군은 태탄읍을 비롯해 15개 리를 두고 있다.

읍과 경계를 이루고 있는 대진리(代陣里)는 옛날 진을 쳤던 진터가 있다 하여 생긴 곳이다. 과거 송화군 상도면에 속하였던 공세리(公稅里)는 송화 · 장연 · 신천군 경계지점에 큰 장이 섰는데 여기서 세금을 받아내는 관청 마을이라 하여 그렇게 불렀다.

이 공세장은 세 군의 경계에 있기 때문에 고을마다 세금을 받으려 하였고, 장꾼들은 저마다 해당 고을이 아니라고 핑계대면서 세금을 한 푼도 내지 않아 결국 세(稅)를 걷지 못함에, 이 때부터 빌 공(空)자와 세금 세(稅)자를 합쳐 공세장(空稅場)이라 부르게 된 데서 공세리라는 명칭이 붙여졌다고 한다.

널리 알려지고 있는 큰 소(沼)인 용정소, 모정소, 잠두소, 검우소 등이 길게 놓여져 있는 고장으로 고구려 때부터 장연군 또는 장담이라고 불려졌던 장연군은 장연읍과 천연기념물인 낙연왕락로두가 있는 낙연노동자구와 19개 리를 두고 있다. 군내에는 장연토성, 학림사 터, 송월암, 청계리, 고인돌떼, 장연조선소가 기념물로 지정되어 있다.

예로부터 장연팔경이라 하여 마등바위에서 손님바래기인 〈마암송객〉, 무산에서의 달맞이 놀이를 의미하는 〈무산제월〉, 두견산의 봄맞이 〈두견상춘〉, 화굴의 돌고드름 〈화굴청락〉, 죽강의 기이한 경치 〈죽강관이〉, 부처가 앉아 있는 듯한 불타산에 비낀 구름 〈불타기운〉, 금빛모래사장에 비낀 저녁노을 〈금사락조〉, 아랑포의 돛배구경 〈아랑규범〉 등이 있다.

알팍산, 우각산 뒤산을 끼고 있는 마을인 삼산리(三山里)는 알팍산으로 인근의 명소로 알려지고 있다.

경사가 암팍스럽게 생겼다 하여 일명 암팍산이라고도 하는데, 산 꼭대기에 마를줄 모르는 샘물이 나는데 복숭아꽃이 많이 피는 마을이라 하여 도호산이라 불려지기도 한다. 산 주위에는 비들기가 많이 살며 사철 물이 폭포처럼 떨어져 아무 때나 물 떨어지는 소리를 들을 수 있다는 물듣는낭, 돛배가 지나가다 돛이 걸렸다고 하는 돛걸이낭이 있다.

석장리(石長里)에는 긴 석성(石城)과 고인돌이 있다. 학림사(鶴林寺)가 있는 마을이라 하여 붙여진 학림리에는 오늘날 학림사 터와 5층탑 향적전 등이 있다. 용소(龍沼)에서 비롯된 용연군(龍淵郡)은 장연군 해안면, 대구면 전체 리와 용연면의 13개 리를 합쳐서 내온 군이다.

용연읍은 장연군 해안면 병산리, 구진리와 대구면의 용전리를 통합하여 군 소재지로 하고 20개 리를 두고 있다. 군내에는 용연읍성, 용연진성터와 봉수, 명승지인 몽금포, 구미포, 장산곶, 천연기념물인 두루미살이터 용정소가 있다.

몽금포리(夢金浦里)는 꿈을 꾸고 바닷가에 나갔다가 금빛으로 빛나는 기슭을 바라보고 배를 댄 곳이라 하여 몽금포라는 지명이 생겼는데, 이 몽금포구에는 봄과 여름에는 바람에 의해 바닷가 북쪽 돌출부가 끊어져 섬으로 되고, 겨울에는 반대방향으로 바람이 불어 모래를 날라다 섬을 바다와 육지를 다시 연결시켜 놓는데, 이러한 광경을 보고 사람들은 꿈인지 생시인지 가늠할 수 없을 정도로 아름다운 고장이라 하여 일명 섬몽금이라 하기도 한다.

바닷가에는 은모래를 뿌려 놓은 듯 흰 모래가 깔려 있고, 백사장에는 푸른 솔밭과 붉게 피는 해당화가 꽃밭을 이루고 있다. 바닷가에는 100여 개의 크고 작은 모래산이 줄 지어 있는데 그 중에서도 유명한 모래산구역인 천연기념물인 몽금포사구는 대표적인 곳이다.

이밖에 바닷가에는 침식작용에 의하여 생긴 동굴과 깎아지른 듯한 가파른 벼랑과 코끼리처럼 생긴 코끼리바위, 범바위, 마당바위, 맹금바위 등 기묘한 바위들이 줄지어 있다. 석기시대의 조개무덤과 해수욕장, 까나리로 유명한 고장이기도 하다. 심청전의 무대가 되고 있는 장산곶과 임당수물굽이가 치는 장산리(長山里)에는 서해의 관문을 지키기라도 하는 양 높이 솟아 있는 대감바위 일명 오차바위가 있다. 오차진리(吾叉鎭里)에는 오차진성터와 천연기념물인 오차바위, 일곱구멍바위, 거북바위 등이 있다.

삼천군(三泉郡)은 이름난 삼천온천, 달천온천, 수교온천이 있다 하여 삼천군이라 하였다. 1읍, 19개 리를 두고 있다. 군내 달천리에 600년의 수명을 자랑하는 은행나무가 있다. 군 북부 구월산 줄기에는 단군전설과 관련되어 있는 아사봉이 있는데 아사라는 말은

〈첫〉, 〈시조〉라는 의미이다. 옛 지명인 판마곶이라 불려졌던 송화군(松禾郡)은 송화읍을 비롯해 10개 리를 두고 있다. 군내에는 성미산성, 재량골 고분군, 수증사 당간지주와 천연기념물인 송화광향나무가 있다.

수증리에는 은률군과 연접해 있는 먹산이 있는데, 수림이 우거지고 골이 깊어 볕이 잘 들지 않아 어둠침침한 산이라 하여 먹처럼 검고 어둡다 하여 먹산이라 한다. 이 산에는 약초와 물이 좋아 장수한다는 산이라 하여 수증산(壽增山) 또는 대약산이라고도 한다. 조선시대에 약초재배단지가 있었다고 하여 약산방이라는 지명이 생겨나기도 하였다. 옛날에는 사찰로 수증사, 고정사, 가섭사가 있었고, 기묘한 절벽을 이룬 전모바위는 군내 8정 9암 중 손꼽히는 바위이다.

송화군 과수농장지구를 따로 떼내 만든 과일군은 군 소재지를 과일읍에 두고 있으며 24개 리를 관할하고 있다. 과일읍은 이전의 송화군 풍해리 일부를 분리한 지역이다. 읍내에는 고려초기에 쌓은 풍천읍성이 있다. 성안에는 성문 5개와 샘물터가 있으며 월사리에는 봉수터가 있다.

관서지방의 명산인 구월산을 관내에 두고 있는 은률군은 은율팔경(殷栗八景)으로 알려진 사황봉 마루의 보름달 솟는 경치라 하여 〈사황로월〉, 〈구월산 단풍〉, 〈용연비폭〉, 은은한 정곡사의 종소리 듣기의 〈정곡요종〉, 조산벌의 벼 풍년을 의미하는 〈조산황도〉, 〈장림춘색〉, 〈무연락조〉, 웅도에 돌아오는 배들의 흰돛배 구경인 〈웅도귀법〉을 자랑해온 고장이다. 군은 은률읍과 금산포노동자구 외에 21개 리를 두고 있다.

대동강 하구에 위치한 은천군(銀泉郡)은 1읍, 22개 리를 두고 있다. 유서깊은 안악군은 1954년에 황해남도에 속하였다. 군의 패엽리에는 구월산 최대의 사찰인 패엽사(貝葉寺)가 있었는데 당초는 한산사라 하였다. 이 절은 구엽대사가 서기 809년에 세웠는데 대사가 인도에 가서 패엽에 불경을 써가지고 온 그 패엽경이 있는 절이라 하여 패엽사라 칭하고 구엽대사를 패엽대사라 불렀다. 패엽사에는 5층탑이 있으며 탑옆에 고분군이 있고 절간 옆 오봉산 중턱의 벼랑에는 단군이 앉았다는 자리라는 단군대가 있다. 절간 동쪽에는 환인, 환웅, 단군의 제사를 지내던 삼성사가 있다.

인근에 있는 사황봉에는 사왕사가 있었으며, 봉우리에는 단군의 묘라는 단군사가 있으며, 단군이 흰 구름을 타고 하늘로 올라갔다는 백운대가 있다. 승산이라는 옛 명칭을 가지고 있는 신천군은 1읍, 31개 리를 두고 있는데 이 가운데, 도내 타군에 비해 새날리, 새길리, 근로자리 등 이념적인 지명이 많다.

재령군은 장수산성과 같은 큰 산성이 있다 하여 붙여진 이름으로 금사노동자구, 재령읍과 24개 리를 두고 있다. 재령군 신원면의 면 이름을 따서 새로 내온 신원군에는 1995년 재령읍 일부를 갈라 내온 하성노동자구가 장수산성 아래에 있는 마을이라 하여 하성(下城)이라 하였으며, 신원읍 외에 18개 리를 두고 있다. 봉천군(鳳泉郡)은 1990년 이전의 평천군을 고친 군명으로 1읍, 22개 리를 두고 있다.

1952년 당시 평천군은 황해도 연백군 산외면, 서북면, 적암면과 평산군 세곡면, 용산면, 고지면, 마산면을 합쳐 내온 군이다. 배천군은 한자로 백천군(白川郡)이라 쓰면서도 배로 읽고 있다. 군에는 연백군, 은천면, 비봉리와 양천리를 합친 봉량노동자구와 배천읍 외에 26개 리를 두고 있다.

군내 물길리는 1992년 도태리를 예성강 물길공사를 완공하여 연백벌이 가뭄을 모르는 옥답이 되었다는 뜻에서 붙여진 명칭이다. 연안군은 3 · 8선 획정으로 연백군이 남북으로 나누어지게 되었고 1952년 군내 용도면, 송봉면, 호남면, 봉서면, 해성면과 호동면의 3개 리, 봉북면의 7개 리, 연안면의 11개 리, 해룡면의 6개 리, 연백군 괘궁면과 목단면의 8개 리를 합쳐 연안군이라 하였다. 군에는 연안읍 염전노동자구 외에 27개 리를 두고 있다. 군내에는 연안읍성과 연안대첩비 등이 있으며 연안팔경과 관련한 명승지가 있다.

연안군과는 화양천을 경계로 하고 있는 청단군(青丹郡)은 도의 동남부 서해바다 기슭에 위치한 지역으로 1952년 벽성군 영천면, 화양면, 동운면과 경기도 연백군에 속해 있던 청룡면, 내성면, 일신면의 전체 리와 추화면의 7개 리, 벽성군 금산면의 6개 리를 합쳐 내온 군이다. 청단이란 방위상 동남쪽을 뜻하는데 예전에 해주 동쪽 40리에 역참이 있던 지명을 군 명칭으로 하였다.

군에는 청단읍을 비롯해 신흥노동자구 외에 22개 리를 두고 있다. 청단읍은 1953년 휴전이후 군내 추화면 약현리, 향산리, 만송리, 학남리, 월학리를 합쳐 읍이 되였다. 1991년에는 읍 일부 지역을 떼내 대풍리라는 새로운 리를 내왔다.

대풍리에는 1970년대에 학미산 아래 중학교가 세워졌고, 조룡산 산자락 아래에는 국영오리종금장과 토끼종목장이 있어 목장마을이라고도 한다.

화양리는 해주읍지에 의하면 고구려 명장 연개소문이 살던 곳으로 알려지고 있기도 한데 리의 북쪽 함박골산 북으로 어사천이 흐른다. 신생리는 1952년 일신면 법교리, 생왕리, 심해리를 합친 리이다.

남촌리(南村里)는 일시면 광전리, 천석리, 제산리를 합친 지역으로 리 소재지는 사관사 마을에 두고 있다. 일신면 역시 방(坊) 제도가 없어지면서 면으로 되었는데, 38도선에 국토분할에 의해 기존의 벽성군에서 연백군 일신면으로 바꾸었다. 면의 위치는 북으로 내성면, 황해로 흘러드는 어사천을 경계로 추화면과 접해있고, 남으로 청룡면, 서쪽으로 황해바다 해안선으로 경계지어져 있다. 면 전체가 평야라 해도 과언이 아니리만치 전형적인 농촌지대이다. 면내 광전리(廣田里)라는 리의 명칭처럼 넓고 넓은 전답지가 대부분이다. 광저리란 속칭 넙저리로 불려져 온 것을 한자화한 것이다. 이 지역 거주민들이 전란을 피해 머물렀던 용매도(龍媒島)는 영산리에 속하였고 제미도 일대는 개간되어 간석지 마을이 되어 구월리에 속해 있다. 용매도의 총 둘레는 12km, 폭 넓이 약 2km로 진동(鎭洞), 온동(溫洞), 한우물(寒井洞) 등 3개 동으로 이루어져 있었다. 이 섬 주변에 크고 작은 섬이 7개가 있고 서해 최북단의 연평도와는 30km 거리에 위치해 있다.

:: 도 소재지 해주시

고구려 때 내미홀, 지성, 장지라고 하였는데 내미는 나미 또는 누미를 이두로 표기한 것으로 못 또는 늪을 의미하며, 지성은 못과 성이 있는 고을을 뜻하고, 장지는 긴 못이 있는 고을을 의미한다. 통일 신라기에는 폭지군이라 하였는데 폭지는 수양산폭포와 못이 있는 고을을 의미한다. 고려 태조 때 해주라고 하였고 1417년 해주목으로 되었다가, 1895년 해주부, 1914년 해주군, 1939년 다시 부로 1952년에 해주시가 되었다.

시내의 광석천은 구슬같은 물이 흐르는 마을이라 하여 옥계동(玉溪洞)으로 불려졌는데, 이곳에는 고려초기의 건축물인 석빙고과 해주 5층석탑 등이 있다. 지금은 도인민병원이 들어서 있는 향교마을은 명륜당이 있었던 곳이다.

구제동(九濟洞)은 유명한 고려 때의 대학자 최충(崔沖)이 설치한 구제학당이 있던 마을이다. 거북바위가 있어 어암동이라고 하던 것을 광복후에 구제리로 고쳤다가 1955년에 구제동으로 고쳤다. 여기에 북한 유일의 설송나무가 있다.

조선조 말 해주군 주내면 서이리라고 불려지다가 1955년에 양사동(養士洞)으로 개칭된 이 동은 지난날 과거시험을 치고 합격자를 발표하던 마을이다. 이 마을에 장대가 있고 여기에 성곽이 있는데 이 장대는 군대훈련 지휘처로 때로는 과거시험 합격자를 발표장으로 이용되었던 자리로 오늘날에는 주택지구로 변하였다.

이전에 해주 본정이라 하던 곳은 1955년 부용동(芙蓉洞)이라 하였다. 이 곳에 부용당이란 연못 안에 세운 누정이 있었는데 이를 음향각이라 하였다. 부용당과 관련된 여러 전설이 있는데, 그 가운데 세조 때의 남이장군이 이 지역을 지나다가 부용당에서 개구리가 심하게 울어댐에 부적을 써서 못에 던지니 개구리 우는 소리가 그쳤다고 하며, 부용당에는 조선조 명사들이 쓴 현판들이 많았는데 임진왜란 때 대부분 떼어냈으나 단지 김성일이 쓴 현판만은 남아 있었다고 한다.

사방이 모두 아름답게 보인다는 사미정(四美亭)이 있어 이 마을을 사미동이라 불려졌다. 사미정 정자는 1867년에 세운 것인데 6 · 25전쟁 중에 파괴되었으나 1966년과 1967년 2년차에 걸쳐 보수와 단청을 하였다.

바다로 흘러드는 맑은 내가 있는 마을이라 하여 해청동(海淸洞)으로 불려지는 이 곳은 고려 때에 세워진 9층석탑이 있어 구조형태의 장중함과 동시에 독특한 수법에 의해 이루어진 귀중한 문화유산이다. 이곳에는 고려초기의 석등인 다라니석등이 있는데 촉대 위에 대돌과 앉음돌을 겹쳐 기간부분을 이루고 그 위에 다시 3층으로 지붕돌을 쌓아 올린 머리부분을 만든 축조물이다. 동내에는 해주백화점이 자리하고 있다.

광하동(廣河洞)에는 동해주식료상점, 광하분점이 있다. 광석동(廣石洞)은 예전에 돌내라 불렸던 광석천을 끼고 있는 마을인데 복숭아꽃이 많이 피는 마을이라 하여 한 때는 도화동이라 하였다. 광복 이전에는 광석정이라 하였고 그 후에 광석리라 하다가 1955년부터 광석동이 되었다. 새거리동은 1977년에 청풍동을 개편하여 내온 동인데 백세청풍에서 따온 것이다. 백세청풍비(百世淸風碑)는 비문에 단순히 백세청풍(百世淸風)이라는 네 글자가 씌여져 있음으로써 비석 이름이 되었다. 비가 세워지기는 조선조 영조 4년(1728)으로 비 몸체는 높이 3.5m, 너비 1m의 대리석으로 비의 전체 높이는 4.34m이다. 비는 현존 대형비중 하나로 〈百世淸風〉이라는 한자(漢字)의 체가 매우 우수한 금석문으로 알려지고 있다.

용당포 조개무지가 있는 용당동은 조선조 말 해주군 서변면에 속해 있던 마을이다. 이 곳에는 원시집자리와 신석기시대의 생활상을 엿볼 수 있는 여러 도구들이 발굴된 곳이다. 시 서남쪽에 있는 석미동(石美洞)에는 석미산이 있으며 이 골짜기에 먹방골이 있는데 질 좋은 먹을 만들어 보급하던 집들이 있었다. 이곳의 먹을 해주부용먹, 백세청풍먹이라 하여 전국에 널리 알려져왔다. 결성동(結城洞)은 1952년 결성리, 성현리를 합쳐 내온 동으로 1965년 결성동으로 굳혀졌다. 결성포가 결성동 남쪽에 위치해 있는데 성을 쌓아 올린 듯이 산줄기가 뻗어 간 곳에 포구가 형성되어 있다. 조개잡이 배가 드나들었던 이 곳에는 지난 날 물산의 집적 창고가 있었다 하여 결창(結倉)이라고도 하였다.

오늘날 영양협동조합이 있는 영양리(迎陽里)는 1952년 벽성군 영천면 영양리, 수산리, 한우리를 합쳐 청단군 영양리가 되었고 1961년에 해주시에 편입되었다. 영양리에는 수령이 오래되고 커다란 모과나무가 있어 생태연구에 도움을 주고 있다. 1977년 왕신동을 개칭한 남산동에는 남이 장군의 사당이 있는 마을이다. 신광리(神光里)는 신광사(神光寺)가 있었던 마을로 유명하다. 이러한 신광리는 1952년 벽성군 서성면 신광리, 문정리, 지동리를 통합하여 벽성군 신광리로 하였다가 1961년 해주시에 편입되었다.

1952년에 벽성군 영천면의 장방리, 공해리, 매산리를 합쳐 청단군 장방리(長芳里)라 하였다가 1965년에 해주시에 편입시켰다. 까치내가 있다 하여 작천리(鵲川里)가 된 이래 1952년 벽성군 금산면 낙천리, 행정리, 학현리, 추정리의 각 일부를 합쳐 청단군에 속했다가 1965년에 해주시에 편입되었다. 1952년 청단군 작천리에 속해 있었던 학현동(鶴峴洞)은 1965년에 해주시 작천리라 하였다가 2년 뒤인 1967년 작천리 일부를 갈라 학현동을 내왔다. 학의 모양을 하고 있는 고개가 있다 하여 명명된 학현동에는 양곡 창고가 있었다.

수미창에는 고려초기에 세운 것으로 보이는 광조사 5층 석탑비가 있다. 이밖에 해주산성이 있는 산성마을은 1972년 승마동 일부를 갈라 새로 산성동(山城洞)을 내왔다. 1993년 학현동 일부를 갈라 양지동(陽地洞)을 새로 내 왔다. 이러한 해주시는 1997년 현재 26개 동, 5개 리를 두고 있다.

9) 강원도

광복직후 철원, 평강, 이천, 통천, 고성, 회양, 김화, 화천, 양구 등 9개 군 전부와 인제, 양양 등 2개 군의 반 이상이 38선 이북으로 넘어갔다. 휴전협정 후 군사분계선 이남의 양양(1읍 7면), 고성(4면), 인제(6면), 양구(5면), 화천(5면), 김화(1읍, 7면), 철원 (1읍, 4면)

등이 1954년 수복지구 임시조치법의 공포로 수복되었다. 강원(江原)이란 강릉(江陵)과 원주(原州)의 첫 글자를 딴 합성된 도명(道名)으로 면적은 약 1만1천㎢ 이다.

북한측에 속한 강원도는 6 · 25이전까지는 철원이 도청소재지이었다가 휴전협정 이후로는 원산시로 옮겨졌다. 경기도 연천군, 영평군 일부 지역이 강원도로 넘어갔고, 휴전이후로는 천내, 고산, 금강, 창도, 세포, 판교, 법동군 등이 신설되고 김화군이 창도군에 편입되었다.

휴전 이후로는 강원도의 도청소재지가 된 원산(元山)시를 비롯해 문천(文川), 법동(法洞), 천내(川內), 안변(安邊), 고산(高山), 세포(洗浦), 판교(板橋), 이천(伊川), 철원(鐵原), 평강(平康), 창도(昌道), 회양(淮陽), 금강(金剛), 고성(高城), 통천군(通川郡) 등 1개 시, 14개 군을 두었다.

1954년에는 김화군을 신설하였고, 1972년에는 문천군을 폐지하여 원산시와 천내군에 각각 편입시켰고, 1976년에는 원산시 일부와 천내군 일부로 문천군을 다시 내 왔다가 1991년에는 문천군이 문천시가 됨으로써 1997년 현재로 2개 시, 15개 군을 두고 있다.

도내 2대 도시의 하나로 생겨난 문천시는 원래 함경남도 문천군 지역으로 군내에는 문천, 명구, 운림, 풍상, 천내, 문성, 덕원, 풍하면 등 8개 면을 두고 있었다. 문천의 옛 이름은 매성, 이균이라 하였는데, 매성은 이두(吏讀)로 〈마구루/매골〉이라 읽었으며 〈마/매〉는 물의 옛 말이다. 즉 매성은 물골을 의미한다. 이균은 두 고개를 연결하는 성곽이 있던 마을이라 하여 이균이라고 하였다. 〈이〉자는 〈저 伊〉자로 고개를 의미하고 〈균〉자는 고를 〈均〉자인데 구루는 성을 의미한다. 따라서 이균은 고개성을 의미한다.

1952년 면제 폐지에 따라 문천군 내 운림면 일부와 풍상면, 풍하면은 법동군에 편입되었다. 1953년 휴전성립 이후에는 고성리 일부가 옥평리에, 송죽리 일부가 천내군 장평리에 편입되면서 문천시는 16개 동, 14개 리를 두게 되었다.

문천시의 중심동인 문천동은 1974년 문천노동자구를 개편해 내온 동으로 1952년 문천면 중앙리, 문평리, 장백리, 삼일리, 해방리를 합쳐 내왔던 문천읍을 1972년에 문천군이 원산시에 들어가면서 읍을 갈라 문천노동자구와 성문노동자구로 개편하였던 문천노동자구였다.

1976년 문천군을 다시 내 올 때 문천동과 성문동을 합쳐 내온 문천읍은 1991년 군을 시로 고칠 때 다시 문천동이 되었다. 문천시 중심부에는 망적산이 있는데 적의 침입을 망보던 산으로 윤관 장군이 성을 쌓았다고 한다.

시의 부방리(富方里)에는 마식령산맥 줄기에 가장 높은 지대인 마식령이 원산시와 법동군 사이에 놓여 있는데, 이 영(嶺)은 아호비령과 함께 중부의 동서지역을 이어 주는 교통상 중요한 고개마루로 몹시 험하고 높아 말도 넘어가다 쉬어 가야만 하는 령이라 하여 마식령(馬息嶺)이라 하였다. 예로부터 격전장이었는데 6 · 25전쟁 당시에도 혈전을 벌였던 전적지로도 유명하다.

동해안 가운데 유명한 해수욕장으로 알려진 송전만과 접해 있는 삼동리(三洞里)는 문천시 동북쪽 끝에 있는 리로 1952년 문천군 명구면 무실리, 청어구미리, 류구미리와 석전리 일부를 합쳐 내온 리인데 1991년 문천시 삼동리가 되었다.

문천시와 가까운 천내군(川內郡)의 군명(郡名)이 된 내동(內洞), 즉 안골은 두 내의 안쪽 마을이란 의미로 불려져 오던 고장으로 〈내안〉이라고 하였다. 이것을 1920년대 한자로 옮겨 적으면서 천내(川內)라 하다가 후에 군(郡)이름이 되었다. 군에는 천내리세멘트공장과 용담양어장이 유명하다.

1999 현재 1읍, 15개 리에 화라(禾羅), 신산(新山), 용담(龍潭) 등의 3개 노동자구를 두고 있다. 동흥리의 운림폭포, 마식령줄기의 위성봉과 칠성산 소두류산 사이에 위치한 산간 마을인 가목정리에는 돌기와와 스레트를 대량 생산하고 있다.

변방(邊方)을 안정시킨다는 뜻에서 생겨난 안변(安邊)이라는 군명은 고려 때에는 등주 안변도호부가 설치되었던 곳으로 초기에는 등주라 하였다. 고구려 때에는 비렬홀, 통일신라기에는 비렬주 또는 삭정군이라 하였다. 이후 삭방, 학성이라고도 하였다. 오랫동안 함경남도에 속해 있었으나 1946년에 강원도 안변군으로 되었다. 1987년 현재 1읍, 28개 리에 용대(龍垈), 앞강 2개 노동자구를 두고 있다.

군내 전통 있는 리로 상음리(桑陰里)가 있는데 〈상음(桑陰)〉은 예전에 살한현이라고 하던 현(縣)이름이 고려 때에 상음현으로 고쳐지면서부터 쓰여지기 시작한 지명이다. 당시는 역참의 명칭으로 쓰여지기도 하였다. 〈살한현〉의 〈살 한〉은 서늘하고 차다는 뜻이며 〈상음〉은 서리가 일찍 내리는 음달진 곳이라는 뜻이다.

고산군(高山郡)은 도 중심부에 놓여 있는 군으로 옛날에는 고산(高山) 밑에 있는 지역이라 하여 붙여진 명칭인데 홀로 선 산이라 하여 고산(孤山)이라 적기도 하였다. 이 지역은 본래 안변에 속하였는데 조선조 말 안변군 위익사 고산동이라 하였다. 면 소재지 마을로 광복전에 철도가 부설되어 이 고장을 지나면서 고산리 옆에 생긴 마을이라 하여 신고산리라 하기도 하였다.

1952년 신고산면과 석왕사면이 합쳐져 고산군이 되었는데 1읍, 24 리를 두고 있다. 석왕사면은 광복직후 문산면을 고쳐서 안변군에서 내온 면이었는데 석왕사의 이름을 따서 면 이름으로 하였으나 1952년에 없어졌다. 석왕사는 이성계가 무학대사에게 해몽을 받은 절이라 하여 명명된 사찰이다. 6 · 25전쟁 때에 불에 탔으나 불이문, 조계문, 용비루, 설성동루, 만춘각, 어실각 등의 건물과 몇몇 비석 부도들만이 남아 있다.

통천군(通川郡)은 고구려 시기 휴양군(休壤郡) 혹은 금뇌(金惱), 통일신라기에는 금양군(金壤郡), 고려 때 통주(通州: 사방으로 통하는 고을의 의미), 금란(金蘭)이라 하다가 조선조 태조 13년(1413) 통천(通川)이라 하였다.

휴양(休壤)은 이두(吏讀)표기로 소나, 수나로 읽었는데 소와 수는 쇠의 옛말이며, 쇠가 나는 땅이나 내(川)를 의미하는 옛말로 금(金)이 나는 고장이라 하여 금뇌라고 하였다.

1952년 면이 없어지면서 고저면 통천면 송전면, 학일면, 백양면, 협곡면 중의 31개 리를 합쳐 내온 군인데, 현재 군에는 통천읍을 비롯해 30개 리를 두고 있다. 군내에는 강동리와 송전리에 자리하고 있는 시중호, 자산리 앞바다에 국섬, 금란리에 금란굴, 통천읍에 총석정 등의 명승지가 있다.

총석정은 본래 현무암으로 된 돌기둥을 총석(叢石)이라 불렀는데, 산 정상에 정자를 세우면서 이 일대를 총칭해 총석정이라 하였다. 총석은 4각, 5각, 6각, 8각의 돌기둥으로 되어 있다. 총석정 아래에는 부부암이라 하는 두 개의 바위가 서 있는데, 전하는 이야기로 이 부부암은 말도 하고 좋은 일도 하였다고 한다. 총석정 인근에 한 부부가 살고 있었는데 갈등이 심해, 어느날 모진 마음을 먹고 헤어지고자 작심하였는데 벼란간 바다쪽에서 잠깐 멈추라는 벽력같은 부부암의 노한 소리가 들려오기를 "그렇다면 나하고 살자." 함에 부부가 소리나는 쪽을 바라보니 남편 앞에는 미인이, 부인 앞에는 호걸미남이 걸어오고 있었다. 그들은 서로 새 부부가 될 것을 약속하고 그날밤 두쌍의 부부가 새 살림을 펴고 지냈는데 이튿날 깨어나 보니 상대는 본래의 부부였음에 이후 다시는 헤어지자는 말없이 부부는 백년해로하였다 한다.

금란굴은 높이 5~7m, 너비 4~5m, 길이 16m 가량 되는데 쪽배를 타야만 갈 수 있다. 이곳 주민들은 금란을 불로초라 부르면서 금란굴을 외경시(畏敬視)해 왔다. 빼어난 경관을 자랑하는 시중호(侍中湖)는 원산~통천간 도로변에 있는데 고려 때 최고의 벼슬을 시중(侍中)이라 하였는데 이와 연유하여 시중호라 칭하였다.

국도(國島)라는 섬은 자산리(慈山里) 앞에 있는 섬으로 원래 죽도(竹島)라 하였다. 왜구의 침입을 막기 위해 이곳에서 나는 참대로 화살을 만들어 국가를 보위하는데 썼다고 하여 국도라 고쳐 불렀다고 한다.

남한의 고성군(固城郡)과 접해 있는 고성군(高城郡)은 1952년 면제폐지로 25개 리를 두고 있다가 1993년 현재는 23개 리로 축소되었다. 군에는 서쪽 금강군과의 경계에 금강산에서 제일 높은 1639m의 비로봉, 1574m의 월출봉, 1528m의 차일봉, 1319m의 무산, 1226m의 선창산을 비롯해 해발 1000m 이상의 봉우리들이 솟아 있고, 동서를 연결하는 온정령, 외무재령과 같은 높은 고개들이 있다.

군안에는 남강을 비롯해 백천천 신계천, 온정천, 염성천, 삼일포, 영랑호 등의 자연호수가 있고 20개 가량의 천연기념물이 지정 보호되고 있다. 특히 군내 온정리에는 500여년 전부터 알려져 온 온천이 있는데 라디움을 포함한 광물질 규토온천으로 각광을 받고 있다.

온정리내에는 온정구역, 만물상구역, 구룡연구역, 수정봉구역, 선하구역, 발연소구역 등이 있다. 1952년에 새로 생긴 주둔리에는 발연천이 흐르고 있는데 여기에 770년대에 놓여졌다는 길이 13m의 발연사 돌다리가 있어 우리나라에서 가장 오랜 돌다리로 알려져 있다.

군사분계선상에 있는 월비산리(月飛山里)는 1952년 고성군 서면 시랑리, 보현리, 일부, 수동면 정월리를 합쳐 내온 리인데 격전지였던 월비산(月飛山) 산자락에 있다 하여 리의 이름을 월비산리라 하였다.

여기에 유점사터, 송림사터 등이 있다. 금강산 일대를 포괄하고 있는 금강군은 1952년에 새로 생긴 군으로 북은 통천, 서쪽은 창도 회양군, 동쪽은 고성군, 남쪽으로 인제 · 양구군과 잇닿은 지역으로 회양군 내금강면 20개 리 전체와 사동면 가운데 11개 리, 안풍면 가운데 18개 리, 인제군 서화면 가운데 1개 리, 양국면 수입면 가운데 3개 리를 합쳐 1읍, 25개 리를 두고 있다. 읍은 내강리에 있다.

금강산 4대 사찰로 꼽히고 있는 표훈사, 장안사 등이 있었으며 남아 있는 대표적인 건물로는 표훈사, 정양사, 보덕암, 불지암과 마하연의 부속건물인 칠성각 등이 있다. 국보적 가치가 있는 장안사 3층석탑, 정양사 3층석탑, 금장암 사자탑, 화천의 5층탑이 있다.

군량 창고가 있던 고장이라 하여 붙여진 창도군(昌道郡)은 1읍, 31개 리를 두고 있는데, 이 가운데 방어를 위한 철벽같은 요새를 이루고 있다 하여 철벽리(鐵壁里)라는 리도 생겨났다.

금이 나는 벌의 뜻인 금벌(金伐)을 잘못 써서 금화(金化)가 된 것으로 알려진 김화는 1952년 창도군에 들어가 없어졌다가 1954년 창도군의 1읍과 19개 리를 분리하여 군이 되었는데, 현재는 김화읍을 비롯해 학방노동자구 외 18개 리를 두고 있으며 원남리(遠南里), 원동리(遠東里) 등 변방지를 뜻하는 지명을 두고 있다.

강원도내 중앙에 자리하고 있는 회양군(淮陽郡)은 고구려 때에 각연성군(各連城郡), 객연성군(客連城郡) 또는 가혜아(加兮牙)라고 써 왔으나 이 모두가 이두표기로 뜻은 명확하지 않다. 고려초에는 이물성(伊勿城), 교주(交州), 그후 회주(淮州), 회양(淮陽)이라 하다가 1952년 회양군 회양면, 성북면, 하북면, 신안면 중 13개 리, 난곡면 중 18개 리, 안풍면 중 3개 리를 합쳐 회양군으로 하였는데, 1997년 현재 회양읍을 비롯하여 18개 리를 두고 있다.

추가령지구대 중심등마루에 자리잡고 있는 세포군(洗浦郡)은 1952년 전 평강군 세포면 유진면의 전체 리와 회양군 난곡면 중 7개 리, 안변군 신고산면 중 3개 리를 포함하여 새로 내온 군이다. 세포(洗浦)라는 말은 씻개를 한자로 옮겨놓은 것이다. 전설에 태봉국을 세운 궁예가 왕건의 추격을 피하여 철원으로 달아나 원남리에 이르러 많은 사람들을 죽이고 개울가에서 칼을 씻었다 하여 그 개울을 씻개라 하였다 한다.

이 지대는 고지대로 매우 춥고 풀만이 무성하여 사람이 살기에 적합치 못한 지역으로 알려져 왔으나, 점차 개발을 하여 1972년 청년이천선 선로가 놓여지면서 1985년 5월 초부터 통학열차를 운행케 하는 등 지역개발을 꾀하고 있다.

군내에는 삼방협곡과 삼방약수를 비롯하여 천연기념물인 삼방왕제비꽃과 유적물인 현리산성, 후평리의 후평산성 등이 있다. 남쪽 철원군과 잇대고 있는 평강군의 평강(平康)이란 지명은 고려 때에 생겼는데, 고구려 때는 부양현(斧壤縣), 어사내(於斯內)라 하였고, 통일신라기에는 광평(廣平)이라 하였다. 군내에는 할미산성과 아두산 위의 8곳의 봉수터가 있다.

군내에 이수덕리(李壽德里), 해방리(解放里), 부암산과 두루산이 솟아 있는 지역인 군사분계선상의 전승리(戰勝里), 그 남쪽으로 군사분계선상의 천암리(天岩里), 1965년 자원리 일부를 떼내 내온 가곡리(佳谷里), 양쌍령마루에서 산봉우리에 할미산성이 자리하고 있는 상송관리(上松館里), 서쪽의 철원군 외학리 남쪽으로 철원군 회산리와 북쪽의 봉래호와 남양리가 접해 있는 봉래리 등등을 비롯해 장촌(墻村)노동자구를 두고 있다. 이수덕리(李壽德里), 해방리(解放里), 전승리(戰勝里) 등은 이념성을 내포한 지명들이다.

철원군은 서쪽과 서남쪽이 임진강을 사이에 두고 황해도 토산군, 개성시 장풍군과 잇대어 있으며 동쪽은 군사분계선과 인접해 있다. 철원은 3 · 8선 설정으로 북한에 속하는 강원도지방의 도청소재지가 되었다가 1946년 9월 원산시가 강원도에 편입되면서 철원군에 속하게 되었다.

철원군은 현재 1읍, 36개 리로 되어 있다. 철원읍은 1952년 이천군 안협면 거성리와 읍내리를 합쳐 철원읍이라 하였다. 임진강은 철원 토산군 경계에서 시작, 북서쪽에서 남동쪽으로 흘러 군사분계선을 이루고 있는데 더덜매결으로 흐르는 강이라는 뜻에서 임진강이라 하였다고 한다.

더덜은 한자로 다달을 '임' 자로 더덜나루는 언덕밑을 흐르는 강이라는 뜻이다. 임진강을 경계로 남쪽에 문암리, 백로산리 북산과 접한 복막리(洑幕里), 회산리(回山里), 독검리(篤儉里)는 원래 삭녕군 내문면에 속해 있었는데, 1914년 강원도 철원군 묘장면 기단리 일부와 합쳐져 강원도 내문면에 속해 있다가 1952년 철원군 독검리가 되었다.

이곳에 적동리 마을이 있었는데, 이 마을은 1943년 경기도 연천군 삭녕면 적동산리였으며 1952년 철원군 적동산리, 도연리, 대사리 일부가 합쳐지면서 철원군 적동리가 되었다.

적산리 역시 같은 군에 속해 있다가 1952년 직읍리, 진곡리와 합쳐져 어적산리의 어를 빼고 적산리로 하였다. 이천군(伊川郡)은 고구려 때 이진매현이라 하였고 통일신라기에 이천이라 하여 토산군에 속하였다. 후에 한 때 화산군이라 칭하기도 하였다. 1997년 현재 1읍, 22개 리로 되어 있다.

임진강 왼쪽 기슭에 신흥리, 사청리(射廳里), 은행정리(銀杏亭里), 심동리(深洞里)를 두고 있는 판교군(板橋郡)은 1952년 이천군 낙양면, 판교면, 방장면, 산내면의 4개 리, 용포면의 5개 리, 곡산군 동촌면의 2개 리를 합쳐 내온 군이다.

판교읍을 비롯해 22개 리를 두고 있다. 군내에는 청동기시대의 천암리 고인돌, 지하리

고인돌이 보존되어 있고 천연기념물인 전나무, 갈신 · 하린 · 상린원 온천이 있고 동물보호구이기도 하다.

판교읍을 비롯하여 임진강 기슭에 천암리(泉岩里), 하린원리(下麟原里), 경도리(京都里), 풍현리(楓峴里), 용천리(龍川里), 명덕리(明德里), 군한리(君漢里), 용당리(龍塘里) 등이 위치해 있다.

법동군(法洞郡)은 함경남도 안변부 영풍사와 강원도 이천현 고미란사에 속한 지역이었는데, 1946년 함경남도 문천군이 강원도에 편입된 이래 1952년 문천군 풍상면, 풍하면, 이천군 옹탄면, 문천군 운리면의 1개 리를 합쳐 내온 군으로 1읍, 19개 리를 두고 있다.

:: 도 소재지 원산시(元山市)

원산시는 고구려 때 매시달이라 하였는데 이는 마늘과 같이 둥글게 생긴 산을 낀 마을이라 한 데서 비롯되었다는 설과, 매시달은 마시다라 또는 마시달의 이두식표기로 마시는 마늘의 옛날 말이고 〈다라/달은〉 산이라는 고유어로 매시달은 마늘산으로 본다고 한다. 신라 때의 선산현이라는 명칭도 마시달을 한자로 표기한 것이며, 고려 초기의 진명현이라는 명칭은 진(鎭)을 설치한 곳에다 바닷물을 낀 고을이라는 뜻에서 붙여진 지명이다.

이후 원산포 원산촌이라 하였는데 이는 둥글 원자의 원산(圓山)으로, 이후 소리가 비슷한 한자로 적으면서 원산(元山)이 되었다. 1895년 23부제가 실시되면서 덕원부에서 분리되어 원산부가 되었는데 이 때부터 원산(元山)으로 공식 명칭화되었다.

1914년 함경남도 원산부가 되었다가 1946년 강원도 원산시가 되어 도의 도청소재지로 있게 되었다. 시에는 45개 동, 14개 리를 두고 있는데, 이후 함경남도 덕원군의 부내, 북성, 적전, 현면 등이 원산시에 속하였고, 그 뒤로 수차에 걸친 행정구역 개편을 해오면서 1997년 말 현재 45개 동, 14개 리를 두고 있다.

원산시가 국제적 주목을 받게 된 것은 러시아의 동해진출야욕에서 비롯된다. 러시아 해군이 이 지역을 Port Razaref라 하여 야심을 드러냈으며, 이에 맞서 영국 해군도 깊은 관심을 나타냈고, 일본 역시 한반도침략을 위해 이 곳의 개항을 강요하기에 이르렀다. 그러나 조선정부는 이 지역이 이태조의 출생지로 국가숭봉(國家崇奉)의 중지(重地)라는 이유로 개항을 거부하였다.

그러나 일제는 1876년부터 이 지역에 대한 측량을 완료하고 강압적으로 개항을 거듭

강청해옴에 1880년 5월 조선정부는 마지못해 개항할 수밖에 없었다. 원산항은 개항 이전에는 갈대밭으로 민가는 30여호에 불과한 한촌이었다.

개항이후 조선정부가 방파제의 일부를 축조하였고, 이후 일제가 6,500평을 매립하고 630m의 물양장(物揚場)과 558m의 방파제를 축조하였다. 1915년부터 본격적인 항만설비가 시작되어 경원선의 개통과 함경선의 연장으로 항만의 출입물자가 격증하였다. 1928년 준공된 주요 시설로는 3천톤급 선박 2척이 동시에 접안할 수 있는 안벽(岸壁) 273m의 방파제의 축조와 상옥(上屋) 창고 등의 육상시설을 하고 수심 7.2m를 준설하였다.

원산항은 동해안에서는 보기 드믄 리아스식 해안의 특징을 나타내고 있는데, 만(灣)은 15~18km에 이르며 수심은 내만(內灣)에서는 수심이 매우 얕아 2~5m에 지나지 않으나 만구 부근에서는 20m에 달한다.

원산시가 연접해 있는 영흥만은 함경남도 영흥군 호도면의 호도반도와 강원도 통천군 이라리갑과의 사이에 위치하고 있는데, 만내에는 송전만을 비롯해 서만, 장치곶만, 함구미만, 문천만 등 여러 소만과 웅포, 여도, 신도 등 20여 개의 크고 작은 섬들이 펼쳐져 있다.

원산시 북쪽으로는 송도원해수욕장과 동남쪽으로 명사십리가 해안을 따라 펼쳐져 있는데 길다란 흰 모래사장은 해수(海水)와 어울려 장관을 이루고 있다. 연안에는 백사(白沙)의 해변과 청송(靑松)의 녹음이 어우러져 있고 신장리지(新獐里池), 하포(下浦), 상포(上浦) 등의 호지(湖地)가 있다.

갈마반도(葛麻半島) 끝쪽의 연두리(蓮斗島里)에서 두남리(斗南里)를 거쳐 성북리(城北里)에 이르는 8km가 넘는 흰 백사장은 끝이 보이지 않을 정도로 펼쳐져 있다. 즉 20여리의 백사장과 10여리에 걸쳐 만발하게 피여 있는 해당화군락, 그 뒤에 둘러져 있는 푸른 소나무와 푸른 바다가 어울려 장관을 이루고 있다.

원산시에는 갈마동에 이전의 원산철도공장을 6월4일차량연합기업소로 개칭한 철도공장과 해안동의 원산조선소, 신성동의 원산화학공장과 원산편직공장 등이 있다. 위의 6월4일차량연합기업소에서는 주로 객차와 화차를 조립하거나 수리하고 있는데, 연간 생산능력은 객차 200량, 화차 2000량 정도로 알려지고 있다. 원산조선소는 연간 최대 조선능력이 3만톤급으로 3천여명의 노동자가 일하고 있다.

교통망은 평원선(平元線)이라는 지리구분상의 용어가 일찍부터 있어 왔는데, 분단이후 평양~원산고속도로가 1972년에 착공되어 6년간의 공사 끝에 이른바 북한정권 수립 30주년인 1978년 9월 9일을 기해 북한 최초의 고속도로를 준공하게 되었다. 이 고속도로는 평양시 상원군을 시발로 하여 황해북도의 연산, 곡산, 신평, 강원도의 법동군 등지를 거치는데 장장 172km에 달하는 길이에 도로 폭은 19m이며 4차선 콘크리트 포장도로이다. 9개의 교차로와 85개의 교량 20개의 터널로 연결되어 있다.

이 도로는 중앙분리대를 철거하여 비상시에는 전투기 등 비행기의 활주로로도 이용할 수 있도록 하였지만, 동서해안의 교통난 해소가 목적이며 원산~금강산 고속도로와의 연계도 꾀하고 있다. 즉 원산지역과 금강산을 동일관광권으로 묶어 관광자원을 효율화하기 위해 기존 도로의 폭을 7m에서 12m로 넓히고, 직선화하여 포장도로에 총 연장 114km, 2차선도로로 원산시 갈마다리에서 시작, 안변평야, 강진포구, 동정호, 시중호, 통천항, 총석정, 미평평야, 온정고개를 거쳐 금강산 입구인 고성군 온정리 휴양지구역으로 이어지게 하고 있다.

10) 개성직할시와 개풍군 · 판문군 · 장풍군

:: 개성직할시

평양 다음으로 고도인 개성은 고려의 옛도읍지로 유명한 곳인데 개경, 황도, 황성, 송도, 송경, 중경으로도 불려져 왔다. 1954년 기존의 개성시와 개풍군, 판문군(신설된 군)을 포괄하여 직할시로 승격시켰다. 이후 1960년도에는 황해북도에 속해 있던 장풍군에 강원도의 일부 지역을 편입시켰다. 1997년 이래 개성시는 26개 동, 3개 리에 개풍, 판문, 장풍군 등 3개 군을 두고 있다.

개풍군은 1938년 경기도 개성군을 개편하여 내온 군인데 개성군의 개(開)자와 지난 시기 풍덕군에 속한 면들이 있었다 하여 풍(豊)자와 합쳐 개풍군이라 하였는데, 1954년에 황해북도에 속하였다가 1958년에 개성시로 옮겨졌다.

판문군은 1952년 경기도 개풍군 흥교면, 림한면, 상도면, 중면, 봉동면과 청교면의 2개리, 장단군 진서면의 5개 리를 합쳐 만들어진 군이다. 판문이란 그 옛날 어느 임금이 이곳을 지나다가 샘물을 마셨는데 그 물맛이 하도 좋아 돌아올 때 다시 마시려고 널문을 해

놓았다는 데서 유래되었다고 하는가 하면, 널문을 만들어 놓고 객주집을 운영하였다 하여 생긴 명칭이라고도 한다.

장풍군은 1946년 당시 경기도 개풍군 북면, 영남면, 영북면 일부와 장단군 대강면, 장도면, 강상면, 대남면, 소남면, 일부를 합쳐 내온 군으로 장단의 장(長)자와 개풍군의 풍(豊)자를 합친 군명이다. 1954년 황해북도에 속해 있다가 1961년 개성시 장풍군이 되었다. 이러한 개성시의 면적은 약 1,255㎢ 가량 된다. 거리는 서울에서 78㎞, 판문점에서 12㎞로 대부분 6 · 25 이전 3 · 8선 이남의 남한 지역이었다.

고구려 때 부소갑(扶蘇岬)과 동비홀(冬比忽) 두 고을로 되어 있었고, 통일신라기의 부소갑(扶蘇岬)은 송악군(松岳郡)이라 하였는데, 동비홀(冬比忽)이란 성(城)을 열었다는 의미의 개성군(開城郡)으로 고쳐졌다. 고려 태조 2년(919) 개주(開州)로 하였는데 1392년에 이르기까지 고려의 수도로 있으면서 개경(開京), 황도(皇都), 황성(皇城)이라고도 불려졌다.

조선시대에 와서는 송도(松都), 송경(松京), 중경(中京)으로 불려졌고 1952년에 황해북도의 개풍군, 판문군을 받아들여 1957년에 직할시가 되였다. 1960년에는 황해북도 장풍군 신성리와 금천군 여현리가 개성시로 들어와 그 지경이 더욱 넓어졌다. 개성직할시의 주변은 북부는 황해북도 토산군, 금천군, 임진강을 경계로 하여 강원도 철원군과 접해 있고, 서부는 예성강을 사이에 두고 황해남도, 배천군과 접해 있다.

명승 유적으로는 성균관, 만월대, 선죽교, 개성남대문, 첨성대터, 태조 왕릉, 송도삼절인 화담 서경덕의 도학, 박연폭포 등이 있으며, 산천으로는 송악산(일명 부소갑 文崧山 神嵩 蜀幕), 천마산(天摩山), 성거산, 진봉산(進鳳山), 오관산, 용수산(龍岫山), 백마산, 덕적산, 임진강, 예성강, 동강, 서강, 사천강, 사미천, 마미천 등이 포함되어 있다.

개성 전팔경(前八景)으로는 곡령의 봄날 맑은 하늘(鵠嶺春晴), 용산의 가을 저녁(龍山秋晚), 자하동 중찾기(紫洞尋僧), 청교에서 손님바래기(靑郊送客), 웅천에서 계술마시기(熊川禊飮), 용야의 봄맞이(龍野尋春), 남포에서 도롱이 쓰고 안개비 맞기(南浦烟蓑), 서강에서의 달밤 배 놀이(西江月艇)와 후팔경(後八景)으로는 자하동 중찾기(紫洞尋僧), 청교에서 손님바래기(靑郊送客), 북산의 보슬비(北山烟雨), 서강의 눈보라(西江風雪), 백악의 비 갠 후의 맑은 구름(白岳晴雲), 황교의 저녁 노을(黃橋晚照), 장단의 석벽(長湍石壁), 박연폭포(朴淵瀑布) 등을 꼽고 있다.

시에는 유서깊은 고려동이 있는데 일제침략기에 고려정(高麗町)이라 부르던 것을 고려

동(洞)이라 하다가 고려리로 개칭하기도 하였다. 1955년에 고려동이 되었는데 동에는 안화사 대웅전 나한전 개성8경의 하나인 자하동 마을이 자리하고 있다. 자하동은 자남산을 끼고 있다 하여 1955년 자남리를 개편해 자남동이라 고쳤고 이곳에 활 쏘기 연습장이었던 관덕정이 자리하고 있었다. 1961년 만월동 일부를 갈라 내온 송학동은 만월대가 있던 고려 궁성터로 임금이 정사를 보던 회경전을 비롯해 여러 궁전과, 서편에 고려첨성대의 축대가 있다.

가마골 마을에는 1809년에 세운 홍관비(이자겸 반란시 왕을 호위하다 피살된 홍관의 비), 서북쪽에는 광명사 절터가 있고 동북쪽으로는 궁예가 쌓았다는 토성인 발어참성이 있는데 일명 보리참성이라고도 한다.

반월성 문루인 남대문에는 유명한 연복사 종이 달려 있다. 송학동 내에는 유수영(留守營) 문루(門樓)가 있었는데, 현재는 고려박물관에 보존되어 있고 송도대학이 자리하고 있기도 하다. 공민왕 때 장원급제한 김도의 유허비에는 왕의 친필인 [나복산인 김도장원]이라는 8자가 쓰여 있다.

조선조에서 시행하는 과거시험을 거부하고 갓을 벗어 걸어놓았다는 패관현과 훈련원이 있던 마을이라 하여 그 명칭이 유래된 관훈동(冠訓洞)에는 이성계 등극 이후 민심 수습 차원에서 남산동에 있던 경덕궁(일명 楸宮: 醜宮)에서 과거를 실시한 바 있는데 고려의 유생 72명이 과거시험을 치르는 것을 거부, 갓을 벗어 나무에 걸어놓고(掛冠樹), 고개넘어(掛冠峴) 개풍군 두문동으로 들어갔다는 고장이다.

1393년에 완성된 반월성의 내성 성벽이 보존되어 있는 태평동을 1981년 내성동이라 고쳤다. 동(洞) 서쪽에는 국자감(고려 성균관 전신)이 있다. 개성시 남부에 위치한 동현동(銅峴洞)에는 지파리천이 흐르는데 여기에 낙타교가 놓여져 있다. 고려초 거란의 사신 30명이 왔었는데 이들을 섬으로 귀양보내고 낙타는 이 다리 밑에 매여 놓고 굶어 죽게 하였다 하여 낙타교라 하였는가 하면, 만명의 인부가 동원되어 하루밤 사이에 다리를 놓았다 하여 만부교 야다리라고도 한다.

선죽동은 정몽주 선생의 충절과 관련해 생겨난 선죽교가 있어 동명으로 정했는데, 선죽교란 글씨는 명필 한석봉이 쓴 것이다. 이 선죽교 서쪽 건너편에는 하마비와 표충비, 숭양서원, 호정 이재현 유허비, 유극량 유허비, 우현보 유허비, 송상현 유허비 등이 있다. 선죽동의 옛 이름은 역대신주를 모신 사당이 있었다 하여 태묘리라고도 하였다.

1983년 손하리를 개편한 성남동에는 개성의 외성인 나성(羅城)이 지나는 마을인데, 이 나성은 현종 때 강감찬의 제의로 착수해 무려 21년 간에 걸쳐 연인원 30만 4천여 명이 동원되어 쌓은 성이다. 나성은 주변의 산세를 적절히 이용한 전형적인 산성식 도성이다. 성 안에는 고려의 충신 손등과 하경 등이 순국한 등경암과 그들을 추모하여 세운 비도 있다. 등경암은 손우물 동쪽 밭 가운데 있는 바위로 길이 약 10m쯤 되는데 가운데가 凸자형으로 솟아 있다. 여기 고려 충신 손등, 하경 순절유지라 새긴 화강석 비가 있다.

조선시대에 개성군 청교면에 속해 있던 덕암리는 덕바위가 있는 마을이라 하여 지어진 곳으로 청교는 예로부터 개성 8경의 하나로 알려져 있다. 청교마을 동남쪽 마미천(사천) 가에는 취적교 취적봉이 있는데 이곳은 옛날 외국사절을 맞거나 떠나보내면서 주악을 울리던 곳이다. 936년 신라 경순왕 김부가 고려에 항복해 올 때, 왕건이 이곳에 나와 주악을 울리며 맞이한데서 비롯되었다고 한다.

덕암리에는 산대암의 준말인 삼댐이라는 곳이 있는데, 삼댐개울가에는 질 좋은 모래가 많아 예로부터 모래찜터로 알려져 오고 있는데, 특히 신경통 관절염에 효험이 있다고 한다. 인삼, 산삼 다음갈 정도로 좋은 치료법이라는 의미에서 삼다음이라 부르던 것이 삼댐이 되었다고도 한다.

보선동(步仙洞)은 1958년 덕암리 일부를 떼낸 동으로 이곳에는 여자의류공장이 있다. 1977년 사직동을 승전동(勝戰洞)이라 고쳐 불렀는데, 동에는 강감찬 장군이 거란군을 무찌르고 돌아온 외성의 승전문이 있어 그렇게 명명하였다.

외성의 서쪽 대문으로 여타 성문들보다 크고 가장 화려하다. 인근에는 991년 사직단을 만들고 제사지내던 단이 있었다. 활 쏘기 연습장인 구군정과 외성인 나성의 성벽 일부가 옛 모습 그대로를 간직되고 있는 용산동(龍山洞)은 용산리를 1955년에 개편한 동이다. 동에는 연복사가 자리하고 있던 지역이다.

본시 장단군 소남면에 속해 있던 박연리는 한 때 고덕리라 하였고 1952년에는 산성리라 하다가 1983년에 박연리로 환원되었다. 인근에는 대흥산성, 북문문루, 관음사, 대흥사, 범사정, 제승당 터, 영청대 터 등이 있다. 대흥산성은 박연폭포 뒷산인 천마산과 성거산 등 여러 산봉우리 등의 험준한 지형을 이용하여 쌓은 석성이다. 박연은 못이 바가지처럼 생겼다하여 붙여진 못 이름이다. 유명한 황진이의 박연폭포에 대한 다음과 같은 시도 전해온다.

한줄기 냇물 구렁에 내려 꽂혀 백길 용소에서 물살이 우짖네
하늘의 은하수가 거꾸로 쏟아진 듯 흰 무지개가 비껴 드리운 듯.

삼거리는 1952년 장풍군 심천리, 반정리를 합쳐 내온 리로 평양, 원산, 개성 세 방향으로 갈라지는 갈림길 길가에 있는 마을이라 하여 삼거리라 하였다. 이곳의 적조철제여래상이 있었는데 개성고려박물관에 옮겨져 국보유적으로 지정되어 있다.

고려초에 제작된 이 철제여래상은 조각수준과 주물수준이 높게 평가되고 있다. 이곳에는 고려 제4대왕인 광종의 무덤인 현능이 있다. 용흥동(龍興洞)은 1988년 용흥리를 개편한 것으로 1979년 장풍군 월고리 경계에 있는 화장산 중턱을 터널로 뚫어 은덕굴이라 칭하고 개성시와 장풍군 간의 교통을 원활하게 하고 있다.

용흥동에는 영통사 대각국사비, 오룡사비, 영통사 5층탑 당간지주, 서화담의 신도비, 화장사 터와 고려시대의 고분들이 적잖게 산재해 있다. 특히 화장사는 1115년에 세운 절인데 대웅전, 명부전, 나한전 등 여러 채의 건물을 갖춘 대찰이었다. 1727년 불행히도 나한전 한 채만 남기고 모두 불에 탔다. 현재 남아 있는 화장사 부도는 1370년경 공민왕 때의 것으로 그 형식이 독특하고 구상도 매우 탁월하며 조각이 섬세하고도 아름다운 문화유산이다.

1697년 고려동, 선죽동, 운학동의 일부를 떼내 부산동(扶山洞)이라 하였다. 동에는 먹적골 마을이 있는데 이곳에 조선조 명필로 유명한 한석봉이 한때 살던 곳으로 알려지고 있다. 먹적골이란 지명은 한석봉이 가랑잎에 글씨 연습을 너무 많이 해 개울물이 먹물이 되었다는 데서 비롯되었다고 한다.

1988년 일제 때 소년형무소 자리에 개성방직공장이 들어섰기 때문에 방직동(紡織洞)이라 하는 곳에는 고려성균관이 있는데 안마당에 수령이 매우 오랜 은행나무와 느티나무가 있다. 이러한 성균관 동남쪽 터는 고려 예종이 윤관 장군과 오연총 장군의 군졸들을 사열하던 곳이라고 한다.

1967년 용산동, 동현동 일부를 합쳐 남산동으로 하였다가 1993년에 다시 남산 1, 2동으로 나누어진 이 고장에는 조선조 정종 때에 왕궁이었던 경덕궁 터가 있었는데 이곳은 가래나무가 많은 곳이라 하여 추동(楸洞)이라 한 것을 나중에는 더러울 추자를 써서 추동(醜洞)으로 고쳐졌다.

:: 개성직할시가 된 개풍군 · 판문군 · 장풍군

• 개풍군

1954년에 황해북도에 속해 있다가 1958년 개성시에 편입된 군이다. 군 소재지가 된 개풍읍은 1952년 개풍군 토성면 토성리 일부, 연하리 일부, 여능리 일부, 남면 조제리를 합쳐서 내온 읍이다. 개풍읍내에는 토해선 출발점인 토성역이 있으며, 1952년 개풍군 개풍읍과 묵산리에 들어갔다. 개풍읍에서 개성으로 넘어가는 고개인 죽배고개는 고려 때에 예성강을 따라 들어오는 배들이 1백척이나 달하였다 하여 생긴 지명이다.

묵산리(墨山里)는 1952년 경기도 개풍군 토성면 일부와 여현리를 합쳐 개풍군에서 내온 리이다. 1954년 황해북도에, 1958년에 개성시에 속하였다가 1961년 리 일부가 여현리에 들어갔다. 리 동쪽 정릉동에는 고려 31대 공민왕의 왕후인 노국공주의 묘가 있으며, 리 서북쪽 여현리와 묵산리 경계는 예전에는 예성강 뱃길과 이어져 있던 곳이다.

연능리(煙陵里)는 1952년 경기도 개풍군 토성면 연하리 일부와 여능리 일부를 합쳐 개풍군에서 내온 리이다. 리에는 고려왕릉이 있으며 두문동에는 고려 충신 72명의 절개를 찬양한 두문동비가 있다. 리의 북동쪽에 고려 29대 충목왕의 능인 명릉이 있고 건너마을에서 광답리로 넘어가는 고개를 승전문고개라 하는데, 이는 강감찬 장군이 거란군을 물리치고 승리한 것을 기념하여 세운 문루이다.

개풍군 해선리(解線里)는 1952년 개풍군 토성면 연릉리 일부와 곡령리를 합쳐서 개풍군에서 내온 리인데 이곳이 38° 선상이었다. 해선리(解線里)는 이 선이 없어졌다는 의미에서 붙여진 명칭이다. 해선리는 1954년 황해북도에 속하였다가 1956년 장풍군 흑령리로, 2년후인 1958년에는 개성시 개풍군 해선리로 고쳐졌다. 이곳에 왕건능이 있는데 일명 현능이라고도 한다. 여기에 따오기 모양을 한 곡령인 송학산이 있다.

1952년 양능리와 합쳐져 개풍군 고남리(古南里)는 1954년 황해북도에 속했던 리로 1958년 개성시 개풍군 고남리가 되었다. 리에는 고려 3대왕 정종의 능인 안능과 20대 신종왕의 능이 있어 양능리라 불려져 온 바 있다.

고남리에서 개성으로 가는 길가 고개에는 고려라성의 남문이 있다. 1981년 개성시 개풍군 유릉리를 개편하여 내온 오산리(五山里)에는 고려 16대 예종, 30대 충정왕의 총릉이 있다. 원래 이곳은 예종의 왕릉과 관련이 있어 유능리라 하였다.

이태조 왕후의 묘가 있는 제릉동과 고려 고종이 궁궐을 짓고 한 때 기거했던 전좌봉 등이 있는 광답리(廣沓里)에는 임진왜란 때의 전적지가 된 고장이기도 하다. 1952년 개풍군 개성리 1구, 개성리 2구, 전포리를 합쳐 개풍군에 내온 리인 연강리(延江里)에는 고려 태자가 공부하던 공자동(公子洞)이 있으며, 여기에 500여년이 지난 희백산 빛깔의 천연기념물인 백송이 있다.

개풍군 서쪽에 위치한 신서리(新西里)는 1952년 군의 서면 강리, 연산리, 광정리를 합쳐 내온 리인데, 리에는 고려 때 벽란도 나루와 개성을 잇는 교통의 요지인 벽란도리라는 마을이 오랫동안 존속해 왔으나 1914년에 연산리에 들어가 리 명칭은 없어졌다.

연산리 유정동이라는 자연부락 마을에는 전좌산이라는 산이 있는데, 이 산에서 공민왕이 매 사냥을 나왔다가 쉬어갔다는 곳인데, 한말에 이 산을 중심으로 의병들이 왜놈들과 싸우기 위해 쌓은 토성이 있다. 1952년 새로 생겨난 신성리(新聖里)에는 높이 5.5m, 둘레 4m나 되는 선돌에 불상이 조각되어 있는 입석(立石)이 있다. 신성리(新聖里)는 군내 대성면 구읍리, 대성리, 신죽리를 합친 리이다. 1983년 개성시 개풍군 도원리는 풍덕리로 바뀌었고, 해평리(海坪里)는 1952년 개풍군 대성면의 지내리, 고군리 산귀마을을 합친 리이다.

여현리(礪峴里)라는 지명은 여현고개에 숫돌이 많이 나는 데서 유래된 명칭이다. 1952년 황해도 석포리, 가토미리와 합쳐 금천군 여현리가 되었다가 1961년 강남리 일부가 들어오면서 개성시 개풍군 여현리가 되었고, 1967년에는 묵산리 일부도 편입되었다. 위의 석포리의 식현리라는 곳은 지난날 개성으로 오가는 길손들이 밥을 지어 먹던 고개이기도 하다.

삼성리(三成里)는 남면의 신리, 장산리, 옥산리를 합쳐 내온 리인데, 예성강 포구가 있는 남쪽에 위치한 마을이라 하여 생긴 리로 여기에는 고려 태조 왕건의 아버지 무덤인 창릉이 있으며 9세기경에 쌓은 영안성터가 있다. 영안성은 예성강 하류 남쪽 강안의 절벽을 이용하여 축조한 토성이다.

군의 서남쪽에 위치한 신광리(新光里)는 남면의 후석리와 불응리를 합친 리이다. 광수리(光修里)는 광덕면 중련리, 광덕리, 남면 수우리를 합친 리이며, 용산리(龍山里)는 1983년 개성시 개풍군 의포리를 개편한 리이다. 리의 용산동에는 황강포배수갑문공사가 있어 주변의 풍덕벌, 신광벌에 관개수리시설을 갖추게 하였다. 개풍군은 지난날 토성역 인근을 중심으로 한 개풍읍을 비롯해 18개 리를 두고 있다.

• 판문군

개성시 동남쪽에는 판문군이라는 새로운 군이 1952년에 생겨났다. 이전의 경기도 개풍군 흥교면, 임한면, 상도면, 중면, 봉동면의 전체 리와 청교면 가운데 2개 리, 장단군 서면 중 5개 리를 포함해 군내에 17개 리를 두고 있다. 군에는 흥왕사, 연경사, 도선암, 제릉, 후릉, 성릉, 정릉 등이 소재하고 있다. 먼저 판문읍에 대해 살펴보면 1953년 경기도 판문군 판문읍을 상도리로 하고 봉동리를 판문읍으로 개편하였다. 1952년 봉동리는 고두산리와 청교면 탄동리 일부와 합쳐 봉동리가 된 이듬해에 판문읍으로 지명이 바뀌었다.

읍내 풍덕개울은 조선조 때 개성군과 풍덕군의 경계하천이었다. 1952년 개풍군 청교면 배야리, 탄동리 일부를 합쳐 진봉리(進鳳里)라 하였는데, 배야리는 배야사가 있던 마을이라 하여 생겨난 마을 이름이다. 배야리에는 성릉, 강릉, 정릉 등의 왕릉과 옥천사, 도선암 등의 문화유적이 있다. 리의 노양촌 마을에는 고려 6대 성종의 묘가 있다 하여 적시울, 강릉골, 상강릉동이라고 하였다.

진봉산에는 도선암, 옥천사 등이 있었는데 동국여지승람에는 이 산의 두견화가 유명하다 하여 이를 진봉산척촉이라 한다고 기록하고 있다. 이태조 왕후 무덤인 제릉이 있는 대련리(大蓮里)는 1952년 개풍군 상도면 대릉리, 연동리, 양사리, 풍천리 각 일부를 합쳐 내온 리이다. 제릉은 능안이라고 하며 이태조의 왕후 한씨의 묘로 공민왕릉을 모방해 조성한 고려말 조각술을 엿볼 수 있는 문화유적의 하나이다. 리 소재 부소산에는 경천사지가 있다.

개성에서 서울로 가는 길위쪽에 있는 마을이라 하여 상도리(上道里)라 하였는데, 이 상도리는 1952년 판문군 판문읍에 속하였다가 없어졌다. 1953년 봉동리가 판문읍으로 개편될 때 상도리로 환원되었고, 1958년 대련리 일부가 상도리에 들어오고 상도리 일부는 화곡리에 들어갔다. 리에는 연경사와 고려말 신돈이 기거하던 선문터가 있다.

화곡리(禾谷里)는 1952년 경기도 개풍군 흥교면 궁천리, 흥교리, 사곡리를 합쳐 1958년 상도리 일부가 후릉리와 신흥리에 들어갔다. 1967년 월정리 일부가 리에 합쳐지면서 화곡노동자구가 되었다가 1977년에 다시 화곡동으로 환원되었다.

리에는 고려 태조 신성왕후의 묘인 정릉이 있다. 령(嶺) 아래 우물이 있다 하여 영정리(領井里)라 한 것인데 원래는 거느릴 영(領)자이였는데 후에 재 령(嶺)자로 바뀌었다. 1952년 판문군 후릉리에 들어갔다가 1977년 후릉리를 현재의 영릉리로 고쳤다.

후릉리에는 조선조 제2대왕인 정종과 왕후의 후릉이 있다 하여 후릉리라 하다가 1977년 냉정리로 바뀌었다. 냉정리에는 백마산이 있는데 고려 고종이 이세재로 하여금 여기에 별궁을 짓게 하였다고 한다. 이곳 백마산에서는 해안가에 위치해 있는 강화도의 여러 산들과 호응할 수 있는 위치였기 때문이라고 한다.

신흥리(新興里)는 1952년 경기도 개풍군 흥교면 지현리, 조문리를 합쳐 내온 리로, 리의 풀막골에서는 정종과 풍덕군수가 바둑을 두었다는 초막이 있었으며, 조문리에는 한강의 맑은 물결이 비쳐드는 벼랑어구에 있다 하여 조문리라 하였다고 한다.

월정리(月井里) 역시 1952년 풍덕군 임한면 월함리, 가정리, 채련리를 합쳐 내온 리로 리 일부가 1967년 화곡리에 들어갔다. 조수물이 드나드는 강이 있다 하여 조강리(祖江里)라 한 리(里)는 상조강리, 하조강리, 유천리를 합쳐 내온 리이다.

원래는 밀물 조(潮)자를 썼다가 나중에 조상 조(祖)로 바뀌었다고 한다. 임진강과 한강물이 합쳐지는 물목이 있다 하여 생겨난 임한리(臨漢里)는 1952년 개풍군 임한면 사동리, 정곶리와 중면 식현리를 합친 리이다.

임한리에는 고려말 선비들이 절개를 지키며 살았다는 두문동이 있고 송산리와 합쳐져 덕수리가 된 리는 1967년 리 일부가 대룡리 임한리에 들어갔다. 군장산은 임진왜란 때 의병들의 활동기지였다. 대룡리(大龍里: 1967년 덕수리 일부가 편입), 동창리(東倉里: 중면 창내리 동강리, 천덕리를 합친 리), 삼봉리(三峰里: 1981년 흥왕리를 개편한 리)에는 고려 11대 문종 10년(1056) 세워진 흥왕사가 있다.

도라산리는 둥글게 생긴 돌뫼마을이라(풍덕군 북면에 있었다) 하여 그렇게 불렀다고 하며, 더기물산 또는 덕물산이 리 동편에 있는데 산정에 최영 장군 사당터가 있는데 여지승람에는 덕적산으로 표기되어 있다.

평화리(平和里)는 개풍군 봉동면 백전리, 대조리, 발송리를 합쳐 판문군에 속하게 한 리인데 1967년 리 일부를 떼내 판문점리로 하였다. 선적리(仙跡里)는 늘목리를 합쳐진 리이다. 불일사터와 고려 11대 문종의 왕릉인 경릉이 여기에 있다.

동북쪽에 있는 팔용산(八龍山)은 八자 모양으로 생겼는데 여기에 용과 관련된 화장사 건립 전설이 깃들어 있다. 전재궁(田齋宮)이 있던 마을이라 하여 전재리(田齋里)가 된 이 리는 1952년 판문군, 경기도 장단군 건서면 대원리, 용흥리, 전재리를 통합하여 판문군 전재리라 하였다. 1961년 리의 일부가 덕암리에 들어갔는데 덕암리 한턱골에는 취적봉(吹笛峯)이라는 봉우리가 있는데 고려 때 외국사신들을 환송하며 취적을 불었던 곳으로 산봉우리 아래에 취적교가 있다.

판문점리(板門店里)는 1967년 10월 판문군 평화리 일부를 갈라 신설한 리이다. 리에는 판적천에 놓은 다리가 있는데 이 다리를 널문다리(한자로 板門)라 한다. 이 판문교를 건느기 전 길옆에 있는 부락이 판문점부락이었다. 이 판적천을 조선조 말까지 나무로 된 널판으로 다리를 놓아 개천을 건너다녔는데 장마철이 되면 널판이 번번이 떠내려 갔다. 그런 까닭에 장마가 들기 전에 거둬들였다가 장마가 그치면 다시 놓는 임시다리를 놓았다. 이 일로 인근 주민들의 불편이 이만저만 아니였다. 이 다리에 대해 장단과 개성을 잇는 경계선상에 살고 있던 양측 지방민들 간에 논의가 분분하였다.

결국 개성인들이 자재와 기술자 문제를 맡고 장단사람들은 운반과 기타 노력 동원을 하여 세멘트 다리를 놓았다고 한다. 그런데 전해오는 이야기로 판문이란 널문을 만들어 놓고 객주집을 운영하였다는 데서 유래되었다고 하는가 하면, 그 옛날 임금이 이곳을 지나다 샘물을 마셨는데 물맛이 하도 좋아 돌아올 때 다시 마시려고 널문을 마련해 놓았다는 데서 유래되었다고도 한다. 판문군은 1997년 말 현재 1읍, 17개 리를 두고 있다.

• 장풍군

1946년 경기도 개풍군 북면, 영남면, 영북면 일부와 장단군 대강면, 장도면, 강상면, 대남면, 소남면 일부를 합쳐 장단군의 장(長)자와 개풍군의 풍(豊)자를 따서 장풍군(長豊郡)이 된 군(郡)은 1954년 황해북도에 속했다가 1961년에 개성시 장풍군으로 개편되었다.

군 소재지인 장풍읍은 1952년 황해도 장풍군 소남면 유덕리, 흥화리 일부를 합쳐 내왔는데 군에는 23개 리를 두고 있다. 읍 서남쪽으로 연암동이라는 마을이 있는데 여기는 실학자 연암 박지원이 은거하였던 고장이다. 1780년 청나라 사신으로 가게 되면서 이곳을 떠났다고 하는데 연암이란 제비 바위를 뜻하는데 바위벽에 소암화계라는 글씨를 연암이 직접 썼다고 한다.

덕적도의 이름을 빌려 덕적리(德積里)라 한 리에는 1952년 솔랑리와 갈운리 일부를 합쳐 장풍군 덕적리라 하였다가 1960년 개성시 장풍군 덕적리가 되었다. 리에는 황해, 강원, 경기 3도의 경계를 이루는 지역으로 속설에 이곳에 소를 매면 3개 도(道)의 풀을 골고루 맛본다는 설이 전해왔다.

기암묘석으로 된 깊은 골짜기에 늘 안개가 끼여 있어 자하리(紫霞里)라 한 이 마을은, 1946년 황해도 장풍군 강상면에 속하였다가 1952년 마성리와 합쳐 황해북도 장풍군 자하리로 있다가 1960년 현재의 리가 되었다. 굴 바위가 있다 하여 구화리(九化里)라 한 리는 1960년에 개성시 장풍군에 속하였으며, 리의 시장동은 6 · 25이전까지는 장풍군의 소재지이었다.

돌이 많은 고장이라 하여 석촌리(石村里)가 된 석촌리는 1946년 황해도 장풍군 대남면에 속하였다가 1952년 성곡리 일부와 위천리 일부가 합쳐져 1954년 황해북도에 속했다가 1960년 현재의 리가 되었다.

긴 고개가 있다 하여 장재라 하던 것이 장좌리(長佐里)로 바뀌어 1960년 현재의 리가 되었는데 리에는 배치진성이 있다. 이 성은 황해도에서 경기도로 넘어가는 주요 길목에 위치해 있으며 내성과 외성으로 쌓여져 있다. 오늘날까지 일부 성벽이 남아 있는데 성터 인근에 상청골이 있다. 바로 이곳에서 고려시대의 청동화로가 발견되었다. 이 화로는 현존 국내 화로 가운데 가장 큰 것으로, 제작연도가 1164년(고려 의종 18)이라고 뚜렷이 명기되어 있으며, 개성 고려박물관에 보존되어 있다.

가곡리는 1946년 황해도 장풍군 대남면에 속하였다가 1952년에 성곡리 위천리 일부와 합쳐져 1960년에 개성시 장풍군 가곡리(佳谷里)가 되었으며, 1967년 리 일부가 세골리에 들어가고 장좌리와 석촌리 일부가 가곡리에 들어왔다. 이러한 가곡리에는 큰 우물이 하나 있는데 지난날 임꺽정이 산속에서 무술 연습을 하다가 말을 타고 내려와서 이 우물물을 마셨다고 하는데 이 큰 우물이 바로 광동 고갯마루에 있다.

1952년 황해도 장풍군 소남면 두곡리, 지금리를 합친 십탄리(十灘里)는 북우천 강가에 10개의 여울이 있다 하여 명명된 리로 이 고장에 1682년(숙종 연간)에 세운 도산서원이 있고 비문은 거북 받침돌대 위에 세워져 있다. 십탄리를 달고개 아래 마을이라 하여 월고리(月古里)라고도 불러졌었다. 리에는 유명한 현화사 7층탑, 현화사비, 현화사

돌다리, 현화사 당간지주 등이 있는데, 현화사는 고려 현종 9년(1018) 왕이 부모의 명복을 빌기 위해 세운 사찰이다. 이밖에 대흥산성의 성벽들과 남문, 동문, 소동문 등의 무지개형 통로가 그대로 남아 있다.

십탄리 서북쪽에는 동두문동리가 있는데 여기에서 고려말 48명의 충신이 이곳에 들어와 우물물에 몸을 씻고 바위에서 한가지로 맹세하고 모두 자결하였다. 후에 이 우물을 세신정이라 하고 바위를 회맹대라 하였다.

개풍군의 두문동은 서쪽에 있고, 월고리는 동쪽에 위치해 있음으로 동두문동이라 하였다. 여기에서 조금 떨어진 곳에 궁녀마을이 있는데 고려 왕실 궁녀들이 자결한 곳이라 하여 궁녀동으로 불려지고 있다. 두문동 서쪽으로 원통사지가 있는데 이 사찰은 919년에 세워졌던 절로 현재는 부도만 남아 있다. 이 부도는 여러 층으로 쌓아 올린 단의 형식이 독특하고 조각이 우수한 문화유적으로 평가되어 고려박물관에서 보존하고 있다. 원통사가 있었던 마을을 원통리라 하는데 이 마을 서북쪽에 북성귀골이라는 골짜기가 있다. 북성귀는 개성을 중심으로 한 주변지역 중노년기의 남녀들이 봄 · 가을에 전통적으로 진행하던 민속놀이다.

개성 북쪽 화장산, 성거산 산줄기에 있는 대흥산산성 성벽을 따라 돌아오는 놀이라 하여 북성귀라 하였다. 리에는 서화담이 그의 부모 묘가 있는 곳에 서재를 짓고 강론한 화곡서원과 낙산사가 용암산 아래에 있었다고 개성지에 기재하고 있다. 고려사에 의하면 이 지역에 청령재(淸寧齋)가 있었는데 청령재 남쪽에 중미정(衆美亭)이라는 정자를 고려 18대 의종이 지었다고 한다.

대덕산리는 1983년 개성시 장풍군 서암리를 개편하여 내온 리로 여기에는 고려 11대 왕인 문종의 묘가 있어 경릉이라고도 한다. 사시리(沙是里)는 예전의 사야시, 사이시, 새시로 불려졌던 리로 1960년 개성시 장풍군 사시리가 되었는데 장단군의 옛 소재지 마을이라 하여 고읍리(古邑里)라고도 하였다. 1967년 리 일부가 사시리에 들어가고 서암리 일부가 고읍리에 들어갔다. 리에는 신돈이 지은 절간의 양곡창고터가 있었다고 한다. 여지승람에 사시리 소재의 망해산은 장단부의 진산이라고 기록되어 있다.

1952년 장풍군 대강면 우근리와 독정리 일부를 합쳐 국화리(菊花里)라 한 리에는 사미천이 흐르고 있다. 개울 유역에 모래가 많이 쌓여져 날라 생긴 이름으로 이 하천은 장풍군의 여러 리들을 거쳐 임진강으로 흘러 들어가는데 거치는 리마다 그 명칭이 다르다. 월고리에서는 장수내, 장풍읍에서는 와룡천, 세골리에서는 북우천, 십탄리에서는 지곡천, 구화리에서는 구화천, 임강리에서는 임강개울이라 부른다. 사미천 강가에 있다 하여 임강리(臨江里)라 한 이 리는 1914년에 경기도 장단군 강서면 하리, 대위면 라부리 각 일부를 합쳐 강상면에 내온 리인데 1946년 황해도 장풍군 대강면에 속하였다가 1952년에 장풍군 임강리로 되었다. 1954년 황해북도 장풍군 임강리로, 1960년에는 개성시 장풍군 임강리로 소속을 달리하여 오늘에 이르고 있다. 임강리 기곡동 마을에는 세 갈래길이 있는데 그 하나가 장단군 고랑포리로 가는 길이고, 두 번째가 연천으로 가는 길이며, 세 번째 길이 귀존리로 가는 길들이 있어 교통의 요지가 되고 있는데 일명 세지터골이라 하기도 한다.

석둔리(席屯里)는 조선조 말 경기도 삭령군 서면에 있는 리인데 일찍이 이 고장에서 돗자리를 만들어 관가에 바치던 곳이라 하여 돗둔이라 부르던 것을 한자로 옮기면서 석둔리(席屯里)가 되었다. 돛둔리는 강원, 경기, 황해도 등 3도의 접경지대에 접해 있어 장꾼들이 끌고 온 많은 배들이 정박해 있던 마을이라 하여 붙여진 마을 명칭이다. 1945년 당시는 강원도 연천군 서남면에 속하였다가 1952년에는 강원도 철원군 석둔리로 1961년 개성시 장풍군 석둔리로 개편되었다.

솔현리(率賢里)는 염축산에서 내려다 보면 산모양이 현인들을 거느리는 것 같다 하여 붙인 명칭으로 1945년 강원도 연천군 서남면에, 1952년에 강원도 철원군 솔현리로, 1961년에 개성시 장풍군 솔현리가 되었다. 귀존리(貴存里) 역시 군 동북쪽에 위치해 있는데 위의 석둔리(席屯里)나 솔현리(率賢里), 냉정리(冷井里), 가천리(佳川里), 장학리(獐鶴里)와 마찬가지로 1961년 개성시 장풍군 귀존리로 되었다.

장풍군 중부에 자리하고 있는 세골리는 1967년 개성시 장풍군 가곡리, 십탄리, 장풍읍 일부를 합쳐 내온 리인데 큰 세 골짜기가 있다 하여 붙여진 고장의 명칭이다. 리에는 전설속의 고미성 성터가 있어 고대사 연구에 관심이 있는 이들의 주목을 받고 있다.

황해도가 남북도로 갈라지면서 1952년 장풍군 대강면 판부리, 청정리와 독정리 일부 지역을 합쳐진 사암리는 뱀바위로 불리우는 바위가 있다 하여 사암리(蛇岩里)라 하였다. 이 사암리는 오늘날 군사분계선 비무장지대 내의 1개 리로 남아 있다.

나부리(羅浮里)는 조선조 말 경기도 장단군 대위면 나부리였는데 벌 가운데 떠 있는 듯한 마을이라 하여 붙여진 리(里)의 명칭이다. 1914년 대위면 나부리, 강서면 하리, 마전군 강신면 산점리에서 각각 일부를 떼내 대강면 나부리라 하였다.

1952년 대강면 나부리와 포춘리가 합쳐져 황해도 장풍군 나부리로 되었다가 1954년 황해도가 남북도로 갈라지면서 황해북도에 속하였고, 1960년 개성시 장풍군으로 넘어와 군사분계선 비무장지대 내의 마을이 되었다.

항동리(項洞里)는 원래 경기도 장단군 장북면에 속해 있었는데 속칭 목골이라 하던 것을 한자로 옮겨 항동리(項洞里)라 하였다. 1960년 장풍군이 개성시에 들어오면서 항동리가 되었고 군산분계선 비무장지대에 속하게 되었다. 장풍군은 오늘날 장풍읍을 비롯해 23개 리를 두고 있다.

11) 남포직할시

:: 남포시

남포시는 평양의 외항으로 고구려 때는 용강현에 속해 있었고 고려 때인 1136년부터 삼화현에 속하였다. 그 명칭은 증산(시루뫼) 남쪽에 있는 포구라 하여 증남포라 하였는데 후에 남쪽 포구마을이라는 뜻에서 남포라 하였다. 1896년 삼화현 현(縣)소재지가 남포로 옮기면서 삼화현을 없애고 남포부라 하였다. 진남포라는 명칭은 일제에 의해 만들어진 명칭인데 이는 일본이 청일전쟁 때 청군을 진압하고 남포에 상륙하였다고 하여 누를 진(鎭)자를 써서 진남포라 명명한 대표적인 왜색 명칭인 것이다.

남포시에는 원시유적과 고구려 때의 산성, 고분, 고려의 성터 등이 있다. 인근에는 오석산, 국사봉, 신덕산, 화장산, 무학산, 천진산, 대보산, 매암산, 령사봉, 북소귀산, 남소귀산 등과 봉상강, 인황천, 삼화천, 서천 등의 하천이 있다. 이러한 산천경관(山川景觀)으로 인해 남포팔경(南浦八景)이 전해져 오고 있다. 즉 ① 비발도의 안개, ② 남산의 해돋이 ③ 와우도의 솔경, ④ 우산장의 경치, ⑤ 옥천대의 저녁노을, ⑥ 대동강의 뱃놀이, ⑦ 밤섬에서 고기 잡는 불빛, ⑧ 증남포의 고기배 등이다. 그러나 오늘날 남포시는 평양시의 서쪽 관문임과 동시에 위성도시로, 현대적인 공업, 문화, 항구도시로 변모되었다. 이러한 항구도시에서 이른바 천리마운동, 청산리정신, 청산리 방법, 대안의 사업체계라는 조직적인 운동을 벌였는데 이 운동은 북한 전역에 걸쳐 커다란 영향을 미쳤다.

남포시는 5개 구역, 1개 군을 두고 있는데 남포항구가 자리잡고 있는 항구 구역은 1895년 삼화현 원당면에 있었던 지역으로 1914년 진나포부 후포리라 하였는데, 1955년 평안남도 남포시 후포동(後浦洞)이 되었다. 1979년 남포시 후포동으로 있다가 1983년 남포시 항구구역 후포동이 되어 오늘에 이르고 있다. 후포(後浦)란 남포항 뒤편에 있는 개울이라는데서 비롯되었는데 일명 뒷개라 부른다.

항구동은 이전의 하비석동 일부와 한두동 일부를 분리하여 1979년에 생겨난 동이다. 항구구역 중심부에 자리하고 있는 상비석동은 1960년 세 개의 상비석, 중비석, 하비석동 등으로 나누는 가운데 맨 웃 동이라 하여 붙여진 동명이다.

1965년에는 동(洞) 일부를 떼내 문화동을 만든 바 있다. 조선조 말 삼하현 원당방 대두리이었던 이 지역은 한머리라 하던 것을 한자로 대두동(大頭洞)이라 표기하였다. 동은 1960년 상 · 중 · 하로 나누어졌다.

상대두동 북쪽에는 백화원이라는 공원이 있는데 이곳에 김일성화 온실과 김정일화 온실이 있다. 유사동(柳沙洞)은 1914년 진남포부 원당면 상사리와 유천리를 합쳐진 이후 광복후 남포시 유사리로 있다가 1965년 상대두동 일부가 편입되고, 유사리 일부는 회창동에 넘겨주면서 남포시 유사동이 되었다가 1983년 현재의 유사동이 되었다.

원당면 하대리 일부와 비석동 일부를 합쳐 한두리(漢頭里)가 되었던 리(里)는 1955년 한두동이 되었다가 1983년 현재의 한두동이 되었다. 한두리는 한머리라 불려져 온 고장이름으로 큰 마을이라는 뜻이다.

이밖에 해안, 역전, 선창, 문애(文艾), 건국 1 · 2동 외에 도지리(島智里)를 비롯한 갈천(葛川), 우산(牛山), 덕해(德海), 어호(魚湖), 신흥(新興), 지사(芝沙), 검산(劍山), 종전(東箭), 숙도리(椒島里) 10개 리를 두고 있다.

1983년 남포구역에 속해 있던 14개 동과 4개 리를 떼내 만든 와우도구역(臥牛島區域)은 18개 동, 5개 리로 편성되어 있는데, 구역내 화도리(花島里)에는 5세기 말엽의 것인 수렵총(狩獵塚: 사냥무덤)과, 신녕리(新寧里)에 4세기 전반의 고구려식 두 칸 무덤이 있는데 회벽우에 벽화를 그린 감신무덤, 별무덤 등과 부암마을 고구려 벽화고분 등이 있고 고려때 쌓은 국사성도 있다. 구역내에는 널리 알려진 서해갑문이 자리하고 있는데 기존의 송산리 일부를 떼내 갑문(閘門)1 · 2동을 내왔는가 하면, 구역 서남쪽에 있던 샛길동 일부가 체육촌동으로 바뀌기도 하였다.

특히 유서깊은 강서(江西)란 지명은 고려 문종 16년(1062) 때부터인데 고려 인종 14년(1136) 서경육현(西京六縣)을 내오면서 강서현이라 하다가, 1895년 군으로 개편되었고 1914년 평안남도 강서군에 증산군의 8개면이 합쳐졌다. 1978년부터 1982년까지 대안시에 속해 있었으며 1983년에 현재의 구역이 되었다.

일명 무학산 아래에 있다 하여 무학이라고도 하였는데 강서구역에는 강서세무덤, 덕흥리벽화무덤, 수산리벽화무덤, 약수리벽화무덤, 태성리련꽃무덤, 태성리 1·2호무덤떼들이 있다. 청산리에는 금성뜨락또르공장이 있고 1960년 2월 이른바 청산리정신 청산리방법을 이끌어 내왔다는 곳이다. 강서구역은 1999년 현재 14개 동, 6개 리를 두고 있다.

대동강 기슭에 자리하고 있는 천리마구역은 1983년 대안시 일부를 떼내온 구역으로 구역내에 천리마운동이 시작된 천리마제강련합기업소가 자리하고 있다. 이 구역내에 고려때 쌓은 보산진성이 보산동(堡山洞)에 있으며 구역내 유일한 리(里)인 고창리(高昌里)에는 고려자기를 생산하던 대평리 자기터가 있다. 천리마구역은 1997년 현재 17개 동, 1개 리로 되어 있다. 대안(大安)구역은 1983년 남포시 대안시를 천리마구역 강서구역으로 분리할 때 새로 내온 구역으로 당시 충성동, 덕성동, 은덕동, 대안동, 금산동, 새마을동, 대정동, 옥수동 등 8개 동을 두고 있다.

고구려시기 황룡(黃龍)이라 블려졌고 고려 때 황룡산성이 있는 곳이라 하여 황룡성(黃龍城)이라 하였는가 하면, 일명 군악(軍岳)이라고도 하였다. 황룡성은 상상동물인 누른색의 큰 용이 있는 성이라는 뜻으로 크고 그 방비가 든든하여 어떤 외적도 침범할 수 없는 견고한 성이라는 것을 의미하며, 군악은 황룡성에 침범하는 외적을 막기 위해 군사들이 성을 쌓고 진을 쳤다 하여 군사 '군' 자와 메부리 '악' 자를 붙여 지은 이름이다.

그 이후 고려 때에 용강현이라고 하였는데 용강은 황룡성의 '용' 자와 산이 있는 고장이라 하여 뫼 '강' 자를 붙여 지어진 지명이다. 군에는 석천산에 고인돌떼와 황룡산성이 있으며 고구려벽화무덤인 용강대총과 쌍기둥무덤 등의 유적이 있다. 군 소재지인 용강읍(龍岡邑)은 1952년 군내 지운면 진지 1·2리를 안성리, 신촌리, 유보리 일부를 합쳐 내온 읍이다. 삼화면의 면소재지가 있던 삼화리는 1952년 삼화면 옥정리, 비교리, 불상리, 율하리를 합쳐 내온 리이다. 지운면 문성리, 대성리, 포석리, 인포리 일부를 합쳐 1952년에 포성리(浦城里)라 하였다. 양곡면 마명리, 회용리, 정화리, 남동 1·2리를 합쳐 양곡(陽谷)리라 하였다. 리 소재지는 예명동에 두고 있다. 예명동은 원래 조양면에 속해 있다가

1914년 용강군 양곡면 마명리에 속해 있던 리가 현재 양곡리 리소재지가 되었다.

입성리(立松里)는 1952년 지운면 입석리, 신성리, 성암면 입송리, 주산리를 합쳐 용강군 입송리로 하였다. 1979년 리 안에 있던 입성동과 립석동을 떼내 대안시(대안구역 은덕동)에 넘겼다. 성암리(城岩里)는 1952년 성암면 남양리, 영평리, 죽마리, 세죽리를 합쳐 내온 것으로 성암면소재지가 있었던 곳이다.

1978년 리 안에 있던 남양동 간대를 떼내 대안시(대안구역 은덕동)에 넘겼다. 리 소재지는 영평동에 있다. 1952년 후산리(後山里)는 용강면 난산리, 후산리, 장암리, 반추리를 합친 것이며, 애원(愛院)리는 지운면 양원리, 두륵리, 만하리, 만석리를 합친 것이다.

옥도(玉挑)리는 용강면 옥도리, 초산리, 의산리, 서부리를 합친 리이며 용흥(龍興)리는 삼화면 용문리, 중흥리와 해운면 리현리를 합친 리이고 용호(龍湖)리는 용강면 방어리, 오작리와 지운면 현암리, 류보리를 합친 리이다. 남포시 유일의 군으로 용강군이 속해 있는데 군은 10개 리를 관할하고 있다. 이러한 남포시는 대동강 서쪽에 위치해 있다 하여 붙인 강서구역을 비롯해 항구구역, 천리마구역, 대안구역, 용강군 등 5개 구역에 1개 군으로 행정구역화되어 있다.

제2장

북한의 명산대천(名山大川)과 유적(遺跡)

01 지형지세로 본 북한의 명산대천(名山大川)

우리나라의 지형은 태백산맥과 함경산맥이 동쪽으로 치우쳐 있으며 국토의 지붕이라 하는 개마고원도 함경산맥 북쪽에 위치해 동북쪽은 높고 서남쪽은 낮아 대체로 북고서저(北高西低) 형을 이루고 있다.

산지 또한 전국토의 80%를 차지하고 있는데 고산준령 대부분이 북동쪽에 자리하고 있는데 이 산들은 자연히 다난한 우리 민족사의 애환을 품어 안고 난세에는 침입자의 방어지가 됨과 동시에 피난처가 되어왔고 극심한 흉년기나 전란속에 먹거리가 부족할 경우 초근목피로 고단한 민초들의 삶을 이어오게 하는 문자 그대로 혜산(惠山)이 되어왔다.

이렇듯 민족의 애환을 함께 지켜온 산령(山嶺)들은 명산에 걸맞게 수천여 년 동안 민족의 신앙처로 숭앙, 신성시되어 왔는가 하면, 장구한 세월 속에 명승경관지가 되어오면서 사찰(寺刹) 또는 전적문화유적지(戰跡文化遺蹟地)로 역사상의 흔적(痕迹)을 남기고 있다.

그런가 하면 고산준령들은 금수강산의 탯줄인 산천수를 흘려 보내면서 국토의 동맥구실을 해 오고 있으며, 국가의 발전상과 함께 산천은 하늘이 내려준 경계가 되어 나라 간의 국경이 되었는가 하면, 행정구역상의 경계가 되어왔고, 교통과 통신이 불편하던 시기에는 부지부식(不知不識)간에 고장과 고장 간의 풍습 및 생활상의 차이를 드러내는 계역(界域)을 이루어 왔다. 즉 산천은 하늘이 내려준 자연의 경계이다. 산천을 바로 알면 지난 역사와 미래를 가늠할 수 있다.

이같은 형세는 오늘날에 이르기까지 그 기맥이 이어져 오면서 산천은 지역적 특성을 나타냄과 동시에 우리의 풍속과 신앙, 경관, 역사를 포태(胞胎)해 왔다. 이러한 측면에서 북한지역의 명산대천과 여기에 수반되는 유적지를 살펴봄으로써 민족의 정신적 유산은 물론 자연상을 통해 분단민족의 동질성 회복에 기여해 보고자 북한지역의 대표적인 명산대천을 주유(周遊)해 보고자 한다. 요컨대 산천을 바로 알면 지난 역사는 물론 미래를 가늠하는 척도가 될 수 있다는 견지에서 두고 온 산하, 그리운 북녘 땅의 산천을 찾아 나서고자 한다.

02 백두민족성산

지구상 그 어떤 민족이던 숭앙하는 산천(山川)이 있게 마련이다. 그 까닭은 산천이 태초로 부터 자연에 대한 외경심(畏敬心)을 인류가 간직해 왔고 삶의 울타리가 되어왔기 때문이다. 우리 민족에게 이같은 자연에 대한 외경심을 극명하게 나타내온 명산이 바로 백두성산이다. 이 산은 우리 한민족에게는 물론 주변의 수많은 종족과 흥망성쇠 속에 부침해온 대소국가들이 한결같이 숭앙해 왔고 오늘날에도 숭앙해 마지않는 산이 바로 백두성산이다.

이러한 백두성산의 과거와 오늘의 실상을 짚어본다는 것은 이제까지 살펴온 북한지역의 명산대천과는 그 의미가 여러 차원에서 다르다. 왜냐하면 백두성산이야말로 우리 민족의 역사를 고스란히 간직해 왔고, 이 지역의 변천 변화의 양상이 곧바로 우리 민족의 변모상을 나태냄과 다를 바 없기 때문이다.

이상과 같은 맥락에서 백두성산을 신성시해온 역사상의 사실과 외형적 형태에 신비성을 더해온 화산폭발, 기이한 산 봉우리의 양상, 국경지대화된 실상 등등에 관해 기술해 보고자 한다.

백두산은 민족시원사상(民族始原史上), 신시개천(神市開天)한 성산(聖山)이다. 오늘날 징험할 수 있는 기록으로 삼국유사 고조선조에 백두산을 태백산이라 하면서 아득한 "옛날 하느님의 아들 환웅께서 여러 차례 인간세계에 내려가고자 하자 하느님께서 그 의중을 헤아려 하계(下界)를 두루 살펴보고 난 후 태백이 홍익인간(弘益人間)할 만한 곳이라 여겨, 천부인 세 개를 주어 다스리게 하였다. 이에 환웅이 무리 3천을 거느리고 태백산 마루 박달나무 아래에 내려와 이곳을 신시(神市)라 하면서 개천(開天)한 곳이 바로 백두산이다."

이러한 성산이기에 중국의 〈북사(北史)〉에도 이 산을 태황이라 한다고 하면서 받들어 모셨다. 사람들이 이 산에 오르려 할 때에는 용변기를 반드시 준비해 가지고 갔다고 한다. 이같은 조처는 신성한 산에 오물을 남겨 놓으면 신의 노여움을 탄다고 여겼기 때문이다.

이 산에 살고 있는 산짐승인 곰, 범, 이리들도 사람들을 해치지 않았고 사람들 역시 감히 이들 짐승을 사냥의 대상으로 삼지 않았다고 하며 우리나라 고기(古記) 곳곳에 이 산의 신성함에 대해 언급한 바가 적지 않다.

예컨대 단군(檀君) 4세인 오사구(烏斯丘)가 태백산에 가 삼신님께 제사를 올리고 신비한 약초를 얻었는데, 이를 인삼 또는 선약(仙藥)이라고 하였으며, 이후 인삼이 신선불로장생의 설을 낳았다고 한다. 이후 이 산속 깊이 들어가 채삼을 하고자 하는 심마니가 생겨났는데 이들이 산에 오르기전 100일 전부터 살생을 하거나 부정한 짓을 일체 삼가고 몸과 마음을 정결하게 하였으며, 떠나기 전에 그 어느 누구에게도 일시나 행선지를 알리지 않았다고 한다.

이처럼 성산에 오름을 신과 접하는 양 금기시하였다. 뿐만이 아니다. 고대로부터 나라에서는 성산에 산신제를 올리고 국태민안(國泰民安)을 빌므로써 이 땅의 조종지(祖宗地)로 받들어 왔다. 이러한 숭앙심은 주변의 수많은 종족과, 흥망성쇠를 거듭해 온 제반 국가들도 마찬가지로 건국신화에서 인물신화를 낳게 하였다.

1) 백두산 명칭의 유래와 화산활동

문헌상 백두산이 최초로 나타나기는 산해경(山海經)인데, 여기에 언급되기를 드넓은 황야 가운데 산이 있으니 불함(不咸)이라 하며 숙신(조선의 옛 명칭)의 땅에 속해 있다(大荒之中有山 名日不咸 有肅愼之國). 불함은 밝음을 나타내는 의미로 신명(神明)이라 하여 몽고에서는 불이간(不爾干)이라 하고 신무(神巫)의 뜻으로 받아들였다.

이는 백두산에 신이 계신다는 데서 연유된 것이다. 이후 오랜 세월이 지나면서 백두산의 명칭은 다양하게 나타나는데 한대(漢代)에는 단단대령, 위(魏)나라 때는 개마대산, 도태산, 태백산, 금(金)나라 때는 장백산, 백산이라 불렀다. 우리나라에서는 백두산이라는 명칭으로 표기되어 나타난 것은 고려 때이다.

이처럼 다양한 백두산에 대한 명칭의 공통점은 〈희다(白)〉는 뜻을 내포하고 있다는 점이다. 산정이 사계절 내내 백설로 덮여 있다시피 한데다, 화산활동에 의해 생성된 백색의 부석(浮石)으로 인해 희게 보인다는 점에서도 영산(靈山)의 명칭에 걸맞게 호칭되어 온 것으로 보인다.

웅장 험준한 산의 위용에다 외경심을 더하게 하는 것은 수차에 걸친 다음과 같은 화산활동과도 무관치 않다. 먼저 중신세기에서 상신세기인 770만년에서 2천만년 이전에 백암층 현무암의 분출이 있었다. 그 다음 단계로 대략 243만년에서 277만년 전 백두산 일대에서 지각변동이 일어나 현무암이 분출 퇴적하면서 용암대지를 이루게 되었다. 이렇게 쌓인 용암의 두께는 대체로 50~300m 가량 되며 그 면적은 15만㎢쯤 된다.

신생대 제4기인 200만년 전에 들어서서는 조면암의 유동분출이 있었다. 이후 70만년 전에는 유문암의 분출이, 그 다음 단계인 39만년 전에는 용암분출이 가장 많았다. 이 단계에서 화구가 함락되어 오늘날과 같은 모습의 천지 형태가 형성되었다고 지질학자들은 말하고 있다. 이후로 준 알카리 현무암의 분출이 있었고, 지금으로부터 약 17만년 전에도 암석의 분출이 있었는데, 이 때의 분출된 암석은 다공질에 붉은 색채를 띠었다. 10만년 전쯤에는 용암의 분출과 용암의 유동이 교체되며 암석이 나타났다. 이때로부터 2~3만년 후인 7~8만년 전에는 백두산의 본체라 할 수 있는 준 알카리 유문암이 천지를 둘러싸고 있는 여러 봉우리들에 나타났다.

끝으로 820년 내지 870년 전에는 유문암질 용암이 폭발, 분출되어 대량의 부석층을 이루고 연이어 천지칼데라가 형성되었다. 이밖에 또다른 연구서에는 약 5200년 전, 1400년 전, 1150년 전에도 화산활동이 있었다고 하는가 하면, 조선조시대인 1413년(태종 13년)과 1597년(선조 30년), 1702년(숙종 28년), 1903년(고종 40년)에도 화산분출이 있었다고 한다.

2) 백두산의 위용을 자랑하는 봉우리들

백두산의 여러 봉우리들은 봉우리마다 각기 특색을 나타내고 있다. 즉 해발 2500m 이상 되는 봉우리만도 20개가 넘는데, 이제 이들 봉우리들에 대해 간략히 소개해 보고자 한다.

오늘날 북한측과 중국과의 국경선을 표시하는 이른바 6호경계표지가 봉우리 정상에 서 있는 자암봉(紫岩峰)은 바위 색깔이 암색으로 되어 있어 붙여진 이름이다. 쌍무지개봉은 이 봉우리에 아름다운 쌍무지개가 나타남에 따라 붙여진 이름으로 그 모습이 가히 장관이라 할 수 있다.

산정(山頂)을 깎아지른 듯이 뾰족뾰족한 암석들이 기세좋게 서향(西向)하면서 마치 길을 안내하는 이정표인 듯하다 하여 향도봉이라 부르게 되었다고 하는데, 이 봉우리 바로 아래에서 천지까지 약 1.3km에 달하는 거리에 케이블카와 180여 개의 계단이 놓여 있어 하산로로 이용되고 있기도 하다. 백두산의 주봉인 병사봉은 그 명칭 또한 정세의 흐름에 따라 변칭되어 오고 있는데, 일제강점기에는 대정봉(大正峰)이라 하더니 오늘날 북한측은 장군봉이라 부르고 있다. 이러한 병사봉은 화산분출구로 카르가 후퇴하면서 형성되었는데 천지쪽으로는 경사가 심한 톱니모양의 능선을 이루고 있다. 병사봉 남사면은 경사가 완만한데 북한측은 산정에 이르는 차로를 닦아 놓았다. 이 길은 북한땅에서 백두산에 오르는 유일한 통행로이다.

해발봉은 2,719m의 높이에 천지 남동쪽으로 800m, 병사봉 남서쪽에서 1400m 거리에 있다. 천지 남쪽에서 700m, 단결봉 남서쪽에서 680m 거리에 위치하고 있는 제비봉의 높이는 2,549m이다.

관면봉은 제비봉 북서쪽 천지 정남방향으로 370여m 되는 곳에 자리하고 있으며 높이는 2,528m이다. 산 모양이 양반들의 예모(禮帽)처럼 보인다 하여 붙여진 명칭이다. 이 봉우리는 오늘날 북한과 중국과의 경계를 이루는 중요 봉우리가 되고 있다. 이 봉우리는 백두산이라는 명칭을 대변이나 하듯 산체(山體)가 백색을 띤 부석으로 되어 있다. 이 부석은 일년 내내 흰빛을 발하고 있어 마치 흰 눈이 쌓여있는 듯한 봉우리로 보여진다.

관면봉 안측은 실제로 일년 내내 백설이 쌓여있어 만년설을 자랑이나 하는 듯 그 영상을 천지물에 비추고 있다. 이러한 연유로 관면봉을 일명 옥설봉이라고도 한다. 국경선상의 또다른 봉우리로 해발 2,566m의 와호봉(臥虎峰)이 솟아 있는데 산세가 마치 호랑이가 누워 있는 듯하다 하여 붙여진 이름이다. 와호봉 동쪽은 북한측에 그 서쪽은 중국측으로 나누어져 있다. 이 산 북서쪽 700m, 천지 남서 방향으로 낙원봉이라 부르는 산 역시 양측의 국경선이 지나고 있다.

해발 2,543m의 제운봉(梯云峰)은 천지 남쪽에 위치해 있는데 봉우리 형태가 사다리 모양에다 수시로 구름이 밀려들며 감돈다 하여 명명된 산 이름이다. 이 봉우리 역시 국경선상에 위치해 있다. 산정에 다섯 봉우리가 밀집해 있는 옥주봉(玉柱峰)은 해발 2,664m로 마치 구슬기둥과 같은 산체를 하고 있어 붙여진 이름이다. 이 산의 암석들이 청색을 띠고 있어 청석봉이라는 별칭을 갖고 있기도 하다.

천지 북서쪽에 자리하고 있는 백운봉은 옥주봉 동쪽에 있다. 이 산봉우리는 중국 동북지대에서는 가장 높은 봉우리로 높이가 2,691m이다. 수차에 걸친 화산분출에 의해 형성된 까닭에 이색적인 암층으로 이루어져 있어 그 형체가 매우 뚜렷하다. 산정에는 맑은 날씨에도 온종일 흰구름이 감돌고 있어 백운봉이라 칭한다. 그 옛날에는 하늘 높이 솟아 있다 하여 마천루(摩天樓)라고도 불렀다.

일명 녹명봉(鹿鳴峰)이라고도 불리우는 지반봉(芝盤峰)에는 산정에 습지가 있고 귀한 약재로 이름난 영지가 많다고 하여 붙여진 산 이름으로, 이 산봉우리 뒷면으로 경사가 완만하고 매우 널따란 평지가 있어 이곳을 서대파(西大波)라고도 한다. 산 허리에는 구불구불한 계곡이 많고 하천이 흘러내리며 주변에 화초가 만발한다. 여름철과 가을에 사슴이 떼지어 울어댄다고 하여 녹명봉이라고도 부른다. 겨울철에는 산 전체가 백설로 뒤덮여 있지만 산 꼭대기에는 화산활동에 의한 열기가 발산되는 분출구가 남아 있어 이 부근에는 푸른색을 띤 풀들이 무성해, 계절을 무시하는 듯 가을철 풍경을 자아내고 있다.

천지 북쪽 금병봉 동북쪽에 위치한 해발 2,510m의 관일봉(觀日峰)은 그 봉우리가 높게 돌출되어 천연적인 전망대가 되어 있으며 산등성이는 동서주향(東西走向)이다. 이 자연적인 전망대에서 백두산의 해돋이와 저녁노을을 볼 수 있고 벽파천지(碧波天池)와 천산만상(天山萬象)을 만끽할 수 있다. 천활봉과 철벽봉 사이에 있는 직녀봉(織女峰)은 백두산의 여러 봉우리 가운데 매우 수려한 봉우리 중 하나로 칠월 칠석 견우와 직녀에 관한 전설을 잉태하고 있다. 천지 서북쪽 관일봉 남쪽에 자리하고 있는 용문봉은 승사하를 사이에 두고 동쪽은 천활봉과 대치하여 천지 북쪽을 막아서고 있으며 북쪽은 옥벽봉, 서쪽은 관일봉으로 이어져 있다. 차일봉 또는 용문봉(龍門峰)이라고도 불리우는 이 산은 마치 두 봉우리가 대문과 같다 하여 붙인 이름으로, 산정에는 올챙이 형태의 석주가 서 있고 산 중턱에 쌓인 눈은 8월이나 되어야 녹아 내린다. 용문봉 북쪽으로는 음류폭포가 흘러내리고 있어, 병풍에 수를 놓은 듯한 모양을 하고 있다 하여 붙여진 금병봉(錦屛峰)이 천지 북서방향인 지반봉 동북쪽 800m 거리에 위치해 있다. 이 산의 형세는 봉우리 앞쪽 벽은 깎아지른 듯이 경사가 심하고 뒤쪽 벽 또한 앞쪽 벽 못지 않게 경사가 심하다.

오늘날 중국측의 천지기상대가 자리하고 있는 수리봉은 기상대의 설치에 따라 천문봉이라 개칭된 산봉우리인데, 수리봉이란 명칭은 커다란 흑록색의 부석을 마치 독수리가 구슬을 물고 있는 듯하다 하여 붙여진 명칭이다. 이 봉우리 북쪽 비탈은 완만하여 사람들이 오르내리기가 비교적 용이하다. 남쪽 절벽은 천지와 천지주변의 전경과 끝없이 펼쳐져 있는 임해(林海)까지도 조망할 수 있다.

산봉우리의 양 옆은 솟아 있고 중간은 막힘없이 확 트이어 있어 천활봉(天豁峰)으로 불려지는 이 봉우리는 종덕사 옛 터를 지나 북쪽 돌무지를 따라 올라가면 산정에 도달하게 된다. 산체를 적흑색 암석으로 형성하고 있는데다 마치 철벽처럼 보인다 하여 붙여진 이름이다. 천문봉 동쪽에 위치한 화개봉(華盖峰)은 구름과 안개가 끼기 시작하면 삽시간에 사방이 구름바다로 뒤덮인다. 이러한 이상기후를 빗대 화개봉이라 부르게 되었다고 하는데 산정이 낙타 등과 비슷한데다 저녁노을이 산체를 비추면 천지의 흰구름은 자색을 띤 노을과 함께 어우러져 승경(勝景)을 이룬다.

3) 분할된 백두산 영역 어떻게 대처해야 하나

백두산이 우리나라의 확고부동한 성산으로 대다수 국민들은 알고 있지만 실상은 이 산을 둘러싸고 접경국과의 마찰이 끊이지 않았고 국토가 분단된 오늘날에는 위에 열거한 주요 산봉우리들이 양쪽으로 분할되어 관리되고 있으며, 산정에는 국경표지를 세워 사실상의 국경선으로 획정시켜 놓고 있다. 즉 자암봉에는 6호 국경표지가 세워져 있고 와호봉, 낙원봉, 제운봉 등도 한쪽은 북한, 다른 한쪽은 중국으로 나누어져 국경지대화되어 있다.

요컨대 천지를 둘러 싸고 있는 24개의 봉우리들에 대해 중국측은 이들 산봉우리들에 명칭유래를 그럴듯하게 부각시켜 놓고 있는가 하면, 우리나라에서 전통적으로 명명하고 있는 차일봉은 용문봉으로, 백암봉은 화개봉으로 고쳐 놓는 등 산명의 변경을 통해 우리 고유의 영역을 침범하고 있다.

무엇보다 1964년에 체결한 조 · 중 국경에 관한 의정서 가운데 백두산지구의 국경선 방향과 경계팻말의 위치를 열거한 이 의정서 제7조에 의하면 무려 대형 경계팻말 20개에 소형 경계팻말 8개 등 28개의 국경표지를 세워 놓으면서 백두산은 우리의 신성불가침한 영토라는 인식을 무색케 하고 있다. 이러한 관점에서 지명이 영토문제와 불가분의 관계에 놓여 있음을 깊이 깊이 유의하여 우리 모두 민족의 성산인 백두산에 대한 이해를 넓혀 나갔으면 한다.

03 천지(天池)와 삼지연(三池淵) 주변의 폭포

1) 천지(天池)

천지는 백두산의 명칭만큼이나 오래됨은 물론 그 이름 또한 다양하다. 즉 하늘과 땅이 접한 곳에 있는 호수라 하여 천지라 한 것을 비롯하여 세상에서 가장 큰 호수라는 의미의 대택(大澤), 전설적인 용왕이 살고 있다 하여 붙여진 용왕담(龍王潭)과 용궁지(龍宮池), 신비에 가득찬 호수라 하여 신일(神溢)이라 하였는가 하면, 하늘 위의 물이라는 의미의 천상수(天上水)라고도 하였고, 물이 넘쳐 흘러 나온다는 의미의 달문택(闥門澤) 또는 달문지(闥門池)로도 불려졌다.

이러한 천지가 생겨난 것은 화산활동에 의해서이다. 그 규모나 자라잡고 있는 위치면으로 볼 때에도 가히 세계적이라 할 수 있다. 천지에는 뜨거운 온천이 있는가 하면, 한여름에도 잘 녹지 않는 설빙(雪氷)이 있다. 천지 부근에서는 매우 강한 회오리 바람의 형태인 용권(龍圈)이 자주 일어나는데 그 규모가 클 때에는 중심부에서 굉장한 물기둥이 솟구쳐 오르고 부근의 수면에서는 큰 와류(渦流)가 생기고 물기둥 주위에는 물안개가 뽀얗게 낀다. 이같은 현상에 대해 옛날 분들은 천지에 용왕이 산다고 하였다.

이러한 천지는 해발 2,744m라는 높이에 위치해 있는데다 9.15㎢나 되는 면적에 둘레만도 14km가 되는 세계적인 칼데라(caldera) 호수이다. 칼데라(caldera)라는 말은 커다란 솥이라는 뜻인데 보통 화산의 중심부에 생긴 분화구(噴火口) 모양의 움푹 들어간 곳으로 화산의 붕괴나 함몰(陷沒)에 의해 형성되는 것으로, 일반적으로 직경이 4km 이상 되는 것을 칼데라(caldera)호수라 한다.

천지는 숭엄하면서도 그 풍경이 아름답고 기이하다. 맑디 맑은 천지의 물은 푸른 하늘을 한 품안에 안은 듯한데 그 수려함은 마치 한 폭의 수채화를 방불케 한다. 천지의 외형은 불규칙한 모양으로 되어 있기는 하나, 수면은 해발 2,189m로 세계 화산호 가운데 가장 높으며 수심은 384m로 세계에서 가장 깊다.

천지의 물은 세 가지 원천을 가지고 있다. 하나는 천지 수면에 떨어지는 강수(降水)이고, 다른 하나는 천지주변의 능선과 내측(內側) 사면(斜面)을 따라 흘러드는 경류수(經流水)이다. 또다른 하나는 천지 밑에서 솟아나는 지하수이다.

천지에 모여드는 물은 일년 내내 사시사철 흘러 나가 유출되는데 주로 천지수면에서 증발되는 것과 승사하를 거쳐 폭포로 내려가는 물줄기로 대별된다. 이러한 천지물을 마시면 만병통치인양 예로부터 전해져 오고 있으나, 그것도 옛이야기이고 오늘날에는 그렇지 못하다.

천지에 올라온 수많은 관광객들이 이 물을 기념으로 담아가거나, 현장에서 물맛을 보거나 서슴지 않고 듬뿍 마시는데 삼가야 할 일이다. 즉 오늘날의 천지물은 예전과 달라 음용수로 적합하지 않기 때문이다.

천지의 기온이 가장 높은 8월달의 표층수온(表層水溫)은 8~10도이고, 수심이 20m에 이르면 섭씨 4도에 달한다. 이러한 천지의 물을 마실 경우 쉽사리 배탈이 나고 약간의 유독물질이 함유되어 있어 건강에 이롭지 못하다. 천지에는 세 곳의 온천수가 있는데 이를 호반온천이라 한다.

첫 번째 온천은 천문봉 아래에 있는 천지 호면온천이다. 이 온천의 수온은 섭씨 42도로 겨울에도 길이와 너비 200m의 호면이 얼지 않는다. 색은 무색이지만 유화수소 냄새가 난다. 물의 PH 농도는 5.8이고 과물 함유량은 0.91mg/L이며 물의 화학유형은 H-Na형이다.

둘째는 병사봉 서쪽 천지호면 온천으로 병사봉 서쪽 천지호면 동쪽 깊숙이 들어간 절벽 사이에 있다. 이곳에는 온천분수구가 두 개 있는데 수온은 비교적 낮아 섭씨 18도 가량 된다. 기체(氣體)도 나와 천지호면에서 기포(氣泡)가 올라 오는 것을 볼 수 있고 이곳 호면은 겨울철에도 얼지 않는다.

셋째는 백운봉 동쪽 사면의 천지호면 온천인데 여름철이면 간헐적으로 기포가 나타나는데 평시에도 온수가 나오는 것으로 알려지고 있다. 기포는 계속적으로 또는 몇 분에 한 번씩 기체를 뿜어 낸다. 1950년대 중반까지는 천지 호수면에 약간의 부유물(浮游物)들이 떠 돌았지만 물고기는 보이지 않았다. 이후 60년대와 70년대에도 물고기가 살고 있는 징후는 보이지 않았는데 1990년대에 들어와서 산천어가 간혹 발견되곤 하였다.

이 산천어의 무게는 50~100g 가량 되었으며 폭포 아래에서는 죽은 물고기가 떠 있는 것이 발견되었는데, 이곳에서 반나절 동안 낚시질을 할 경우 여러 마리의 물고기를 잡을 수도 있다. 이러한 물고기들은 북한측에서 수십 마리의 산천어를 방류하면서 생겨난 것으로 알려져 있다.

2) 천지와 괴물 이야기

천지에 괴물이 나타났다는 소문은 백두산 천지에 대한 신비감을 더해 주고 있다. 이 괴물의 정체에 대해 어떤이는 그것은 부석(浮石)이 물결의 충동에 의해 떠오른 것으로 보인다고 하고, 어떤이는 곰이 천지를 헤엄친 것이라고 하는가 하면, 천지는 화산폭발로 인해 생겨난 호수인데 결코 괴물이 있을 수 없다고도 하고 있다.

그러나 이같은 주장을 비웃기라도 하듯 마치 UFO에 대한 다양한 주장처럼 여러 형태의 괴물 출현에 따른 설은 잇따르고 있다. 천지괴물의 출현에 따른 목격담은 주로 중국측에서 제기되고 있다.

1962년 8월 중순 주봉영(周鳳英)이라는 사람이 천문봉에서 망원경으로 천지 동북쪽 수면에 나타나 헤엄치는 괴물을 목격했는데 몸체가 흑갈색으로 머리는 개와 비슷하다고 하였다. 1976년 9월에는 천문봉에서 휴식하고 있던 관광객 36명이 천지 가운데로 헤엄쳐 가는 괴물을 보았는데 크기가 소와 비슷하다고 하였다.

1980년 8월 천문봉 기상측후소 직원인 박용식외 많은 사람들이 사흘동안 계속해 세 차례나 나타난 괴물을 보았는데 머리의 크기는 사람 머리 만하고 눈은 밤알 만하다고 하였다. 이듬해인 1981년 6월에는 백두산 자연보호구에 소속되어 있는 6명의 기상직원들이 괴물을 목격했는데 길이가 2m 내외이고 머리는 표범머리와 비슷하다고 하였고, 같은해

9월 리빙소라는 기자는 괴물의 사진을 찍었다고 보도하였다.

이상 목격한 괴물의 윤곽은 대체로 크기는 소 만하며 색깔은 회색에 반지르르하며, 머리는 개 머리와 비슷하고, 눈은 밤알 만하며, 주둥이는 앞으로 튀어 나왔으며, 목의 직경은 약 10㎝에, 길이는 152㎝이며 몸체에 흰 무늬가 보였다고 한다.

괴물이 주로 나타난 시기는 6월 중순에서 8월 중순과 9월 중순인데, 그 중에서도 8월 중순에 가장 많이 나타난 것으로 알려지고 있으며, 이 괴물을 보기만 하면 운수대통하는 행운을 가져다 준다는 입소문이 끊이지 않고 있다고 하여 관광객들의 호기심을 자아내고 있다.

천지에 관한 제반 Data

동서 길이	3.85km
둘레 길이	14km
최대 수심	384m
연간수면증발	28만㎥
집수구지면수	350㎥

남북 길이	4.50km
면적	9.15㎢
평균수심	213.3m
지하수	2,520㎥
대기강수	1,260㎥

3) 백두산 천지 주변과 인근의 호수와 폭포

:: 삼지연(三池淵) 호수

백두산 천지 주변과 인근에는 삼지연(三池淵)을 비롯해 무려 47개의 크고 작은 호수가 산재해 있다. 이러한 여러 호수들과 폭포의 생성은 주로 화산활동에 의한 것이다.

삼지연(三池淵)은 백두산 남동쪽에 있는 세 개의 자연호수로 백두화산이 분출할 때 용암이 이곳에 흐르던 강물을 막아 생긴 호수인데 세 개의 못이 형제처럼 가지런히 있다 하여 삼지연이라 하였다. 삼지연 주변에는 크고 작은 못들이 많았는데 세월이 흐르면서 일부는 말라버렸다. 지금으로부터 수백년 전에는 7~8개의 못들이 있었는데 이 못들을 가리켜 7성지 또는 8성지라 불렀다고 한다.

현재 1호 못으로 지칭되는 이 못은 가장 큰 호수로 넓이는 0.36㎢이고 최대 깊이는

3.8m이다. 2호못은 1호못 동북쪽에 있는데 넓이는 0.06㎢이고 최대 깊이는 1.7m이다. 3호못은 2호 못 등 너머에 있으며 넓이는 0.06㎢에 최대 깊이는 2.9m이다.

:: 폭포(瀑布)

백두산 동남쪽 소백수 골안에 있는 백두산 밀영폭포는 백두산 천지에 시원을 두고 소백수 골안의 약간 비탈진 바위벼랑에서 흘러내리는 폭포이다. 그 정경은 한 폭의 비단필을 드리운 듯 장관을 이룬다. 여타 백두산 천지에 시원을 둔 폭포수 가운데 가장 크고 장쾌한 폭포이다. 이 폭포에서 멀지 않은 곳에 매부리폭포가 있는데 그 모습이 흡사 매부리 같다 하여 붙여진 이름인데, 오늘날 북한에서는 연지폭포라 부르고 있다.

또다른 폭포로 형제폭포가 있는데, 이 폭포는 두 개의 폭포가 바위 벼랑을 따라 가지런히 내려오는데 우측 폭포가 낙차도 크고 물량도 많아 형과 같은 느낌을 준다 하여 형제폭포라 부른다. 형제폭포에서 1km 가량 올라 가면 백두폭포가 있다. 해발 2,200m 고도에 위치해 있으며 낙차는 16.3m로 두 번 꺾어져 흘러내린다. 백두폭포에서 오른쪽으로 에돌아가면 세 번 꺾여 물줄기가 흘러내리는 사기문폭포가 있다. 3번 꺾여 내린다고 하여 삼단폭포라고도 하는데 낙차는 18m이다.

이면수라는 물고기가 많이 서식한다 하여 이면수폭포로 불려지는 이 폭포는 백두산 화산이 분출될 때 땅속으로 흐르던 물이 갈라진 바위틈으로 흘러 생긴 폭포이다. 이런 까닭에 여타의 폭포와 달리 흐르던 물이 벼랑 꼭대기를 타고 흘러내리는 것이 아니라 지하에서 흐르던 물이 벼랑 중턱에서 생긴 틈을 통해 쏟아져 내리는 특이한 폭포이다. 폭포는 2단으로 되어 있는데, 첫 계단의 높이는 7m이고, 둘째 계단의 높이는 8m이다. 땅속 물이 바위틈으로 쏟아져 나오기 때문에 영하 30~40도가 되는 강추위에도 얼지 않고 뽀얀 물안개를 일으킨다. 이 물안개로 인해 주변에는 하얀 서리꽃이 만발하게 피어나는 장관을 이룬다.

제비봉과 낙원봉 사이에서 흘러내리는 폭포를 쌍모래폭포라 하는데 마치 모래가 흘러내리듯이 사륵사륵 소리를 내며 고요히 흘러내리는 두 가닥의 폭포라 하여 그렇게 부른다. 이밖에 쌍무지개봉에서 흘러내리는 쌍무지개폭포 등 여러 폭포가 있다.

오늘날 중국측에 속해 있는 달문인 장백폭포는 백두산 천지의 물이 승사하를 거쳐 1.25km 내려오다가 단층애를 만나 형성된 폭포로 낙차는 68m이고 폭포에 의해 침식된 바닥은 수면에서 20m나 된다. 수량이 많고 낙차가 커서 떨어지는 물은 부셔져 미세한 물방울을 이루는데 해가 날 때에는 여기서 오색무지개가 아름답게 빛난다.

장백폭포 서쪽으로는 낙차(落差)가 20m나 되는 은류폭포가 용문봉 북쪽에 위치해 있다. 백두산 서쪽 비탈 금강하 상류지점에는 금강폭포가 있는데 이 폭포는 두 단계로 이루어져 있다. 첫 단계의 낙차는 50m이고 두 번째 단계의 낙차는 20m로 총 낙차가 70m에 달한다.

폭포 주위에는 삼림이 우거지고 폭포 양쪽에 기암괴석의 형태를 한 굳은 암석이 분포되어 있어 멋진 경관을 이루고 있다.

3) 경관(景觀)에 얽힌 전설들

호수와 폭포 주변에는 기암괴석의 바위들이 솟아 있게 마련이다. 이러한 자연형상물에 조물주는 인간들에게 다양한 설명을 가할 수 있도록 이야기의 소재를 제공해 주고 있다. 천지 주변에도 무수한 신화와 전설이 백두산의 높이만큼이나 천지 호수의 깊이만큼이나 쌓여져 내려오고 있다.

그 가운데는 바위에 대한 전설이 가장 많고 다음이 약초나 짐승에 대한 이야기가 앞뒤를 다투고 있다. 먼저 효심에 얽힌 문바위 이야기, 찌든 삶을 극복해 온 촛대바위와 노적봉, 산천어의 유래를 전해주는 강물바위, 가뭄에 허덕이던 사람들에게 바위틈이 갈라지면서 물줄기가 솟구쳐 나왔다는 천상수(天上水)바위, 이밖에 흔한 거북바위와 치마바위 이야기도 주변에 넘쳐나 있어 정감어린 애환을 천지 인근에 남겨 놓고 있다.

04 한국의 지붕 개마고원(蓋馬高原)

1) 지세(地勢)로 본 개마고원(蓋馬高原)

개마고원은 지형상으로 볼 때 청천강구와 성천강구 이북의 고지대(高地帶)를 지칭하는데 낭림산맥을 경계로 동개마고원, 서개마고원으로 구분하기도 하나, 대체로 함경남도 일원의 고산지대를 통털어 개마고원이라고 한다. 여기에서는 오늘날 북한의 행정구역체계상 대체로 량강도 일원을 고원의 범주로 보고자 한다.

고원과 관련된 강으로는 압록강과 운총강, 장진강, 부전강, 허천강 등등이 있고, 산줄기로는 서쪽은 낭림산맥, 동쪽은 마천령산맥, 그 남쪽은 함경산맥과 경계를 이루고 있는 평균 높이가 1,340m에 달하는 대고원(大高原)지대이다.

고원일대는 현재의 행정구역 명칭상 삼수, 갑산, 풍산, 장진, 신흥군 북부일대로 고원의 동해사면은 급경사를 이루고 있으나, 북쪽은 완만한 경사지가 형성되어 허천강, 장진강, 부전강 등의 여러 하천이 북으로 흘러 압록강에 유입된다.

산은 백산(白山), 연화산(蓮花山), 북수백산(北水白山), 대암산(大巖山), 두운봉(頭雲峰), 차일봉(遮日峰), 대덕산(大德山) 등 2,000m 이상의 높은 산이 많으나, 이들 고산들도 개마고원에서 보면 낮아 보이기만 한다. 개마고원은 태백고원과 같이 장기간 침식으로 인해 평탄하게 된 후 제3기 중신세(中新世) 이후 수차에 걸쳐 융기운동(隆起運動)을 반복해 형성된 고위침식평탄면이다.

융기운동에 의해 함경계(咸境系)의 동북성(東北性) 단층(斷層)운동으로 지층이 끊어져 내려앉아 고원연변(高原緣邊)에 길주 · 명천 지구대(地溝帶)와 성천강지구가 생겨났다. 이러한 개마고원은 다시 마천령산맥을 경계로 양강고원(함남)과 무산고원(또는 백무고원)으로 양분되며 화강편마암계를 기반으로 하고 있다.

고원의 연변(緣邊)에는 부전령(赴戰嶺)산맥과 함경산맥이 뻗어 있는데 두 산맥은 두류산에서 연결되고 묘향산맥은 위 두 산맥의 방향이나 성인상(成因上) 태백산맥과 같으며 검산령(劍山嶺:1,127) 부근에서 낭림산맥으로 이어진다.

함경산맥은 두만강에서 끝나는데 이 산맥은 지배사(地背斜) 융기운동에 의해 생성되었으며 동측은 단층애(斷層崖)로서 급경사를 이룬다. 산맥의 능선(稜線)은 동해사면을 흐르는 하천들의 두부침식(頭部侵蝕)에 의해 원래의 위치에서 상당히 물러나 변위(變位)되었다. 능선후퇴의 표식적 지형은 성천강의 원류인 부전령 부근이다.

현무암대지(玄武岩臺地)의 하곡(河谷)에는 메사(Mesa)라고 불리는 특수지형이 발달되어 있는데 이 지방 지명층(地名層)에 오수덕 등과 같이 유독 덕자(德字)를 붙인 수많은 지명들은 대체로 메사(Mesa)형에서 기인되고 있다.

특히 압록강지류인 가림천(佳林川) 양안(兩岸)에 메사가 발달되어 있다. 고원전체는 마치 넓고 넓은 평야지대와 같다. 해발고도가 대체로 1,200~1,300m가 될 정도로 높기 때문에 여름은 서늘하고 겨울은 매우 춥다.

이러한 기후조건에 대해 동국여지승람(東國與地勝覽)에 기록하기를, 경성(鏡城) 서쪽의 백산은 산세가 매우 험하여 5월이 되어야 눈이 녹으며 7월이면 다시 눈이 내린다고 하고 강수량도 매우 적은데 이는 함경산맥이 동해로부터의 습기를 차단하여 연중 강수량이 600mm 내외밖에 되지 않는다고 하여, 예전부터 이 지역의 기후적 특성을 강조해 왔음을 알 수 있다.

2) 개마고원(蓋馬高原)의 명칭은 개마국(蓋馬國)에서 연유되었다.

우리나라 고대 부족국가의 하나였던 개마국(蓋馬國)은 고구려 건국 이전부터 개마고원

일대와 압록강변을 영역으로 하였던 나라로 환인(桓仁)지방에서 성장하고 있던 고구려와 공존하다가 서기 26년(고구려 大武神王 9)에 고구려에 병합당한 나라이다.

그 위치에 대해 해동역사(海東繹史)의 저자 한치윤(韓致奫)이 그의 저서 지리고(地理考)에 기술하기를 개마국은 삼갑(三甲)인 백두산 이남의 개마고원 일대에 있었다고 하였다. 삼국사기 부록에 실린 삼국강역략도(三國彊域略圖)에도 태백산(太白山:백두산을 말함) 남쪽에 개마국을 나타내고 있는데 동북쪽으로 북옥저(北沃沮)를, 개마국 남쪽 동해안에는 옥저국(沃沮國)을 표시하고 있다.

삼국사기(卷第十四 高句麗 本紀 第二 大武神王:유리왕의 제3자) 9년(26) 10월조에 보면 왕이 친히 개마국을 정벌하여 그 왕을 죽이고 백성을 위안하고 왕모를 사로잡은 후 그 땅을 군현(郡·縣)으로 하였다 하고, 동왕 12월조에는 구차국왕(句茶國王)이 개마국이 멸망하였다는 말을 듣고 자기도 해를 입을까 두려워하여 나라를 들어 항복하였는데, 이로 인해 고구려의 강역이 크게 넓어졌다(九年冬十月 王親征蓋馬國殺其王 慰安百姓 毋虜掠 但以其地爲郡縣 十二月 句茶國王聞蓋馬滅 懼害及其 擧國來降 由是拓地浸廣)라고 기술하고 있어 개마국의 역사적 사실을 뒷받침하고 있다.

육당 최남선의 조선상식문답 중 [朝鮮의 異名] 항목에도 〈'朝鮮' '肅愼' '蓋國'〉을 열거하고 있기도 하다. 요컨대 개마고원이 개마국의 영토이었고 개마고원이라는 명칭 역시 여기에서 비롯된 것임을 알 수 있다.

이 지역은 원래 고조선과 고구려의 고토였으나 고려시대에는 여진족이 점거하여 살았다. 조선조 세종 때 사군육진 개척으로 여진족을 몰아내고 남부지방의 주민들을 이주시켰다. 세간에 三甲 또는 삼수갑산(三水甲山)이라고 알려진 이 지방은 하늘을 나는 새도 찾지 않는다는 산간벽지로 한번 가면 다시 돌아오지 못할 곳의 대명사화된 오지(奧地)였다.

3) 수력발전의 메카지역

한국의 지붕으로 일컬어져 오고 있는 개마고원은 압록강 지류 여러 곳에 거대한 유역변경식 수력발전 시설이 개발되어 총 50만kW의 발전량을 보유한 전원지구(電源地區)이다. 개마공원과 유관한 수력발전소는 부전강·장진강·허천강발전소 등을 들 수 있다.

1926년 4월에 착공해 1932년 12월에 준공된 부전강(赴戰江)수력발전소는 장진강(長津江) 지류인 부전강 상류계곡 해발 1,200m인 신흥군(新興郡) 동상면(東上面) 한대리(漢垈里)에 높이 81.81m인 산정에 400m의 댐을 구축하여 저수지를 만들었는데 이 저수지를 부전호라 부른다.

호수 주변에는 북수백산(2,522m), 차일봉(2,506m), 두운봉(2,487m), 백산(2,476m) 등 험준한 고산준령들이 즐비하고 오색 단풍이 인공호수와 어우러져 관북제일의 등산지요, 휴양지인 동시에 피서지가 되고 있다.

부전호가 만수시에는 둘레 76㎞, 면적 24㎢로 총 저수량은 6억3940㎥에 달한다. 부전호 하류계곡에는 제2, 제3의 보조 저수지도 있다. 상류지점으로부터 분수령인 부전령 산허리를 뚫어 부전호의 물을 동해 사면(斜面)의 성천강에 낙하시켜 수력발전소를 가동시키고 있다.

터널의 직경은 약 2m의 철관에 4줄로 된 연장 약 3,000m의 철관로(鐵管路)를 뚫고 내려와서 백암산(1,741m) 아래 해발 580m되는 지점에 설치된 송흥리(松興里) 제1발전소에서 유효낙차(有效落差) 678.8m를 이용해 최대 13만㎾의 출력을 내고 있으며 그 아래에 있는 3개의 발전소의 발전량을 합하면 총 20만㎾의 전력을 생산하게 된다.

이 발전소 서쪽에 장진강발전소가 있다. 장진강 상류 갈전리(葛田里)에 댐을 구축하였는데 댐 둘레는 약 120㎞에 달한다. 부전강발전소와 같은 형식에 의하여 황초령(1200m), 마대산(馬垈山:1,745) 등지에서 발원하는 장진강 하류 40㎞ 지점의 갈전리 협곡부에 중력식 콘크리트 댐을 1934년에 구축해 인공호인 장진호를 만들었다.

장진호는 부전호와 함께 우리나라 유수의 인공호수로서 인근의 북수백산(北水白山:2,522m), 차일봉(遮日峰:2,506m), 두운봉(頭雲峰:2,487m), 백산(白山:2,379m)을 포함한 명승지로 각광받고 있다. 해발 1,200m의 황초령을 강색철도를 이용해 산 위로 올라가면 황초령에 다다르고 이어서 장진선의 종점인 사수역에 도착하게 되는데, 여기서 호수 전용의 유람선을 타고 50리(20㎞)의 호반을 지날 때 펼쳐지는 주변의 산천풍경은 문자 그대로 절경이다.

장진호의 만수면적은 64만㎢에 저수량은 10억 5900만톤이다. 이 호수의 물을 황초령 중앙을 뚫어 24㎞의 도수(渡水)터널로 동해사면에 물을 끌어다가 성천강 지류인 흑림강(黑林江)으로 떨어뜨려 그 낙차로 발전을 일으키게 하고 있다.

장진강발전소는 1935년 5월에 착공, 1938년 7월에 준공되었는데, 이 발전소는 모두 4개소로 제1발전소의 낙차는 800m이고 제2발전소는 215m, 제3발전소 93m, 제4발전소는 40m이다. 여기에서 생산되는 전력이 흥남과 원산공업지대로 보내졌다.

장진호 인근은 6 · 25전쟁시 중공군과 미해병대 간의 치열한 전투를 전개하였던 전적지이기도 하다. 즉 미군이 장진호 계곡을 따라 강계방면으로 전진하던 중, 장진군 서한면 유담리와 신흥리 일대에서 중공군의 공격을 받음으로 인해 미군의 흥남방향 철수를 어렵게 하였다.

그러나 악전고투 끝에 철수를 감행함으로써, 역으로 중공군의 함흥으로의 진출을 2주간 지연시킬 수 있었다. 이 전과로 유명한 흥남철수작전이 수행되었다. 이처럼 장진호 주변은 한국전쟁사에서도 빼놓을 수 없는 격전의 전적지이기도 하다.

한편, 개마고원의 동부를 북류하여 압록강으로 흘러 들어가는 허천강은 길이 210.7㎞로 유역에는 옥련산(玉蓮山:2,164m), 대덕산(大德山:2,113m), 검덕산(檢德山:2,164m) 등 높이 2,000m 이상의 준봉들로 첩첩이 이어져 있다.

풍산군 안수면의 옥련산에서 발원하여 풍산군과 갑산군을 북류하며 웅이강(熊耳江), 서동천(西洞川), 운룡강(雲龍江) 등 많은 지류들을 허천강은 받아들이고 있다. 강 주변은 천혜의 산림이 울창하여 원시림을 이루고 있으며, 이곳의 침엽수림은 가히 한반도 삼림자원의 보고라 할 만하다. 강 유역에는 1941년에 부전강수력발전소나 장진강발전소와 같은 유로변경식 발전을 위한 허천호를 조성하였다. 이 호수는 일명 황수원호(黃水院湖)로도 알려져 있다.

상류인 황수원강과 웅이강이 합류하는 지점에 만들어졌기 때문에 초기에는 황수원호(黃水院湖)라고 불려졌다. 해발 1,335m의 후치령 중앙을 관통하여 동해사면으로 흐르는 남대천으로 낙하해 발전에 이용되고 있는 허천강수력발전소는 함경남도 허천군에 소재하는 대규모 발전소로 설비용량 40만㎾이다.

제1발전소(11만㎾)는 함경남도 허천군 홍군리에 두고 있고, 제2발전소(5만1천400㎾)는 허천읍에, 제3 발전소(3만9천㎾)는 허천군 상농노동자구에, 제4발전소(4만8천㎾)는 단천군 연대리에 각각 두고 있다. 1936년부터 1940년대까지 5년간의 공사 끝에 마무리된 이 발전소는 6 · 25전쟁 때 파괴된 것을 1953년 복구공사를 완료해 1960년 평균전력생산 27만3천㎾의 발전량을 생산해 왔다.

4) 개마고원 주변의 방술지(防戌地)와 고적(古跡)

개마고원 인근은 굳이 고대사를 들추지 않더라도 중세 이후에도 관할 변천이 심했던 지역이다. 산간 오지로 거주하기가 평야지대와 같지 못한 불편으로, 자연 인구의 공한지대가 되어 왔다.

따라서 미개척지로 남게 되면서 영역관할은 허술한 가운데 북방의 야인들이 강성해짐에 따라 이들의 점유지가 되었는가 하면, 때로는 이들을 추방하여 북방방술지(北方防戌地)로 자리잡혀 오면서 일대는 방술지(防戌地)와 이와 유관한 고적(古跡)들이 적지 않게 산재해 있다. 비교적 규모가 크고 가장 오래된 혜산(惠山)시 강구동에는 파수령이라는 곳이 있었다.

1398년(조선 태조 7) 갑산에 성을 쌓고 북부지방의 방비를 위해 군을 주둔시키면서 압록강 연안에 파수체계와 봉수연락체계를 세우도록 하였는데, 이 때 이 령 위에 파수막을 두었다.

이같은 봉수연락체계를 무력화시키기 위해 세종22년(1440년 초)에 들어서면서 봉수제에 계속적인 여진인들의 침입이 잇달았다. 따라서 조정에서는 개마고원과 연결된 압록강 연안에 여러 보를 두게 되었는데, 이 가운데 운총보, 위원보, 보천보, 혜산보는 대표적인 보로서 대부분이 이 당시의 보루 명칭이 이후에 지명화되었는가 하면, 오늘날 '보'가 발음상 '포'로 변한 곳도 적지 않다.

여하튼 이러한 보들과 봉수대를 통하여 적의 침략을 방어하기 위한 연락체계는 계속해 갖추어졌다. 예컨대 4군6진을 설치할 때 무창에서 보천까지 130개의 지점을 연결하는 16개의 큰 성곽과 21개의 소보(小堡)를 설치하였는데 이를 봉화덕이라 하였다.

보통 덕(德)은 령(嶺)을 의미하는데 이 지역에 널리 전해지고 있는 덕타령 속에 '덩덩이굴'에 얽힌 이야기가 전해오고 있어 이를 여기에 소개해 보고자 한다. 어느날 봉화덕 파수병들의 초소에 촌로를 가장한 여진인 첩자가 들어와 술을 권함에 파수군들은 의심하지 않고 권하는 술을 받아 마시고 모두 취하여 잠들었다.

단지 번을 서던 보초만이 술을 마시지 않았다. 이 틈을 타 적들이 살금살금 기어 들어옴에 놀란 보초병은 적의 침입을 알리기 위한 신호로 북을 세차게 두드렸다. 그러나 술에 취한 파수병들은 깨어날 줄 몰랐다.

이에 하는 수 없이 초병은 봉수체계의 비밀을 지키려고 덩덩굴로 가서 자결하려 하였다. 그런데 이상하게도 굴 주변에 다달으니 둥둥 덩덩하는 요란한 소리가 나면서 잠들었던 병사들이 일시에 깨어나 적들을 물리치게 되었다. 이후 굴 주변에서 발을 구르면 덩덩 굴소리가 났으며 왜적이 쳐들어오던 난리 때도 덩덩궁궁하는 소리가 나, 외적의 침입을 알려주었다고 하여 덩덩굴은 유명해졌다.

혜산시 운총리에는 1460년 운총보를 두었는데 운총이란 구름이 자주 낀다는 뜻이다. 운총보성은 둘레가 1,050m, 높이 3m 원형포성으로 1440년경에 축성되였다. 신갈파진 역시 1444년(세종 26) 설치하였는데 갈파는 칡을 의미한다.

오늘날 북한체제하의 김정숙군 풍양리에는 나난옹성(羅暖甕城)이 있는데, 이 성은 1500년대 축성한 것으로 압록강과 장진강 기슭 방어를 위한 것이다. 즉 신갈파진과 나난보성을 연결하는 전초방어선으로 성 둘레가 1,200m, 높이 2.5m이다. 이 옹성에 1400년대에 설치된 나난봉수대가 있다. 이 봉수대는 서울 남산봉수대와 연결하는 최전방 봉수대로 규모는 30.6㎡, 축대 높이 3m, 화덕 주위성축이 총 연장 46m이다.

차보리의 망령보와 삼서리 어면보는 1447년에 축성된 석성인데 어면이란 물고기가 많은 강을 끼고 있다는 데서 연유된 것이다. 어면보 성 둘레는 610m, 높이는 2.7m로 오늘날 북쪽 성벽 일부만 남아 있다. 1952년 당시 함남 삼수군 삼서면 용하노동자구에는 1518년에 축성한 강파보성이 있는데 주위가 238m, 높이 1.2m로 서쪽의 성벽이 약간 남아 있다.

갑산읍에는 읍성과 진북루, 장평산성이 있다. 읍에는 1413년에 착공하여 1439년 완공된 진북루(남문), 북승루(북문), 아상정(서문), 함구정(동문) 등 다락을 가진 성문과 부속건물 그리고 성벽 15개의 보루와 365개의 성가퀴를 두었다.

지리서인 대동수경(大東水經)에 의하면 삼수군은 예전에는 삼잔수, 속빈, 흘품이라 하였는데 이는 압록강, 장진강, 허천강 등 3개의 큰 강을 끼고 있다는 데서 유래했다고 하는데 삼수군에는 여러 개의 보와 고적들이 있는데 대표적인 것으로 인차외보성, 전원경보, 소농보, 가을파지보, 중흥사, 관덕루, 삼수동문 등이 있다.

인차외사지역을 끼고 흐르는 인차외천은 한 · 청간에 국경문제로 인해 감계담판이 열리기 전후 시기에 양국 변경민간의 안전을 위해 현지 관리들 간에 협약을 맺아 당면문제를 처리하였던 인차외진변정절목([仁差外鎭邊政節目])이 작성된 진원지로 이 절목(節目)

은 우리나라 북방국경문제 연구에 귀중한 사료가 되고 있다.

이상으로 '하늘 아래 제일 높은 한국의 지붕' 또는 '한국의 알프스' 라고 불리우는 개마고원과 그 주변일대를 주마간산격으로 살펴보았다.

05 민족의 후손을 잇게 한 포태산(胞胎山)

우리나라 산맥 가운데 가장 높고 험준하며 함경남 · 북도와 도계(道界)를 구분짓게 하는 마천령산맥(摩天嶺山脈)은 해발 2,000m 이상의 백두산 대연지봉(大臙脂峯), 소연지봉(小臙脂峯), 소백산(小白山), 허항령(虛項嶺)을 머리에 이고 북포태산(北胞胎山)과 남포태산(南胞胎山)으로 연이어져 있다.

이들 산 아래로는 최가령, 아무산, 백사봉, 고두산, 남설령으로 이어져 오다가 2,309m의 두류산(頭流山)에서 함경산맥과 교차된다. 두류산 남반부에서는 산맥의 세력이 비교적 약해져 덕만산, 요연산 등으로 굽어 내려오다가 성진시 서쪽 해안에서 끝난다.

이러한 마천령산맥 중반부에 남북부를 떠 받치고 있는 포태산이 있는데, 포태(胞胎)라 함은 잉태(孕胎)를 의미하는 것으로 토테미즘이 강했던 그 옛날 불임녀들이 아기를 점지해 달라고 산제를 올렸는데 신통하게도 북포태산에 산제를 올린 사람에게는 남아를, 남포태산에 산제를 올린 이에게는 여아를 점지해주었다고 한다.

이후 이들 산 이름이 포태산이라 부르게 되었다고 한다. 이같은 의미의 포태산은 남 · 북포태산으로 나누어 북포태산은 함경북도 무산군 삼장면과 함경남도 혜산군 보천면의 경계에 위치해 있으며 산의 높이는 2,289m이다.

이 산 남쪽에 자리하고 있는 남포태산(혜산군 보천면)의 높이는 2,435m로 북포태산보다 146m 가량 더 높다. 이 산들 역시 백두산과 함께 신생대 제 3~4기에 걸쳐 분출된 화산으로 일대는 광활한 고산군(高山群)을 형성하고 있는 산지이다.

북포태산은 서북쪽 사면(斜面)에 있는 높이 1,401m의 허항령(虛項嶺)을 경계로 서북쪽에 위치한 백두산 산지와는 지맥을 달리하고 있다. 북포태산의 허항령은 압록강 유역과 동북쪽의 두만강 유역을 연결하는 길목으로 내륙교통의 요지이기도 하다.

이러한 허항령은 마천령산맥의 북단에 가까운 소백산과 북포태산 사이에 위치한 안부(鞍部:말 안장과 같은 형태)로 고개 북쪽 사면은 무산고원(茂山高原)으로 이어져 두만강 지류인 소홍단수의 상류계곡으로 통하고, 남쪽사면은 개마고원으로 이어지며 압록강 상류 독산리에서 북쪽으로 분기하는 하곡과 연결된다.

도로도 자연 이들 하곡(河谷)을 따라 개통되어 혜산에서 보천보 포태리를 지나 이 고개에 다다르면 다시 강두수(江頭水)를 거쳐 두만강 중류의 무산에 달한다. 허항령 산정에는 용암류(熔岩流)에 의한 언색호(堰塞湖)인 명승지 삼지연(三池淵)이 자리하고 있는데 예전에는 삼지연 주변에 7~8개의 연못들이 있었다고 하며 이들 연못을 7성지, 8성지라고 불렀다는데 오늘날에는 이름만 남아 있을 뿐이다.

허항령이란 지명은 조선시대에 북방경비를 위한 군사들을 파견 배치해 놓고 제대로 사후관리를 못하는 가운데, 제반 물자가 보급되지 않아 현지 주둔군 역시 방비에 힘을 기울이지 않았고, 군율도 문란하여 경비체계가 허술하게 됨에 따라 주둔병이 없는 텅 빈 령(嶺)이라 하여 허항령(虛項嶺)이라 불려졌다고 하는 설이 있기는 하나 진위를 확인키 어렵다.

일제침략기에는 일본군이 소위 갑무경비도로(甲茂警備道路)라 하여 삼지연에서 대홍단방향으로 갑산과 무산을 연결하는 국경경비도로를 허항령 마루에서부터 닦아 놓고 경비를 하였는데 이 도로가 오늘날에도 국경지방도로로 활용되고 있다.

포태산이 자리하고 있는 산지는 고산지대로 산 정상부는 관목대(灌木帶)를 이루고 산밑으로 내려오면서 침엽수림이 전개되는 아한대성 산지기후를 나타내고 있다. 마치 동토대(凍土帶)의 식생경관과 유사해 이깔나무, 전나무, 가문비나무 등의 침엽수가 대종을 이루고 있다.

활엽수는 모두가 낙엽활엽수가 되어 식물상(植物相)은 빈약하다.

산의 북쪽 사면은 두만강으로 유입하는 소홍단수(小紅湍水)의 계류가 산지를 풍화작용이나 침식작용으로 인해 지표의 일부가 깎여져 여러 형태의 지형으로 바뀐 개석지(開析地)인데다 심산유곡을 이루고 있는 자연 그대로의 상태이다.

다만, 남포태산의 서남쪽 사면(斜面)에서는 북계수(北溪水)와 남별수(南別水)의 계류가 개석(開析)되어 이 계곡에 포태리의 상촌, 중촌, 하촌 등의 산촌(山村)을 이루고 있는데, 이들 산간 촌락의 형성연유는 여진인들의 재가승부락(在家僧部落:민속학적으로 중시되는 마을임)과 맥을 같이하고 있는 것으로 보고있다.

북계수와 남별수는 포태산 산지 서남쪽 사면에서 합류하여 포태천을 이루면서 포태리, 대평리(大坪里), 보태리(寶泰里)를 거쳐 통남리(通南里) 보천보(普天堡)에 이른다. 남포태산(南胞胎山)은 전체적으로 원추형의 둥근 형태를 이루고 있으며, 경사가 매우 가파른 편인데 다소 완만한 산정부분은 일곱 개의 서로 비슷한 높이의 봉우리가 십자형으로 이어져 있다.

서사면(西斜面) 중턱에는 혜산과 무산을 잇는 국도가 있는데, 도로 동쪽 계곡에는 압록강의 지류인 가림천(佳林川)이 남서방향으로 흐르고 있다. 이 산의 지질은 백두산맥의 대연지봉, 소연지봉, 북포태산 등과 같은 화산지형으로 남쪽의 두류산(頭流山:2,303m)에 이르기까지 현무암으로 덮여 있다.

산지 곳곳에 빙하의 침식으로 생긴 U자 모양인 권곡(圈谷:kar)의 빙하지형이 발달해 있어 자연의 신비로움을 더하고 있다. 그러나 신생대에 이르러 이 단층 약선(弱線)을 따라 알카리 조면암(粗面巖)과 유문암(流紋巖) 등의 화산암이 분출되어 백두산 화산대를 형성하고 있다.

그런가 하면 북부서~남남동의 구조선을 따라 주행하는 단층구조의 산맥으로 동쪽 지반이 떨어진 정단층운동의 결과로 동쪽 사면이 급경사면을 이루고 있다. 지질은 우리나라에서 가장 오랜 시생대 마천령계의 결정편암과 석회암 등으로 이루어졌다.

두류산 산중에는 인가가 없으나 동단과 남단에 산촌 형태로 소규모의 촌락이 있고 산 아래쪽 사면에 내려올수록 급경사에 험준하기는 하나 북쪽에 비해 남쪽은 경사가 비교적 완만하여 현지의 용천수를 이용한 화전(火田)이 있다. 산상에는 기이하게도 해변에서나 볼 수 있는 황사(黃砂)와 조개껍질이 있어 이채롭다. 이 때문에 일대는 초목들이 잘 자라지 못하고 있다.

이러한 두류산 일대는 조선조 말엽 이곳 저곳에서 사금(砂金)이 다량 채굴되어 대동금점(大洞金店)이라는 명성이 전국에 널리 알려지기도 하였다. 이 곳에 용소(龍沼)라는 늪이 있는데 이 늪은 명나라 태조인 주원장(朱元璋)과 관련된 전설을 간직하고 있다.

지질학상 마천령계는 변성퇴적암류(變成堆積巖類)로 분류되는데 우리나라에서 가장 오래된 암석 중 하나이다. 구성암석의 종류가 매우 다양하고 복잡하여 층서(層序)를 밝히기가 매우 곤란하나, 외견상의 층서로 보면 대체로 하부, 중부, 상부로 3대분 할 수 있으며 하부의 구성암은 흑운모편마암, 각섬편마암, 화강편마암, 각섬암, 대리암, 편암, 규암 등이다.

중부는 주로 대리암(결정질 석회암, 결정질 돌로마이트 석회규산염암 등)으로 되어 있고 곳곳에 편암이 협재해 있는데 상부는 흑운모편암, 각섬흑운모편암, 규선석흑우모편편암, 십자석편암, 각섬편암, 대리암 등으로 되어 있다.

마천령계는 주변에 있는 화강편마암과는 단층접촉 관계에 있다. 편암 중에 십자석과 규선석(硅線石)이 들어 있는 부분은 고도의 변성작용을 받았고 흑운모편암 등은 변성 정도가 이보다는 낮았음을 보여주고 있다. 결정질 석회암 중에는 석영의 입자가 길게 비꼬인 상태로 연장된 박판(薄板)에 들어 있어 암석의 특징을 잘 나타내고 있다.

이 산맥으로 인해 크고 작은 수많은 고개가 파생되어 있는데, 이 고개들이 함경남 · 북도간의 교통로를 열어주고 있다. 이 가운데 대표적인 교통로로 혜산~무산 간의 하항령, 혜산 길주 간의 남설령(南雪嶺:2105m), 단천~성진 간의 마천령(873m) 등이다. 마천령산맥에 속하는 대정봉과 대연지봉 간의 능선에 유명한 정계비가 서 있다.

마천령산맥을 떠 받들고 있는 북포태산(北胞胎山)과 남포태산(南胞胎山) 주변은 조선과 청나라 간에 국경을 획정하기 위해 을유감계담판이 열렸을 때 양측이 정계비문상의 동위토문(東爲土門)이라는 토문강에 대한 이견으로 북방지형에 대한 답사를 여러 편대로 나누어 한 바 있다. 이 때에 포태산(胞胎山) 일원에 대한 답사는 청측 감계회도관(勘界繪圖官) 염영(廉榮)과 우리측 수원(隨員) 오원정(吳元貞)이 하였다.

그 당시 산지형세 답사로 토문강이 결코 도문강이 될 수 없음이 입증되었음에도 불구하고 청측은 이 당시의 정황을 무시하고 결국은 일제와 야합하여 오늘날 간도 땅을 불법부당하게 차지하고 있어 안타까움을 더하고 있다.

이에 간도영유권문제와 밀접한 답사보고 기록을 간략히 여기에 옮겨 보면 다음과 같다.

황사령(黃沙嶺) 위의 삼급포 동남쪽에 있는 포담산(蒲潭山:포태산을 일컬음)을 조선에서는 보체산(寶髢山)이라고 부르는데 정계비에서 약 180리 되는 거리에 있다.

여기에는 두 개의 산이 있는데 동남쪽에 있는 산을 남보체(南蒲髢:남포태산을 일컬음), 서북쪽에 있는 산을 북보체(北蒲髢:북포태산을 일컬음)라 하는데 이 두 산 중간에 만령(漫嶺)이라는 고개가 있다.

그 령(嶺) 서쪽 언덕에 하천 하나가 있는데 이것이 서북쪽으로 흘러서 압록강으로 들어간다. 령(嶺) 동쪽 언덕에 동으로 흐르는 하천은 서두수 지류가 발원하는 곳이다.

북보체의 동북쪽 언덕에 하천 하나가 있어 동남쪽으로 흐르며, 수 십리를 가다 세 개의 하천이 합쳐져 하나가 되어 또다시 동북쪽으로 향해 수 십리를 흘러 매교(枚橋)의 하평각평(下平角坪) 위에 이르러 서두(西頭)의 경류(經流)와 서로 모여 굽어 꺾어져서 동북쪽으로 흘러 강구 지방에 도달한다.

이어서 홍단수(紅丹水)와 소홍단수(小紅丹水)에서 나오는 홍토산수(紅土山水)와 합류하여 도문강(圖門江)이 된다. 이것을 계산해 보면 보담산(蒲潭山)에서 강구(江口)지방에 이르기까지 약 280여 리가 된다.

서두수의 경류는 길이 멀고 눈이 깊었기 때문에 더 이상 전진하여 조사할 수 없었으나, 토민의 말에 의하면 이 하천의 발원은 길주 북쪽 경계인 학항령(鶴項嶺) 북쪽 언덕에 있는데 이 영마루에서 흘러내리는 물이 강구지방에까지 도달한다고 한다. 이상의 기록은 향후 간도문제가 재론될시 매우 의의있는 자료가 되겠기에 기록해 두고자 한다.

고종 24년 정해감계담판시에는 청측은 우리측의 의사를 완전히 무시하고 자의적으로 서두수와 홍단수를 답사할 때 사전에 이 선을 국계로 정하고자 15개의 빗돌을 운반해 왔다. 즉 이른바 계비유석(界碑遺石) 15개를 무산군 삼장면 소재 천왕당 아래로 갖다 놓고 이들 유석(遺石)들을 이용해 국경표석으로 세우고자 하였다.

이러한 작태에 대해 우리측 감계대표인 이중하는 내 목은 자를 수 있지만 한치의 국토도 줄일 수 없다(此頭斷可 國土不可縮)라고 완강하게 맞서 회담은 결국 결렬됨에 빗돌은 버려지게 된 것이다. 비면에는 華夏金湯固河山帶礪長이란 열 글자를 1자씩 새겼다.

이 석재 역시 청측의 일방적인 국경회담에 따른 부당한 처사를 입증해 주는 유물이 되고 있다. 천왕당은 소홍단수가에 있는 대왕당으로 단군을 봉사(奉祀)하던 사당이기도 하다. 철종 9년(1858)에 이곳으로 옮겨 해마다 칙사를 파견하여 참배하게 하거나 현지 군수로 하여금 봉사하게 하였는데, 조선조가 망하면서 국가적 제례(祭禮)는 폐지되었고 이후 지방민 주체로 매년 6월에 거행해 왔다.

마천령(摩天嶺)은 함남 단천군 광천면과 함북 학성군 학남면과의 경계에 있는 높이 725m의 고개인데 일명 이판령(伊板嶺)이라고도 한다. '이판' 이란 여진어로 소(牛)를 의미한다. 이 고개가 마천령산맥 남단에 위치해 있는데 서쪽 경사면은 마곡천(摩谷川) 계곡으로 통하고 동쪽 경사면은 한천천(漢泉川)의 지류 송곡계천으로 이어진다. 고개를 통과하는 도로는 이들 계곡을 따라 이어져 남서쪽으로 약 24km 지점에 단천과, 약 8km 거리의 함경북도 성진을 연결해 주고 있다.

특히 서쪽 경사면의 덕산리와 다대동에서 동쪽 경사면의 전촌까지의 약 25km의 고갯길은 도로의 굴곡이 매우 심해 전형적인 구절양장(九折羊腸) 형태를 하고 있다. 이 고갯길에 얽힌 전설로, 옛날 농부가 송아지를 산너머에다 팔았더니 그 어미소가 송아지를 찾아 이 고개를 넘어갔다고 한다.

이에 소 주인이 놀라 부리나케 어미소를 찾아나섰는데 이때 어미소를 쫓아 나선 길이 생김으로써 이판령이라는 새로운 고갯길 이름이 생겨났다고 한다. 오늘날 여진어가 자취를 감추어 가고 있는 시점에서 '이판(伊板)' 이 소를 의미한다는 여진어는 곱씹어보아야 할 말이다.

함남 신흥군 하원천면, 풍산군 안수면 경계에는 해발 1,676m의 금패령(禁牌嶺)이라는 매우 험한 영(嶺)마루가 있다. 이 고개는 관북지방의 중부해안부와 북부내륙지방의 개마고원지역을 연결하는 중요한 통로이기도 하다.

예로부터 이 고개가 하도 높고 험해 한 번 넘으려 하면 아무리 건장한 사나이도 지쳐 쓰러지게 마련이라 하여 좀처럼 이 곳을 지나려 하지 않았다. 그런데 어느 해인가 조정에서 관북지방에 심한 흉년으로 기근이 잇달아, 아사자와 질병이 끊이지 않자 이를 더 이상 방관할 수 없어 부득이 암행어사를 이 지역에 내보냈다.

밀명을 받고 떠난 어사가 계속해 산간촌락을 마다 않고 순시하는 도중 금패령이라는 험준한 고개길에 접어들게 되었다. 위험을 무릅쓰고 점차 산중 깊숙이 들어서다가 끝내 기진맥진하여 산속 한쪽 기슭에 쓰러질 수밖에 없었다.

이러한 때에 약초와 산나물을 캐러 나왔던 산간 부녀자들의 눈에 죽은 듯한 시체를 발견하게 되었다. 부녀자 일행은 몹시 놀라 어떻게 대처해야 할지 망설이고 있던 중 그중 가장 불심(佛心)이 깊은 박씨부인이 나서 말하기를 마을에 내려가 알리더라도 어떤 사람인지 살펴보아야 하지 않겠느냐고 일행을 설득하여 부녀들과 함께 쓰러져 있는 장소로

가 보았다.

그런데 자세히 보니 죽지는 않은 듯한 남정네가 탈진해 쓰러져, 인사불성이었다. 이에 박씨부인은 아녀자의 입장으로 몹시 난감하기는 하나, 한 생명을 살리고자 하는 일념으로 가까이 다가가 호흡이 완전히 끊겼는지 살피려 하는 순간, 죽은 듯하든 시체가 꿈틀거리며 가냘픈 신음소리를 내는 것이었다.

이에 앞뒤를 가릴 겨를이 없이 쓰러져 있는 나그네를 마구 흔들며 정신차리라고 하였으나 별다른 반응을 보이지 않음에 응급조치로 앞가슴을 풀어헤치고 젖을 짜내 나그네의 입속으로 흘려 보냈다.

이러는 동안 다른 아낙네들은 망연자실하여 모두 마을로 내려가고 말았다. 천신만고 끝에 죽음을 면하게 된 과객을 부축하고 마을로 내려오니 박씨부인의 남편은 대노하여 아내를 때리는가 하면 나그네에게도 폭행을 가함에 그대로 있다가는 살인이 날 수밖에 없어 부득이 과객은 품속 깊숙이 감춰뒀던 마패를 꺼내 보이고 위기를 면하였다.

이후 암행어사는 인근 고을 원에게 이 사실을 알려 이들 부부를 불러 후한 상을 내렸다. 이러한 일이 있은 후, 나라에서는 마패를 가진 자는 절대로 이 고개를 넘지 말라 명하고 그 이후 이 고개를 금패령(禁牌嶺)이라 명명하게 되었다고 한다. 이처럼 포태산(胞胎山)은 고산준령 험준한 산악이나 민족의 애환을 깊숙이 간직해 오고 있는 산이기에 되새겨 두고자 한다.

06 천리장성과 천마산(天摩山)

1) 천리장성

북녘의 명산대천은 대부분 전란시에 적의 침략로와 관련이 깊었던 관계로 이를 방비하기 위한 성곽과 이에 부수된 방어시설이 강산(江山)으로 이어졌다. 가장 긴 대표적인 장성(長城)이 천리장성인데, 천리장성이란 명칭이 사서(史書)에 나타나기는 고구려 시기 당나라의 침략을 예상하고 동북쪽으로는 오늘날 만주의 농안(農安)으로 알려지고 있는 부여성(扶餘城)에서부터 서남쪽은 중국의 대련(大連)으로 알려지고 비사성(卑沙城)에 이르기까지 1천여 리를 무려 16년 간에 걸쳐 기원 647년에 완성시켰다. 이 장성에 대해서는 중국당국이 1971년에 조사, 발표한 바 있다.

또다른 천리장성으로는 고려국의 북쪽변계에 쌓은 장성으로 그 위치와 범위는 서쪽으로는 압록강이 바다로 들어가는 의주에서 평안도의 내륙지대를 거쳐 함경남도 영흥(永興)지역으로 이어져 동해에 잇닿은 성이다. 이러한 장성에 대해 신증동국여지승람에서는 속칭 만리장성이라 하였다고 하는가 하면, 일부에서는 고려장성, 고려천리장성이라 칭하고 있다.

여하튼 오늘날 북녘의 명산대천은 천리장성과 연관되지 않는 곳이 없을 정도인데 이 가운데 하늘을 만져 볼 수 있을 정도로 높고 높다는 의미에서 이름지어진 천마산(天摩山)과 고려때에 쌓은 천리장성에 관해 살펴보고자 한다.

먼저 천마산에 대해 살펴보면 이 산은 국경지대인 압록강을 격해 있으며, 산 아래로 굽이쳐 흐르는 강물로 인해 경계가 일직선이 되지 못하고 개의 이빨처럼 들쭉날쭉 서로 어긋나는 형국인 견아상착(犬牙相錯)지세로 인접한 지역에 위치해 있는데, 오늘날 북한측 행정구역상 평안북도 천마군에 속해 있다.

2) 천마산

천마란 의미에 대해 그 옛날 천마산 주변 사람들은 산이 하도 험준하고 높게 보여 산 꼭대기에 올라가기만 하면 하늘도 사람들이 만져 볼 수 있다는 속설에서 "天摩"니 "摩天"이니 한데서 비롯되었다고 한다. 특히 하늘나라 옥황상제가 타고 다니는 말이 이 산에 있었는데 이 천마(天馬)가 "天摩"로 달리 표기되었다고 하는가 하면, 이 산줄기의 한 갈래인 초직령은 말머리 형국을 하고 있어 이 말이 옥황상제의 교자를 끌어가는 말이라는 전설을 간직하고 있기도 하다. 천마산 주봉옆에 있는 교자봉 역시 같은 의미에서 붙여진 봉우리 명칭이다. 또다른 봉우리인 소라봉은 산 정상에 옥황상제의 행차 때 위엄을 돋구는 악사대가 소라형 악기를 부는 악사 형국이라 하여 명명된 봉우리 명칭이다.

이러한 천마산에는 군사시설과 관련된 산자락 마을이 곳곳에 그 흔적을 남기고 있다. 그러한 실례로 구성도호부에서 관할하던 천창(天倉)이 있던 곳이라 하여 천창동이라는 마을 이름이 남아 있고, 구창령에도 천마, 선천, 동림군 등 3개군으로 통하던 고개에 식송진 군량창고가 있었다. 이렇듯 중요한 식량창고를 둔 것은 무엇보다 긴요한 수송로가 이 일대를 거쳐야 하는 관문로였기 때문이다.

즉 식송진과 구성간을 조망할 수 있는데다 구성에서 의주 삭주 대관으로 향하는 소천령 길목을 벗어나게 되어 있는데, 여기에 다달아야만 행인들이 비로소 안도의 기쁨을 안고 쉬어갔다는 희역(喜驛)이라는 이름의 역참(驛站)도 이곳에 있었다.

천마산에는 많은 양의 철광석이 매장되어 있는데 1930년대까지도 광산을 경영하던 자리가 있다. 연동골에는 동광석이, 우뢰골 쇠돌봉 기슭에는 다량의 철광석이 매장되어 있는데 기이하게도 이곳의 우뢰소리의 정도에 따라 비가 내리는 양을 가늠케 했다고 하며, 우뢰골이라는 골짜기 이름도 그래서 생겨났다고 한다. 그런가 하면 은광석을 캐냈다는 은창산이 있으며, 이 산 인근에 풀무골이 있어 여기에 야장간을 두고 부근에서 캐낸 광물로 병장기와 농기구를 만들어 냈다.

산이 험준하고 높으면 골이 깊고 수량이 풍부하기 마련인데, 오늘날 이 지역 대로단리(大魯段里)에는 천마수력발전소가 자리하고 있다. 한때 1만2천㎾의 발전량을 생산하는 것으로 알려져 있으며, 발전시설로 대형 송전탑 1개에 취수탑 6개, 변압기 4개가 설치되어 있다.

천마산 하면 먼 옛 일은 단치하고라도 일제침략기인 1920년 12월에 항일독립투쟁에 앞장섰던 세칭 천마산대(天摩山隊)를 빼놓을 수 없다. 이 부대는 한말 군대해산으로 흩어진 장병들이 주축으로 500여명의 대원이 화승총으로 무장한 부대로 투철한 항일의식으로 뭉쳐 혁혁한 전과를 올렸는데, 주 활동무대가 천마산을 근거지로 하여 의주, 구성, 삭주, 창성, 등지를 주무대로 하였다. 후에 남만주, 관전(貫佃), 집안(輯安) 등지로 기지를 옮겨 활동하다 1924년 광복군 사령부에 통합된 무장독립단체이기는 하나 어디까지나 천마산이 모기지였다.

3) 천마산을 주축으로 뻗어나간 천리장성

11세기 전반기 거란과 여진의 침입을 막기 위해 쌓은 천리장성은 축성 초기 공사의 책임을 맡았던 평장사 유소(柳韶)의 이름을 따서 유소장성이라 부르기도 하였다. 1033년에 착수하여 1044년에 끝냈는데 이 성은 위에서도 언급한 바 있는 압록강이 바다로 들어가는 의주에서 평안도의 내륙지대를 거쳐 함경남도 영흥(永興)지역으로 이어져 동해에 잇닿은 성이다. 금광산 천마산을 거쳐 동으로 완항령, 판막령 부근에 이르러 동남으로 뻗어 오늘날 함경남도 홍상군 연포리인 도련포에 다다른 1천여 리에 달하는 장성이다.

그런데 이 성들은 이미 그 이전 시기에 축성되었던 기존 성곽과 진(鎭), 보(堡) 등을 수축하거나 일부 보완 연결한 것이다. 즉 지금의 의주지역인 위원(威遠), 흥화(興化), 정주(靜州), 영해(寧海), 영덕(寧德)을 비롯하여 태천(泰川)의 영삭(寧朔), 운산(雲山)의 운주(雲州), 개천(价川)의 안수(安水), 희천(熙川)의 청새(淸塞), 평로(平虜), 영원(寧遠), 정융(定戎), 맹산(孟山)의 맹주(孟州) 등 13개 성과 함경남도 영흥(永興)지역인 요덕(耀德), 정변

(靜邊), 화주(和州) 등 북부지역에 군데군데 쌓아놓았던 성들을 연결시키기도 하고 새로 쌓기도 한 것이다.

대체로 이들 성들은 돌로 쌓았는데 성의 높이와 두께는 각각 25자였는데 1119년에 3자를 더 높여 외침에 대비하였다. 이들 여러 성곽들에 대해 그 흔적을 개략적이나마 살펴봄으로써 천마산과 천리장성의 옛 모습을 되짚어 보고자 한다.

먼저 이 장성의 시발점이라 할 수 있는 의주성의 경우 거란의 침입에 대비키 위한 것으로 1520년대 이전에는 성 주위가 14,083척 성벽 높이 13척이던 것을 뒤에 고쳐 쌓아 기존 성 둘레의 배에 가까운 27,531척에 높이는 12척으로 하고 성문을 견고하게 하기 위해 둥그렇게 쌓은 옹성과 성안에 1개에 저수를 해 둔 못을 비롯해 무려 43개의 우물을 두었다.

이 가운데 유일하게 남아 있었던 남문이 파괴된 것을 1958년에 복원하였는데 이 곳은 그 옛날 교통상의 요지였다. 의주성과 약 80여 리에 떨어져 있던 임천성(臨泉城)은 천마구성 방면에서 흘러내리는 남강과 하우령에서 흘러내리는 상단천과 솔개천이 합쳐져 고진강을 이루는데 임천성은 바로 이들 강물의 합수지점에 자리하고 있었다.

성 둘레는 10리 가량이며 축성연대는 명확치 않으나 그 이전에 이 성을 고정융진(古定戎鎭)이라 불렀고 또다른 자료에는 유소 장군이 흥화진(興化鎭) 북쪽에 있는 옛 성벽을 고쳐 쌓아 정융진을 두었다고 하여 이 성이 임천성으로 보여진다.

옛 고진강이라 하던 삼교천 서쪽에 높이 163m의 쑥새봉이 있는데, 여기에서 뻗어 내린 세 줄기의 능선을 따라 석토(石土)를 뒤섞어 쌓은 성이 걸망성이다. 이 성은 마치 소 머리 모양에 성벽의 길이는 약 3㎞에 달한다.

성은 남북이 길고 동서가 좁으며 동쪽 면이 제일 낮은 지대인데 이 쪽으로 옛 고진강으로 알려진 삼교천이 흐른다. 이 성이 바로 유명한 강감찬 장군이 소가죽으로 강물을 막았다가 터뜨려 거란군을 몰살시켰다는 흥화진 전투와 관련된 곳으로 보여진다. 이러한 의미에서 이 성을 걸망성(契亡城)이라 하는데 오늘까지도 이 일대에서 해골과 말뼈 쇠활촉 등이 발견된다고 한다.

천마산과 관련이 가장 밀접한 구주성은 지금으로부터 고려 성종 13년(994년) 서희 장군이 거란의 침입을 막아내기 위해 쌓은 성으로 특기할 것은 천마산을 주축으로 하여 땅 밑을 파서 전투시 외부와 비밀리에 연계해 적들의 배후를 기습하는데 이용되었다고 한다. 그런 까닭에 적들의 잦은 침공에도 단 한 차례도 적에게 함락된 일이 없는 난공불락의 요새지로 평가되고 있다.

고려 현종 1년 11월 40만의 거란침략군 가운데 1만여명이 떼주검을 당했고, 현종 9년(1018년) 12월 3차에 걸친 침략군 10만도 이 성 동문천(일명 황하천)과 일명 팔령이라고도 하는 반령(攀嶺)에 이르는 30리 구간에 수많은 시체를 남기고 달아나게 한 곳이다.

고려 고종 18년(1231년) 9월 원나라 침략시에도 삭주, 의주 등지의 백성들이 이 성을 중심으로 합세해 적을 물리쳤는데, 당시 처녀의 몸으로 적진에 들어가 용감하게 싸운 설죽화와 김경손의 이야기도 모두 구주성전투에서 연유된 것이다.

이러한 구주성은 지리적으로 교통상의 중심지요, 방어상 중요시되어온 정주성과 연계되어 있는데, 이 성은 예로부터 동으로는 박천, 남으로는 평양, 서쪽으로는 의주, 북으로는 삭주 구성과 연결된 중심지로 성은 내성과 외성으로 짜여져 있으며, 현재 남아 있는 성벽의 높이는 2~3m로 군데군데 치첩(雉堞)이 있었던 흔적이 보인다.

성문은 북문 한 곳만이 옛 자취를 희미하게 남겨놓고 있다. 이러한 정주성은 이른바 홍경래 난의 진두지휘소로도 알려지고 있다. 곽산읍에서 동북쪽으로 10리가 채 못되는 지점에 능한산성(凌寒山城)이 자리하고 있는데, 이 산성 또한 거란군의 1차침략을 물리친 명소이다. 성이 축성되기는 994년부터 996년까지 3년간에 걸쳐 서희 장군의 진두지휘하에 축성되였다. 전략상 고려 때의 서북 국방의 제1선 중심지인 흥화진에서 2선인 안주에 이르는 중간지점으로 기원 1010년 양규 장군 지휘하에 6천여명의 제2차 거란침략군을 물리쳤고 후금의 침략군마저 물리친 곳으로 유명하다. 성의 둘레는 6913척, 성벽 높이 13척에 성안에는 23개의 우물과 군수창고를 갖추고 있었는데, 이곳의 유적은 고려시기 축성방법을 고찰하는데 학술적 의의를 부여하고 있기도 하다.

태천의 용산리에는 고구려 때 쌓았던 용오리산성이 있다. 높이 290여m에 달하는 산능선을 따라 꼭지 달린 표주박 같이 생긴 형태의 성을 쌓았는데, 성의 길이는 5리 정도에 불과하나 성벽의 높이는 3m가 약간 넘는다. 이 성의 축성연대를 알려주는 석각문(石刻文)이 커다란 바위에 새겨져 있는데, 이 기록에 의하면 고구려 때 어구루(於九婁)의 지도하에 을해년에 축성되었음을 알 수 있다.

관북지방으로 넘어와서는 함경남도 신창군 도흥리 남쪽으로 흐르는 금진강 어귀에 자리하고 있는 원흥진(元興鎭)성터가 있다. 이 성은 신상벌로 뻗어 내린 산의 지형과 금진강을 옆으로 끼고 자연지세를 최대한 이용해 쌓은 성이다. 고려 때 동북방면으로 통하는 세 갈래의 관문 중 하나인데, 장주성(長州城)과 정주성(定州城)을 고쳐 쌓을 때 함께 수축(修築)하면서 원흥진이라 명명하였다. 이전에는 영안술(永安戌)이라고도 하였는데, 원래가 683칸으로 알려져 왔으나 오늘날에는 성 밑 부분의 너비 약 12m, 높이 약 5m의 흙으로 다져진 축대만이 남아 있다. 고려 문종 27년(1073년)과 고종 4년(1217년) 두 차례에 걸쳐 외적의 침략을 막아낸 곳이며, 특히 고종 때에는 김취려, 차덕위 장군 등의 지휘하에 커다란 승리를 거둔 곳이기도 하다. 인근에는 둔전골이라는 지명이 있는데 이는 군인들이 오랫동안 주둔해 있으면서 농경지를 경작하며 주둔해 오고 있은 데서 비롯된 것이다.

장성 가운데 덕녕진(德寧鎭)으로 기록되고 있는 이 성은 애수진(隘守鎭) 또는 이병(梨柄)으로도 불려져 왔다. 성은 반달 모양을 하고 있는데 동서 길이 150m, 남북의 길이 300m, 둘레 길이 1㎞가 채 못되는 작은 성이나, 이 성을 감싸고 있는 자연지세를 감안한다면 결코 작은 성이라 할 수 없다. 애수진 역시 동북지방의 관문 가운데 하나로 983년인 고려 성종 2년에 성을 쌓았고 고려 명장 강민첨 장군이 인근의 죽전령(竹田嶺)에서 대승을 거둔 곳으로 기록되고 있다.

함경남도 고원군 산상면에 있는 백운산성은 1,078m 높이의 백운산 산마루를 둘러 싼 석성(石城)으로 둘레가 약 30리 가량 되는 성이다. 고려 예종 2년인 1107년 윤관 장군이 동북방의 국방강화를 위하여 9성의 축성과 함께 이 성도 쌓았다고 한다. 원래 이 성은 고구려 동명왕이 이면 장군을 시켜 함경도 일대를 다스리게 하면서 성을 쌓게 했다고 전해 오기도 한다.

장성 가운데 높고 험하기로 이름난 함관령과 함께 동북로로 통하는 길목에 요원산성(要原山城)이 있는데 이곳은 동대천 하류의 평야지역으로 옛 이름이 용원(龍原)인데 이는 요원수(要原水)라는 강 이름에서 연유되고 있다.

이 성은 장방형으로 멀리서 바라보노라면 마치 강 위에 뜬 배 모양과 같다 하여 옛날부터 주산(舟山:배산)이라 불렀다. 이 산성은 대문령장성(大門嶺長城)과 연결되어 주변에는 여러 고적과 고분들이 널리 흩어져 있기도 하다. 토성으로는 청해토성이 신창군 토성리에 있는데 일명 허천평성(虛川坪城)이라고도 한다. 동해방면으로 뻗어 내린 해발 1335m의 마운령에는 운시산성이 있다. 이 산성에서 1㎞ 내려오면 마운령 진흥왕순수비 터를 만날 수 있다.

운시산성은 마운령장성과 연결되어 동으로는 연화봉 봉수대가 동해와 연결되고, 서쪽으로는 성령산성과 연결되며, 동북쪽으로는 노동산성이, 그 밖에 보이현산성 등과 연계되어 있다. 운시산성에 대해 이 지역 사람들은 마운령장성 또는 만리장성이라고도 부른다.

이상으로 천마산과 천리장성과 연결된 주변산성을 개략적으로나마 살펴보았다.

07 관북 제일의 명승지 칠보산(七寶山)

관북지방은 오늘날 함경남·북도를 포괄하는 지역으로 이 지역은 우리 민족의 북방진출과 북방민족의 남하세력들 간에 끊임없이 교차충돌해 온 지역으로 역사적인 배경에 따라 언어 풍속상 차이가 매우 심한 고장이다.

이러한 성향은 오늘날에 이르러서도 근원적인 경향은 바뀌지 않고 있는데, 그같은 실례가 북방삼각구경지대로서의 여파와 동해로 이어지는 해양교통망에 따른 국제적 시각을 통해 드러나고 있다.

관북지역의 대표적 명산이며 제이금강(第二金剛)으로 알려진 칠보산은 명천군 상고면 보촌리에 소재하고 있는데, 명천읍으로부터 약 28㎞ 가량 떨어져 있다. 산높이는 906m로 백두화산대가 마천령산맥과 함께 달리면서 백두산을 비롯해 소백산(小白山), 북포태산(北胞胎山) 등 여러 화산(火山)을 일으키며 길주, 명천 지구대를 건너 동쪽에 칠보산지를 만들고 멀리 울릉도에 이르러 성인봉(聖人峯)을 분출시켰다.

칠보산지에는 여러 산들이 모여 있는데, 그 가운데 주산이 칠보산이다. 칠보산은 길주 명천지구대를 만든 단층운동과 함께 그 영향을 받아 지괴산지(地壘山地)가 생겨났다. 단층운동이 있은 뒤에는 칠보산을 중심으로 알칼리 조면암(粗面岩)과 현무암(玄武巖)이 기반암인 화강편마암을 뚫고 분출하였고, 이것들이 응회암(凝灰巖)과 함께 칠보산 화산암을 형성해 놓았다.

이후 서너 차례의 현무암이 분출되어 용암류는 계곡을 따라 흘러 어대진(漁大津) 서쪽을 막아 자연호를 만들었다. 이 일대는 길주 명천지구대를 북류하는 어랑천(漁郎川)과 남류하는 여러 하천들의 분수령을 이루고 있다.

북쪽 어랑단에서 무수단 사이의 해안은 일직선으로 수백m 높이의 절벽을 이루고 동해의 거센 물결에 침식되어 웅대한 해칠보(海七寶)의 장관을 이룬다. 암석해안에 해식(海蝕)을 받아 이루어진 아치(Arch)인 무지개바위 달문(闥門), 그리고 시스택(Sea stach)인 촛대바위, 촉석암, 솔섬 등이 아름다운 해상공원을 이룬다. 해칠보의 해안은 유명한 어장으로 칠복각으로 이름난 미역의 산지이기도 하다. 그런가 하면 한때는 물개의 서식지로도 유명하였다.

칠보산은 약 100만년 에 산체가 이루어진 후 오랜 세월 비바람과 바다물결의 깎임작용에 의해 오늘날과 같은 봉우리, 바위, 굴, 절벽, 골짜기 등이 생겨났다. 이러한 생태계는 해풍과 내륙풍에 의한 탓인지 수백 종에 달하는 기이하고 아름다운 식물들로 산을 덮고 있다.

철따라 산의 경치를 달리 함으로써 봄에는 꽃동산, 여름에는 녹음산, 가을에는 홍화산, 겨울에는 설백산이라 달리 불리는데, 이는 마치 봄에는 금강산, 여름에는 봉래산, 가을에는 풍악산, 겨울에는 개골산이라 부르는 것과 같은 맥락의 명칭이기도 하다.

1) 칠보산의 명칭 유래

원래 일곱 개의 산이 하늘을 찌를 듯이 가지런히 솟아 있다 하여 칠보산이라 하였는데, 이 가운데 여섯 개의 봉우리가 바다에 가라앉고 현재의 이 산만이 남았다는 전설을 간직하고 있다. 예로부터 관서팔경의 하나로 꼽혀오고 있으며 알칼리조면암인 기암괴석에 산세가 매우 수려하다.

칠보(七寶)란 불경인 무량수경(無量壽經)에 금(金), 은(銀), 유리(琉璃), 파리(玻璃), 거거(硨磲), 마노(瑪瑙), 산호(珊瑚)를, 법화경(法華經)에 금(金), 은(銀), 마노(瑪瑙), 유리(琉璃), 거거(硨磲), 진주(珍珠), 매괴(玫瑰), 칠진(七珍)을, 이밖에 불가에서 전성윤왕(轉聖輪王)이 가지고 있다는 윤보(輪寶), 상보(象寶), 마보(馬寶), 여의주보(如意珠寶), 여보(女寶), 장보(將寶), 주장신보(主藏臣寶)를 일컫는데서 칠보의 어원을 찾을 수 있다. 이밖에 우리의 생활사 속에도 칠보반지(七寶斑指), 칠보단장(七寶丹粧), 칠보관(七寶冠), 칠보잠(七寶簪) 등등 칠보와 관련한 명칭이 전해지고 있다.

이상과 같이 이 산이 일곱가지 아름다운 빛과 귀한 보물처럼 여겨진다 하여 칠보산이라는 명칭을 얻게 되었다고 한다. 칠보산의 명칭과 얽힌 전설에는 그 옛날 동해바다 맑은 물속에서 천지를 뒤흔드는 우뢰 소리와 함께 묘하게 생긴 보물 그득한 7개의 봉우리가 불쑥 솟았는데 이 가운데 6개의 봉우리는 삽시간에 바닷속으로 잠겨버리고 지금의 산만이 남아 있게 되었다. 따라서 처음 나타났던 6개의 보물산과 현재의 보물산까지 합쳐 칠보산이라 칭하게 되었다는 것이다.

또다른 관련 전설로는 아득한 옛날 조물주가 천지를 창조할 때 동해 바닷가에 아름다운 명산을 만들어 주려고 요술자루에 흙을 가득 넣어가지고 와 먼저 지금의 강원도 땅에 가지고 온 흙 절반으로 산세가 기묘한 명산을 만들어 놓았는데 이것이 오늘날의 금강산이 되었다. 이어서 나머지 흙을 가지고 동해안을 거슬러 올라가면서 명승지를 만들 만한 고장이 없겠는가 살피다가 어랑땅 인근에 조성한 것이 오늘의 칠보산이 되었다고 한다. 이러한 연유로 사람들은 흔히 칠보산을 제2금강이라 칭해 오기도 했다.

칠보산은 답사로정에 따라 내칠보, 외칠보, 해칠보로 나누어지는데, 내칠보는 북쪽 상매봉과 박달령으로부터 남쪽의 만월대까지, 동쪽 금강봉에서 서쪽으로 초대봉까지 이르는 지역이다.

칠보산에는 샛길령이라는 고갯길이 있는데 원래 이 고개는 황진으로 가는 령마루로 그 옛날에는 길이 없었으나 이후 길을 새로 내 옴으로써 샛길령이라는 이름이 생겨났다.

연유인즉 샛길령이 나기 이전에는 칠보산과 황진 사이를 오가자면 바다기슭으로 30리 길을 에돌아야 했다. 그런데 황진리 황평촌에 정상인이라는 노인이 살고 있었는데, 어느 날 운포동 골짜기로 발구채감(지게나 걸채 같은 것에 두 짝이 짜이어 있도록 가로 질러 박은 나무)을 하러 갔었다. 발구채감을 다 하고 난 후 집으로 오고자 하는데 매여 놓았던 소가 없어졌다.

온 산을 다 뒤집다시피 하여 간신히 소발자국을 따라 소를 찾을 수 있게 되었는데 소는 급하고 험한 산을 요리조리 에돌면서 외칠보 가진동까지 심산계곡을 빠져 나왔다. 그러나 이미 날이 저물어 하는 수 없이 하루 밤을 지내고 다음날 아침 일찍이 소를 앞세우고 다시 길을 나섰다.

영특한 이 소는 어제와 같이 오가던 길을 한치도 어김없이 제대로 짚어 집으로 돌아올 수 있게 되었다. 이후 정노인은 소가 짚어왔던 길을 따라 사람들이 수십리 길을 에돌아 다니지 않아도 될 새로운 길을 닦으면 좋겠다고 생각하고 이후 길 닦는 일에 몰두하였다. 그런데 힘겨울 때가 한두 번이 아니어서 때론 몸살을 앓게 되었다. 그러든 어느날 그의 손자가 몹시 힘들어 하는 할아버지의 거동을 수상히 여겨 뒤를 밟아 보니 도저히 노인의 힘으로는 감당키 어려운 길 닦는 일을 함에 이를 만류하였으나 듣지 않았다.

이를 두고 볼 수 없어 손자는 마을사람들에게 이 사실을 알림으로써 온 동리는 물론 이웃 마을 사람들까지 나서서 길을 닦는데 열성을 다 함으로써 길이 뚫렸다. 이 길을 샛길령이라는 길 이름을 붙이고 칠보산 나들이에 전기를 마련하게 되었다고 한다.

샛길령을 따라 칠보산을 오르는 노정에는 환희대, 조룡봉, 종각봉, 만사봉, 나한봉, 천불봉, 무희대, 해망대, 병풍바위, 기와집바위, 금강굴, 구룡폭포 등 모양과 크기가 각기 서로 다른 수많은 봉우리와 바위, 동굴과 폭포가 있다. 흔히 내칠보 오봉이라 함은 만사봉, 천불봉, 종각봉, 나한봉, 노적봉 등의 5개 봉우리를 뜻한다.

내칠보 동쪽의 외칠보에는 여러 가지 이름의 봉우리와 기암 및 굴들이 많다. 풍금바위, 기차바위, 떡바위, 치마바위, 형제바위 등의 기암괴석과 용산굴, 지옥굴, 사자굴, 금강굴 등의 동굴 그리고 폭포와 소(沼)가 연속되는 계곡 등이 매우 아름답다. 이렇듯 아름다운 지형에 개심사라는 절이 있는데 이 개심사 동편 대웅전 뒤쪽에 있는 층리(層理)가 명료한 석명조면암의 집괴암으로 형성된 기암괴석이 천태만상을 이루고 있어 제2금강의 면모를 유감없이 자랑하고 있다. 특히 〈第一江山〉이라는 큰 글자가 새겨진 금강굴(金剛屈), 천불봉(千佛峯), 만사봉(萬獅峯), 회상대(會像台), 사암(寺岩), 주암(舟岩), 삼부도(三浮屠), 연제봉(硯濟峯), 종각봉(鐘閣峯) 등은 칠보산 명승지 중 명승지이다. 이러한 칠보산은 오늘날 행정관할구역상 함경북도의 남부인 명천군, 화대군, 화성군, 어랑군 등 바닷가 여러 군에 속해 있다

2) 관북 사찰의 총본산인 개심사(開心寺)

유서깊은 개심사가 자리하고 있는 개심동은 주위의 산봉과 계곡이 어울려져 절경을 이

루고 있다. 개심사 현판은 고려 때 한기익(韓基益)이라는 사람의 손자가 아홉살 때 쓴 것이라 하는데, 한기익이 어떤 사람인지는 밝혀지지 않고 있다.

이 절에는 고려시대의 활자가 남아 있다고 하며, 아름다운 탑과 가람이 여기저기에 서 있고, 두솔암(兜率庵)이라는 무주사원(無住寺院)도 있었으며, 동해에 면한 이 산지의 동쪽은 유명한 해칠보(海七寶)이다.

관북지역 사찰의 총본산인 개심사는 사찰의 건립연대는 매우 유구하며, 개심사라는 절이 생겨 나면서 사하촌(寺下村)인 개심리라는 마을도 생겨났다. 개심사의 창건연대는 지금으로부터 630년 전인 고려 말 우왕 3년인 1377년 나옹화상이 창건하였다고 하나, 1983년을 전후해 발해의 5경중 하나인 북청일대 유적발굴을 통해 이 절은 발해가 기원 826년(발해 선왕 9년)에 창건한 것으로 밝혀졌고 고려 때 중건된 것이라 한다.

현재 개심사는 중심건물인 대웅전과 심검당, 음향각, 관음전, 산신각 등 다섯 채의 건물로 이루어져 있다. 이 가운데 대웅전과 관음전, 산신각은 서쪽을 향하고 그 왼쪽의 심검당은 북쪽을, 오른쪽의 음향각은 남쪽을 향하고 있다.

대웅전은 1784년(정조 8년)에 중수하였으며 1853년(철종 4년)에 대대적인 보수를 하였는데 정면 3칸(10.71m), 측면 2칸(6.6m)의 팔작집이다. 기둥은 배흘림기둥으로서 그중 일례를 들면 직경이 기둥 밑부분 48㎝, 윗부분 43㎝, 가운데 부분이 50㎝이다. 네 모서리의 기둥은 다른 기둥들보다 조금 더 굵고 높으면서도 안쏠림을 주어 착시현상을 배제하고 있다.

두공은 외부 5포, 내부 7포로 정교하고 섬세하다. 이 두공(頭拱)에서는 일반적인 포식 두공에서 보다 제공 한단을 평방 위에 더 놓았는데 이와 같은 양식은 대웅전에서만 볼 수 있다. 두공에서 세 가지 형식의 제공(提栱)을 사용한 점이 이채롭다. 정면에서는 연꽃봉오리가 달린 꽃가지형 제공을, 측면에서는 활짝 핀 연꽃 송이만을 가볍게 새긴 꽃가지형 제공을 썼으며 후면에는 쇠서형 제공을 썼다.

그리고 모서리 두공에는 섬세한 용두를 장식하였는데, 이렇게 여러 가지 제공을 사용하여 건물의 단조로움을 피하면서 화려한 아름다움을 더하였다. 마루선들과 처머선들은 모두 부드럽고 아름다운 곡선을 이루고 있으며 네 귀를 살짝 치켜올린 팔작지붕의 날아갈듯한 모습은 주변의 경치와 잘 어울린다.

내부의 천장은 우물천장으로, 동틀의 교차점에는 태평화문을, 동틀 안의 천장판들에는 도식화된 연화문을 선명하게 그렸다. 대들보 가운데에 그린 구름을 탄 용그림, 대들보의 중간에서 서로 마주 보고 있는 청룡과 황룡조각 그리고 거기에 입힌 채색 등은 당시의 회화와 조각기술의 높은 수준을 잘 보여주고 있다.

특이한 것은 두공을 한 집에 세 가지 형태로 짠 것이다. 즉 앞뒤 면과 옆면의 것을 각각 달리 하였다. 정면은 초가집 형 두공이기는 하나 매우 간소하며 연꽃 봉우리의 조각이 없다. 다음 뒷면에는 기둥머리에 물린 덧제궁이 없이 일반적인 두공 형식으로 되어 있다.

심검당은 정면 6칸(16.9m), 측면 3칸(8.88m)의 팔작집이다. 앞면의 기둥은 배흘림기둥이고 뒷면은 사각기둥으로 2익공의 두공을 올렸다. 관음전과 산신각의 지붕은 사각지붕이고 음향각에는 우진각지붕을 올렸다. 건물은 내칠보산인 오봉산을 배경으로 하여 기묘한 바위와 아름다운 봉우리들이 병풍처럼 사방을 둘러 싼 경치 좋은 곳에 자리하고 있다.

봉우리 계곡 아래쪽으로는 계곡을 따라 수목이 좌우로 들어차 있고 맑디 맑은 개울물은 구슬을 깔아 놓은 듯 투명하다. 이 계곡 중간에 천연기념물인 개심사 약밤 나무가 있다. 이 절은 인근의 여타 사찰보다 고찰로서의 품격도 돋보이지만, 주변 자연경관과 조화를 잘 이루어 사찰로서의 운치를 한껏 높여주고 있다.

이렇듯 천하명승지 칠보산에 자리한 개심사는 주변자연환경과 조화를 잘 이루고 있어 '제2의 금강', 또는 '함북금강' 이라는 명칭에 손색없는 명승지로 자리매김 하고 있다.

08 낭림산맥 주봉의 낭림산(狼林山)

낭림산(狼林山)은 낭림산맥 주봉으로 이 산줄기 중부에 솟아 있으며 산 높이는 2186m이다. 개마산지의 중앙에서 북으로 뻗어 함경남도와 평안북도를 갈라놓고 있다. 이러한 지리적 격리성은 이른바 함경방언과 평안방언의 경계구분을 하게 하고 있다.

산맥의 주산으로 북부는 자성(慈城), 남단은 언진(彦眞)산맥에 연결되고 이 산맥에 의해서 개마산지는 동서로 나뉘어지고 있다.

산맥 동북부는 개마고원, 맹부산(猛夫山), 대홍산(大紅山), 소백산, 낭림산, 동백산, 사수산(泗水山) 등으로 이어져 있는가 하면, 이 산맥은 우리나라 산지체계의 기본골간을 이루는 등마루산줄기의 하나이다.

산정에서 보면 세 갈래의 밋밋한 능선이 뻗어 있는데 서쪽 사면의 수계(水系)들은 청천강의 지류인 직동천(直同川)을 이루고, 남쪽과 동쪽 사면의 수계들은 대동강의 지류를 이룬다. 낭림산맥의 맹산(孟山) 부근에서 서쪽으로 적유령산맥이 뻗어나가고 소백산에서 서쪽으로 묘향산맥이 뻗어나간다.

낭림산맥은 중생대 말부터 제3기 점신세(漸新世:Oligocene)까지 오랫동안 침식삭박되어 준평원으로 되었던 지대가 점신세말에 있는 한 가운데가 제일 높고 사방 주위는 차차 낮아지는 하늘 형상인 궁륭운동(穹窿運動)으로 높아졌다. 이때 산줄기의 동쪽은 많이 융기되었고 서쪽은 적게 융기되여 비대칭성을 이루게 된 것이다.

그후 오랫동안 산악침식작용을 받아 오늘날과 같은 모습이 되었는데 산줄기의 동쪽에서는 침식기준면이 제4기의 오랜 기간 높은 개마고원면 위에 있었으나 서쪽비탈면에서는 서해의 바다수준면에 가까운 압록강수준면에 있었으므로 동쪽비탈면보다 침식이 강하게 진행되어 심히 깎이고 낮아져 급한 비탈을 이루게 되었다.

개마고원쪽인 동쪽비탈면의 물매는 7~15°로써 매우 느리지만 자강산지쪽인 서쪽비탈면의 물매는 25~35°로써 매우 급하다. 산줄기의 서쪽은 산마루와 장자강의 침식기준면까지 해발 900~1,000m의 차이가 있으나 동쪽은 산마루와 개마고원과의 높이가 200~700m정도로 서쪽보다는 다소 낮다.

따라서 이 지역도 유역변경식(流域變更式) 발전소건설에 유리한 지형조건을 갖추고 있다. 산줄기의 산마루에는 개마고원과 같은 시기인 제3기의 옛 평탄면 위에 여러 가지 암주들로 이루어진 옛 침식잔구들이 예리한 원추형의 봉우리를 이루고 있다.

산줄기 동쪽 비탈면을 따라 아래로 내려가면 여러 곳에 반점상으로 옛 평탄면의 유물들이 남아 있으며 동쪽비탈면은 일반적으로 산등이 넓고 산봉우리들이 솟아있는데 그 사이에 넓고 평탄한 산안장부(山鞍裝部)들이 있다. 서쪽비탈면은 산릉이 예리하고 벼랑이 많은 중산성지로 되어 있다.

산줄기의 대표적인 산봉우리는 중지봉, 오가산, 천리산, 맹부산, 와갈봉, 백산, 천의물산, 낭림산 등으로 연이어져 있다. 산줄기의 산 안장부에는 오가산령, 불개미령, 가릉령, 황수령, 덕유대령, 설한령 등의 높고 험한 영(嶺)마루 고개들이 즐비하다.

이 산줄기 북서방향으로 학성산줄기, 천리산에서 북동방향으로 남사산줄기, 오갈봉 비탈면의 전전령에서 서쪽방향으로 비삼봉줄기, 낭림산에서 남서방향으로 묘향산줄기, 노란봉에서 남동방향으로 백운산줄기가 각각 갈라져 뻗어 있다.

산줄기를 이루고 있는 기반암석은 주로 시생대의 화강암, 편마암, 결정편암, 규암류들이며 남부와 북부의 일부지역에는 석회암이 분포되어 있다. 이 산줄기를 분수령으로 동쪽비탈면으로 압록강의 지류인 장진강과 후주천 등의 지류들이 흐르고 서쪽비탈면으로는 장자강의 지류들과 자성강 지류들이 발원해 흐른다. 산줄기에는 동식물상들이 다양하고 풍부한데 산림한계선은 해발 1,800~1,900m이며 보다 높은 곳에는 고산초원이 펼쳐져 있다.

자강도 낭림군 중부에는 낭림호가 있는데 군내 연화리, 서중리, 문악리, 장성리, 중흥리와 잇닿아 있다. 면적은 27.84㎢에 둘레가 138.9㎞, 길이는 32.6㎞이며 평균너비는 0.9

km이다.

이 호수는 낭림산줄기와 연화산줄기 사이에 있는 해발 800~1,200m의 고원지대에 있는데, 함경남도 장진군 소매대령에서 흐르는 장진강이 수많은 마을(里)을 거쳐, 낭림군 동북부를 흘러내리며 연화리에서 호수를 이루고 있다.

1966년 9월 장진강 상류의 깊은 골찌기를 막아 기본공사를 끝냈으며, 1967년 4월에 완성하였다. 호수는 남북으로 좁고 길게 놓여 있는데 물줄기는 세 갈래로 나누어져 있으며 호안굴곡(湖岸屈曲)이 비교적 복잡하다.

호수주변으로 용포산(1653m), 온통산(1758m), 서동산(1746m), 삼호산(1731m)을 비롯하여 낭림고원 안의 높은 산봉우리들이 솟아 있다. 접수구역 안에 분비나무, 가문비나무, 이깔나무 등이 울창한 숲을 이루고 있어 수원함양(樹源涵養)조건이 매우 좋다. 호수는 장진강 상류와 지류들인 삼포강, 오만강, 사기동강, 서중강, 황포강, 창평리강에 의해 저수된다.

이 지역은 압록강수계에 속하는데 포장수량이 풍부해 유역변경식으로 장진강을 막아 낭림호를 만들어 그 물을 아득령 부근에서 서사면의 독로강으로 낙하시켜 강계발전소가 가동되고 있다.

강계발전소는 행정구역상 장강군에 속하는데 설비용량은 24만6000㎾이다. 이 발전소는 3개소로 나누어져 있다. 제1발전소는 장강군 5·1노동자구에 있고 제2발전소는 같은 군 승방노동자구에, 제3발전소는 강계시 연풍동에 있다.

원래 이 발전소는 1937년 일본인들이 당시 평안북도 낭림군 연와리에 착공하려 하였으나 완성하지 못하고 광복을 맞이하게 되었는데, 북한측이 휴전 후인 1955년 말 공사를 재개하여 1958년 강계청년발전소 건설트러스트로 이름을 바꾸고 공사를 착수하였다.

원체 난공사라 진척이 잘 되지 않자 1959년 7월에는 건설종업원회의를 열어 1961년 말까지 완성할 것을 다짐하는 등 애를 썼으나 공사는 여의치 않았다. 무려 10년 간의 공사 끝에 1964년 4월에야 비로소 준공식을 갖게 되었다.

준공 후 1978년에 취수량증대공사를 벌여 1979년에 4,000㎥의 모래언제공사를 끝냈다. 이러한 발전소의 주요 설비 내용을 보면 제1발전소는 도수로(導水路) 콘크리트 전장 33km에 유효낙차는 430m에 터빈은 4만7100㎾짜리 3대이다.

제2발전소는 도수로콘크리트 6km에 제1발전소에서 취수하는데 유효낙차는 159m이며 터빈은 2만8200kW짜리 2대에 8만kW를, 제3발전소는 1만6000kW로 되어있는 데 발전소 전체 최대출력은 20만kW이고 평균출력은 16만kW 가량이다.

낭림산 산 아래쪽으로는 낭림약수가 있다. 단순철천으로 대흥읍에서 북쪽으로 20km 가량 떨어져 있다. 성분은 철이온, 수산탄산 칼슘, 나트륨, 이온이 주된 성분이다. 하루 용출량은 3.23㎥이다. 효능은 위액분비기능조절, 조혈작용, 만성위염, 십이지장궤양, 만성간염, 만성담도염, 2차성빈혈과 습진을 비롯한 일부 피부병에도 효과가 있다고 한다.

해발 1479m인 아득령(牙得嶺)은 고개가 하도 높고 아득하다 하여 한자(漢字)로 옮기다 보니 원래의 의미와는 달리 표기된 것인데, 분단이후 북한측은 황금같은 물줄기가 넘어가는 령(嶺)이라 하여 황수령(黃水嶺)이라 고쳐 부르고 있다.

함경남도에서 평안남도로 향하여 좁고 긴 부분에 고원을 이루고 있는 곳이 있는데 여기에 고성지(古城址)가 있다. 이 성지는 고려시대 맹주진(孟州鎭)으로 거란이나 여진의 침입에 대비하기 위하여 축성한 천리장성(千里長城)의 일부분이다.

맹주진은 일명 철옹성으로도 알려지고 있는데, 그 위치는 함남 영흥에서 가장 서편에 있는 요새지로 약 210리 떨어진 개마고원지대와 낭림산맥 경계에 있다. 지형의 선택이 자연적인 절벽을 이용하여 사방이 깎아지른 듯한 절벽 위에 성벽을 쌓아 마치 쇠솥이나 단지 모양을 하고 있기 때문에 쇠처럼 견고하다 하여 속명이 철옹성(鐵甕城)이다. 이 산성도 천리장성과 연결되는 한 곳으로 주요 연결성곽지를 살펴보면 다음과 같다.

서쪽으로 서해안에 있는 옛 국내성 경계의 압록강이 바다로 들어가는 곳으로부터 시작하여 동쪽으로는 지금의 의주지역인 위원(威遠), 흥화(興化), 정주(靜州), 영해(寧海), 영덕(寧德), 영삭(寧朔), 정융(定戎), 영원(寧遠) 및 그 부근의 평로(平虜), 맹주(孟州), 삭주(朔州), 운주(雲州), 안수(安水), 청새(淸塞) 등 14개 성을 거쳐 함경남도의 영흥(永興), 요덕(耀德), 정변(靜邊), 화주(和州) 등 3개 성곽을 연결해 동해안 도련포(都連浦)로 이어지는데 맹주(孟州)와 연결된 주요 고개로는 아득령, 검산령, 거차령, 마식령 등이 있다.

낭림산으로 인해 군명이 된 낭림군 낭림읍 신전리(新田里)에는 신방보성이라는 성이 있는데 일명 신방포 신방령이라 하였다. 원래 인산(人山)이라 적었던 것이 후에 어질 인(仁)으로 바뀌어 현재는 인산리(仁山里)가 되었는데 이곳에는 포고개라는 곳이 있다. '포'는 '보'가 변한 것으로 이 고개에 요패보성이 있어 외적을 막는데 중요한 구실을 하였으며 인근에 봉수재 터도 있다.

낭림산정에서 보면 세 갈래의 밋밋한 능선이 뻗어 있는데 서쪽 사면의 수계(水系)들은 청천강의 지류인 직동천(直同川)을 이루고, 남쪽과 동쪽 사면의 수계들은 대동강의 지류들을 이루며, 낭림산맥이 뻗어 있는 맹산(孟山) 부근에서 서쪽으로 적유령산맥이, 소백산에서 서쪽으로 묘향산맥이 뻗어나가는 지형지세는 북방세력이 평양을 향한 침략로로 피할 수 없는 지대인 까닭에 이 지역에는 고래로 북방침략세를 견제하는데 직·간접적으로 중요시되어온 전략지이다.

이 가운데는 거란족의 침략을 막아낸 데서 유래된 걸망성(契亡城)터가 있다. 걸망성이라 한 연유는 거란 침략자들을 이 곳에서 멸망시킨 데서 유래되었다고 한다. 성의 축성연대는 정확치 않으나 일명 원일리 고성(古城)이라고도 한다. 성이 위치한 지형은 당후리를 흐르는 삼교천(예전에는 진강이라 함) 서쪽 쑥새봉(높이 163m)에서 뻗은 세 줄기의 능선을 따라 흙과 돌을 섞어 쌓은 성인데, 성의 형태가 마치 소의 머리 모양 같으며 총 길이는 3㎞ 정도 된다. 성은 남북이 길고 동서가 좁고 동쪽면이 제일 낮은 지대로 삼교천이 흐른다. 성문터는 동서남북 4개 문루를 각각 둔 흔적이 남아 있다. 이 산성은 서쪽이 제일 높고 산세가 험하다. 서문에서 원일리로 가는 길이 나 있으며 성 안에는 북문으로부터 제1동문으로 통하는 길과 서문으로부터 제2동문으로 통하는 두 갈래의 오솔길이 있다. 성 안에는 옛 집터로 보여지는 큰 주춧돌 7개가 남아 있으며 기와조각도 널려 있다.

성 동남쪽으로 '살들어' 라는 곳이 있는데 이곳 살들에서 강을 따라 조금 내려가면 '매골모루' 라는 곳에 다다르는데, 매골모루란 거란침략자들이 떼죽음을 당해 그 시체를 묻어놓은 데서 유래된 지명이다. 이 성은 고려의 강감찬장군이 소가죽으로 강물을 막았다가 삽시간에 강물을 흘러보내 거란군의 3차침략군을 몰살시킨 홍화진 전투와 밀접한 관련을 갖고 있는 곳으로 전해져 오고 있다.

1940년대 초 일제가 낭림산맥의 원목을 실어나르기 위하여 건설한 임산물 협궤철도였는데 지금은 강계청년철도선이라 부르고 있다. 212.6㎞에 달하는 만포선 중간에는 '시중(時仲)' 이라는 곳이 있는데 이 곳은 고고학적으로 매우 중시되는 곳이다.

강계선을 따라가다 희천 방향 연변으로 독로강을 끼고 약 10여리(5㎞) 쯤에 공귀리라는 마을에 다다르게 되는데, 이곳이 원시유적인 〈공귀리 원시유적〉터이다. 즉 강계의 옛이름인 독로강(禿魯江) 유역일대에서 신석기시대 마지막 시기인 원시사회의 일반적인 문화형태를 엿볼 수 있는 돌상자 무덤들이 여러 기가 발굴되었기 때문이다.

유적의 범위는 대체로 남북 250m, 동서 100m 가량이다. 문화층은 모래와 자갈을 섞어 깔아 놓은 지층인데 이곳에서 동서 25m, 남북 81m에 걸친 약 1,755㎡ 규모의 원시인의 집자리 6개소와 석장분인 돌상자무덤 등 적지 않은 유물들이 나왔다.

유물 가운데는 돌을 갈아서 만든 돌도끼, 부싯돌, 활비비, 송곳, 방수차 등등과 흑요석으로 만든 매부리 모양으로 생긴 돌 도구들이 발굴되었다. 질그릇류도 나왔는데 이 그릇들은 밑이 평평하고 무늬가 없는 질그릇들과 밑이 둥근 질그릇 조각들이었다. 이들은 대체로 그 모양이 오늘날의 화분처럼 생긴 보시기 등속의 모양을 하고 있다.

낭림산맥 인근의 독로강은 그 어느 하천보다 고대의 유적과 전설을 많이 간직해 오고 있는 강이기도 하다. 이 강에서 멀리 떨어지지 않은 낮은 서쪽 언덕 경사면에 청동기시대의 분묘유적이 있다. 이 유적은 1929년 주변에서 밭을 갈던 농부에 의해 발견되었는데, 발견된 유구는 돌널무덤으로 돌널은 네 장의 긴 판석(板石)으로 네 벽을 만들고 바닥은 판석 한 장을 깔았는데 동서쪽의 짧은 벽은 옆쪽의 긴 벽보다 바깥으로 나가도록 짰고 두껑돌도 원래는 있었던 것으로 보이나 발굴당시는 보이지 않았다.

무덤은 장축(長軸)이 동서방향이고 안쪽 길이가 약 240㎝, 서쪽 너비 60㎝, 동쪽 너비 45㎝이며 바닥은 동서 벽보다 약 15㎝쯤 높게 되어 있다. 출토유물은 토기 2, 벽옥제(碧玉製), 대통옥(管玉) 27, 홍마노제(紅瑪惱製) 옥 7, 청동단추형 장식 1, 돌살촉 조각 1, 구형(球形) 석기 1점 등이다.

무덤 동쪽 벽에서 약 45㎝쯤 떨어져 토기가 놓여 있었고, 옥류와 석기는 너비가 넓은 서쪽에서 발견되었다. 토기는 검은토기로 몸통 양쪽에 입술형 손잡이장식이 있으며 납작한 바닥을 가졌다. 대롱옥 27개는 길이가 0.6~1㎝, 2.1㎝ 내외의 두 종류로 구분할 수 있으며 구멍의 지름은 각각 0.3~0.4㎝, 0.6~0.8㎝이고 한쪽에서 뚫었다. 청동단추형 장식은 동포(銅泡) 동구(銅釦)라고도 하는데 중앙이 볼록하고 주변에 잔금무늬(細線文)를 돌렸다.

이곳에서 출토된 토기는 심양(瀋陽)의 정가와자(鄭家窪子), 요양 양갑산(亮甲山)의 이도하자(二道河子)를 비롯한 요동반도와 길림성 일대의 돌무덤에서 흔히 발견되는 것으로서 요령지방에서는 요령식 동검과 같이 나온다.

남한에서는 백령도, 괴정동, 동서리, 남성리, 조양동 등의 유적에서 세형동검과 같이 출토되는데, 이와 같은 분포상황은 요녕식 동검에서 세형동검으로 발전하는 청동기문화의 전파경로와 일치한다. 돌널의 구조로 판단하건대 넓은 쪽인 서쪽이 피장자의 머리부분으로 보이며, 부장토기가 발쪽에 놓이는 것도 요녕식 동검이 출토되는 요녕지방의 무덤과 같은 양식이다. 단추형 장식은 오르도스(Ordos)지방과 적봉홍산후(赤峰紅山後)의 돌무덤에서 발견된 예가 있으며, 벽옥제 옥제품들은 시베리아 미누신스크(Minussinsk) 지방에서 나오고 있다. 이와 같은 사실로 보아 이 유적은 시베리아에서 한반도로 내려오는 요녕청동기문화와 관계있는 유적으로 보이며 그 시기는 서기전 5세기경에 해당할 것으로 보인다.

이처럼 낭림산 주변일대는 험준한 산악지대이기는 하나 나름대로의 우리나라 산지체계의 기본골간을 이루는 등마루산줄기로서의 인문지리학상으로나 역사적으로 유서깊고 정감있는 지대이다.

09 백마산(白馬山)과 백마산성(白馬山城)

1) 백마산(白馬山)의 위치와 지세

백마산은 평안북도 의주군 남서부쪽 피현면에 있는 산으로 높이는 410m에 불과하나 북으로 의주, 남으로 용천 · 피현 일대의 사면팔방을 손금처럼 굽어볼 수 있는 위치에 자리하고 있어 고래(古來)로 적의 침로와 동정을 살피는데 긴요한 전략지임과 동시에 침입해 온 적의 퇴로를 차단하고 요격하는데도 매우 유리한 지형지세를 갖추고 있는 명산(名山)이다.

이러한 산세를 배경으로 축성된 백마산성은 북으로는 압록강을 건너 요동지방으로 통하고 남으로는 선천(宣川), 정주(定州), 안주(安州) 또는 구성(龜城), 박천(博川)을 거쳐 평양에 이르는 교통의 중심지에 위치해 있다. 그러기에 역사적으로 북으로부터 우리나라에 침입해 오는 적들은 의주를 지나 이곳 백마산성을 거점지로 삼고자 맹공을 퍼부었다.

북한지역에 소재하고 있는 대부분의 명산들이 해발 2,000m 내외의 고산인데 비해 이 산의 높이는 비교가 되지 않을 정도로 낮지만, 의주군 남서부와 북서부 일대에서는 가장 높은 지대의 산으로 교통의 요충지이면서 동시에 전략적으로 매우 중시되기 때문이다.

백마산이라는 이름은 백마산성에 강감찬 장군이 주둔해 있으면서 장군이 타던 백마를 산기슭에 매어 놓았다는 데서 유래했다고 하는가 하면, 신증동국여지승람에는 흰 용마가 나와 놀던 곳이라 백마산이라 부르게 되었다고 기록하고 있다.

산의 기반암은 낭림층군의 퇴적변성암과 하부원생대의 결정편암으로 되어 있는데 결정편암들은 주로 백마산 남쪽 비탈면에 분포되어 있으며 동서로 길게 뻗어 있다. 북쪽 비탈면의 물매는 급하나 남쪽 비탈면은 비교적 느리다.

산의 수종은 소나무와 참나무 등이나 잣나무, 이깔나무, 밤나무도 곳곳에 분포되어 있는가 하면, 산기슭 일부 지역에는 백살구밭을 비롯한 과수원 등이 있어 평시에는 한가롭기 이를데 없는 저산지(低山地)이다.

2) 백마산성(白馬山城)

이 산에는 고구려, 고려, 조선조에 걸쳐 오랜 기간 군사적 요새지로 이용되었던 백마산성이 있다. 백마산의 자연지세를 잘 이용하여 돌로 쌓은 이 성은 내성과 외성으로 되어 있는데 고구려 시절에 처음 쌓았고 이후 고려, 조선조에 들어와서도 계속해 덧쌓았다.

백마산성은 내성과 외성으로 축성되어 있는데, 내성은 고구려 시기에 쌓은 우마성을 기초로 하여 기원 1014년~1017년 사이에 강감찬장군의 지휘하에 개축, 축성하였다. 우마성은 성벽을 북장대를 배경으로 하고 능선 바깥쪽을 깎아내린 다음 4각추형태로 다듬은 성돌로 바깥면만 성벽을 일매지게 쌓았다. 내성의 성벽은 그 대부분이 우마성자리에 다시 쌓은 것으로 둘레는 2,590m이다.

10세기 말 외침에 대비하기 위해 흥화진(興化鎭)을 주성으로 하여 개축하였고 이후 여러 차례에 걸쳐 개·증축, 보수하였다. 산성은 내·외성으로 축성되어 있는데, 지금의 내성은 1632년에 본래보다 좀 작은 규모로 외성을 고쳐 쌓은 것이다. 외성은 1753년(영조 29)에 내성 밖에 덧붙여 쌓았는데 둘레는 2,430m이다.

백마산성의 북장대에서 동쪽으로 뻗은 산마루와 남쪽으로 뻗은 등성이에 북쪽벽과 서쪽벽을 쌓고 두 성벽의 동쪽끝과 남쪽끝을 잇대어 남쪽벽을 쌓았다.

외성성벽의 성 안쪽은 막돌과 흙으로 채워넣었으며 그 높이는 5~7m이며 남쪽의 평평한 곳에는 일부 양면쌓기 방법으로 쌓은 곳도 있다. 성벽 위로는 전면적으로 성가퀴를 돌렸던 흔적이 남아 있다. 특히 외성 성벽 위에는 성가퀴가 잘 남아 있는데 성가퀴에는 벽돌로 지붕처럼 만들고 그 밑에는 화약을 넣어두는 홈까지 만들었다. 또한 성벽에는 각루

(角樓)와 치(雉)를 설치하였던 자리도 남아 있다.

내성과 외성의 동서남북 네 면에는 모두 무지개문길을 만들었던 자리가 있다. 그 가운데 외성의 남문에는 정면 3칸, 측면 3칸의 웅장하고 아름다운 2층문루가 조선조 말기까지 잘 남아 있었는데 일제침략자들이 파괴하였다.

성안에는 13개의 못과 32개의 우물을 파 놓았던 자리가 있고 여러 채의 무기고와 식량창고, 병실 등등의 집터가 있었다. 옛날에는 이곳 무기고에 활, 화살, 창, 화승총, 화약 등이 가득 차 있었고 건물에는 100여 개의 소금더미와 수백섬의 숯이 저장되어 있었다.

백마산성에 대해 신증동국여지승람(新增東國輿地勝覽)에 기록하기를 성 서남쪽 음조(陰阻) 둘레가 2천6백보에 높이는 2길이며 옹성(甕城) 7, 치각(雉閣) 7, 문(門) 5, 군금(軍錦) 30, 우물 32, 못 13, 동창(東倉) · 읍창(邑倉) · 양무고(養武庫) · 차승정(次勝亭) 등이 있다고 하고, 외성(外城)은 영조 29년 부윤 남태기(南泰耆:北道兵馬評事監 재직시 北關便宜 13조를 논해 北關民을 위해 노력, 屯田을 설치해 많은 備蓄米를 마련케 한 인물이다)가 석성(石城)을 바탕으로 축조하였는데 동서북 3면이 저평(低平)하고 둘레가 2천1백3보이며 높이 두 길, 치각(雉閣) 4, 문 3, 제대(梯臺) 2, 군포(軍舖) 10, 우물 3이라고 하였다.

1018년(고려 현종 9년) 12월 거란의 성종은 소배압(蕭排押)을 시켜 거란군 10만을 이끌고 압록강을 건너 백마산성에 침입해 왔는데, 이 당시 서북면행영도통사(西北面行營都統使)로 있던 강감찬(姜邯贊) 장군은 상원수(上元帥)가 되어 고려군 20만8천명을 이끌고 나아가 무리하게 진격해 들어오는 적의 배후를 차단하고 이들을 추격해 구주에서 대승리를 거둔 바 있는데, 이 때에 살아 돌아간 적은 수천에 불과했다고 한다. 이러한 승전의 배후에는 언제나 백마산성이 견실하게 방어를 하고 있었기 때문이다. 즉 적이 쳐들어올 때나 패주할 때에도 백마산성은 더할 나위 없는 긴요한 요새지였다.

3) 백마산성과 유관한 용골산성 의병장 정봉수(鄭鳳壽)

백마산성과 연관해 용골산성 또한 언급하지 않을 수 없는 산성이다. 이 산성에서 정묘호란 때 의병장 정봉수(鄭鳳壽)가 비정규군인 의병을 모병해 후금군의 침입을 물리친 곳이다. 즉 인조 5년(1627) 정월 후금(後金)은 압록강이 결빙된 시기인 1월 도강하여 밀물듯이 남으로 남으로 쳐들어 옴에 관군의 방어선은 맥없이 무너지게 되었다.

이에 전국에서 의병이 일어나 후금군에 대항하였는데, 이 당시 정봉수는 영산현감을 지낸 전직관료로, 호란이 일어나자 의병을 일으켜 수하에 김종민(金宗敏)을 중군으로 삼고, 미곶첨사(彌串僉使) 장사준(張士俊) 그리고 이광립(李光立) 등과 함께 정예병을 양성하며 정세를 관망하고 있었다.

당시 산성에는 철산, 의주 등지의 수많은 피난민들이 모여들고 있었다. 이에 정봉수는 성을 지켜 피난온 백성들을 구할 것을 결의하였다. 이 소식을 들은 조정에서는 고립되어 도움을 받을 수 없는 성을 지킨다는 것은 무리라고 판단해 평안감사로 하여금 피난민들을 산속으로 피신시켜 전멸의 화를 입지 않도록 철수시킬 것을 종용하였다.

그런데 당시 이 지역의 정황은 명 · 청군의 노략질로 그 피해가 자심해, 이를 조정에서도 막을 수 없는 지경에 다다르자 궁여지책으로 청천강 이북지역의 인가(人家)를 모두 헐어버리고 폐허화시켜 적이 발붙일 수 없게 할 뿐만 아니라 그곳 주민들을 안주(安州) 이남으로 소개(疏開)시키고자 하는 이른바 청야지계(淸野之計)를 써 이 일대를 공동화(空洞化)시키고자 하는 논의가 일어나고 있었다.

그러나 현지 주민들의 정서는 적을 피해 집을 떠나 죽나, 적과 싸우다 죽나 죽기는 매한가지라면서, 차라리 적과 맞서 싸우다 죽겠다는 분위기였다. 이러한 백성들의 심정을 잘 알고 있던 정봉수는 조정의 권유를 듣지 않고 성을 지켜 백성들을 구할 것을 다짐하였다.

그런데 동지였던 장사준이 배신하여 후금진영과 내통하면서 정봉수도 함께 투항할 것을 권유함에 이를 완강하게 거절하고 곧이어 배신자인 장사준을 척결하고 사력을 다해 적의 끈질긴 공격을 물리쳤다.

그 공로로 그는 철산부사(鐵山府使)가 되었으며 이어 가선계(嘉善階)에 올라 용천부사 겸 조방장(助防將)이 되었다. 정봉수는 조선과 후금 사이에 이미 화의가 성립되었음에도 계속 성안에 머물면서 항전하므로 후금군은 의주, 청성, 곽산의 병력을 집결시켜 이 성을 맹공하였으나 많은 전사자만을 남기고 적은 패퇴하였다.

그 후로도 적군의 부장(副將) 유해(劉海:일명 興朝)가 끈질기게 항복을 권유하였으나 응하지 않았으며 재차 공격에도 용전분투하여 수많은 적들을 사살함에 적군은 하는 수 없이 의주로 퇴각하고 말았다. 화의가 성립된 후에는 정봉수는 방어사와 의주부윤을 겸직하였고, 이어서 구성부사 개천군수 오위장(五衛將)으로 승진하였다.

1630년에는 부총관으로 경상도병마절도사가 되어 가선대부(嘉善大夫)로 승계되고 청북(淸北)방어사를 맡았다. 1634년 전라병마절도사, 이듬해 동지중추부사(同知中樞府事) 부총관 겸 훈련도정도 역임하였다.

사후 정봉수(鄭鳳壽)는 철산 충무사에 제향되었으며 양무(襄武)라는 시호를 받았다. 화의 이후의 저항이라 하여 후금에게 맹약의 위반이라는 구실을 주기는 하였으나 당시 조선인의 기백을 잘 드러낸 용장으로 높이 추앙되었다.

4) 산성내의 문화유적

성안에는 문화유적으로 현충사가 있었는데 내성안에는 절충당, 연늪, 약수가 있었다. 현충사는 본 사당을 비롯해 일곱채의 부속건물을 두고 있었는데 산성 서쪽문에서 남으로 약 100m 가량 산 아래로 내려간 곳에 있었다.

사당은 정면 5칸, 총 길이 11.3m, 옆면 5.54m이며 주도리에 단익공을 한 배집 건물로 초기에는 고려의 강감찬 장군과 조선조의 임경업 장군을 비롯한 15명의 명장들을 모신 사당으로 숙종 35년(1709)에 창건되었는데, 창건당시 사당 명칭은 성사우(聖祠宇)라고 하였다가 정조 13년(1789)에 현충사로 개칭하였다.

이 현충사에는 임경업 장군이 쓰던 갑옷, 투구, 총, 창 등의 유물이 보존되어 있었으나, 일제가 이들 유물들을 약탈해갔다. 오늘날에는 장군의 초상화와 장군의 업적을 기리기 위해 세운 청덕 선전비만이 서 있다.

병자호란 때 백마산성에서 결사항전한 의사(義士)들에 관한 기록으로 현충사지(顯忠祠誌)가 있는데, 이 책은 2권 4책의 인본(印本)으로 1869년(고종 6) 의주 사람 백봉석(白鳳奭)이 편찬한 것이다. 여기에는 고려 때의 강감찬 장군이 백마산성을 축성하고 조선조 인조 때 의주 부윤 임경업 장군이 이 성을 수축하였다는 기록과 함께, 1709년(숙종 35:庚寅年)에 의주사람 김구명(金九鳴)이 임금께 상소하여 사당(祠堂)을 세워 강감찬, 임경업 두 장군을 제사지내도록 하였다는 기록과, 1789년(정조 13:己酉年) 현충(顯忠)이라는 편액(扁額)을 하사받았다고 기술하고 있다.

특기할 것은 병자호란 때 임금을 모시고 남한산성에 들어가 적병이 산성을 포위하자

독전어사(督戰御使)가 되어 화전(火戰)으로 많은 적을 살해하는 등 용감하게 대전하여 적이 감히 산성 가까이 접근치 못하게 하였던 황일호(黃一皓)가 난리 후 의주부윤이 되어 명나라를 도와 청병을 치려고 용사(勇士)인 최효일(崔孝一)과 모의하다가 발각되어 원한을 품은 채 청병에게 피살되었다는 기록도 함께 전하고 있다.

5) 현충사와 기충사(紀忠祠)에 모셔져 있는 인물들

백마산성과 관련해 결코 잊을 수 없는 명장 · 명사들이 적지 않은데, 그 가운데서도 위에 언급한 너무도 유명한 강감찬 장군은 두말할 필요가 없겠으나 임경업 장군에 대해서는 간략히 언급해 두고자 한다.

임경업(林慶業) 장군은 1594년(선조 27)에 태어나 1646년(인조24)까지 살았는데 호를 고송(孤松)이라 하였으며, 충주출신으로 1618년(광해군 10년) 무과에 급제하여 1624년 이괄(李适) 반란시, 관군에 응모 출정하여 안현(鞍峴)전투에 공을 세워 진무원종공신(振武原從功臣) 훈(勳) 1등이 되었다.

인조 12년 왕은 임경업 장군을 의주부윤으로 임명하고 국방을 강화하게 하였다. 장군은 의주부윤으로 임명되자 마자 상평창을 설치하고 백성들의 생활을 안정시키는 한편, 후금(後金:淸 이전의 나라)의 침입에 대비하기 위해 모든 산봉우리에 봉수대를 설치하여 경계망 강화와 보루를 쌓고 연못을 파, 물 공급에 차질이 없도록 하였다.

장기전에 대비하여 식량을 비축하고 특공대를 비밀리에 조직하여 적의 심장부인 심양으로 잠입시켜 적의 내정을 탐지하게 하는가 하면, 이들의 정보를 토대로 적침의 흉계를 사전에 조정에 알려 침략에 따른 대비를 건의하는 등 눈부신 활동을 전개하였다.

임경업 장군이 의주부윤으로 임명된 지 2년 후인 인조 14년(1636) 4월에 후금의 태종은 국호를 청(淸)이라 고치고 황제를 자칭하며 장차 조선을 정복하려는 계획하에 용골대, 마보해 등 수십명의 사신을 조선에 보내 굴복을 강요해 왔다. 이 때 장군은 청측의 음모를 사전에 탐지하고 이들의 사신들이 서울에 도착하는 즉시 참형하도록 주청하였다. 동시에 청의 침략의도를 간파해 조정에 원병을 요청했으나 김자점(金自點)의 방해로 뜻을 펴지 못하고 호란을 당하였다. 1624년(인조 20) 청군이 명나라의 금주(錦州)를 포위하자

임 장군은 명과 내통하여 청에 대항하고자 하였으나 일이 탄로되어 명으로 도피하였다가 청이 명의 남경을 함락시키자 청군의 포로가 되었다. 청측은 임경업 장군의 인물됨을 높이 평가해 청나라에 충성성을 맹약하면 부귀를 누릴 수 있도록 하겠다고 회유했으나 굴하지 않았다. 그의 높은 기개는 적들도 가상히 여겨 죽이지는 않고 옥살이를 시켰다. 이후 국내에서 심기원(沈器遠)의 모반사건에 연루되었다 하여 인조가 청에 사신을 보내 본국 송환을 청해, 석방시키고자 하였으나 김자점의 방해로 불행하게도 모살되는 불운의 역사적 인물이다.

이밖에 현충사에 모셔져 있는 인물들은 대부분이 병자호란 때의 의사(義士)들로 의주부윤 황일호(黃一皓), 의주사람인 용사(勇士) 최효일(崔孝一), 용천사람 안극성(安克誠), 의주사람 차례량(車禮亮)과 그의 형인 차충량(車忠亮), 종제(從弟)인 차원철(車元轍) 등 6인이 동 · 서위에 배향되었는데 위의 사람들은 사후 모두 병조판서로 증직되었다.

이밖에 차맹윤(車孟胤), 장후건(張厚鍵) 등 116인은 동 · 서단에 나누어 배향하였는데, 이들은 사후 병의(兵議)로 증직된 분들이다. 별단(別壇)에는 정조(무인년) 승지 심진현(沈晉賢)의 건의에 따라 현충사에 방설(旁設)하여 명나라 유민 임인관(林寅觀) 등 95명과 의사(義士) 백대호(白大豪) 등 21인을 모셨다. 산성내에 현충사 외에 기충사(紀忠祠)라는 사당도 있는데, 이 사당은 경종(景宗) 2년(壬寅年:1722)에 세웠으며 정조 12년(戊申年:1788)에 사액되었다. 여기에 고구려 제9대 고국천왕(故國川王) 때의 을파소(乙巴素)와 조선 인조 때의 김상헌(金尙憲) 선생을 모시고 제사지냈다. 믿음직한 요새로 나라를 지키는데 큰 역할을 한 백마산성은 인근 용천의 용골산성, 북청방어선과 연계되어 있는 곽산의 능한산성, 맹산의 철옹성 등등은 우리나라 북방성곽제도와 역사연구에 중요 자료이며 산성내에 남아 있는 유적들 역시 귀중한 문화유산들로 평가되고 있다.

10 대성산(大城山)

1) 자연지세(自然地勢)

청룡산맥 남쪽 끝부분에 있는 높이 270m에 불과한 산이나, 이 산은 산이름보다는 오히려 산성(山城)으로 더 유명하다. 마치 경기도 광주에 위치한 일장산(日長山)이 남한산성이라는 이름에 가려져 원래의 산 이름이 희미해지듯, 옛적부터 대성산은 대성산성으로 더 유명한 곳이다.

이 산은 6개의 산봉우리가 병풍을 치듯 둘러처져 있는데 산봉우리는 국사봉, 소문봉, 장수봉, 을지봉, 북장대, 주작봉 등이다. 대성산의 옛이름은 구룡산(九龍山) 또는 용산(龍山), 노양산(魯陽山)이라 불려지기도 하였다. 그런데 고구려 때 이곳에 외적의 침입을 막기 위해 큰 성을 쌓으면서 산을 대성산(大城山)이라 불려지게 되었다.

산세(山勢)는 남서쪽으로 뻗어 내린 주작봉의 길다란 능선을 사이에 두고 두 개의 넓고 긴 골짜기를 이루고 있다. 사철 푸른 소나무가 온 산을 뒤덮고 있어 이른 봄에도 늦은 가을에도 변함없이 푸르게만 보여 풍치가 유달리 아름답다.

이러한 풍경으로 인해 예부터 평양팔경(平壤八景)의 하나로 꼽히고 있는데 이를 두고 선조 때 윤두수(尹斗壽)가 편찬한 평양지에 저녁 무렵 산기슭으로 감도는 안개와 푸르른 산봉우리들의 풍경을 용산만취(龍山晩翠)라 표현하였다. 대성산은 신제3기~제4기 초에 있은 신기구조운동(新紀構造運動)에 의해 융기(隆起)된 다음 오랜 세월 침식삭박작용(侵

蝕削剝作用)을 받아 오늘의 산 모양을 이루게 되었다. 주요 기반암은 사암(砂巖), 혈암(頁巖)이다.

여기에 대성산중대화석(大城山中代化石)이 있는데 이 화석은 지금으로부터 약 1억7천만년 전 이 일대에서 살던 조개류가 지각의 변동으로 돌로 변한 것이다. 이 화석은 우리나라 중생대화석 가운데 대표적인 것으로 알려지고 있으며 당시의 생물상과 지리적 환경 연구에 커다란 의의를 부여하고 있다.

화석들 가운데는 조개류와 함께 물고기 지느러미 화석도 섞여 있다. 조개류화석은 중생대 송림산릉 가운데층인 검은자색분사암에서 나오는데 화석층의 두께는 2m, 길이는 100m 이상이다. 조개화석 자체의 크기는 2~3㎝이며 그 생김새는 대체로 둥글다. 화석이 많은 곳에는 무더기로 모여 있어 마치 조개무덤을 연상케 한다.

이곳 조개류화석과 지층은 비교적 곧게 놓이고 위와 아래가 굳은 지층으로 되어 있어 그 생김새가 비교적 잘 보존되어 있는 실정이다. 이 화석을 북한측은 1980년 1월 천연기념물 제17호로 지정해 놓고 있다.

대성산 남쪽 기슭에는 40~50년생의 소나무들이 같은 나이급의 아카시아나무들과 섞여 있으며 그 아래에 떡갈나무, 개암나무, 싸리나무, 분지나무, 그늘사초가 많이 퍼져 있다. 산중턱에는 40~50년생의 소나무와 상수리나무가 혼재하고 있는데 유달리 그늘사초가 많이 퍼져 있으며, 산 동물로는 꿩, 딱따구리, 꾀꼬리, 노루, 산토끼 등 다양한 짐승들이 서식하고 있다.

오늘날 이 산에는 중앙동물원과 중앙식물원이 조성되어 있고 산 안에 40여 리에 달하는 순환도로가 개설되어있다. 산 가운데는 동천호, 미천호를 비롯한 인공호수들과 폭포 및 소형 발전시설을 갖추고 있다. 대성산에는 천연기념물로 지정되어 있는 대성산목란, 두충나무, 향오동나무, 수삼나무, 미선나무, 참등나무 등이 보호관리되고 있다. 북한측은 1980년 현재 수삼나무를 천연기념물 제10호로, 대성산목란은 같은 해에 천연기념물 제11호로, 미선나무는 제12호로, 두충나무는 제13호로, 향오동나무(원래 개오동나무라 함)는 제14호로, 참등나무는 제15호로, 뚝향나무는 제16호로 지정하고 있다.

2) 대성산성(大城山城)

대성산성은 대성산 을지봉을 중심으로 남쪽으로부터 소문봉, 을지봉, 장수봉, 북장대, 국사봉, 주작봉 등 여섯 봉우리들을 연결한 산성으로 성 안에는 두 개의 넓고 깊은 골짜기가 형성되어 있다. 이 성은 이러한 자연지리적 조건을 최대한 이용해 축성하였다. 성 안에는 많은 사람들이 기거할 수 있는 주거지와 군수물자들을 수용 보관할 수 있는 식량 창고터, 무기고, 진료시설터 등이 있었던 것으로 보인다.

성의 둘레는 7,076m이며 성벽의 총 길이는 9,284m이다. 산성은 높이 270m의 을지봉 북쪽의 험준한 산줄기들과 첩첩이 잇닿아 있고 동쪽과 서쪽은 급한 경사를 이루며 남쪽은 대동강쪽으로 향한 골짜기가 있는데 이곳을 성벽으로 가로막았다. 남쪽의 골짜기 부분은 적들이 노릴 수 있는 취약지이기 때문에 여기에 겹성을 튼튼하게 쌓았다. 따라서 대성산성은 적들이 쳐들어오기에는 매우 힘들고 방어하기에는 매우 유리한 성새(城塞)였다.

이 성은 고구려 왕궁이었던 안학궁성을 보위하던 방위성으로 고구려산성 건축의 특징을 잘 나타내주고 있는 성 가운데 하나이다. 이 산성의 성돌은 대성산과 인근의 자연석을 일정한 크기의 4각추 모양으로 다듬어 벽돌 쌓듯이 서로 어긋물려 가며 조성하였다.

성벽 요소 요소마다 치(雉)를 설치하였었는데 현재 남아 있는 소문봉의 치는 성벽에서 직각으로 길이 12m, 너비 10m, 높이 3m이다. 성에서는 20개의 문터가 발견되었다. 오늘날에는 대성산성 남문만이 남아 있다.

장대(將臺)는 국사봉, 주작봉, 소문봉, 장수봉 등 전망이 좋은 곳에 설치하였다. 성벽이 꺾이는 모서리에는 각루를 설치하고 성벽의 바깥에는 도랑을 파 놓았다. 이 성벽을 축성하는데 세심한 노력을 기울인 흔적은 성벽으로 물이 스며들어 성벽의 기초가 무너질 것을 염려해 일정 간격으로 돌기둥처럼 돌들을 땅속 깊이 묻고 그 사이사이 공간을 내든가, 모래를 채워 물이 잘 빠지도록 배수로를 두었다는 점이다.

이 산성에는 특히 수많은 연못이 있었는데, 무려 170개의 연못이 있었던 것으로 보여진다. 현재 남아 있는 못 가운데 구룡못은 길이 18m, 너비 18m의 장방형인데 그 깊이는 4m가량이다. 못 둘레는 돌을 쌓고 바닥에는 30㎝ 두께로 진흙을 다졌다.

성 안에는 고구려기와들과 금동불상과 불경이 들어 있던 돌함 등 유적 · 유물들이 많이 발견되고 있다. 대성산 남문은 427년 고구려가 평양으로 수도를 옮기기 이전에 세운 것으로 무엇보다 튼튼하게 축대 양쪽에 잇달려 세운 문루로 이루어져 견고함이 매우 뛰어나다.

남문의 높이는 19.5m에 달하며 축대와 적대(敵臺)는 다같이 네모나게 다듬은 화강석을 차곡차곡 포개어 쌓았다. 돌들은 세로 방향으로 통이음줄이 생기지 않도록 하면서 위로 올라갈수록 차츰 낮은 것을 놓았다.

축대와 적대의 바깥면은 안쪽으로 약간 경사지면서 그 밑부분은 계단모양으로 쌓았다. 축대의 복판에는 υ형의 문길을 냈다. 축대와 적대의 웃둘레에는 평가퀴를 쌓고 그곳에 낸 활 구멍과 타구로 적을 사격할 수 있게 하였다.

축대 위로는 뒤쪽 양칸에 낸 계단으로 오르내리게 되어 있다. 축대 위에 세운 문루는 정면 5칸(17.15m), 측면 2칸(6.3m)의 2층건물이다. 굵직하게 세운 배부른 기둥은 안정해 보이며 안쪽은 모서리부분에 세운 4개의 기둥은 곧추 뻗어 올라 2층기둥까지 겸하고 있다.

기둥 위에 얹은 두공(斗栱)은 첨차(檐遮)를 두단 고인 이른바 〈공아〉형식의 두공이며 두공과 두공 사이에는 활재모양의 〈사이두공〉을 소로에 받쳐 놓았다. 내부는 통천정으로 시원하게 틔워 놓았는데 대들보 위에 대공을 세운 다음 중보를 놓고 거기에 다시 대공을 세워 마루도리를 받친 모습이 그대로 드러나 보인다.

우진각형식의 지붕은 장중한 맛을 돋구고 있으며, 고구려의 무늬기와를 잇고 용마루 문루 안팎에는 화려한 단청을 입혔다. 단청은 붉은 색의 기둥으로부터 시작하여 밑으로부터 위로 올라가면서 차츰 더 밝게 하여 지붕 밑을 시원하게 해주고 있다.

단청무늬의 기본은 넝쿨무늬, 구름무늬, 불꽃무늬 등이며 화살과 활을 그린 기둥머리초 다섯잎짜리 서까래 마구리무늬와 평판방 안쪽에 그린 단청그림은 성문에 어울리게 특색있게 하였다. 평판방 안쪽의 남쪽에는 칼창 방패를 든 보병들 갑옷을 입은 개마무사들이 씩씩하게 행진하는 장면을 그렸다. 북쪽에는 말탄 사냥꾼들이 달리면서 범과 사슴 등을 사냥하는 용맹한 모습을 그려놓았다. 산성 안에는 광법사, 청운사, 대성고분벽화 등등의 유물 · 유적들도 산재해 있었다.

3) 대성산성과 안학궁(安鶴宮)

대성산 기슭에 자리하고 있던 안학궁(安鶴宮)은 고구려 장수왕이 압록강 건너 국내성

(國內城)에서 평양으로 천도한 때인 서기 427년(장수왕 15)에 세워졌던 것으로 이 궁은 평시에 왕이 거주하던 궁성이었다.

당시 고구려 귀족과 일반 백성들은 궁성 외곽에 거주하였다. 거주지를 둘러 싼 외성은 따로 두지 않았고 대성산성에 비상용 식량과 무기를 비축하여 두었다가 외침이 있을 때에는 산성으로 들어가 방어태세를 취하였다.

이러한 태세는 집안현의 국내성지역에서 보이는 평지성인 퉁구성과 산성자산산성과 마찬가지이다. 안학궁 일대는 평원왕 9년(567년) 장안성으로 천도할 때까지 고구려 수도이었다. 안학궁의 규모와 구조는 1957년부터 발굴이 시작되면서 그 윤곽이 드러났다.

궁터는 두터운 성벽으로 네모나게 둘러싸여 있었는데, 궁성 한 변의 길이는 622m이고 그 둘레는 2,488m에 넓이는 약 38만㎡에 달한다. 궁성은 서쪽으로 약간 비스듬한 사각형이다. 성벽은 돌과 흙을 섞어서 쌓았는데, 성벽 밑부분은 평균 너비 8.8m로 안팎으로 일정한 높이까지 돌로 쌓고 그 안에 진흙을 다져 넣었다.

성벽 네 모서리에는 각루가 있었고 궁성의 문은 동 · 서 · 북쪽에 각각 1개씩이며 남쪽에는 3개의 문을 두었다. 궁의 동서쪽 성벽밖으로 해자(垓字)가 있었으며, 궁성안은 큰 궁전들과 회랑(回廊) 그리고 인공적으로 만든 동산과 호수가 있었다.

궁터에서는 52채의 궁전터가 확인되었다. 안학궁은 약 35㎝인 고구려 자(尺)를 사용하여 설계, 건설하였는데 이 궁은 5세기 무렵 고구려의 건축술을 전해주는 대표적인 유적이다.

대성산성과 함께 고구려가 평양으로 수도를 옮길 목적으로 4세기경에 토성도 쌓았는데 이 성을 청암토성지라 한다. 이 성은 반달 모양의 성으로 대성산성을 방어하기 위한 위성의 역할을 하였다.

이 성은 남쪽에 대동강을 끼고 모란봉의 서북단에 잇닿은 구릉지대에 자리하고 있다. 대동강에 면한 동 · 서 · 북쪽에는 자연지세를 이용하여 총 길이 2.7㎞의 성벽을 쌓았다. 성터에서는 고구려 시기의 부서진 기와, 토기조각, 주춧돌이 발견되었고 당시의 여러 시설물의 흔적을 살필 수 있다. 성내에 8각전터가 있었는데 이 8각전을 중심으로 하여 좌우로 장방형의 건물터가 마주 놓여 있다. 이 건물터가 497년에 세웠던 금강사지로 추정하고 있으며, 이 성은 고구려성 가운데 가장 이른 시기에 축성된 평지 성의 하나이기도 하다. 1981년에 대성산성과 연결되어 있는 다리 유적이 발견되었는데, 이 다리의 북쪽 3~4

km의 반경으로 안학궁과 대성산성이 위치해 있다.

4) 대성산의 동천호와 미천호

대성산 골안에는 고구려 제11대 왕인 동천왕(東川王)의 호를 딴 호수가 있는데, 이 호수는 소문봉 동쪽 기슭에 위치해 있다. 조성시기는 고구려가 기원 247년 평양성을 쌓고 종묘 사직을 옮긴 때로 보인다.

미천호 역시 대성산 서쪽에 자리하고 있는데, 그 명칭은 고구려 제15대 왕인 미천왕(美川王)의 왕호를 따서 명명한 것이라고 한다. 미천호에는 다음과 같은 전설이 전해오고 있다. 평생을 산성건설에 바친 미이찬이라는 사람이 대성산성 장수각 지붕에 적이 침략해 오면 자동으로 불빛을 뿜어내는 기와인 자봉와(自烽瓦)를 씌워놓는 등 완벽한 산성축조를 마무리하였으나 성안에 물이 부족한 약점을 보완할 수 없어 몹시 고민하고 있었다.

호시탐탐 침략을 노리는 적들은 이 산성의 견고함과 아울러 자봉와(自烽瓦)를 없애야만 침공에 성공할 수 있다고 믿어 그 방책 수립에 골몰해 오고 있었다. 마침내 적들은 이간책으로 정탐군을 고구려에 들여보내 자봉와를 미이찬이 적국에 팔아넘겼다는 거짓소문을 퍼뜨렸다. 왕은 이 거짓소문에 속아 축성책임자인 미이찬을 잡아 죽이고자 하다가 귀양을 보냈다. 귀양살이를 떠나면서도 미이찬은 아들에게 생전에 성안에 물 문제를 해결하지 못한 것을 한스럽게 여기며 애절하게 아들에게 이 문제를 해결하도록 부탁하였다고 한다.

아들은 아버지의 부탁을 받고 천신만고 끝에 성내를 두루 답사해 큰 물구덩이를 찾아냈다고 한다. 이 물구덩이가 오늘날 미천호를 이루게 했다는 것이다. 옛기록에 의하면 대성산에는 170여 개의 못이 있었다고 하는데 고구려 때에 와서는 99개의 못으로 줄었고, 이후 세월이 흐름에 따라 못들이 메워져 그 흔적이 묘연했으나, 1989년 대대적인 연못 발굴작업에 나서 99개의 못들을 모두 발견하였다고 한다.

그 가운데 옛이름 그대로인 것은 6개뿐이고 나머지 못들은 모두 일련번호를 붙여 놓았다고 한다. 이 가운데 구룡연, 형제못, 장수못, 사슴못, 잉어못 등에 대한 전설이 전해지고 있는데, 이 가운데 대표적인 전설로 '사슴못 전설' 이 전해지고 있다.

전설에 의하면 대성산 기슭에 녹족부인(鹿足夫人)이 12명의 아들을 낳아 기르고 있었는데 모두 그 어미를 닮아 사슴발을 하고 있었다. 이 열 두명의 아들들이 사슴발이라고 놀려대는 동네 아이들과 싸우는 것을 본 부인은 곤욕에 처한 자식들을 모두 통나무에 실어 대동강물에 띄워보내고 홀로 대성산으로 들어와 못을 파고 사슴을 기르며 살았다.

세월이 흐른 뒤 수나라 대군이 고구려를 침략해 들어옴에 나라가 위기에 처한 것을 알아채린 녹족부인은 자진해서 전쟁에 참여하였다. 그런데 그녀의 아들들도 장성하여 적진의 장수가 되어 전투에 참여하고 있었다. 이에 녹족부인은 그 아들들을 설득하여 반란을 일으키게 하여 적을 물리칠 수 있었다고 한다. 전쟁이 끝난 후 녹족부인은 이전처럼 산성자락으로 돌아와 못을 파고 계속해 사슴을 키우면서 살았기 때문에 사슴못이라는 전설적 이름이 붙여졌다고 하는 등 대성산에 얽힌 숱한 사연을 전해주고 있다.

11 묘향산(妙香山)

1) 산명(山名)과 지세(地勢)

우리나라 5대 명산의 하나인 묘향산은 산세가 기묘하고 수려하여 경치가 아름답고 향기 그윽한 향나무들이 자라고 있는 산이라 하여 묘향산이라 부르게 되었다고 한다. 이밖에 영변의 옛 고을명인 연주골에 속해 있어 연주산이라고도 하였는가 하면, 산의 바위들이 유달리 희고 정갈하다는 의미에서 태백산이라고도 하였다. 또다른 명칭으로 우리나라 서쪽에서 가장 높고 아름다운 산이라 하여 서산이라고 하였고, 햇빛이 비치면 온 산이 희게 보인다 하여 백산 또는 백악산이라고 하였다.

묘향(妙香)이란 원래 불교용어로 기향(奇香)을 말하는데, 이는 〈증일아함경(增一阿含經)〉에 나오는 말로 묘향에는 세 종류의 향이 있다고 하는데 즉 다문향(多聞香), 계향(戒香), 시향(施香)을 일컫는 것으로 이 향은 역풍이나 순풍이 불더라도 반대방향에까지도 냄새를 풍기는 수묘(殊妙)한 향기이다.

묘향산에는 향목, 동청(冬靑) 등 향기로운 나무가 많아 고려시대 이전부터 묘향산이라 지칭했다고 하며, 수많은 기묘한 봉우리와 수정을 드리운 듯한 크고 작은 폭포들과 웅장한 수림속을 뒤덮은 희귀한 식물과 동물들로 인해 예로부터 명산으로 이름이 높다.

이 산의 웅대하고 수려함으로 인해 옛 사람들도 지리산의 웅장함과 금강산의 아름다움을 함께 지닌 명산으로 받들어 왔다. 다시 말해 동금강(東金剛), 남지리(南智異), 서구월

(西九月), 북묘향(北妙香)이라 하면서 수이장(秀而壯)으로 표현하기도 하였다.

이러한 묘향산은 묘향산맥 중앙에 위치해 있으며 평안북도와 평안남도와의 경계를 짓고 있다. 묘향산 북동쪽에서 남서쪽으로는 청천강유역이 전개되고 정남쪽으로는 대동강유역을 이루고 있다.

묘향산은 비로봉(毘盧峰:1,909m)을 주봉으로 하며 남쪽으로는 칠성봉(七星峰:1,894m) 강선봉(降仙峰 1,613m), 호랑령(虎狼嶺)을 연결하고 서쪽으로는 대밀봉(大密봉:670m), 법왕봉(法王峰:1,391m), 향로봉(香爐峰:1,600m)을 거쳐 비로봉에 연결된다. 이들 능선은 동서방향으로 장축(長軸)을 이루며 타원형을 형성하고 있다.

비로봉과 향로봉에서 흘러내리는 계류를 합하여 청천강의 지류인 월림천(月林川)이 되고 분지를 관류하면서 침식분지를 형성하고 있다. 월림천이 분지의 능선을 뚫고 흐르는 곳에 용암(龍巖)이라는 협곡이 형성되고 있는데, 강 양쪽 언덕에 400m가 넘는 험한 침식곡이 발달되어 있다.

북쪽 법왕봉에 이르는 침식곡의 경사는 약간 느린 편이나 인호대(引虎臺), 법왕대(法王臺) 등의 준령이 있으며, 높이 600m쯤 되는 암벽에는 천신폭(天神瀑)이 있고 암벽 위에는 상원암(上元庵)이 있다.

이러한 산세가 형성한 타원형의 능선 외곽에는 또다른 타원형의 능선이 둘러처져 있다. 비로봉에서 5㎞가량 북쪽에 솟아있는 부용봉(芙蓉峰:1,432m)을 기점으로 하여 남쪽으로 인달산(仁達山:1,694m) 달마봉(達磨峰:1,382m) 가마봉(加馬峰:1,305m) 은봉(隱峰:1,268m) 형제봉(兄弟峰:1,229m) 등을 지나 월림천을 거쳐 학무봉(鶴舞峰:777m)에 이르는데, 이들 산능 주위가 약 70㎞쯤 된다. 일찍부터 향산팔경(香山八景)이라 하여 인호대(引虎臺)에서 3개의 폭포를 바라볼 수 있는 인호관폭(引虎觀瀑), 불영대에서 밝게 비치는 보름달을 바라보는 경치가 좋다는 불영완월(佛影玩月), 단군대에서 남쪽으로 끝없이 펼쳐진 연봉들이 저녁노을 붉게 탈 때 그 전망이 좋다는 단군락조(檀君落照), 설령대에서 수미봉 산허리를 감도는 흰 구름을 보는 경치가 아름답다는 설령귀운(雪嶺歸雲), 만폭동의 폭포경치가 한 눈에 다 바라보인다는 봉두만폭(峰頭滿瀑), 묘향산을 찾아오는 손님들을 마중하고 떠나가는 손님을 바래며 석별의 정을 나누는 심진송객(尋眞送客) 등을 꼽고 있다.

2) 사적(史的)으로 본 묘향산

묘향산은 민족사적으로나 유적지로서도 주시되고 있는 산이다. 고기(古記)에 옛날 환인(桓因)이 그 아들 환웅(桓雄)이 인간세상에 뜻을 둔 것을 알고 천부인(天符印) 3개를 주어 인간세상에 내려가 다스리게 하니 환웅이 무리 3000을 거느리고 태백산 정상의 신단수(神檀樹) 아래 내려왔다고 하였는데, 삼국유사의 저자 일연(一然)은 이때의 태백산을 묘향산이라 비정하였다. 이렇게 볼 때 늦어도 고려 중기 이후로 묘향산은 단군신앙과 결부된 우리 민족의 숭배대상지임을 알 수 있다. 또한 고대에 행인국(荇人國)이 태백산 남쪽에 있었다고 하는데, 고전(古典)에는 이 태백산을 묘향산으로 추정하고 있다. 읍지(邑誌)에 의하면 행인국은 신라 시조인 혁거세와 같은 시기에 건국되었으며, 서기전 18년 고구려 동명왕이 장수 오이(烏伊)와 부분노(扶芬奴)를 보내 행인국을 치자, 왕은 패하여 석굴에 피하였다가 잡혀 항복하였다고 하는데 그 석굴을 국진굴(國盡屈)이라 하며, 이 굴이 보현사(普賢寺) 동쪽 4리에 있었다고 한다. 이 산에는 단군이 화생(化生)하였다는 단군굴도 있다. 단군굴은 단군탄생처와 관련하여 단군숭배지의 하나가 되었다. 주변에는 단군이 활쏘기 연습을 하였다는 단군대와 과녁으로 쓰였다는 천주대가 있다. 이밖에 휴정(休靜)과 유정(惟靜)의 원당(院堂)이 있으며, 산 동남쪽 영변군에 보현사(普賢寺), 윤필암(潤筆庵), 안심사(安心寺), 금강굴(金剛屈) 등이, 북쪽 희천군편으로는 원명사(圓明寺), 광제사(廣濟寺) 등이 있는데 이들은 고려시대부터 있었던 대표적인 사찰들이다. 묘향산에는 수많은 사찰이 있었던 명산으로 무려 360개의 사찰과 암자가 있었다고 동국여지승람은 기록하고 있다.

고려 현종 3년(1012년) 거란 소손령(蕭孫寧)이 10만 대군을 이끌고 개경을 침입하였을 때 강감찬(姜邯贊) 장군과 강민첨(姜民瞻) 장군이 배후인 영변에서 습격하여 대승을 거두었다. 12세기 말 농민반란이 발발하던 시기에 조위총(趙位寵)의 잔당으로 불리는 농민들이 1177년 9월 묘향산에 웅거하여 1년 이상 싸운 적도 있다. 고려 고종 3년(1216년) 거란의 금산(金山), 금시(金始) 두 왕자가 장수 아아(鵝兒)와 걸노(乞奴)를 보내 수만의 병사를 이끌고 압록강을 건너 침입해 들어오자 김취려(金就礪) 장군이 이끄는 고려군사가 거란병을 추격하여 묘향산까지 진격한 바 있다.

이때 거란병들이 보현사(普賢寺)를 불태우자 관군은 그들을 참획(斬獲)하였으며 묘향산

서쪽에 있는 남강(南江)에서 크게 무찔렀다. 조선시대에 와서도 묘향산은 휴정(休靜) 스님이 이끄는 승병의 근거지가 되어 왜적의 침입을 막아내는 데 앞장섰다.

즉 휴정은 전국에 격문을 보내 의승(義僧)이 일어나도록 독려하였다. 이때에 73세의 고령인 휴정은 선조로부터 팔도선교도총섭(八道禪教都摠攝)이라는 승직(僧職)이 주어졌으나 자신은 이를 거절하고 제자인 유정에게 물려주고 다시 묘향산으로 들어가 입적하였고 그의 사리도 이곳에 모셔져 있다.

임진왜란시에는 전주사고에 소장되었던 역대실록을 선조 30년(1597년) 이곳 보현사 별전으로 옮겼다. 1606년에는 실록 신인본(新印本)을 만들어 사고의 역할을 수행하게 하였다. 그 뒤 후금의 위협이 날로 증대되자 1633년 무주 적상산성(赤裳山城)내에 사고(史庫)를 마련하고 실록을 옮겨 위난을 피하였다.

묘향산의 대표적인 사찰인 보현사에 대해서는 김부식이 지은 사비(寺碑)에 의하면, 고려 정종 8년(1042년) 화엄종의 승려인 탐밀(探密)과 굉확(宏廓)에 의해 절이 창건되었다 하고, 언전(諺傳)에 행인국이 도읍하였던 유지라 한다.

이곳에 보현보살이 머물러 있었다 하여 사찰명을 보현사라 하였다고 하는데, 사찰의 규모는 고려말까지도 240칸에 달하였다. 1761년(영조 37) 실화(失火)로 절이 모두 불타버리자 남파(南坡), 향악(香岳) 두 대사가 다시 중창하였다.

이 절에 석가여래상을 비롯하여 양대보살상과 16보살상이 있어 보현사 극락전과 함께 나한전이 있었던 것으로 보여진다. 이외에 석가여래사리부도비(釋迦如來舍利浮屠碑)가 있어 봉안내력을 적고 있다. 고승인 원준(圓俊) 스님의 부도가 여기에 있었던 것으로 전해지며 편양대사비(鞭洋大師碑), 풍담대사비(楓潭大師碑), 영암대사비(靈巖大師浮屠碑), 월도대사비(月渚大師碑) 등도 있어 보현사에서 배출된 승려들의 행적과 업적을 살필 수 있다.

보현사는 정면 5칸, 측면 3칸의 대웅전을 비롯하여 정면 9칸, 서측면 5칸, 동측면 4칸의 관음전, 정면 5칸, 측면 2 · 3칸의 축성전 및 천왕문 만세루 등이 있다. 이 절은 6 · 25 당시 소실되었으나 근년에 복구되었다고 한다.

대웅전 앞에는 높이 8.58m의 8각 13층석탑이 서 있으며 연꽃무늬등이 새겨져 있다. 이 탑은 휴정이 보현사에 주석하던 당시인 1573년에 세워졌던 것으로 추정된다. 이 석탑은 보현사의 역사와 명성을 높여 줄 뿐만 아니라 북한 내에서 가장 빼어난 상징적 유물로 평가된다.

소장유물로는 고려 고종 38년(1251년)에 완성된 제3차 팔만대장경 판본의 일부가 전해져 오고 있다. 이 사찰의 사적에 대해 〈조선금석총람(朝鮮金石總覽)〉에 비문이 수록되어 있는데 사적비는 인종 19년(1141년)에 건립되었으며 비신(碑身)은 높이 2m, 너비 1.1m, 자경(字經)은 2.7㎝이다. 제액(題額)의 자경은 10.6㎝로 되어 있으며 서체는 행서이다.

비수(碑首)는 없고 4각형의 받침돌 위에 세워졌는데, 비문은 삼국사기의 저자인 김부식이 찬하였고, 머리글자의 전서는 고려 인종이 친히 찬하였으며, 글씨는 문공유(文公裕)가 썼다. 그 뒷면에는 비가 세워질 때까지의 12명의 역대 주지와 역사에 참여한 승려들의 명단이 기록되어 있다. 보현사석탑은 건립연대가 1044년(정종 10)으로 추정되며 9층석탑으로 높이는 6.3m이다. 제2층 탑신에 명문이 새겨져 있으며 자경은 3㎝로 해서체이다. 이 명문에는 고려황제 폐하의 덕은 하늘과 땅과 같고 밝기는 해와 달과 같아서 백성이 불길처럼 번성하고 있다 라고 적고 있다.

보현사 서편의 안심사는 사원 건립연대는 미상이나 고려시대에 이미 건립되어 있었으며, 탐밀이 처음 와서 창건하였다고 한다. 인도의 승려 지공과 그 제자인 고려말 고승으로 1365년(공민왕 14) 왕사가 된 나옹(懶翁)이 이 사찰에 머물렀던 인연으로 두 승려의 문도인 각지(覺持)와 각오(覺悟)에 의해 그들의 사리부도가 세워졌다.

이 부도의 건립과정에 대해 이색이 비문을 쓰고 1384년(우왕 10년)에 의해 세워진 묘향산안심사 석종비를 통해서 알 수 있다. 이 비석의 높이는 2.5m, 너비 60㎝이며 뒷면에는 나옹의 제자 명단과 당시 안심사에 보시한 신자명단이 열기되어 있는 바, 여기에는 이성계(李成桂), 조민수(曹敏修), 임견미(林堅味) 등 당대 고관들이 대거 참여했음을 알 수 있다.

안심사는 우왕이 세자의 명복을 빌기 위하여 발원한 사찰이다. 고려 말기의 불교신앙 현상을 살피는데 있어 이 비석문은 중요한 가치를 지닌다. 또한 고려말부터 조선말 사이에 이루어진 44개의 부도가 무리를 이루고 있고 부도 사이에는 16개의 비석도 있다.

상원암은 1580년에 재건된 것으로 전해지며, 묘향산 중에서도 가장 경관이 빼어난 곳에 자리하고 있다. 정면 5칸, 측면 2칸, 2익공 팔작지붕의 본전과 칠성각이 있다. 상원암에는 조선시대의 뛰어난 건축술을 보여주는 길이 12자의 액방(額枋)이 건물 전면을 가로지르고 있다.

현판 글씨는 유명한 추사 김정희의 친필이며, 윤필암(潤筆庵)은 이색(李穡)이 지은 〈향산윤필암기(香山潤筆庵記)〉에 의하면 고려말 나옹의 제자 승지(勝智)와 각청(覺淸)이 세운 절이라고 한다. 절의 규모는 크지 않으나 동국여지승람 불우조(佛宇條)에 의하면 이 사찰은 후기에 확장된 것임을 밝히고 있다.

3) 전설(傳說)의 보고(寶庫)이기도 한 묘향산

묘향산 만폭동으로 가는 오른쪽 탁기봉에서 묘향천으로 뻗어 내린 산 중턱 소나무 숲속에 돌기둥처럼 우뚝 솟아 있는 높이 66m의 큰 바위가 있는데 이 바위를 천주석(天柱石)이라 한다. 천주석(天柱石)이라 불려지게 된 전설은 그 옛날 이 지역에 여름 내내 장마로 강가의 집들과 절간이 무너지고 묘향산의 아름다운 경치도 사라질 지경에 이르렀는가 하면, 사람들은 생명의 위협을 느낄 정도가 되었다.

그런데 이 당시 묘향산골, 소복골에 산봉우리도 옮길 만한 힘센 총각이 살고 있었다. 장맛비가 계속 내리는 것이 하늘에 구멍이 뚫렸기 때문이라는 이야기를 듣고 그는 향산천 기슭에서 바윗돌을 쪼아 하늘 구멍을 막으려고, 높고 큰 돌기둥을 만들어 탁기봉 줄기에 하늘구멍을 막았다. 이후로 장맛비는 그쳤는데 이때에 세운 바위기둥이 천주석이라 한다.

이 천주석은 단군이 활쏘기 연습의 과녁으로 삼았는데 이때 화살에 맞아 떨어진 바위 조각이 지금도 천주석 밑에 남아 있다고 한다. 만폭동 등산길에는 나무꾼과 선녀이야기를 전해주는 비선폭포, 은하폭포, 은정폭포수가 있고 향로봉 중턱에는 단군굴과 우족대가 있는데, 이 우족대는 단군이 세 뿔난 황소를 타고 단군대에서 활쏘기 연습을 할 때, 이 바위 위에 내리곤 하였는데 그때의 소발자국이 찍혀져 있는 바위라 하여 우족대(牛足臺)라 한다.

비로봉 등산길에는 서산대사가 글 공부를 하던 굴이 있는데 이 굴을 금강굴이라 한다. 굴의 높이는 3m, 길이 10m 가량으로 큰 바위가 겹쌓여 자연동굴처럼 된 것인데, 굴 안에는 청허방장(淸虛方丈)이라고 쓴 현판이 걸려 있는 암자가 있다. '청허'란 서산대사의 호이다.

여기에서 금강산에서 수도하던 사명대사가 서산대사를 찾아와 서로 재주를 겨루었다는 이야기가 전해오는데, 금강굴이란 서산대사와 같은 고승이 불도를 닦던 곳이라 하여 금강석에 비유하여 붙여진 굴 이름이다.

내향산 향암리 중턱에 '부소참' 이라는 약수물이 솟아 나오는데 이 샘물은 천년묵은 이끼가 덮인 바위 밑에서 흘러 나온다 하여, 사람들이 이 물을 마시면 온갖 세상근심사가 사라지고 마음이 편안해진다고 전해오고 있다. '부소' 라는 명칭은 고조선의 시조 단군의 왕자로 형벌을 주관하는 옹가(饔加) 벼슬을 맡아 보던 이로 서북지방을 다스렸다고 한다.

임진왜란 때에는 묘향산 일대에서 1,500여명의 승병이 평양전투에 참가하였는데, 이때의 훈련장소가 이곳이었다고 한다. 이곳에서 멀지 않은 인주참이라는 곳도 있는데 여기서 옛날부터 도장목과 인즙을 만들어 팔던 장인바치들이 살고 있었다. 1822년(조선 순조 22년) 여름 어느날 밭을 갈던 농부가 도장 1개를 주웠는데 여기에 '해서요동백호인(海西遼東白虎印)' 이라 새겨져 있었다. 영변군지에 의하면 이 도장을 서산대사가 가지고 있다가 사명당이 일본에 항복서를 받으러 사신으로 갈 적에 계책이 들어 있는 비단주머니와 함께 이 도장을 주었다고 한다. 그때에 이르기를 가장 어려운 지경에 처했을 때 비단주머니를 풀어 그 속에 쓰여있는 계책에 따라 행동하면 모든 일이 잘 풀릴 것이라고 하였다고 하는데 사명당은 이 인장과 함께 계책 주머니를 가지고 일본에 가, 소임을 잘 수행하고 귀국하였다고 한다.

12 구월산(九月山)

1) 산세(山勢)와 지형(地形)

구월산은 우리나라 4대 명산 중 하나이니, 또는 5대 명산중 하나 라는 등 일찍부터 그 산의 명성을 드러내 놓고 있다. 산의 높이는 945m로 기반암은 흑운모화강암으로 되어 있는데 심한 풍화작용으로 도처에 기암절벽을 형성하고 있으며, 그 사이에 작은 냇물이 흘러 경관이 매우 좋은 명승지로서 이름이 나 있으며, 산의 지경(地境)은 대략 110㎢가량 된다.

산의 최고봉은 사왕봉(思王峰 또는 思皇峰)이라 하는데 이곳에서 사방을 둘러 보면 동남쪽으로 안악, 신천, 재령 등의 평야지대와 서북쪽으로 드넓은 황해와 평안남도의 남포까지도 시야에 들어온다.

북동쪽으로는 해발 895m의 오봉산이, 남쪽에는 687m의 아사달봉(阿思達峰), 583m의 비산(飛山) 등 무수한 산봉우리들이 톱날같은 능선을 이루며 솟아 있다. 광활한 저지대에 우뚝하게 솟아 있어 그 형상은 매우 웅장하게 보이는데다, 우아한 풍치를 겸하고 있어 명산으로서의 가치를 더해주고 있다.

사황봉 동쪽에는 오봉이라는 높이 860m의 봉우리가 있는데 다섯 개의 봉우리가 나란히 있다 하여 그렇게 부른다. 이밖에 안악, 은률, 경계지대에 있는 용대봉, 단군봉, 아사봉, 조사봉, 주가봉 등등과 계곡 명칭도 다양한 산성골, 오봉골, 운계골, 회덕골, 원명골 등 수많은 계곡이 길거니 짧거니 서로 겨루기라도 하듯이 흘러내리고 있다.

이들 골짜기에는 수정같이 맑은 물이 쉴새없이 흐르면서 주변마다 못, 폭포, 기암절벽, 울창한 숲, 철따라 피어나는 온갖 꽃들과 단풍나무 등 자연적 조화로 신비롭기 그지없다. 계곡은 동쪽으로 석성천, 서쪽은 한일천, 남쪽은 장연, 남대천, 북쪽은 한이천을 이루고 있다.

북쪽 골짜기에는 산수의 절경으로 알려진 부연, 마연, 요연 등의 못이 있다. 산 중턱에는 7년 동안 내리 가뭄이 계속되어도 물이 마르지 않는다는 유명한 석담이 있다. 산 서쪽 비탈에는 고요연과 금란굴이 있어 그 풍광이 절승이다.

어떤이는 금란굴과 같은 굴이 있는 산이라 하여 구월산을 굴산이라 부르기도 하였다. 용연폭포나 삼형제폭포들은 아름다운 화폭을 연상케 하는 일곱 가지 색깔의 무지개를 나타내면서 신비로움을 더해주고 있다.

구월산은 풍치가 뛰어날 뿐만 아니라 다양한 동식물의 서식처로도 유명하다. 소나무, 참나무, 밤나무, 단풍나무 등이 많이 서식하고 있는가 하면, 경제성이 높은 호두나무, 잣나무, 수유나무, 동백나무, 분지나무 등과 다양한 약초와 동물들이 서식하고 있다.

2) 다양한 구월산의 이름들

산 이름 역시 우리나라 역사만큼이나 유구하여 여타의 명산 못지않게 수많은 이칭(異稱)을 갖고 있다. 먼저 삼국유사에 실려 있는 아사달이 곧바로 구월산이라 하는데, 이 아사달이 [아시다리/아사다라]에 대한 소리옮김으로 〈아시〉는 처음, 시작을 뜻하는 것이고 〈다라〉는 산을 뜻하는 것으로 아사달이 시조산(始祖山)을 의미하는 것으로 보고 있다.

삼국유사에는 아사달 외에 궁흘산(弓屹山)을 단군신화에 등장시키고 있는데, 궁흘은 구월산의 한자(漢字)음의 표기변종으로 보이며 '弓' 자를 '方' 자로 잘못 옮겨 방흘산이라고도 하였다고 한다.

또 다른 명칭으로 백악산(白岳山)이라고도 하였는데, 이 역시 삼국유사에 나오는 이름으로 [바라다라]에 대한 소리 뜻 옮김으로서 〈밝은 산〉, 〈불산〉이라는 뜻을 가진 이름으로 '신비한 산 또는 신성한 산' 을 의미해 왔는데, 후세에 와서 이같은 의미가 희색되고 메부리를 이룬 돌들이 희게 보인다는 의미의 백악산으로 둔갑되었다는 것이다.

금미달이라는 명칭도 삼국유사에 보이는데, 금미달은 [거미다라]에 대한 소리 뜻 옮김으로서 〈검은 산/곰산〉을 가리키는데, 단군신화에 나오는 곰녀(熊女)와 관련된 것으로 신성함을 뜻하는데, 후세에 검단(黔丹), 금단(黔壇)으로 변형된 지명이 전국 여러 곳으로 퍼져 나갔다.

삼위산(三危山)이라고도 하였는데 원래 백두산, 구월산, 묘향산 등 3대산을 의미한 것이었는데 후에 구월산 자체를 삼위산이라 하였다고 한다. 그런가 하면 단군산이라고도 하였고 구구산이라고도 하였는데, 구구산이라 함은 9월 9일에 단군이 구월산에 들어갔다는데서 유래되었다고 하며, 일설에는 산봉우리가 99개라 한 데서 유래되었다고 하기도 한다.

또 다른 설로는 아홉 개의 달이 떠 있다는 전설에 의거해 '아달메' 라 하였는가 하면, 궐산은 구월산의 발음이 늘어지면 '구 얼 산' 이 되는데 이것을 줄이면 궐산으로 들리는 데서 비롯되었다고도 한다. 증산(甑山)이란 명칭도 있는데, 신증동국여지승람 문화현조에 구월산이 시루처럼 우묵하게 생겼다 하여 붙여진 이름으로 '시루메', '증악' 이라고 하였는가 하면, 서쪽지역을 지키는데 중요한 산이라 하여 서진산(西鎭山)이라 하였으며, 단풍이 하도 아름다워 풍악산(楓嶽山)이라고도 불려졌다 하여 무려 10여 종의 이칭(異稱)을 구월산은 가지고 있는데, 구월산 예찬은 조선조 후기의 방랑시인으로 유명한 속칭 김삿갓(본명은 김병연(金炳淵))의 다음과 같은 시구(詩句)로 압축되고 있다고 해도 좋을 것이다.

간해에도 구월에 구월산 다녀왔고	去年九月過九月
올해에도 구월에 구월산 다녀왔네	今年九月過九月
해마다 구월에 구월산 구경하니	年年九月過九月
구월산 경치 언제나 구월이라네	九月山色長九月

3) 단군과 관련한 구월산의 유적

구월산을 단군의 도읍지로 보고 있는 것은 고려사 응제시(應制詩) 주(註)와 세종실록 지리지 등 여러 지지들에 의해서이다. 구월산에는 예전부터 환인(桓因), 환웅(桓雄), 단군(檀君)을 모시는 삼성사(三聖祠)가 있었으며 이밖에도 단군대(檀君臺), 어천석(御天石), 당장경(唐莊京), 사왕봉(思王峰) 등 단군의 신적(神蹟)이 전해지고 있다.

산 주위에는 거석문화(巨石文化)의 유적도 많다. 고대에서부터 중국 대륙과 교통이 빈번했던 요지로 한반도 최고의 역사적 무대였던 구월산 일원에는 당장경(唐莊京)이라는 유적이 있는데, 당장경은 단군이 도읍하였던 유적지로도 알려지고 있는데 고려 때에는 장장평(莊莊坪)이라 하였으며 속칭 장재벌이라 불려지기도 하였다.

조선조 중종 15년(1520년)에는 이 지역에 질병이 돌아 문화현 치소(治所)를 지금의 신천군 건산리로 옮겼다고 하는데, 인근 고현리 마을에서 이곳 유적지로 들어가는 데는 동북쪽으로 약 13리가 된다고 한다. 이 일대에 당장경 유적지 통로 옆에 둘레 450m 되는 방형(方形)의 성터가 있고 집자리와 감옥터 등도 발견되었다.

유물로는 고구려 기와편이 동서 4km, 남북 약 2km 면적에 분포해 있다. 와편(瓦片)은 붉은색 기와로 앞에는 노끈줄, 무늬 뒤에는 베천 흔적이 있다. 고려와 조선의 자기 기와편 기단석 등이 출토되었으며 기와로는 붉은색, 청회색, 검은색, 회색 등의 것이, 고대 벽돌들과 고려자기, 검은색 질글릇 조각, 홍옥으로 만든 구슬 등이 발견되었다.

이처럼 당장경 유적지에 고구려 시기의 붉은색 기와가 많이 발견된 것으로 보아 당시 이 지역이 도시형태를 갖춘 곳으로 추정된다. 다시 말해 고구려 시기에 성곽과 관청, 감옥이 있었던 지방중심처였음을 짐작케 하고 있어 이곳이 고구려 궐구현 자리로 보여진다. 이 지형이 구월산에서 남쪽으로 뻗은 산줄기의 나지막한 산밭들에 의하여 사방이 둘러 막혀 있고, 동북쪽으로는 재령벌과 잇닿아 있으며, 서북쪽으로는 구월산 줄기가 잇닿는 토성인데, 주변은 서북쪽에 구월산성이 있고 구월산에서 동쪽으로 뻗은 산줄기의 남쪽 기슭에는 안악 3호고분을 비롯한 벽화무덤들과 고구려시대의 고분군들이 산재해 있다.

구월산에는 단군이 무술훈련을 하며 도를 닦았다는 단군봉이 있다. 여기에는 쿵쿵소리가 지금도 나고 있는 단군말발자국바위가 있다. 단군이 무술을 연마하고 글을 익히던 바위를 단군대라 하는데 여기에 단군이 앉아서 글을 읽었던 의자모양의 바위가 있다.

단군을 사모하여 항시 절을 하고 있는 듯하다 하여 사황봉이라 하는 이 봉우리 마루에는 흰구름바위라 하는 백운대가 있는데 여기서 단군이 승천하였다고 한다. 이 때에 단군은 하늘에서 내려온 5마리의 용마가 끄는 수레를 타고 하늘로 오르는데, 하늘이 온통 희뿌연 구름으로 쌓여 주변이 보이지 않았다. 구름이 걷힌 후에 단군이 신었던 신발만이 바위에 놓여 있었는데, 이후 세상사람들은 이 바위를 흰구름바위, 즉 한자로 백운대(白雲臺)라 하였다고 한다. 아사봉 역시 단군과 관련해 다음과 같은 이야기가 전해지고 있다. 이 봉우리는 구월산에서 여섯 번째 높은 봉우리로 아사가 첫, 시초, 처음이라는 의미인데, 아사봉은 시조의 산을 의미하는 것으로, 이 산봉우리에서 단군이 자주 찾았다는 단군굴과 그때 앉아 있었다는 자리와 발자국 등이 있는데, 산세가 매우 험하며 미묘한 생김새를 한 바위들이 많아 신비감을 더해 주고 있다. 이밖에 단군이 어렸을 때 말을 타고 달리던 단군대골이라는 골짜기가 있는데 여기를 오르내리며 무술을 익혔다고 한다. 구월산 사왕봉 밑 안악군 관내에는 구월산성이 있는데, 이 산성은 고려 때 축성한 것으로 주변은 산세가 험하고 가파르기로 유명하다. 해발 954m에 달하는 높은 사왕봉 봉우리의 자연지세를 이용하여 축성한 이 석성(石城)은 그 둘레가 10리 가량 되는데, 현재 남아 있는 부분은 극히 일부분으로 성곽 높이는 약 4.5m가량 된다. 성의 생김새는 네모형으로 큰 돌을 잘 다듬어서 견고하게 쌓았다. 성 안에는 좌창(左倉)과 우창(右倉) 등의 창고가 있었는데, 좌창에는 안악, 문화, 신천 등 세 개 지방에 있는 군대들의 무기와 식량을 보관하였고, 우창에는 은률, 풍천, 장연, 강령 등 네 고을 소속 군대들에게 필요한 무기와 식량을 보관해 왔다.

이 산성에는 성문터와 옛 건물터들이 남아 있고 많은 기와조각이 흩어져 있다. 이밖에 고려자기를 구워내던 도요지도 있다. 이 산성에는 한 때 조선조시대의 의적으로 이름난 임꺽정의 무리가 진을 치고 있었다고도 한다. 안악군 패엽리에는 패엽사(貝葉寺)라는 절이 있는데 이 절은 구월산에서 세 번째 높은 봉우리인 오봉산 기슭에 위치해 있다. 신라 애장왕 때인 9세기초 무렵인 1100여년 전에 구업대사에 의해 창건되어 절 이름도 구업사(具業寺)라 하였다. 이 절은 구월산 안에 있는 가장 큰 절로 한산전(寒山殿)을 비롯하여 부속 건물인 응진전, 청풍루, 용화전, 칠성각, 기장전 등등 여타 건물들이 즐비하게 늘어서 장관을 이루고 있었다. 이 한산전은 목조 건물로 우리나라 고건축물 가운데 매우 귀중한 건물이었다.

이 건물로 인해 한때는 절 이름을 한산사라고까지 불렀을 정도인데, 이 절에는 고려 때에 세워진 5층탑과 법초경(法草經) 목각판과 구업대사의 무탈 등이 있다. 이 무탈은 구업대사가 하도 잘 생겨 속인들이 그의 얼굴을 알아볼 수 없게 하기 위해 쓰고 다녔던 것이라고 한다. 그런데 애석하게도 한산전을 비롯한 옛 건물과 주요 유품들이 지난 전란기에 소실되었고 지금은 부속건물인 칠성각과 청풍루만이 남아 있다.

패엽사에 버금갈 정도의 또다른 절로 구월산 아사봉 기슭에 자리하고 있는 월정사(月精寺)가 있다. 이 사찰의 창건연대는 명확하지 않으나 현존하는 건물의 구조나 형식 수법으로 보아 조선조 초기의 것으로 보여진다. 즉 극락보전을 중심으로 만세루 명부전 수월당 등이 있는데, 극락보전은 정면 3칸 총 길이 10.62m, 옆면 2칸 총 길이 6.4m로 가운데가 불룩한 두리기둥에 안쪽 5포, 바깥쪽 7포의 두공을 짜 올려 놓은 합각지붕의 아담스러운 건물이다. 특히 건물의 포조직과 천장 구성에서 다른 건물에서 보기 드문 기법을 쓰고 있다.

극락보전에서는 바깥쪽 포의 수를 일곱으로 하고 안쪽 포의 수를 다섯으로 하고 있다. 천장은 도리를 받친 모가 진 나무인 바깥 장여로부터 소란반자를 전반적으로 정교하게 하였다. 이 건물은 구조형식이 특이할 뿐만 아니라 그 수법이 정교 섬세하여 건물 전체의 형태가 잘 짜여진 조선조 초기의 귀중한 건축물이다.

이밖에 아사봉 남쪽에 마치 투구 모양을 한 투구봉이 있는데, 이 봉우리에 눈썹바위라고 불리워지는 눈썹 모양의 큰 바위가 있다. 이 바위 밑 절벽 난간 아래에 금방이라도 날아갈듯한 한 채의 집이 세워져 있다. 이 건물을 낙산암이라 하는데 이곳은 구월산 가운데 경관이 가장 뛰어난 곳 중의 하나이다. 이곳에 오르면 속세의 시름을 잊고 신선이 된 듯한 감흥을 느끼게 한다. 이 암자 왼쪽에 석굴이 있는데 이 석굴에 신라 때 고승인 비산조사(飛山祖師)를 조각한 석불이 있다. 이 석불은 원래 비산사라는 절의 석굴에 있었는데 지금으로부터 700여 년 전 이 절이 헐리면서 낙산암으로 옮겨졌다고 한다. 이후 한때 항간에서는 낙산암을 '비산이절' 이라고 부르기도 하였다. 이 석불은 원래 암자 건물내에 봉안되어 있었는데 어느날 갑자기 뇌성벽력이 떨어지면서 큰 바위가 갈라져 지금의 석굴이 생겨났는데 스님들은 이것을 부처님의 조화로 믿고 이 석불을 석굴에 모시기로 했다고 한다.

4) 구월산 인근에 전해오는 구전(口傳)들

구월산 계곡을 따라 약 십리쯤 올라가면 흥률골이라는 마을이 있는데 그 옛날 흥률사라는 큰 절이 있었다 하여 흥률골이라는 마을 이름이 생겨났다. 이 절 터에 상당히 커다란 홍여문이 남아 있는데 여기에 오경문(午境門)이라 새겨 놓은 세 글자가 있다.

이 문이 세워지게 된 연유는 마을 사람들이 사찰 경내로 소를 끌고 들어오지 못하게 경계를 표시하기 위해서였다. 그런데 우경문(牛境門)이 아닌 오경문이 된 것은 牛와 午의 자획이 비슷한 데서 비롯되였다. 이 오경문에서 산 입구로 좀더 올라가면 광주 김씨 일가가 집성촌을 이루고 살았는데 여기에 8형제 집안이 있었다. 이들은 모두가 힘이 장사였다. 이들과 흥률사 스님들 간에는 잦은 충돌이 발생했다. 흥률사 스님 가운데 가장 이들 8형제에 대해 원한이 깊은 스님이 있었는데 이 스님이 언젠가는 분풀이를 하려고 기회를 엿보다가 하루는 지관(地官)을 가장하여 김씨 일가의 묘소에 대해 언급하기를, 묘자리가 참 좋기는 하나 산소 앞에 소(沼)가 있고 그 옆으로 큰 바위가 있어 더 이상 발복하지 못하는데, 만일 산소 앞의 소를 메우고 바위를 없애면 곧 바로 왕후장사(王侯將士)가 태어나 집안이 크게 번창할 것이라고 호언장담하였다.

이 말을 들은 8형제는 즉시 묘 앞의 소를 메우고 큰 바위를 부셔버렸다. 그런데 결과는 김씨 일가에 계속해 불운이 닥쳐옴에 이들 형제는 지관을 가장한 중에게 속은 것을 눈치채고 그 분풀이로 흥률사를 때려부셨다. 이때에 도승이 나타나 금부처 둘을 양 옆에 끼고 달아나 산 넘어 월정사에 그 불상을 봉안함으로써 오늘날까지 보존할 수 있게 되었다는 것이다. 이러한 전설을 뒷받침이나 하듯이 오경문 앞 투구봉 아래에는 김씨가의 장군대좌형 묘소가 있고, 묘 아래에는 고색 창연한 산막과 근처에 다섯 동강 난 검바위가 넘어져 있다.

또한 구유소 자리에는 천연의 돌구유가 남아 있어 당시의 상황을 일깨워 주려는 듯이 잔존하고 있다. 이밖에 또다른 묘소 이야기로 유능(柳陵)과 관련한 이야기도 있다. 묘소의 봉분이 매우 크고 주변의 석물이 거창하여 왕릉을 무색케 할 정도이다.

이 묘소가 바로 문화 류(柳)씨 선조의 묘이다. 묘의 주인공인 유차달(柳車達)은 원래 그 이름이 차달이였는데 그는 인근에 소문난 부자였다. 차달은 왕건이 후백제를 칠 때 많은 군량미를 내 준 공으로 본명 위에 '柳' 氏 성을 덧붙임으로써 유차달이 되었다고 한다.

이 유씨의 묘자리를 호랑이가 정해주었다고 하는데, 내용인즉 어느 날 유씨 조상 한 분이 구월산 산길을 걸어가는데 호랑이가 나타나 입을 벌리고 애원함에 입속에 걸려 있는 비녀를 빼어주자 호랑이는 감사의 뜻으로 꼬리를 흔들며 살아졌다.

그후 비녀를 빼준 당사자의 부친이 돌아가자 장례를 치르려 하는데 느닷없이 호랑이가 나타나 상주를 묘자리로 데리고 가 그 자리에 묘를 쓰라고 하여 이곳에 묘를 썼다고 한다. 이후 유씨 가문이 번창하게 되었다는 것이다. 이러한 사실을 뒷받침아나 하듯 구월산 아래 문화(文化)를 본(本)으로 하는 차씨와 유씨는 다같이 유차달 시제에 동참하고 있다.

13 개성의 진산(鎭山)인 송악산

1) 송악산(松岳山)

송악산의 높이는 500m가 채 안되는 488m에 불과하나, 고려의 수도가 이 산을 중심으로 자리잡고 있었기 때문에 개성과 송악산은 불가분의 관계에 놓여 있다. 산세는 마식령 산맥의 말단부가 북에서 남으로 뻗어 내려오고 남쪽 일부는 한강과 예성강의 하류지역으로 좁은 분지를 이루고 있다.

이 산은 개풍군의 영남면 토성면과 개성시 세 지역에 걸쳐 있는데, 산 전체가 화강암 덩어리라고 할 만큼 암석으로 뒤덮여 있다. 주봉에서 동남 서남방향으로 새의 날개처럼 뻗어내린 산줄기는 좌청룡 우백호의 몫을 하고 있다.

그러면서도 백호(白虎)는 그 세력이 강하고 청룡(靑龍)은 약한 관계로 나라에는 명상(名相)이 드물고 무신들은 자주 싸움을 일으켰다고 풍수가들은 보고 있다. 주변을 둘러싸고 있는 산세는 북쪽으로 천마산(天麻山)이, 동남쪽에는 용수산(龍岫山)이, 서남쪽으로는 진봉산(進鳳山)이 자리하고 있다.

이들 안산(案山)은 마치 조공(朝貢)을 드리는 형상을 하고 있다. 일반적으로 남산이라 불려지고 있는 용수산의 높이는 178m의 나지막한 산이나 세 개의 봉우리로 이어져 있는데, 첫 봉우리를 용수, 두 번째 봉우리를 중대(中臺), 세 번째 봉우리를 칠보(七寶)라 부르는데 총칭해 용수산이라 한다.

봉우리가 마치 붓모양과 같아서 그 효험으로 송도사람 가운데 중국의 과거에 응시해 급제한 사람이 많았다고 한다. 높이 310m의 진봉산은 15세기 중엽부터 철쭉꽃이 산 안팎을 뒤덮을 정도로 만발해 그 향기가 10리에 떨쳤고 오래된 사원이 많은데다 풍광이 몹시 아름다웠다. 산 모양이 풍수상 옥녀장대형(玉女粧臺形)이 되어 그 효험으로 고려 왕실에서는 원나라 공주에 장가들어 부마(駙馬)가 되는 경우가 많았다고도 한다.

이같은 풍광은 송도(松都) 남쪽으로 한강이 흘러 평야가 펼쳐져 있고, 뒤로는 산을 등지고 전면으로는 강수(江水)가 흘러 전형적인 부산대수(負山帶水)의 지세를 자랑하고 있다.

2) 송악산과 봉수체계

숱한 외침으로 인해 고려왕조의 국방체계는 긴장에 긴장을 더해왔다. 국방체계에 있어서 매우 중시되었던 봉수지(烽燧址)는 자연 수도인 개경을 향하게 되어 있었는데, 이러한 중추적인 봉수지가 다름 아닌 개성성곽의 최정상인 송악산 국사봉 위에 자리하고 있었다. 풍향(風向)과 이변(異變)에 따른 대책이 있어야 했던 이 시절에 자연히 주변 산마루 일대에는 봉화불을 올리던 봉수대들이 몰려 있을 수밖에 없었다.

즉 송악산의 성황당 봉수지를 비롯해 덕물산 봉수지, 닭머리 신당봉수지, 수압산 봉수지 등등 이들 5대 봉수지에는 한 곳에 평균 50명의 봉화군이 소속되어 개성성곽과 연락을 취하였는데 전체 수효는 250명에 달하였다.

이 봉수제도는 고대로부터 있어온 제도이기는 하나 고려 의종 3년인 1149년에 대대적인 개선체계를 마련하였고, 특히 송악산 중심의 봉수체계를 갖추기는 1351년 충정왕 5년부터이다. 대표적인 송악산 국사당 봉수지는 6 · 25전쟁 중에 산산이 부서져 현재는 흩어진 돌무지만이 남아 있다.

3) 송악산의 명칭과 개성성곽인 나성(羅城)

송악산의 명칭은 고려의 수도로 이름난 송도의 유명세를 자랑이나 하듯 매우 다양하다. 부소갑(扶蘇岬), 곡령(鵠嶺), 문숭산(文崧山), 신숭(神嵩), 촉막(蜀幕) 등등으로 불려져 왔는데, 표기된 명칭만으로는 그 뜻을 헤아리기 어렵다. 이 가운데 신숭(神嵩), 촉막(蜀幕)은 송사(宋史)에 나타나고 있는 명칭이고 송악이라 함은 소나무를 많이 심어 그 명(名)이 체(體)를 표현한다는 풍수사상에서 비롯된 것으로 보인다.

신라 때 송악군(松岳郡)이라 하던 이 지역은 송악산을 중심으로 고을이 형성되어 있었는데, 고려국이 건국되면서 태조인 왕건(王建)은 즉위 이듬해인 919년 이 곳으로 도읍을 정하고 1029년(현종 20)에 이르러 나성(羅城)을 쌓아 내외(內外) 이중의 성곽(城郭)을 두었다.

왕성인 내성은 둘레가 2600칸에 성문이 20개로 왕궁을 둘러싸고 만월대(滿月臺)를 중심으로 한 네모진 형태였다. 나성은 송악산의 남쪽 사면과 남산까지를 둘러 시가지 전체를 포위하듯 축조하였다. 이러한 나성은 거란족의 침입에 도성이 쉽사리 함락되었던 경험을 거울삼아 건조되었다. 이 성은 유명한 강감찬 장군의 건의로 1011년부터 공사를 시작하여 무려 19년이라는 장구한 기간에 걸쳐 완공되었다.

성의 둘레는 송악산 정상에서부터 시작하여 동으로 활인봉에 이르고, 동쪽 도차리 고개를 거쳐 지네산을 올라 용수산 마루를 타고 무시울 동네 앞산으로 내려와 오천 냇가를 건너 남쪽 방향의 언덕인 태종대를 다시 올라갔다가 부흥산을 타고 서편 산 능선을 빙 돌아 송악산으로 도로 올라가도록 되어 있다.

2만 9700보에 나각(羅閣)이 1만 3천칸이라고 하는가 하면, 또는 그 둘레를 1만 660보에 높이가 27척, 낭옥(廊屋)이 4,910칸이라고도 전해지고 있다. 성벽은 개성 북쪽에 위치한 송악산 마루에 축조된 일부 석성(石城)을 제외하고는 토성(土城)으로 되어 있었다.

고려사에 의하면 이러한 나성을 축조하는데 동원된 인원은 30만 4400명인데, 8450인의 공장(工匠)이 동원되었던 것으로 보아 이 시기의 상황에 비추어 엄청난 국력을 기울여 외침에 대비하였고, 대외적으로 왕권의 위엄을 나타내려 했음을 엿볼 수 있다. 성곽의 부속건물도 1만 3천칸이나 되었다고 함으로써 방대한 성곽의 규모를 짐작케 하고 있다.

나성에는 동서남북 네 방위의 성문인 동쪽의 숭인(崇仁), 남쪽의 회빈(會賓), 서쪽의 선의(宣義), 북쪽의 보정(保定) 등 4대문과 중문(中門) 8개, 소문(小門) 13개가 있었다고 한다. 그러나 오늘날에는 북창문(北彰門)과 북소문(北小門)의 형태만 남아 있는데, 이 문들은 커다란 돌을 다듬어서 무지개형으로 쌓았던 성문들이다.

이 성은 1065년(고려 문종 4년)과 1358년(공민왕 7년)에 각각 성벽을 쌓았고 1361년(공민왕 10년)에 성문들을 대대적으로 수리하였다. 1391년(공양왕 3년) 최영 장군의 제의로 내성인 반월성을 쌓음으로써 성은 내성과 외성 두 부분으로 나누어졌는데, 외성인 나성은 비록 허물어진 곳이 많기는 하나 성벽 자리가 뚜렷해 성곽의 옛 모습을 가늠해 볼 수 있다.

나성의 내부는 5부(部), 35방(坊), 344리(里)로 구분되어 있었다. 이러한 방리제도(坊里制度)는 중국식의 도성제도(都城制度)와 달리 자연지세와 자연촌락 단위를 대략적으로 구분하였다는 특징을 내포하고 있다. 이 성곽은 조선왕조 개창 이후에도 여전히 도성의 기능을 담당하였다.

나성(羅城)의 내성(內城)은 반달모양으로 축조되었기 때문에 반월성(半月城)이라고도 하는데, 둘레가 약 25리이며 성벽은 서편의 유암산에 있는 눌리문(訥里門)에서 북소문이 있는 송악산까지는 나성벽을 그대로 이용하였고, 북소문에서부터 서남으로 산줄기를 따라 자남산의 동남선 위를 지나 서남으로 내려가서 현재의 남대문에 이르고, 여기서 곧바로 서쪽으로 뻗은 다음 북쪽으로 휘어져 다시 유암산으로 올라가 눌리문에서 나성과 연결시키고 있다.

성벽은 자남산에서 북소문까지의 토성 일부를 제외하고는 모두 돌로 쌓았는데 송악산 위쪽과 유암산 일부에 그 일부가 남아 있다. 이러한 반월성에는 동대문, 남대문, 눌리문, 진언문, 동소문, 서소문, 북소문 등 7대문이 있었다고 하는데 현재는 남대문을 비롯해 눌리문, 북성문, 북소문 등이 남아있고 남대문은 성문과 문루가 옛 모습 그대로이다.

반월성의 축성은 고려 말기에 일시 중단되었다가 태조 2년(1393년)에 준공을 보았다. 이후 반월성은 수차에 걸쳐 개축되었는데, 조선조 말인 고종 10년인 1873년 진언문에서부터 도차리 고개에 이르는 성벽을 고쳐 쌓았다.

개성 남대문은 시내 북안동 거리 한 가운데 세워져 있는데, 이 문의 양식과 건축기법이 우수해 개성하면 이 남대문을 떠 올릴 만큼 널리 알려진 건물이다. 본래 반월성 정남문이었던 이 문루는 1391년인 고려 말에 공사를 시작해 1393년 조선 태조 2년에 준공한 것이다.

문루는 곱게 다듬은 무지개 형의 성돌로 쌓았는데 정면 3칸(길이 13.63m), 옆면 2칸(길이 7.96m)의 규모를 가진 안팎 3포의 합각식 건물이다. 건물은 세련된 기교로 다듬어졌고 굳건하면서도 소박한가 하면, 어딘가 부드럽고 아름다운 여운을 풍기고 있다. 이러한 건물이 6 · 25전쟁 기간인 1950년 12월 25일 폭격에 의해 완전 파괴된 것을 1955년에 재건하고 우리나라 5대 명종의 하나인 연복사 종을 걸어놓고 있다.

4) 송악산 주변에 얽힌 명소인 두문동 비각과 개성대정(開城大井)

:: 두문동 비각

송악산 주변의 명소는 너무도 많아 이들을 모두 소개하려면 수백 쪽의 책자가 모자랄 지경이다. 그런 까닭에 여기서는 아쉽지만 한두 가지만을 소개하는데 그치려고 한다. 먼저 충의절개의 표상으로 알려지고 있는 두문동 72인의 넋을 기리는 두문동비각에 대해 살펴 보고자 한다. 이 비각은 고려의 충신 72명의 넋을 기리기 위해 조선조 영조 때 송도 유수였던 서종급(徐宗伋)에게 명하여 두문동에 치제(致祭)하고 비를 건립하게 함으로써 비각이 존재하게 되었다. 고려가 망한 뒤 조선왕조가 개창되었으나 한결같이 출사하지 않고 은거한 이들에 대한 성명은 제대로 전해지지 않고 있으나, 조의생과 임선미 등 몇몇 분의 이름만 알려지고 있다.

조의생의 경우 자가 경숙(敬淑), 호는 원촌(遠寸)으로 정몽주, 길재 등의 당대 명사들과 교유하였다고 한다. 임선미는 호가 휴암(休庵)으로 벌걸주론(伐桀紂論)을 남긴 인물이다. 나머지 70명에 대한 신원은 모호하며 수많은 이설만이 난무할 뿐이다. 그도 그럴 것이 의관을 벗어 버리고 다시는 벼슬길에 나서지 않겠노라 하면서 모습을 감추었으니 후세에 이들에 대한 행적이 알려질리 있겠는가?

단지 오늘날까지 이들이 의관을 벗어 걸어놓고 갔다는 괘관현(掛冠峴)과 불출사(不出仕)를 맹서함으로써 지명이된 불조현(不朝峴)이라는 고개만이 전해지고 있을 뿐이다.

:: 개성대정(開城大井)

개성의 삼대신정(三大神井)으로 알려진 광명사정(廣明寺井), 양릉정(陽陵井), 개성대정(開城大井)은 한결같이 한샘, 한우물, 큰샘으로 불려지고 있다. 고려 태조의 할머니 용녀와 관련된 전설적인 샘인 개성대정은 고려왕조의 대표적인 성역이다. 무엇보다 고려시조 모신과 용신신앙, 천수신앙과 깊은 관련을 갖고 있다.

이에 대한 유래는 중경지(中京誌)에 의하면 용녀가 처음 나타났을 때 개성 동북쪽 산기슭으로 가서 은접시로 땅을 파, 물을 길어다 사용하였다. 지금 개성대정이 바로 이 샘이라고 또렷하게 기술하고 있다.

이어서 용녀는 용궁을 떠나 남편을 따라 개성에 이르렀을 때 그녀가 직접 판 우물로 믿어지고 있다. 이에 대해 동국여지승람에서는 은접시로 땅을 팠더니 물이 두자 깊이가 더 되게 치솟았는데 그 물 나온 곳을 샘으로 삼으니 이후 일이 있을 때마다 사람들이 이 샘물에 제사를 드렸다고 적고 있다.

샘 옆에는 샘물을 신격화하여 모시는 사당인 정사(井祠)가 있었는데, 왕가에서는 봄가을 두 번에 걸쳐 여기에 제사를 올렸다. 고려왕실에서는 산천, 기암(奇巖), 용혈(龍穴), 절터 등 영험이 있다고 믿는 장소나 대상 가운데 이곳을 첫 손가락으로 꼽았다.

고려사 세계(世系)에 의하면 용녀는 평소에 이 큰 샘을 통하여 친정인 용궁이 있는 서해 바다로 내왕하였는데, 어느날 남편에게 자신이 우물에 드나드는 것을 보지 말라고 신신당부 하였는데, 이 금기(禁忌)를 어기고 시녀와 함께 용녀가 용으로 화신하여 우물속으로 들어가는 것이 들키게 되자 그길로 용궁으로 되돌아가서 다시는 개성으로 돌아오지 않았다고 한다. 이같은 설화는 고려왕조 건국의 범상치 않은 여러 설을 비롯해 송악산과 관련된 풍수도참사상(風水圖讖思想)을 후세에 전파케 하는 밑거름으로 작용해 오고 있다.

14 연안산성(延安山城)과 비봉산(飛鳳山)

1) 연안의 진산(鎭山) 비봉산

비봉산은 일명 봉세산(鳳勢山)이라고도 하는데 연안(延安)의 진산이다. 연안의 위치는 평안도와 경기도 사이의 중지(重地)인데다 서해상 요충(要衝)에 해당되는 지역으로, 수륙(水陸)의 교통이 얽히고 전국의 상인들이 수없이 모여들던 고장으로 예전에는 이 곳을 거치는 이들의 이해(利害)가 서로 얼기설기 얽혀져 있는 고장으로 소문이 나 있었다.

그런 까닭에 이 고을에 관장으로 나가서 제대로 정사를 펴려면 타 고을에 비해 열배 이상 힘들었다고 한다. 이러한 애로를 조정이 익히 알고 있어 이 고을 수령으로 나갈 때 임금은 좌부(左符)라는 부표(符表)를 만들어 오른쪽 것은 임금이 가지고 왼쪽 것은 수령에게 주어 긴급 및 기밀을 요하거나 위급한 사안 처리를 함에 있어 그것을 맞추어 표적을 삼아 대처하게 할 정도이엇다.

그 옛날 이 지역은 고구려 때에는 동음홀(冬音忽), 동삼홀(冬三忽), 고염성(鼓鹽城), 일명 시염성이라 하였다. 동음이란 '드무' 라는 옛말을 적은 것으로 오목하게 생긴 지대라는 뜻이다. 삼국사기에 고염성을 일명 시염성으로 적고 있어 고염은 시염의 잘못이 아닌가 여겨진다. 시염성은 후에 염주(鹽州)로 고쳐졌는데, 시염은 소금의 옛말로 소금생산지임을 뜻한다.

신라 때에는 바닷가 언덕진 곳에 있음을 뜻하는 해고군(海皐郡)이라 하였고, 이후 고려 건국 초에 염주(鹽州)라 하였다가 햇볕이 잘 드는 넓은 벌 지대라는 의미의 양원현(陽原縣)으로 고쳐 불렀는가 하면, 거란 침입시 수도인 개경 보위에 공이 컸다는 의미에서 영응현(永膺縣)으로 개칭되었고, 그 뒤 이 고장 출신 현령 차송우(車松祐)가 나라에 큰 공을 세워 부로 승격시켰다는 의미에서 복주부(復州府)로, 수년 후 위사공신(衛士功臣) 이분희(李汾禧)의 공로를 기리는 의미로 석주(碩州)라 하였다가, 비봉산의 명칭을 딴 봉주(鳳州), 온천물로 소문이 난 연안온천이 유명해짐에 따라 생겨난 온주(溫州) 등등 지명변화가 빈번하였다.

여하튼 이렇듯 다양한 지명 변천의 큰 줄기는 삼국시기에는 예성강을 경계로 한 대치경계지대(對峙境界地帶)로 인해 달리 생겨났고 고려 때에는 거란, 몽고, 홍건적 등의 침입에 따른 방어 내지 승전에 따라 고을의 위상을 높여주거나 격하에 따른 변화를 가져왔다.

특기할 것은 이 지역 명칭에 소금 염(鹽)자가 들어간 것인데, 해안가 가까이에 위치하고 있어 일찍부터 염전업이 성했기 때문이며, 특히 외침이나 해적들은 이 소금에 눈독을 들여 침입이 번다하였다. 근세에 들어와서도 이 지역 관내 해성면, 해월면 등 바닷가 지역들에 염전이 성행, 질 좋은 소금을 산출해 내고 있음이 이를 반증하고 있다.

이러한 고을의 진산인 비봉산은 새가 날아가는 듯한 모양의 산세를 하고 있다 하여 붙여진 이름인데, 연안도호부는 비봉산을 배산(背山)으로 하고 앞으로는 드넓은 곡창지대인 연백벌과 연계된 삼국시대부터 있어온 남대지가 질펀하게 자리하고 있어 여유로움의 극치를 보여주고 있다.

2) 신당수와 연안성

원래 이름난 촌락이나 도시에는 명산대천을 끼고 있게 마련인데 무엇보다 중시되는 것이 수자원(水資源)이다. 그러한 면에서 이 지역에도 이름난 신당수 샘물이 있어 물맛이 좋기로 이름이 나 있었다. 진산인 비봉산 밑 북선당이 있던 자리에서 얼마간 올라가면 묵은 계묵나무 밑 바위틈에서 맑은 샘물이 솟아 오르는데 그 물맛이 어찌나 좋던지 신선이 마시는 샘물이라 하여 신당수라 하였다.

1550년 말 연안성을 대폭 개축하면서 연안성 사람들은 그 바위짬에서 나오는 샘물을 성안에 큰 못을 파고 오지관을 묻어 물을 끌어 올려 못에 물이 차도록 하였다. 외적의 침입이 일어날 것을 염려하여 뜻이 있는 이들이 신당수의 저장수가 노출되지 않도록 각별히 위장해 관리하였는데, 이 덕에 임진왜란 때에도 물걱정 없이 산성을 지켜내는데 커다란 도움이 되었다. 산아래 항골은 성으로 쳐들어오는 적들을 물리쳐 항복을 받아냈다 하여 생긴 지명이기도 하다.

특히 통신체계를 중시하였던 시기에는 연안도호부 주변의 여러 산봉우리와 연결되고 있는 도호부 남쪽 30리 지점의 정산(定山)봉수, 북쪽으로 주지곶(走之串), 그 남쪽으로 간월산(看月山)과 대응하게 하였다. 이밖에 백암산(白石山), 각산(角山)과 바다쪽 교동(喬洞)섬의 수정산봉수(修井山烽燧)와 연계하여 해안으로 노략질해 오는 해적들의 침입 등 위난시에 대비하도록 봉수체계의 중추적 역할을 수행해 왔다.

연안읍성은 연안의 진산(鎭山)인 비봉산(飛鳳山)을 중심으로 한 산성인데, 이 성은 고구려 때의 고염성이 자리하고 있던 것으로 돌로 쌓은 석성(石城)이다. 성벽의 한 가닥이 읍내 앞 남산 남쪽 기슭을 따라 연성동을 지나 묘정동에 이르러 비봉산성에 잇닿았고, 다른 한 가닥은 남산 가운데 등을 넘어, 현 읍내 도로를 가로질러 관철리를 지나 비봉산으로 올라갔다. 1555년(명종 10년)에 대대적인 보수를 하였는데 네모형의 평지성에 길이는 약 5리(주위 1389척)에 달하는데, 성벽에 약 700개(일설 693개) 총과 활을 쓰는 구멍이 있었고 4개의 문을 두고 있었다. 남문을 진남문, 동문은 진동문(후에 희대문), 서문은 진서문(후에 경범문), 북문은 공진문이라 칭하였다. 오늘날 남산에 성벽의 흔적 일부가 남아 있다.

3) 임진왜란시 3대첩지로 유명한 연안성전투

임진왜란이 발발한 이후 육상에서 대승을 거둔 행주산성전투, 진주성전투, 연안산성전투를 3대대첩지로 역사는 기록하고 있다. 그만큼 연안성 전투는 길이길이 역사상 기억되어야 할 전투이다.

이 전투의 주역인 초토사(招討使) 이정암이 의병을 이끌고 연안성에서 왜적 구로다(黑田長政)의 군대를 맞아 싸워 혁혁한 공을 세웠다. 임진왜란이 일어나자 이조참의로 있던 이정암은 선조가 서행몽진(西行蒙塵)을 단행하자 뒤늦게 그 사실을 알고 왕을 뒤쫓아 개성에 도착하였으나 이미 해직된지라 개성유수로 있는 아우 정형(廷馨)과 함께 개성을 지키려 하였다.

그러나 잇달아 임진강의 방어선이 무너지자 개성을 지켜낼 수 없음을 알고 예성강을 건너 연안(延安)으로 들어갔다. 연안은 그가 이전에 부사로 있었던 곳으로 그때의 유애(遺愛)가 있어 부민(府民)들이 모여들었고 그 가운데 조종남(趙宗男) 이하 수십명이 창의(倡義)할 것을 권하였다. 이 권고를 받아들여 서약책(約誓册)에 의병지원자의 이름을 적고 1592년 8월 초순경 의병조직을 끝냈다.

그는 모여든 창의군에게 팔도의 모든 성이 적에게 유린당한다 하더라도 연안성만은 결단코 적에게 내줄 수 없다. 남아로 태어나서 국가에 충성을 다할 때에는 바로 이때이다. 우리가 연안성을 지켜내지 못한다면 우리는 장차 어디로 갈 것인가. 창의기병들은 최선을 다해 죽을 각오로 왜적을 격멸하는데 목숨바쳐 분전하자고 호소하는 한편, 싸워나가자고 격려하였다. 이어서 피란중인 왕세자로부터 초토사의 임명을 받은 이정암은 의병약속으로 다음과 같은 사항을 준수할 것을 공표하였다.

1. 적진에 임하여 패해 물러서는 자는 참수한다.
2. 민간에 폐를 끼치는 자는 참수한다.
3. 주장(主將)의 일시 명령이라도 어기는 자는 참수한다.
4. 군기를 누설한 자는 참수한다.
5. 처음에 약속하였다가 후에 가서 배반하는 자는 참수한다.
6. 논상할 때 적을 사살한 것을 으뜸으로 하고 목을 베는 것을 그 다음으로 한다.
7. 적으로부터 얻은 재물은 일절 상금으로 준다.
8. 남의 공을 빼앗은 자는 비록 공이 있다 하더라도 상을 주지 않는다.

이상의 8개항을 제시한 뒤 연안성을 사수할 것을 결의하고 500여명의 의병을 조련시켰다. 8월 22일 입성할 때 성안의 민가가 모두 비어 있었으나 성을 지킨다는 소식이 알려지자 성을 떠났던 피란민들이 속속 들어왔고 도망갔던 부사도 돌아왔다. 그러나 입성 5일만에 해주에 주둔해 있던 일본인 장수 구로다(黑田長政)가 5, 6천에 달하는 병력을 이끌고 침입, 8월 27일부터 9월 2일까지 벌떼같이 달려들어 치열한 공방전을 피아간에 펼쳤다.

이렇게 되자 수에 밀린 아군측은 사기가 떨어지고 이탈의 위험을 감지하게 되자 초토사 이정암은 몹시 분개하면서 지휘소 부근에 쌓아 놓은 땔감더미 위에 올라 앉고 주변사람들에게 이 나무더미에 불을 지르라고 호령하였다.

이 광경을 본 장병들은 대경실색하여 정암을 나무더미에서 끌어내리는 한편, 다시 한번 결사의지를 가다듬게 하였다. 이때에 적병 하나가 진지 탐색을 하려고 말을 타고 거짓 백기를 흔들며 진중으로 달려오다가 바람결에 백기가 땅에 떨어지니 무사 장응기(張應祺)가 때를 놓칠세라 활을 쏘아 적병을 쏘아 거꾸러뜨렸다. 이를 지켜보던 이정암은 이 틈을 타 부장 조신옥(趙信玉) 등에게 명해 쌓아놓았던 땔감을 적진으로 날려 보내게 함과 동시에 불을 지르게 하였다. 불길은 적진을 향해 맹렬하게 타들어갔다. 화염에 휩싸인 적들은 갈팡질팡하며 달아나기 바빴다. 싸움은 일본군의 대패였다.

일본군은 결국 대패하였고 수다한 인명, 병기, 군량들의 손실을 보고 물러났다. 이후 초토사 이정암은 대첩 상보를 올리지 않고 단지 모월 모일 성을 포위하였다가 모일에 풀고 갔다(某日圍城某日解去)라는 여덟자만 행재소(行在所)에 전하였으나, 전적사실(戰績事實)은 곧바로 알려져 초토사 이하 유공장병에게 상직(賞職)이 내려졌다.

특히 이정암은 본도순찰사에 임명되고 이 대첩으로 연안이북 연해(沿海) 10여읍 유산민(流散民)들이 각기 본가로 돌아갈 수 있었고 도피하였던 수령들도 본읍으로 돌아갈 수 있었다. 결과적으로 그동안 끊겼던 양호(兩湖)명맥이 연안성을 통해 행재소와 내왕할 수 있게 된 것이다. 이러한 전과를 기리기 위해 연안성대첩비가 선조 41년(1608)에 세워졌다. 이 비는 원래 연안읍 묘정동에 비각을 지어 보존하고 있었으나 6.·25전쟁 중에 비각이 불에 타고 비신도 크게 훼손되었던 것을 1954년 비를 원상대로 복원해 현재는 남산 산정에 다시 세워놓았다.

비는 두 층의 기단 위에 높이 1.98m의 비신으로 두께 25㎝, 너비 74㎝이다. 비문의 내용은 임진왜란 당시 연안읍성을 중심으로 하여 벌어진 전투상황을 자세히 적고 있다.

4) 와룡지(臥龍池)로 알려진 남대지(南大池)

연안하면 빼놓을 수 없는 것이 남대지(南大池)이다. 이 남대지의 옛 명칭은 와룡지(臥龍

池)로 알려지고 있다. 연안읍에서 남쪽으로 얼마간 떨어져 있기는 하나 비봉산에서 바라볼 때 가장 너른 저수지를 대면하게 되는데 이 저수지가 남대지이다.

문헌비고(文獻備考)에 의하면 둘레가 8㎞(20리 102보)로 국중대제언(國中大堤堰)이라 하고 있어 벽골제 못지 않은 큰 못으로 대평야의 관개로 이용되어 온 저수지임에 틀림없다.

축조연대는 고려 문종 때 저수지 바닥을 일부 개답하여 흥왕사에 급사하였다는 기록으로 보아 이 시기 이전에 축조되었음을 짐작케 하나 정확한 연대는 알 수 없다. 이 저수지는 조선조에 들어와서 한때 궁방(宮房)의 소유로 이관된 적이 있다고 하는데, 즉 세조 때 영응대군(永膺大君) 담(琰)과 길창부원군(吉昌府院君) 권람(權擥)에게 관리권이 넘어 간 적이 있었으나, 연산군 때에 장희빈으로 알려지고 있는 장록수(張綠水)에게 일시 급사(給仕)된 적이 있다고도 한다. 효종 3년(1652년) 중신 정유성(鄭維城)이 남대지가 궁방 소유로 된 것이 한심스럽다고 한 기록이나, 영조 때 육상궁(毓祥宮)에 넘겨지려다 중단된 사실 등으로 보아 궁중관할이었던 것으로 보인다.

이렇듯 이 대지(大池)가 세도가들에게 군침을 당기게 한 것은 제방 안의 개답이 용이해 많은 수확을 거둘 수 있다고 믿었기 때문이다. 이 드넓은 못은 실제 수심이 얕고 갈수기에는 바닥이 마르고 갈라져 용이 나왔다는 전설이 있을 정도이다.

와룡지라 함은 이 연못에 용이 살고 있다고 믿어 왔기 때문에 붙여진 명칭이다. 그런데 해가 갈수록 바닥이 드러나 갈라질 정도로 저수지로서의 기능이 많이 낮아졌다. 남대지와 관련해 이 지역 주민들은 겨울에 못이 얼어 얼음이 세로 또는 가로로 갈라지는 것을 보고 다가오는 해에 풍년이 들 것인지 흉년이 될 것인지 점쳤다고 하는데, 갈라진 형상을 용가리(龍耕)라 하였다. 즉 용가리는 얼음이 갈라진 형태에 따라 가로로 갈라지면 풍년이, 세로로 갈라지면 물이 넘쳐나 수해를 입고, 전혀 갈라지지 않으면 흉년이 든다고 믿어왔다. 조선조 태종 때에는 춘추로 해마다 유사(有司)로 하여금 제사를 올리고 풍년이 들기를 빌었다고 할 정도로 남대지는 이 지역의 유서깊은 애환을 담고 있다.

15 장수산(長壽山)과 장수산성(長壽山城)

1) 장수산(長壽山)

황해도 재령군의 진산(鎭山)인 장수산(長壽山)은 고려 때 개성을 찾던 중국의 문인묵객들의 발걸음을 멈추게 할 정도로 빼어난 경승지로 이름이 난 명산으로 일찍부터 황해금강으로 불려져 왔다. 산의 높이는 747m이다. 황해도와 함경남도 도계에서 시작하여 황해도를 동서로 달려 장산곶(長山串)에서 끝나는 멸악산맥(滅惡山脈) 중의 한 줄기가 동쪽 남오리 벌로 뻗어나온 것이 장수산이다.

주요 구성암석은 원생대의 지층인 상원계(祥原系)의 규암(硅巖)이다. 규암의 색은 희고 절리(節理)가 발달되어 있는 점이 특색이다. 장수산은 남쪽으로 달리는 세 줄기의 단층곡(斷層谷)이 있다. 서쪽 계곡은 12곡(曲), 중앙계곡은 벽암계(碧巖溪)라 하며, 동쪽계곡은 장수산성계곡이라 한다. 산 가운데 최고봉은 747m의 보적봉(寶積峰)을 비롯하여 보장봉(寶藏峰), 관봉(觀峰) 등의 날카로운 봉우리들이 높이 솟아 있다. 산 전체가 절리를 따라 침식되어 괴암 괴석의 천태만상을 나타내고 있는데, 주요기반암은 차돌이다. 단층의 계곡과 아울러 황해금강의 별칭을 낳게 하고 있다.

500~700m 안팎의 날카로운 봉우리들이 재령벌 남쪽 기슭에 잇달려 솟아 있어 매우 높고 웅장하게 보인다. 산 남쪽 비탈에서는 산세가 단조로우나 북쪽에서는 골짜기들과 기암절벽들이 곳곳에 드러나 있어 우아하고도 기묘한 산악풍치를 이루고 있어 무엇보다

계절적 특색을 분명하게 나타내고 있다.

특히 산 서쪽지역으로는 10여리 사이에 열두 굽이의 기묘한 골짜기가 나 있어 장엄하고도 황홀한 석동(石洞) 십이곡(十二曲)이 있으며 산 서쪽 단층곡쪽에 계곡이 12회나 굴곡하여 10리나 들어가는데 괴암 괴봉이 양쪽에 높이 솟아 있고 노송과 고목이 우거진 사이사이로 맑은 계류가 흘러내려서 신비경을 이룬다. 이러한 경승에 대해 서인들은 다음과 같이 언급하고 있다.

봄에는 천자만홍(千紫萬紅)의 백화(百花)가, 여름에는 숱한 폭포수(瀑布水)를, 가을에는 단풍이, 겨울에는 만봉(萬峰)에 백설이 뒤덮여 사계절 절경을 이루고 있네.

수종(樹種)은 소나무와 참나무, 단풍나무가 주류를 이루고 있고, 그밖에 장수만리화, 장수팽나무, 조선곰당초, 잔물푸레나무, 회나무와 같은 희귀 식물도 있다. 다람쥐, 남생이, 노루, 오소리, 산토끼 등의 동물들이 서식하고 있는데, 꿩이 하도 많아 치악산(雉岳山)이라는 산 이름을 갖고 있기도 하다. 이 12곡 입구에는 이름 그대로 매달려 있는 이른바 다람쥐절이라는 현암(懸庵)을 바라볼 수 있다. 석벽이 깎아지른 곳에 여기저기 바위 등을 깎아서 올라가는 층계를 만들었다. 이 암자는 이암대사(利巖大師)가 불도를 폈던 곳이다.

골짜기에는 벽바위골, 천길바위, 관봉석문, 채진암석문, 금은굴, 관음굴 등의 명소가 있다. 현암일대에는 서쪽으로 세심폭포(洗心瀑布)가 있다. 약수폭포도 있는데 이 폭포는 동굴안 샘에서 흘러나오는데 폭포 높이가 약 10m로 약효가 뛰어나 멀리 서울이나 평양에서 까지 찾아오는 이가 많았다. 무엇보다 어지러움증이 있는 사람들은 이 폭포수에서 떨어진 낙수를 맞으면 어지러움이 싹 가시고 마음도 거울처럼 맑아진다고 한다. 세심폭포(洗心瀑布) 외에 수양폭포, 샘폭포 등도 명소로 꼽히고 있다.

고찰(古刹)인 묘음사(妙音寺)는 산 중턱에 있는데 지금으로부터 약 700여 년 전에 창건되었는데, 동학란 때 불타버렸고 건물은 그 후에 개축되었다. 묘음사 동남쪽에 있는 보장봉을 바라보며 한참 올라가면 현암 묘음사와 함께 장수산, 3대사찰의 하나인 채진암(採眞庵)이 있다. 주요 건물은 역시 동학란 때 불타고 고봉 기암으로 둘러싸인 경치가 매우 아름답다.

이밖에 벽암계, 수양폭포(壽養瀑布), 천장암(千丈巖), 석문, 하금강(河金剛), 산성 등의 경승과 사적이 있다. 본래 산에 꿩이 많아 치악산(雉岳山)이라 하였는데 임진왜란 중 많은 피란민들이 이 산중에서 살아 남았다고 하여 그 뒤 장수산으로 고쳐 불렀다고 한다.

이곳의 산성을 장수산성이라 하는데, 축성연대는 확실치 않으나 고구려 때의 것으로 여겨지며, 통일신라시대 경덕왕대에 쌓은 황해6성의 하나인 한성(漢城)으로 전해지기도 한다.

예전에는 성내에 네 개의 무기창고를 비롯하여 많은 건물과 여러 개의 성문이 있었다고 한다. 이 산성은 1350년대에는 홍두군(紅頭軍)이 침입하였을 때 수많은 피란민들이 몰려들어 방어를 하면서 적을 물리친 곳이기도 하다.

장수산과 연관이 있는 장수호 재령강의 상류를 막아서 만든 관개용 저수지이다. 넓이는 16.19㎢, 둘레 49.4㎞, 길이 12.5㎞, 너비1.3㎞로 일제침략기에 조성되었던 것을 전후 북한측이 재정비하고 주변에 소나무, 참나, 이깔나무 등으로 울창한 수풀을 조성하였다.

흘러들어오는 강물줄기로 염탄천, 문암천, 신읍천, 용두천, 전산천 등이 있고 은파호의 물도 주요 물줄기가 되고 있다. 저수된 물은 재령벌과 청단벌 연백벌의 관개용수로 공급된다. 저수지는 청단관개체계에서 구암저수지와 광명저수지의 보충수원으로 이용된다.

저수지는 북서, 남서 방향으로 갈라져 있으며 북서쪽 갈래는 비교적 곧고 호안선의 굴곡이 심하며 동부가 넓고 끝부분으로 가면서 점차 좁아져 있다. 집수구역 면적은 329㎢이다. 저수지는 수양산줄기와 이 산줄기에서 북동쪽으로 갈라진 장수산줄기에 의하여 둘러싸인 분지안에 놓여 있으며, 집수구역은 평풍산(611m), 대덕산(494m), 장수산(745m), 수양산(946m), 처령산(542m) 등에 둘러싸인 낮은 산지대로 되어 있다.

집수구역 안의 산비탈면의 물매는 비교적 급하다. 저수지 일대의 연평균 강수량은 1,173㎜이며 평균 강수일수는 61.7일이고 연강수량의 70% 이상이 6~9월에 내린다. 집수구역 안의 산지는 울창한 수풀로 덮여 있다.

2) 장수산성

장수산성의 성벽은 동쪽으로 747m의 고지와 서쪽으로 710m 고지의 하니봉을 양족 끝으로 하여 크고 작은 뭇 봉우리들을 한계로 하는 큰 산성이다. 즉 장수산 동남부의 백운동분지 및 그 북쪽에 있는 능소(陵沼) 삼치골을 둘러싼 산봉우리들과 이 봉우리들과 연결된 능선을 따라 쌓은 고로봉식산성이다.

신증동국여지승람에 의하면 이 산성의 둘레가 8915척, 높이 9척인데 바윗돌이 험하며 성안에는 일곱 개의 우물과 군창이 있다고 하였다. 성벽은 험한 절벽을 최대한도로 이용, 능선을 따라 돌렸으며 하니봉 부근에서는 백운동과 중창터를 둘러싼 또하나의 작은 성이 덧붙여져 있는데 이 성은 외성으로 간주된다. 산성의 둘레는 약 10.5㎞인데 절벽에는 성벽을 쌓지 않고 자연 그대로 이용하였는데 성벽을 쌓은 구간은 약 6㎞에 달한다.

옛 재령군의 치소였던 아양리(峨洋里)의 서쪽 마을 골짜기를 따라 산으로 올라가면 내성으로 전체 주위는 2.5㎞인데 당초 고구려가 쌓았던 산성 전부를 수축해 놓았던 것으로 보인다. 산성의 정문인 남문 안쪽으로는 문루 방어를 위한 길이 약 200m 가량의 옹벽형 성벽을 쌓았고, 내성 남쪽 골짜기에도 성으로 들어가는 골목에 성벽으로 막아 놓은 곳이 두 군데나 있다. 성벽은 절벽으로 된 곳은 축성을 하지 않았는데, 성 돌은 크기가 제 각각이나 성문 부근의 것은 잘 다듬은 돌들로 엮어져 있다.

현재 남아 있는 성벽 높이는 2.5~2.7m에 너비는 아래부분이 3.2~3.5m, 윗부분이 2.3~2.5m가량이며 지형에 따라 약간 차이가 있는데, 평균 높이 3m에, 너비 역시 3.3m쯤 되며 여장(女粧)의 높이는 1m에 너비는 70㎝ 가량이다. 성문은 모두 6개로 외성에 남문, 북문, 동문이, 내성에 남문, 서문, 북문을 두고 있다.

축성방식은 대성산성 주작봉 성벽과 같다. 성 북문방향으로 돌아들면 성벽이 무너지면서 돌더미가 쌓여 있는데 여기에서 붉은 연꽃 무늬와 막새 쪼각이 섞여 있어 이들 쪼가리들을 통해 고구려 고유의 막새기와편임을 알 수 있다.

기와조각의 길이 12㎝, 너비 6㎝에 불과한 것들이지만, 붉은 점토로 구운 것인데 이 곳에서 만든 수키와 막새와 엄연히 구분된다. 그 무늬는 대성산 안학궁에서 나온 암기와 막새와 똑같은 당초무늬기와라는 점에서 고구려 기와임을 확인시켜 주고 있다.

이들 깨진 기와들을 복원해 볼 때 직경이 16.5㎝, 두께 3.3㎝이다. 무늬는 6등분하여 3각형으로 구분하고 그 사이에 꽃잎을 한 개씩 배치하였다. 즉 조각의 선이 굵고 음양의 차이가 심한 것도 고구려 기와의 특색을 여지없이 나타내주고 있다. 이들 기와의 제작연대는 평양지방에서 가장 이른 시기의 것들과 같다.

성벽 위와 성안에는 여러 채의 집자리 터가 있었는데 그 넓이는 1500㎡가량이다. 이 집자리에서 회색 기와 파편과 부서진 붉은색 기와가 섞여 있어 축성시기를 가늠할 수 있는 자료가 되고 있다. 성에는 옹성을 비롯해 장대, 치, 성가퀴, 사혈, 행궁터를 비롯한 수십

개의 건물터와 야장(冶匠)터 등이 있다. 치와 성가퀴는 외성에 553개, 내성에 427개를 두었다고 한다.

성안 못들은 대체로 산 중심인 분수령 부근에 있었는데, 가장 큰 못은 사방 20m 크기로 사각형이며 못 둑으로부터 바닥까지의 깊이는 4m, 모인 물의 깊이는 1m 내외이다. 아량리의 서쪽 부락이 있는 곳에 넓다란 대지를 이루고 있는데 이 부근에 많은 기와파편들이 지표위에 널려 있었는데, 이 부락을 사직동(社稷洞)이라 부르며 이 마을 밭자락에 사직단이 있었다고 한다. 기와 외에 산성 고지인 하니봉에서는 건축자재로 쓰여졌던 것으로 보이는 희색 벽돌들과 함께 문자명(文字銘)도 발견되었다. 이 벽돌들은 원래 이곳에서 찍어낸 것이 아니라 타지역에서 이곳에 건축물을 짓기 위해 날라왔던 것으로 보인다. 벽돌의 길이는 30㎝, 너비는 15㎝, 두께 5㎝되는 큰 것과 길이 25㎝, 너비 14㎝, 두께 4.5㎝의 약간 작은 것들도 섞여있다. 요컨대 장수산성 남문과 북문 등에서 발견된 수키와 막새는 그 무늬나 구도로 보아 대성산성에서 나온 가장 이른 시기의 것과 공통성을 갖고 있다. 따라서 장수산성의 최초 축성연대는 대성산성의 축성시기와 거의 엇비슷한 시기가 아닌가 여겨진다.

장수산성에서 약 1.7㎞ 떨어진 재령강 서안에는 북남으로 길게 쌓은 평지토성이 있는데 성 동쪽은 재령강이고 서쪽은 장수산 하니봉 밑에서 남으로 뻗은 재등이다. 성벽은 북벽과 서벽의 일부 구간만 남아 있는데 여기서 많은 기와와 벽돌들이 나왔는데 기원 313년을 의미하는 기년명을 쓴 벽돌도 나왔다. 이밖에 장수산 주변일대에는 1400여기의 고분들이 있는데, 이는 이 일대가 고구려의 남평양이고 장수산성은 이 남평양을 보위하기 위한 산성이었던 것으로 보여진다.

3) 산성내의 명찰과 전설

묘음사(妙音寺)는 신증동국여지승람 재령군조에는 妙陰寺라고 하여 한자(漢字)로 음(音)이 음(陰)으로 달리 표기되고 있다. 이 절은 본래 장수산 사찰 중 가장 규모가 큰 절로 오늘날에는 재령군 서림리가 주소지이다.

이 절의 창건연대는 매우 오래되어 6세기경인 지금으로부터 1600여 년 전에 세워졌다고 전해진다. 건물규모는 대웅전을 비롯해 여러 채의 건물이 즐비하게 늘어서 있었는데 불행하게도 동학란 때 왜놈들에 의해 소실되였다.

현존 건물은 그 후에 고쳐 세운 것이다. 명소인 청풍루와 장수산의 경승이 잘 어우러진 풍광은 절경이 따로 없을 정도로 운치를 한껏 뽐내고 있다. 수려한 장수산 산봉우리들과 층암절벽 밑으로 흐르는 맑은 계곡물을 바라다 보노라면 세속의 때묻은 온갖 번뇌와 근심걱정거리가 저절로 씻겨 내려가는 듯한 느낌을 갖게 한다.

묘음사 대웅전 건물의 규모는 정면 3칸 총 길이 9.6m, 옆면 3칸 총 길이 6.4m이며 겹치마 합각지붕에 형태가 약간 다른 3포식 두공을 짜 올려놓았다. 청풍루는 ㄴ자형으로 된 다락 건물로 합각지붕에 앞은 겹처마이고 뒤는 홑처마이다. 묘음사 부근에는 미륵당이 있고 금은굴이라는 자연굴이 있다. 굴 위에는 일명 금은탑이라 하는 칠층탑이 서 있다. 산성내에는 현암이라는 암자가 있는데 이 암자는 금강산 만폭동에 있는 보덕암과 더불어 층암 절벽을 의지하여 지은 매우 이채로운 암자로 유명하다. 건물은 정면 6칸 총 길이 11.2m, 옆면 3칸 총 길이 6.35m로 보덕암보다는 약간 큰 편이다.

보덕암이 밑에 한 개의 구리기둥을 받친데 비해 현암은 쇠줄로 건물을 절벽에 비끄러매었다. 지붕은 날아갈 듯한 합각지붕이며 2익공에 활기로 마루도리를 받들게 하고 모서리 부분의 제궁 교차점에 달림기둥을 붙인 것 등 구조상 특이한 점을 갖고 있다.

묘음사 말사인 현암은 일명 다람쥐절이라고 불렀는데 여기에 설화가 곁들어 있다. 옛날 어느 오누이가 장수산을 구경하고 이 아름다운 곳에 집이 없는 것을 아쉽게 생각하여 각기 한 채의 집을 지어 놓고 가기로 하였다. 오누이는 누가 먼저 멋진 곳에 가장 잘 어울리는 집을 지어 놓는가 내기를 하였다. 누이가 먼저 집을 완공하였는데 누이가 지어 놓은 집은 높은 절벽 위에 매우 절묘하게 지어 마치 구름안개 속을 두둥실 떠다니는 듯한 착각을 일으키게 할 정도였다. 오라비도 누이보다 조금 늦게 공사를 끝냈는데 그 집은 누이가 지은 집보다 더 높은 곳인 아슬아슬한 절벽 맨 꼭대기에 표현하기 어려울 정도로 절묘하게 지어서 지상에서는 보일 듯 말 듯하였다. 하도 높아서 그 집을 향해 올라가노라면 보이기는 보이나 좀처럼 쉽사리 다가 갈 수 없을 정도로 높아 현기증이 일어날 정도였다. 바로 이들 오누이가 지은 집이 오늘날의 다람쥐절이라는 속명을 가진 현암(懸巖)이라고 한다.

현암 뒤로는 산등을 넘어가면 녹족정(鹿足井)이라는 우물이 있다. 옛날 대사를 사모하던 암사슴 몸에서 녹족부인이 출생하였다 하여 명명된 곳으로 지금도 우물 앞 돌 바닥에는 사슴발자국이 그대로 남아 있어 신비스러운 전설을 뒷받침하고 있다.

삼한공신(三韓功臣)의 한 사람인 차달(車達)의 후손(後孫)으로 세종(世宗) 때 문신(文臣)이며 외교사절로 명(明)나라에 두 번이나 사신(使臣)으로 다녀온 바 있는 유계문(柳季聞)이 사행(使行)길에 나섰을 때인지 또는 귀국길에서인지 명확치 않으나 이곳 전덕루(全德樓) 객관(客館)에서 장수산을 주제로 읊은 시(詩)가 신증동국여지승람(新增東國輿地勝覽)에 다음과 같은 내용으로 실려 있다.

장수산 앞 백 척 누대에 올라	長壽山前百尺樓
사면을 보니 안계도 넓구나	登臨四顧豁雙
바위 사이 늙은 소나무는 천길이나 곧고	眸巖排老樹千尋直
골짜기에 쏟아져 내리는 샘물, 한 갈래가 흘러 내리네	谷瀉飛泉一派流
끊어진 밭 두덕에 풀이 나니 젖먹는 송아지 졸고	斷壟草生眠乳犢
황량한 오솔길에 오디가 익었으니 우리 비들기 취했네	荒榛椹熟醉鳴鳩
백성들 북을 치며 노래하고 촌가가 조용한데	民家五袴閭閻靜
도리화 봄바람이 한 고을 가득하네	桃李春風滿一洲

16 수양산(首陽山)과 수양산성(首陽山城)

1) 수양산

수양산은 백이숙제가 고사리를 캐 먹으며 절의를 지키다 죽은 곳으로 유명한 곳이다.

수양산 바라보며 이제(夷齊)를 한하노라.
주려 죽을지언정 채미(採微)도 하는것가.
아무리 푸새엣것인들 긔 뉘 땅에 났던가.

라는 시조가 오랜 세월 동안 인구에 회자(膾炙)되어 오면서 절의(節義)의 명산으로 널리 알려진 산이기도 하다.

수양산줄기는 황해도 신천군 경계에 있는 까치산에서 시작하여 연백군 경계에 있는 용각산까지 뻗쳐 있다. 산줄기의 길이는 120㎞나 되며 높이는 360m이다. 기반암은 편마암, 화강암, 규암, 고회암 등으로 이루어져 있다.

산줄기는 대체로 북서에서 남동방향으로 뻗어 있는데 수양산에서 북서부와 남동부로 가면서 낮아지는데 산은 이 산줄기 중심부에 자리하고 있다. 이러한 수양산의 높이는 946m이며, 동서 길이 약 12㎞에, 남북의 길이는 약 10㎞이다.

이 산은 제4기 중세의 구조운동에 의하여 북서방향에서 남동방향의 해주 은률 파렬대와 그 동쪽의 재령강 단열대를 경계로 하여 융기되면서 이루어졌다. 기반암은 중생대 대보운동 때 해주 은률 파렬대를 따라 뚫고 올라온 수양산관입체의 흑운모화강암, 편마산 흑운모화강암으로 되어 있다.

산의 최고봉인 설류봉을 중심으로 하여 사방으로 산줄기들이 뻗어 있으며, 동쪽에는 박달봉(540m), 남동쪽에는 장대산(686m), 남쪽으로는 주계봉(823m), 남서쪽에는 매봉산(548m), 서쪽에는 책암산(687m) 등을 비롯한 많은 봉우리들이 솟아 있다.

산 동쪽은 평탄면으로 두터운 풍화각이 덮여 있고 그밖의 다른 지역은 풍화작용과 침식작용에 의해 날카로운 능선, 절벽, 깊은 계곡들로 형성되어 있다. 산은 주로 표백화갈색산림토양과 갈색산림토양이 덮여 있으며 산의 남쪽 기슭에는 적갈색산림토양이 분포되어있다.

산은 자연미와 함께 수많은 수종으로 덮여 있는데, 수양산식물보호구역(1976년 10월 북한 정무원결정 55호)으로 지정되어 있으며, 보호구역의 면적은 1400정보가량이다. 이 지역은 서해의 영향을 받아 내륙지대보다는 기온이 대체로 따뜻한데 연 평균 기온은 10.8 ℃이며, 연평균 강수량은 1250㎜로 비교적 비가 많이 내리는 편이며 봄과 여름에는 안개가 자주 낀다.

산은 재령강 하계와 해주만으로 흐르는 하천들의 분수령으로 되어 있는데, 산 서쪽 비탈면에는 신광천이, 남쪽 비탈면에는 광석천 서태천이, 동쪽 비탈면에는 읍천이, 북쪽 비탈면에서는 재령강 상류의 지류들이 흘러내린다.

이러한 하천들에 의해 깎아져 내린 골짜기들은 길고 좁고 깊은 곳곳에 폭포를 이루고 있는데, 수양산폭포, 복호포, 잠양포는 대표적인 폭포수들이다. 산 기슭에는 장수저수지, 신광저수지 등이 있다.

수양산폭포(개편된 행정구역상 해주시 학현동 소재)는 일명 산성폭포라고도 하는데 높이 128m, 물줄기 186m, 너비 12.5m로 폭포는 2단으로 구분되며 여러 개의 물줄기를 모아가지고 바위돌을 에돌아 깎아지른 듯한 바위벽으로 떨어진다.

폭포의 벽면은 약간 불룩하여 폭포의 모습을 제대로 볼 수 없으나 얼핏 보기에는 하늘에서 바위벽을 따라 떨어지는 것 같은 착시현상을 일으키게 한다. 이러한 폭포수가 비탈져 가로놓인 바위턱에 부딪쳐 구슬같은 물방울과 물안개를 뿜으면서 좁은 바위홈을 따라 담수에 담겼다가 다시 바위벽을 따라 밑에 있는 약 60㎡의 담수에 떨어진다. 이 폭포는 그 경치의 아름다움으로 예로부터 해주팔경의 하나로 꼽혀오고 있다.

2) 수양산성

수양산성은 원래 지성산성으로 불려져 오다가 후기에 수양산성으로 고쳐 부르게 되었다. 이 산성은 예로부터 황해 3대 산성의 하나인데, 성 북쪽에는 수양산줄기의 가장 높은 봉우리들이 솟아 있고, 남동쪽에는 광활한 연백벌이, 남쪽에는 해주만이 한눈에 안겨오는 전망이 좋은 곳에 자리하고 있다.

성은 서쪽에 높이 솟은 장대봉을 중심으로 높고 낮은 봉우리들을 연결하고 있으며 둘레는 약 8㎞이다. 성벽은 지형지물을 최대한 이용하면서 대부분 바위 위에 쌓았다. 성벽의 높이는 보통 6~7m, 밑너비 7~8m, 웃너비 3~4m이며 남문부근에서는 성벽의 두께가 14m나 된다.

이 성은 거의 전구간을 양면 쌓기방법으로 든든하게 쌓았다. 성벽은 여러 번 고쳐 쌓아 원래 모습은 잘 알 수 없지만 현존하는 것들은 굽도리부분은 큰돌로 쌓고 위로 올라가면서 납작납작하게 다듬어 점차 작은 돌들로 수직으로 쌓았다.

성가퀴는 높이 1.2m의 평가퀴인데 1.5m간격으로 타구를 냈다. 성가퀴에는 쏘는 구멍도 있으며 성벽위에는 유별나게 삐여져 나온 눈썹돌을 얹었다. 장대봉과 잇닿은 좁은 능선을 확보하기 위하여 장대봉 중턱에서부터 북쪽으로 약 30m의 철성을 쌓았다.

산성에는 동서남북쪽에 각각의 성문이, 북문을 제외한 모든 성문에는 옹성을 쌓았다. 남문의 옹성은 ㄱ형이며, 동문의 옹성은 한쪽면을 직각으로 불룩하게 내민 형이다. 장대봉 동북쪽과 서쪽 골짜기에서 시작한 두 줄기의 시내물이 합쳐져서 연못을 이루고 다시 동쪽으로 흘러내리는데 여기 절벽과 잇닿은 곳에 수구문을 냈다. 수구문 바깥에는 깎아지른 듯한 절벽을 타고 내리는 물줄기가 수양산폭포이다. 이 성에는 14개의 크고 작은 치와 그밖에 장대터, 많은 집터들이 있다. 이 산성에 의지하여 1361년 홍건적을, 임진왜란 때는 왜군을 물리치는데 한몫을 하였다.

3) 수양산내 신광사(神光寺)와 주변 유물

유명한 신광사(神光寺)는 수양산 서편 해주의 진산(鎭山)으로 일컬어지는 용수봉(龍水峯)을 지나 서북쪽으로 북숭산(北崇山:675m) 아래에 자리하고 있다. 동쪽으로는 주계봉과 써레봉, 서편에는 소용봉, 남으로는 마예봉, 북으로는 북숭봉이 높이 솟아 있고 부근에는 북암, 안양암, 운수암, 영마전터 등등의 고적과 북호폭포, 수단협 등 경치좋은 명소들이 자리하고 있다. 절 뒤에는 5층 석탑이 서 있고 신광사에서 북암으로 가는 숲속에는 신광사 무자비와 부도가 있다.

신광사는 유명한 원효와 의상대사에 의해 창건된 것으로 전해지고 있다. 조선조 숙종때에 개축되기도 하였는데 절에는 응진전, 관음전, 약사전, 보광명전, 명부전, 천왕문 등등의 건물이 처마를 맞대고 있어 일대장관을 이루고 있었는데 그 가운데서도 보광명전은 매우 우수한 건축유산물의 하나로 꼽혀왔다.

신광사 5층탑은 화강석을 다듬은 아래위 두 층으로 된 기단 위에 5층탑을 올려 놓았으며 높이는 5m쯤 된다. 이 탑의 모양새는 해주 9층탑 및 안악 연등사 탑과 유사한 점으로 미루어 보아 전형적인 고려시대의 탑 형태와 맥을 같이하고 있다.

또다른 고려시대의 비(碑)로 무자비(無字碑)가 있는데 이 비는 신광사에서 동북방향으로 약 300m가량 떨어진 뒷산 중턱에 있는데 [無字碑]란 비석에 아무런 글자가 없기 때문에 붙여진 명칭이다. 비아래 부분에 거북모양으로 새긴 큰 돌을 놓아 그 위에 비 몸체를 세우고 양옆에 용을 조각하였다. 머리부분 끝자락에 봉황새와 여타 조각을 새겨 놓았다. 비 몸체의 높이는 2m가량, 너비는 89㎝에, 비 전체의 높이는 3.52m이다.

이 비의 형태는 광조사진철대사비와 비슷한데 머리 부분의 조각은 매우 세련된 솜씨를 보여주고 있다. 또다른 비석으로 수양산 남쪽 기슭에서 뻗어 온 광석천이 흐르는데 부근에 석빙고, 천왕비 등이 있는데 여기에도 맵시 있는 5층석탑이 있다.

이 탑은 아래 위 두 부분으로 된 기단위에 화강석을 다듬어서 5층으로 탑을 쌓았는데 탑의 높이는 4.63m이며 전체적으로 4각형을 이루고 있다. 탑은 단조로우면서도 형태가 우수한데 매 부분의 짜인 균형이 안정감을 주고 있다.

특이한 점은 지붕돌의 처마가 엷으며 추녀를 길게 뽑아 윗 부분에 약간의 곡선을 주고 1층에서 3층까지는 다섯 줄의 고임을 주고 그 다음부터는 4층 넉 줄, 5층 세 줄로써 전체의 조화에 맞게 위로 가면서 고임을 줄여 올라간 것이다. 탑은 굳건하고 힘찬 감을 주며 고려 초기의 탑으로 그 형태 수법에서 신라시대 탑의 우수성을 계승하고 있음을 알 수 있다.

수양산 아래 옥계동에서 다소 떨어진 해청동에는 다라니 석당이 있는데 이 석당은 화강석으로 만든 6각형의 석당으로 높이는 4.6m이다. 대돌 위에 연꽃 무늬를 새긴 앉은 돌을 올려 놓고 그 위에 높이 2.89m되는 6각형의 돌기둥을 세웠으며 다시 그 위에 3층의 지붕돌을 쌓아 올려 머리 부분을 만들었다.

특히 지붕돌 추녀부분들이 독특한 형태로 되었으며, 둘째 지붕돌의 받침돌은 동그랗게 다듬은 돌을 올려 놓았다. 머리부분에는 조각들이 새겨져 있는데 그 수법이 정교하고 모양이 매우 아름답다. 이 석당은 전체적으로 날씬하면서도 장중한 맛을 내고 있다.

석당은 고려초기 조형 예술품으로 보이며 이같은 석당은 북한지역에 원래 4개가 있었는데 오늘날에는 평안북도 피현군 성동리 용주성 내의 석당과 용천 서문밖 석당 등 3개만이 남아 있다.

수양산 서쪽에는 안양사(安養寺), 운수암(雲水庵)이 있었고 남으로는 정각사(正覺寺)가 있었으며, 북쪽으로는 이암(利巖) 진철대사(眞徹大師)가 창건한 광조사(廣照寺)가 있었다. 수양산에서 흘러나온 광석천(廣石川)가에는 [대불두타라니 '大佛頭陀羅尼']라고 쓰여진 범자탑(梵字塔)이 서 있다.

수양산에는 백이숙제(伯夷叔齊)의 묘우(廟宇)가 있었다. 이 사당이 세워지게 된 연유는 조선조 중기 때에 허격(許格)이라는 사람이 30세 되는 해에 병자호란으로 인해 남한산성이 함락되자 태백산으로 들어가 숨어 살았다. 그후 다시 황해도로 유람을 하다가 해주 수양산 형제곡(兄弟谷)에 이제묘(夷齊廟)를 세우고 해마다 남한산성에서 청과 굴욕적인 화의를 맺은 3월 19일이 되면 새벽에 이 계곡에 올라 분향(焚香), 통곡하였다.

이러한 내용은 정조조의 박학하기로 이름난 석재(碩齋) 윤행임(尹行恁)의 문집인 석재집(碩齋集) 권구(卷九)에 실려지면서 세상에 널리 알려지게 되었다. 그런데 이 이제묘(夷齊廟)를 청성묘(淸聖廟)라 하며, 숙종 13년에 창건하였다고 하여 의아감을 주고 있는데, 이는 이제묘(夷齊廟)가 개인적 차원의 것이 이때에 와서 공인된 사액묘가 되면서 그 명칭도 청성묘(淸聖廟)로 바뀐 것이다.

그런데 숙종 34년에 이 묘(廟) 앞에 백세청풍(百世淸風)이라는 네 글자를 새긴 비(碑)가 세워지게 되었다. 비석의 높이는 6척3촌 글자 한 자의 직경이 무 보물로 지정된 바 있다. 그런데 이 비석에 대한 기록에 의하면 청성묘(淸聖廟)라는 사액이 내려진 이후 당시 황해 관찰사 이언경(李彦經)이 주자(朱子)의 [百世淸風] 네 글자를 얻어서 판각(刻板) 괘벽(掛壁)하려다 이루지 못하고 교체됨에 후임 관찰사 정시선(鄭是先)과 통판(通判) 조명정(趙命禎)의 합의로 이것을 돌에 새겨 묘정(廟廷)에 세웠다고 그 유래를 밝히고 있기도 하다.

4) 신광사와 주변 전설

신광사사적기나 신광사사적비에는 다소 차이점이 보이는데, 조선조 숙종 46년에 건립된 사적비(寺蹟碑)에 의하면 나라 서쪽에 수양이라는 산이 있는데 명산으로 북쪽에 신광사라는 절이 있다고 기록하고 있다.

원(元)나라 태자가 죄를 지어 서해 대청도에 유배되었는데 신인이 꿈에 나타나 말하기를 수양산 숭봉(崇峯) 아래를 찾아 가보라고 하였다. 꿈에서 깨어나 사람을 시켜 가보게 하였으나 별다른 점이 없었다고 한다.

그런데 또다시 현몽하기를 반드시 태자 자신이 오면 볼 수 있다고 함에 즉시 산으로 올라 산밑을 내려다 보니 숲속에 퇴락한 암자가 있었다. 배례를 올리고 기도하며 말하기를 내가 본국에 돌아가게 되면 반드시 큰 총림(叢林)으로 보답하겠다 하였다.

이후 과연 얼마 되지 않아 태자가 왕위에 오르게 되니 그가 바로 순제(順帝)이다. 등극한 이후 꿈에 신인이 또다시 나타나 말하기를 전에 약조한 것을 어찌 잊고 있는가? 오랫동안 쓸쓸히 지내고 있다 함에 소스라치게 깨어나, 즉시 대감 송골아(宋骨兒) 등 공도(公徒)들과 함께 자재와 자금을 주어 도량을 짓게 하였다.

고려왕도 시중 김석견(金石堅), 한림 이수산(李守山)에게 명하여 조력하도록 하니 국제협력공사로 대찰이 낙성되었다. 이 때가 원통기(元統紀) 원년(元年:충숙왕 복위 2년 1333)이며 지정(至正) 신사년(辛巳年)이다.

신증동국여지승람에도 이 전설과 맥을 같이하는 기록이 있는데 신광사에는 승려가 1천여명이라 하고 수많은 부속건물이 있었는데 불행하게도 절에 불이 나 누각(樓閣) 요사(寮舍) 1천 여 가구가 한꺼번에 타버렸다고 한다.

또다른 전설로 백이숙제가 수양산에서 고사리를 캐 먹다 죽은 절의를 높이 사 조정에서 사당을 짓고 비석을 세우기 위해 유명한 주자에게 글씨를 청함에 그 뜻을 갸륵히 여겨 [百世淸風]이라 하는 네 글자를 써 주었다. 글씨를 받은 후 이 글을 비에 새겼는데, 글자 하나의 획이 얼마나 크고 깊었던지 쌀을 부으면 닷말이 넘게 들어갈 정도였다고 한다. 이렇게 큰 글자를 새긴 비를 중국에서 배에 싣고 장연 앞바다 장산곶(長山串)을 지나오려 하는데 돌연히 폭풍우가 몰아치고 파도가 일면서 곧바로 배가 뒤집힐 지경에 다달았다.

타고 있던 승객 모두가 초죽음이 되어 어찌할 바를 모르고 있는데, 어떤 점쟁이가 나서서 말하기를 싣고 온 비석에 새겨져 있는 '風' 자 때문이라 하면서 이 風자로 인해 해신(海神)의 노여움을 샀기 때문이니 風자를 깎아서 바다에 던져야 한다고 하였다.

달리 묘책을 찾을 수 없는 상황이라 風자를 빗돌에서 깎아내 바다에 던지니 귀신이 곡할 정도로 언제 그랬더냐 싶게 바다는 잔잔해짐에 무사히 귀항할 수 있었다고 한다. 이러한 전설을 간직한 [百世淸風]비는 유명세를 타고 수양산을 오르는 이라면 이 비를 반드시 찾는다고 한다. 또한 이상과 같은 수양산에 대해 시인묵객이라 하면 명산대찰에 대한 소회를 기술하기를 주저하지 않았다. 그 가운데 몇몇분을 열거한다면 쌍매당(雙梅堂) 이첨(李詹:1345~1405), 사가정(四佳亭) 서거정(徐居正:1420~1488), 안재(安齋) 성임(成任:1421~1484), 지족당(知足堂) 남곤(南袞:1471~1527) 등등은 빼놓을 수 없는 분들이다.

17 국경하천이 된 압록강

1) 압록강(鴨綠江) 명칭의 유래

강은 신화시대로부터 그 물이 상징하는 의미와 함께 중요한 사유(思惟)의 대상이 되어 왔다. 삼국유사 고구려조에 의하면 천제의 아들 해모수(解慕漱)가 물의 신인 하백(河伯)의 딸 유화(柳花)를 꾀어 압록강가에서 사통(私通)하였다는 기록이 있다(誘我於熊神山下 鴨綠邊室中 私之). 해모수와 유화는 고구려 건국시조인 주몽의 부성(父性)과 모성(母性)에 해당되며 이때의 압록강은 고대신화세계에서의 물이 상징하는 생산과 풍요 그리고 모태(母胎)로의 회귀라는 원초적인 의미를 지니고 있다.

건국신화와 관련해 압록강이 신화적 상징의 의미를 나타내고 있는 자료로는 사기(史記), 동국이상국집(東國李相國集), 제왕운기(帝王韻紀), 신증동국여지승람(新增東國輿地勝覽), 세종실록지리지(世宗實錄地理志) 외에 중국의 역사기록물에도 그 면모를 적지 않게 남겨 놓고 있다. 이러한 압록강에 대해 먼저 강명의 유래와 역사적, 지리적 상황에 대해 개괄해 보고자 한다.

압록강이라는 강 이름은 그 옛날 '아리나리' 라 불려 오던 것을 한자(漢字)로 옮기면서 바꿔진 칭명이다. 압록의 소리 옮김인 '아리' 는 앞을 나타내는 '앒' 의 옛말 형태이다.

강은 옛말로 '나리' 이므로 결국 앞강이 되는 셈이다. 또다른 압록강의 명칭은 마자수(馬訾水)라고도 하였는데 이것은 '마시나리' 에 대한 소리와 뜻을 한자로 옮긴 것이다.

'마시' 라는 말은 앞 또는 맞은편을 뜻하던 '맞' 의 옛 형태이다. 그러니 마자수는 곧 맞은편에 있는 강이라는 뜻이다. 즉 고구려의 수도가 있던 맞은 편의 강인 앞강이 바로 압록강인 것이다.

이와는 달리 마자수를 압록수라 하면서 백산에서 발원해 흐르는 물이 오리머리와 흡사하다 하여 압록수라고 했다는 설도 있다. 당나라 때 두우(杜佑)가 지은 통전(通典)에도 물빛이 오리 대가리 빛과 같아 수색여압두(水色如鴨頭)라는 표현을 빌어 압록강이라 하였다고 한다. 사기(史記) 조선전(朝鮮傳)이나 한서(漢書) 지리지(地理志)에 등장하는 패수(浿水), 염난수(鹽難水), 마자수(馬訾水) 등도 압록강을 가리킨다는 설이 유력하며, 위지(魏志) 동이전(東夷傳)에서 말하는 패수(浿水)도 평양의 대동강이 아닌 압록강을 가리킨다고 하고 있다.

고구려가 건국된 이후에는 패수 대신 압록강이라는 강 이름이 사용되어 왔다. 일찍이 요동지방에서 쫓겨난 중국인들은 이 지역에 대한 지리적 지식이 상실되면서, 이들에 의해 명명된 명칭들이 공명화(空名化)되는 가운데 패수라는 이름이 대동강으로 잘못 지칭되었다는 것이다.

대동수경(大東水經)에도 녹수(綠水)가 통군정(統軍亭) 아래에 이르면 세 갈래가 되는데 남쪽 갈래는 구룡연(九龍淵)이 되어 압록수가 되면서 혜산(惠山)으로부터 바다까지의 강을 통털어 압록이라고 하나, 구룡연(九龍淵)이 그 이름을 따서 독차지하고 있는 것은 가득한 물의 푸른 빛이 오리머리와 같기 때문에 압록수라 한 것이라고 하고 있다.

그런가 하면 육당 최남선 선생은 그의 조선상식(朝鮮常識) 지리편에서 진·한(秦·漢) 때에 마자수(馬訾水), 부여(夫餘)에서의 암리대수(奄利大水), 고구려에서 청하(靑河), 당나라 이후에는 압록(鴨淥) 또는 녹(綠)자를 달리 표기하는 압록(鴨綠)이라 하였는가 하면, 익주강(益州江)이라 불렀다고도 한다.

단재(丹齋) 신채호(申采浩) 선생께서는 우리말 고어에 長을 'ㆍ리' 라 하였다고 하면서 이같은 사실은 장백산의 옛 명칭이 아이민상견(阿爾民商堅)의 아이(阿爾)라 함이 이를 입증한 것이라고 하였다. '압(鴨)' 자의 경우 이를 우리 말로 'ㆍ리' 라하여 압수, 일명 아리수라 한다면서 고인(古人)들이 장강(長江)을 일컬어 통칭 'ㆍ리가람' 이라 불렀다고 한다.

이러한 주장은 한자를 빌어 이두로 적을 때, 'ㆍ리' 의 음을 따라 아리수(阿利水), 오열강(烏列江), 구려하(句麗河), 욱리하(郁利河) 등으로 썼는데 'ㆍ리' 의 ㆍ를 압(鴨) 녹(綠)의

음에서 취한 것으로 보았다는 것이다.

즉 장강을 옛사람이 'ᄋᆞ리'라 불러온 것처럼 중국인들이 오열수(烏列水), 욱리수(郁利水) 등을 약해서 열수(列水) 또는 洌水라 하였고 列水가 곧 압록강을 일컬었다고 하면서 'ᄋᆞ리나리'가 장강임을 뜻한다 하고 여러 강명(江名)이 'ᄋᆞ리나리'로 불려져 왔다는 것이다. 이밖에 일시적이기는 하나 물굽이의 흐름을 뜻하는 용만(龍灣), 빗물이 모여 이루어진 강이라는 의미의 요수(遼水), 백성들을 편안히 살게 해준다는 의미의 안민강(安民江), 구름이 낀 듯이 보인다는 애강(靉江) 등으로도 불려진 바 있다.

2) 지리적 측면에서의 압록강

길이 790.4km(일부 최근 자료에는 803km라 하고 있다)에 총 유역 면적 62,638.7㎢(북한쪽으로는 32,066㎢)로 우리나라에서 가장 긴 강임과 동시에 역사적으로도 매우 유서깊은 강이다. 이 강은 함경남도(咸鏡南道) 갑산군(甲山郡) 보혜면(普惠面) 대연지봉(大臙脂峰)에 발원점을 두고 있는 것으로 알려져 왔으나, 최근 북한측 자료에는 백두산 남쪽이라 하고 있고, 행정구역도 함경남도가 아닌 량강도이며, 보혜면은 폐지되어 혜산군에 병합되어 있다.

이 강의 유로를 대별해 보면 발원지인 대연지봉에서 중강진(中江鎭)까지가 상류부이며 그 흐름의 길이는 270km이다. 상류부는 심한 감입곡류(嵌入曲流) 현상을 나타내고 있는데 혜산진(惠山鎭)을 지나 함경남도 접경(接境)으로 접어드는 어간(於間)에는 우리나라 측으로부터 압록강의 제1지류라 할 수 있는 211km의 허천강(虛川江), 261km의 장진강(長津江)을 비롯한 가림천(佳林川), 오계수(五溪水), 삼수천(三水川), 후주천(厚州川), 후창강(厚昌江) 등과 만주쪽에서 흘러드는 두도구(頭道溝) 등 20여 개의 대소 지류가 합쳐져 상류를 이루고 있다.

중류부는 중강진 부근에서 만포진(滿浦鎭)까지 약 22km에 달하는 유로에 길이 104km에 달하는 자성강(慈城江) 이외에는 별다른 지류가 없다. 만포진에서 강구까지 약 300km에 달하는 유로에는 239km의 독로강(禿魯江), 90km의 위원강(渭原江), 138km의 충만강(忠滿江), 129km의 삼교천(三橋川) 등 4대지류와 초산천(楚山川), 동천(東川),

남천(南川), 합수천(合水川) 청성천(淸城川), 운수천(雲水川) 등 여러 갈래의 소지류와 합류하고 있다. 만주쪽으로는 433km의 동가강(佟佳江(일명 渾江))과 167km의 애하(靉河) 및 포소하(蒲召河), 안평하(安平河), 합마당하(哈蟆塘河) 등의 중소지류가 흘러들어 장강(長江)을 이룬다.

압록강 최상류부는 장백산맥과 강남산맥 사이의 산간계곡을 흐르는 강이니만큼 양안(兩岸)에 충적지가 적다. 만포진 이상의 중상류부는 산세가 더욱 급해 감입곡류의 현상이 심하게 나타나 강상(江上) 항행(航行)을 어렵게 하고 있다. 이러한 현상은 만포 이서(以西)의 하류부 곳곳에서 볼 수 있는데 때로는 유로의 변경을 나타내기도 한다.

무엇보다 수풍발전소가 들어서면서 인공적으로 강 물줄기의 흐름을 변형시켜 놓고 있고 하류인 의주 서북쪽의 어적도(於赤島)에 이르러서는 강물은 세 갈래로 나누어지는데 남쪽으로는 구룡연 방향으로, 서쪽으로는 일명 삼강(三江)이라고도 하는 서강(西江)으로 흘러가고 그 중간의 흐름을 중강(中江) 또는 소서강(小西江)이라 한다.

이 강줄기는 검동도(黔洞島)에 이르러 다시 합쳐져 흐르다가 수청돌에 다달아서는 다시 두 갈래로 나누어져 남쪽으로는 위화도(威化島)를 감돌아 인산 남쪽에 이르러 고진강과 합류하고 미륵당쪽에 이르러서는 북쪽으로 흐르는 물줄기가 대총강(大摠江)과 합쳐져 서해로 유입된다.

의주(義州) 이하로 내려오면 강 양안에 기름진 들판이 펼쳐지고 물살도 둔화되어 수운(水運)이 편할 뿐더러 퇴적작용도 왕성하여 수많은 삼각주를 형성하고 때로 범람되어 강벌을 형성하고 있다. 이러한 압록강이 무려 800여km에 달한다고 하나 직선거리로 측정하면 그 절반인 400km에 불과하다. 이는 강의 유로가 심한 감입곡류(嵌入曲流: Incided Meander)를 이루고 있는 현상이기 때문이다. 오늘날 압록강에는 무려 205개에 달하는 강상도서(江床島嶼)가 있는데 북한측의 관할도서는 127개이고 중국측이 관할하는 도서는 78개처이다.

3) 문화유적상으로 본 압록강 유역

압록강 유역은 우리 선민들의 주요 활동무대였다. 무엇보다 본류보다는 지류쪽에 삶의 흔적이 역력하게 남아 있다. 즉 신석기시대 이래의 주거지와 토기, 석기, 골각기 등의 유물이 중류인 중강군 토성리, 하류의 의주군 미송리, 용천군 용연리, 신암리, 쌍학리 등지에서 발견되고 있다.

청동기시대의 유적으로는 중강군 토성리, 심귀리, 노남리, 강계시 공귀동, 벽동군 송련리, 의주군 의송리, 용천군 신암리 등지에서 거주지가 발굴되었고 이들 유적지에서 청동기를 비롯하여 토기와 반월도, 돌도끼, 방추차(紡錘車), 석검, 돌화살촉 등이 출토되었다.

초기철기시대의 유적으로 시중군 노남리에서 야철지(冶鐵址)와 주거지가 발견되었으며 심귀리에서는 분묘가 발견되었는데 이들 유적지에서 철기, 토기를 비롯하여 명도전(明刀錢), 오수전(五銖錢) 등의 화폐가 출토된 바 있다. 중강군 토성리, 자성군 서해리, 위원군 용연동 등지에서도 얼마간의 초기 철기시대의 유물이 출토되었다.

삼국시대에 들어서서는 이 일대가 고구려 영역에 속해 있었는데다 4세기 이전에 고구려의 수도가 이 지역에 위치해 있었으므로 수많은 고분을 비롯하여 유물·유적들이 강 주위에 널려 있다. 즉 강 중심으로 볼 때 강 남쪽보다는 강 북쪽인 만주지역에 훨씬 많다.

먼저 강 남쪽인 강계군 시중면을 중심으로 한 외귀면, 곡하면 일대에서 고구려 초기의 집자리가 발견되었는데 이곳에서 당시 구들의 형태가 나타났다. 적석총(積石冢)이 밀집되어 있는 곳으로는 시중군, 만포시, 자성군, 중강군, 후창군, 위원군, 초산군 등지로 많은 곳은 무려 180여기가 넘는다. 이보다 다소 뒷 시기의 것으로 보이는 석실분(石室墳)도 적지 않게 발견되고 있다.

강 북쪽인 만주지역에는 고구려의 수도가 위치해 있던 환인(桓仁)지방과 집안(輯安)일대에는 고구려 초기의 유적들이 광범위하게 널리 퍼져 있다. 고구려 첫 도읍지로 알려지고 있는 졸본(卒本)이 바로 환인지방의 오녀산(五女山) 부근으로 보이는데, 이 오녀산에는 남북으로 길이 1km, 동서 너비 약 300m 크기의 고구려 산성의 흔적이 남아 있다.

이 산성은 넓적한 석재를 사용하였고 가파른 자연지세의 벼랑을 의지해 성벽을 이룬 축성법과 사각추의 성돌, 그리고 성안에서 발견된 유물들을 통해 볼 때 고구려의 유적임이 분명하다.

환인지방에는 750여기의 고분들이 남북으로 길이 1km의 군(群)을 이루고 있는데 대부분이 적석총이고 얼마간의 수혈식석곽묘(竪穴式石槨墓)와 석실봉토분(石室封土墳)이 남아 있다. 삼국사기에 의하면 유리왕 22년(서기 3년) 수도를 국내성(國內城)으로 옮기고 위나암성(尉那巖城)을 쌓았다고 하는데 이때의 국내성의 위치가 오늘날의 길림성 지안에 해당된다.

국내성은 총면적 42만㎡에 방추형 석전(石殿)으로 높이 5~6m, 성벽 밑 부분 너비는 9~10m, 성 안의 벽 높이는 3~5m 정도이다. 집안현지(輯安縣志)에 의하면 1905년 당시까지만 하여도 옹성을 갖춘 문이 동벽 남쪽에 1개, 서쪽에 2개가 있었으며 남벽 동쪽과 북문쪽에는 문을 막은 흔적도 1개씩 있었다고 한다.

성의 네 귀퉁이에는 누각의 흔적이 보이고 일정한 거리마다 치(雉)가 설치되어 있었는데 현존하는 치는 동벽에 3개, 서벽 1개, 남벽 2개, 북벽 2개 등 모두 8개였다고 하며, 성 밖에는 해자(垓字)의 흔적이 부분적으로 남아 있었다. 통구(通溝)에는 장군총(將軍塚), 모두루총(牟頭婁塚), 각저총(角觝塚), 무용총(舞踊塚), 사신묘(四神墓), 산련화총(散蓮花塚), 구갑총(龜甲塚), 미인총(美人塚) 등을 비롯한 숱한 유물유적들이 산재해 있다.

이렇게 볼 때 고구려가 수도 전면에 압록강을 두고 앞강이라 하였다는 것은 지극히 당연한 강명(江名)이라 할 수 있다. 그러나 오늘날 중국은 이같은 엄연한 역사적 사실에 대해 하늘을 손바닥으로 가리려는 듯이 우리의 선민들이 살아온 삶의 흔적을 지우려 광분하고 있는데 대해 우려의 목소리를 높이지 않을 수 없다.

18 통한이 서린 두만강

1) 애환을 실어 나르는 두만강

두만강은 오랜 기간 역사적으로 우리 배달민족의 내하(內河)로 자리잡아 오다가 조선조가 들어서면서 왕조가 발흥한 성역지로 받들어져 왔으나, 이후 역사의 소용돌이 속에서 타의에 의한 국경하천이 되고 난 후로, 민중의 애원을 삼키고 애국독립투사들의 고국땅으로서의 마지막 문턱이 되었는가 하면, 힘없고 여린 백성들이 남부여대(男負女戴)해 이역의 하늘 너머로 유랑의 길을 떠나는 강이 되고 말았다. 이렇듯 비통한 실상을 문학과 예술로 승화시키면서 나타난 김동환의 국경의 밤, 최서해의 혈흔(血痕), 나운규의 두만강을 건너서(사랑을 찾아서로 개작됨), 대중가요로 김정구의 눈물젖은 두만강 등등으로 속병을 앓는 오늘의 두만강이 되고 있다.

이러한 현상은 국토가 분단된 오늘에 이르기까지 안타깝게도 다름없이 이어져 오고 있다. 즉 처절한 민족적 설움과 역사적 비극이 점철되어 말없이 흐르는 두만강은 단지 지난 역사의 그 모두를 낱낱이 지켜온 역사의 증인이 되어 주고 있을 따름이다.

장장 521km에 달하는 도도한 물결은 그 이름이야 어떻게 불려져 왔던, 강물 위에서 어떤 일들이 벌어지는지 알 바 없이 흘러내리고 있다. 단지 그 옛날과 다름이 있다면 푸르디 푸른 물의 두만강물이 아니라 검붉은 물결을 뒤집어 쓰고 흐르는 강물로 변했다는 사실이다.

그러면서도 현실은 이 강을 외면하고 살아갈 수 없는 우리들이기에 두만강사(豆滿江史)를 고찰해 보지 않을 수 없다. 그같은 사실은 우리 민족의 애환을 짙게 그려온 문학과 예술작품을 통해 회고와 앞으로의 희망을 기대하고 있기 때문이다.

2) 두만강 명칭의 내력

두만강이라는 명칭의 연원을 〈한청문감(漢淸文鑑) 만주지명고〉에서는 강가에 새들이 많이 모여드는 지역이라는 도문색금(圖們色禽)의 여진말에서 색금을 떼어낸 도문이라는 데서 비롯되었다고 하나 미덥지 못하다. 그런가 하면 〈동문유해(同文類解)〉에서는 원(元)나라 때 지방관제에 만호(萬戶)와 천호(千戶)라는 관직명이 있었는데 여진어로 "만호"를 두맨이라 발음한다고 하면서 이를 한자(漢字)로 표기한 것이 두만강이 되었다고 한다.

대동수경(大東水經)에 의하면 두만강의 이름은 만수, 분계하, 어윤하, 보려천, 수빈강, 아야고강, 애호강, 도문수, 토문강, 통문수, 도문색감, 토목강, 고려강, 도문강(圖們江), 도문강(徒門江) 등등 여러 가지 명칭으로 호칭,또는 표기되어 왔다고 한다.

이 가운데 도문수, 토문강, 통문수, 토목강, 도문색금(圖們色禽) 등은 도문, 토문, 통문, 토목이 즈믄(千)을 한자로 적을 때 생긴 표기 변종이라고 한다. 만주지명고에서 도문색금(圖們色禽)을 풀이하기를 새가 많이 모여드는 골짜기라는 뜻의 도문이라는 여진어 자구에서 비롯되었음을 밝히고 있다.

이러한 설은 두만강을 여진인들과 연관시켜 유추한 명칭인데 여진인들이 살기 이전에도 이 강은 있어왔다고 할 때 분명 그 이전의 명칭이 있었을 것이다. 그러한 가능성을 뒷받침하는 명칭으로 "만수(滿水)"라는 강명이 있었다. 만수란 수많은 물줄기가 모여들어 강물을 이룬다는 뜻이다. 다음으로 물고기가 많이 서식하고 있는 강이라 하여 어윤하(魚潤河)라 하였다고도 한다.

이밖에 토문수, 통문수, 토목강, 분계하 등등으로 칭해져 왔다고 하나 명확치 않다. 여기서 특기할 것은 1712년 조선조 숙종 38년 백두산에 정계비가 세워지면서 이 비문 가운데 동위토문(東爲土門)이라는 문구를 두고, 뒤에 청측이 토문이 두만강이라는 주장을 하면서 우리나라와 다툼이 있어 왔다는 사실이다.

이 다툼은 두만강 명칭의 유래를 밝힘에 있어 대단히 중요한 고리가 될 수 있다. 따라서 두만강의 명칭 유래에 대한 연구는 결코 여타의 강명(江名)에 비교할 수 없을 정도로 매우 중요한 의미를 내포하고 있다. 왜냐하면 우리나라 북방문제를 풀어나가는데 핵심적인 사항이기 때문이다.

그런가 하면 백두산정계비문에 동위토문(東爲土門)이라는 자구(字句)를 가지고 청측은 토문은 두만강이라는 억지주장을 내세우고 있기도 하다. 이렇듯 다종 다양한 두만강의 명칭이 생겨나게 된 것은 두만강 주변이 선사시대로부터 현대에 이르기까지 이 지역을 중심으로 한 주인공들의 흥망성쇠사가 빈번하게 점철되어 왔기 때문이다.

3) 두만강의 유로(流路) 형성과 지천(支川)

중세이후 처절한 역사적 비극과 애환을 품고 흘러 온 강이 됨으로써 구절양장(九折羊腸)적 감입곡류(嵌入曲流)의 형태만큼이나 깊은 사연이 배어있다. 이러한 강의 시원과 유로상황을 살펴보면 강의 발원은 함경도 갑산의 천평(天坪)땅에서 솟아나 동으로 어윤강(魚潤江)이 되고 오른쪽으로 보다회천(寶多會川)을 지나 장판(長板), 석교(石橋)를 경유해 오른편의 서북천을 지난 다음, 임강대고성(臨江臺古城)을 지나 오른쪽으로 박하천(博下川)을 끼고 무산(茂山) 서편을 넘어 바른쪽으로 성천(成川)을 지나게 되는데, 여기에 양영(梁永), 풍산(豊山), 운두보(雲頭堡) 등이 있다. 이들 여러 보(堡)를 지나 오른편의 보을하천(甫乙下川)을 만나면서 회령(會寧) 북쪽에 도달하게 된다.

또다른 흐름으로는 백두산 동남쪽 해발 2,360m의 대연지봉 동남쪽 기슭에서 발원하는 석을수(石乙水)를 원류(源流)로 하여 동류(東流)하다가 마천령산맥에서 발원하는 82.5km의 소홍단수(小紅湍水)와 합쳐 북동류하면서 마천령산맥과 함경산맥에서 흘러나오는 173.1km의 서두수(西頭水), 80km의 연면수(延面水), 76.3km의 성천수(成川水) 등의 지류(支流)들과 합류해 흐르다가 중류부에 이르러서는 심한 감입곡류(嵌入曲流) 현상을 나타내면서 보을천(甫乙川)과 회령천(會寧川)을 흡수하고 난 후 본류는 북북동류(北北東流)한다.

그러다가 함경북도 최북단에 이르러 간도지역에서 흘러드는 해란강(海蘭江)과 합류한 후, 유로는 급변하여 남동류(南東流)한다. 하류에서는 다시 간도지방에서 남서류하는 혼

춘강(琿春江)과 북한쪽 오룡천(五龍川), 아오지천(阿吾地川) 등의 지류를 합친 후, 수량(水量)과 하폭(河幅)을 늘리면서 하구 부근의 호소지대(湖沼地帶)를 거쳐 서수라(西水羅) 부근에서 동해로 흘러 들어간다.

속칭 성천이라고도 불려지는 회령쪽 알목하(斡木河)를 지나면서 강물은 북쪽으로 꺾여 돌면서 고령진(高嶺鎭), 방원보(防垣堡), 경성부(鏡城府)의 동관진(潼關鎭)을 경유해 압강탄(壓江灘)이 되는데 여기서 왼쪽 방향의 토문강(土門江)을 지나 동쪽으로 흘러 온성부(穩城府) 북쪽을 휘돌아 왼편으로 갈합리하(葛哈里河)를 만나 흐른다.

여기서 또 꺾여서 동쪽으로 흘러 구암탄(龜巖灘), 유전리(柳田灘), 어정탄(漁汀灘) 등의 여울을 이루면서 미전보(美錢堡)를 지나고 나면 왼편으로 삼한천(三漢川)을 끼고 다시 강줄기는 꺾여서 남쪽으로 흘러 황자파(黃柘坡)에 다달아 입석탄(立石灘)을 만나고, 훈융진(訓戎鎭)을 지나 하상도서(河床島嶼)인 고이도(古耳島)를 거쳐 경원부(慶源府)에 다달은 후 동쪽으로 안원보(安原堡)에 이르게 된다.

안원보 왼쪽으로 후춘강(後春江)을 지나 용당고성(龍堂古城)을 거쳐 건원보(乾原保)에 다달으면 오른쪽으로 오룡천(五龍川)과 농경천(農耕川)을 지나게 되는데, 여기서부터 강물은 하류인 무이진(撫夷鎭)을 돌아 왼쪽으로 팔수지(八池水)를 만난 후, 경흥부(慶興府) 동쪽에 이르러 적지(赤池)를 지나면 지금은 남의 땅이 된 녹둔도(鹿屯島)에 이르러 바다로 들어간다. 이상의 유로(流路)상황은 〈증보문헌비고(增補文獻備考) 卷二十三 여지고(輿地考)편 十一 산천(山川) 五〉에 수록된 내용이다. 그리고 위의 여러 지명 가운데 갈합리하(葛哈里河) 삼한천(三漢川) 후춘강(後春江) 팔지수(八池水) 등은 청측의 땅이라 부언하고 있다.

발원지에서 흐르는 물은 석을수를 따라 처음에는 동류(東流)한 다음 마천령산맥에서 나오는 소홍단수(小紅湍水:82.5㎞)와 합류하여 북동류하면서 마천령산맥과 함경산맥에서 발원하는 서두수(西頭水:173.1㎞), 연면수(延面水:80㎞), 성천수(成川水:76.3㎞) 등의 큰 물줄기와 합류하고 중류에 이르러서는 심한 감입곡류(嵌入曲流)를 하면서 보을천(甫乙川)과 회령천(會寧川)을 합류한 후 본류는 북북동류한다.

회령 종성 훈융 등지에는 소규모이기는 하나 평야지대를 형성하고 있고 온성 이하 하류는 완만해 주운(舟運)이 가능한데 홍수로 인해 유로의 변화가 심한데 따라 많은 하중도서(河中島嶼)가 생겨났다 없어지는가 하면, 상류에서 운반된 토사 퇴적으로 삼각주적 충적평야가 발달해 주변에 습지성(濕地性) 호수(湖沼)들이 형성되고 있다.

함경북도 최북단에 이르러서는 간도지역에서 흘러나오는 해란강(海蘭江)을 합류한 후 유로는 급선회하여 남동류한다. 하류에서는 다시 간도방면에서 남서류하는 훈춘강(琿春江)과 우리나라 쪽인 오룡천(五龍川)과 아오지천(阿吾地川) 등의 지류와 합쳐진 후 하구(河口) 부근의 호소지대(湖沼地帶)를 거쳐 서수라(西水羅) 부근에서 동해로 들어간다.

백두산 동쪽 비탈면으로부터 온성읍 강어구까지의 흐름은 비교적 느리고 강 기슭 하천의 쌓임작용에 의해 이루어진 새별벌, 농포벌, 두만강어구벌 같은 쌓임벌이 형성되어 있다. 회령까지의 상류에서는 떼몰이로 중류에서는 관개용수와 공업용수로 이용되고 있으며, 수성천은 무산군 차유령에서 발원 송평구역 서항 1동을 거쳐 동해로 들어간다 라고 하고 있다.

이처럼 두만강의 양상에 대해 불과 100년 미만의 세월을 거치는 동안 지세, 지명, 유로(流路)의 변천 등 많은 변화가 일어나고 있음을 감지할 수 있다.

이러한 두만강 상류의 하계(河系)는 전반적으로 수지상하계망(樹支狀河系網)을 이루고 중류의 무산(茂山)에서 회령까지는 심한 감입곡류(嵌入曲流)를 이루며 회령(會寧) 종성(鍾城), 훈융(訓戎) 등지에 소규모의 평야를 형성케 하고 있다. 온성(穩城)이하의 하류는 경사가 완만하여 주운(舟運)이 가능하며 유로의 변화가 심하여 무수한 하중도(河中島)가 형성되었다가 없어지기도 한다. 하구 부근에는 상류에서 밀려 내려오는 토사가 퇴적하면서 삼각주 형의 충적평야가 발달해 있고 주변에는 습지성의 호수들이 즐비하다.

그런데 오늘날 북한측 발표에 따르면 위의 내용과는 달리 그간에 개칭된 지명이라든가, 강 유로의 변화상을 달리 기술함으로써 산천은 의구하다는 말이 무색할 정도로 변천상황을 실감케 하고 있다. 이제 그 실상을 여기에 옮겨 보면 강의 길이를 521㎞, 유역면적 10,513㎢(중 · 러유역면적 포함시 41,242㎢)로 추정하고 발원지를 백두산 동남쪽 대연지봉(大臙脂峯:해발2,360m) 동쪽 기슭으로 적고 있다.

4) 유역의 문화유적

두만강유역에는 선사시대 이래로 한반도문화 형성의 통로역할을 해 왔다. 이 지역에서 우리나라 최초의 구석기인의 생활흔적이 동관진(潼關鎭)에서 나타났고 이어서 화대 · 장덕리의 홍적세 유적, 웅기 · 굴포리 서포항 조개더미유적 등이 발굴 보고되었다. 이로 미루어 보아 구석기문화의 한 흐름은 두만강을 건너 유입되어 왔음을 짐작케 한다.

특히 무산인근은 두만강 지류인 성천수와 합류되는 곳인데 관모봉 동쪽기슭을 흐르는 강하류의 계곡은 대륙쪽의 사람들이 동해로 나갈 때에 거쳐야 하는 통로가 되어 왔다. 그러한 연유로 강 연안인 두루봉 바로 밑 서남쪽 경사진 곳에는 신석기시대 말부터 철기시대초에 이르기까지 여러 형태의 유물들이 발견되고 있는가 하면, 회령쪽으로 보을천, 회령천, 팔을천 등의 지류가 두만강 본류와 합해지는 유역일대는 비옥한 경작지가 형성되어 일찍부터 청동기시대 사람들이 모여 살아 오면서 이들이 남긴 청동기시대의 유적들이 유선동 검은개봉 밑 구릉지대에 산재되어 있다.

두만강 하구에는 동번개와 서번개로 불리우는 늪 서남쪽에 서포강이 있는데 두만강과 이 늪 사이에 나지막한 야산들이 가로 막혀 있고, 이 야산 서남쪽 끝에 원시유적지가 있다. 이 강 하구 서남쪽 웅기읍 용수호(龍水湖)가 있는 송평동 모래언덕, 나진동 해변가 모래언덕, 청진벌 서남쪽 농포리 수성천 하구의 원수대(元帥臺) 등지에서도 적지않은 유적과 유물이 발견되고 있다.

두만강 유역에서 가장 많이 알려진 원시시대 유물 · 유적은 회령을 중심으로 한 반경 5㎞내의 지역으로 운연, 성동, 남산, 봉의, 검은개봉, 영수, 요동, 대덕, 장무, 김생, 사을, 궁심, 한성, 개척동 등지이다. 이들 지역의 유적은 일찍부터 회령천에 의해 이루어진 충적단구인데 현재는 강 바닥이 낮아져 강물이 바로 이 단구의 기슭 가까이까지 흐르고 있다.

이어서 신석기시대, 청동기시대에도 이러한 성향은 지속되어 두만강의 지류를 따라 내륙쪽으로 확산되어 나갔다. 신석기유적으로는 웅기 송평동, 청호리의 농포동, 회령의 오동을 비롯한 빗살무늬토기 유적과 나진 초도, 무산의 호곡동인 범의 구석에서 청동기시대의 유물과 주거지가 조사된 바 있다. 이러한 두만강 연안을 중심으로 한 신석기 청동기문화는 흔히 동북지역의 문화로 분류되어 여타 지역의 문화와 그 특성을 달리하기도 한다.

두만강 주변은 역사시대에 들어와서도 부여, 옥저, 고구려, 발해로 이어져 오다가 발해멸망 이후에는 고려의 영향하에 있던 여진인들의 할거지가 되면서 이들의 경략지가 되기도 하였으나, 고려 및 조선조 초기의 적극적인 북방경략으로 확고한 영토권내에 들어왔다.

그러나 여진인들의 인면수심(人面獸心)의 발동으로 이 지역 일대에서의 노략질이 계속됨에 이들의 침입을 막아내기 위해 두만강 유역일대에 여러 진(鎭), 보(堡), 성곽(城郭), 봉수(烽燧)시설들을 갖추게 되었다. 이러한 연유로 오늘날까지 이 지역 일대는 그같은 방술설비(防戌設備)에 따른 진, 보, 성곽 등의 명칭이 그대로 지명화된 것이 많다.

유적지가 있는 지역들은 대체로 그 인근에 옛 성보(城堡)와 봉수시설들이 자리하고 있게 마련이다. 먼저 무산군의 경우 삼봉평(三峯坪)의 말간고성지(末干古城址)가 있는데 이 성터는 무산진이 옮겨 오기 이전부터 노토번호말간(老土蕃胡末干)의 할거지로 추정되고 있다. 군내 서하면 임강동에는 임강대고성지(臨江臺古城址)가 있는데 이 성터 우측에 둘레 600m 가량의 성터가 남아 있는데 축성연대는 알 수 없다. 이곳에서 멀지 않은 흥암강구(興巖江口)에서 하류로 내려가면 소조곡고성지(小鳥曲古城址)가 있고 흥암동 뒷구릉에는 약 1500여 개의 석루(石壘)가 있는데 여기가 한말의 국경수비대가 주둔해 있던 병영지이다.

서두수 상류 고숭암상(高崇岩上)에 나라에서 춘추로 제사를 올렸던 국사당(國師堂)이, 무산군 삼장면에 있는 천왕당(天王堂)은 숙종 10년 무산부 설치와 동시에 세워져 단군을 봉사하던 사당이 있었다. 무두봉 동편 고지에는 백두산신령에 산신제를 올리던 산신당도 있었다. 특기할 것은 제2차 감계담판시 청측은 이 천왕당 아래에 저들 자의대로 국경을 획정하고자 하여 미리 국경비석 15개를 가지고 왔다가 우리측 이중하의 완강한 반대로 뜻을 이루지 못하고 그대로 방치하고 돌아갔다는 사실이다.

한때 여진족의 선가(先加)마을로 알려진 무산군 영북면 양영동(梁永洞)에는 양영동진지(梁永洞鎭址)가 있었다. 조선 현종 15년(1674년) 회령군에 있던 양영만동보(梁永萬洞堡)를 이곳으로 옮겨 양영보라 하고 권관(權官), 봉군(烽軍), 보인(步人) 등 50여명의 주둔군을 두고 있었는데 숙종 때 무산부에 속하면서 진(鎭)으로 남아 있었다.

풍산진지(豊山鎭址)가 있던 풍계면 명신동은 여진 도곤(都昆)마을이 있었는데 1674년 회령군 구진전동 폐보를 이곳에 옮기고 만호 이하 봉군, 보인 등 110명을 두고 있었던 곳으로 1684년 무산부에 소속되었다. 영조 5년(1729년) 만호 김우서(金禹瑞)가 처음 석성(石城)을 축조하였는데 남문 밖에 축성비가 일제침략기 말까지에도 남아 있었다. 이 비면의 작은 글씨는 몹시 마멸되어 알 수 없게 되어 있으나 풍산축성비(豊山築城碑)라는 큰 글자만은 판독이 가능하였다. 회령읍 오산(鰲山) 북팔을천(北八乙川) 건너 높은 구릉을 유선덕(柳先德)이라 하는데 이곳 서북쪽으로 석성지(石城址)가 있다. 여기서 강을 건너 드나드는 월강자들을 막기 위해 파수막을 두고 이들 번병(番兵)들을 위한 소창(小倉)을 두었던 곳이다.

세종 23년(1441년) 김종서가 축성한 행영지(行營址)가 연대(煙臺)로부터 두만강 우안에 뻗어 있는 성터를 경계로 하여 성 밖에 번호(蕃胡)의 거주를 허락하였다고 한다. 보을하천 근처에는 오국성지가 있는데 유선동에서는 약 10리 서북쪽 방향으로 축조연대는 알 수 없으나 성 둘레는 약 4㎞에 높이는 3~4m 정도이다.

이 성지는 여진 완안부가 쌓은 성이라고도 하고 금나라의 오국성(五國城)이었다고 전해지기도 한다. 성 안에는 건물터가 남아 있으며 성터 가운데에 운연(雲淵)이라는 연못이 있는데 이는 바로 못 옆에 운연이라 새긴 비가 있기 때문이다. 이 글씨가 송나라 휘종의 글씨라고 전해지고 있다. 이 오국성지 북쪽 강안에는 포항폐진지(浦項廢鎭址)가 있고 북쪽으로는 애친각라씨(愛親覺羅氏)의 발상지라 하는 한성현(漢城峴)이 있다. 이 한성현은 한성치 또는 한왕사습대라고 하기도 한다. 봉의면 파전에는 폐진지로 볼하포진성지(乶下浦鎭城址)가 있다. 팔을면 기덕산 위에는 둘레가 130여m 되는 옛 성터가 있는데 여진시대의 것으로 추정된다.

종성군 동관면에 동건산성지(童巾山城址)가 있는데 축성시기는 알 수 없으나 신증동국여지승람에 의하면 석축 둘레가 190m, 높이 1m, 절벽이 340m가 되는데 동건이 이 돌에 태정오년방구칠년(泰定五年防寇七年)이라 새김으로써 산성이름도 동건산성이라 하였다고 한다.

여진어로 종(鍾)을 홀독한(忽禿罕)이라 하는데 동건이라는 음이 홀독한으로 와전된 것으로 추정된다. 종성읍내에는 뇌천각(雷天閣)이라 불려져 오던 누각이 있었는데, 이 누각은 두만강을 건너 침입해 오는 여진족을 방어하기 위해 세웠는데 후에 이 건물에서 침입해 오는 여진족을 격멸하고 항복을 받았다고 해서 수항루로 바뀌었다고 한다.

종성군 남산면에는 방원진지(防垣鎭址)가 있는데, 이는 선조 때 만호 이맹(李孟)이 축성한 것으로 둘레 700여m, 높이 3m에 병사가 약 200명 가량 있었다고 한다. 고읍면에는 고읍성지가 있는데 이전에 영북진지로 구여진(舊女眞) 백안(伯顔)이 옛 성을 수축한 것인데 본래는 토성이었던 것을 인조 12년(1634년) 도병마사 신여철(申汝哲)이 개축, 성안에 연못 두 곳을 파고 앞면의 토축을 석축으로 고쳐 쌓았는데 성 주위가 25㎞, 높이 8m에 우물 5개를 두었다. 온성군 온성면 주원동에는 주원폐보(周原廢堡)가 있었으며, 군내 남양면 풍서동에는 성종 15년(1484년)에 축성한 유원진지(柔原鎭址)가 있는데 석성 둘레 10여㎞, 높이는 3m이다. 영충면 영달동에는 1442년에 설치한 영달진지(永達鎭址)가 있는데 1662년의 구보(舊堡)를 이곳으로 옮겨 영건보(永建堡)라 명하였다. 이후 옛 이름으로 다시 고쳤는데 석성 둘레가 12㎞에 높이 2.5m로 병마만호를 두었다가 폐보가 되었으며 문지(門址)만 남아 있다.

한말에 국경수비대가 있던 미포면의 황파진지(黃坡鎭址)는 둘레가 5㎞, 높이 3m로 중종 18년(1523년)에 축성하였던 것이다. 세조 10년(1464년)에 김종서가 축성한 훈융진지(訓戎鎭址)는 원래 토성이던 것을 숙종 때 석성으로 고쳐 쌓고 병마첨절제사를 두고 병사 258인을 주둔시켰던 성으로 성 둘레가 10여㎞나 되었다.

경원군 경원면 봉운동에는 야랑성지(也郎城址), 봉운동에 후훈봉수대지(厚訓烽燧臺址) 고현성지(古縣城址)가 있었고, 강 가운데 동도(東島)의 대안인 훈춘에 있는 고려토성은 그 옛날 실관성지(實關城址)로 추정되고 있으며, 안농면 안원동에 안원보지(安原堡址)는 둘레 9㎞, 높이 2.5m에 병사 212명이 주둔해 있으면서 용당과 유다도 대안(對岸) 경계에 임하였는데 1864년 폐지되였다. 고아산진지(古阿山鎭址)는 아산면 백안동에 소재해 있었는데 둘레 10여㎞에 높이는 2m로 1480년(성종 10년)에 혁파해 아산보로 옮겼다.

고아오지보지(古阿吾地堡址)는 아산면 백안동 강안에 있던 토성인데 1488년 경흥군 아오지로 옮겼고. 아오지읍 용성동에는 판성동고산성(板城洞古山城)이, 노서면 녹둔도에는 녹둔도보가, 조산 인근에는 두리산, 조산남봉, 망덕봉 봉수대지가 연이어져 국경수비에 일익을 담당해 왔다. 이러한 두만강 연안의 숱한 성 · 보 · 봉수대 등등의 명칭은 곧바로 지명화되어 오늘에 이르고 있다

여기서 짚고 넘어가야 할 사항은 고려 때 윤관 장군이 쌓았다는 9성(城)의 위치와 조선조에 들어와서도 계속해 논란이 되어 온 두만강 건너 700리 지점에 공험진(公嶮鎭)을 두고 선춘령(先春嶺)상에 고려의 국경비를 세웠다는 사실에 대해 유의할 필요가 있다.

세종실록 지리지에 명기된 그 위치는 "강 건너 동림성(東林城)에서 북쪽으로 5리쯤 가면 소다로(所多老)의 영기(營基)가 있고 그 북쪽으로 30리에 회질가탄(會叱家灘)이 있으니 바로 두만강의 하류이다.

강을 건너 10리 되는 넓은 들 가운데 큰 성이 있으니 곧 현성(縣城)이다. 그 북쪽으로

90리 되는 산상(山上)에 옛 석성(石城)이 있으니 어라손참(於羅孫站)이라 한다. 그 북쪽으로 30리를 더 가면 허을손참(虛乙孫站)이 있고, 또 북쪽으로 60리에 유선참(留善站)이 있으며, 그 동북쪽으로 70리에 토성기(土城基)가 있다. 이것이 곧 거양성(巨陽城)이다. 그 성은 본래 고려 대장 윤관 장군이 쌓은 것이다.

그 비의 사면(四面)에 글이 새겨져 있었는데 호인(胡人)들이 그 글자를 깎아버렸다. 뒤에 사람들이 그 비석밑을 파 보았더니 고려지경(高麗之境)이라는 네 글자가 새겨져 있었다. 이 선춘현(先春峴)에서 수빈강(綏濱江)을 건너면 옛 성터가 있다."라고 세종실록지리지 함길도(咸吉道) 경원도호부(慶源都護府)조에 명기되어 있다.

위의 기사가 중시되는 이유는 원(元)나라가 쇠망함에 따라 중원(中原)을 차지한 명(明)나라가 조선과의 국경을 정할 때인 태종 5년인데, 그 기준이 바로 이 공험진이었기 때문이다(태종실록 권 29 태종 5년 5월 16일). 그런데 이 당시 만주지역이 무주공산(無主空山)일 정도로 주변국의 영토권 행사가 이루어지지 못하고 있는 가운데 동맹가첩목아(童猛哥帖木兒)라는 건주여진(建州女眞)이 집결, 세(勢)를 과시하고 있어 조선은 실질적인 통제를 하기 어려워 부득이 두만강을 중심으로 4군6진을 개척했으나 결코 영토권의 포기가 아니였다.

고려사 지리지나 세종실록지리지에는 윤관이 쌓은 구성(九城)은 두만강 북쪽 700리까지인 오늘날 수빈하(綏濱河)를 경계로 지경방비(地境防備)를 하였다. 이 수빈하(綏濱河)를 일명 수빈강 또는 소하강(蘇下江)이라 하는데 오늘날 이 강의 위치는 두만강 건너 만주 길림성 왕청현(旺青縣) 복흥(復興)에서 발원하여 나자구진(羅子沟鎮)을 거쳐 흑룡강성(黑龍江省)일대를 흐르다가 동해로 빠져나가는 강을 말한다.

이 말을 좀더 부연하면 강줄기가 공험진 선춘령을 지나 거양성에 이르고 그 동쪽으로 120리를 흘러 아민(阿敏)땅에 이르러 바다로 들어간다 라고 함으로써 두만강 건너 북쪽 700리 지경(地境)에 이르는 땅이 우리의 영토임을 말해주는 것이다.

또다른 사실로 두만강 물줄기의 변화로 강 하류에 위치해 있던 녹둔도(鹿屯島) 땅이 1860년 청 · 러 간에 체결된 북경조약(北京條約)에 의해 당사국인 조선정부도 모르게 러시아 영토로 둔갑된 사건이다.

변경(邊境)의 녹둔도가 우리나라 영토로 관할되어 왔음은 관찬사료인 조선왕조실록을 비롯하여 승정원일기나 비변사등록 등 수다한 사료에 등재되어 있다. 그럼에도 불구하고 이 땅에 대한 아무런 관련이 없는 청나라와 러시아가 두만강 하류 지점에 표석을 세우고 국경을 획정함으로써 녹둔도 땅이 불법 부당하게 러시아에 강점되고 만 것이다.

그후 이같은 사실이 알려져 우리나라에서는 여러 경로를 통해 이 땅의 원상회복(原狀回復)을 위해 노력했지만 무위(無爲)로 돌아가 오늘에 이르고 있으나, 반드시 이 땅은 되찾아야 할 우리나라 고유의 영토인 것이다. 이렇게 볼 때 두만강을 국경하천으로 보고 있는 시각은 분명히 잘못된 영토관인 것이다.

5) 민족감성(民族感性)으로 본 두만강

우리 민족의 정서상 두만강은 결코 이국(異國)과의 국경을 맞대고 있는 국경하천으로 받아들일 수 없는 강이다. 백두산정계비 건립이전은 물론 만주지역과 시베리아 연해주 땅을 월경(越境)이라는 의식이 없이 황무지 땅을 개간해 오거나, 춘경추귀(春耕秋歸)할 수 있는 영농지로 여겨왔다. 그러기에 두만강 건너 지역을 강을 중심으로 강동(江東)이니 강북(江北) 강좌(江佐)라 칭해오면서 살아온 것이다.

이러한 지역이 청 · 러의 영토의식이 높아지면서 양국은 정치적 · 군사적 우위를 앞세워 자국편의주의적 국경논리하에 두만강을 국경하천으로 기정사실화 하고자 해 온데다, 일제의 침탈로 국권이 상실된 우리나라는 우리의 염원과는 달리 두만강은 민족적 애원(哀怨)을 실어 나르는 한 많은 강이 되고 만 것이다.

한때 왕업의 흥성을 높이 구가했던 성역지가 민족의 애원성과 기구한 운명의 재가승(在家僧) 아낙네의 한(恨)을 읊는 무대로 뒤바뀌고 만 것이다. 즉 두만강이 고국 땅의 마지막 문턱인양 고향을 등진 남부여대(男負女戴)한 헐벗은 군상(群像)들이 앞서 간 무리들이 남기고 간 설원(雪冤)의 발자취를 따라 끝 모르는 이역의 하늘 저 너머로 무작정 사라져 가는 뒷 모습을 지켜보는 강물이 되어 흐르고 있는 것이다,

의지가지없는 실향민들의 피눈물로 얼룩진 한 많은 강,

분노에 찬 항일투사들이 선혈을 뿌리며 넘나들었던 강,

조국을 잃은 젊은이들의 달랠 길 없는 회한과 분노, 절망, 굴욕과 원망을 표상이나 하듯

강물은 화답없는 "그리운 내님을" 하염없이 불러보게 하는 강이 오늘의 두만강이 아닌가 한다.

19 외침의 전승처(戰勝處) 대동강과 청천강

1) 강(江) 이름의 유래

강산(江山)은 자연지세를 나타내는 표상(表象)인 동시에 역사의 애환을 말없이 담고 있는 천고(千古)의 지세(地勢)이다. 이러한 상황을 대표적으로 전해주는 북한 내륙지역의 강으로 대동강과 청천강을 빼놓을 수 없다. 이에 이들 강 이름의 유래와 유로(流路)를 살펴보고 역사적 대격전(大激戰)의 현장상황과 주변에 주요 유적 · 유물 그리고 강에 얽힌 애환을 훑어보고자 한다.

우리나라 고지도 가운데 대동강과 청천강을 빼놓은 지도는 없다. 그만큼 역사적으로 이 강들의 역사가 유구함을 말해 주고 있고 그 명칭 또한 매우 유구하다. 대동강은 고조선시대에는 렬수(洌水)라 하여 강물이 맑고 차다는 의미로, 고구려 때에는 강물의 풍부함을 나타내는 물 이름 패(浿)자를 써서 패수(浿水) 또는 패강(浿江)이라 하였는가 하면, 왕도(王都)에 있는 강이라 하여 왕성강(王城江)으로도 불려지기도 하였다.

이후 고려가 건국되면서 평양이 서경(西京)으로 중시되고 중신들의 잦은 왕래에 따라 대동강이라 호칭되었다. 뛰어난 고려조의 시인이며 유명한 보한집(補閑集)의 저자이기도 한 동산수(東山叟) 최자(崔滋)는 중수소회 명위대동(衆水所匯 名爲大同: 뭇 물이 모여 돌아 흐르니 그 이름 대동강이니라)이라는 글귀로 강 이름의 유래를 밝히고 있다.

반면, 청천강 역시 대동강이라는 명칭 못지 않게 유구한데, 삼국사기나 대동수경에는 살수(薩水)라 적고 있다. 살수는 이두표기로 〈사리마/사나바〉의 소리 뜻 옮김인데 〈사라/사나〉는 서늘하다의 〈서늘〉의 옛 형태 변종인 〈사날〉의 준말이며 〈마〉는 물을 뜻하는 고어(古語)이다. 따라서 살수란 서늘한 물이 흐르는 강 또는 시원한 물이 흐르는 강이라는 뜻으로 풀이되고 있다. 또다른 풀이로는 물살이 살같이 빠르게 흘러내리기 때문에 살수(薩水)라 하였다고 하기도 한다. 여하튼 청천강이라는 강 이름은 고려때에 와서 굳어졌으며 신증동국여지승람이나 고려사에 청천강(淸川江)이라 명기해 오고 있다.

2) 강(江)들의 유로(流路)와 지형(地形)

청천강의 발원은 자강도 동신군 갑현령(희천군 石立山 북서쪽 산록)에서 시작하여 평안도의 남북도를 분계하고(평북 남부를 남서로 흘러) 서해로 흘러드는데 길이 217㎞(日帝時調査로는 199㎞), 유역 넓이 9,552.6㎢(日帝時 調査 5,831㎢)에 가항로(可航路)는 152㎞무려 370여개의 대소하천의 지류가 모여들고 있다. 지류 가운데 동신군 생리에서 흘러나오는 백산천, 희천시에서 흘러나오는 희천강이 묘향산맥과 적유령산맥 사이를 지나 영변 남쪽에서 구룡강과 합류한다.

하류에서는 평안남 · 북도(광복 이전)를 갈라 안주, 박천의 충적평야를 이루는데 운전군에서 나오는 대령강은 대표적인 지류이다.

강에는 보호대상 어족인 은어를 비롯한 어족자원이 풍부하며 박천벌 등 유역일대의 관개용수와 평남관개의 수원으로 이용되고 있다. 청천강 유역은 희천, 영변, 운산, 태천, 박천군 등과 창성 · 삭주군의 남부 및 구성군의 동남부를 포함하는 지역으로 단층지형을 나타낸다.

북부는 개마고원의 서부에 해당하는 고원지대로서 희천, 북진(北鎭), 대관(大館)을 연결하는 불규칙한 경계선을 따라 고도가 갑자기 낮아진다. 서부에는 화강암질의 천마산(天摩山)이 있어 서해안 지역과 분리되어 동부로는 강을 사이에 두고 묘향산맥과 마주하고 있다. 이 저지는 남부의 해안지역으로 가면 고도 200~300m의 저산성산지를 이룬다. 박천군의 서북부에는 화강암질의 노년기 저산성구릉이 넓게 분포하고 있다.

청천강유역에는 기름진 박천평야가 형성되어 곡창지대를 이룬다. 박천은 군의 중앙에 위치하고 있어 영변과 북진으로 연결되는 교통의 요지이다. 영변군은 청천강 중류의 좌안에 위치하고 있는 대표적인 산성취락(山城聚落)으로 주변은 산으로 둘러싸여 있는 철옹성(鐵甕城) 요새이다. 청천강 상류지역에 위치한 희천군은 적유령산맥과 묘향산맥으로 둘러싸인 산지로 하천은 감입사행(嵌入蛇行)함으로써 좁은 계곡에는 아름다운 경승지가 펼쳐져 있다. 북쪽의 구현(拘峴), 적유령(狄踰嶺)을 넘으면 독로강 유역인 강계(江界)에 다다른다.

대동강은 낭림산맥의 동백산과 소백산에서 발원하여 대체로 요동방향의 산계(山系)를 따라 남서류하던 본류(本流)가 덕천(德川) 부근에서 길이 52.6km의 마탄강(馬灘江)과 합류한다. 이 유로는 북창 부근에 이르러 지질구조선(地質構造線)을 따라 급전하면서 남류한다.

순천(順川) 부근에 와서는 장선강(長鮮江)이, 성천 부근에서는 길이 132.7km의 비류강(沸流江)과 합류하면서 유로는 다시 남서방향으로 향한다. 중·하류에 이르러서는 185.4km의 남강(南江)과 합류해 하폭이 넓어지고 유량이 급증하면서 대하천이 되고 주변에 넓은 평야가 펼쳐진다. 하류에서는 멸악산맥 북부의 황해도지방을 배수(背水)하여 오던 황주천(黃州川)과 129km의 재령강(載寧江)과 합류하여 남포 서쪽에서 서해로 유입한다.

강 유역의 지질은 매우 복잡한데 중 상류지역은 하부고생대층인 조선계의 석회암과 상부고생대층인 평안계의 육성층(陸成層)들이 주로 분포하는데 반해 중·하류지역은 이들 암석들 외에 주로 황해도 북부지역을 중심으로 분포하는 상원계(祥原系)의 석회암, 규암, 천매암 등이 있고, 하구 주변은 화강암, 화강편마암, 변성퇴적암 등이 복잡하게 분포하고 있다.

강 유역 북쪽에 묘향산맥, 남쪽에 멸악산맥, 동쪽에 낭림산맥이 뻗어 있다. 따라서 평안남도 대부분의 지역과 황해도 북부지역을 포괄하는 관서지방의 중앙부를 차지하고 있다. 지형은 사방에서 대동강을 향하여 점점 낮아지는데 대체로 상류의 산지, 중류의 구릉지, 하류의 대평원지대로 구분할 수 있다.

상류산지는 평안남도의 영원, 맹산, 양덕 등 3개 군과 황해도의 곡산군 북부 및 수안군 북부에 걸친 지역으로서 1,000m 이상의 높은 산지가 중첩분포하고 있어 전체적으로 700~800m의 높이를 이룬다. 이곳은 곡폭(谷幅)이 좁고 곳곳에 급류와 협곡이 많으나 영원, 맹산, 양덕, 곡산 등의 분지가 있다.

중류는 덕천, 순천, 성천, 중화, 서흥, 봉산, 평산, 재령 등의 각 군에 걸쳐 있는 지역으로 석회암이 넓게 분포하고 있어 전체가 석회암의 구릉지이며, 그 중 덕천, 순천, 성천, 강동, 승호 등의 석회암의 용식분지(溶蝕盆地)가 발달되어 있다.

그 중에 가장 큰 것은 순천분지이다. 곳곳에 카르스트지형이 발달하여 가수굴(佳殊窟. 중화군), 청계굴(淸溪窟, 강동군) 등의 동굴과 서흥(瑞興), 신막(新幕) 일대의 돌리네군(群)이 나타난다. 하류유역은 20~50m 높이의 낮은 기복을 이룬 카르스트준평원이다. 중생대 말에 형성된 석회암의 산악지대가 오랜 세월 용식작용을 받아 평탄화한 곳이다. 평원상을 흐르는 대동강에는 기반암이 측방침식(側方浸蝕)을 받아 형성된 단애와 유로의 이동과 퇴적으로 형성된 하중도(河中島)들이 곳곳에 나타난다.

모란대(牡丹臺)는 하안에 형성된 절벽이고 능라도(綾羅島), 양각도(羊角島), 봉래도(蓬萊島) 등은 하상도(河床島)로서 유유히 흐르는 강물과 더불어 일대 장관을 이룬다. 남부의 재령강유역의 재령평야는 전국적인 대평야로서 본래 만입지(灣入地)였는데, 후에 퇴적과 융기로 육지화된 충적평야이다. 하구 부근은 익곡(溺谷)이 발달하여 곡폭이 넓고 수심이 깊다. 서해안의 다른 대하천과 마찬가지로 대동강도 감조하천이어서 조수의 영향이 평양시의 사동까지 미친다. 하구에서의 간만의 차는 6m이고 평양 부근에서는 약 1m에 달한다. 대동강은 관서지방의 중앙부를 흐르며 주변에 넓고 기름진 평야를 형성하고 있어 유역은 일찍부터 우리 조상들의 삶의 터전이 되어 왔고 역사의 중심지로 이어져 왔다.

3) 역사적 승전처(勝戰處)였던 청천강과 대동강 유역

고구려시대의 살수전투가 이 강을 중심으로 전개되었다고 하나, 일설에는 요하지류의 소자하로 보고 있는가 하면, 평양성이라는 것도 고구려 제2의 수도였던 봉황성(북평양성)이라고 하기도 한다. 그 이유로 요하계선에서 고구려군과 맞서고 있던 수나라 병력이 현대적 기계화수단도 없었고 유격전도 펼 수 없었던 여건하에서 수나라 군사가 고구려의 기본전선도 돌파하지 못한 가운데 수십만에 달하는 보병과 기마대를 이끌고 고구려의 방어의 종심(終心)까지 쳐들어온다는 것은 지형상, 거리상, 작전상 있을 수 없는 일이라는 것이다.

따라서 살수대첩의 살수는 청천강 또는 요하지역의 소자하인데 살수대첩의 살수는 요하지류의 소자하라고 보아야 옳다는 것이다.

위와 같은 설에도 불구하고 삼국사기 고구려 본기 영양왕(嬰陽王)조에는 청천강을 살수(薩水)로 비정하고 있다. 고구려와 수나라가 요하유역(遼河流域)을 둘러싸고 양국의 이해관계가 첨예하게 대립하고 있는 가운데 여러 차례에 걸쳐 접전을 치뤘다. 그 가운데 612년(영양왕 23년) 제2차 수의 침공이 감행되었다. 그러나 고구려군의 완강한 저항으로 지구전으로 맞서다가 30만 5천명의 별동대를 편성하여 오골성(烏骨城:지금의 鳳凰城)을 경유 압록강을 건너 고구려의 수도인 평양성으로 직공(直攻)하여 대세를 결정지으려 하였다. 이에 고구려는 수군(隋軍)을 내륙 깊숙이 유도하여 저들의 전력이 한계점에 이르렀을 때 거짓 항복을 하는 체하면서 적들의 퇴각구실을 주는 양 하다가 대반격을 가하여 침략군 대부분을 몰살시킨 최대 승부처가 바로 청천강이였다. 이밖에도 고려 때의 거란의 세 차례에 걸친 침공, 몽고의 잇단 침략이나 여진족의 침공에도 청천강은 외적방어와 격전장이 되어 왔다.

대동강은 고구려가 평양에 도읍하면서 주요한 왕성강(王城江)이 된 이래 외적의 침공목표지가 되어 왔다. 고구려 멸망 이후에는 신라의 북계가 이 강에 이르렀다. 14~5세기에 들어와서도 임진왜란과 정묘호란 때에도 주요 격전지지가 되어 왔고 19세기 중엽에도 역사의 소용돌이 속에 샤만호사건을 유발한 지역이다. 20세기 초에는 대동강 하구로부터 92㎞지점에 대동강철교가 건설되면서 이곳을 통해 일제의 수탈정책과 탄압정치의 통로가 되어 왔고 6 · 25전쟁 중에는 한국군 제1사단이 1950년 10월 19일 상오에 대동강을 건너 평양시를 탈환하는 개가를 올리게 한 강이기도 하다.

4) 강변의 유물 · 유적과 전설

대동강변의 유물 · 유적은 매우 다종 다양하다. 예컨대 선사시대의 것을 비롯한 구석기시대의 것들과 고조선시대의 유적, 평양팔경으로 꼽히는 을밀대, 모란봉, 대동문, 부벽루, 최승대 등등 이루 열거하기 어려울 정도로 많다. 이 가운데는 지난 1966년에 발굴된 상원군 소재 검은모루유적이 약 60만~40만년 전의 것으로 추정되고 있다. 평양성에서는 고구려 당시의 축조사실을 알게 해주는 이두체 명석(銘石)이 발견되기도 하였다.

특히 여기서 간과할 수 없는 유적으로는 1981년에 발굴되었다는 대동강 다리이다. 이 다리의 유적은 대동구역 휴암동과 대안인 대성구역 청호동에서 발견되었는데, 다리의 첫 머리 부분 구조물은 10㎝ 정도의 두께로 덧쌓인 자갈과 모래층 밑에서 드러났다. 골조물의 대부분은 현재 길이 670㎝, 너비 308㎝, 두께 26㎝가량 되는 밤나무 각재이다.

다리의 입구부분에서는 첫 머리 부분에서부터 밖으로 부챗살처럼 퍼진 깔판들이 가지런히 놓여 있으며 본래의 모습이 잘 남아 있다. 강 건너 청호동쪽에서는 두 개의 교각기둥이 강바닥에 박힌 채로 남아 있는 것이 발견되었다. 이 터는 바닥을 다지고 다음에 귀틀 모양으로 쌓아 올렸다. 그 크기는 동서 112㎝, 남북으로 154㎝이다. 여기에 쓰인 목재는 두께가 17㎝, 너비가 10~14㎝ 되는 것들로 이를 서로 맛물리게 하였다. 다리의 길이는 375m, 강 복판에서 너비는 9m 정도이다. 이 다리는 쇠못이나 꺾쇠를 비롯한 그 어떤 쇠붙이를 쓰지 않고 모든 이음새를 사개물림하여 견고성을 유지케 하였다. 이 다리 유적과 함께 고구려시대의 질그릇조각, 기왓장 조각들도 발견되었다. 이 다리는 북쪽 3~4㎞의 반경으로 당시 왕궁인 안학궁과 대성산성 서쪽의 청암토성, 동쪽의 고방산성을 겨냥하고 있는데, 다리의 남쪽에는 미림벌이 펼쳐져 있다. 다리가 놓인 방향으로 직진하면 동명왕릉이 나타나며 서남쪽으로 낙랑벌이 드러난다. 이 다리는 고구려가 수도를 평양으로 옮긴 427년 이후에 놓여진 것으로 추정된다. 청천강변의 유명한 백상루(百祥樓)는 관서팔경(關西八景)의 하나로 평안남도 안주군 안주읍에서 북쪽으로 약간 떨어진 강 기슭에 위치하고 있다. 원래 안주, 북성의 북장대로 전망이 확 트인데다 그 풍광이 아름답기 이를데 없다. 백상루가 언제 어떤 연유로 여기에 있게 된데 대한 정확한 기록은 알려지지 않고 있다.

단지 14세기 고려 충숙왕이 쓴 시에 백상루에 대해 읊은 구절이 있는 것으로 보아 그 당시보다 훨씬 오래 전부터 있어 온 것임을 추측케 하고 있다. 이 누각은 여러 차례에 걸쳐 보수를 거듭해 왔는데 조선조 영조 25년(1735)에 다시 지었다고 한다.

건물의 규모가 웅대한 T자형에 뛰어난 건축술을 잘 보여주고 있다. 외양이 매우 화려하게 꾸며져 있어 멀리서 바라보면 마치 발 아래를 감돌아 흐르는 청천강물 위에 두둥실 떠 있는 감을 갖게 한다. 특히 멀리서 굽이쳐 흐르는 청천강물은 백사장에 널어 놓은 비단필 같이 보이며 그 너머로 병풍을 두른 듯 먼 산들이 에워싸고 있다.

백상루의 건물규모는 정면과 다락채 뒤에 붙여 지은 다락의 길이가 각각 19m이고 옆너비는 정면 다락채가 6.68m인데 반해 뒤채가 12.26m으로 앞채보다 훨씬 길고 넓다. 지붕은 합각지붕에 두리기둥이고 그 위에 익공을 세 겹으로 장식한 두공을 짰으며, 건물 전체를 중단청으로 아름답게 장식하였다.

백상루와 관련한 전설로 지금부터 1400여 년 전인 기원 611년 수나라 대병력이 침략해 옴에 따라 당시 유명한 을지문덕 장군이 수나라 군사를 전멸시켰다는 설이 전해지고 있다. 전설에 의하면 백상루 맞은편 강 가운데에 칠불도(七佛島)라 하는 모래섬이 있는데 둘레가 5리가량 된다. 고구려로 침략해 오던 수나라 군사 30만 5천명은 을지문덕 장군의 신묘한 전술에 말려들어 지리멸렬하게 되는데, 이때 패주하던 수나라 군사들이 사력을 다해 청천강을 건너 도망가고자 하였으나 강물에 길이 막히자 망연자실하던 중 어디선가 가사(袈裟)를 걸쳐 입은 일곱 명의 스님들이 나타나 태연하게 강물을 사뿐 사뿐 건너가는 것을 보고 너도 나도 전후사정 가릴 것 없이 강물로 덥석덥석 뛰어들었다. 그런데 강물은 예상보다 깊어 허둥대지 않을 수 없었다. 이 때에 매복해 있던 고구려군이 뒤쫓아 추격하니 맥없이 수군(隋軍)은 떼죽음을 당하였다고 한다.

이 당시 고구려에 침입하였던 수나라 병사는 무려 30만 5천명이었는데 살아 돌아간 자는 2천7백여명에 불과하였다고 한다. 여하튼 적을 유인해 강을 건너던 일곱명의 스님들은 적병들이 강 복판에 들어서자 온데 간데없이 사라졌다. 후에 이를 기념하기 위해 안주 북성 밖에 칠불사(七佛寺)라는 절을 지었고, 강 가운데 모래섬을 칠불섬 또는 오도탄(誤導灘)이라 불렀는데, 칠불사(七佛寺)라는 명칭은 이에서 유래되었다고 한다.

20 예성강(禮成江)과 벽란도(碧瀾渡)

1) 강 이름의 유래

예성강이라는 강 이름의 유래는 고려 때 송나라와 내왕할 때 예(禮)를 갖추어 이 강에서 배를 띄워 보내고 맞아들인데서 비롯되었다고 하는가 하면, 신증동국여지승람(新增東國輿地勝覽)에는 백제 초기 강역(彊域)에 대해 언급하면서 나라의 북계(北界)가 패강에 이르렀는데 이 패강을 일명 저탄이라 하면서 당시 백제의 도성이 위례성(慰禮城)이라 하였는데, 저탄을 위례성이 있는 강으로 보고 예성이라는 명칭을 따서 예성강이라 고쳐 부른데서 연유된 것으로 풀이하고 있다. 이렇듯 강 이름의 연원은 확실치 않으나 예성강이라는 명칭은 고려조 이래 계속해 사용되어 온 것만은 틀림없다.

특히, 이 강은 고려국의 수도인 개성과 가까이 위치해 있어 외교상 긴밀한 관계를 유지해 왔던 송나라는 물론 일본을 비롯하여 멀리 남양(南洋)지방과 서역(西域)에서까지도 해상선박(海商船舶)들이 빈번하게 드나들며 교역을 해 오던 곳이다.

다시 말해 국제적인 교역은 물론 외국으로 나가거나 국내 각처에서 들어오는 인적 · 물적 운반에 따르는 수송로로써 반드시 거쳐야 하는 고려국의 관문적 역할을 해 온 곳이다. 무엇보다 이 강 최하류에 위치한 벽란도(碧瀾渡)는 출입국의 관문(關門)이었다. 벽란도가 자리하고 있던 이 포구는 강물의 흐름이 비교적 빠르고 바다에 가까이 위치하고 있어 조수(潮水)가 심하게 밀려들어 포구(浦口)로서 불리한 입지조건임에도 불구하고 대체로 수심(水深)이 깊어 자유로히 큰 배가 드나들 수 있다는 이점 때문에 점차 국제적 항구로 발돋움할 수 있었다. 따라서 예성강과 벽란도는 불가분의 관계에 놓여 있는데다, 고대로부터 현대에 이르기까지 이 강은 민족사적 애환을 함께 실어 나른 유서 깊은 강이 되어 오고 있다.

즉 삼국정립기에는 이 강을 경계로 국계가 정해져 왔는가 하면, 광복 이후에는 예성강이 38° 선을 중심으로 남북이 분계되었을 당시 남한에 속하였으나, 6 · 25전쟁 이후 휴전이 성립되면서 휴전선 이북지역에 속하는 등의 입지적 불운을 겪어오고 있다. 이러한 강의 흐름과 불가분의 관계에 놓여 있는 벽란도 주변에 얽힌 애환을 기술해 보고자 한다.

2) 강의 흐름

예성강의 발원지를 조선시대의 사료인 증보문헌비고에는 황해도 수안(遂安)에 소재한 높이 1,120m인 언진산(彦眞山)으로 보고 있는가 하면, 근간에는 황해도 곡산군(谷山郡)에 소재한 해발 1,277m인 대각산(大角山)에서 발원하는 것으로 보고 있기도 하다. 이러한 예성강은 황해도 동부를 남류하여 황해로 흘러드는데, 강 유로(流路)의 길이를 174㎞로 보고 있는가 하면, 일부자료에는 187.4㎞로 기술하고 있다.

유역 면적은 4,048㎢에 강 줄기 174㎞가운데 배가 드나들 수 있는 수로(水路)의 길이를 전체 유로의 3분이 1일 좀 못되는 65㎞가량으로 보고 있다. 즉 하구에서 100여리 되는 남천과 금천 사이에 위치하고 있는 한포(汗浦)까지 선박의 드나듦이 자유로워 뱃길은 순조로운 편이다.

지천(支川)인 갈래 물길은 언진산에서 시작되는 언진천, 강원도 이천군(伊川郡)에 소재하고 있는 높이 752m의 장재덕산(長在德山)에서 발원하는 지석천(支石川)을 합해 한강하구로 흘러든다. 대동여지도나 그 후에 제작된 5만분지 1의 지도상에 표기된 주변의 지류와 여울목과 잣다란 포구를 살펴보면 다음과 같다.

먼저 소하천(小河川)으로 언진산에서 흘러나와 곡산 동쪽에 이르는 흑석탄(黑石灘), 그 오른쪽으로 용담(龍潭)을 지나 춘탄(春灘)이, 춘탄 오른쪽 조산(造山)의 냇가를 지나 사입탄(沙入灘)이, 그 왼쪽으로 유명한 오소천(烏巢川)을 지나 서남쪽으로 흘러 신계(新溪) 서쪽에 다다른다.

신계 왼편으로 남천(南川)을 지나 남변 유로를 따라가면 율탄(栗灘)이 나오고, 그 왼편으로 영신포(迎新浦)를 지나 기탄(岐灘)이, 오른쪽으로 총수천(葱秀川)을 지나 도화곡(桃花谷)이, 장군암(將軍巖)을 지나면 전탄(箭灘)이 되고, 왼쪽으로 어조천(語早川)을 지나 마탄(馬灘)이, 오른쪽으로 사매천(賜梅川)을 지나 조읍포(助邑浦)가 나온다.

조읍포 왼쪽으로 청석동천(靑石洞川)을 지나 강음고현(江陰古縣)을 거쳐 동남쪽으로 전포(錢浦), 오른쪽으로 성천(星川)을 지나 금곡포(金谷浦)가, 그 서남쪽으로 미라산(彌羅山)이, 이 미라산 동남쪽에 이르러 예성강(禮成江)이 되고, 왼쪽으로 동방포(東方浦)를 지나 무려 450여리의 물길로 이어지고 있는데 그 많은 상 · 중류 등지의 여울목 명칭과 하천 포구 등등의 지명유래, 그리고 이들 지역에 얽힌 설화와 전설을 삼키며 고려국의 국제항구였던 이곳 벽란도(碧瀾渡)에 다다른다.

3) 예성강 유역의 주요 도시와 집산물

예부터 사람들이 살아갈 터전을 잡는 데는 물길을 좇는 것은 필수적이라 해도 과언이 아니다. 물길은 곧 바로 나다닐 수 있는 길을 열어주었고 먹을거리를 얻을 수 있고 산을 등지고 강물줄기를 앞세우다 보면 일정한 자리에 모여 살 수 있는 취락이 형성되고, 이들의 삶의 형태에 따라 또는 발전의 양상에 따라 온갖 이야깃거리가 생겨나기 마련이다. 예성강도 한반도 중부지대에 자리하면서 자연히 고대에서 현대에 이르기까지 다종다양한 양태의 이야기를 잉태해 오고 있다.

먼저 강 상류는 황해도내 신계군, 평산군, 금천군, 연백군 등지를 관류하여 수안, 신계, 평산분지의 강 연안농경지를 관개하고 강 하류유역에는 우리나라 유수의 곡창지대로 평가되고 있는 연백벌을 형성해 주고 있다. 유역의 연중 강수량은 1,100㎜로 유역평야의 관개용수로서 매우 중요한 구실을 한다. 유역의 주요 도시로는 금천 시변리, 남천 한포를 들 수 있다.

금천의 경우 경의선이 경기도를 벗어나 황해도로 접어들면서 예성강의 한 지류인 오조천과 합쳐지는 지점에 위치하고 있어 주변 여러 지역 산물의 집산지로 유명하다. 즉 평산,

금천, 연백군 일대의 농산물 집산지의 기능을 하며 금천 동북쪽에 위치한 예성강 지류의 하나인 구연천(九淵川) 상류분지에 자리하고 있는 시변리는 비록 도시가 되지는 못하였으나 교통의 요지로 금천, 신계, 경기도의 연천, 강원도의 이천을 연결시켜 주는 요충지이다.

한포(汗浦)는 예성강 소항점(遡航點)으로 부근 일대의 농산물 수송에 큰 몫을 하고 있으며, 남천은 평산군의 행정 · 교통 · 산업의 중심지임과 동시에 물산의 집산지이기도 하다. 강 주변으로 수다한 농산물 이외에도 금 · 은 등을 비롯하여 형석 · 대리석 · 천연슬레이트 등을 비롯한 광산물 산출도 적지않다. 강 중하류에 위치한 연백군 유곡면의 금곡포는 조선시대까지만 하여도 유명한 포구로 동국여지승람에 의하면 부근에 금곡연이 있고 금곡포창이 있어 연안 배천은 물론 해주, 신천, 풍천, 장연, 문화 등 여러 고을의 전세양곡을 이곳에서 수납하여 서울로 조운(漕運)하였는데 철도가 부설되면서 조운의 기능은 낙후되고 말았다.

4) 예성강철교

재래적인 교통망의 혁신은 육상의 도로망 정비와 철도부설인데 예성강의 조운(漕運)기능을 사양화시킨 것은 철교의 건설이였다. 예성강철교는 1930년 10월 조선철도주식회사가 철교설치를 위한 설계 및 조사를 한 이후 이듬해 5월에 착공해 1932년 9월에 준공되었다. 이 철교는 경기도 개풍군 서면과 황해도 연백군 운산면 사이의 예성강을 가로 질러 해주와 토성(土城)을 연결하는 일명 토해선 또는 황해선으로 예성강역과 성호역 사이에 놓여졌다. 길이 623.4m, 너비 11.6m로 이 가운데 우마차로 5.2m, 인도 3.2m이다

철교설치 지점이 해주와 개성을 잇는 최대의 요충지인 강 하구의 벽란도를 비껴간 것은 이 부근의 물살이 몹시 급하고 조수 간만의 차이가 심한데다, 강바닥이 단단하지 못하고 부근일대가 집중호우지역이어서 공사에 어려움이 따랐기 때문이다.

5) 개성의 관문 벽란도 국제항

예성강 하면 빼놓을 수 없는 곳이 벽란도이다. 고려국의 수도인 개성으로 가기 위해서는 반드시 거쳐야 하는 나루터인 동시에 외국에서 국내로 들어오기 위한 관문이었다. 그런 까닭에 도승(渡丞)이 배치되어 나루터를 관할하게 하였는데, 도승의 소속은 황해우도수참전운판관(黃海右道水站轉運判官)하에 있었다.

벽란도 부근 언덕에는 벽란정이라는 관사(館舍)가 있었는데 고려 때 송나라 사신 일행이 도착하였을 때와 떠나기 전에 이곳에서 묵었다. 벽란도란 이름도 벽란정이라는 정자 이름에서 따온 것이다. 유명한 권근(權近)의 기문에 의하면 "송도 서북쪽 여러 골짜기 물이 모여 긴 강을 이루며 바다로 흘러들어가는데, 그 나루터를 벽란이라 하면서 국도(國都)에 가까우므로 건너 다니는 살람이 많고 주변 산에 붙어 있어 강물이 급류를 이루며 바다에 가까워 조수가 세게 밀어닥쳐 건너는 이들이 몹시 괴로워하였고, 나라에서는 관원을 두어 도강하는 일을 맡아 보게 하였다. 강 언덕을 따라 내려가면 초루(草樓)가 예전에 있었는데 이 초루가 나루터 일을 맡아 보는 관원의 거처이였다"라고 적고 있다.

계속해 주변 경관에 대해 언급하기를 "강은 바다와 하늘에 잇닿았고 산은 들판에 가로놓여 구불구불 구절양장인데 바라보고 바라보아도 끝이 없으니 그 형세가 절승(絕勝)이다. 그럼에도 불구하고 이 곳은 앞다투어 강 건너 가기 바쁜 곳이 되니 경개(景槪)를 완상(玩賞)할 마음의 여유가 없은 듯하다.

임오년 가을 철성(鐵城) 이공이 황해우도 관찰사가 되어 이곳에 행차를 멈추고 사방을 둘러보며 감탄한 후 언덕 위에 올라가 좋은 터를 잡은 연후에 수풀을 베어내고 정자를 지었다. 정자의 현판을 〈거친 물결을 쉬게 한다는 의미의 식파(息波)〉라 하였다." 즉 이곳을 지나는 이들에게 불편함을 덜어줄 뿐만 아니라 시인묵객들로 하여금 유숙하여 주변경치를 완상하며 시상(詩想)을 가다듬게 함이였다.

이러한 벽란도는 송사(宋史)에 기록될 정도로 널리 알려졌는데 명주(明州), 정해(定海)에서 순풍을 만나면 3일만에 바다에 들어가고 또 5일만에 묵산(墨山)에 이르러 그 나라 지경에 들어간다. 묵산에서 도서(島嶼)의 구불구불한 돌 사이사이를 지나면서 배가 매우 빨리 움직이면 7일만에 예성강에 이른다.

강은 두 산 사이에 있고 석협(石峽)으로 묶였으며 물결이 치우쳐 내려가는데 급수문(急

水門)이라 하는 데가 제일 험악하다. 이 급수문에서 3일이 걸려 언덕에 닿았는데 벽란정(碧瀾亭)이라는 객관(客館)이 있으며 여기서 육지에 올라 40여리를 기구(崎嶇)하게 행보하면 국도(國都)인 개경(開京)에 다다른다고 적고 있다.

그런가 하면 예성강의 절경을 그려놓은 예성강도가 있었음도 기록상으로만 전해지고 있다. 이 그림은 고려의 화가 이령(李寧)이 그렸다는 실경산수화로 알려지고 있는데 고려 인종 2년(1124년) 수행화원으로 북송에 갔던 이령이 휘종의 요청에 의해 그린 것으로 이 화풍에 대해 휘종(徽宗)이 격찬을 아끼지 않았다고 한다. 휘종은 화원들의 실력배양과 도화서 진흥에 각별한 관심을 가지고 있던 임금으로 그의 궁정취향과 연관지어 볼 때 청록산수화풍(靑綠山水畵風)으로 짐작되며 천수사남문도(天壽寺南門圖)와 함께 우리나라 실경산수화의 태동과 발전과정을 알려주는 중요한 자료로 평가되고 있다.

6) 고려사 악지(高麗史 樂志)에 실려 있는 예성강곡(禮成江曲)

예성강곡(禮成江曲)은 고려시대의 것으로 보이나 작자나 연대를 알 수가 없을 뿐만 아니라 가사도 전해지지 않고 제목과 내력만 고려사 권 71(卷七十一) 악지(樂志) 속악조(俗樂條)에 전해지고 있으며, 이밖에 같은 내용의 것이 증보문헌비고 권 106(卷一百六) 악고(樂考) 17에 실려 있다.

내용인즉 그 옛날 바둑을 아주 잘 두는 중국 상인이 예성강을 드나들며 장사를 해 오고 있었다. 이 상인의 이름은 하두강(賀頭綱)이라 하는데, 하두강이 벽란도를 거쳐 개경으로 들어가는 객주집에 머무르고 있던 차에 미모의 여인을 보고 반하게 되었다. 그는 그 여인을 보자마자 마음을 빼앗겨 어떻게 하든 이 여인을 자기 사람으로 만들어야 하겠다고 마음먹고 배가 떠날 기일을 늦추면서 궁리에 궁리를 거듭하였다. 마침내 여인의 남편이 바둑을 즐긴다는 사실을 알고는 무릎을 탁 치면서 옳커니 하고서는, 은근히 무료한 체한 후 여인의 남편과 바둑을 둘 기회를 갖게 되었다.

몇 차례의 바둑을 두면서 상대방을 치켜 세우며 내기 바둑을 두자고 하였다. 여인의 남편은 득의양양해 하면서 그러자고 선듯 동의하였다. 그러자 중국 상인 하두강은 돈 많은 유세를 하며 상대방이 좋다고 하면 많은 돈을 걸고 바둑을 두고자 하였다. 여인의 남편은 돈에 대한 욕심은 동하였고 상대방의 바둑실력을 과소평가한 나머지 그러자고 하였다. 상인 하두강은 상대방이 내기에 걸 수 없을 정도의 많은 돈을 앞에 꺼내놓고 같은 액수의 돈을 걸라고 하였다. 그러나 여인의 남편은 그만한 돈이 없었다. 그러자 상인 하두강은 계면적은 얼굴로 이렇게 하면 어떻겠느냐고 하면서 제안하기를, 자기가 지면 가진 돈을 몽땅 내주고 자기가 이기면 그대의 아내를 나에게 달라고 하였다. 어이없는 일이나 결코 질수 없다고 생각되어 좋다고 하자, 내기 바둑을 두어 결국 패하고 말았다. 이에 중국 상인 하두강은 의기양양하게 여인을 빼앗아 배에 싣고 떠났다.

이에 여인의 남편이 회한에 차서 노래를 지은 것이 예성강곡이라 한다. 세상에 전해오기를 그 부인이 떠나올 때 몸을 단단하게 동여 매어 하두강이 감히 범할 수 없게 하였다. 배가 바다 한 가운데 이르자 갑자기 돌풍이 일어나 침몰 직전에 이르자 점을 치니 부인을 돌려 보내라는 점괘가 나와서 부인을 되돌려 보냈는데 부인 역시 노래를 지었다고 한다. 그리하여 예성강곡은 남편과 아내가 지은 두 편의 가사로 구성되어 있다는 특성을 보여주는 가사로 여겨진다. 요컨대 예성강은 오늘날 황해남 · 북도와 개성 간을 경계짓고 있는데 하류의 벽란도는 개풍군 신서리에 속해 있다.

제3장

북한의 시·도·군·리별 행정구역명 연혁

01 평양시 행정구역명 연혁

【 평양시의 변천 】

연 도	이 름	관 할 지 역	비 고
기원전 30세기초		고조선(단군조선)의 수도	
기원전 14세기경 ~ 기원전 194년		고조선의 수도	
기원전 194년 ~ 기원전 108년		고조선(위만조선)의 수도	
427 ~ 668년	평양	고구려의 수도	
918 (고려 태조 원년)	평양대도호부 후에 西京으로		
960(광종 11년)	西都		
995(성종 14년)	西京		
998(목종 원년)	鎬京		
1062(문종 16년)	西京	서경 4도 설치	
1102(숙종 7년)	〃	문무반과 5부(동, 남, 서, 북, 중) 설치	
1136(인종 14년)	〃	서경 4도를 폐지하고 서경 6현(강동, 강서, 순화, 중화, 삼화, 삼등)을 둠	
1369(공민왕 18년)	평양만호부 평양부		
1392(태조 원년)	평양부	4府(인흥부, 의흥부, 예안부, 지얀부)와 여러 방(坊)을 설치	
1413(태종 13년)	평안도 평양부	위와 같음	
1896	평안남도 평양부	4부와 방(坊)제도를 폐지하고 26개 면으로 개편 : 륭흥면, 륭덕면, 대흥면, 내천면, 외천면, 평천면, 고순화면, 대동강면, 추을미면, 률리면, 룡연면, 청룡면, 남제산면, 돌곶면, 대보면, 금려대면, 부산면, 서제산면, 남형제산면, 재경리면, 시족면, 룡악면, 서천면, 룡산면, 림원면, 덕산면	

연도	이름	관할지역	비고
1914	평안남도 평양부	중심지역 5개면(륭흥면, 륭덕면, 대흥면, 내천면, 외천면), 50개 리(정)으로 개편하여 평양부에 직속시키고 5개 면은 폐지. 기타는 대동군과 평원군으로 넘어 감.	
1930년대	평안남도 평양부	평안남도 대동군의 고평면, 룡산면,서천면, 림원면, 대동강면들에서 31개 리를 편입. 81개 리(정)	
1940년대 초	″	평안남도 대동군의 추을미면, 률리면에서 10개 리를 편입	
1946	평양특별시	평안남도 대동군 림원면에서 남사리, 북사리, 청호리, 양암리, 고산리, 상오리를 편입하고 중구, 동구, 서구, 북구 등 4개 구를 내옴.	
1948	″	중구 일부를 분리하여 남구를 신설(5개 구)	
1952	평양시	구를 구역으로 개편(5개 구역)	
1958	″	대성구역 신설(6개 구역)	
1959	″	중구역은 같으나 동구역을 선교구역으로, 서구역을 서성구역으로, 남구역을 외성구역으로, 북구역을 사동구역으로, 각각 개칭하고 만경대구역, 룡성구역, 삼석구역, 승호구역, 락랑구역을 신설(11개 구역)	
1960	″	평천구역, 보통강구역, 모란강구역, 동대원구역, 대동강구역, 력포구역, 형제산구역을 신설(18개 구역)	
1963	″	강남군, 중화군, 상원군을 편입(18개 구역, 3개 군)	
1972	″	순안구역 신설(19개 구역, 3개 군)	
1979	″ ″	외성구역을 중구역에 통합하고 폐지(18개 구역, 3개 군)	
1981	″	문수구역을 신설(19개 구역, 3개 군)	
1983	″	문수구역을 대동강구역에 통합하고 폐지. 강동군 편입(18개 구역, 4개 군)	
1995	″	은정구역을 신설	
1999		중구역, 평천구역, 보통강구역, 모란봉구역, 서성구역, 선교구역, 동대원구역, 대동강구역, 사동구역, 대성구역, 만경대구역, 형제산구역, 룡성구역, 삼석구역, 승호구역, 력포구역, 락랑구역, 순안구역, 은정구역, 강남군, 중화군, 상원군, 강동군(19개 구역, 4개 군)	

【 중구역의 변천 】

연도	이름	관할지역	비고
1946	중구	역전리, 교구리, 류성리, 오탄리, 외성리, 련화리, 동흥리, 서성1리, 서성2리, 서성3리, 서성4리, 서성5리, 신양리, 신암리, 중성리, 경림리, 남문리, 서문리, 종로리, 창전리, 사창리, 설수리, 영문리, 경상리, 릉라리, 양각리, 정평리, 평천리(28개 리)	
1948	〃	중구를 중구와 남구로 분리, 전 중구에서 10개 리(교구리, 류성리, 오탄리, 련화리, 역전리, 동흥리, 양각리, 평천리, 정평리, 외성리)를 남구에 넘겨주고, 서구의 3개 리(대타령1리, 대타령2리, 대타령3리)를 넘겨 받음. 중구에 문수리가 신설(21개 리)	
1952	중구역	중구를 중구역으로 개칭 위와 같음(21개 리)	
1955	〃	리를 동으로 개편. 신암동 일부와 서성2동 일부를 합하여 창광동을, 서성1동 일부, 서성4동 일부를 분리하여 보통문동을, 서성1동 일부와 서성4동 일부, 서성5동 일부를 합하여 서성동을, 서성2동 일부와 신암동 일부를 합하여 서창동을, 서성5동 일부로 동성동을, 대타령1동을 분리하여 미륵동, 굴원동, 적굴동, 서장동을, 대타령2동을 분리하여 대타령동, 보통강동, 석암동을, 대타령3동을 분리하여 서재동, 봉수동, 궁골동을 신설하고 서성1동, 서성2동, 서성3동, 서성4동, 서성5동, 대타령1동, 대타령2동, 대타령3동은 폐지. 남구역의 당상1동 일부를 분리하여 중구역 신서동을 신설, 설수동을 분리하여 종로동과 영문동에 합치고 폐지. 릉라동과 문수동을 경상동에 합치고 폐지(27개 동)	
1957	〃	위와 같으나 창광동 일부를 분리하여 해방산동을 신설(28개동)	
1959	〃	위와 같으나 사창동을 경상동에 합치고 사창동을 폐지. 봉수동, 금골동을 만경대구역에 넘김(25개 동)	
1960	〃	대타령동, 보통강동, 서장동, 석암동, 서재동, 적굴동, 미륵동을 보통강구역에, 서창동, 동성동, 창광동, 신서동, 서성동을 외성구역에 넘김. 영문동을 만수동으로 개칭(13개 동)	

연도	이름	관할지역	비고
1965	중구역	위와 같으나 경상동 일부와 경림동 일부를 분리하여 대동문동 신설(14개 동)	
1972	〃	우와 같으나 창전동을 만수동에 합치고 창전동을 폐지(13개 동)	
1979	〃	중구역과 외성구역을 합치고 중구역으로 함. 중구역을 만수동, 경상동, 종로동, 대동문동, 경림동, 중성동, 해방산동, 서문동, 보통문동, 신암동, 신양동, 류성동, 동흥동, 서창동, 창광동, 동성동, 교구동, 서성동과 외성구역의 외성동, 련화1동, 2동, 역전동, 오탄동으로 구성. 중구역 남문동을 중성동에 합치고 남문동을 폐지(24개 동)	
1981	〃	위와 같으나 신양동, 신암동, 서성동을 각각분리하여 창광동, 보통문동, 서문동에 편입하고 신양동, 신암동, 서성동을 폐지(21개 동)	
1992	〃	만수동, 경상동, 종로동, 대동문동, 경림동, 중성동, 오탄동, 류성동, 교구동, 역전동, 동안동, 동흥동, 창광동, 동성동, 서창동, 보통문동, 서문동, 련화1동, 련화2동, 외성동, 해방산동(21개 동)	
1997	〃	우와 같으나 교구동의 일부지역 동안동에 편입. 만수동, 경상동, 종로동, 대동문동, 경림동, 중성동, 오탄동, 류성동, 교구동, 역전동, 동안동 동흥동 창광동 동성동, 서창동, 보통문동 서문동, 련화1동, 련화2동, 외성동, 해방산동(21개 동)	

【 남구역의 변천 】

연도	이름	관할지역	비고
1952	남구역	교구리, 류성리, 오탄리, 외성리, 련화리, 역전리, 동흥리, 평천리, 정평리, 양각리, 당상1리, 당상2리, 중단리(13개 리) 상단리, 하단리는 중단리에 통합되고 폐지	
1955	〃	위와 같으나 양각동을 류성동에 통합하고 정평동 일부와 평천동 일부를 합하여 봉지동을, 당상1동 일부를 분리하여 토성동을,	

연도	이름	관할지역	비고
1955	남구역	당산2동을 분리하여 선내동과 당상동을, 당상1동 일부와 당상2동 일부를 합하여 운하동을, 정평동 일부를 분리하여 북성동을 신설, 양각동, 당상1동, 당상2동을 폐지(16개 동)	
1957	〃	위와 같으나 봉지동 일부를 분리하여 간성동을 신설(17개 동)	
1959	〃	위와 같으나 당상동과 선내동을 신설되는 만경대구역에 넘겨 줌(15개 동). 주체 48년에 외성구역으로 개편되어 없어짐.	

【 외성구역의 변천 】

연도	이름	관할지역	비고
1959	외성구역	교구동, 류성동, 오탄동, 외성동, 련화동, 역전동, 동흥동, 평천동, 정평동, 토성동, 봉지동, 간성동, 북성동, 운하동, 중단리(15개 동, 리)	
1960	〃	위와 같으나 토성동, 북성동, 간성동, 봉지동, 평천동, 정평동을 새로 내온 평천구역에, 운하동을 새로 내온 보통강구역에, 중단리를 새로 내온 락랑구역에 각각 넘겨주고 중구역의 서창동, 동성동, 창광동, 신서동, 서성동을 넘겨받음(12개동)	
1972	〃	위와 같으나 신서동을 갈라 서성동과 동성동에 붙이고 신서동을 폐지(11개 동)	
1979	〃	중구역에 통합하면서 외성구역을 폐지	

【 평천구역의 변천 】

연도	이름	관할지역	비고
1960	평천구역	토성동, 북성동, 봉지동, 정평동, 평천동, 간성동, 간성동 일부를 분리하여 봉학동 신설 토성동을 안산동으로 개칭(7개 동)	

연도	이름	관할지역	비고
1963	평천구역	위와 같으나 평천구역 평천동 일부를 분리하여 해운동을, 간성동 일부를 분리하여 륙교동을, 북성동 일부와 봉지동 일부를 분리하여 봉남동을 각각 신설. 안산동을 안산1동과 안산2동으로 분리하고 안산동 폐지(11개 동)	
1967	〃	위와 같으나 륙교동이 륙교1동과 륙교2동으로 분리되고 륙교동 폐지. 새마을동 신설(13개 동)	
1972	〃	위와 같으나 평천동이 평천1동과 2동으로 분리되고 평천동 폐지. 새마을동이 새마을1동과 2동으로 분리되고 새마을동 폐지(15개 동)	
1989	〃	위와 같으나 북성동이 북성1동과 2동으로 분리되고 북성동 폐지. 해운동이 해운1동과 2동으로 분리되고 해운동 폐지(17개 동)	
1997	〃	안산1동, 안산2동, 북성1동, 북성2동, 간성동, 봉지동, 봉남동, 정평동, 봉학동, 해운1동, 해운2동, 륙교1동, 륙교2동, 평천1동, 평천2동, 새마을1동, 새마을2동(17개 동)	

【 보통강구역의 변천 】

연도	이름	관할지역	비고
1960	보통강구역	대타령동, 보통강동, 서장동, 서재동, 석암동, 락원동, 경흥동, 봉화동, 운하동. 보통강동 일부와 석암동 일부를 합하여 신원동을, 서장동 일부와 보통강동 일부를 분리통합하여 대보동을 신설. 석암동 일부와 보통강동 일부를 서장동에 편입시키고 서재동 일부와 적굴동 일부를 분리하여 미륵동에 편입 종래의 미륵동을 봉화동으로, 적굴동을 락원동으로, 굴원동을 경흥동으로 개칭(11개 동)	
1963	〃	위와 같으나 대타령동을 분할하여 대타령1동과 2동을 내오고 대타령동을 폐지(12개 동)	
1965	〃	위와 같으나 서장동을 분할하여 서장1동과 서장2동을 신설하고 서장동을 폐지(13개 동)	

연도	이름	관할지역	비고
1967	보통강구역	위와 같으나 대타령2동 일부를 분리하여 세거리동을, 락원동 일부를 분리하여 붉은거리동을 신설(15개 동)	
1972	〃	위와 같으나 보통강동을 갈라 보통강1동과 보통강2동을 내오고 대타령1동의 일부를 떼어 보통강2동에 붙이고 붉은거리동을 갈라 붉은거리1동과 붉은거리2동을 내오고 보통강동, 붉은거리동을 폐지(17개 동)	
1983	〃	위와 같으나 서장2동을 갈라 서장1동과 경흥동에 넘기고 서장2동을 폐지. 서장1동을 서장동으로 개칭. 붉은거리2동의 일부로 붉은거리3동을 신설(17개 동)	
1986	〃	위와 같으나 서재동을 락원동에 편입(16개 동)	
1991	〃	위와 같으나 운하동을 붉은거리2동에 편입, 대타령1동을 류경1동으로, 대타령2동을 류경2동으로 개칭(15개 동)	
1997	〃	경흥동, 대보동, 락원동, 류경1동, 류경2동, 보통강1동, 보통강2동, 봉화동, 붉은거리1동, 붉은거리2동, 붉은거리3동, 서장동, 석암동, 신원동, 세거리동(15개 동)	

【 모란봉구역의 변천 】

연도	이름	관할지역	비고
1960	모란봉구역	서성구역, 모란동, 평화동, 칠성문동, 북새동, 서흥동, 인흥동, 월향동, 감현동, 감흥동, 항미동, 성북동, 비파동, 민흥동, 고노동, 기림동, 대성구역 흥부동, 전승동으로 구성. 모란동, 고노동, 기림동 일부, 평화동 일부를 합쳐 개선동을 신설. 기림동 일부를 평화동에 편입. 모란동, 고노동, 기림동 폐지. 감현동을 장현동으로, 감흥동을 진흥동으로 개칭(15개 동)	
1963	〃	위와 같은데 인흥동을 갈라 인흥1동, 2동을 신설, 인흥동을 폐지. 전승동 일부를 분리하여 전우동 신설(17개 동)	
1965	〃	위와 같은데 서성구역의 상신동을 넘겨받고 성북동과 장현동을 서성구역에 넘겨줌(16개 동)	

연도	이름	관할지역	비고
1967	모란봉구역	위와 같은데 서성구역에서 성북동, 장현동을 넘겨받고 상신동을 서성구역에 넘겨줌(17개 동)	
1969	〃	위와 같은데 항미동을 긴마을동으로 개칭(17개 동)	
1972	〃	위와 같은데 칠성문동을 북새동에 합치고 칠성문동 폐지(16개 동)	
1979	〃	위와 같은데 긴마을동을 갈라 긴마을1동과 2동을 신설. 비파동을 갈라 비파1동과 2동 신설. 긴마을동과 비파동을 폐지(18개 동)	
1983	〃	위와 같은데 평화동을 개선동에 합치고 평화동 폐지(17개 동)	
1997	〃	북새동, 서흥동, 인흥1동, 인흥2동, 월향동, 진흥동, 긴마을1동, 긴마을2동, 비파1동, 비파2동, 민흥동, 흥부동, 전승동, 전우동, 개선동, 성북동, 장현동(17개 동)	

【 서성구역의 변천 】

연도	이름	관할지역	비고
1959	서성구역	서구역을 서성구역으로 개편 고노동, 모란동, 기림동, 칠성문동, 북새동, 성북동, 서흥동, 월향동, 감현동, 항미동, 인흥동, 비파동, 민흥동, 상신동, 감북동, 서산동, 서포동, 하당동, 장흥동, 장산동, 석봉동, 감흥동, 천남리, 학산리, 신간리, 서천동(27개 동, 리)	
1960	〃	위와 같은데 모란동, 평화동, 칠성문동, 북새동, 서흥동, 인흥동, 월향동, 감현동, 감흥동, 항미동, 성북동, 비파동, 민흥동, 고노동, 기림동을 신설되는 모란봉구역에, 천남리, 학산리, 신간리, 서포동, 하당동을 신설되는 형제산구역에 넘기고 대성구역으로부터 와산동 룡북동, 룡흥동을 넘겨받음. 하당동 일부를 떼내어 남교동을, 상신동 일부를 떼내어 하신동을 신설. 감북동을 장경동으로 개칭(12개 동, 리)	
1963	〃	위와 같은데 장경동이 장경1동과 장경2동으로, 서산동이 서산1동과 서산2동으로, 룡흥동이 룡흥1동과 룡흥2동으로 각각 분리되고 장경동, 서산동, 룡흥동을 폐지.	

연도	이름	관할지역	비고
1963	서성구역	상신동 일부와 하신동 일부를 분리, 병합하여 중신동을 신설(16개 동)	
1965	〃	위와 같은데 상신동을 모란봉구역에, 서산2동을 형제산구역에, 룡흥1동, 룡흥2동, 룡북동을 대성구역에 각각 넘겨주고 모란봉구역으로부터 장현동과 성북동을 넘겨받음. 서산1동은 서산동으로 개칭(13개 동)	
1967	〃	위와 같은데 장현동과 성북동을 모란봉구역에 넘겨주고 모란봉구역으로부터 상신동을 넘겨받음. 와산동일부를 분리하여 련못동을 신설(13개 동)	
1972	〃	위와 같은데 서산동을 분리하여 서산1동, 서산2동을 내오고 서산동을 폐지. 장산동의 일부와 상흥동의 일부를 분리, 병합하여 긴재동을 신설(15개 동)	
1997	〃	장산동, 상흥동, 석봉동, 장경1동, 장경2동, 중신동, 하신동, 서천동, 와산동, 남교동, 련못동, 상신동, 서산1동, 서산2동, 긴재동(15개 동)	

【 서구의 변천 】

연도	이름	관할지역	비고
1946	평양특별시 서구	기림1리, 기림2리, 기림3리, 기림4리, 인흥1리, 인흥2리, 인흥3리, 감흥1리, 감흥2리, 감흥3리, 감흥4리, 상흥리, 미산리, 청암리, 룡흥리, 당상1리, 당상2리, 대타령1리, 대타령2리, 대타령3리(20개 리)	
1948	〃	위와 같은데 대타령1리, 대타령2리, 대타령3리는 중구에, 당상1리, 당상2리는 남구에 각각 넘김(15개 리)	

【 서구역의 변천 】

연도	이름	관할지역	비고
1952	평양시 서구역	기림1리, 기림2리, 기림3리. 기림4리. 인흥1리, 인흥2리, 인흥3리, 감흥1리, 감흥2리, 감흥3리, 감흥4리, 상흥리, 룡흥리, 미암리, 대성리(15개 리)	

연도	이름	관할지역	비고
1955	평양시 서구역	위와 같은데 기림1동, 기림2동, 기림3동, 기림4동, 인흥1동, 인흥3동, 감흥1동, 감흥3동, 미암리가 폐지되고 그것이 분리, 병합되어 모란동, 고노동, 흥부동, 기림동, 평화동, 북새동, 칠성문동, 월향동, 서흥동, 인흥동, 감북동, 석봉동, 감흥동, 감현동, 성북동, 장산동, 상신동, 서천동, 룡남동, 룡북동, 전승동, 미산동, 청암동을 신설, 감흥2동을 비파동으로, 인흥2동을 민흥동으로, 감흥4동을 항미동으로 개칭(29개 동)	
1957	〃	위와 같은데 평안남도 대동군 청계리의 일부와 서포리의 일부를 넘겨받아 와산동, 서산동을 신설(31개 동)	
1959	〃	위와 같은데 평안남도 대동군 천남리, 서포리, 하당리와 평안남도 순안군 신간리, 학산리를 넘겨받음. 하당리와 서포리를 동으로 개칭(36개 동, 리)	

【 대동강구역의 변천 】

연도	이름	관할지역	비고
1960	대동강구역	사동구역의 문수동,북수동, 탑제동, 의암동, 동문동, 선교구역의 문신동 일부로 구성. 문선동 일부를 동문동에 편입(5개 동)	
1963	〃	위와 같으나 의암동 일부와 문수동 일부를 합하여 문흥동 신설(6개 동)	
1965	〃	위와 같으나 사동구역 소룡동, 사동, 사곡동을 편입(9개 동)	
1967	〃	위와 같으나 북수동을 분리하여 북수1동과 2동을 신설, 북수동 폐지(10개 동)	
1972	〃	위와 같으나 탑제동을 갈라 탑제1동과 2동을, 사곡동을 갈라 사곡1동과 2동을, 문흥동을 갈라 문흥1동과 2동을, 의암동을 갈라 의암1동과 2동을 신설. 탑제동, 사곡동, 문흥동, 의암동 폐지. 사동을 대동강동으로 개칭(14개 동)	
1981	〃	위와 같으나 동문동, 문흥1동, 2동, 문수동, 북수2동, 의암1동을 신설되는 문수구역에 넘기고 사동구역 두루1동, 휴암동, 삼골동을 넘겨받음.	

연도	이름	관할지역	비고
1981	대동강구역	북수1동을 북수동으로 소룡동을 소룡1동으로, 두루1동을 소룡2동으로, 의암2동을 탑제3동으로 개칭(11개 동)	
1983	″ ″	위와 같으나 문수구역의 옥류1동, 2동, 3동, 릉라1동, 2동, 청류1동, 2동, 3동, 동문1동, 2동, 문흥1동, 2동, 문수1동, 2동, 의암동을 넘겨받고 휴암동, 삼골동을 사동구역에 넘김(24개 동)	
1991	″	위와 같으나 문수1동 일부를 분리하여 문수3동을 신설(25개 동)	
1997	″	북수동, 소룡1동, 소룡2동, 대동강동, 탑제1동, 탑제2동, 탑제3동, 사곡1동, 사곡2동, 동문1동, 동문2동, 문흥1동, 문흥2동, 문수1동, 문수2동, 문수3동, 의암동, 옥류1동, 옥류2동, 옥류3동, 릉라1동, 릉라2동, 청류1동, 청류2동, 청류3동(25개 동)	

【 사동구역의 변천 】

연도	이름	관할지역	비고
1959	평양시 사동구역	미림1리, 미림2리, 장천리, 동창리, 송신리, 휴암동, 의암동, 사곡동, 소룡동, 동문동, 문수동, 북수동, 탑제동, 사동, 대천동, 팽천동(16개 동, 리)	
1960	″	동문동, 문수동, 북수동, 탑제동, 의암동을 대동강구역에, 팽천동을 동대원구역에 각각 편입. 대천동과 장천리 일부를 통합하여 두루동으로 개편(대천동 폐지). 선교구역에서 칠불리 일부를 편입하여 칠불리를 개편. 승호구역에서 금탄리를 편입(12개 동, 리)	
1963	″	미림1리 일부와 미림2리 일부를 합하여 삼골동으로 개편. 송신리 일부를 분리하여 송화동으로 개편(14개 동, 리)	
1965	″	위와 같은데 승호구역에서 리현리, 오류리, 대원리, 덕동리를 편입. 소룡동, 사동, 사곡동을 대동강구역에 편입. 장천리를 장천동으로 개칭(15개 동, 리)	(장천리 폐지)
1967		위와 같은데 송신리를 송신동으로, 미림2리를 미림동으로, 미림1리를 남산리로 각각 개편(15개 동, 리)	송신리, 미림1리, 미림2리 폐지

연도	이름	관할지역	비고
1972	평양시 사동구역	위와 같은데 남산리를 남산동으로 개칭. 송신동을 분리하여 송신1동과 2동으로 개편(16개 동, 리)	남산리 폐지 송신동 폐지
1974	〃	위와 같은데 두루동을 분리하여 두루1동과 2동으로 개편(17개 동, 리)	두루동 폐지
1981	〃	위와 같은데 두루1동, 휴암동, 삼골동을 대동강구역에 편입, 두루2동을 두루동으로 개편(14개 동, 리)	두루2동 폐지
1983	〃	위와 같은데 대동강구역에서 휴암동, 삼골동을 편입. 송신2동 일부를 분리하여 송신3동을 신설(17개 동, 리)	
1991	〃	위와 같은데 두루동을 분리하여 두루1동, 2동으로 개편. 송화동에 칠불리를 통합하여 송화1동, 2동으로 개편(18개 동, 리)	두루동, 칠불리폐지
1994	〃	력포구역 석정리 일부가 넘어와 석정동으로 됨(18개 동, 리)	
1997	〃	미림동, 남산동, 장천동, 동창리, 오류리, 리현리, 대원리, 송신1동, 2동, 3동, 송화1동, 2동, 덕동리, 금탄리, 두루1동, 2동, 휴암동, 삼골동, 석정동(19개 동, 리)	

【 북구의 변천 】

연도	이름	관할지역	비고
1946	북구	미림1리, 미림2리, 사동1리, 사동2리, 사동3리, 장천리, 남사리, 북사리, 고산리, 청소리, 양암리, 상오리(12개 리)	
1948	〃	양암리, 청호리를 통합하여 림흥리로 개편. 상오리를 고산리에 편입하고 고산리로 개편. 양암리, 청호리, 상오리 폐지(10개 리)	
1952	〃	남사리, 북사리를 통합하여 남북사리로 개편. 고산리을 림흥리에 통합. 고산리, 남사리, 북사리 폐지(8개 리). 북구를 북구역으로 개편하여 북구를 폐지	

【 북구역의 변천 】

연 도	이 름	관 할 지 역	비 고
1952	북구역	미림1리, 미림2리, 사동1리, 2리, 3리, 장천리, 남북사리, 림흥리, 동구역에서 의암리, 동창리, 송신리를 편입(11개 리)	
1954	〃	승호군 금탄리 일부를 미림2리에 편입	
1955		도시지역의 리를 동으로 개편. 동구역에서 문수1동, 2동을 편입하고 문수2동을 문수동으로, 문수1동을 갈라 북수동과 팽천동으로 각각 개편. 자1동을 휴암동으로, 사동2동을 갈라 사동과 대천동으로 각각 개편. 사3동 일부를 사곡동으로, 사3동 일부와 송신리 일부를 합치고 소룡동으로 각각 개편. 남북4리를 갈라 인학동과 삼신동으로, 림흥리 일부를 분리하여 고산동으로 각각 개편. 문수동 일부를 분리하여 문신동으로 개편하고 동구역에 편입. 동구역률1동 일부를 소룡동에 편입(19개 동, 리)	
1958	〃	동구역에서 률동, 문신동, 동문동, 동대원동, 삼마동을 편입. 안학동, 삼신동, 고산동, 림흥리를 대성구역에 편입(20개 동, 리)	
1959	〃	률동, 문신동, 동대원동, 삼마동을 동구역에 편입. 문수동 일부를 동구역 문신동에 편입(16개 동, 리) 미림1리, 2리, 장천리, 동창리, 송신리, 휴암동, 의암동, 탑제동, 사곡동, 소룡동, 사동, 대천동, 문수동, 북수동, 동문동, 팽천동. 북구역을 사동구역으로 개편하여 북구역을 폐지	

【 선교구역의 변천 】

연 도	이 름	관 할 지 역	비 고
1959	선교구역	선교동, 강안동, 산업동, 영제동, 태흥동, 남신동, 장충동, 률곡동, 등메동, 서포동, 신리동, 동신동, 신흥동, 대신동, 문신동, 률동, 삼마동, 동대원동, 칠불리(19개 동, 리)	

연 도	이 름	관 할 지 역	비 고
1960	선교구역	신리동, 동신동, 신흥동, 대신동, 문신동, 률동, 삼마동, 동대원동을 동대원구역에 편입. 칠불리 일부를 사동구역에 편입. 선교동을 갈라 선교1동, 선교2동으로, 서포동과 칠불리 일부를 통합하여 문진동으로 각각 개편(선교동, 서포동을 폐지). 영제동 일부를 산업동에, 산업동 일부를 강안동에, 칠불리 일부를 등메동에 각각 편입(칠불리를 폐지) 사동구역 송신리 일부를 률곡동에 편입(11개 동)	
1963	〃	등메동에 률곡동 일부, 무진동 일부를 통합하고 등메1동, 등메2동으로 개편(등메동 폐지). 남신동 일부를 대흥동에 편입(12개동)	
1965	〃	위와 같으나 선교2동을 갈라 선교3동을, 등메1동을 갈라 등메3동을, 장충동을 갈라 장충1동, 장충2동을, 률곡동을 갈라 률곡1동, 률곡2동을, 무진동을 갈라 무진1동, 무진2동을 각각 신설(장충동, 률곡동, 무진동 폐지). 등메2동 일부를 갈라 률곡2동과 무진2동에 각각 편입(17개 동)	
1967	〃	위와 같으나 률곡동 일부와 등메2동 일부를 통합하여 웃메동을, 남신동을 갈라 남신1동, 2동을 신설. 남신동 폐지(19개 동)	
1972	〃	위와 같으나 강안동을 갈라 강안1동, 강안2동을, 산업동을 갈라 산업1동, 산업2동을 신설. 강안동, 산업동 폐지(21개 동)	
1997	〃	남신1동, 남신2동, 산업1동, 산업2동, 대흥동, 영제동, 강안1동, 강안2동, 선교1동, 선교2동, 선교3동, 무진1동, 무진2동, 장충1동, 장충2동, 등메1동, 등메2동, 등메3동, 률곡1동, 률곡2동, 웃메동(21개 동)	

【 동구의 변천 】

연도	이름	관할지역	비고
1946	동구	선교1리, 선교2리, 선교3리, 선교4리, 신1리, 신2리, 신3리, 률1리, 률2리, 률3리, 대신1리, 대신2리, 대신3리, 문수1리, 문수2리, 동대원리, 장진리, 정오리, 칠불리, 락랑리, 의암리, 송신리, 동창리(23개 리)	
1952	〃	동구를 동구역으로 개편하고 동구를 폐지(23개 리)	

【 동구역의 변천 】

연도	이름	관할지역	비고
1952	동구역	선교1리, 선교2리, 선교3리, 선교4리, 신1리, 신2리, 신3리, 률1리, 률2리, 률3리, 대신1리, 대신2리, 대신3리, 문수1리, 문수2리, 동대원리, 장진리, 정오리, 칠불리, 락랑리, 의암리, 송신리, 동창리(23개 리) 의암리, 송신리, 동창리를 북구역에 편입. 장정리와 정오리를 통합하여 장진리로 개편(장진리, 정오리 폐지). 중화군 남곶면 두단리, 문발리를 편입하여 두단리로 개편(문발리 폐지). 중화군 남곶면 조왕리를 락랑리에 편입(조왕리 폐지). 중화군 룡연면 소신리를 칠불리에 편입(소신리 폐지)	
1955	〃	도시지역 리를 동으로 개편. 문수1동, 문수2동을 북구역에 편입. 북구역 문수동 일부를 편입하여 문신동으로 개편. 장정리 일부를 분리하여 정오동으로 개편. 칠불리 일부와 률3동 일부를 통합하여 서포동으로 개편. 락랑리, 칠불리, 두단리 장정리를 제외한 나머지 도시지역 동들을 통합 정리하여 선교동, 강안동, 산업동, 영제동, 남신동, 대흥동, 장충동, 률곡동, 등메동, 신리동, 대신동, 신흥동, 동신동, 률동, 삼마동, 동대원동, 동문동으로 개편(24개 동, 리)	
1956		칠불리 일부를 분리하여 소신리로 개편. 락랑리 일부를 분리하여 토성리로 개편(26개 동, 리)	

연도	이름	관할지역	비고
1957	동구역	장정리 일부를 분리하여 송가동으로 개편. 정오동 일부를 분리하여 정백동으로 개편. 중화군 삼정리 일부를 송가동과 장정리에 각각 편입. 장정리 일부를 정오동에 편입(28개 동, 리)	
1958	〃	률동, 삼마동, 문신동, 동대원동, 동문동을 북구역에 편입(23개 동, 리)	
1959	〃	두단리를 두단동으로 개편. 두단동, 송가동, 정백동, 정오동, 장정리, 소신리, 락랑리, 토성리를 락랑구역에 편입. 북구역에서 동대원동, 문신동, 률동, 삼마동을 편입. 선교동, 강안동, 산업동, 영제동, 남신동, 대흥동, 장충동, 률곡동, 등메동, 서포동, 신리동, 대신동, 신흥동, 동신동, 동대원동, 문신동, 률동, 삼마동, 칠불리(19개 동, 리). 동구역을 선교구역으로 개칭(동구역 폐지)	

【 동대원구역의 변천 】

연도	이름	관할지역	비고
1960	동대원 구역	선교구역의 삼마동, 률동, 대신동, 문신동 일부, 동대원동, 신흥동, 신리동, 동신동, 사동구역의 팽천동으로 구성. 신흥동을 분리하여 신흥1동과 신흥2동을 신설하고 신흥동을 폐지(10개 동)	
1965	〃	위와 같은데 동신동을 분리하여 동신1동과 2동을, 문신동을 분리하여 문신1동과 2동을, 팽천동을 분리하여 팽천1동과 2동을 신설(13개 동)	동신동, 문신동, 팽천동을 폐지
1967	〃	위와 같은데 동대원동을 분리하여 동대원1동과 2동을, 신흥1동 일부와 2동 일부를 합하여 신흥3동을, 동신1동 일부와 신리동 일부를 합하여 동신3동을 신설(16개 동)	동대원동을 폐지
1972	〃	위와 같운데 삼마동을 분리하여 삼마1동과 2동을, 률동의 일부로 새살림동을 신설(18개 동)	삼마동을 폐지
1997	〃	동대원1동, 동대원2동, 동신1동, 동신2동, 동신3동, 신흥1동, 신흥2동, 신흥3동, 문신1동, 문신2동, 팽천1동, 팽천2동, 삼마1동, 삼마2동, 신리동, 새살림동, 률동, 대신동(18개 동)	

【 대성구역의 변천 】

연도	이름	관할지역	비고
1958	대성구역	미산동, 청암동, 룡홍동, 룡북동, 룡남동, 전승동, 흥부동, 와산동, 고산동, 안학동, 삼신동, 대성리, 림흥리(13개 동, 리)	
1959	〃	위와 같은데 평안남도 대동군 화성리, 청계리를 편입(15개 동, 리)	
1959	〃	위와 같은데 화성리와 청계리를 룡성구역에 넘김(13개 동, 리)	
1960	〃	위와 같은데 와산동, 룡흥동, 룡북동을 서성구역에, 흥부동, 전승동을 모란봉구역에 넘겨주고 미산동 일부를 분리하여 미암동을 신설. 대성리, 림흥리는 동으로 개편(9개 동)	
1963	〃	위와 같은데 미산동을 미산1동과 2동으로 분리하고 미산동을 없앰(10개 동)	
1965	〃	위와 같은데 서성구역의 룡북동, 룡흥1동, 2동을 편입(13개 동)	
1967	〃	위와 같은데 고산동 일부와 림흥동 일부로 청호동을 신설(14개 동)	
1972	〃	위와 같은데 룡북동을 분리하여 룡북1동과 2동을, 룡흥1동 일부와 2동 일부를 분리하여 룡흥3동을, 미산1동 일부와 2동 일부를 분리하여 미산3동을 신설. 룡북동은 폐지(17개 동)	
1979	〃	위와 같은데 미산3동을 미산2동에 편입하고 미산3동은 폐지(16개 동)	
1983	〃	위와 같은데 룡북1동과 2동을 합쳐 룡북동으로 하고 룡북1동과 2동을 없앰(15개 동)	
1990	〃	위와 같은데 삼신동을 고봉산동으로 개칭. 고봉산동을 갑문동으로 개칭(15개 동)	
1995	〃	위와 같은데 룡흥2동 일부 지역이 룡흥3동에 편입되고 룡흥3동 일부 지역이 룡흥2동에 편입됨.	
1997	〃	대성동, 안학동, 갑문동, 림흥동, 고산동, 룡남동, 청암동, 미산1동, 미산2동, 미암동, 룡북동, 룡흥1동, 룡흥2동, 룡흥3동, 청호동(15개 동)	

【 만경대구역의 변천 】

연도	이름	관할지역	비고
1959	만경대구역	봉수동, 궁골동, 선내동, 당상동, 조촌동(대동군의 대동읍을 조촌동으로 고침), 만경대리, 룡봉리, 룡산리, 당촌리, 고천리(10개 동, 리)	
1960	〃	위와 같은데 봉수동 일부와 당촌리, 고천리를 형제산구역에 넘기고 조촌동을 분리하여 칠골동과 팔골동을 신설하고 조촌동을 폐지(9개 동, 리)	
1963	〃	위와 같은데 만경대리를 만경대동으로 개칭. 팔골동 일부와 봉수동 일부를 분리하여 궁골동에 편입. 궁골동을 분리하여 궁골1동과 궁골2동을 신설하고 궁골동을 폐지(10개 동, 리)	
1965	〃	위와 같은데 칠골동 일부를 분리하여 오류동을 신설(11개 동, 리)	
1966	〃	위와 같은데 대동군에 속했던 대평리, 금천리, 망일리, 원로리가 편입(15개 동, 리)	
1967	〃	위와 같은데 궁골1동, 궁골2동을 각각 일부 분리하여 웃고개동을 신설하고 대평리를 대평동으로 개칭(16개 동, 리)	
1972	〃	위와 같은데 봉수동을 분리하여 봉수1동과 2동을 신설하고 봉수동을 폐지. 망일리를 금천리에 합하고 망일리 폐지. 금천리를 금천동으로 개칭(16개 동, 리)	
1982년말	〃	만경대동, 칠골동, 궁골1동, 2동, 당상동, 선내동, 봉수1동, 2동, 대평동, 오류동, 팔골동, 금천동, 웃고개동, 룡산리, 원로리, 룡봉리(16개 동, 리).	
1988	〃	위와 같은데 만경대동, 칠골동, 팔골동을 분리하여 금성동, 축전동, 갈림길동을 새로 내오고 봉수1동을 광복동으로 봉수2동을 건국동으로 개칭하고 봉수1동과 2동을 폐지. 오류동을 분리하여 삼흥동과 룡악산동을 신설하고 오류동을 폐지. 궁골1동을 장훈1동으로, 궁골2동을 장훈2동으로 개칭하고 궁골1동, 2동을 폐지. 웃고개동을 선구자동으로 개칭하고 웃고개동을 폐지. 룡산리를 룡산동으로 개칭(20개 동, 리)	
1991	〃	칠골동을 갈라 칠골1동, 2동, 3동을 내오고 칠골동을 폐지.	

연도	이름	관할지역	비고
1991	만경대구역	금성동을 갈라 금성1동, 2동, 3동을 내오고 금성동을 폐지. 팔골동을 갈라 팔골1동, 2동을 내오고 팔골동을 폐지. 당상동을 갈라 당상1동, 2동을 내오고 당상동을 폐지. 축전동을 갈라 축전1동, 2동을 내오고 축전동을 폐지. 갈림길동을 갈라 갈림길1동, 2동을 내오고 갈림길동을 폐지.	
1993	〃	만경대동을 갈라 서산동을 내옴. 장훈1동을 분리하여 장훈2동에 편입하고 장훈2동을 분리하여 장훈3동을, 광복동을 분리하여 광복1동과 광복2동을 내오고 광복동은 없앰.	
1997	〃	만경대동, 칠골1동, 2동, 3동, 금성1동, 2동, 3동, 갈림길1동, 2동, 축전1동, 2동, 팔골1동, 2동, 광복1동, 2동, 건국동, 선구자동, 장훈1동, 2동, 3동, 당상1동, 2동, 선내동, 삼흥동, 룡악산동, 금천동, 대평동, 룡산동, 서산동, 룡봉리, 원로리(31개 동. 리)	

【 형제산구역의 변천 】

연도	이름	관할지역	비고
1960	형제산구역	서포동, 하당리, 신간리, 학산리, 신미리, 형산리, 제산리, 천남리(8개 동, 리) ※ 만경대구역 봉수동 일부를 당촌리에 편입하여 제산리로 하고 고천리를 형산리로 고치며 평안남도 순안군 대양리 일부를 신미리에 편입함.	
1963	〃	위와 같은데 하당동 일부를 분리하여 상당동과 중당동을 신설.	
1965	〃	위와 같은데 서성구역 서산2동을 형제산구역 석전동으로 개칭(11개 동, 리)	
1972	〃	위와 같은데 하당동을 갈라 하당1동, 하당2동을 새로 내오고 하당동을 없애며 서포동을 갈라 서포1동, 서포2동을 새로 내오고 서포동을 없앰(13개 동, 리)	
1979	〃	위와 같은데 서포1동을 갈라 서포1동, 서포3동으로,	

연도	이름	관할지역	비고
1979	형제산구역	신간동을 갈라 신간1동, 신간2동, 신간3동을 내옴(16개 동, 리)	
1991	〃	위와 같은데 학산리를 학산동으로 하고 학산동 일부지역을 떼내어 서산동으로, 신미리를 신미동으로 하고 서포2동 일부를 떼내어 서룡동을 새로 내옴(18개 동, 리)	
1997	〃	서포1동, 서포2동, 서포3동, 서룡동, 석전동, 하당1동, 하당2동, 중당동, 상당동, 학산동, 서산동, 신간1동, 신간2동, 신간3동, 신미동, 형산리, 제산리, 천남리(18개 동, 리)	

【 룡성구역의 변천 】

연도	이름	관할지역	비고
1959	룡성구역	평안남도 순안군의 룡성노동자구, 서리, 마산리, 중이리, 하리, 하차리, 신미리와 평양시 대성구역 청계리, 화성리를 통합하여 평양시 룡성구역을 신설. 룡성동, 서리, 마산리, 중이리, 하리, 하차리, 신미리, 청계리, 화성리(1개 동, 8개리)	
1960	〃	위와 같은데 마산리를 마산동으로, 중이리를 중이동으로, 하차리를 하차동으로, 서리를 어은동으로 고침. 신미리는 형제산구역으로 넘김(5개 동, 3개 리)	
1963	〃	위와 같은데 룡성동 일부를 분리하여 룡궁동과 룡추동을 신설. 청계리를 청계동으로 개칭(8개 동, 2개 리)	
1965	〃	위와 같은데 어은동 일부, 하리 일부, 하차동 일부를 각각 분리하여 림원동을 신설(9개동, 2개 리)	
1967	〃	위와 같은데 청계동 일부와 룡궁동 일부를 각각 분리하여 룡문동을 신설(10개 동 , 2개 리)	
1972	〃	위와 같은데 룡성동을 분리하여 룡성1동과 룡성2동을, 룡추동을 분리하여 룡추1동과 룡추2동을 새로 내오고 림원동 일부를 마산동에, 마산동 일부를 룡추2동에 붙이고 룡성동, 룡추동을 폐지(12개 동, 2개 리)	
1979	〃	위와 같은데 룡궁동을 분리하여 룡궁1동과 룡궁2동으로 개편하고 룡궁동 폐지(13개 동, 2개 리)	

연 도	이 름	관 할 지 역	비 고
1984	룡성구역	위와 같은데 평양시 삼석구역 대천동을 편입(14개 동, 2개 리)	
1988	〃	위와 같은데 평양시 룡성구역 마산동 일부와 삼석구역 삼석리 일부를 통합하여 명오동을 신설(15개 동, 2개 리)	
1997	〃	청계동, 화산동, 마산동, 림원동, 어은동, 중2동, 룡궁1동, 룡궁2동, 룡추1동, 룡추2동, 룡성1동, 룡성2동, 룡문동, 대천동, 명오동(15개 동)	

【 삼석구역의 변천 】

연 도	이 름	관 할 지 역	비 고
1959	삼석구역	승호군과 강동군의 일부 리들이 분리, 통합되어 삼석구역으로 신설됨. 성문리, 로산리, 삼석리, 대천리, 호남리, 원신리, 원흥리, 삼성리, 도덕리, 광덕리(10개 리)	
1960	〃	성문리가 성문동으로, 로산리가 로산동으로, 대천리가 대천동으로 됨(3개 동, 7개 리)	
1967	〃	위와 같은데 성문동 일부가 분리되어 문영동이 신설(4개 동, 7개 리)	
1983	〃	위와 같은데 로산동이 장수원동으로 개칭됨(4개 동, 7개 리)	
1984	〃	위와 같은데 대천동이 룡성구역으로 넘어감(3개 동, 7개 리)	
1987	〃	삼석리의 일부 지역인 건지, 석삼 부럭이 룡성구역으로 넘어감(개 동, 7개 리)	
1992	〃	성문동, 문영동, 장수원동, 삼석리, 호남리, 원신리, 원흥리, 삼성리, 도덕리, 광덕리(3개 동, 7개 리)	
1995	〃	성문동을 분할하여 성문1동, 성문2동을 신설하고 성문동은 폐지함. 장수원동의 일부를 성문1동에, 원신리의 일부를 삼성리에, 삼성리의 일부를 도덕리에 편입함	
1997	〃	광덕리, 삼성리, 도덕리, 원흥리, 호남리, 원신리, 성문1동, 성문2동, 문영동, 삼석리, 장수원동(4개 동, 7개 리)	

【 승호구역의 변천 】

<table>
<tr><th>연 도</th><th>이 름</th><th>관 할 지 역</th><th>비 고</th></tr>
<tr><td>1952</td><td>평안남도
승호군(전 강동군)</td><td>승호읍, 리천리, 괴읍리, 화천리, 금옥리, 리현리, 오류리, 대원리, 금탄리, 고비리, 봉도리, 삼청리, 원흥리, 원신리, 성문리, 대천리, 로산리, 삼석리, 호남리(1개 읍, 18개 리)</td><td rowspan="11">승호읍을 승호동으로 개편
고비리, 삼천리, 화천리, 금옥리를 분리하여 강동군에 넘기고
원흥리, 원신리, 대천리, 석문리, 로산리, 삼석리를 분리하여 삼석구역에 넘기고
중화군의 추당리, 당정리, 대현리, 석정리가 승호구역으로 들어옴
추당리, 당정리, 대현리,석정리는 력포구역으로, 금탄리는 사동구역으로 넘어감.
화천리 폐지
립석리 폐지
괴음리 폐지</td></tr>
<tr><td>1954</td><td>〃</td><td>위와 같은데 괴읍리의 일부를 분리하여 립석리를 신설(1개 읍, 19개 리)</td></tr>
<tr><td>1959</td><td>〃</td><td>승호동, 괴읍리, 립석리, 오류리, 리천리, 리현리, 대원리, 금탄리, 봉도리, 추당리, 당정리, 대현리, 석정리(1개 동, 12개 리)</td></tr>
<tr><td>1960</td><td>〃</td><td>승호동, 오류리, 리현리, 리천리, 립석리, 봉도리, 괴음리, 대원리와 평안남도 강동군 삼청리, 화천리, 금옥리 일부로 다시 구성(1개 동, 10개 리)</td></tr>
<tr><td>1963</td><td>〃</td><td>위와 같은데 승호동을 분리하여 승호1동, 승호2동, 만달리를 신설(2개 동, 11개 리)</td></tr>
<tr><td>1965</td><td>〃</td><td>위와 같은데 대원리, 오류리, 리현리을 사동구역으로 넘김(2개 동, 8개 리)</td></tr>
<tr><td>1967</td><td>〃</td><td>위와 같은데 화천리를 화천동으로 개편하고 승호1동에서 일부로 앞새동을, 삼청리에서 일부로 독골동을 더 내옴(5개 동, 7개 리)</td></tr>
<tr><td>1972</td><td>〃</td><td>위와 같은데 립석리를 립석동과 남강동으로 분리(7개 동, 6개 리)</td></tr>
<tr><td>1985</td><td>〃</td><td>위와 같은데 괴음리를 광정리로 고침</td></tr>
<tr><td>1995</td><td>〃</td><td>위와 같은데 화천동을 1동, 2동으로 분리</td></tr>
<tr><td>1997</td><td>〃</td><td>승호1동, 승호2동, 앞새동, 독골동, 화천1동, 화천2동, 립석동, 남강동, 만달리, 리천리, 봉도리, 광정리, 금옥리, 삼청리(8개 동, 6개 리)</td></tr>
</table>

【 력포구역의 변천 】

연 도	이 름	관 할 지 역	비 고
1960	력포구역	류현리, 소신리, 장진동(장진리를 개편), 력포동(력포리를 개편), 대현동(대현리를 개편), 양음리, 석정리, 추당리,	

연 도	이 름	관 할 지 역	비 고
1960	력포구역	당정리(9개 동, 리)	
1965	〃	중화군에서 무진리를 편입. 장진동 일부를 분리하여 소삼정리를 신설. 석정리 일부를 사동구역 장천리에 편입(11개 동, 리)	
1967	〃	소신리에 소삼정리 일부를 편입하고 소신동으로 개편. 력포동 일부, 류현리 일부를 당정리에 편입하고 당정리를 능금동, 세우물리로 개편하여 당정리를 폐지(12개 동, 리)	
1972	〃	장진동을 분리하여 장진1동, 장진2동으로 개편하고 장진동을 폐지. 선교구역 무진1동 일부가 들어옴. 장진동 일부를 선교구역 무진1동에 편입(13개 동, 리)	
1989	〃	무진리를 룡산리로 개칭(13개 동, 리)	
1994	〃	석정리가 사동구역에 편입되어 석정동으로 됨(12개 동, 리)	
1997	〃	류현리, 소신동, 장진1동, 장진2동, 소삼정리, 력포동, 양음리, 대현동, 추당리, 룡산리, 능금동, 세우물리(12개 동, 리)	

【 락랑구역의 변천 】

연 도	이 름	관 할 지 역	비 고
1959	락랑구역	정백동, 정오동, 승가동, 두단동, 원암동, 락랑리, 토성리, 장진리, 소신리, 남사리, 보성리, 송남리, 류소리, 력포리, 양음리, 류현리(16개 동, 리)	
1960	〃	외성구역에서 중단리를 편입. 송가동을 동산동으로 개칭. 력포리, 류현리, 양음리, 소신리, 장진리를 력포구역에 편입(12개 동, 리) 남사리 일부, 력포리 일부를 류소리에, 정오동 일부, 류소리 일부를 남사리에, 원암동 일부를 두단동에 각각 편입.	
1963	〃	락랑리를 락랑동으로 개편(12개 동, 리)	
1965	〃	강남군에서 벽지도리, 금대리를 편입. 금대리를 분리하여 금대리와 룡호리로 개편(15개 동, 리)	
1967	〃	원암동 일부를 분리하여 긴골리 신설(16개 동, 리) 남사리 일부를 락랑동에, 락랑동 일부를 남사리에 각각 편입.	

연도	이름	관할지역	비고
1972	락랑구역	선교구역 영제동 일부를 정오동에 편입(16개 동, 리)	
1986	〃	토성동을 분리하여 정백동과 락랑동에 편입하고 토성동을 폐지. 정백동을 분리하여 정백1동, 2동으로 개편하고 정백동을 폐지(16개 동, 리)	
1988	〃	정오동을 분리하여 정오1동과 2동으로 개편하고 정오동을 폐지(17개 동, 리)	
1991	〃	정백1동에 정오2동 일부를 편입하고 충성1동, 2동, 3동, 정백2동으로 개편. 종전의 정백2동에 정오1동을 일부를 편입하고 통일거리1동, 2동, 관문1동, 2동으로 개편하고 정백2동을 폐지. 락랑동을 분리하여 락랑1동, 2동으로 개편하고 락랑동을 폐지(25개 동, 리)	
1993	〃	락랑2동을 분리하여 락랑3동, 승리1동, 2동, 3동을, 관문1동을 분리하여 관문3동을 내옴.	
1997	〃	락랑1동, 2동, 3동, 충성1동, 2동, 3동, 승리1동, 2동, 3동, 정백1동, 2동, 정오1동, 2동, 관문1동, 2동, 3동, 통일거리1동, 2동, 동산동, 원암동, 두단동, 류소리, 남사리, 보성리, 긴골리, 송남리, 룡호리, 금대리, 벽지도리, 중단리(30개 동, 리)	

【 순안구역의 변천 】

연도	이름	관할지역	비고
1136	평안도 평양부 순화현	추자도, 앵천촌, 룡곤촌, 화산촌을 합쳐서 내옴. 후에 상원에 소속	
1341	평안도 평양부	삼화현에 소속	
1396	평안도 평양부 순안현		
1896	평안남도 순안군	군내면, 정방면, 송현면, 련화면, 동화면, 룡흥면, 동두면, 공전면, 평천면, 자덕면(10개 면)	
1914	평안남도 평원군	평원군에 소속, 순안면(군내년, 정방면, 송현면), 량화면(련화면, 동화면), 동두면, 석암면(룡흥면을 개칭), 공평면(공정면, 평천면), 자덕면(6개 면)으로 개편하여 평원군에 편입. 순안군을 폐지	
1939	〃	순안면, 량화면, 동암면(동두면, 석암면), 공덕면(공평면, 자덕면). 4개 면으로 개편	

연도	이름	관할지역	비고
1947	평안남도 평원군	순안면, 량화면, 동암면(3개 면)이 대동군에 편입	
1952	평안남도 순안군	대동군 6개면(순안면, 량화면, 동암면, 재경리면, 부산면, 룡악면)의 전체 리와 순천군 자산면 성남리로서 순안군을 신설. 면을 폐지. 당시 군의 관할리는 순안읍, 남산리, 택암리, 구서리, 성주리, 오산리, 안흥리, 룡복리, 량화리, 장송리, 상서리, 산양리, 룡이리, 산음리, 석암리, 재경리, 천동리, 신간리, 판교리, 중석화리, 오금리, 대양리, 학산리, 신미리, 중이리, 룡성리, 룡궁리, 마산리, 서리, 하리, 하차리, 률화리, 어중리(1개 읍, 32개 리)	순천군 자산면 성남리를 어중리에 편입
1953	〃	위와 같으나 남산리를 순안읍에 편입. 하차리를 분리하여 상차리, 하차리로 개편(1개 읍, 32개 리)	
1957	〃	위와 같으나 룡성리를 룡성노동자구로 개편(1개 읍, 1개 노동자구, 31개 리)	
1958	〃	위와 같으나 룡궁리를 룡성노동자구에 편입(1개 읍, 1개 노동자구, 30개 리)	
1959	〃	위와 같으나 신미리, 중이리, 룡성노동자구, 마산리, 서리, 하차리, 하리를 룡성구역에 편입. 학산리, 신간리를 서성구역에 편입(1개 읍, 22개 리)	
1965	〃	위와 같으나 상차리를 평성시에 편입(1개 읍, 21개 리)	
1967	〃	위와 같으나 양화리를 분리하여 룡북리, 천동리에 편입하고 량화리를 폐지(1개 읍, 20개 리)	
1972	평양시 순안구역	위와 같으나 순안읍을 폐지하고 신성동, 역전동, 석박동, 남산동으로 개편. 어중리, 률화 리를 평성시에 : 상서리, 판교리, 중석화리, 오 금리를 대동군에 : 룡이리, 상송리, 석암리, 산음리를 평원군에 각각 편입(4개 동, 10개 리)	평안남도 순안군을 평양시 순안구역으로 개편
1979	〃	위와 같으나 성주리를 동산리로 개칭(4개 동, 10개 리)	
1991	〃	위와 같으나 대양리를 대양동으로 개칭(5개 동, 9개 리)	
1997	〃	신성동, 역전동, 석박동, 남산동, 대양동, 오산리, 동산리, 구서리, 안흥리, 택암리, 산양리, 룡복리, 재경리, 천동리(5개 동, 9개 리)	

【 강남군의 변천 】

연도	이름	관할지역	비고
1952	평안남도 강남군	강남읍, 문암리, 고읍리, 동정리, 룡교리, 류포리, 이산리, 영진리, 간천리, 석호리, 룡곡리, 신흥리,상암리, 룡포리, 신정리, 고천리, 당곡리, 장교리, 마정리, 백운리, 진광리, 동산리, 송남리, 보성리, 남사리, 룡호리, 금대리, 벽지도리, 원암리로 강남군 신설(1개 읍, 28개 리)	
1954	〃	위와 같으나 원암리를 원암노동자구로 개편.	
1957	〃	위와 같으나 룡호리를 금대리에 편입하고 룡호리는 폐지(1개 읍, 1개 노동자구, 26개 리)	
1959	〃	위와 같으나 원암노동자구, 남사리, 송남리, 보성리를 평양시 락랑구역에 편입(1개 읍, 23개 리)	
1963	평양시 강남군	위와 같으나 강남군이 평양시로 넘어 감(1개 읍, 23개 리)	
1965	〃	위와 같으나 금대리, 벽지도리를 락랑구역에 편입(1개 읍, 21개 리)	
1967	〃	위와 같으나 백운리, 진광리, 동산리를 중화군에 편입(1개 읍, 18개 리)	
1997	〃	강남읍, 문암리, 고읍리, 동정리, 룡교리, 류포리, 이산리, 영진리, 간천리, 석호리, 룡곡리, 신흥리, 상암리, 룡포리, 신정리, 고천리, 당곡리, 장교리, 마정리(1개 읍, 18개 리)	

【 중화군의 변천 】

연도	이름	관할지역	비고
고구려	가화압		
신라(9세기초)	당악현		
고려	서경		
1136	서경 중화현	경기4도를 분리하여 6현의 하나로 됨. 황곡촌, 당악촌 송곶촌 등(9개 촌)	
1322	서북면 중화군		
1413	평안도 중화군		
1597	평안도 중화부		

연도	이름	관할지역	비고
1896	평안남도 중화군	하도면, 상도면, 의산면, 룡전면, 칭천면, 양대무면, 신제면, 동정면, 석호면, 영진면, 마정면, 당촌면, 동두면 간동면, 고생양면(15개 면)	
1914년	〃	동두면, 간동면, 고생양면은 같으나 하도면, 상도면을 통합하여 중화면으로, 의산면, 룡전면, 칭천면을 통합하여 해암면으로 함. 당촌면, 마정면을 통합하여 당정면으로, 양무대면, 신제면, 동정면을 통합하여 양정면으로, 상원군 읍내면 흥암면을 통합하여 상원면으로 각각 개편. 상원군의 수산면, 천곡면, 풍통면, 하도면, 상도면, 매화면을 편입(15개 면)	
1947	〃	배화면을 간동면에, 상도면을 풍동면에, 하도면을 상원면에 각각 통합. 고생양면을 분리하여 일부는 중화면에, 일부는 동두면에 편입(11개 면)	
1952	〃	대동군의 청룡면, 률리면, 룡연면, 남곶면을 편입. 이차 청룡면과 풍동면을 강동군에 편입(13개 면) 상원면, 수산면, 천곡면, 간동면을 상원군에, 당정면, 신흥면, 해암면, 양정면, 남곶면을 강남군에 각각 편입. 나머지 중화면, 동두면, 률리면, 룡연면의 전체 리와 간동면 수재리를 통합정리하여 아래와 같이 개편하고 면을 폐지. 중화읍, 관봉리, 금산리, 삼성리, 명월리, 삼흥리, 장산리, 충룡리, 채송리, 마장리, 룡산리, 어룡리, 무진리, 류현리, 대현리, 추당리, 류소리, 력포리, 양음리, 당정리, 삼정리(1개 읍, 20개 리)	
1953년		관봉리 일부를 분리하여 강로리를 , 대현리 일부를 분리하여 석정리를 각각 신설. 황주군 금사리 일부를 관봉리에 편입(1개 읍, 22개 리)	
1957년		삼정리를 분리하여 일부를 장진리에, 다른 일부를 류현리에 각각 편입하고 삼정리를 폐지(1개 읍, 21개 리)	
1959년		석정리, 대현리, 당정리, 추당리를 승호구역에, 류현리, 력포리, 류소리, 양음리를 력포구역에 각각 편입(1개 읍, 13개 리)	
1963년		중화군을 평양시에 편입.	
1965년		무진리를 력포구역에 편입(1개 읍, 12개 리)	
1967년		강로리를 관봉리에 편입하고 폐지. 어룡리 일부를 분리하여 물동리 신설. 강남군의 백운리, 진광리, 동산리	

연 도	이 름	관 할 지 역	비 고
1967년	평안남도 중화군	를 편입. 동산리 일부, 진광리 일부, 당곡리 일부를 통합하여 건산리를 신설(1개 읍, 16개 리)	
1997년	〃	강남군 고천리 일부가 중화군에 편입. 중화읍, 관봉리, 삼성리, 백운리, 진광리, 건산리, 동산리, 금산리, 장산리, 명월리, 채송리, 마장리, 룡산리, 어룡리, 충룡리, 삼흥리, 물동리(1개 읍, 16개 리)	

【 상원군의 변천 】

연 도	이 름	관 할 지 역	비 고
고구려 그 이후	식달현 토산현		
1322	서해도 황주목 상원군 평안도 상원군	 읍내방, 흥암방, 하도방, 상도방, 수산방, 천곡방, 풍동방, 배화방(8개 방) 방을 폐지하고 면으로 개편.	
1896	평안남도 상원군		
1914	평안남도 중화군	상원군을 중화군에 통합하고 상원군을 폐지. 읍내면, 흥암면을 통합하여 상원면으로 개편하고 읍내면, 홍암면을 폐지(7개면)	
1930년대	〃	하오면을 상원면에, 상도면을 풍동면에, 배화면을 간동면에 각각 편입하여 하도면, 상도면, 배화면을 각각 폐지(4개 면)	
1947	〃	풍동면을 강동군에 편입(3개 면)	
1952	평안남도 상원군	중화군에서 상원면, 수산면, 천곡면, 간동면과 강동군에서 풍동면을 편입하고 다시 상원군을 내오고 면을 폐지하여 아래와 같이 개편. 상원읍, 신하리, 대동리, 령천리, 로동리, 룡성리, 대천리, 금성리, 흑우리, 대흥리, 번동리, 전산리, 룡곡리, 귀일리, 사기리, 장리, 중리, 신원리, 장항리, 식송리, 수산리, 은구리, 덕동리, 상하리, 매정리, 동묵리, 조치리(1개 읍, 26개 리)	

연도	이름	관할지역	비고
1954	평안남도 상원군	동묵리, 매정리를 귀일리에, 조치리, 상하리를 장리에 각각 편입하고 동묵리, 매정리, 조치리, 상하리를 폐지(1개 읍, 22개 리)	
1963	평양시 상원군	상원군을 평양시에 편입.	
1965	〃	덕동리를 사동구역에 편입(1개 읍, 21개 리)	
1989	〃	신하리와 상원읍 일부, 대동리 일부, 대천리 일부지역을 통합하여 명당노동자구로 개편하고 신하리를 폐지(1개 읍, 1개 노동자구, 20개 리)	
1997년	〃	명당노동자구 일부와 대동리 일부를 떼내어 신하리 신설. 대천리, 장항리에 흑우리 일부를 떼내어 각각 편입. 상원읍, 명당노동자구, 대동리, 령천리, 로동리, 룡성리, 대천리, 금성리, 흑우리, 대흥리, 번동리, 전산리, 룡곡리, 귀일리, 사기리, 장리, 중리, 신원리, 장항리, 식송리, 수산리, 은구리, 신하리(1개 읍, 1개 로동자 구, 21개 리)	

【 강동군의 변천 】

연도	이름	관할지역	비고
1136	서경 강동현	잉을사향, 반석촌, 박달곶촌, 마탄촌	
1391	평양부 강동현		
1413	평안도 강동현		
1435	평안도 삼등현	강동현을 폐지하고 삼등현에 소속시킴	
1482	평안도 강동현	강동현을 다시 내옴	
1896	평안남도 강동군	현내면, 정호면, 령수면, 삼등면, 만달면, 고읍면, 구지면, 마산면, 고천면, 원당면, 마탄면(11개 면)	
1914년	〃	위와 같으나 현내면에 성천군 문헌면 상리, 하리를 편입하여 강동면으로 하고 원당면과 마탄면을 합하여 원탄면으로 개편. 령수면은 삼등면에 합침(9개 면)	삼등현이 강동군에 소속됨
1929년	〃	위와 같으나 마산면과 구지면을 합하여 봉지면을 내오고 마산면과 고읍면은 없애고 봉지면, 원탄면, 고천면에 나누어 줌. 정호면을 없애 강동면과 삼등면에 나누어 줌(6개 면)	

연 도	이 름	관 할 지 역	비 고
1947년	평안남도 강동군	위와 같으나 만달면을 승호면으로 개칭하고 중화군에서 풍동면을, 대동군에서 청룡면과 시족면을 이관 받음(9개 면)	
1948년	〃	군소재지를 강동면 아달리에서 승호면 승호리로 옮김.	
1950년	〃	군소재지를 승호면에서 다시 아달리로 옮김.	
1952년		강동읍, 문흥리, 향목리, 동리, 광덕리, 룡연리, 하단리, 한왕리, 도덕리, 삼성리, 향교리, 맥전리, 룡흥리, 명의리, 하리, 화강리, 태잠리, 자양리, 송석리, 란산리, 구빈리, 문명리, 대리, 송가리, 향단리, 흑령노동자구(1개 읍, 1개 노동자구, 24개 리) 승호면이 강동군에서 떨어져나가 승호군으로 됨. 봉진면의 일부 리는 평안남도 평성시로, 일부 리는 삼석구역으로 이관 됨.	면이 없어지고 군에 리가 소속됨. 상속리를 흑령노동자구로 개편.
1956년	〃	위와 같으나 평안남도 회창군 순창리가 강동군으로 이관됨(1개 읍, 1개 노동자구, 25개 리)	
1959년	〃	위와 같으나 평안남도 승호군에서 고비리, 화천리, 금옥리, 삼청리를 이관 받고 광덕리, 삼성리, 도덕리를 평양시 삼석구역에 이관함(1개 읍, 1개 노동자구, 26개 리)	
1960년	〃	위와 같으며 금옥리, 화천리, 삼청리가 승호구역에 이관됨	금옥리는 전 평안남도 강동군 금옥리의 일부임.
1963년	〃	하리가 하리노동자구로 개칭됨(1개 읍, 2개 노동자구 23개 리)	
1967년	〃	향교리를 봉화리로 개칭. 고비리, 송가리, 대리를 노동자구로 개편. 하단리, 한왕리, 룡연리를 평안남도 평성시에 이관함(1개 읍, 5개 노동자구, 17개 리)	
1977년	〃	문명리를 삼등리로, 자양리를 문화리로 개칭(1개 읍, 5개 노동자구, 17개 리)	
1983년	평안남도 강동군		
1989년	〃	강동읍, 하리노동자구, 고비노동자구, 흑령노동자구, 대리노동자구, 송가노동자구, 남강노동자구, 문흥리, 향목리, 동리, 봉화리, 맥전리, 룡흥리, 명의리, 화강리, 순창리, 삼등리, 태잠리, 문화리, 송석리, 란산리, 구빈리(1개 읍, 6개 노동자구, 15개 리) ※ 향단리를 남강노동자구로 개편함.	

연도	이름	관할지역	비고
1995년	평안남도 강동군	하리노동자구를 분할하여 상리노동자구를, 흑령노동자구를 분할하여 속추노동자구를, 송가노동자구를 분할하여 령남노동자구를 신설.	
1997년	〃	강동읍, 봉화리, 흑령노동자구, 속추노동자구, 문흥리, 향목리, 동리, 맥전리, 룡흥리, 명의리, 고비노동자구, 송가노동자구, 대리노동자구, 삼등리, 송석리, 남강노동자구, 구빈리, 란산리, 태잠리, 문화리, 순창리, 화강리, 하리노동자구, 상리노동자구, 령남노동자구 등(1개 읍. 9개 노동자구, 15개 리)	

【 강서군의 변천 】

연도	이름	관할지역	비고
1062	서경 강서		
1136	서경 강서현	리악향(무학산아래 덕흥동, 상경동 부근) 대구향(성암리, 세죽동 부근) 갑악향(수산리, 가현동 부근) 각묘향(삼묘리, 죽적산 아래 현봉리 부근) 독촌향(증산군 사천리 부근) 증산향	
1394	평안도 강서현	증산향을 분리하여 증산현을 신설	
조선시기	〃	동부방, 서부방, 사진방, 보원방, 부암방, 류등방, 초성방, 학림방, 거암방, 수천방, 한룡방, 룡연방(12개 방)	
1895	평안남도 강서군	위와 같되 류등방을 폐지하고 수천방에서 오산방을 갈라 내옴(12개 방)	
1896	〃	방을 면으로 개편. 동부면, 서부면, 사진면, 보원면, 부암면, 거암면, 수천면, 한룡면, 룡연면, 초성면, 학림면, 오산면, 동부면 3개 리(상리, 하리, 도리)와 서부면 2개 리(상리, 도리)를 합하여 군내면을 내옴. 평양부 누차면, 초리면이 강서군에 편입(15개 면)	
1914	〃	강서군에 있는 15개 면을 8개 면으로 개편 강서면(군내면, 서부면, 거암면 일부), 동진면(동부면, 사진면, 거암면 일부), 누차면, 초리면, 보림면(보원면,	

연도	이름	관할지역	비고
1914	평안남도 강서군	학림면), 성암면(초성면, 부암면), 수산면(수천면, 오산면, 거암면 일부), 쌍룡면(룡연면, 한룡면), 증산군의 8개 면 편입. 증산면, 함종면, 적송면, 반석면, 성대면, 장안면, 풍정면, 신흥면(16개 면)	
1929	〃	위와 같으며 장안면이 함종면에 편입. 신흥면, 풍정면을 합쳐 신정면으로 개편(14개 면)	
1947	〃	위와 같되 성암면이 룡강군에 편입. 대동군 대보면이 강서군에 편입.	
1952	〃	면이 폐지되면서 함종면, 신정면, 증산면, 적송면, 성대면의 전체 리와 반석면의 6개 리, 쌍룡면의 9개 리가 증산군에 들어가고 강서면, 동진면, 보림면, 초리면, 누차면, 대보면, 수산면의 전체 리와 쌍룡면의 1개 리, 반석면의 1개 리로 강서군을 개편. 강서군 강서면 염전리, 덕흥일리, 덕흥이리, 덕흥삼리, 덕흥사리로 강서읍. 거장리, 암저리, 수산면 가생리로 거장리, 현봉리, 광향리, 삼묘리로 삼묘리. 보림면 문천리, 남삼리, 관포리, 학남리로 보산리. 간성리, 우산리, 유현리, 대화리, 동진면 태성리로 태성리.화학리, 광포리, 동진면 신교리, 덕봉리로 보림리. 누차면 토산리, 오리로 잠진리. 보림면 서학리, 동진면 탄포리, 기양일리, 기양삼리로 탄포리. 누차면 팔리, 동진면 고일리, 추죽리, 학송리, 청산리로 청산리. 강서면 정화리, 동진면 다필리, 심정리, 어은리로 약수리 초리면 강선일리, 강선이리, 동포리로 동포리. 이로리 송호리, 남호리로 송호리. 누차면 조양리, 초리면 사리, 보봉일리, 보봉이리로 보봉리 동진면 룡정리, 대보면 안정리, 서기리로 서기리 대보면 태평외리, 태평내리, 누차면 일리, 이리, 삼리, 화석리로 태평리.	

연도	이름	관할지역	비고
1952	평안남도 강서군	대보면 룡담리, 팔청일리, 팔청이리로 팔청리. 룡인리, 반천리, 문현리로 대보산리. 수산면 금천리, 신정리, 오이리, 가현리로 수산리 수산면 천도리, 고학리, 어경리, 쌍송리로 학송리 수산면 백운리, 운남리, 가흥리, 운복리로 운룡리 반석면 반일리, 쌍룡면 류명리, 강서면 학천리, 동진면 석현리로 학천리. 동진면 기양이리로 기양리. 초리면 서포리로 서포리. 기양리를 기양구로, 서포리를 강선구로 개편(1개읍, 2개 구, 20개 리)	
1953	〃	위와 같되 동포리를 갈라 강선구에, 탄포리 일부를 갈라 기양구에 편입. 동포리 일부와 보봉리 일부를 합쳐 강선리를, 태평리 일부를 갈라 고창리를 내옴(1개 읍, 2개 구, 22개 리)	
1956	〃	위와 같되 강서읍을 옮기면서 이전 강서읍을 덕흥리로 새로 기양구와 탄포리를 합쳐 강서읍으로 개편(1개 읍 1개 구, 21개 리)	
1959	〃	위와 같되 팔청리, 대보산리가 대동군으로 넘어 감. 보봉리, 강선리, 고창리의 각 일부가 강선노동자구에 편입(1개 읍, 1개 구, 19개 리)	
1967	〃	태성리에 보림리, 보봉리에 강선리와 승호리, 잠진리에 서기리, 덕흥리에 삼묘리 일부, 학천리, 약수리에 거장리, 고창리에 태평리, 삼묘리에 학송리, 수산리에 온천군 룡월리 일부, 운룡리가 편입. 강서읍 강선구 태성리, 보봉리, 잠진리, 덕흥리, 약수리, 고창리, 청산리, 삼묘리, 수산리, 보산리(1개 읍, 1개 구, 10개 리)	
1969	〃	위와 같되 보산리를 보산노동자구로 개편(1개 읍, 2개 구, 9개 리)	
1978	평안남도 대안시	강서군과 룡강군 대안노동자구, 대정리와 성암리 일부, 립송리 일부를 합쳐 대안시로 개편. 대안노동자구를 갈라 덕성동, 충성동, 금산동, 옥수동, 대안동, 은덕동을 내오고 성암리 일부, 립송리 일부를 은덕동에 붙임. 강서읍을 갈라 세길동, 산업동, 샘물동, 기양동, 문화동,	

연도	이름	관할지역	비고
1978	평안남도 대안시	락원동, 봉상동, 기산동, 서학동, 탄포동을 내옴. 보산노동자구를 갈라 남산동, 문천동, 보산동, 관포동 내옴. 강선노동자구를 갈라 봉화동, 상봉동, 역전동, 포구동, 싸리동, 천진동, 천내동, 새거리동, 중동, 달마동, 원정동을 내옴. 고창리 일부가 원정동에 들어 감. 대정리(룡강군에서 넘어 온 리), 태성리, 보봉리, 청산리, 고창리, 덕흥리, 약수리, 삼묘리, 수산리, 잠진리(31개 동, 10개 리)	
1979	남포시 대안시	위와 같음.	
1981	〃	위와 같되 대정리를 대정동과 새마을동으로 분리, 잠진리 일부, 고창리 일부, 보봉리 일부를 합쳐 전진동으로 개편(34개 동, 9개 리)	
1983	남포시 강서구역	대안시가 없어지면서 남포시 강서구역으로 개편. 세길동, 산업동, 샘물동, 기양동, 문화동, 락원동, 봉상동, 전진동, 기산동, 서학동, 탄포동, 남산동, 태성리, 약수리, 청산리, 잠진리, 덕흥리, 삼묘리, 수산리, 고창리(12개 동, 8개 리)	
1984	〃	위와 같되 탄포동, 고창리를 천리마구역에 넘기고 덕흥리를 덕흥동으로 개편(13개 동, 6개 리)	
1987	〃	위와 같되 대동군 팔정리 일부가 대보산리에 들어 가고 대보산리가 강서구역에 편입. 천리마구역 고창리 일부가 전진동에 들어 감(13개 동, 7개 리)	
1989	〃	위와 같되 잠진리 일부, 덕흥동의 일부, 대보산리 일부를 합쳐 서기동을 내오고 대보산리가 천리마구역으로 넘어 감(14개 동, 6개 리)	
1999	〃	세길동, 산업동, 샘물동, 기양동, 문화동, 락원동, 봉상동, 전진동, 기산동, 서학동, 남산동, 덕흥동, 서기동, 탄포동, 청산리, 태성리, 약수리, 잠진리, 삼묘리, 수산리(14개 동, 6개 리)	

02 남포시의 행정구역명 연혁

【 남포시의 변천 】

연도	이름	관할지역	비고
조선조 말	평안남도 진남포부	원당면, 동리면, 서리면, 금당면, 내곡면, 신북면, 신남면, 오은면, 감박면, 초소면, 귀하면, 귀상면, 대상면, 대하면(14개 면)	
1914	〃	위에서 원당면 일부와 13개 면을 룡강군에 편입. 원당면 일부를 정과 리로 개편. 욱정, 삼화정, 명협정, 룡정정, 월견정, 항정, 한두리, 신흥리, 후포리, 룡정리, 비석리, 지산리, 억양기리, 마산리	
1939	〃	위와 같되 룡강군 대대면 류사리, 마사리, 대두리가 편입	
1950	평안남도 남포시	대두리, 한두리, 비석리, 신흥리, 지산리, 마산리, 마사리, 룡정리, 삼화리, 축동리, 해안리, 후포리, 룡수리, 환산리, 남산리, 류사리, 해산리, 어호리, 령곡리, 고정리, 문예리, 추유리, 천교리, 한학리, 도학리, 지위리, 억량기리(27개 리)	
1952	〃	대두동, 한두동, 비석동, 신흥동, 지산동, 마사동, 룡정동, 삼화동, 축동동, 해안동, 후포동, 룡수동, 화산동, 남산동, 마산동, 억량기동, 도지리, 신흥리, 고령리, 류사리, 한학리, 어호리, 문예리(16개 동, 7개 리)	
1960	〃	상대두동, 중대두동, 하대두동, 한두동, 하비석동, 중비석동, 상비석동, 지산동, 남흥동, 마사동, 룡정동, 룡수동, 후포동, 억량기동, 서흥동, 도지리, 한학리, 문예리, 신흥리, 어호리, 류사리, 고령리, 마산리(15개 동, 8개 리)	
1963	〃	룡강군 갈천리, 우산리, 덕해리, 온천군 대대리, 화도리가 편입.	

연 도	이 름	관 할 지 역	비 고
1963	평안남도 남포시	후포동과 룡수동의 각 일부를 합쳐서 남산동을 내오고 하비석동과 한두동의 각 일부로 항구동과 해안동을 내오고 마산리를 마산동으로 개편.	
1965	〃	상비석동 일부로 문화동 신설. 류사리, 마산동 각 일부로 와우도구역 회창동 신설, 한두동의 일부로 역전동 신설.	
1967		남산동 일부로 선창동 신설. 서흥동, 마산동 각 일부로 새길동 신설.	
1974	〃	온천군 신령리, 소강리, 령남리가 편입.	
1979	남포시	남포구역 덕성동, 충성동, 금산동, 옥수동, 은덕동, 상비석동, 중비석동, 하비석동, 새길동, 산업동, 샘물동, 기양동, 문화동, 락원동, 봉상동, 기산동, 서학동, 탄포동, 남산동, 분천동, 보산동, 관포동, 봉화동, 상봉동, 역전동, 항구동.	
1983	〃	남포구역을 항구구역, 와우도구역으로, 대안시를 강서구역, 대안구역, 천리마구역으로 개편. 항구구역 : 상대두동, 중대두동, 하대두동, 한두동, 역전동, 문화동, 도지동, 신흥리, 류사동, 여호리, 갈천리, 상비석동, 중비석동, 하비석동, 후포동, 해안동, 항구동, 덕해리, 우산리, 선창동(15개 동, 5개 리) 와우도구역 : 지산동, 마사동, 남흥동, 룡정동, 룡수동, 남산동, 진수동, 서흥동, 새길동, 마산동, 회창동, 와우도동, 진도동, 대대동, 화도리, 신령리, 소강리, 령남리(14개 동, 4개 리) 강서구역 : 세길동, 산업동, 샘물동, 기양동, 문화동, 락원동, 봉상동, 전진동, 기산동, 서학동, 탄포동, 남산동, 청산리, 태성리, 약수리, 잠진리, 덕흥리, 삼묘리, 수신리(12개 동, 7개 리) 대안구역 : 충성동, 덕성동, 은덕동, 대안동, 옥수동, 금산동, 새마을동, 대정동(8개 동) 천리마구역 : 역전동, 상봉동, 싸리동, 천진동, 천대동, 봉화동, 중동, 포구동, 새거리동, 달마동, 원정동, 보산동, 문천동, 보봉리, 고창리(13개 동, 2개 리)	
1984	〃	위와 같되 룡강군 오신리, 다미리, 월매리가 대안구역에, 룡강군 지사리, 검산리, 동전리가 항구구역에 편입.	

연 도	이 름	관 할 지 역	비 고
1984	남포시	도지동 일부 지역으로 도지리를 내오고 나머지로 건국동을 신설.	
1988	〃	위와 같되 황해남도 은률군 송관리가 와우도구역에 편입.	
1996	〃	황해남도 과일군 초도리가 항구구역에 편입.	
1997	〃	항구구역, 와우도구역, 강서구역, 천리마구역, 대안구역, 룡강군(5개 구역, 1개 군)	

【 항구구역의 변천 】

연 도	이 름	관 할 지 역	비 고
1983	남포시 항구구역	상대두동, 중대두동, 하대두동, 한두동, 역전동, 문화동, 상비석동, 중비석동, 하비석동, 후포동, 해안동, 항구동, 선창동, 류사동, 도지동, 신흥리, 어호리, 갈천리, 덕해리, 우산리(15개 동, 5개 리)	
1984	〃	위와 같되 도지동 일부를 도지리로 개편. 도지동 일부를 건국동으로 고침. 룡강군 지사리, 검산리, 동전리가 편입(15개 동, 9개 리)	
1995	〃	건국동을 갈라 건국1동, 건국2동을 내오고 건국동을 폐 지함. 중대두동을 떼내어 은덕동을, 신흥리를 떼내어 문예동을 신설함.	
1996	〃	황해남도 과일군 초도리가 편입.	
1997	〃	후포동, 항구동, 상비석동, 중비석동, 하비석동, 문화동, 상대두동, 중대두동, 하대두동, 류사동, 한두동, 해안동, 역전동, 선창동, 건국1동, 건국2동, 도지리, 갈천리, 우산리, 덕해리, 신흥리, 지사리, 검산리, 동전리, 초 도리, 어호리, 은덕동, 문예동(18개 동, 10개 리)	

【 대안구역의 변천 】

연 도	이 름	관 할 지 역	비 고
1983	남포시 대안구역	대안시를 천리마구역, 강서구역, 대안구역으로 분리. 충성동, 덕성동, 은덕동, 대안동. 금산동, 새마을동, 대정동, 옥수동	
1984	〃	룡강군 오신리, 다미리, 월매리가 편입.	
1997	〃	옥수동, 덕성동, 충성동, 금산동, 은덕동, 새마을동, 대정동, 오신리, 월매리, 다미리, 대안동(8개 동, 3개 리)	

【 천리마구역의 변천 】

연 도	이 름	관 할 지 역	비 고
1983	남포시 천리마구역	역전동, 상봉동, 싸리동, 천진동, 천내동, 봉화동, 중동, 포구동, 새거리동, 달마동, 원정동, 보산동, 문천동, 보봉리, 항구구역 관포동 일부가 보산동에 편입(13개 동, 1개 리)	
1984	〃	위와 같되 강서구역 고창리와 관포동이 편입. 보봉리를 강철동으로 개편(15개 동, 1개 리)	
1987	〃	고창리 일부가 강서구역 전진동으로 넘어감.	
1989 1993	〃 〃	위와 같되 강서구역 대보산리가 편입(15개 동, 2개 리) 원정동을 갈라 화석동을 내오고 대보산리를 대보산동으로 고침(17개 동, 1개 리)	
1997	〃	봉화동, 상봉동, 중동, 달마동, 역전동, 싸리동, 천내동, 포구동, 새거리동, 천진동, 문천동, 보산동, 원정동, 화석동, 강철동, 관포동, 고창리, 대보산동(17개 동, 1개 리)	

【 와우도구역의 변천 】

연 도	이 름	관 할 지 역	비 고
1983	남포시 와우도구역	지산동, 마사동, 남흥동, 룡정동, 룡수동, 남산동, 진수동, 서흥동, 새길동, 마산동, 회창동, 와우도동, 진도동,대대동, 화도리, 신령리, 소강리, 령남리(14개 동, 4개 리)	

연 도	이 름	관 할 지 역	비 고
1988	남포시 와우도구역	위와 같되 령남리와 소강리 알부를 떼내어 갑문동을 신설. 황해남도 은률군 송관리가 편입(15개 동, 5개 리)	
1993	〃	새길동을 갈라 체육촌동을, 대대동을 갈라 옥천대동을 내왔다(17개 동, 5개 리)	
1997	〃	대대동, 옥천대동, 마사동, 룡정동, 새길동, 진도동, 와우도동, 진수동, 남흥동, 룡수동, 화도리, 남산동, 회창동, 마산동, 송관리, 신령리, 령남리, 소강리, 서흥동, 지산동, 갑문동, 체육촌동(17개 동, 5개 리)	
1999	〃	갑문동을 갑문1동으로 고치고 송관리의 일부 지역을 떼내어 갑문2동을 내옴. 대대동, 옥천대동, 마사동, 룡정동, 새길동, 진도동, 와우도동, 진수동, 남흥동, 룡수동, 화도리, 남산동, 회창동, 마산동, 송관리, 신령리, 령남리, 소강리, 서흥동, 지산동, 갑문1동, 갑문2동, 체육촌동(18개 동, 5개 리)	

【 룡강군의 변천 】

연 도	이 름	관 할 지 역	비 고
고구려	황룡		
고려	황룡성(군악) 룡강현		
1018	북계 서경 룡강현		
1102	서북면 룡강현		
1413	평안도 룡강현	산남방, 란을산방, 일련지방, 석정방, 오정방, 신정방, 다미방, 금천곡방, 우의술방, 어을동방, 고읍방, 화촌방, 당점방, 산북방	
1896	평안남도 룡강군	산남면, 봉현면, 일련지면, 보운면, 오정면, 신정면, 다미상면, 다미하면, 조양면, 금천곡면, 삼존면, 월곶면, 룡현면, 서화면, 당점면, 화촌면, 해안면, 운동면.	
1914	〃	봉산면(산남면과 봉현면을 합치어), 지운면(일련지면과 보운면을 합치어), 오신면(오정면과 신정면을 합치어), 다미면(다미상면과 다미하면을 합치어),	

연도	이름	관할지역	비고
1914	평안남도 룡강군	양곡면(조양면과 금천곡면을 합치어), 룡월면(룡현면, 월곶면, 삼존면을 합치어), 서화면(서화면, 화촌면, 당점면을 합치어), 해운면(해안면과 운동면을 합치어), 진남포에서 넘어 온 삼화면, 금곡면, 신령면, 초성면, 귀림면, 대대면.	
1939	〃	위와 같되 토성면과 귀림면을 합쳐 귀성면으로 개편.	
1947	〃	강서군 성암면 편입.	
1952	〃	면 폐지되면서 대대면, 신령면, 금곡면, 귀성면, 서화면, 룡월면, 해운면이 온천군에 넘어감.	
1979	남포시 룡강군	룡강군이 남포시에 편입.	
1997	〃	룡강읍, 양곡리, 삼화리, 룡흥리, 옥도리, 후산리, 애원리, 포성리, 룡호리, 성암리, 립송리(1개 읍. 10개 리)	

평양시 · 남포시행정구역도

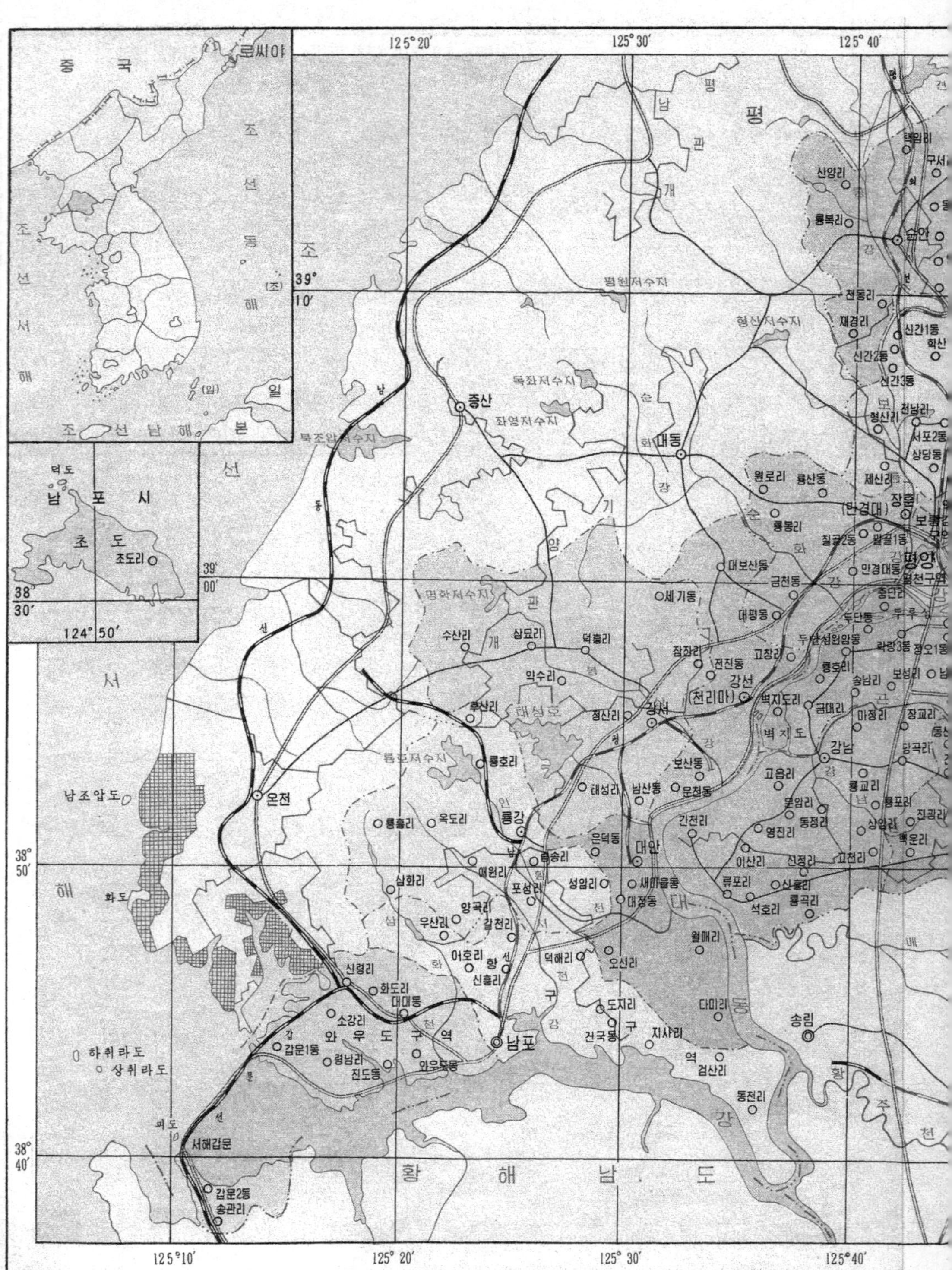

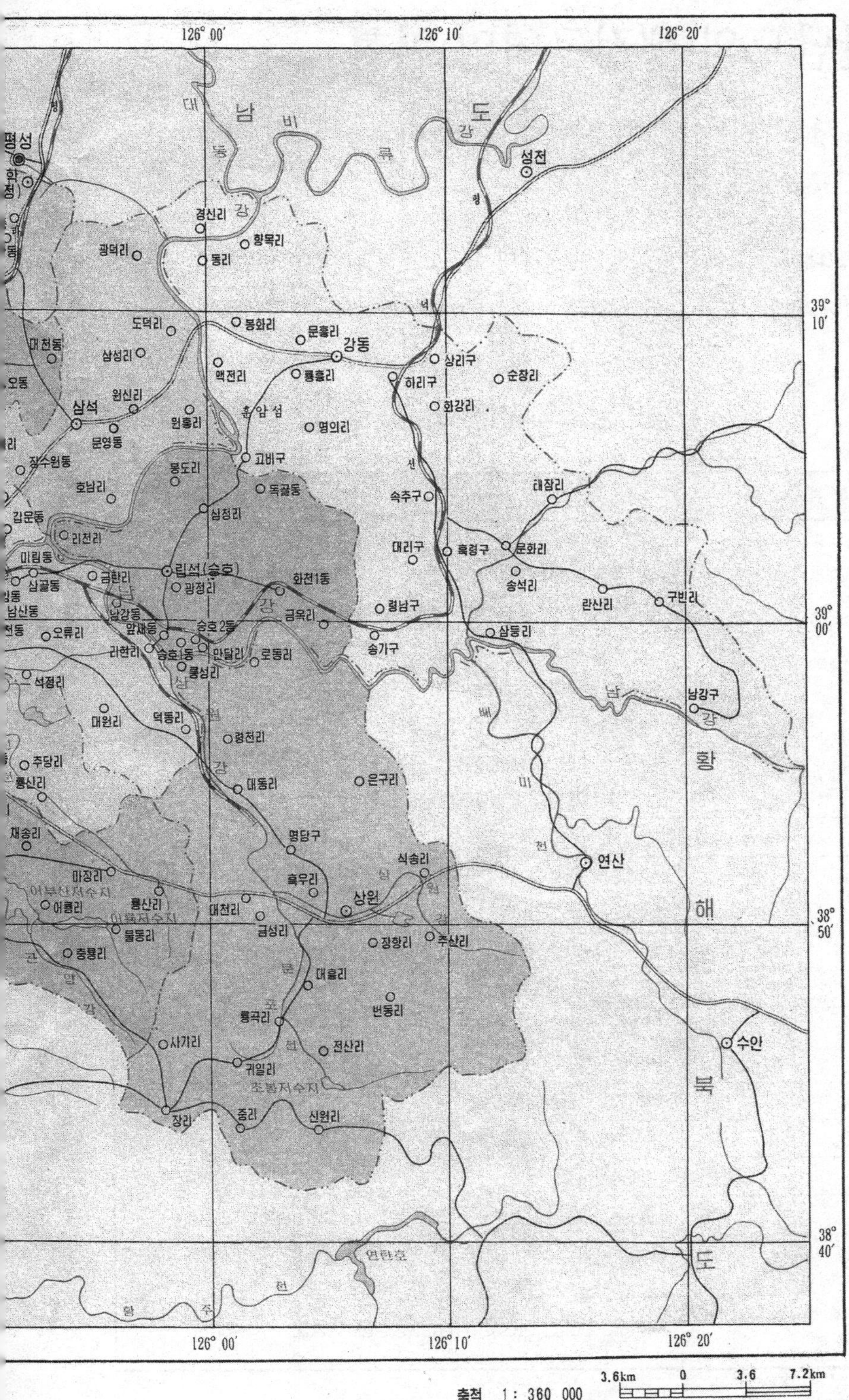
126° 00′
126° 10′
126° 20′
평성
성천
경신리
향목리
광덕리
동리
도덕리
봉화리
문흥리
강동
대천동
삼성리
액전리
룡흥리
상리구
하리구
순창리
오동
삼석
원신리
원흥리
명의리
화강리
문영동
고비구
장수원동
봉도리
호남리
독골동
심정리
속추구
태잠리
갑문동
리천리
대리구
흑령구
문화리
미림동
금탄리
립석(승호)
광정리
화천1동
송석리
삼골동
남신동
남강동
금옥리
령남구
란산리
구빈리
오류리
알새동
승호2동
송가구
삼동리
리현리
승호1동
만달리
로동리
룡성리
석정리
남강구
대원리
덕동리
령천리
추당리
룡산리
대동리
은구리
채송리
명당구
식송리
연산
마장리
흑우리
어룡리
룡산리
대천리
상원
물동리
금성리
장항리
추산리
충룡리
대흥리
번동리
룡곡리
사기리
전산리
수안
귀일리
장리
중리
신원리
연탄호
39° 10′
39° 00′
38° 50′
38° 40′
대동강
남강
황해북도
축척 1 : 360 000
3.6km 0 3.6 7.2km

03 평안남도의 행정구역명 연혁

본래 평안남도는 고대에는 고조선 땅이었고 3국시대에는 고구려 땅이었으며, 그 후에는 발해 땅에 속해 있었다. 평안남도는 평양의 관문이다.

【 평안남도의 변천 】

연 도	이 름	관 할 지 역	비 고
995 그 후	패서도 북계	서경 평양부, 강계부, 니성부, 안북대도호부, 구주, 선주, 린주, 의주, 룡주, 정주, 삭주, 창주, 운주, 연주, 가주, 박주, 곽주, 철주, 령주, 맹주, 덕주, 무주, 순주, 위주, 태주, 성주, 은주, 숙주, 자주, 수주, 강동현, 강서현, 중화현, 순화현, 통해현, 영청현, 함종현, 룡강현, 삼화현, 삼등현, 녕덕진, 위원진 정융진, 령삭진, 안의진, 청새린, 평로진, 조양진, 양암진, 수덕진, 안융진, 녕원진 (3개 부, 1개 대도호부, 26개 군, 10개 현, 12개 진)	
1102	서북면		
그 후	〃	서해도의 황주목, 안악군, 철화현, 장명진이 서북면에 편입.	
1388	〃	황주목, 안악군, 철화현, 장명진이 서해도에 다시 넘어 감	
1413	평안도		
1416	평안도	영길도 소훈두 서쪽지역을 떼내어 리연군을 내오고 평안도에 편입.	
1440	〃	무창현을 새로 내옴.	
1442	〃	무창현을 무창군으로 개편.	
1446	〃	우예군을 새로 내옴.	
1454	〃	평양부, 안주목, 의주목, 정주목, 녕변대도호부, 성천도호부, 삭주도호부, 강계도호부, 중화군, 상원군, 자산군, 순천군, 개천군, 덕천군, 린산군, 룡천군, 철산군, 곽산군, 수천군, 성천군, 가산군, 창성군, 벽동군,	

연 도	이 름	관 할 지 역	비 고
1454	평안도	운산군, 박천군, 태천군, 리산군, 회천군, 러연군, 자성군, 무창군, 우예군, 위원군, 삼동현, 강동현, 순안현, 중산현, 합종현 삼화현, 강서현, 룡강현, 영유현, 맹산현, 은산현, 양덕현, 정녕현(1개 부, 3개 목, 1개 대도호부, 3개 도호부, 25개 군, 13개 현)	
1456 1531	〃 〃	평양부, 녕변대도호부, 성천도호부, 숙천도호부, 창성도호부, 삭주도호부, 구성도호부, 강계도호부, 안주목, 정주목, 의주목, 중화군, 가산군, 철산군, 룡천군, 선천군, 곽산군, 운산군, 회천군, 전천군, 태천군, 덕천군, 개천군, 자산군, 순천군, 상원군, 위원군, 러산군, 벽동군, 녕원군, 룡강현, 삼화현, 함종현, 증산현, 순안현, 강서현, 영유현, 삼등현, 양덕현, 맹산현, 강동현, 은산현(1개 부, 1개 대도호부, 6개 도호부, 3개 목, 19개 군, 12개 현)	
1869	〃	후창군을 새로 내옴.	
1895	 평양부 의주부 강계부	전국의 행정구역을 23부제로 개편할 때 평안도는 평양부, 의주부, 강계부에 속함. 평양, 안주, 숙천, 순안, 룽강, 영유, 증산, 함종, 삼화, 자산, 강서, 덕천, 녕원, 회천, 맹산, 녕변, 운산, 순천, 개천, 은산, 양덕, 삼등, 강서, 상원, 중화, 황주, 성천 의주, 창성, 벽동, 삭주, 룡천, 철산, 선천, 곽산, 정주, 가산, 박천, 태천, 구성. 강계, 후창, 자성, 초산, 위원, 장진	
1896	평안남도	평양부, 중화군, 상원군, 상동군, 강동군, 강서군, 룡강군, 삼화군, 함종군, 증산군, 영유군, 순안군, 숙천군, 안주군, 개천군, 자산군, 순천군, 은산군, 성산군, 양덕군, 맹산군, 덕천군, 녕원군(1개 부, 22개 군)	
1914	평안남도	평양부, 진남포부, 대동군, 강서군, 룡강군, 중화군, 강동군, 성천군, 양덕군, 평원군, 안주군, 개천군, 순천군, 덕천군, 맹산군, 녕원군(2개 부,, 14개 군)	
1946	평안남도	위와 같되 평양부가 평양특별시로 되어 갈라져 나감(1개 시, 14개 군)	
1950	〃	위와 같되 진남포부를 남포시로 고침(1개 시, 14개 군)	
1952	〃	행정구역 개편으로 13개 군을 새로 내옴. 남포시, 대동군, 강서군, 룡강군, 중산군, 온천군,	

연도	이름	관할지역	비고
1952	평안남도	순안군, 평원군, 숙천군, 문덕군, 안주군, 개천군, 강남군, 중화군, 상원군, 강동군, 승호군, 성천군, 회창군, 신양군, 양덕군, 순천군, 은산군, 북창군, 맹산군, 덕천군, 녕원군, 대흥군(1개 시, 27개 군)	
1954	〃	위와 같되 대흥군이 함경남도에 넘어 감(1개 시, 26개 군)	
1959	〃	위와 같되 승호군이 평양시에 넘어 감(1개 시, 25개 군)	
1963	〃	위와 같되 강남군, 중화군, 상원군이 평양시에 넘어 감(1개 시, 22개 군)	
1965	〃	위와 같되 평성구를 새로 내옴(1개 시, 22개 군, 1개 구)	
1969	〃	위와 같되 평성구를 평성시로 개편(2개 시, 22개 군)	
1972	〃	위와 같되 대흥군이 함경남도에서 넘어 오고 순안군이 평양시에 넘어 감(2개 시, 22개 군)	
1974	〃	위와 같되 은산군이 순천군에 합쳐짐(2개 시, 21개 군)	
1979	〃	위와 같되 남포시 룡강군 강서군이 남포직할시에 넘어감(1개 시, 19개 군)	
1980	〃	위와 같되 청남구를 새로 내옴(1개 시, 1개 구, 19개 군)	
1982	〃	위와 같되 강동군이 평양시에 넘어 감(1개 시, 1개 구, 18개 군)	
1983	〃	위와 같되 순천군이 시로 됨(2개 시, 1개 구, 17개 군)	
1986	〃	위와 같되 덕천군이 시로 됨(3개 시, 1개 구, 16개 군)	
1987	〃	위와 같되 안주군이 시로 됨(4개 시, 1개 구, 15개 군)	
1990	〃	위와 같되 개천군이 시로 됨(5개 시, 1개 구, 14개 군)	
1992	〃	위와 같되 은산군을 다시 내옴(5개시, 1개 구, 15개 군)	
1995	〃	위와 같되 득장지구를 새로 내옴(5개 시, 1개 구, 1개 지구, 15개 군)	
1997	〃	위와 같되 운곡지구를 새로 내옴(5개 시, 1개 구, 2개 지구, 15개 군)	
1998	〃	위와 같되 청남구를 없애고 문덕군에 합침(5개 시, 2개 지구, 15개 군)	
1999	〃	문덕군을 갈라 청남구를 다시 내옴 평성시, 순천시, 덕천시, 안주시, 개천시, 득장지구, 운곡지구, 대동군, 중산군, 온천군, 평원군, 숙천군, 문덕군, 성천군, 회창군, 신양군, 양덕군, 북창군, 맹산군, 녕원군, 대흥군, 은산군, 청남구(5개 시, 2개 지구, 1개 구, 15개 군)	

【 평성시의 변천 】

연도	이름	관할지역	비고
1965	평성구	사인동, 봉학동, 덕산동, 하리, 상차리, 하차리(3개 동, 3개 리) 순천군에서 월포리, 삼룡리, 청옥리, 후탄리, 강동군에서 하단리, 한왕리가 편입되고 사인동을 갈라 옥전동, 평성동, 두무동, 신배동을, 봉학동 일부를 갈라 주래동과 련한동을 신설하고 하리를 배산동으로 개편하였으며 하차리를 상차리에 합침.	
1967	평성시	구를 시로 개편하면서 22개 동, 6개 리로 구성함. 구월동, 보덕동, 덕산동, 삼화동, 송령동, 배산동, 지경동, 상차동, 하차동, 문화동, 오리동, 두무동, 평성동, 은덕동, 덕성동, 옥전동, 양지동, 중덕동, 주래동, 봉학동, 학수동, 팽천동, 월포리, 삼룡리, 후탄리, 청옥리, 하단리, 한왕리	
1969	〃	순안군의 어중리, 률화리가 편입됨(22개 동, 8개 리)	
1969년 12월 31일	〃	순천군 사인리 → 도청소재지	
1972	〃	순천군의 자산리, 자모리, 백승리, 화포리, 운흥리, 고천리가 편입됨(22개 동, 14개 리)	
1974	〃	한왕리를 경신리로 개칭함.	
1981	〃	중덕동 일부를 갈라 역전동을 신설함(23개 동, 14개 리)	
1989	〃	덕산동, 배산동과 지경동, 송령동의 일부 지역을 떼내어 평양시 은정구역으로 넘기고 지경동의 일부 지역을 하차동에 넘기고 지경동을 없앰.	
1995	〃	구월동, 보덕동, 삼화동, 송령동, 상차동, 하차동, 문화동, 오리동, 두무동, 평성동, 은덕동, 덕성동, 옥전동, 양지동, 주래동, 중덕동, 봉학동, 학수동, 팽천동, 역전동, 월포리, 삼룡리, 후탄리, 청옥리, 하단리, 경신리, 어중리, 류화리, 자산리, 자모리, 운흥리, 고천리, 백송리, 화포리(20개 동, 14개 리)	

【 안주시의 변천 】

연도	이름	관할지역	비고
고구려	팽원		
931	안북		
983	녕주안북	대도호부	
1018	안북	대도호부	
1369	안주	만호부	
1413	안릉목 안주목		
1499	안주진	정주목, 숙천도호부, 가산군, 영유현 관할.	
1682	안주목	25개의 방어군 12개 진, 6개 현 관할. 25개의 방어군(구주, 선주, 룡주, 정주, 린주, 의주, 삭주창주, 운주, 연주, 박주, 가주, 곽주, 철주, 령주, 맹주, 덕주, 무주, 순주, 위주, 태주, 성주, 은주, 숙주, 개주) 12개의 진(녕덕, 위연, 정융, 병상, 안의, 청색, 평로, 조양, 양운, 수덕, 안융, 녕원) 6개의 현(통해현, 영청현, 함종현, 룡강현, 삼화현, 삼등현)	
1871	평안도 안주군	주내방, 청산방, 문곡방, 동주내방, 운곡방, 대대방, 평호방, 연통방, 루천방, 남면방, 서면방, 갈화방, 룡두방(13개 방)	
1896	평안남도 안주군	읍부면, 주남면, 주북면, 청산면, 운곡면, 동면, 문곡면, 연동면, 평호면, 니산면, 대대면, 루천면, 남송면, 남면, 서면, 갈화면, 룡두면(17개 면)	
1914	〃	주내면, 신안주면, 동면, 운곡면, 연호면, 대니면, 립석면, 룡화면(8개 면)	
1916	〃	주내면이 안주면으로 개편.	
1939	〃	안주면이 안주읍으로 개편.	
1949	〃	안주읍이 안주면으로 개편.	
1952	〃	안주읍, 미상리, 룡연리, 삼룡리, 금성리, 선흥리, 장천리, 원풍리, 원흥리, 운송리, 창송리, 청승리, 송학리, 남창리, 운학리, 룡계리, 룡흥리, 평률리, 상서리, 운흥리, 룡북리, 립석리, 반룡리, 구릉리, 룡담리, 룡전리, 중흥리(1개 읍, 26개 리) ※ 안주면 차장리는 평북도 박천군으로, 연호면, 대니면, 립석면, 룡화면은 문덕군으로 이관됨.	

연도	이름	관할지역	비고
1953	평안남도 안주군	개천군 서남리 일부 지역이 상서리에 편입.	
1954	〃	상서리의 일부를 분리하여 송암리를 새로 내옴. 삼룡리 일부를 분리하여 안주읍에 편입.	
1963	〃	원흥리를 신안주 노동자구로 개편.	
1967	〃	금성리는 원풍리에, 삼봉리 일부는 안부읍에 운학리 일부와 삼룡리를 미상리에 편입.	
1974	〃	운흥리를 룡흥리에 편입.	
1977	〃	룡흥리를 연풍리로 개칭.	
1980	〃	평북도 박천군 송도리, 덕성노동자구, 룡흥리가 안주군에 편입되고 덕성노동자구는 남흥노동자구로 개칭.	
1987	평안남도 안주시	안주군이 시로 개편되면서 안주읍을 등방산동, 남성동, 칠성동으로, 신안주구와 송학리 일부를 역전동, 신원동, 원흥동으로, 남흥노동자구를 남평동, 구봉동, 남흥동, 덕성동, 독산동으로 분리하여 내오고 미상리 일부를 풍년동에 편입하며 원풍리 일부를 청천강동으로, 창송리를 창송동으로, 룡연리를 룡연동으로 개편하여 15개 동과 남칠리, 송학리, 청송리, 운송리, 운학리, 미상리, 룡전리, 선흥리, 장천리, 상서리, 평률리, 송암리, 원풍리, 룡계리, 연풍리, 룡흥리, 반룡리, 룡화리, 송도리, 등 리로 구성.	
1993	〃	신원동, 풍년동, 창송동, 운학리, 미상리 일부로 문봉리를 내오고 송암리를 송암동으로, 미상리를 미상동으로 개편.	
1994	〃	문봉리를 문봉동으로 개편.	
1997	〃	룡북리, 룡담리, 룡전리, 중흥리, 립석리, 반룡리, 구룡리가 운곡지구에 넘어 감. 등반산동, 남천동, 칠성동, 역전동, 신원동, 원흥동, 남평동, 구봉동, 남흥동, 룡흥리, 송도리, 원풍리, 청천강동, 룡계리, 연풍리, 룡화리, 평률리, 상서리, 송암동, 선흥리, 장천리, 룡연동, 풍년동, 미상동, 창송동, 운송리, 청송리, 남칠리, 송학리, 운학리, 문봉동, 덕성동, 독산동(18개 동, 15개 리)	

순천시(順川市)

도소재지의 북서부에 있는 시. 1983년 순천군을 개편하여 내 온 시인데 순천은 1413년부터 불리워오던 오랜 이름이다. 이전에 불러오던 이 고장의 이름 순주에서 순자를 따고 규례에 따라 천자를 붙여 순천이라 하였다.

【 순천시의 변천 】

연도	이름	관할지역	비고
고구려 983년 (고려 성종 2년) 1257 (고려 고종 44년)	정융군 순주(방어사) (북계) 순주(진군사)		
1413년	(평안도)순천군	군내방, 활동방, 료포방, 점석포방, 봉수방, 소지방, 분지현방, 신원방, 밀전방, 뢰봉방, 학천방, 천장방, 룡도방, 옥정방, 광천방, 잠사방(16개 방)	
1891	순천군	군내방, 활동방, 선도방, 룡포방, 봉수방, 소상방, 소하방, 분지방, 원하방, 원상방, 밀전방, 학천방, 뢰봉방, 인하방, 릉도방, 옥정방, 광천방, 잠하방, 잠상방(19개 방)	
1896	순천군	군내면, 활동면, 선도면, 봉수면, 룡포면, 소상면, 소하면, 원상면, 원하면, 분지면, 밀전면, 학천면, 뢰봉면, 인화면, 릉도면, 옥정면, 광천면, 잠하면, 잠상면(19개 면) 릉도면, 잠하면, 잠상면이 덕천군으로, 뢰봉면, 인화면, 광천면, 옥정면, 학천면이 맹산군으로 넘어 감. 자산군의 운암면, 자산면, 백동면, 산성면, 풍전면, 린동면, 룡곡면, 오탄면, 귀후면, 월탄면(10개 면)과 은산군의 진북면, 함오면, 마산면, 인산면, 성내면, 현내면, 풍전면,후덕면, 제남면, 모현면, 경천면, 락민면, 봉명면, 선원면, 룡화면(15개 면), 개천군의 내림천면이 편입됨.	
1914	순천군	군내면, 활동면, 선도면을 합쳐 군내면으로, 봉수면, 룡포면을 합쳐 오운면으로, 소상면, 소하면, 선원면을	

연도	이름	관할지역	비고
1914	순천군	합쳐 선소면으로, 분지면, 원상면, 원하면을 합쳐 신창면으로, 진북면, 함오면, 마산면, 인산면을 합쳐 북창면으로, 성내면, 현내면, 풍전면, 후덕면을 합쳐 은산면으로, 제남면, 모현면을 합쳐 제현면으로, 경천면, 락민면을 합쳐 성산면으로, 자산면, 운암면을 합쳐 자산면으로, 백동면, 산성면, 풍전면을 합쳐 풍산면으로, 오탄면, 귀후면, 월탄면을 합쳐 후탄면으로, 룡곡면, 린동면을 합쳐 린곡면을 내오고 밀전면, 룡화면, 내남면, 봉명면을 그대로 둠(16개 면)	
1916	〃	군내면, 오운면을 합쳐 순천면으로하고 린곡면을 사인면으로 고침.	
1929	〃	신창면, 밀전면, 룡화면을 합쳐 신창면으로, 은산면, 제현면, 성산면을 합쳐 은산면으로, 자산면, 풍산면을 합쳐 자산면으로 하고 선소면, 북창면, 후탄면, 봉명면, 내남면을 그대로 둠(10개 면)	
1939	〃	위와 같되 봉명군을 개천군에 넘김(9개 면)	
1943	〃	위와 같되 신창면을 신창면과 밀전면으로 가름(10개 면)	
1949	〃	순천면, 선소면, 북창면, 은산면, 신창면, 밀전면, 내남면, 자산면, 사인면, 후탄면(10개 면)	
1952	〃	순천읍, 창리, 룡봉리, 원상리, 강포리, 평리, 금천리, 북창리, 룡악리, 오봉리, 룡담리, 내남리, 신룡리, 응봉리, 신더리, 룡지리, 자모리, 운흥리, 풍덕리, 백송리, 고천리, 자산리, 련포리, 동암리, 봉학리, 사인리, 청옥리, 덕산리, 화포리, 월포리, 월탄리, 후탄리, 삼릉리(1개 읍, 31개 리)	
1953	〃	위와 같되 창리를 순천읍에 합치고 강포리 일부로 전산리를, 신흥리 일부로 신리를 내옴(1개 읍, 32개 리)	
1958	〃	위와 같되 전산리를 갈라 순천읍과 금천리에 편입시키고 평리 일부를 순천읍에 편입(1개 읍, 31개 리)	
1965	〃	위와 같되 봉학리, 사인리, 덕산리를 평성구에 넘김. 련포리를 련포노동자구로 고침(1개 읍, 1개 노동자구, 27개 리)	
1967	〃	위와 같되 월포리, 삼룡리, 후탄리, 평옥리를 평성구에 넘김. 룡지리 일부가 풍덕리에 들어 감(1개 읍, 1개 노동자구, 23개 리)	

연도	이름	관할지역	비고
1974	순천군	자산리, 고천리, 백송리, 화포리, 운흥리, 자모리를 평성시에 넘김. 은산군의 은산읍, 부산노동자구, 중산리, 성산리, 천성노동자구, 구봉노동자구, 밀전리, 동삼리, 류정리, 수원리, 신창리, 망일리, 수덕리, 룡흥노동자구, 연합리, 수양리, 제현리, 서남리, 재동노동자구, 룡화리, 승화리 일부가 넘어 옴. 은산읍을 은산노동자구로 고침(1개 읍, 7개 노동자구, 32개 리)	
1983	순천시	군을 시로 고침. 동, 리를 크게 개편. 순천동, 수복동, 금산동, 동암동, 련포동, 봉화동, 련봉동, 룡악동, 금천동, 응봉동, 장선동, 재동, 룡흥동, 구봉동, 천성동, 성산동, 학산동, 오사동, 중산동, 직동, 부흥동, 새덕동, 수양동, 평리, 북창리, 오봉리, 룡봉리, 원상리, 강포리, 내남리, 신리, 신흥리, 신덕리, 룡지리, 풍덕리, 서남리, 제현리, 승화리, 연합리, 룡화리, 수덕리, 망일리, 신창리, 수원리, 류정리, 동삼리, 밀전리(23개 동, 24개 리)	
1989	〃	위와 같되 수복동 일부로 강안동을, 련봉동과 장선동 일부 지역을 갈라 봉우동을, 장선동 일부 지역을 갈라 은산동을, 강포리 일부로 석수동을, 승화리 일부로 은포동을 내오고 강포리를 강포동으로 고침(29개 동, 23개 리)	
1992	〃	은산군을 다시 내오면서 장선동, 은산동, 재동, 제현리, 승화리, 은포동, 수양동, 연합리, 룡화리, 룡흥동, 수덕리, 망일리, 신창리, 수원리, 류정리, 동삼리, 밀전리, 구봉동, 천성동, 직동, 부흥동을 은산군에 넘김. 장선동 일부가 봉우동에 들어가고 봉우동 일부가 은산읍에 들어 감. 순천동, 수복동, 강안동, 금산동, 새덕동, 석수동, 동암동, 련포동, 봉화동, 련봉동, 봉우동, 룡악동, 금천동, 학산동, 성산동, 강포동, 응봉동, 오사동, 중산동, 평리, 북창리, 오봉리, 룡봉리, 내남리, 신흥리, 신덕리, 룡지리, 풍덕리, 풍덕리, 서남리, 원상리, 신리(19개 동, 12개 리)	
1992	순천시	은산군에서 직동노동자구, 부흥노동자구가 지동, 부흥동으로 고쳐져 넘어 옴.	

연도	이름	관할지역	비고
1992	순천시	서덕동의 일부와 순천동의 일부, 평리의 일부로 역전동을 새로 내옴(22개 동, 12개 리)	
1995	〃	성산동, 학산동이 은산군에 넘어 감.	
1997	〃	직동과 부흥동을 갈라 새마을동을 내옴. 신흥리가 운곡지구에 넘어 감. 순천동, 수복동, 강안동, 금산동, 평리, 동암동, 련포동, 봉화동, 련봉동, 룡악동, 북창리, 오봉리, 룡봉리, 원상리, 강포동, 석수동, 금천동, 내남리, 신리, 응봉동, 신덕리, 룡지리, 풍덕리, 봉우동, 서남리, 오사동, 중산동, 직동, 부흥동, 새덕동, 역전동, 새마을동(21개 동, 11개 리)	

개천시(价川市)

도의 서북쪽에 있는 시. 1990년에 개천군을 개편하여 내 온 시인데, 시 이름 개천은 이미 조선조 초에 생긴 이름이다. 개는 대동강과 청천강 사이에 끼어 있는 고장이라는 뜻에서 붙인 것이며, 천은 주보다 작은 고을에 붙인 단위이름이다.

그러니 개천은 큰 두강 사이에 끼어 있는 고을이라는 뜻을 나타낸다. 고려시기 이후의 명칭은 다음과 같이 변하여 왔다.

【 개천시의 변천 】

연도	이름	관할지역	비고
930 (고려 태조 13년)	안수진		
1018(현종 9년)	련주	방어사를 둠.	
그 후	조양진		
1215(고종 2년)	련주	방어사를 둠.	
1217(고종 4년)	의주개주		
1413	개천군		

연도	이름	관할지역	비고
1896	개천군	군내면, 내동면, 외동면, 중남면, 외서면, 중서면, 북면, 내남면(8개 면)	
1914	〃	위와 같되 내남면을 순천군으로 넘김(7개 면)	
1916	〃	위와 같되 군내면과 내동면을 통합하여 조양면으로 개편 외서면을 개천면으로 개칭(6개 면)	
1939	〃	위와 같되 개천면을 개천읍으로 개편(1개 읍, 5개 면)	
1940	〃	위와 같되 순천군 봉명면을 개천군 외동면과 통합하여 봉동면으로 개편(1개 읍, 5개 면)	
1949	〃	위와 같되 개천읍을 개천면으로 개편(6개 면)	
1952	〃	위의 면이 전부 폐지되고 개천군의 6개 면(개천면, 중서면, 중남면, 조양면, 북면, 봉동면)과 안주군 동면 금서리와 금천리, 평안북도 녕변군 연산면 도화리를 포함하여 1개 읍, 22개 리로 개편. 개천읍, 군우리, 외서리, 보부리, 청룡리, 룡전리, 평화리, 대각리, 서남리, 광도리, 외동리, 북방리, 동창리, 알일리, 룡운리, 구읍리, 내동리, 북원리, 람전리, 룡담리, 삼봉리, 준혁리, 도화리	
1952	〃	위와 같되 룡담리를 룡담노동자구로 개편.	
1953	〃	위와 같되 순천군 룡암리를 넘겨 받음. 성남리 일부가 안주군 상서리에 넘어 감.	
1958	〃	위와 같되 알일리 일부 지역을 조양노동자구를 새로 내옴 평화리를 분리하여 외서리, 보부리, 룡전리, 서남리에 각각 편입.	
1961	〃	람전리를 람전노동자구로 개편.	
1963	〃	위와 같되 삼봉리를 삼봉노동자구로, 룡전리를 룡전노동자구로 개편. 묵방리를 묵방노동자구로 개편.	
1967	〃	위와 같되 북원리를 북원노동자구로, 군우리를 군우노동자구로, 서남리를 룡원노동자구로, 알일리를 알일노동자구로, 람전노동자구 일부가 룡담노동자구에 들어 감. 룡담노동자구 일부가 람전노동자구에 들어 감.	
1969	〃	위와 같되 룡암리가 룡원노동자구에 들어 감.	
1984	〃	위와 같되 봉창리가 북창군으로 넘어 감.	

연도	이름	관할지역	비고
1990	개천시	군이 시로 됨.	
1997	〃	천리길동, 신성동, 광복동, 삼포동, 자작동, 전진동, 람전동, 조양동, 삼봉동, 봉천동, 북원동, 인흥동, 군우동, 강철동, 약수동, 룡전동, 서남동, 각암동, 룡암동, 알일동, 북방동, 건지동, 남원동, 룡대동, 승창동, 준혁리, 외서리, 도화리, 보부리, 청룡리, 광도리, 대각리, 룡운리, 구유리, 등림리, 외동리, 룡원동(26개 동, 11개 리)	

덕천시(德川市)

도의 동북쪽에 위치한 시. 1986년 평안남도 덕천군을 개편하여 내 온 시인데, 덕천은 1413년부터 큰 덕지대에 있는 고장이라 하여 불리우는 이름이다. 고려시기 이후 시의 명칭은 다음과 같이 변하여 왔다.

【 덕천시의 변천 】

연도	이름	관할지역	비고
고려초	료원군(장덕진)		
1001(목종 4년)	덕주		
1260(원종 원년)	(안주에 편입)		
1283(충렬왕 6년)	(성주에 편입)		
1371(공민왕 20년)	덕주군 (성주에서 분리)		
1413	덕천군		
1414	덕맹현 (맹산군과 통합)		
1415	덕천군 (맹산군분리)		
1871	덕천군	군내방, 덕안방, 일하방, 신풍방, 신덕방, 금성방, 좌양방, 무릉방, 태극외방, 태극내방(10개 방)	

연도	이름	관할지역	비고
1896	평안남도 덕천군	군내면, 무릉면, 덕안면, 일하면, 신풍면, 신덕면, 금성면, 좌양면, 태극외면, 태극내면, 순천군 릉도면, 잠하면, 잠상면이 편입(13개 면)	
1914	〃	릉도면과 잠하면이 합쳐 잠도면으로, 군내면과 무릉면이 합쳐 군무면으로, 신풍면과 신덕면이 합쳐 풍덕면으로, 금성면과 좌양면이 합쳐 성양면으로 개편. 군무면, 일하면, 덕안면, 풍덕면, 성양면, 태극내면, 태극외면, 잠도면, 잠상면(9개 면)	
1916	〃	위와 같되 덕안면과 군무면이 합쳐 덕천면으로 개편.	
1917	〃	태극내면, 태극외면이 합쳐 태극면으로 개편(7개 면)	
1943	〃	태극면이 녕원군으로 넘어 감(6개 면)	
1952	〃	위의 면이 폐지되면서 덕천면, 일하면, 풍덕면, 성양면 령역은 덕천군으로 들어와 1개 읍, 22개 리로 개편. 덕천읍, 청송리, 신성리, 상덕리, 운흥리, 형봉리, 장상리, 구장리, 무창리, 인동리, 풍곡리, 신풍리, 장동리, 신흥리, 승정리, 영웅리, 금성리, 련당리, 수하리, 남양리, 제남리, 장안리, 무릉리 ※ 잠도면, 잠상면 령역은 북창군으로 넘어 감.	
1954	〃	위와 같되 북창면의 삼흥리가 편입(1개 읍, 23개 리)	
1958	〃	위와 같되 장상리를 장상노동자구로 개편(1개 읍, 1개 노동자구, 22개 리)	
1963	〃	위와 같되 안동리 일부가 청송리에 들어가고 청송리를 청송노동자구로, 형봉리를 형봉노동자구로 개편(1개 읍, 3개 노동자구, 20개 리)	
1967	〃	위와 같되 무릉리와 장안리를 합쳐 장안노동자구로, 제남리를 제남노동자구로 개편(1개 읍, 5개 노동자구, 17개 리)	
1981	〃	위와 같되 상덕리를 상덕노동자구로, 신성리를 신성노동자구로 개편, 청송노동자구 일부를 오산노동자구로 신설. 장안노동자구를 남덕노동자구로 개칭(1개 읍, 8개 노동자구, 15개 리)	
1982	〃	위와 같되 금성리, 영웅리, 송정리를 덕천읍에 편입하고 수하리, 련당리, 신흥리를 남양리에 편입(1개 읍, 8개 노동자구, 9개 리)	

연도	이름	관할지역	비고
1986	평안남도 덕천시	군이 시로 되면서 덕천읍을 갈라 승리동, 역전동, 강안동, 덕성동, 서문동, 창말동, 은덕동, 공원동, 흥덕동, 치명동, 삼탄동으로 개편. 신성노동자구를 상신동과 신성리로, 형봉노동자구를 형봉동과 월봉동으로, 청송노동자구를 청송동과 청신동으로, 오산노동자구를 오산동으로, 상덕노동자구를 상덕동으로, 장상노동자구를 장상동으로, 남덕노동자구를 남덕동으로, 제남노동자구를 제남동과 남양동으로 개편(22개 동, 10개 리)	
1991	〃	위와 같되 치명동이 신흥동으로, 남양동이 남산동으로 개칭(22개 동, 10개 리)	
1997	〃	승리동, 역전동, 강안동, 덕성동, 서문동, 창말동, 은덕동, 공원동, 흥덕동, 신흥동, 삼탄동, 장상동, 제남동, 남덕동, 청송동, 오산동, 신성리, 상신동, 삼흥리, 상덕동, 형봉동, 월봉동, 운흥리, 구장리, 무창리, 안동리, 풍곡리, 신풍리, 장동리, 청신동, 남양리(22개 동, 10개 리)	

【 대동군의 변천 】

연도	이름	관할지역	비고
1914	대동군	고평면, 김제면, 남곶면, 시족면, 부산면, 재경리면, 룡산면, 청룡면, 추을미면, 률리면, 룡연면, 서천면, 남형제산면, 대보면, 림원면, 룡악면, 대동강면(17개 면)	
1939	〃	서천면, 대동강면이 폐지됨(15개 면)	
1946	〃	림원면의 일부(남사리, 북사리, 고산리, 상오리, 청호리, 양암리)를 평양특별시에 떼어 넘김.	
1947	〃	청룡면, 률리면, 룡연면, 남곶면을 중화군에, 시족면을 강동군에, 대보면을 강서군에 떼어 넘기고 평원군 동암면, 순안면, 량화면을 대동군에 편입시킴(12개 면)	
1948	〃	고평면의 상단리, 중단리, 하단리를 평양특별시에 떼어 넘김.	
1949	〃	순안면, 량화면, 동암면, 재경리면(간리를 간일리와 간이리로, 방장리를 방장일리와 방장이리로 가름), 남형제산면, 김제면, 림원면, 부산면(범사리를 동범사리와 서범사리로 가름), 룡악면, 고평면, 룡산면(11개 면)	

연도	이름	관할지역	비고
1952	대동군	위의 면이 전부 폐지되고 순안면, 동암면, 량화면, 재경리면, 부산면, 룡악면이 순안군에 들어가고 림원면 가운데서 8개 리, 고평면, 룡산면, 김제면, 남형제산면의 전체 리와 평원군의 덕산면에서 7개 리를 포함하여 1개 읍, 24개 리로 됨. 대동읍(조촌), 룡산리, 룡봉리, 원로리, 만경대리, 망일리, 금천리, 대평리, 원장리, 순화리 장산리, 학수리, 금정리, 서제리, 고산리, 와우리, 시정리, 고천리, 당촌리, 서포리, 화성리, 청계리, 덕촌리, 덕화리, 천남리	
1953	〃	위와 같되 천남리를 갈라서 하당리를 내오고 룡봉리 일부를 갈라서 대동읍에 편입(1개 읍, 25개 리)	
1954	〃	위와 같되 하당리 일부를 당촌리에 편입.	
1959		위와 같되 서포리, 하당리, 화성리, 청계리, 대동읍, 만경대리, 룡봉리, 룡산리, 당촌리, 고천리, 천남리를 평양시에 떼어 넘기고 증산군 마산리, 성철리, 성삼리, 연곡리, 가장리, 반석리와 강서군 팔청리, 대보산리를 넘겨 받고 시정리를 대동읍으로 고침(1개 읍, 22개 리)	
1961	〃	원장리를 대동읍으로, 이전 대동읍을 시정노동자구로 고치고 성칠리 일부를 마산리에 편입(1개 읍, 1개 노동자구, 21개 리)	
1966	〃	원로리, 금천리, 망일리, 대평리를 평양시에 떼어 넘김(1개 읍, 1개 노동자구, 17개 리)	
1967	〃	원로리 일부와 장산리 일부를 떼내어 원천리를 내옴. 순화리, 금정리 일부를 떼내어 대동읍에 편입.	
1972	〃	순안군 상서리, 판교리, 중석화리, 오금리를 넘겨 받음(1개 읍, 1개 노동자구, 22개 리)	
1987	〃	팔청리 일부를 대보산리에 떼어 붙이고 대보산리를 남포시에 넘김(1개 읍, 1개 노동자구, 21개 리)	
1997	〃	대동읍, 시정노동자구, 장산리, 원천리, 순화리, 가장리, 연곡리, 성삼리, 성칠리, 금정리, 마산리, 덕화리, 덕촌리, 서제리, 학수리, 고산리, 와우리, 상서리, 판교리, 중석화리, 오금리, 팔청리, 반석리(1개 읍, 1개 노동자구, 21개 리)	

온천군(溫泉郡)

도의 서남쪽에 있는 군. 1952년에 평안남도 룡강군에서 7개 면을 갈라내어 새로 내 온 군인데, 예로부터 이름난 온천이 있어 온천군이라고 하였다. 온천군 지역의 고구려 이전시기 행정지명은 알 수 없다.

고려시기에 북부일대는 아선성(함종부), 중부일대는 황룡성(룡강현), 서남부는 삼화현에 소속되어 있었다. 조선시대에는 삼화현의 대부분과 룡강현의 일부, 함종부의 일부가 소속되어 있었다.

온천군 소재지의 옛 이름은 어을동이라고 하는데, 어을은 샘을 뜻하는 고구려 말이다. 조선조 때 군소재지 지역은 룡강군 어을동방이었는데 1891년에는 운동방으로 바뀌었다.

【 온천군의 변천 】

연도	이름	관할지역	비고
1952	온천군	온천읍, 마영리, 송현리, 룡월리, 금당리, 금곡리, 보림리, 소강리, 대대리, 화도리, 한현리, 석치리, 서화리, 원읍리, 금성리, 귀성리, 중악리, 대령리, 령남리, 신령리, 성현리, 운하리(1개 읍, 21개 리)	
1953	〃	대대리 일부를 분리하여 화도리에 편입.	
1958	〃	증산군 안석리가 온천군에 편입(1개 읍, 22개 리). 성현리 일부, 대령리 일부가 온천읍에, 마영리 일부, 서화리 일부가 송현리에 증산군 장안리 일부가 마영리에 편입(1개 읍, 22개 리)	
1963	〃	대대리, 화도리를 남포시에 넘김(1개 읍, 20개 리)	
1965	〃	원읍리, 중앙리, 보림리가 노동자구로 개칭(1개 읍, 3개 노동자구, 17개 리)	
1967	〃	원읍노동자구 일부가 대령리에, 귀성리 일부가 중악노동자구에, 안석리 일부와 서화리와 강서군 수산리 일부가 룡월리에 편입.	
1974	〃	소강리, 령남리, 신령리를 남포시에 넘김.	
1991		안석리 일부를 갈라내어 새로 개간한 간석지와 합쳐 은덕리와 은정리를 새로 내옴. 귀성리와 마영리가 노동자구로 개칭(1개 읍, 5개 노동자구, 14개 리)	

연도	이름	관할지역	비고
1997	온천군	온천읍, 원읍노동자구, 보림노동자구, 귀성노동자구, 마영노동자구, 중악노동자구, 성현리, 송현리, 한현리, 룡월리, 서화리, 은정리, 은덕리, 연석리, 석치리, 운하리, 대령리, 금성리, 금곡리, 금당리(1개 읍, 5개 노동자구, 14개 리)	

【 문덕군의 변천 】

연도	이름	관할지역	비고
1952	문덕군	문덕읍, 남상계리, 룡남리, 금계리, 상북동리, 어룡리, 니시리, 만흥리, 룡흥리, 협흥리, 룡중리, 룡빈리, 룡담리, 마산리, 남이리, 동사리, 상팔리, 인흥리, 동림리, 서호리, 룡림리, 성법리, 신리, 룡북리, 박비리	
1953	〃	동림리를 분리하여 동림리와 룡오리로 함. 남이리 일부를 분리하여 박비리에 편입. 문덕읍을 립석리로 개편하고 협흥리를 문덕읍으로 개편	
1954	〃	신리 일부를 안주노동자구로 개편. 박비리를 룡오리에 편입하고 박비리를 폐지 함.	
1958	〃	룡흥리 일부를 립석리에 편입함.	
1977	〃	니서리를 풍년리로 개칭함.	
1980	〃	안주노동자구 전부와 신리의 일부, 룡복리 일부지역 청남구로 넘어감.	
1981	〃	만흥리, 상북동리 일부지역을 갈라내어 문덕읍에 편입함	
1991	〃	서호리를 서호노동자구로 개편. 청남구를 없애고 4개 노동자구로 개편하여 문덕군에 편입함.	
1997	〃	문덕읍, 상북동리, 금계리, 남상계리, 룡남리, 어룡리, 풍년리, 만흥리, 룡담리, 마산리, 룡반리, 룡중리, 성법리, 룡흥리, 립석리, 룡림리, 서호노동자구, 룡북리, 인흥리, 동림리, 룡오리, 상팔리, 동사리, 남이리, 신리, 문화노동자구, 상봉노동자구, 충성노동자구, 효성노동자구(1개 읍, 23개 리, 5개 노동자구)	
1999	〃	문화노동자구, 상봉노동자구, 충성노동자구, 효성노동자구와 신리, 룡북리를 청남구로 넘김.	

연도	이름	관할지역	비고
1999	문덕군	문덕읍, 상북동리, 금계리, 남상계리, 룡남리, 어룡리, 풍년리, 룡반리, 만흥리, 룡담리, 마산리, 룡중리, 성법리, 룡흥리, 립석리, 룡림리, 서호노동자구, 인흥리, 동림리, 룡오리, 상팔리, 동사리, 남이리(1개 읍, 21개 리, 1개 노동자구)	

【 벽동군의 변천 】

연도	이름	관할지역	비고
1949	평안남도 벽동군	성남면 남상리를 분리하여 남상리와 남사리로 변경함. 송서면 이시리를 분리하여 이시리와 일서리, 삼서리로 하고 송사리를 분리하여 송사리와 륙서리로 하고 련수리를 분리하여 련수리, 련하리, 상평리로 변경함.	
1952	〃	면 폐지.	
		벽동군은 전벽동군 권희면, 상남면, 상서면의 전체 리와 벽동면중 12개 리를 포함하여 읍과 리들을 구성함. 벽동읍(벽동면 동주리, 중앙리, 이동리), 대동리(벽동면 대동리, 대덕리), 영풍리(벽동면 영풍리, 권희면 복흥리 일부), 남서리(벽동면 답은리, 송흥리, 회평리 일부), 마전리(벽동면 마흥리, 회평리 일부), 동하리(벽동면 동하리, 후동리 일부), 사창리(권희면 신당리, 마양리), 룡평리(룡평리, 복흥리 일부, 룡상리 일부), 권창리(권희면 신창리, 룡상리 일부), 권상리(권희면 권사리, 삼장리), 대풍리(권희면 대안리, 련풍리), 회상리(권희면 신고리, 구암리), 남하리(성남면 남하리, 남중리), 남중리(성남면 남상리, 남사리), 성하리(성남면 성하리, 성중리), 성상리(성남면 성상리), 송일리(송서면 송일리, 송이리), 송이리(송서면 일서리 이서리, 삼서리), 송삼리(송서면 송삼리), 송사리(송서면 송사리, 륙서리), 송련리(송서면 연수리, 연하리, 창평리)	
1953	〃	벽동읍을 동주리로 하고 송일리를 벽동읍으로 변경함.	
1954	〃	회상리가 동창군에 넘어감.	
1997	〃	벽동읍, 동주리, 대동리, 영풍리, 남서리, 마전리, 동하리, 사창리, 룡평리, 권창리, 대풍리, 남하리, 남중리,	

연도	이름	관할지역	비고
1997	평안남도 벽동군	성하리, 성상리, 송이리, 송삼리, 송사리, 송련리, 권상리(1개 읍, 19개 리)	

증산군(甑山郡)

도의 서남쪽 조선 서해 바닷가에 위치한 군. 고려 때 강서현 증산향이었는데 1394년에 강서현에서 증산향이 분리되어 증산현으로 되었다. 1895년에 함종군이 갈라져 나갔다가 1896년에 함종군의 일부가 통합되어 증산군이 되었으며, 1914년 강서군에 편입되면서 군이 폐지되었다.

1952년 당시의 강서군 증산면, 신정면, 함종면, 쌍룡면, 성태면, 반송면, 적송면의 7개 면을 포괄하여 다시 내 온 군인데, 조선조 때에 이 고장에 있던 증산현의 이름을 좇아 증산군이라 하였다. 증산은 시루와 같이 생긴 시루메를 한자로 옮긴 것이다.

【 증산군의 변천 】

연도	이름	관할지역	비고
1236(인종 14년)	증산향		서경기 강서현소속
1394	증산현	강서현에서 갈라져 나와 현으로 됨.	
1595		평양부화 함종현으로 갈라져 편입되면서 없어짐.	
1617	증산군		
1865	증산현		
1871	증산현	사현방, 화양방, 국보방, 성도방, 적연방, 상기방(6개 방)	증산현이 증산군과
1895	증산군		함종군으로 갈라짐
1896	증산군	성도면, 적연면, 국보면, 황상면, 사현면, 중리면, 남리면, 반화지면, 세곶면, 대정면, 소정면, 오곶면, 북리면, 송석면, 성태면, 반석면, 초곡면, 진방면(18개 면)	함종면이
1914	강서군	증산군이 폐지되면서 소속면리는 강서군으로, 일부는 평원군을 넘어감. 강서군 증산면, 신흥면, 풍정면, 함종면, 장안면, 적송면, 반석면, 성태면, 쌍룡면으로 됨.	폐지되고 그 대부분과 평양부의 일부 방이 넘어옴.

연도	이름	관할지역	비고
1929	강서군	강서군 장안면이 강서군 함종면에, 강서군 신흥면과 풍정면이 강서군 신정면에 통합됨.	
1952	증산군	강서군에서 함종면, 신정면, 증산면, 적송면, 성태면과 반석면의 6개 리, 쌍룡면의 9개 리를 갈라내어 증산군을 다시 내옴. 증산읍, 청산리, 사천리, 문동리, 림성리, 반석리, 광제리, 락생리, 무본리, 신흥리, 이압리, 풍정리, 적송리, 룡덕리, 석다리, 가장리, 성태리, 금송리, 마산리, 연곡리, 발산리, 함종리, 장안리, 안석리(1개 읍, 23개 리)	
1953	〃	성태리를 성삼리와 성칠리로 분리함.	
1958	〃	안석리를 온천군으로 넘김.	
1959	〃	마산리, 성삼리, 성칠리, 가장리, 반석리, 연곡리를 대	
1981	〃	동군에 넘김.	
1997	〃	장안리를 만풍리로 개칭. 증산읍, 무본리, 락생리, 광제리, 룡덕리, 석다리, 적송리, 금송리, 사천리, 문동리, 림성리, 청산리, 신흥리, 이압리, 풍정리, 발산리, 함종리, 만풍리(1개 읍, 17개 리)	

【 평원군의 변천 】

평원군(平原郡)은 도의 서쪽에 있는 군으로 넓은 벌판지대라는 의미 평원(平遠)이라 하였다.

연도	이름	관할지역	비고
고구려	청계 정수현		
고구려 ~ 고려	영청현	후에 룡강현 소속.	
1256		안인진 진장이 현령을 겸임.	
1358		다시 현령을 둠.	
1393		안주에 소속되었다가 함종현소속인 통해현에 소속됨.	
1396	영녕현	녕원진, 유원진을 합치면서 영녕현으로 개칭.	
1413	영유현		
1895	영유군	동부면, 중부면, 서부면, 백로면, 덕지면, 상계면, 수남면, 청지면, 화산면, 룡흥면, 통호면, 련하면, 갈하면, 해률면, 소호면(15개 면)	
1914	평원군	면이 통합됨. 순안면(순안군 군내면, 정방면, 송현면)	

연도	이름	관할지역	비고
1914	평원군	공평면(순안군 공전면, 평천면) 량화면(순안군 련화면, 동화면) 영유면(영유군 동부면, 중부면, 서부면) 자덕면(순안군 자덕면) 동두면(순안군 동두면) 룡흥면(순안군 룡흥면) 로지면(영유군 백로면, 덕지면, 상계면) 청산면(영유군 수남면, 청지면, 화산면) 룡호면(영유군 룡흥면, 룡호면, 련하면, 갈하면) 해소면(영유군 해률면, 소호면) 서해면(숙천군 당리면, 평리면, 고리면, 보민면) 조운면(숙천군 삼리면, 성산면, 취리면) 숙천면(숙천군 동부면, 서부면, 우상면, 우하면) 검산면(숙천군 법리면, 애산면, 상검면, 하검면) 동송면(숙천군 승리면, 동산면) 한천면(증산군 초곡면, 진방면) 덕산면(평양부 덕산면). 18개 면	
1917	〃	룡흥면이 석암면으로 바뀜.	
1929	〃	위와 같되 동두면이 석암면과 합쳐 동암면으로, 공평면과 자덕면이 합쳐 공덕면으로 됨. 영유면이 평원면으로 바뀜.(16개 면)	
1947	〃	위와 같되 순안면, 량화면, 동암면이 대동군으로 넘어감.	
1952	〃	숙천면, 해소면, 조운면 서해면 검산면, 동송면들과 룡호면의 11개 리가 숙천군으로 갈라져 나감. 면이 폐지되고 1개 읍, 25개 리로 됨(평원읍, 장흥리, 룡상리, 신성리, 량교리, 원암리, 송림리, 월일리, 송석리, 삼보일, 대암리, 대정리, 문흥리, 덕제리, 덕포리, 운봉리, 석교리, 매전리, 청룡리, 운룡리, 화진리, 신송리, 남산리, 청보리, 심원리, 송화리)	
1967	〃	위와 같되 장흥리를 어파노동자구로 개편하였다(1개 읍, 1개 구, 24개 리)	
1972	〃	위와 같되 순안군엥서 산음리, 석암리, 룡이리, 상송리들을 넘겨 받음(1개 읍, 1개 구, 28개 리)	
1990	〃	새로 개간한 간석지와 운룡리, 매전리, 신성리 일부 지역을 각각 떼내어 대풍리 신설(1개 읍, 1개 노동자구, 29개 리)	

연도	이름	관할지역	비고
1992	평원군	화진리, 신송리 일부 지역을 각각 떼내어 한천노동자구 신설.	
1997	〃	평원읍, 어파노동자구, 량교리, 신성리, 룡상리, 원암리, 송림리, 월일리, 대정리, 문흥리, 운봉리, 덕제리, 덕포리, 심원리,송화리, 화진리, 신송리, 청보리, 남산리, 청룡리, 운릉리, 매전리, 석교리, 송석리, 대암리, 삼봉리, 룡이리, 원화리, 상송리, 석암리, 대풍리, 한천노동자구(1개 읍, 2개 노동자구, 29개 리)	

숙천군(肅川郡)

도의 서북쪽에 있는 군. 11세기 초에 숙주를 개칭하여 숙천이라 하였다.

숙천은 고려 때에 바다로부터 들어오는 외래침략자들의 침입을 막아 나라를 지키고 민심을 안정시킨 고을이라 하여 엄숙할 '숙' 자를 써서 숙주라 한데서 유래한 이름이다. 1416년에 숙천도호부, 1670년에 숙천현, 1678년에 숙천부, 1896년에 숙천군으로 개편되었다가 1914년에 평원군에 합치면서 군이 없어졌다. 1952년에 평원군에서 숙천면, 조운면, 서해면, 검산면, 동송면, 해소면의 전체 리와 룡호면의 11개 리를 갈라 숙천군을 다시 내왔다.

숙천은 넓은 열두삼천리벌을 끼고 있는 넓은 벌이라 하여 고구려시기에는 평원이라 하였다. 925년(고려 때)에 고을의 진산인 당산에 토성을 쌓아 진국성이라 하고 태수를 두었으며 ,928년(고려 태조 11년)에는 진국성을 이축하여 통덕진이라 하고 이곳에 주를 옮기었다.

통덕진이란 평양성의 외곽성으로서 평양에서 국경으로 가는 서북통로의 벌(덕)지대에 쌓은 군사요새지라는 뜻에서 불리워진 이름이다.

939년부터 통덕진을 숙주성이라고 하였다. 983년(고려 성종 2년)에 안주목에 소속되었다가 995년에 거기서 분리되어 다시 숙주로 되었다.

그후 숙천군, 숙천현, 숙천부, 숙천군으로 여러 번 바뀌었으나 이름은 그대로 숙천이라고 하였다. 1914년 당시의 숙천군, 영유군, 순안군의 일부, 평양부의 일부(지금의 대동군), 증산군의 일부를 합하여 새로 군을 내오고 숙천군의 옛 이름을 따서 평원군이라 하였는데, 이때 숙천군에 소속되어 있던 숙천면, 동송면, 조운면, 검산면, 서해면이 거기에 들어갔다.

【 숙천군의 변천 】

연도	이름	관할지역	비고
고구려	평원	안주목 소속	
925	진국성		
928	통덕진		
939	숙주성		
983	숙주		
995	숙주		
1416	숙천도호부		
1670	숙천현		
1896	숙천군		
1914	평원군		
1952	숙천군	평원군에서 숙천면, 조운면, 서해면, 검산면, 동송면, 해소면과 룡호면의 7개 면을 갈라내어 숙천군을 신설함. 숙천읍, 홍오리, 장흥리, 룡덕리, 검흥리, 대성리, 검산리, 평화리, 쌍우리, 백암리, 약전리, 기은리, 신풍리, 소은리, 련화리, 광천리, 창동리, 칠리, 사산리, 송덕리, 운정리, 평산리(1개 읍, 21개 리)	
1953	〃	위와 같되 검흥리 일부(동검흥리 일부)가 검산리에, 칠리 일부(신덕리 일부)가 사산리에 편입됨(1개 읍, 21개 리)	
1963	〃	위와 같되 련화리가 남양노동자구로 개편됨(1개 읍, 1개 노동자구, 20개 리)	
1967	〃	위와 같되 백암리 일부(송리 일부)가 룡덕리에 편입됨(1개 읍, 1개 노동자구, 20개 리)	
1972	〃	위와 같되 백암리 일부(수암리 일부)가 평화리에 편입됨(1개 읍, 1개 노동자구, 20개 리)	
1977	〃	위와 같되 소은리가 해빛리로 개칭됨(1개 읍, 1개 노동자구, 20개 리)	
1982	〃	위와 같되 기은리가 금풍리로 개칭됨(1개 읍, 1개 노동자구, 20개 리)	
1997	현재	숙천읍, 홍오리, 장흥리, 룡덕리, 검흥리, 대성리, 검산리, 백암리, 평화리, 쌍운리, 금풍리, 해빛리, 신풍리, 약전리, 남양노동자구, 사산리, 칠리, 광천리, 창동리, 송덕리, 운정리, 평산리 (1개 읍, 1개 노동자구, 20개 리)	

성천군(成川郡)

도의 동남쪽 비류강 유역에 있는 군. 고려 때에 예로부터 유명한 흘골산성이 뿌리박은 비류강가에 자리잡은 고을이라 하여 성(城) '성' 자, 물가 '주' 자를 쓰는 성주라는 이름으로 불리우다가 음이 같고 획이 간단한 이룰(成) '성' 자, 고을 '주' 자를 쓰는 성주로 바뀌었다. 1413년에 행정구역을 개편하면서 규례에 따라 고을 주자 대신 내 천자를 써서 성천이라고 하였다. 옛문헌에 나오는 성천의 옛 이름인 비류, 다물, 송양, 솔나, … 등은 먼 옛날부터 전해오는 이 고장의 오랜 이름들이다. 고구려시기 고조선 때 쌓은 토성을 개축하여 흘골산성을 쌓았던 이 고장에 고려초인 931년에 수북군사기지의 하나로 강덕진을 두었으며, 조선조에는 성천도호부를 두고 10개 군현을 관할하게 하였다. 1896년에는 진과 부를 없애고 성천군으로 개편하였다. 군의 이름과 관할지역은 다음과 같이 변하여 왔다.

【 성천군의 변천 】

연도	이름	관할지역	비고
고구려	흘골성		
931	강덕진		
983	송양		
1018	성주		
1413	성천군		
1415	평안도 성천도호부	상부, 하부, 갱고지, 박탄리, 물아시, 서부, 부루골, 싸리앗, 가래여울, 온수, 버들골, 잣바우, 기암, 옻밭, 삭면, 왕을이, 삼파리, 와동, 직동, 망고개, 대곡리, 회곳, 덕수, 사가동, 피무리, 후근고(사근집)	
17세기초	성천도호부	상부, 하부, 암포방, 먹소방, 망고개방, 회곳방, 선내방, 왕을이방, 삼파방, 와동방, 직동방, 후근고방, 천곡방, 심학방, 류동방, 온수방, 추탄방, 서부방, 성암방, 삼기방, 죽전방, 삭면방, 펄밀방, 사가동방, 축전방(25개 방)	
18세기초	〃	상부, 하부를 방으로 개편하고 동부방을 새로 내왔으며망고개방을 람전방으로, 회곳방을 숭인방으로, 선내방을 대곡방으로, 왕을이방을 왕을방으로, 펄밀방을 봉래방으로, 사가동방을 사가방으로,	

연도	이름	관할지역	비고
18세기초	성천도호부	심학방을 인산방으로, 축전방을 죽전방으로, 후근고방을 문헌방으로 개칭하였다(26개 방)	
19세기초	성천군	상부방, 하부방, 동부방, 암포방, 먹소방, 람점방, 숭인방, 대곡방, 왕을방, 삼파방, 와룡방, 적동방, 문현방, 류동방, 온수방, 추탄방, 서부방, 성남방, 삼기방, 룡전방, 룡현방, 천성방, 사가방, 인산방, 전곡방, 죽전방(26개 방)	
1896	〃	상부면, 하부면, 동부면, 암표면, 구룡면, 람전면, 숭인면, 대곡면, 문흥면, 삼파면, 와룡면, 순덕면, 문현면, 류동면, 운산면, 추탄면, 서부면, 성암면, 삼기면, 룡전면, 룡현면, 천성면, 사가면, 인산면, 천곡면, 죽전면(26개 면)	
1914	평안남도 성천군	성도면, 구룡면, 숭인면, 대곡면, 삼흥면, 릉중면, 통선면, 문헌면, 령천면, 쌍룡면, 천성면, 사가면, 삼덕면(13개 면, 133개 리) 위와 같되 문헌면을 강동군에 넘기고 양덕군에서 대구면을 넘겨 받음.	
1916	〃	성도면을 성천면으로 개칭하고 천성면을 사가면에 합침.	
1952	〃	위의 면이 전부 폐지되고 행정구역 개편에 따라 구룡면 5개 리, 숭인면, 대곡면, 릉중면의 전체 리가 화창군에, 대구면을 신양군에, 삼흥면 6개 리와 릉중면 2개 리를 강동군에 넘기고 성천면, 통서면, 령천면, 삼덕면, 사가면, 쌍룡면의 전체 리와 구룡면중 1개 리를 포함하여 다음과 같이 1개 읍, 27개 리로 됨. 성천읍, 룡흥리, 암포리, 향풍리, 덕흥리, 거흥리, 회전리, 장림리, 은곡리, 신평리, 신풍리, 금평리, 삭창리, 삼덕리, 장산리, 기창리, 운봉리, 온전리, 대본리, 류동리, 룡산리, 대양리, 상하리, 남원리, 군자리, 백원리, 문옥리, 계석리(1개 읍, 27개 리)	
1953	〃	위와 같되 기창리 일부로 신덕리를, 군자리 일부로 덕암리를 내옴(1개 읍, 29개 리)	
1954	〃	위와 같되 장림리를 장림노동자구로, 신덕리를 신성천노동자구로, 군자리를 군자노동자구로 개편(1개 읍, 2개 노동자구, 26개 리)	
1963	〃	위와 같되 은곡리를 은곡노동자구로 개편(1개 읍, 3개 노동자구, 25개 리)	

연도	이름	관할지역	비고
1967	평안남도 성천군	위와 같되 덕흥리가 신양군으로 넘어가고 장상리 일부가 삭창리에 편입(1개 읍, 3개 노동자구, 24개 리)	
1972	〃	기창리 일부가 은산군 룡흥노동자구로 넘어감.	
1974	〃	위와 같되 은산군 숭화리 일부가 은산군 남옥리에 합쳐 군에 편입.	
1992		남옥리, 대양리, 류동리, 남원리가 은산군으로 넘어감.	
1997		성천읍, 장림노동자구, 신성천노동자구, 룡흥리, 암포리, 향풍리, 상하리, 온정리, 대봉리, 룡산리, 덕암리, 백원리, 문옥리, 삼덕리, 기창리, 금평리, 신풍리, 장상리, 삭창리, 거흥리, 회전리, 계석리, 은곡노동자구, 운봉리 등(1개 읍, 3개 노동자구, 20개 리)	

신양군(新陽郡)

도의 동부 비류강 상류에 있는 군. 1952년 당시 양덕군 쌍룡면, 화천면, 오강면, 성천군 대구면을 합하여 내온 군. 따사로운 햇빛아래 새로 내온 군이라 하여 신양군이라고 하였다. 양덕군을 갈라 새로 내온군이라 하여 신양덕군이라는 뜻에서 붙인 이름이라도 한다.

【 신양군의 변천 】

연도	이름	관할지역	비고
1952	신양군	양덕군 쌍룡면 룡전리, 송전리, 정옥리, 룡반리로 신양읍 화촌면 풍계리, 여의리, 문암리, 화암리로 사개리, 문흥리, 오강면, 월명리로 문명리, 쌍평리, 창재리로 창계리, 평곡리, 백석리, 장성리로 백석리 오강면 등암리, 신흥리, 룡담리로 룡운리, 룡포리, 련봉리, 룡반리로 룡연리, 장원리, 창리로 장성리, 신봉리, 봉암리, 신풍리로 운봉리	

연도	이름	관할지역	비고
1952	신양군	성천군 대구면 원평리, 별창리로 창평리, 신장리, 광산리로 장산리, 지동일리, 지동이리로 지동리, 화인리, 천동리로 화천리 양덕군 쌍룡면 중리, 북창리로 쌍룡리, 관봉리, 반성리로 관성리 화천면 룡흥리, 쌍룡면 화락리로 룡화리 쌍룡면 평창리, 룡봉리로 광흥리 (1개 읍, 16개 리)	
1953	〃	위와 같되 룡화리를 갈라 관성리와 백석리에 넘김. 창평리를 신양읍으로, 신양읍을 송전리로 고침. 화천리 일부를 신양읍에 넘김. (1개 읍, 15개 리)	
1967	〃	위와 같되 양덕군 평원리, 송동리, 성천군 덕흥리를 넘겨 받음.(1개 읍, 18개 리)	
1983	〃	위와 같되 평원리와 화천리를 합쳐 인평노동자구를 내옴.(1개 읍, 1개 노동자구, 16개 리)	
1997	〃	신양읍, 인평노동자구, 지동리, 장산리, 송전리, 광흥리, 쌍룡리, 백석리, 사개리, 창계리, 문명리, 장성리, 운보일, 룡운리, 룡연리, 관성리, 덕흥리, 송동리(1개 읍, 1개 노동자구, 16개 리)	

회창군(檜倉郡)

평안남도의 동남쪽에 있는 군. 1952년에 평안남도 성천군 구룡면의 15개 리, 룡중면의 15개 리, 숭인면의 6개 리, 대곡면의 5개 리, 황해북도 곡산군 봉명면의 3개 리를 합쳐서 새로 내온 군인데 지난날 번창하였던 회곳마을에서 회자와 곡창마을에서 창자를 따서 회창이라고 하였다.

【 회창군의 변천 】

연도	이름	관할지역	비고
1952	평안남도 회창군	회창읍, 신흥노동자구, 가운리, 구룡리, 회운리, 소남리, 송동리, 삼양리, 룡중리, 대덕리, 순창리, 화심리,	

연도	이름	관할지역	비고
1952	평안남도 회창군	대곡리, 문어리, 지동리, 숭인리, 귀인리, 신성리, 정산리(1개 읍, 1개 노동자구, 17개 리)	
1954	〃	위와 같되 정산리의 일부를 갈라서 택인리를 신설 (1개 읍, 1개 노동자구, 18개 리)	
1956	〃	위와 같되 순창리를 강동군에 넘김. 신흥노동자구와 귀인리를 합쳐 회창읍을 내옴. 회창읍을 덕련리로 고침(1개 읍, 17개 리)	
1981	〃	위와 같되 룡중리를 양춘리로, 삼양리를 내동리로, 소남리를 대봉리로 개칭함(1개 읍, 17개 리)	
1990	〃	위와 같되 화심리의 일부와 문어리의 일부로 백령노동자구 신설, 택인리의 일부로 석항노동자구 신설, 회창읍의 일부와 숭인리의 일부로 신작노동자구 신설. 회창읍의 일부와 신성리의 일부로 화전노동자구 신설 (1개 읍, 17개 리, 4개 노동자구)	
1997	〃	회창읍, 신작노동자구, 화전노동자구, 석항노동자구, 백령노동자구, 신성리, 가운리, 회운리, 구룡리, 덕련리, 송동리, 대봉리, 내동리, 양춘리, 대덕리, 대곡리, 문어리, 지동리, 숭인리, 정산리, 택인리(1개 읍, 16개 리, 4개 노동자구)	

북창군(北倉郡)

도의 북쪽에 있는 군. 1952년에 맹산군 옥천면, 봉인면, 학천면과 덕천군 잠도면, 잠상면이 합쳐 새로 내왔다.

조선조 북방 내륙지대의 요충지였던 자산군의 산성(현재의 평성시 지역)에는 나라의 양곡 창고가 있었고 현재의 북창군 연류리지역에는 가창(임시창고)이 있었는데, 그후 현재의 북창노동자구지역에 또다른 창고를 설치하면서 가창 북쪽에 있는 창고라 하여 북창이라고 하였다.

군을 새로 내오면서 군의 중심지역인 당시의 옥천면 소재지 지역이었던 북창리(창동)의 이름을 살려 북창군이라고 하였다.

【 북창군의 변천 】

연도	이름	관할지역	비고
1952	평안남도 북창군	북창읍, 매현리, 신석리, 송사리, 룡포리, 수옥리, 풍곡리, 남양리, 회안리, 삼리, 광로리, 채령리, 남상리, 연류리, 신복리, 가평리, 소창리, 상하리, 원평리, 대평리, 관하리, 송림리, 룡산리, 삼흥리, 잠상리, 석산리(1개 읍, 25개 리)	
1954	〃	양촌리 신설. 성천군에서 신평리 일부를 넘겨 받음. 삼흥리를 분리하여 덕천군에 넘김.	
1967	〃	양촌리를 북창노동자구로 개편. 채령리를 송남노동자구로 개편.	
1972		본래 북창노동자구를 북창읍으로 개편. 본래 북창읍을 북창노동자구로 개편.	
1981		풍곡리를 풍곡노동자구로, 룡포리를 인포노동자구로 개편.	
1984		개천군 봉창리가 편입.	
1992		신평리가 은산군에 넘어감.	
1994		은산군 신평리가 다시 편입.	
1995		득장지구를 새로 내오면서 원평리가 일부는 득장지구로, 일부는 룡산리에 편입되면서 폐지됨. 석산리가 득장지구로 넘어가면서 폐지됨.	
1997		관하리가 노동자구로 개편. 북창읍, 북창노동자구, 수옥리, 남양리, 송사리, 애현리, 신석리, 삼리, 인포노동자구, 풍곡노동자구, 회안리, 송림리, 잠상리, 룡산리, 대평리, 관하노동자구, 연류리, 송남노동자구, 남상리, 광로리, 신복리, 소창리, 신평리, 가평리, 상하리, 봉창리(1개 읍, 5개 노동자구, 20개 리)	

양덕군(陽德郡)

평안남도의 동남쪽에 있는 군. 1396년에 양암진과 수덕진을 합하여 양덕현으로 내온 군인데, 군 이름은 양암진에서 양자와 수덕진에서 덕자를 딴 것이다.

【 양덕군의 변천 】

연 도	이 름	관 할 지 역	비 고
933	패서도 양암진		
983	패서도 양암진 수덕진		
1396	서북면 양덕현		
1413	평안도 양덕현		
1871	〃	현내방, 대륜방, 온천방, 구룡방, 락천방, 하룡방, 상룡방, 화촌방, 오강방, 대구방(10개 방)	
1895	평양부 양덕현		
1896	평안남도 양덕군	군내면, 대륜면, 온천면, 구룡면, 락천면, 하룡면, 상룡면, 화촌면, 오강면, 대구면(10개 면)	
1914	〃	위와 같되 대구면과 그에 속했던 10개 리를 성천군에 넘김(9개 면)	
1916	〃	위와 같되 군내면을 양덕면으로 개편.	
1924	〃	위와 같되 양덕면을 동양면으로 고치고 구룡면과 락천면을 합쳐서 양덕면을, 상룡면과 하룡면을 합하여 쌍룡면을 내옴(7개 면)	
1943	〃	위와 같되 양덕면을 양덕읍으로 고침(1개 읍, 6개 면)	
광복직후	〃	위와 같되 양덕읍을 양덕면으로 고침(7개 면)	
1949	〃	양덕면 룡계3리를 분리하여 룡계3리와 룡계6리를, 봉계리를 분리하여 봉계리와 사천리를, 수덕리를 분리하여 수덕리와 척이리를, 청송리를 분리하여 청송리와 청계리를 내옴.	
1952	〃 〃 〃	면폐지. 양덕읍, 룡계1리, 룡계2리, 태흥리, 수덕리, 평원리, 송동리, 운창리, 봉계리, 온정리, 월암리, 은하리, 거상리, 상신리, 룡암리, 삼계리, 상성리, 동양리, 룡평리, 사기리, 구룡리, 통동리, 추마리로 구성(1개 읍, 22개 리)	
1954	〃	룡계1리와 룡계2리 일부 지역이 양덕읍에 넘어가고 룡계2리의 나머지 부분이 상신리에 편입(1개 읍, 20개 리)	
1967	〃	평원리, 송동리를 신양군에 넘김(1개 읍, 18개 리)	
1991	〃	태흥리 일부, 수덕리 일부가 양덕읍에 편입.	
1997	〃	양덕읍, 태흥리, 수덕리, 운창리, 봉계리, 온정리, 일암리, 은하리, 거상리, 상신리, 룡암리, 삼계리, 상성리,	

연도	이름	관할지역	비고
1997	평안남도 양덕군	동양리, 룡평리, 사기리, 구룡리, 통동리, 추마리(1개 읍, 18개 리)	

맹산군(孟山郡)

도의 동북쪽에 있는 군. 1415년에 맹덕주를 갈라 맹산현을 내오면서 생겨 난 이름인데 이전의 맹주를 규례에 따라 고을 '주' 자 대신 뫼 '산' 자로 고쳐서 맹산이라 하였다.

북방방비에서 으뜸가는 고을이라 하여 맏 맹자를 섰다고 한다.

험한 산악지대라 하여 사나울 맹자를 쓰기도 한다. 이곳은 원래 고구려 땅이었고 그 후에는 오랫동안 발해영역 안에 들어 있었다. 고구려 때에는 패수현, 철옹성, 철성진의 이름으로 불리우다가 고려초에 철옹현을 내왔고 1019년에는 그것을 개편하여 맹주를 내왔다. 1257년에는 은주로 넘어갔다가 1390년에 맹주현으로 갈라져 나왔다. 1401년에는 안주에 통합되었다가 1414년에 다시 맹주현으로 갈라져 나왔는데 그 해에 덕주와 합쳐 맹덕현(덕맹현)이 되었다. 그 이듬해에 맹산현이 갈라져 나왔고 1895년에는 맹산군으로 되었다.

【 맹산군의 변천 】

연도	이름	관할지역	비고
고구려 초기	패수현		
343	철옹성	고국원왕 13년에 개칭.	
668	철성전		
고려	철옹현		
1019	맹주	성방어사 파견.	
1257		은주에 병합.	
1261		안주의 소속현.	
1290	철옹성	충렬왕 16년 외세에 더럽힌 이름을 버리고 철옹성을 되살림.	
1372	철옹현	공민왕 21년 성주를 현령으로 교체.	
1410	안주	현이 폐지되고 안주에 소속.	
1414	덕맹현	덕주에 합쳐 횡천령을 경계로 그 동쪽의 맹주산성을 포함한 지역을 함경도 영흥군에 넘김.	

연도	이름	관할지역	비고
1415	맹산현	덕맹현을 갈라서 맹산현으로 하고 첫 현감을 파견.	
1871	맹산현	현 밑에 방을 설치함 : 읍내방(동면, 읍내면) 남면방(내남면, 외남면, 원면) 북면방(지성면, 덕림면, 애전면) (3개 방, 8개 면)	
1891	맹산현	맹산현을 6개의 방으로 개편 읍내방, 동면방, 원면방, 외남방, 내남방, 지성방, 덕림방, 애전방	
1895	맹산군	현을 군으로 개편.	
1896	〃	방을 면으로 개편. 군내면, 동면, 원면, 외남면, 내남면, 지성면, 덕림면, 애전면(8개 면) 순천군에서 뢰봉면, 인화면, 학천면, 옥정면, 광천면을 넘겨받음(13개 면, 107개 동)	
1914	〃	13개 면을 8개 면으로 통합개편. 군내면, 동면, 원남면, 애전면, 옥천면, 봉인면, 학천면, 지덕면(8개 면)	
1916	〃	군내면을 맹산면으로 개칭.	
광복직후	〃	위와 같음.	
1952	〃	면을 폐지 : 옥천, 봉인, 학천의 3개 면 33개 리가 북창군에 넘어감. 그밖의 5개 면, 52개 리는 다음과 같이 개편. 맹산읍, 향교리, 장동리, 송광리, 매향리, 정평리, 수전리, 신상리, 주포리, 기양리, 인흥리, 시억리, 대흥리, 평지리, 목장리, 방목리, 지성리, 신흥리, 룡암리, 송산리, 광하리, 은포리, 장현리, 풍림리, 유승리, 령운리(1개 읍, 25개 리) 함경남도에서 중흥리를 분리하여 맹산군이 넘겨받음(1개 읍, 25개 리)	
1953	〃	목장리 일부를 중흥리에, 인흥리 일부를 시억리에, 유승리 일부를 령운리에, 장현리 일부를 유승리에 편입.	
1967	〃	목장리와 방목리를 합하여 양산리로 개편. 장현리를 폐지하고 그 일부를 은포리에, 다른 일부를 유승리에 편입(1개 읍, 24개 리)	
1981	〃	향교리를 새마을리로 개칭.	

연 도	이 름	관 할 지 역	비 고
1997	맹산군	맹산읍, 새마을리, 장동리, 송광리, 매향리, 정평리, 수전리, 신상리, 주포리, 기양리, 인흥리, 시억리, 대흥리, 평지리, 지성리, 신흥리, 룡암리, 송산리, 광화리, 양산리, 은포리, 풍림리, 유승리, 령운리, 중흥리(1개 읍, 24개 리)	

녕원군(寧遠郡)

도의 동북부 대동강상류에 자리잡은 산간군. 군은 고구려 시기부터 견고한 성을 쌓고 나라의 북방을 믿음직하게 지킨 요새지로서 료원이란 딴 이름으로 불리어 왔다. 1465년(세조11년)에 오늘의 녕원군과 대흥군을 포괄한 지역에 군을 내오고 녕원군이라고 하였다. 군 이름은 나라의 수도에서 멀리 떨어진 곳에서 북방 방비를 믿음직하게 지킨다는 뜻에서 붙인 이름이다.

【 녕원군의 변천 】

연 도	이 름	관 할 지 역	비 고
고구려 1465	녕원진 (료원) 녕원군		
1871	〃	생천면, 군내면, 남창, 서창, 고창, 성창, 사창, 락창, 신창, 금창, 신읍창, 신덕창, 온창, 가창(2개 면, 12개 창)	
조선조말	〃	남면, 군내면, 서면, 고창면, 림천면, 성창면, 온창면, 신덕창면, 신읍창면, 생천면, 서창면, 신창면, 금창면, 사창면	
1896	〃	문곡면, 영녕면, 중서면, 영천면, 쾌락면, 성룡면, 온화면, 신덕면, 신화면, 장흥면, 소백면, 신창면, 금성면, 태백면	
1914	〃	읍내면, 영천면, 쾌락면, 성룡면, 온화면, 덕화면, 소백면, 신창면, 대흥면, 금성면.	
1916	〃	읍내면을 녕원면으로 고침.	
1917	〃	영천면과 쾌락면을 영락면으로 개편.	

연도	이름	관할지역	비고
1929	녕원군	신창군과 금성면을 신성면으로 개편.	
광복직후	〃	덕천군에서 태극면과 8개 리가 넘어 옴(9개 면, 88개 리)	
1952	〃	성룡면, 대흥면, 소백면, 신성면, 온화면중 5개 리와 덕화면중 3개 리를 대흥군에 넘김. 전 녕원군 녕원면 : 영녕일리, 영녕이리로 녕원읍, 도평일리, 도평이리로 도평리, 마근담리, 마상리로 마산리, 봉덕리, 문곡리로 문곡리, 직리, 석막리로 신막리, 대룡리, 신률리, 기대리로 신대리, 신리, 덕암리, 성장리로 룡성리, 남산리, 임탄리, 방산리로 장산리 태극면 : 태극리, 강선리로 내창리, 영창리, 양평리로 영창리, 화순리, 마남리로 화순리, 률지리, 풍전리로 풍전리, 송산리로 송산리, 덕화면 : 중흥리, 교관리, 횡천리로 도삼리, 영락면 : 삼포리, 락평리, 송평리로 승통리, 증흥리, 룡삼리로 중삼리, 산막리, 창리, 문암리로 창산리, 양성리, 초대리로 대성리, 온화면 : 수하리로 수하리, (1개 읍, 18개 리)	
1953	〃	위와 같이 룡성리를 갈라 신리를 내옴(1개 읍, 19개 리)	
1954	〃	대흥군에서 룡대리, 청산리, 순호리, 신흥리, 회양리, 온양리가 넘어 옴(1개 읍, 25개 리)	
1965	〃	내창리에 화순리를 편입하였다가 다시 화순리로 개칭하고 내창리를 없앰.	
1986	〃	화순리를 옥천동으로 개편.	
1997	〃	녕원읍, 장산리, 룡성리, 신대리, 신리, 신막리, 미산리, 문곡리, 풍전리, 송산리, 영창리, 옥천동, 도평리, 승통리, 풍삼리, 신흥리, 온양리, 회양리, 수하리, 도삼리, 청산리, 대상리, 룡대리, 신흥리, 순호리(1개 읍, 1개 동, 23개 리)	

은산군(殷山郡)

도의 중부 장선강 유역에 있는 군. 고구려 때 이미 있어 온 군인데 그후 여러 차례에 걸쳐 성주, 자산군, 순천군, 순천시 등에 속하였다가 다시 갈라져 나왔다. 신창지역에 은광이 있었다 하여 (은산)이라고 불리웠다고도 하고 천성산, 삿갓봉, 숭이산과 같은 높은 산으로 둘러 쌓인 속에 있는 커빠진 곳으로 벌과 산이 숨은 듯하다 하여 숨을 은자을 써서 은산이라고 불리웠다고도 한다. 그러나 기록에는 은나라 은자를 쓴 은산(殷山)만이 전해오고 있다. 모든 것이 넉넉하여 사람살기 좋은 곳이라 하여 붙인 이름이라고도 한다.

【 은산군의 변천 】

연 도	이 름	관 할 지 역	비 고
고구려 ~ 고려초	흥덕군 (일명 동창군)		
983	은주	성주의 속현	
1231	은산현	자산군의 속현	
1414	은산현		
1415	은산군		
1870년대	〃	성내방, 현내방, 선원방, 계남방, 모현방, 후덕방, 풍전방, 룡화방, 경천방, 락인방, 마산방, 진북방, 봉명방, (13개 방)	
1896	〃	현내면, 성내면, 선원면, 풍전면, 후덕면, 계남면, 모현면, 락민면, 명천면, 룡화면, 마산면, 진북면, 인산면, 봉명면, 함오면(15개 면)	
1907	(순천군)	순천군으로 넘어가면서 군이 없어짐.	
1952	은산군	순천군의 은산면, 신창면, 밀전면의 전체 리와 북창면중2개 리, 선소면중 6개 리를 포함하여 군을 구성. 은산읍, 서남리, 연합리, 룡화리, 룡흥리, 수덕리, 망일리, 수원리, 류정리, 동삼리, 밀전리, 재동노동자구, 구봉리, 천성리, 성산리, 중산리, 부산리, 진산리, 제현리, 남옥리, 숭화리, 수양리(1개 읍, 1개 노동자구, 20개 리)	
1954	〃	은산읍과 수원리 일부가 신창리로 되고 전산리와 서남리 일부가 은산읍으로 됨. 남옥리 일부가 성천군 류동리로 넘어 감.	

연도	이름	관할지역	비고
1963	은산군	구봉리를 구봉노동자구로 개편(1개 읍, 2개 노동자구, 19개 리)	
1967	〃	재동노동자구에 밀전리 일부 편입. 신창리에 수원리 일부 편입. 류정리에 구봉노동자구 일부 편입. 천성리를 천성노동자구로 개편(1개 읍, 3개 노동자구, 18개 리)	
1972	〃	부산노동자구를 보산노동자구로 개편함(1개 읍, 5개 노동자구, 16개 리)	
1974	순천군	순천군에 편입되어 폐지됨. 남옥리와 숭화리 일부가 성천군으로 넘어 감.	
1992	은산군	순천시를 갈라 은산군을 다시 내옴. 순천시에서 장선동, 은산동, 은포동, 천성동, 구봉동, 재동, 룡흥동, 부흥동, 직동, 수양리, 제현리, 숭화리, 연합리, 망일리, 신창리, 수원리, 수덕리, 룡회리, 류정리, 밀전리, 동삼리가 넘어 옴 은산읍(은산동, 장선동, 은포동과 순천시 봉우동 일부 지역을 합침)을 내오고 재동, 구봉동, 천성동, 직동, 룡흥동, 부흥동을 각각 노동자구로 개편함. 수양동을 리로 고침. 북창군의 신평리, 성천군의 남옥리, 류동리, 대양리, 남원리가 편입. 직동노동자구, 부흥노동자구가 직동, 부흥동으로 개편되어 순천시로 넘어 감. 은산읍, 천성구, 구봉구, 재동구, 룡흥구, 수양리, 제현리, 숭화리, 연합리, 망일리, 신창리, 수원리, 수덕리, 룡화리, 류정리, 밀전리, 동삼리, 남옥리, 류동리, 대양리, 남원리, 신평리(1개 읍, 4개 구, 17개 리)	
1994	〃	신평리가 다시 북창군으로 넘어 감.	
1995	〃	순천시 성산동, 학산동이 성산노동자구, 학산노동자구로 개편되어 편입됨.	
1997	〃	은산읍, 재동노동자구, 구봉노동자구, 천성노동자구, 수양리, 제현리, 숭양리, 연합리, 망일리, 신창리, 수원리, 수덕리, 룡화리, 류정리, 밀전리, 동삼리, 남옥리, 류동리, 대양리, 남원리, 성산노동자구, 학산노동자구(1개 읍, 5개 노동자구, 16개 리)	

대흥군(大興郡)

도의 동북부에 있는 군. 1952년 당시의 녕원군 대흥면, 소백면, 신성면, 성룡면, 덕화면의 일부, 온화면의 일부로 새로 내 온 군으로서 군소재지가 있는 면인 대흥면의 이름을 따서 대흥군이라 하였다. 군 이름 대흥은 1914년 태백면과 장흥면을 합쳐 새로운 면을 내오면서 태백면에서 태(太)자를 따서 대(大)자로 바꾸고 장흥면에서 흥자를 따서 지은 이름이다.

【 대흥군의 변천 】

연도	이름	관할지역	비고
1952	평안남도 대흥군	대흥읍, 경수리, 랑림리, 평화리, 소백리, 대동리, 인룡리, 복흥리, 흑수리, 광통리, 운흥리, 룡평리, 창현리, 덕흥리, 신남리, 문상리, 도흥리, 금성리, 창장리, 룡대리, 청산리, 순호리, 온양리, 회양리, 신흥리(1개 읍, 24개 리)	
1954	함경남도 대흥군	위와 같되 6개 리를 녕원군에 넘김(룡대리, 청산리, 순호리, 온양리, 회양리, 신흥리). 1개 읍, 18개 리	
1956	〃	위와 같되 창장리를 창현리와 운흥리에 갈라 넘김(1개 읍, 17개 리)	
1961	〃	위와 같되 경수리를 경수노동자구로 고침(1개 읍, 1개 노동자구, 16개 리)	
1972	평안남도 대흥군	위와 같음.	
1997	〃	대흥읍, 경수노동자구, 랑림리, 평화리, 소백리, 대동리, 인룡리, 복흥리, 흑수리, 광통리, 운흥리, 룡평리, 창현리, 덕흥리, 신남리, 문삼리, 도흥리, 금성리(1개 읍, 1개 노동자구, 16개 리)	

평안남도 행정구역도

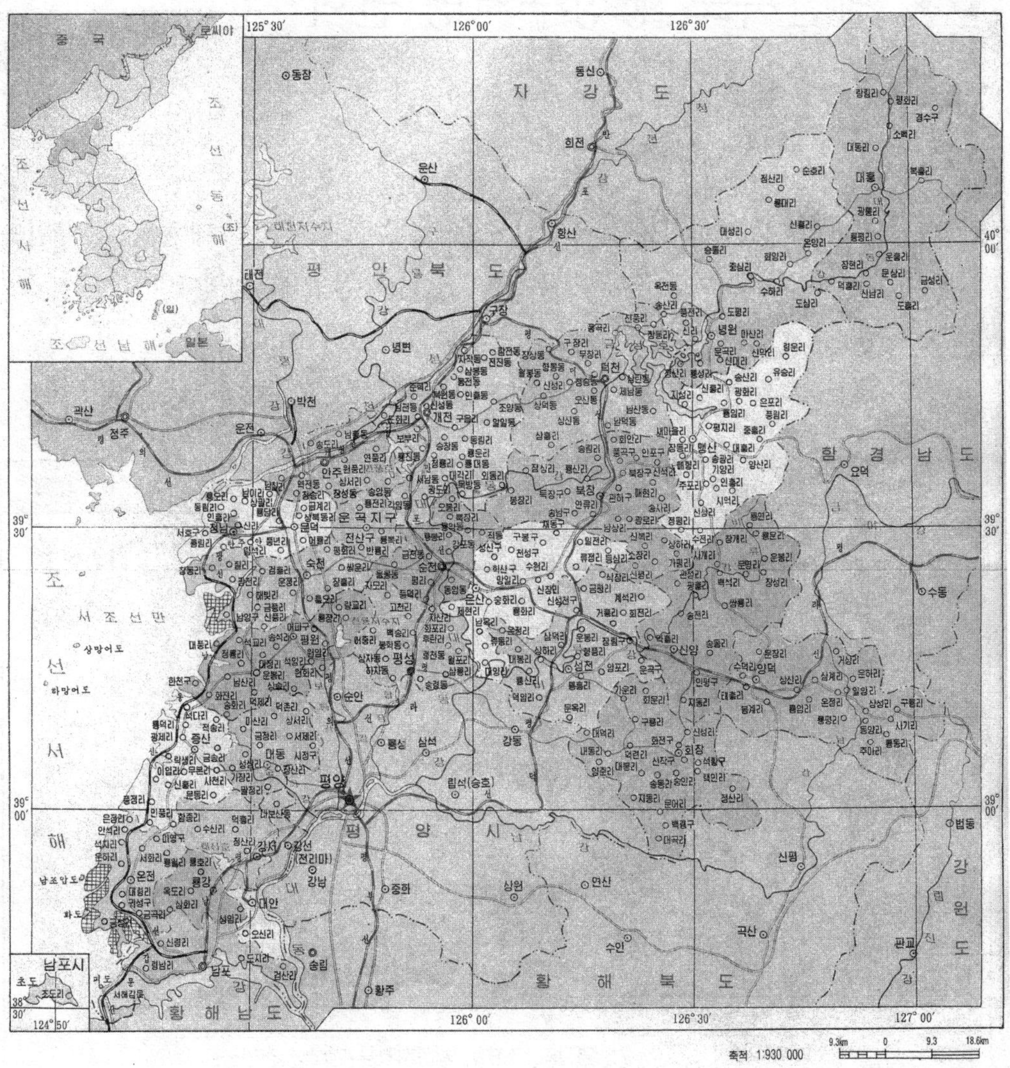

축척 1:930 000

04 평안북도 행정구역명 연혁

북서부에 자리잡고 있는 도. 1896년에 당시 평안도를 2개 도로 나누어 내온 도인데 평안도의 북쪽(청천강 이북)지역을 차지하고 있는 도라 하여 평안북도라고 하였다.

【 평안북도의 변천 】

연도	이름	관할지역	비고
995 1018	패서도 북계	서경평양부, 강계부, 나성부, 안북대도호부, 구주, 선주, 린주, 의주, 룡주, 정주, 삭주, 창주, 은주, 연주, 가주, 박주, 곽주, 철주, 령주, 맹주, 덕주, 무주, 순주, 위주, 태주, 성주, 은주, 구주, 자주, 수주, 강동현, 강서현, 중화현, 순화현, 통해현, 영청현, 함종현, 룡강현, 삼화현, 삼등현, 녕덕진, 위원진, 정융진, 녕삭진, 안의진, 청새진, 평로진, 조양진, 양암진, 수덕진, 안융진, 녕원진(3개 부, 1개 대도호부, 26개 군, 10개 현, 12개 진)	
1102	서북면		
그후	〃	서해도의 황주목, 안악군, 철화현, 장명진이 서북면에 편입.	
1388	〃	황주목, 안악군, 철화면, 장명진이 서해도에 다시 넘어감.	
1413	평안도		
1416	〃	영길도, 소훈두 서쪽지역을 떼내어 려연군을 내오고 평안도에 편입.	
1440	〃	무창현을 새로 내옴.	
1442	〃	무창현을 무창군으로 개편.	
1446	〃	우예군을 새로 내옴.	
1454	〃	평양부, 안주목, 의주목, 정주목, 녕변대도호부, 성천도호부, 삭주도호부, 강계도호부, 중화군, 상원군, 자산군, 순천군, 개천군, 덕천군, 린산군, 룡천군, 철산군, 곽산군, 수천군, 선천군, 가산군, 창성군, 벽동군,	

연 도	이 름	관 할 지 역	비 고
1454	평안도	운산군, 박천군, 태천군, 리산군, 회천군, 러연군, 자성군, 무창군, 우예군, 위원군, 삼등현, 강등현, 순안현, 증산현, 함종현, 삼화현, 강서현, 룡강현, 영유현, 맹산현, 은산현, 양덕현, 정녕현(1개 부, 3개 목, 1개 대도호부, 4개 도호부, 25개 군, 13개 현)	
1455	〃	러연군, 무창군, 우예군을 폐지.	
1531	〃	평양부, 녕변대도호부, 성천도호부, 숙천도호부, 창성도호부, 삭주도호부, 구성도호부, 강계도호부, 안주목, 정주목, 의주목, 중화군, 가산군, 철산군, 룡천군, 선천군, 곽산군, 운산군, 회천군, 전천군, 태천군, 덕천군, 개천군, 자산군, 순천군, 상원군, 위원군, 리산군, 벽동군, 녕원군, 룡강현, 삼화현, 함종현, 중산현, 순안현, 강서현, 영유현, 삼등현, 양덕현, 맹산현, 강동현, 운산현(1개 부, 1개 대도호부, 6개 도호부, 3개 목, 19개 군, 12개 현)	
1869	〃	후창군을 새로 내옴.	
1895	평안도	전국의 행정구역을 23부제로 개편할 때 평안도는 평양부, 의주부, 강계부에 속함.	
	평양부	평양, 안주, 숙현, 순안, 룡강, 영유, 중산, 함종, 삼화, 자산, 강서, 덕천, 녕원, 회천, 맹산, 녕변, 운산, 순천, 개천, 은산, 양덕, 삼등, 강서, 상원, 중화, 황주, 성천	
	의주부	의주, 창성, 벽주, 삭주, 룡천, 철산, 선천, 곽산, 정주, 가산, 박천, 태천, 구성	
	강계부	강계, 후창, 자선, 초산, 위원, 장진	
1896	평안북도	의주부, 강계군, 정주군, 녕변군, 선천군, 초산군, 창성군, 구성군, 룡천군, 철산군, 삭주군, 위원군, 벽동군, 가신군, 회천군, 운산군, 박천군, 대천군, 자성군, 후창군, 곽산군(1개 부, 20개 군)	
1914	〃	의주부 일부로 신의주부를 내옴. 의주부를 의주군으로 개편. 가산군이 덕천군에, 곽산군이 선천군과 정주군에 편입.	
1947	〃	신의주부를 신의주시로 개편.	
1949	〃	강계, 자성, 후창, 위원, 초산, 회천의 6개 군으로 새로 자강도를 내옴.	
1952	〃	피현군, 천마군, 향산군, 염주군, 청성군, 동림군, 곽산군, 운전군, 구장군, 북진군, 대관군, 동창군, 우시군을 새로 내옴.	

연 도	이 름	관 할 지 역	비 고
1954	평안북도	광성군을 새로 내옴. 북진군을 은산군에 편입. 우시군을 자강도에 넘김.	
1963	〃	광성군을 신의주시와 피현군에 편입시키고 광성군을 폐지.	
1967	〃	신도군을 새로 내옴. 구성군을 구성시로 개편.	
1969	〃	신도군을 룡천군에 편입시키고 신도군을 폐지.	
1974	〃	청성군을 삭주군과 의주군에 편입시키고 청성군을 폐지.	
1984	〃	묘향산구를 새로 내옴.	
1985	〃	묘향산구를 폐지. 향산군을 중앙에 직속시킴.	
1988	〃	신도군을 다시 내옴.	
1994	〃	정주군을 정주시로 개편.	
1996	〃	중앙에 직속시켰던 향산군을 다시 평안북도에 넘김.	
1998	〃	신의주시, 구성시, 정주시, 피현군, 룡천군, 신도군, 염주군, 철산군, 동림군, 선천군, 곽산군, 운전군, 박천군, 녕변군, 구장군, 향산군, 운산군, 태천군, 천마군, 의주군, 삭주군, 대관군, 창성군, 동창군, 벽동군(3개 시, 22개 군)	

신의주시(新義州市)

도의 서북쪽 압록강하류 연안에 있는 시. 1914년에 의주부 광성면 신의주동 일부, 민포동 일부, 미륵동 일부를 합쳐서 신의주부를 내왔는데 신의주동이 부의 중심지역에 있으므로 동이름을 따서 신의주부라고 하였다. 원래 신의주부라고 한 것은 의주의 아래에 새로 생긴 고장이라는 뜻에서 의주에서 '의' 자를 따고 새 신자를 붙인 것이다.

【 신의주시의 변천 】

연 도	이 름	관 할 지 역	비 고
1914	신의주부	본정, 상반정, 욱정, 대화정, 앵정, 빈정, 운정정, 압천정, 진사정, 로송정, 약죽정, 하정, 초음정, 매지정 영정, 록정(16개 정)	
1943	〃	의주군 광성면, 고진면이 신의주부에 편입.	

연 도	이 름	관 할 지 역	비 고
1947	신의주시	신의주부를 신의주시로 개편.	
		본부, 압강, 신원, 도서, 관문, 청송, 한매, 설죽, 백사, 근화, 채하, 미륵, 남중, 남상, 백운, 민선, 개혁, 남송, 신남, 남하, 해방, 평화, 신포, 민포, 무수, 방적, 제지, 동하, 동중, 동상, 락원, 상단, 하단, 선상, 연하, 연상, 룡산, 다지, 성서, 등초, 보성, 정심, 성외, 수문, 창포, 대석, 룡연, 룡하, 룡상, 향교, 연제, 창리, 중제, 남제, 동제, 서제, 류하, 락청, 성주, 신도, 남미력(61개 동) 마전, 련상, 토교, 류상, 풍하, 와이, 송한, 선하, 류하, 서린, 탑상, 탑중, 탑하, 류초, 남민, 화평, 백토, 연대, 서당, 풍서, 석하, 석상, 석중(23개 리)	
1949	〃	신풍리, 건일리, 룡북리 신설.	
1952	〃	본부, 압강, 신원, 도서, 관문, 청송, 한매, 설죽, 백사, 근화, 채하, 미륵, 남중, 남상, 백운, 민선, 개혁, 남송, 신남, 남하, 해방, 평화, 민포, 류하, 락청, 상단, 하단, 정주, 신도, 연하, 연상, 룡산, 다지, 창포, 대석, 남미력, 룡연, 룡하, 룡상(시내안의 39개 동), 마전, 남면, 송한, 류하, 석하, 류상, 탑, 백로, 류초(농촌의 9개 리)	
1954	〃	광성군이 신설되면서 남면, 송한, 류하, 석하, 류상, 탑, 마전, 백토, 류초리가 광성군에 편입.	
1957	〃	한매동, 설죽동 폐지.	
1961	〃	의주군 상단리, 하단리와 광성군 마전리, 선상리가 신의주에 편입. 도서동, 민선동, 근화동, 방적동, 무수동, 제지동, 동면동 폐지.	
1963	〃	관문동, 수문동, 방적동, 친선동 신설. 광성군 폐지. 광성읍, 백토, 송한, 탑, 중제, 향교, 삼룡, 토성, 성서, 류초, 남민, 석하리와 락원노동자구 신의주시에 들어옴. 탑리를 송한리에, 신풍동을 마전리에 편입하고 마전리를 마전동으로 개칭. 광성읍을 분리하여 류상동, 련상동, 와이동 신설. 락원노동자구를 락원동으로 개편.	
1967	〃	근화동, 역전동, 남서동, 풍서동 신설	
1976	〃	락원동 일부를 갈라 락청동을 신설.	
1981	〃	향교리를 삼교리로 개편.	

연도	이름	관할지역	비고
1989	신의주시	시안의 광명구역, 강안구역, 남구역을 신설.	
		의주군 연하노동자구를 신의주시 광명구역 연하동으로 개편. 의주군 서호리를 갈라 다지리를 내오고 광명구역에 편입. 락원동을 락원1동, 락원2동으로, 락청동을 락청1동, 락청2동으로, 선상리, 남민리, 송한리, 석하리, 백토리를 동으로 개편.	
1990	〃	강안구역 미륵동을 5.1동으로 개편.	
1991	〃	시안의 강안구역, 광명구역, 남구역을 폐지. 친선동을 친선1동, 친선2동으로, 류상동을 류상1동, 류상2동으로, 련상동을 련상1동, 련상2동으로 개편.	
1993	〃	압강동, 신원동, 본부동, 관문동, 청송동, 역전동, 백사동, 근화동, 채하동, 5.1동, 남중동, 남상동, 남서동, 백운동, 개혁동, 남송동, 신남동, 남하동, 해방동, 평화동, 신포동, 민포동, 수문동, 마전동, 동하동, 동중동, 동상동, 친선1동, 친선2동, 방직동, 련상1동, 련상2동, 류상1동, 류상2동, 와이동, 락원1동, 락원2동, 락청1동, 락청2동, 상단리, 하단리, 신상동, 송한동, 석하동, 중제리, 삼교리, 삼룡리, 토성리, 풍서동, 백토동, 성서리, 남민동, 류초리, 연하동, 다지리로 구성.	
1994	〃	석하동을 갈라 석하1동, 석하2동을, 풍서동을 갈라 풍서1동, 풍서2동을 내오고 석하동, 풍서동을 폐지. 연하동의 일부로 고성동을 신설.	
1997	〃	압강동, 신원동, 본부동, 관문동, 청송동, 역전동, 백사동, 근화동, 채하동, 5.1동, 남중동, 남서동, 남상동, 백운동, 개혁동, 남송동, 신남동, 남하동, 해방동, 평화동, 신포동, 민포동, 수문동, 마전동, 동하동, 동중동, 동상동, 친선1동, 친선2동, 방직동, 련상1동, 련상2동, 류상1동, 류상2동, 와이동, 락원1동, 락원2동, 락청1동, 락청2동, 상단리, 하단리, 선상동, 송한동, 석하1동, 석하2동, 중제리, 삼교리, 삼룡리, 토성리, 풍서1동, 풍서2동, 백토동, 성서리, 남민동, 류초리, 연하동, 다지리, 고성동(49개 동, 9개 리)	

구성시(龜城市)

도의 중부에 있는 시. 1455년(세조1년)에 정주목을 갈라서 내온 군인데 거북산 기슭을 따라 쌓은 구주성이 있다 하여 구성군이라고 하였다가 1967년에 시로 개편하였다.

【 구성시의 변천 】

연도	이름	관할지역	비고
고구려	만년군	1952년 이전의 구성군. 정주군의 전 지역.	
994	구주	위와 같음.	
1231	서북면 정원대도호부 (정주목)	〃	
1455	평안도 구성군		
1462	구성도호부		
1895	구성군	서산방, 내동방, 동산방, 룡연방, 오봉방, 방현방, 룡두방, 로동방, 리현방, 사기방, 천마방, 복면방, 염방	
1896	평안북도 구성군	북면, 룡연면, 부내면, 동산면, 오봉면, 방현면, 서상면, 료동면, 룡두면, 리현면, 천마면, 사기면(12개 면)	
1914	〃	북면, 룡연면, 룡두면을 폐지하고 관서면을 내옴(10개 면)	
1918	〃	부내면을 구성면으로 개편.	
1952	〃	전 구성군 구성면, 동산면, 오봉면, 방현면, 서산면, 로동면의 전체 리와 리현면중 6개 리, 태천군 원면, 송백리 일부로 개편하여 1개 읍, 26개 리로 구성함. 구성읍(전 구성군 구성면 좌부리, 우부리, 성외리, 서산면 남평리를 합침) 리구리(전 구성군 구성면 리구리, 청룡리, 백운리를 합침) 상단리(전 구성군 구성면 상단리, 중단리, 고양리를 합침) 차흥리(전 구성군 구성면 백상리, 차유리, 은곡리, 원흥리를 합침) 양하리(전 구성군 구성면 하단리, 동산면 양지리, 서산면 립석리를 합침) 동산리(전 구성군 동산면 덕화리, 백석리, 풍덕리, 차복리, 남산리를 합침)	

연도	이름	관할지역	비고
1952	평안북도 구성군	룡풍리(전 구성군 동산면 룡풍리) 금풍리(전 구성군 동산면 룡덕리, 금곡리, 부풍리를 합침) 남산리(전 구성군 동산면 남산리 일부, 선흥리를 합침) 오봉리(전 구성군 오봉면 양지리, 인봉리, 엄교리를 합침) 조양리(전 구성군 오봉면 조양리, 상단리, 장우리를 합침) 기룡리(전 구성군 오봉면 룡연리, 사기리, 봉독리를 합침) 남흥리(전 구성군 오봉면 남양리, 내양리, 선모리, 태천군 원면 송백리를 합침) 발산리(전 구성군 방현면 발산리, 송정리를 합침) 청송리(전 구성군 방현면 소룡리, 청송리, 변산리를 합침) 남창리(전 구성군 방현면 하단리, 시중리, 하창리, 상창리, 월천리, 와룔리를 합침) 왕인리(전 구성군 서산면 왕인리, 평지리를 합침) 상석리(전 구성군 서산면 대성리, 룡흥리, 상석리를 합침) 신풍리(전 구성군 서산면 신풍리, 신덕리, 인평리를 합침) 운양리(전 구성군 로동면 내양리, 양교리, 운제리를 합침) 중방리(전 구성군 로동면 중방리, 중현리, 백석리를 합침) 운풍리(전 구성군 로동면 운포리, 운흥리, 풍산리를 합침) 백상리(전 구성군 로동면 상승리, 상석리, 백석리 일부를 합침) 청룡리(전 구성군 리현면 택인리, 로동면 청룡리, 운남리를 합침) 길상리(전 구성군 리현면 북리, 길상리, 방현리, 길하리를 합침) 서산리(전 구성군 서산면 림강리, 립석리를 합침) 대안리(전 구성군 리현면 광덕리, 오상리, 대안리를 합침) 차흥리를 차흥노동자구로, 남창리를 방현노동자구로 개편 길상리를 원진리로 개칭. 정주군 봉명리 일부가 원진리에 편입. 구성읍, 서산리 폐지. 동문동, 성안동, 역전동, 청년동, 새날동, 새골동, 서성동, 남산동, 백석동, 방직동, 과일동, 서산동을 신설. 상석리, 양하리, 리구리, 상단리를 동으로 개편.	
1974	〃	차흥노동자구와 방현노동자구를 동으로 개편.	

연도	이름	관할지역	비고
1976	평안북도 구성군	백운동, 신흥동을 새로 내옴.	
1985	〃	차흥동, 신흥동 폐지. 차흥1동, 차흥2동, 약수동, 신흥동을 분리하여 신흥1동, 신흥2동, 남창동을 새로 내옴. 운양리를 동으로 개편.	
1991	〃	왕인리를 금산리로 개칭.	
1997	〃	동문동, 성안동, 역전동, 청년동, 새날동, 새골동, 서성동, 남산동, 백석동, 방직동, 과일동, 서산동, 리구동, 상단동, 양하동, 상석동, 금풍리, 동산리, 룡풍리, 남산리, 오봉리, 기룡리, 남흥리, 조양리, 청송리, 발산리, 원진리, 대안리, 청룡리, 운양동, 중방리, 백상리, 운풍리, 신풍리, 금산리, 차흥1동, 차흥2동, 약수동, 방현동, 백운동, 신흥1동, 신흥2동, 남창동(25개 동, 18개 리)	

피현군

도의 서부에 있는 군. 1952년에 의주군 피현면, 월하면, 위원면의 전체 리와 고관면의 11개 리, 룡천군 동상면의 전체 리와 양광면의 15개 리, 신의주시의 17개 리, 철산군 서림면의 1개 리를 합쳐 내온 군. 피현면을 중심으로 이루어진 군이라 하여 피현군이라고 하였다. 피현은 피나무가 많은 고개라는 뜻을 한자로 옮긴 것이다.

【 피현군의 변천 】

연도	이름	관할지역	비고
1952	평안북도 피현군	의주군 피현면, 월화면, 위원면, 룡천군 동상면의 전체 리와 의주군 고관면 11개 리, 신의주시 7개 리, 룡천군 양광면 15개 리, 철산군 서림면 1개 리를 개편하여 1개 읍, 28개 리로 피현군을 구성. 의주군 피현면 체마리, 삼대리, 가마리, 구룡리로 피현읍, 의주군 고관면 하단리, 관북리, 관리로 하단리, 상고리, 중고리로 상고리, 룡운리, 남창리, 람산리로 룡운리, 서하리, 동리, 동상리, 동서리로,	

연도	이름	관할지역	비고
1952	평안북도 피현군	위원면 서하리, 백마리로 백마리, 동린리, 구장리, 사상리로 삼상리, 서리, 상단리, 동상리로 련상리, 정심리, 성하리로 성하리, 월하면 정산리, 마흥리, 마룡리로 룡흥리, 장무리, 추리, 주음리로 북상리, 오천리, 운천리, 월하리로 남삼리, 화하리, 화합하리, 화합상리로 화상리, 추봉리, 회화리, 회상리로 추봉리, 피현면 홍히리, 농건리, 영평리로 농건리, 로남리, 로중리, 로북리로 로중리, 명진리, 원리, 당후리로 당후리, 정산리, 정하리, 도봉리로 정산리, 광상리, 광리, 마산리로 광리, 룡천군 양광면 룡유리, 소유리, 대유리로 룡유리, 룡계리, 천우리, 선화리, 사송리로 룡계리. 충렬리, 룡덕리, 연대리, 봉덕리로 충렬리, 충무리, 송정리, 미력리, 학현리로 송정리, 동상면 동상리, 립석리, 건룡리로 동상리, 성동리, 동서부리, 쌍송리, 대흥리로 성동리, 대평리, 상북리, 봉곡리로 대평리, 량책리, 사악리, 철산군 서림면 일신리로 량책리, 신의주시 중제리, 서제리, 동제리, 남제리로 중제리, 연제리, 창리, 향교리로 향교리를 내옴.	
1954	〃	남산리를 동림군에, 삼상리, 중제리, 향교리를 광성군에 편입.	
1958	〃	련상리 폐지.	
1963	〃	광성군 삼상리를 피현군에 편입.	
1972	〃	량책리를 노동자구로 고침.	
1978	〃	백마리와 성하리를 합쳐 백마노동자구를 내옴.	
1997	〃	1개 읍(피현읍), 2개 노동자구(량책, 백마), 21개 리(하단, 상고, 룡운, 동서, 북삼, 회삼, 추봉, 능건, 로중, 당후, 정산, 광, 룡유, 룡계, 충렬, 송정, 동상, 성동, 대평, 삼상, 룡흥)	

룡천군(龍川郡)

도의 북서부에 있는 군. 1914년에 서북면 룡주를 개편하여 평안도에 내온 군인데 물이 많은 고장이라 하여 룡천군이라고 하였다. 룡은 원래 물과 관련한 상상동물을 이르는 말로서 우리 말로 미루 또는 미리라고 하였다. 미루, 미리는 물을 나타낸 옛날말로 물이 많다는 뜻이고, 천은 고을을 나타내던 주자를 지대에 따라 천자로 바꾸어 쓴 데서 온 말이다. 군에는 삼교천을 비롯한 크고 작은 강하천이 있으며 넓은 벌을 가지고 있는 고장이어서 다른 고장에 비하여 물이 많은 것이 특징이다.

【 룡천군의 변천 】

연도	이름	관할지역	비고
고구려, 고려 1014(현종 5년) 후에 1310(충선왕 2년) 1413(태종 13년)	안흥군 룡주 룡만부 룡주 평안북도 룡천군		
1895	의주부 룡천군	부내면, 동상면, 동하면, 북상면, 북하면, 서면, 내상면, 내하면, 외상면, 외하면(10개 면)	
1896	평안북도 룡천군	부내면, 부남면, 미라면, 북상면, 북하면, 내하면, 내상면, 외상면, 외하면, 구읍면, 동상면, 동하면, 광화면, 양상면, 양하면, 양서면, 신도면(17개 면)	
1914	〃	부내면, 부라면, 북중면, 내중면, 외상면, 외하면, 읍동면, 동하면, 양광면, 양하면, 양서면, 신도면(12개 면)	
1918	〃	부내면을 룡천면으로 개편.	
광복직후	〃	룡암포면 신설. 룡암포읍 폐지.	
1952	〃	면 폐지. 룡암포면, 북중면, 양하면, 양서면, 룡하면, 신도면, 부라면의 7개 리, 양광면의 3개 리, 신의주시의 13개 리로 룡천군을 구성. 양하면 시동리, 시남리, 시서리, 서북리로 룡천읍. 룡암포면 중흥리, 신흥리, 진곶리, 룡흥리 일부로 진흥리, 신봉리, 덕봉리, 소흥리, 신전리, 부라면 서경리 일부로 덕흥리, 수의리, 서호리, 석성리, 송림리로 서석리,	

연도	이름	관할지역	비고
1952	평안북도 룡천군	부라면 서겸리 일부, 덕암리, 덕천리, 대현리, 동단리, 송현리, 룡숭리로 덕숭리, 북중면 추정리, 하강리, 원흥리, 동송리, 인고리로 장산리, 수봉리, 중성리, 매장리로 수성리, 북현리, 동양리, 쌍성리, 진흥리, 백암리로 쌍학리, 원봉리, 가성리, 기계리로 북중리, 안심리, 오송리, 신안리, 청송리, 구송리, 동하면 덕흥리 일부로 오흥리, 양하면 신창리, 립암리로 신암리, 장승리, 수송리, 양서면 룡봉리로 룡송리, 룡암포면 운흥리, 룡암리, 룡신리, 룡포리, 룡흥리 일부로 룡암포리, 양서면 팽량리, 동상리, 신성리 일부, 동평리 일부로 양서리, 북성리, 북평리, 서망리로 서북리, 룡연리, 룡성리, 북중면 서흥리로 룡연리, 동망리, 동평리 일부, 양하면 신시리, 신의주시 수문리 일부로 동신리, 견일리, 신평리, 신성리 일부로 견일리, 동하면 교령리, 룡흥리, 룡산리, 쌍학리로 쌍룡리, 원서리, 덕흥리 일부, 대산리, 남산리, 동하리, 대인리, 삼인리, 영흥리, 북풍면 룡주리로 인흥리, 학령리, 법흥리, 사흥리로 학흥리, 양광면 현가리, 산두리, 망양리로 산두리, 신도면 동주리, 남주리로 신도리, 로평리, 황초리, 동하리, 병호리로 신서리, 신의주시 성서리, 화평리 일부, 동초리로 성서리, 토성리, 정심리, 성외리, 수문리 일부로 토성리, 락원리, 락청리로 락원리, 대석리, 남미력리, 룡연리, 룡상리, 룡하리로 삼룡리, 창포리, 트교리 일부, 와의리 일부로 창포리를 내옴.	
1954	〃 〃	북중리를 북중노동자구로 개편. 성서리, 토성리, 락원리, 삼룡리, 창포리가 광성군에 편입.	
1963		신도리를 노동자구로, 룡암포리를 노동자구로 개편.	
1967	〃	서석리 일부와 신서리, 신도노동자구를 갈라 신도군에 편입. 진흥리를 노동자구로 개편.	

연 도	이 름	관 할 지 역	비 고
1969	평안북도 룡천군	신도군 신도읍을 비단섬노동자구에 합침. 비단섬노동자구와 신서리가 룡천군에 편입.	
1982		신서리를 황금평리로 개편.	
1988	〃	비단섬노동자구, 황금평리, 서석리 일부 지역이 신도군에 편입.	
1997	〃 〃	룡천읍, 산두리, 서북리, 동신리, 신암리, 룡송리, 양서리, 견일리, 룡연리, 룡천읍, 산두리, 서북리, 동신리, 신암리, 룡송리, 양서리, 견일리, 룡연리, 북중노동자구, 쌍학리, 수성리, 룡암포노동자구, 진흥노동자구, 덕흥리, 서석리, 덕승리, 장산리, 인흥리, 학흥리, 쌍룡리, 동하리, 오흥리(1개 읍, 3개 노동자구, 19개 리)	

염주군(塩州郡)

도의 서부 해안연선에 있는 군. 1952년 룡천군 외하면, 외상면, 내중면, 부라면의 12개 리와 철산군 서림면의 15개 리를 합쳐 내온 군인데, 예로부터 소금생산기지가 있는 고장이므로 염주라고 하였다. 예로부터 소금밭부락인 염서동에서 염자와 고을을 의미하는 주자를 붙여서 염주라고 하였다.

【 염주군의 변천 】

연 도	이 름	관 할 지 역	비 고
1952	평안북도 염주군	룡천군 외상면, 신성리, 정차리, 정남리, 신룡리, 안평리, 남서리, 남동리로 염주읍. 철산군 서림면 향봉리, 다정리, 화탄리로 향봉리, 인수리, 광봉리, 작현리로 인광리, 강암리, 인송리, 천석리로 삼계리, 내산리, 화당리, 련산리로 련산리, 사송리, 원옥리, 서림리로 서림리, 룡천군 외하면 하호리, 중호리, 상호리, 인봉리로 중호리, 주의리, 신촌리, 청룡리, 송흥리, 외상면, 해현리로 주의리,	

연도	이름	관할지역	비고
1952	평안북도 염주군	반궁리, 동강리, 석암리, 부라면, 삼룡리 일부로 반궁리, 률곡리, 순천리, 쌍기리, 남기리, 남암리, 신풍리, 부라면 룡호리 일부로 외하리, 룡천군 외상면 동발리, 백하리, 서발리, 송하리로 동발리, 하석리, 학무리, 서석리, 동석리로 하석리, 학소리, 봉황리, 봉산리, 남현리, 학상리로 학소리, 룡천군 내중면 당령리, 명오리, 반곡리, 구암리로 반곡리, 수정리, 동성리, 팽정리로 동성리, 모고리, 동당리, 동흥리, 서흥리로 내중리, 향봉리, 도봉리, 사직리, 남흥리, 당북리로 도봉리, 봉모리, 동산리, 련곡리, 대성리로 련곡리, 송산리, 웅산리, 룡곡리로 룡산리, 룡천군 부라면 상단리, 중단리, 하단리, 동겸리, 서겸리 일부로 신정리, 북겸리, 운룡리, 룡호리 일부, 삼룡리 일부로 룡북리,다사리, 원성리, 남겸리, 선리로 다사리를 내옴(1개 읍, 21개 리)	
1954	〃	외하리 일부로 남압리를 새로 내옴(1개 읍, 22개 리)	
1972	〃	다사리를 노동자구로 개편(1개 읍, 1개 로도자구, 21개 리)	
1988	〃	반궁리 일부, 학소리 일부, 하석리 일부를 합쳐 석암리를 내옴(1개 읍, 1개 노동자구, 22개 리)	
1997	〃	염주읍, 다사노동자구, 향봉리, 인광리, 삼개리, 련산리, 서림리, 중호리, 주의리, 반궁리, 외하리, 동발리, 하석리, 학소리, 반곡리, 동성리, 내중리, 도봉리, 련곡리, 룡복리, 신정리, 룡산리, 남압리, 석암리(1개 읍, 1개 노동자구, 22개 리)	

철산군(鐵山郡)

도의 서북부 바닷가에 있는 군. 1413년에 서북면 철주를 개편하여 평안도에 내온 군인데 쇠가 많이 매장되어 있는 고장이라 하여 철산군이라고 하였다.

【 철산군의 변천 】

연 도	이 름	관 할 지 역	비 고
고구려 고려초	장정현 또는 동산		
그후	철천		
1018(현종 9년)	북계 철주		
1102(숙종 7년)	서북면 철주		
1413	평안도 철산군	조선조전기에 7개 방이 있었음. 고성방, 백량방, 경해방, 참방, 여한방, 서림방, 부서방, 군소재지는 현재 철산읍에 위치함	
1750	〃	방은 위와 같음. 군소재지 차련관(현재 동림읍)으로 옮김.	
1896	〃 〃 〃	군소재지 다시 철산읍의 위치로 옮김. 방을 면으로 개편. 고성면, 백량면, 정해면, 참면, 여한면, 서림면, 부서면(7개 면)	
1914	〃	백량면을 분리하여 운산면을 내옴.	
1918	〃	고성면이 철산면으로 됨.	
1930년경	〃	정해면이 부서면에, 운산면이 백량면에 통합. 철산면, 부서면, 여한면, 백량면, 참면, 서림면(6개 면)	
1946	〃	군소재지 다시 차련관(현재 동림읍)으로 옮김.	
1949	〃	면은 위와 같음. 동을 리로 고침. 6개 면, 110개 리	
1952	〃	참면과 여한면 일부지역이 동림군에, 서림면은 염주군과 피현군에 넘어감. 군소재지는 다시 철산읍으로 옮김. 철산읍, 부영리, 동평리, 월봉리, 령삭리, 근천리, 보산리, 선암리, 검암리 수부리, 명암리, 가도리, 대화리, 풍천리, 동창리, 금봉리, 기봉리, 학산리, 오봉리, 성암리, 장송리, 금산리, 선주리, 리화리, 가산리, 문봉리, 원세평리, 추암리, 련수리	
1954	〃	부영리를 동천노동자구로, 동창리를 동창노동자구로, 추암리를 가봉노동자구로 개편.	
1958	〃	금봉리를 수부리에 편입. 장송리를 장송노동자구로 개편.	
1963	〃	동창노동자구를 동창리로, 동천노동자구를 동천리로 개편.	
1997	〃	1개 읍(철산읍), 2개 노동자구(장송노동자구, 가봉로동자구), 25개 리(동천리, 동평리, 월봉리, 령삭리,	

연도	이름	관할지역	비고
1997	평안도 철산군	명암리, 수부리, 검암리, 동창리, 선암리, 기봉리, 보산리, 근천리, 풍천리, 오봉리, 선주리, 금산리, 학산리, 리화리, 성암리, 문봉리, 가산리, 원세평리, 련수리, 가도리, 대화리)	

동림군(東林郡)

도의 서부해안에 있는 군. 1952년에 선천군 심천면, 룡연면과 철산군 참면의 전체 리와 수청면의 5개 리, 신부면의 4개 리를 합쳐서 내온 군인데, 이 고장에 있는 동림산성의 이름을 따서 동림군이라고 하였다. 동림은 동쪽숲이라는 뜻에서 붙인 이름이다.

【 동림군의 변천 】

연도	이름	관할지역	비고
1952	동림군	선천군 심천면 동림리, 청계리, 고군영리로 동림읍을, 수청면 학현리로 학현리를, 목사대리, 상단리로 목사대리를, 선리, 안산리로 안산리를, 신부면 산성리, 능건리로 산성리를, 청강리, 원리, 안하리 일부로 청강리를, 심천면 교상리, 교하리로 월곡리를, 부황리로 부황리를, 인두리, 안곡리로 인두리를, 마성리로 마성리를,	
		룡연면 향산리 일부, 색담리 일부, 성적리 일부로 삼성리를, 하단리 일부, 보암리 일부, 웅봉리로 보웅리를, 보암리 일부, 색담리 일부, 성적리 일부로 보성리를,	
		인봉리, 신풍리로 인풍리를, 향산리 일부, 룡산리, 룡경리로 룡연리를, 하단리 일부, 만수리, 상단리로 상수리를, 은봉리로 은봉리를, 철산군 참면 오봉리, 서원리로 오봉리를, 동천리, 오리정리, 향교리로 동천리를, 동부리, 서부리, 류정리, 관서리로 류정리를, 월안리, 이응리로 월안리를, 잠봉리, 룡당리로 잠봉리를, 룡산리, 장덕리, 여한면 덕산리로 룡산리를, 신곡리, 송현리로 신곡리를, 풍천리, 봉곡리로 풍천리를 내옴	
1953	〃	신곡리를 신곡노동자구로 개편.	

연도	이름	관할지역	비고
1954	동림군	동림읍 일부로 고군영리를 내옴. 동천리, 류정리, 룡산리 일부, 오봉리 일부를 합쳐 동림읍을 신설. 피현군 남산리가 동림군에 편입.	
1958	〃	학현리가 목사대리에 편입.	
1967	〃	신곡노동자구를 갈라 풍천리와 철산군 가봉노동자구에 편입. 철산군 가봉노동자구와 풍천리 일부를 합쳐 신곡노동자구를 신설.	
1972	〃	보응리를 갈라 보성리, 상수리, 은봉리, 인풍리에 편입.	
1981	〃	목사대리를 청송리로 개편.	
1988	〃	오봉리를 오봉노동자구로 개편.	
1997	〃	동림읍, 신곡노동자구, 오봉노동자구, 고군영리, 인두리, 룡산리, 마성리, 룡연리, 상수리, 은봉리, 잠봉리, 월안리, 풍천리, 안산리, 삼성리, 청송리, 보성리, 산성리, 청강리, 월곡리, 부황리, 인풍리, 남삼리(1개 읍, 2개 노동자구, 20개 리)	

선천군(宣川郡)

도의 서해안 중부에 있는 군. 1413년에 서북면 선주를 개편하여 평안도에 내온 군인데, 넓게 펼쳐진 벌이 있는 고을이라 하여 지은 선주의 선자와 주자가 달린 고을이름을 천자나 산자로 고치는 규례에 따라 이 고장의 지리적 특성에 따라 천자를 붙여 선천군이라고 하였다.

【 선천군의 변천 】

연도	이름	관할지역	비고
고구려	안화군		
고려초	통주		
1018	북계 선주		
1102	서북면 선주		
1413	평안도 선천군		
1871	〃	심천면, 산보광면, 신부면, 읍내면, 수청면, 태산면, 남면, 고부면, 군산면, 동면(10개 면)	

연도	이름	관할지역	비고
1896	평안북도 선천군		
1914	〃	9개 면(읍내, 동, 군산, 남, 태산, 수청, 심천, 신부, 산면)	
1918	〃	읍내면을 선천면으로 개편.	
1939	〃	선천면을 선천읍으로 개편.	
광복직후	〃	선천읍을 선천면으로, 산면을 룡연면으로 개편. 운종면 새로 내옴.	
1952	〃	면 폐지. 전 선천군 선천면, 동면, 군산면, 남면, 태산면, 운종면의 전체 리와 수청면중 4개 리, 신부면중 4개리, 구성군 리현면중 8개 리, 정주군 옥천면중 1개리를 갈라 선천군을 내옴. 1개 읍, 28개 리로 구성. 선천군 선천면 부상리, 태화리, 남산리, 안국리, 신흥리, 신영리, 승광리, 대목리, 락원리, 창신리, 명륜리, 일신리, 대의리, 부현리, 돈의리, 경운리로 선천읍, 와우리, 상수리, 월천리로 월천리. 동 면 남송리, 인곡리로 인곡리, 대미리, 남경리로 남경리, 로하리, 로상리로 로하리, 송현리로 송현리, 일봉리, 월영리로 일봉리 군산면 봉산리 일부, 대목리, 장공리로 장공리, 사교리 일부, 효자리로 효자리, 연봉리, 진석리로 연봉리, 룡리, 고부리, 사교리 일부로 고부리, 남 면 건산리, 삼봉리, 군산면 봉산리 일부로 삼봉리, 건장리, 연사리로 건사리, 삼성리, 부양리, 석호리로 삼성리, 거포리, 석의리 일부로 거포리, 룡연리, 석의리일부로 룡연리 태산면 칠성리, 오성리로 칠성리, 원봉리, 하단리로 원봉리, 인암리, 신참리, 신부면 대목리로 인암리 수청면 고읍리, 중봉리, 태산면 길성리로 고성리, 마산리, 가물남리로 수청리, 신부면 안상리 일부, 백현리로 백현리, 안상리 일부, 안하리 일부로 안상리,	

연도	이름	관할지역	비고
1952	평안북도 선천군	운종면 문사리, 동담리로 문사리, 신미리, 룡담리로 운종리 구성군 리현면 원창리,대촌리로 원창리, 하단리, 약수리, 정주군 옥천면 약수리로 약수리, 장요리, 마성리로 장요리, 진도리, 룡산리로 진도리를 내옴.	
1953	〃	위와 같되 인암리 일부를 분리하여 고성리에 편입.	
1954	〃	위와 같되 월천리 일부를 분리하여 선천읍에 편입.	
1958	〃	위와 같되 룡단리와 거포리를 통합하여 석화리로, 칠성리를 원봉리에 편입. 건사리를 삼봉리에 편입. 남경리를 로하리에 편입.	
1997	〃	선천읍, 월천리, 백현리, 안상리, 인암리, 수청리, 고성리, 원봉리, 삼봉리, 석화리, 삼성리, 고부리, 장공리, 효자리, 연봉리, 로하리, 인곡리, 송현리, 일봉리, 장요리, 진도리, 약수리, 원창리, 문사리, 운종리(1개 읍, 24개 리)	

곽산군(郭山郡)

도의 남부 서해연안에 있는 군. 1413년에 정양현을 개편하여 평안도에 내온 군인데, 성곽이 있는 고을이라 하여 지은 곽주의 곽자와 주자가 달린 고을이름을 천이나 산자로 고치는 규례에 따라 이 고장의 자연지리적 특성을 고려하여 산자를 붙여 곽산군이라고 하였다. 그 후 1914년에 군을 폐지하고 정주군에 편입되었다가 1952년에 정주군 림포면, 안흥면, 곽산면, 관주면의 전체 리와 옥천면의 14개 리, 서면의 1개 리를 합쳐서 곽산군을 다시 내왔다.

【 곽산군의 변천 】

연도	이름	관할지역	비고
고구려 994 1036	장리현 패서도 곽주 북계 곽주		

연 도	이 름	관 할 지 역	비 고
1102	서북면 곽주		
1221	서북면 정양현		
1261		수주에 들어감.	
1413	평안도 곽산군		
1895	의주부 곽산군	동면, 군면, 우면, 남면, 서면, 북면, 관면	
1896	평안북도 곽산군	동면, 서면, 남면, 군면, 관면, 우면, 북면	
1914	평안북도 정주군	군을 폐지하고 정주군에 편입.	
1952	평안북도 곽산군	정주군, 림포면, 안흥면, 곽산면, 관주면의 전체 리와 옥천면의 14개 리, 남서면의 1개 리로써 곽산군을 다시 내옴. 곽산읍(곽산면 중앙리, 류동리, 충리, 신생리, 도창리로), 남단리(곽산면, 남산리, 남단리, 남천리, 영창리로), 석동리(곽산면 석동리, 중단리, 해룡리, 청룡리로), 로하리(림포면 원하리, 동흥리, 동로리로), 원하리(림포면 상단리, 하단리, 창송리, 송암리로), 원포리(림포면 룡상리, 해성리, 신성리, 남서면 서포리로), 천대리(림포면 한마리, 소록리, 장도리, 안봉리로), 초장리(관주면초장리, 중앙리로), 통경리(관주면 근담리, 주학리로), 관상리(관주면 관상리, 강안리, 관하리로), 고현리(안흥면 직현리, 고령리로), 삼단리(안흥면 사동리, 립석리, 고잔리로), 안의리(안흥면 공천리, 의봉리, 삼흥리로), 암죽리(안흥면 립암리, 권죽리, 토교리로), 문장리(안흥면 장암리, 옥천면 문인리로), 군산리(옥천면 삼단리, 감당리, 군산리로), 당상리(옥천면 당하리, 지령리, 세마리, 사자리, 장경리로), 월옥리(옥천면 월옥리, 소천리로), 장룡리(옥천면 수두리, 룡두리, 장룡리)로 구성됨.	
1997	〃	곽산읍, 남단리, 석동리, 림호리, 로하리, 원하리, 원포리, 천대리, 초장리, 룡경리, 관상리, 고현리, 삼단리, 안의리, 암죽리, 문장리, 군산리, 당상리, 월옥리, 장룡리(1개 읍, 19개 리)	

정주시(定州市)

도의 남부해안에 있는 시. 1994년 군을 개편하여 내온 시인데 (정주)는 1231년에 내온 제 고장의 이름 정원대도호부 이후의 이름인 정주목에 붙인 이름이다.

정주는 외래침략자들의 침입을 물리치고 안정된 고을이 되었다는 데서 유래되었다.

【 정주시의 변천 】

연 도	이 름	관 할 지 역	비 고
고구려	만년군		
994	구주		
1231	서북면 정원대도호부		
그후	정주목		
1456	평안도 정주목	정주목을 갈라서 구성군과 수천군을 내옴.	
1467	〃	수천군이 정주목에 편입. 18개 통(마산, 대명동, 운전, 덕달, 오산, 아이포, 고현, 서면, 서부, 서원, 고읍, 덕암, 갈지, 이언, 신안, 동주, 남면, 동부)	
1812	평안도 정원현		
1895	의주부 정주군	마산통, 서원통, 운전통, 대명동통, 덕암통, 고읍통, 오산통, 갈지통, 아이진통, 이언통, 덕굴통, 신안통, 고현통, 동수통, 서면통, 해산통, 남면통, 서부통, 동부통	
1896	평안북도 정주군	통을 면으로 개편. 서부면, 동부면, 서원면, 마산면, 갈지면, 오산면, 운전면, 대명면, 고읍면, 덕암면, 렴방면, 해산면, 신안면, 덕달면, 이언면, 아이포면, 남면, 서면, 동주면, 고현면	
1914	〃	위와 같되 서부면과 동부면을 합쳐 읍부면을 내옴. 서원면이 마산면에, 덕암면이 고읍면에, 령방면이 해산면에 들어감. 갈지면, 오산면을 합쳐 갈산면으로, 운전면과 대명면을 합쳐 대전면으로 개편. 곽산군이 정주군에 편입. 곽산군 군면이 곽산면으로, 동면이 림해면으로, 서면이 안흥면으로, 북면이 옥천면으로, 관면이 관주면으로 개편.	

연도	이름	관할지역	비고
1918	평안북도 정주군	위와 같되 읍부면을 정주면으로 개편.	
1939	〃	위와 같되 정주면을 정주읍으로 개편. 고읍면을 고독면으로, 신안면, 동주면, 고현면을 합쳐 고안면으로, 덕달면, 이언면, 아이포면을 합쳐 덕언면으로, 남면과 서면을 합쳐 남서면으로, 림해면과 해산면을 합쳐 림포면으로 개편. 면 폐지.	
1952	〃	림포면, 안흥면, 곽산면, 관주면의 전체 리와 옥천면의 14개 리, 남서면의 1개 리는 곽산군에, 마산면, 대전면, 고덕면, 갈산면은 운전군에, 정주면, 고안면, 덕언면의 전체 리와 남서면의 23개 리는 정주군에 들어감. 정주면 동문리, 성남리, 청운리, 중앙리, 조양리, 남문리, 덕산리, 오류리, 고관리, 남산리, 평화리, 서문리, 남철리, 고포리, 북문리,로 정주읍, 서주리, 삼종리, 남서면, 동암리, 신성리로 서주리, 고안면 송정리, 철원리, 금송리, 대양리로 대송리, 룡포리, 룡곡리, 흑우리로 룡포리, 안흥리, 신풍리, 어호리로 신안리, 이파리, 탄우리, 송포리, 공산리로 고현리, 연봉리, 두봉리로 연봉리, 문례리, 덕답리, 득장리, 소암리로 득장리, 암두리, 오류리로 암두리, 봉산리, 심천리, 충달리로 봉명리, 남서면 가태리, 구룡리, 련동리, 삼산리로 상단리, 조양리, 영외리, 부호리로 남양리, 남호리, 대호리, 풍암리로 남호리, 보산리, 황명리, 렴내리, 마포리로 보산리, 남서면 월암리, 동서리, 구향리, 서암리로 서호리, 덕언면 남신리, 대성리, 방천리로 신천리, 덕산리, 상사리, 원봉리, 강서리로 원봉리, 운향리, 침향리, 대향리로 침향리, 남서면 월양리, 구포리, 산하리로 월양리, 덕언면 구주리, 신창리, 중봉리로 신봉리, 모안리, 당산리, 대산리, 천산리로 대산리, 남양리, 강북리, 석산리로 석산리, 륙성리, 덕성리, 오봉리, 령암리로 오성리(1개 읍, 22개 리)	
1954	정주군	운전군 오산리, 후특리, 광동리, 일해리, 세마리, 오룡리애도노동자구가 군에 편입(1개 읍, 1개 노동자구, 28개 리)	

연도	이름	관할지역	비고
1958	정주군	운전군 일신리를 정주군에 편입.	
1961	〃	봉명리를 구성군 원진리와 룡포리에 편입.	
1992	〃	룡포리, 서주리를 노동자구로 개편.	
1994	정주시	오산리, 일신리, 관동리를 합쳐 오산노동자구를 내옴. 서주리, 룡포리, 오산리, 일신리, 관동리 폐지. 정주군을 시로 개편. 정주읍을 갈라 성남동, 북장동, 역전동, 달천동, 남철동을 내오고 정주읍을 없앰. 오산노동자구, 룡포노동자구, 애도노동자구를 동으로 개편. 서주노동자구를 갈라 서주동과 삼마동으로 개편. 상단리, 신천리, 고현리, 오룡리를 동으로 개편. 연봉리를 오룡동에 편입.	
1997	〃	성남동, 북장동, 역전동, 달천동, 남철동, 서주동, 삼마동, 상단동, 서호리, 보산리, 남호리, 남양리, 월양리, 신천동, 침향리, 신봉리, 세마리, 일해리, 흑특리, 오산동, 대산리, 석산리, 오성리, 원봉리, 대송리, 신안리, 오룡동, 고현동, 룡포동, 암두리, 독장리, 애도동(14개 동, 18개 리)	

운전군(雲田郡)

도의 남부에 있는 군. 1952년에 정주군 마산면, 대전면, 고덕면, 갈산면과 박천군 룡계면, 서면의 전체 리와 가산면의 8개 리, 청룡면의 4개 리를 합쳐서 내온 군인데, 벌(운전벌)이 무연하여 지평선이 마치 구름과 잇닿은 것 같다 하여 운전군이라고 하였다.

【 운전군의 변천 】

연도	이름	관할지역	비고
1952	평안북도 운전군	전 정주군 대전면의 운북리, 운흥리, 운암리, 운전리로 운전읍을, 갈산면의 청룡리, 동서리, 사룡리, 토성리,	

연 도	이 름	관 할 지 역	비 고
1952	평안북도 운전군	오산리, 남북리로 오산리를, 대송리, 운흥리, 서산리로 흑로리를, 동북리, 북오리, 중앙리, 송산리, 송천리로 광동리를, 사산리, 해암리, 운정리, 춘천리로 일해리를, 동부리, 서부리로 애도리를, 오정리, 대전리, 당촌리, 마관리로 세마리를 내옴. 고덕면의 갈현리, 구련리, 신시리, 월훈리로 월현리를, 과화리, 덕원리, 송당리로 덕원리를 일향리, 일신리, 부산리, 신촌리, 갈산리, 황송리로 일신리를, 관해리, 산서리, 운곡리, 운평리로 관해리를, 덕암리, 관룡리로 덕암리를 내옴. 대전면의 현산리, 삼오리, 미륵리, 대흥리로 대오리를, 하일리, 강서리, 운학리, 운산리, 소교리로 운하리를 내옴. 마산면의 원서리, 룡진리, 팽정리로 원서리를, 청정리, 두무리, 청남리, 청산리, 춘산리로 청정리를, 봉화리, 동창리로 동창리를, 경안리, 신오리로 신오리를, 대성리, 수문리, 옥야리, 원동리로 옥야리를 내옴. 전 박천군 서　면의 운포리, 하양리, 곡하리, 룡진리로 학산리를, 송담리, 송죽리, 근상리, 성산리로 송학리를,금계리, 와곡리, 학현리로 금계리를 내옴. 룡계면의 은봉리, 원하리로 은봉리를 내옴. 전 박천군 룡계면의 인봉리, 온창리, 오룡리로 오룡리를, 삼광리, 삼원리, 고창리, 상감리로 삼광리를 내옴. 가산면의 지장리, 동문리, 남신리, 봉소리로 가산리를, 봉서리, 신사리, 평지리, 룡탄리로 룡봉리를 내옴.	

연도	이름	관할지역	비고
1952	평안북도 운전군	청룡면의 광성리, 로전리, 위령리, 운흥리로 북일리를 내옴(1개 읍, 27개 리)	
1953	〃	애도리를 애도노동자구로 개편. 북일리를 박천군에 편입.	
1954	〃	오산리, 흑특리, 광동리, 일해리, 세마리, 오룡리, 애도로 동자구가 정주군에 편입. 운전읍을 운전리로 개편. 은봉리 폐지. 박천군 보석리, 구련리, 령미리, 서삼리, 봉덕리, 동상리, 삼봉리, 청룡리, 대연리, 삼화리, 북일리가 운전군에 편입 되고 보석리 일부와 령미리를 합쳐 운전읍으로 개편	
1958	〃	일신리를 정주군에, 삼화리, 삼봉리, 청룡리를 박천군에 편입.	
1997	〃	운전읍, 서삼리, 가산리, 송학리, 금계리, 학산리, 옥야리, 운하리, 운전리, 원서리, 대오리, 덕암리, 관해리, 덕원리, 월현리, 동창리, 신오리, 청정리, 룡봉리, 삼광리, 북일리, 대연리, 봉덕리, 동삼리, 구련리, 보석리(1개 읍, 25개 리)	

박천군(博川郡)

도의 남부에 있는 군. 1413년에 서북면 박주를 개편하여 평안도에 내온 군인데 넓은 둔덕으로 된 고장이라는 뜻에서 지은 박릉군의 박자와 고려시기 주자가 달린 고을들을 천 또는 산자로 고칠 때 청천강과 대령강을 비롯한 강하천을 끼고 있는 고장이라 하여 천자를 붙인 것이다.

【 박천군의 변천 】

연도	이름	관할지역	비고
고구려	박릉군(고덕창)		
995	패서도 박주		
1018	북계 박주		
1261	서북면 박주		

연도	이름	관할지역	비고
1413	평안도 박천군		
1460		군 폐지. 녕변부에 속함.	
1465	박천군		
1895	의주부 박천군	군내면, 동면, 서면, 남면, 덕안면(5개 면)	
1896	평안북도 박천군		
1914	〃	위와 같되 서면을 북면으로 개편. 가산군이 박천군에 편입. 가산군 군내면을 박천군 가산면으로, 동면을 가동면으로, 남면을 가남면으로, 동북면을 청룡면으로, 서북면을 룡계면으로, 서면을 박천군 서면으로 고쳤다.	
1918	〃	군내면을 박천면으로 개편.	
1939	〃	동면과 남면을 합쳐 동남면으로, 가남면과 가동면을 합쳐 량가면으로 개편. 북면이 박천면과 청룡면에 들어감. 군은 8개 면으로 구성되었다. 박천, 덕안, 동남, 량가, 가산, 청룡, 룡계, 서.	
1949	〃	동을 리로 개편.	
1952	〃	면 폐지. 박천면, 동남면, 덕안면, 량가면, 녕변군, 독산면의 전체 리, 청룡면의 10개 리, 가산면의 2개 리 평안남도 안주군 안주면의 2개 리로써 박천군을 구성. 박천군 박천면 동부리, 서부리, 남부리, 북부리, 남호리, 고성리 일부로 박천읍, 봉하리, 묵방리, 고성리 일부로 봉성리, 정항리, 장등리, 석화리로 석계리, 남하리,중남리, 사직리로 중남리, 원남리, 룡흥리, 원전리로원남리, 송사리, 석우리, 병천리, 등산리로 송석리, 삼안리, 덕중리, 창덕리로 덕삼리, 학등리, 동남면 진석리, 진암리로 학암리, 동남면 일원리, 박천면 봉상리, 미력리로 봉흥리, 당상리, 대양리, 상강리로 상양리, 맹상리, 동남리, 동이리로 맹상리, 서송리, 송봉리, 도남리로 송도리, 맹중리, 동하리, 남송리로 맹하리 덕안면 남오리, 동4리, 서5리로 률곡리, 북일리,	

연 도	이 름	관 할 지 역	비 고
1952	평안북도 박천군	이봉리, 북상리, 동봉리로 형팔리, 사륙리, 하칠리로 청산리, 가흥리, 구룡리, 서공리, 류초리로 신평리, 동팔리, 망우리로 단산리	
		량가면 보석리, 지석리, 어의리로 보석리, 련담리, 련지리, 구정리로 구련리, 서동리, 이림리, 령미리, 류동리로 령미리, 심현리, 덕인리, 심대리로 서삼리, 봉산리, 덕달리로 봉덕리, 자하리, 선사리, 동문리로 동삼리, 청룡면 봉지리, 인덕리, 응봉리로 삼봉리, 만수리, 자신리, 대화리로 청룡리 가산면 례외리, 대성리, 청룡면 소삼리로 대면리, 청룡면 장신리, 일화리, 은룡리로 삼화리, 녕변군 독산면 송성리, 송신리, 기성리로 기송리, 룡흥리, 룡연리, 화죽리로 룡흥리, 덕흥리, 남평리로 남흥리, 룡전리, 수우리로 수룡리, 성흥리, 덕성리로 덕성리,	
1953	〃	평안남도 안주군 안주면 차강리, 신성리로 차장리 수우리, 룡흥리를 합쳐 룡흥리와 룡정리로 개편. 운전군 북일리가 편입.	
1954	〃	보석리, 구연리, 려미리, 서삼리, 봉덕리, 동삼리, 삼봉리, 청룡리, 대연리, 삼화리와 북일리를 운전군에 편입. 봉흥리, 봉성리의 일부를 박천읍에 편입. 맹상리를 맹중리로 개편. 차장리를 남흥리에 편입. 녕변군 서위리 일부를 석계리에 편입. 녕변군 상추리를 박천군에 편입.	
1956	〃	룡정리를 평안남도 안주군에 편입.	
1958	〃	운전군 삼화리, 삼봉리, 청룡리를 박천군에 편입.	
1972	〃	룡흥리 일부와 남흥리를 덕성리에 편입. 덕성리를 노동자구로 개편.	
1980		덕성노동자구, 룡흥리, 송도리를 안주군에 넘김.	
1982		형팔리를 대령리로 개칭.	
1997		맹중리를 노동자구로 개편. 맹하리 일부를 맹중노동자구에 넘김.	

연도	이름	관할지역	비고
1997	평안북도 박천군	박천읍, 봉흥리, 봉성리, 중남리, 원남리, 상추리, 덕삼리, 송석리, 석계리, 기승리, 학암리, 상양리, 맹중노동자구, 맹하리, 대령리, 률곡리, 청산리, 단산리, 신평리, 청룡리, 삼봉리, 삼화리(1개 읍, 1개 노동자구, 20개 리)	

녕변군(寧邊郡)

도의 동남부에 있는 군. 1429년에 연산과 무산을 합쳐 녕변대도호부를 내왔다. 녕변의 녕은 편안하고 안정하다는 뜻이고, 변은 변방이라는 뜻이다. 이 지역에 자주 침입하는 외적을 평정함으로써 고을이 편안하고 안정된 북쪽변방이라 하여 녕변이라고 하였다. 그후 군으로 개편하였는데 동국여지승람에 의하면 약산이라고도 하였다.

【 녕변군의 변천 】

연도	이름	관할지역	비고
고구려	아초		
고려초	연주 무주 연주 밀운근(안삭) 연주		
1366	연산부		
그후	연산대도호부 무주 운남군(고청산)		
995	무주		
1413	무산현		
1429	연산	읍내방, 오리방, 연산방, 소림방, 팔원방, 무산방, 고성방, 신현방, 위연방, 개평방, 검산방, 백령방, 어룡방, 독산방(14개 방)	
1895	평양부 녕변군		
1896	평안북도 녕변군	방을 면으로 개편. 개평방을 태평면으로,	

연 도	이 름	관 할 지 역	비 고
1896	평안북도 녕변군	검산방을 룡산면으로, 무산방을 봉산면으로, 위연방을 남송면으로 고침(14개 면)	
1914	〃	어룡면이 룡산면과 남신현면에 들어가고 신현면을 갈라 남신현면과 북신현면을 내옴(14개 면)	
1918	〃	위와 같되 읍내면을 녕변면으로 고침.	
1949	〃	군안의 모든 동을 리로 고침. 녕변면 룡포리를 분리하여 룡포리와 룡혁리로 변경. 오리면 문봉리를 분리하여 문봉리, 봉문리로, 봉무리를 봉무리와 봉흥리로, 세죽리를 세죽리, 세신리, 세흥리로, 송강리를 송강리, 송림리로, 송호리를 송호리, 송연리로, 묵시리를 묵시리와 상흥리로, 삼봉리를 삼봉리, 동서리로 변경. 연산면 화연리를 화연리와 대흥리로, 문봉리를 문봉리, 문연리로, 화천리를 화천리, 서연리, 도화리로, 대성리를 대성리, 매야리로, 룡연리를 룡연리, 화평리로 변경. 독산면 룡흥리를 룡흥리, 룡연리로, 송성리를 송성리, 송신리로, 덕성리를 덕성리, 덕흥리로 변경. 소림면 남등리를 남등리, 천등리로, 서위리를 서위리, 서남리로, 룡강리를 룡강리, 분강리로, 등산리를 등산리, 상등리로, 룡추리를 룡추리, 신건리, 룡하리로, 상추리를 상추리, 신흥리로, 원등리를 원등리, 평화리로 변경. 팔원면 룡산리를 룡산리, 룡중리, 중남리로, 천양리를 천양리, 평화리로, 송현리를 송현리, 평강리로, 룡두리를 룡두리, 옥창리로, 룡성리를 룡성리, 운행리로 변경. 봉산면 고성리를 고성리, 무창리, 박진리로, 양지리를 양지리, 원읍리로, 관하리를 관하리, 관상리, 봉지리로, 조양리를 조양리, 덕암리로, 망일리를 망일리, 공사리로, 룡흥리를 룡흥리, 신흥리로 변경. 고성면 사오리를 사오리, 산성리로, 마전리를 마전리, 마산리로, 남산리를 남산리, 중화리로, 상초리를 상초리, 신개리로, 하초리를 하초리, 하서리로 변경.	

연도	이름	관할지역	비고
1949	평안북도 녕변군	남신현면 하장리를 하장리, 상하리로, 도관리를 도관리, 석우리로, 귀상리를 귀상리, 귀봉리로, 상이리를 상이리, 도흥리로, 운룡리를 운룡리, 리만리, 룡택리로 변경. 남송면 사천리를 사천리, 석창리, 신창리로, 마상리를 마상리, 마양리 마연리로, 봉지리를 봉지리, 화양리, 신양리로, 천수리를 천수리, 홍승리, 수양리로, 립석리를 립석리, 석흥리로, 구두리를 구두리, 신흥리로 변경. 태평면 조산리를 조양리, 약수리, 운봉리로, 하서리를 하서리, 중서리로, 관북리를 관북리, 신화리로, 관상리를 관상리, 상흥리로, 관하리를 관하리, 신포리로 변경. 북신현면 룡응리를 룡응리, 룡성리로, 로하리를 로하리, 로현리로, 상행리를 상행리, 덕성리로, 향산리를 향산리, 향초리로, 월림리를 월림리, 림흥리로 변경. 룡산면 구장리를 구장리, 룡산리로, 수구리를 수구리, 청수리로, 룡연리를 룡연리, 상평리로, 신흥리를 신흥리, 양지리로, 로리를 로동리, 철산리로, 룡문리를 룡문리, 문성리로, 룡등리를 룡등리, 등림리로, 안심리를 안심리, 동화리로, 취덕리를 취덕리, 광흥리로, 소민리를 소민리, 아연리로 변경. 백령면 대풍리를 대풍리, 풍천리로, 조산리를 조산리, 운흥리로, 룡연리를 룡연리, 하초리로, 우현리를 우현리, 룡두리로 변경.	
1952	〃	면 폐지. 전 녕변군 팔원면, 소림면, 봉산면, 연산면의 13개 리, 고성면의 10개 리, 오리면의 13개 리로 녕변군을 내옴. 룡산면, 백령면, 남신현면, 오리면의 4개 리, 고성면의 3개 리는 구장군에 넘어감. 태평면, 북신현면, 남송면의 11개 리는 향산군에 넘어감. 남송면의 6개 리는북진군에 넘어감. 독산군은 박천군에 넘어감.	

연도	이름	관할지역	비고
1952	평안북도 녕변군	녕변읍(녕변면 동부리, 서부리 통합), 연산리(연산면 화연리, 대흥리, 문통리, 통합), 문화리(연산면 문연리, 립석리 통합), 서화리(연산면 화천리, 서연리, 연무리 통합), 대천리(연산면 신천리, 대성리 통합), 룡화리(연산면 매야리, 룡연리, 화평리 통합), 룡포리(녕변면 룡포리, 룡혁리 통합), 약산리(녕변면 룡추리 일부) 서외성리(녕변면 서외성리), 팔원리(팔원면 중남리, 룡중리, 룡산리, 천양리 통합) 화평리(팔원면 화평리, 석성리, 평강리 통합), 송화리(팔원면 평화리, 송현리 통합), 명덕리(팔원면 명당리, 가덕리 통합), 옥창리(팔원면 옥창리, 룡두리, 소장리 일부 통합), 룡성리(팔원면 은행리, 룡성리, 소장리 일부 통합), 봉산리(봉산면 무창리, 원응리, 양지리 통합). 고성리(봉산면 박진리, 고성리, 수유리 통합), 관하리(봉산면 봉지리, 관하리, 관상리 통합) 구산리(봉산면 구산리, 조양리 통합), 망일리(봉산면 덕암리, 공사리, 망일리 통합), 룡흥리(봉산면 룡흥리, 신흥리를 통합), 남등리(소림면, 원등리, 남등리, 천등리, 각추리 통합) 서위리(소림면 서위리, 서남리 통합), 분강리(소림면룡강리, 분강리, 등산리 통합) 룡추리(소림면 상등리, 룡추리, 신건리 통합), 상추리(소림면 룡하리, 신흥리, 상추리, 평화리 통합), 봉등리(오리면 봉무리, 녕변면 동외성리 통합), 봉남리(오리면 봉흥리, 녕변면 남외성리 통합), 남산리(고성면 마전리, 남산리, 중화리 통합), 하초리(고성면 상초리, 하초리, 신개리, 하서리 통합), 구항리(고성면 신풍리, 구항리, 봉덕리 통합), 삼봉리(오리면 삼봉리, 상흥리 통합), 오봉리(오리면 문봉리, 봉소리, 문흥리, 봉문리 통합), 송강리(오리면 송강리, 송림리 통합), 세죽리(오리면 세죽리, 세흥리, 세신리, 통합). 1개 읍, 34개 리	
1954	〃	삼봉리를 구장군에, 서위리 일부, 상추리를 박천군에, 룡흥리를 태천군에 넘김. 연산리, 문화리를 합쳐 연화리로, 봉남리, 봉동리를 합쳐 동남리로, 약산리와 서외성리를 합쳐 서산리로 고침(1개 읍, 28개 리)	

연도	이름	관할지역	비고
1961	평안북도 녕변군	구항리 일부를 남산리에 넘김.	
1972	〃	팔원리를 팔원노동자구로 고침.	
1989	〃	녕변읍 일부를 서산리에, 서산리 일부를 녕변읍에 넘김.	
1999	〃	녕변읍, 룡포리, 서산리, 동남리, 오봉리, 송강리, 세죽리, 서화리, 대천리, 연화리, 룡화리, 서위리, 남등리, 화평리, 송화리, 팔원노동자구, 룡추리, 관하리, 고성리, 봉산리, 구산리, 망일리, 명덕리, 옥창리, 룡성리, 하초리, 남산리, 구항리	

구장군(球場郡)

도의 동남부에 있는 군. 1952년에 녕변군 룡산면, 남신현면, 백령면과 오리면의 1개 리, 고성면의 3개 리를 합쳐 내온 군인데 오래전부터 장이 서던 구장동마을에 세 군의 소재지가 들어앉았으므로 구성군이라고 하였다.

【 구장군의 변천 】

연도	이름	관할지역	비고
1952	구장군	전녕변군 룡산면, 구장리, 문성리, 룡산리로 구장읍, 청수리, 수구리, 요성리로 수구리, 룡연리, 상평리로 룡연리, 신흥리, 양지리로 신흥리, 로동리, 철산리, 봉무리로 룡철리, 등립리, 룡등리로 등립리, 등화리, 안심리로 안화리, 운봉리, 룡현리로 운흥리, 광흥리, 취덕리로 취덕리, 룡암리, 소민리, 아연리로 소민리, 전녕변군 남신현면 귀상리, 귀봉리로 귀상리, 상이리, 도흥리, 상이리, 리만리, 운룡리, 룡택리로 운룡리, 전녕변군 오리면 송호리, 송연리로 송호리, 묵시리, 동서리로 묵시리, 전녕변군 백령면 상초리로 상초리, 룡연리, 하초리, 하룡리로 하초리, 우현리, 룡두리로 우현리, 풍천리, 대풍리로 대풍리, 전녕변군 룡산면 룡문리로 룡문리, 백령면 중초리로 중초리, 조산리, 운흥리로 조산리, 개화리로 개화리,	

연도	이름	관할지역	비고
1952	구장군	남신현면 도관리, 석우리로 도관리, 하장리, 상하리, 상장리로 하장리, 상구리, 하구리로 상구리, 고성면 마산리, 산성리, 사오리로 사오리, 1개 읍(구장읍), 26개 리(수구리, 룡연리, 신흥리, 룡철리, 등립리, 안화리, 운흥리, 취덕리, 소민리, 상이리, 귀상리, 운룡리, 송호리, 묵시리, 상초리, 하초리, 우현리, 대풍리, 룡문리, 중초리, 조산리, 개화리, 도관리, 하장리, 상구리, 사오리)	
1953	〃	안화리를 룡등노동자구로 개편. 취덕리를 룡문노동자구로 개편.	
1954	〃	녕변군 삼봉리가 편입.	
1963	〃	룡등노동자구에 등립리 일부가 편입.	
1985	〃	향산군 로현리, 룡성리, 상로리, 가좌리, 천수리, 수양리, 불무리, 석창리가 들어옴. 룡수노동자구를 새로 내옴.	
1990	〃	룡철리를 룡철노동자구로, 불무리를 청송리로 개편.	
1993	〃	1개 읍(구장읍), 5개 노동자구(등립, 룡등, 룡문, 룡철, 룡수), 30개 리(수구리, 룡연리, 신흥리, 운흥리, 상이리, 귀상리, 운룡리, 송호리, 묵시리, 상초리, 하초리, 우현리, 대풍리, 중초리, 조산리, 개화리, 도관리, 하장리, 상구리, 사오리, 삼동리, 로현리, 룡성리, 상로리, 가좌리, 천수리, 수양리, 청송리, 석창리, 소민리)	
1996	〃	로현리, 룡성리, 상로리, 가좌리, 천수리, 수양리, 청송리, 석창리가 향산군에 편입.	
1997	〃	1개 읍(구장읍), 5개 노동자구(등립, 룡등, 룡문, 룡철, 룡수), 22개 리(수구리, 룡연리, 신흥리, 운흥리, 상이리, 귀상리, 운룡리, 송호리, 묵시리, 상초리, 하초리, 우현리, 대풍리, 중초리, 조산리, 개화리, 도관리, 하장리, 상구리, 사오리, 삼봉리, 소민리)	

향산군(香山郡)

도의 동부에 있는 군. 1952년에 녕변군 태평면, 북신현면의 전체 리와 남송면의 11개 리를 합쳐서 내온 군인데 층암절벽으로 기묘하게 생긴 바위와 산세, 향기 그윽한 향나무로 아름다운 풍치를 돋구는 향산을 끼고 있는 군이라 하여 향산군이라고 하였다.

【 향신군의 변천 】

연도	이름	관할지역	비고
1952	향산군	1개 읍(향산읍), 26개 리(석창리, 사천리, 불무리, 수양리, 천수리, 립석리, 석흥리, 구두리, 운봉리, 조산리, 신화리, 상서리, 관북리, 하서리, 관상리, 관하리, 향초리, 향암리, 림흥리, 덕성리, 화산리, 로하리, 로현리, 사로리, 가좌리, 룡성리)	
1954	〃	사천리, 석흥리, 관상리, 관북리, 향초리, 덕성리, 로하리 폐지. 화산리를 북신현리로, 사로리를 상로리로 개편. 관상리, 관북리를 합쳐 태평리로 개편.	
1984	묘향산구	향산읍, 향암리, 북신현리, 림흥리로 신설.	
1985	향산군	묘향산구를 폐지. 운봉리, 구두리, 립석리, 조산리, 상서리, 하서리를 운산군에, 로현리, 룡성리, 상로리, 가좌리, 천수리, 불무리, 석창리를 구장군에 넘김.	
1989	〃	구두리, 상서리, 하서리가 향산군에 편입.	
1992	〃	1개 읍(향산읍), 9개 리(향암리, 림흥리, 북신현리, 신화리, 태평리, 관하리, 구두리, 상서리, 하서리)	
1996	〃	운산군 운봉리, 립석리, 조산리와 구장군 로현리, 룡성리, 상로리, 가좌리, 천수리, 수양리, 청송리, 석창리가 향산군에 편입.	
1997	〃	1개 읍(향산읍), 20개 리(향암리, 림흥리, 북신현리, 신화리, 태평리, 관하리, 구두리, 상서리, 하서리, 운봉리, 립석리, 조산리, 로현리, 룡성리, 상로리, 가좌리, 천수리, 수양리, 청송리, 석창리)	

운산군(雲山郡)

고구려 때에 운양군(雲陽郡)이라 하다가 고려초에 운중군으로 고쳐졌고, 950년경에 위화진으로 개편되었다. 운양(雲陽)이니 운중(雲中)이라 함은 높은 지대에 구름이 자주 끼나 그런대로 햇볕이 잘 드는 고장이라는 데서 후에 운산(雲山)군으로 고쳐 부르게 되었다.

【 운산군의 변천 】

연 도	이 름	관 할 지 역	비 고
고구려	운양군		
고려초	운중군		
950 ~ 975	위화진		
995	패서도 운주		
1018	북계 운주		
1102	서북면 운주		
1261	서북면 운산군		
1871	평양부 운산군	동면, 남면, 성동면, 위곡면, 고연주면, 읍내면, 고운산면(7개 면)	
조선조말	평안북도 운산군	읍면, 성면, 남면, 동면, 신면, 고면, 곡면, 북면(8개면)	
1914	〃	남면, 동면, 신면, 고면, 곡면, 북면 폐지. 동신면, 위연면, 북전면 신설.	
1918	〃	읍면을 운산면으로 개편.	
1952	〃	면 폐지. 전 운산군 운산면, 성면의 전체 리와 동신면 중 8개 리를 포함하되 다음과 같이 개편. 운산읍(전 운산군 운산면 룡포리, 읍내리, 송현리) 평화리(전 운산군 동신면 삼태리, 리리) 니답리(전 운산군 동신면 니답리, 가리) 마장리(전 운산군 동신면 마장리) 룡호리(전 운산군 동신면 룡호리, 부흥리) 고성리(전 운산군 성면 고성상리, 고성하리) 성봉리(전 운산군 성면 연봉상리, 성봉리) 남산리(전 운산군 성면 남산상리, 계림리, 송죽리) 연하리(전 운산군 성면 연봉하리, 죽대리, 박막리) 응봉리(전 운산군 성면 초하리, 응봉리) 룡흥리(전 운산군 운산면 룡흥리, 룡연리) 제인리(전 운산군 운산면 제인상리, 제인하리) 전승리(전 운산군 운산면 립석하리, 계림리) 화응리(전 운산군 운산면 화응리, 립석상리)	1952년 12월에 북진면, 위원면의 전체리와 동신면의 1개 리, 녕변군 남송면의 6개 리가 북진군에 들어감

연도	이름	관할지역	비고
1952	평안북도 운산군	조양리(전 운산군 운산면 조양상리, 조양하리, 동신면 성지리). 1개 읍, 14개 리	
1954	〃	북진군을 운산군에 편입. 북진읍을 북진리로, 운산읍을 구읍리로, 온정리를 온산읍으로, 교리를 금산노동자구로 개편.	
1956	〃	북진리 폐지. 북진리 일부는 금산노동자구에, 일부는 삼신리에 편입. 금산노동자구를 북진노동자구로 개칭.	
1989	〃	구두리, 상서리, 하서리를 향산군에 편입.	
1993		운산읍, 북진노동자구, 풍양리, 방어리, 삼산리, 월양리, 부흥리, 도청리 성봉리, 남산리, 연하리, 고성리, 응봉리, 구읍리, 룡흥리, 제인리, 전승리, 화응리, 조양리, 룡호리, 마장리, 니답리, 평화리, 좌리, 마상리, 봉지리, 상원리, 답상리, 영웅리, 립석리, 조산리, 운봉리.	
1996	〃	운봉리, 립석리, 조산리가 향산군에 편입.	
1997	〃	운산읍, 북진노동자구, 풍양리, 방어리, 삼산리, 월양리, 부흥리, 도청리, 성봉리, 남산리, 연하리, 고성리, 응봉리, 구읍리, 룡흥리, 제인리, 전승리, 화응리, 조양리, 룡호리, 마장리, 니답리, 평화리, 좌리, 마상리, 봉지리, 상원리, 답상리, 영웅리(1개 읍, 1개 노동자구, 27개 리)	

태천군(泰川郡)

도의 중부에 있는 군. 1413년에 서북면 태주를 개편하여 평안도에 내온 군인데, 대령강 상류지대에 있는 큰 고을이라는 뜻에서 클 '태' 자와 고을 '주' 자를 붙여 태주라고 하던 것을 규례에 따라 주자를 천자로 고쳐 태천군이라고 하였다.

【 태천군의 변천 】

연도	이름	관할지역	비고
918	광화현 (녕삭, 련삭)		

연도	이름	관할지역	비고
995	패서도 태주		
1018	북계 태주		
1102	서북면 태주		
1366	〃	서북면 무주, 위주가 태주에 들어옴.	
1413	평안도 태천군		
1472	평안도 태천현	현내방, 남방, 북방, 서방, 장림방, 동방	
1895	의주부 태천군	동읍내면, 서읍내면, 동면, 서면, 남면, 북면, 원면, 장림면	
1896	평안북도 태천군	동읍내면, 서읍내면, 서면, 남면, 원면, 장림면, 동면, 강동면, 강서면	
1918	〃	동읍내면을 태천면으로 고침.	
1939	〃	서읍내면을 서성면으로 고침.	
1949	〃	태천면 왕정리를 분리하여 왕정리와 검안리로 하고 서성면 룡상리를 분리하여 룡상리와 신상리로 하고 산성리를 분리하여 산성리와 봉후리로 하고 송귀리를 분리하여 송귀리와 안태리로 하고 관룡리를 분리하여 관룡리와 룡포리로 하고 서면, 월봉리를 분리하여 월봉리와 일봉리로 하고 남면 학림리를 분리하여 학림리와 사곡리로 하고 은곡리를 분리하여 은곡리와 화평리로 하고 원면 안심리를 분리하여 안심리와 내양리로 하고 속흥리를 분리하여 속흥리와 림포리로 하고 신흥리를 분리하여 신흥리와 서흥리로 하고 장림면 진남리를 분리하여 진남리와 청루리로 하고 마평리를 분리하여 마평리와 마두리로 하고 환현리를 분리하여 환현리와 옥현리로 하고 재남리를 분리하여 재남리와 관어리로 하고 강동면 송남리를 분리하여 송남리와 송천리로 하고 약성리를 분리하여 약성리와 약상리로 하고 강서면 덕림리를 분리하여 덕림리와 제랑리로 하고 덕평리를 분리하여 덕평리와 덕성리로 변경함. 면 폐지.	
1952	〃	태천군은 전 태천군 태천면 , 서성면, 서면, 남면, 동면, 원면, 장림면, 강동면, 강서면의 전체 리들을	

연도	이름	관할지역	비고
1952	평안북도 태천군	포함하여 읍과 리들을 구성함. 태천읍(전 태천군 태천면 서부리, 북부리, 남부리, 동부리, 북안리, 왕정리, 서성면 관룡리), 검암리(전태천군 태천면 검암리, 남흥리, 동면 풍산리), 룡상리(전 태천군 서성면 봉후리, 산성리, 룡상리, 신상리), 송태리(전 태천군 서성면 안태리, 송귀리, 강북리, 송곡리, 룡포리), 림천리(전 태천군 서면 림천리, 덕흥리, 청계리), 쾌하리(전 태천군 서면 쾌하리, 덕상리, 관봉리), 운룡리(전 태천군 서면 월봉리, 대흥리, 신승리, 운룡리, 일봉리), 신봉리(전 태천군 남면 학림리, 사곡리, 신암리, 삼봉리), 덕흥리(전 태천군 남면 가덕리, 부흥리, 송우리), 운흥리(전 태천군 남면 대흥리, 룡두리, 선암리, 운곡리, 화평리), 송원리(전 태천군 원면 운풍리, 송백리 일부, 덕상리), 신광리(전 태천군 원면 림광리, 신흥리, 서흥리), 안흥리(전 태천군 원면 림포리, 속흥리, 내양리, 안심리), 취흥리(전 태천군 장림면 관어리, 취흥리, 운석리, 재남리), 환현리(전태천군 장림면 , 환현리, 태흥리, 환하리), 마현리(전 태천군 장림면 마두리, 마평리, 옥현리), 진남리(전 태천군 장림면 장흥리, 진남리, 청토리, 신상리), 학당리(전 태천군 동면 학당리, 영흥리, 연중리, 광성리, 고암리), 상단리(전 태천군 동면 상풍리, 상단리, 송현리, 송천리), 학봉리(전 태천군 동면 선화리, 홍평리, 선덕리, 학봉리, 원흥리), 덕화리(전 태천군 강동면 덕화리, 약성리, 약상리, 구성리), 풍림리(전 태천군 강동면 풍림리, 덕산리, 룡성리), 천계리(전 태천군 강동면 천계리, 신봉리, 송북리, 송천리, 송남리), 은덕리(전 태천군 강서면 은창리, 덕평리, 덕성리), 마평리(전 태천군 강서면 룡봉리, 상평리, 마장리), 덕천리(전 태천군 강서면 덕림리, 봉천리, 제랑리). 1개 읍, 25개 리	
1954	〃	검암리가 태천읍과 학당리에 편입되어 없어짐. 녕변군 룡흥리가 태천군에 들어옴.	
1958	〃	대관군 개혁리와 동창군 양지리, 룡천리가 태천군에 편입.	
1987	〃	태천군 양지리, 룡전리, 풍림리를 천계리에, 개혁리, 덕천리, 은덕리를 마평리에 합치고 마평리를 발전노동자구로 개편.	

연도	이름	관할지역	비고
1991	평안북도 태천군	송태리 일부지역이 태천읍에 들어감.	
1997	〃	태천읍, 발전노동자구, 송태리, 룡상리, 쾌하리, 운룡리, 림천리, 신봉리, 덕흥리, 운흥리, 송원리, 신광리, 안흥리, 취흥리, 환현리, 마현리, 진남리, 룡흥리, 상안리, 학봉리, 학당리, 덕화리, 천계리(1개 읍, 1개 노동자구, 21개 리)	

천마군(天摩郡)

도의 서부에 있는 군. 1952년에 구성군 사기면, 천마면, 관서면과 의주군 고령삭면을 합쳐 내온 군인데, 군 중심에 위치하고 있던 천마면의 이름을 따서 천마군이라고 하였다. 천마는 하늘을 만지다라는 뜻으로서 구름을 휘감고 아득하게 솟은 천마산에서 유래한 것이다. 옛날 산이 하도 높아 그 봉우리에 오르면 하늘도 만져 볼 수 있다고 하였다 한다.

【 천마군의 변천 】

연도	이름	관할지역	비고
1952	평안북도 천마군	천마읍(전 구성군 관서면 조악리, 마산리, 신흥리 일부) 구암리(전 구성군 사기면 구암리, 군잠리, 득송리) 송현리(전 구성군 사기면 송백리, 석현리) 백자리(전 구성군 사기면 백자리, 왕당리) 비화리(전 구성군 사기면 비화리, 천마면 동암리) 신시리(전 구성군 사기면 신시리, 향산리) 지경리(전 구성군 사기면 지경리, 인곡리) 은봉리(전 구성군 사기면 은봉리, 화암리) 소관리(전 구성군 관서면 소관리, 신흥리 일부) 남서리(전 구성군 관서면 서고송리, 남북송리, 신풍리) 어궁리(전 구성군 관서면 어궁리, 차유리) 대우리(전 구성군 관서면 대우리) 송림리(전 구성군 관서면 송림리) 탑동리(전 구성군 천마면 탑동리) 대성리(전 구성군 천마면 대성리, 회역리)	

연도	이름	관할지역	비고
1952	평안북도 천마군	삼송리(전 구성군 천마면 송수리, 안창리, 로곡리) 신창리(전 구성군 천마면 신읍리, 연창리) 관동리(전 구성군 천마면 곤지리, 신두리, 관동리) 일녕리(전 의주군 고령삭면 일녕리) 구창리(전 의주군 고령삭면 구창리, 구복리) 서고리(전 의주군 고령삭면 서고리), 동고리(전 의주군 고령삭면 동고리, 부상리). 천산리(전 의주군 고령삭면 천마리, 천창리, 천산리), 대하리(전 의주군 고령삭면 대하리, 동암리, 원봉리) 삼봉리(전 의주군 고령삭면 삼봉리, 구남리) (1개 읍, 24개 리)	
1953	〃	천마읍이 조악리로, 대성리가 천마읍으로 개편.	
1954	〃	탑동리가 천마읍에 편입. 어궁리를 어궁노동자구로 개편. 구창리와 삼봉리 일부를 합쳐 영산리를 내옴.	
1972	〃	은봉리를 지경리에 편입. 남서리를 갈라 신시리와 대우리에 편입.	
1077	〃	어궁노동자구를 금골노동자구로 고침.	
1988	〃	금골노동자구를 금골리로 개편.	
1990	〃	소관리를 기본으로 신흥리를 내옴.	
1997	〃	천마읍, 구암리, 송현리, 백자리, 비화리, 신시리, 지경리, 대우리, 송림리, 삼송리, 신창리, 관동리, 일녕리, 서고리, 동고리, 천산리, 대하리, 삼봉리, 영산리, 금골리, 신흥리(1개 읍, 20개 리)	

【 의주군의 변천 】

연도	이름	관할지역	비고
고구려	룡만현, 화의		
995	패서도 룡만현		
1010	패서도 보주		
1054	북계 포주, 파주		
1117	서북면 의주		
1221	서북면 함신		
1336	서북면 의주목		

연도	이름	관할지역	비고
1413	평안도 의주목		
1895	의주부 의주군	주내, 소곶, 관리, 고군, 송장, 수진, 고성, 고읍, 진리, 고녕삭, 옥상, 가산, 광성, 피현, 월화리, 위원, 청수, 광화, 위화, 양상, 양하, 양서, 미라산(23개 면)	
1896	평안북도 의주부	주내, 고읍, 진리, 관리, 위원, 소곶, 관리동, 고군, 광성,위화, 송장, 수진, 가산, 광평, 옥상, 고성, 고녕삭, 월화, 피현(19개 면)	
1914	평안북도 의주군	광성면 일부로 신의주부 신설. 의주, 주내, 고진, 위원, 고관, 광성, 위화, 송장, 수진, 가산, 광평, 옥상, 고녕삭, 월화, 피현(15개 면)	
1939	〃	의주면이 의주읍으로 개편.	
광복직후	〃	주내면 폐지. 의주읍이 의주면으로 개편. 고진면, 광성면이 신의주시에 편입.	
1952	〃	면 폐지. 의주면, 고성면, 송장면, 수진면, 위화면의 전체 리와 고산면 5개 리로 의주군을 구성(1개 읍, 20개 리) 의주면 동부리, 동외리, 구성리, 남문리, 향교리, 홍서리, 서문리, 서부리, 원화리로 의주읍을, 고성면 대산리, 룡문리, 가로리로 대산리를, 고성면 정문리, 임도리, 정신리, 신도리, 정주리로 정문리를 고성면 룡산리, 룡북리, 연하리, 연상리로 연하리를, 송장면 연무리, 창원리, 소수리로 연무리를, 송장면 대문리, 설매리로 대문리를, 송장면 금광리, 송산리, 강정리, 영달리로 금광리를, 송장면 운천리, 사산리로 운천리를, 위화면 하단리, 오막리, 북하리로 하단리를, 위화면 왕단리, 상단리로 상단리를, 의주면 다지리, 청천리, 서호리로 서호리를, 의주면 어적리, 수진면 룡운리로 룡운리를, 의주면 흥복리, 흥남리, 송장면 남산리로 흥남리를, 수진면 덕현리, 와룡리로 덕룡리를, 수진면 룡문리, 석계리로 룡계리를, 수진면 운천리, 중도리, 북상리로 수진리를, 수진면 대수리, 수구리, 리화리로 대화리를, 수진면 송천리, 미산리로 미송리를, 고관면 로리, 춘곡리로 춘산리를, 고관면 중단리, 상단리, 동학리로 중단리를, 신의주시 선상리, 서린리 일부로 선상리를 내옴.	

연도	이름	관할지역	비고
1954	평안북도 의주군	정문리 일부가 하단리에 편입. 정문리, 선상리가 광성군에 편입.	
1961	〃	상단리, 하단리가 신의주시에 편입.	
1963	〃	덕룡리를 덕현노동자구로 개칭.	
1972	〃	연하리를 연하노동자구로 개칭. 룡운리 일부로 어적리를 신설	
1974	〃	청성군 추리, 삼하리가 편입.	
1989	〃	연할동자구를 연하동으로 개칭하고 신의주시에 편입. 덕룡노동자구 신설.	
1997	〃	의주읍, 흥남리, 대산리, 서호리, 룡운리, 어적리, 룡계리, 미송리, 수진리, 덕현노동자구, 덕룡로도자구, 대화리, 연무리, 운천리, 금광리, 대문리, 중단리, 춘산리, 추리, 삼하리(1개 읍, 2개 노동자구, 17개 리)	

삭주군(朔州郡)

도 서북쪽에 위치해 있으며 고려 조선조 이래 부(府)·군(郡)이 반복 변경되오다가 1895년(고종 2년) 군으로 있은 후 1952년 면제 폐지 이후 현재의 군이 되었다.

【 삭주군의 변천 】

연도	이름	관할지역	비고
고려초	녕색현		
1018	북계 삭주 북계 삭주부		
1394	서북면 삭주군	옛 구주와 부근의 12개 촌을 통합하고 군으로 되었음.	
1413	평안도 삭주도호부		
1439	평안도 삭주군		
1440	평안도 삭주도호부		
1467	〃	고을의 관가를 소삭주로 옮김.	
1895	의주부 삭주군	내동면, 성상면, 성북면, 성남면, 산서면, 중남면, 하남면, 외동면, 산전면, 산후면, 수우면, 수좌면	
1896	평안북도 삭주군	내동면, 성상면, 구곡면, 산서면, 상남서면, 하남면, 중남면, 외동면, 수석면, 풍면, 산전면, 산후면	
1914	〃	군내면, 남서면, 수풍면, 외남면, 량산면, 구곡면(6개 면)	

연 도	이 름	관 할 지 역	비 고
1918	평안북도 삭주군	군내면을 삭주면으로 개편.	
1949	〃	군안의 모든 동을 리로 고침.	
1952	〃	면 폐지. 전 삭주군 청수면, 삭주면, 구곡면, 수풍면의 전체 리와 창성군 창성면, 갑암리 일부로 삭주군을 내옴(1개 읍, 19개 리) 삭주읍(전 삭주군 삭주면 동부리, 서부리, 남대리 일부), 남사리(전 삭주군 청수면 남사리, 신창리), 사평리(전 삭주군 청수면 사평리), 신성리(전 삭주군 청수면 신성리, 옥포리), 청수리(전 삭주군 청수면 북사리, 북소리, 압강리), 부풍리(전 삭주군 수풍면 부풍리, 송풍리), 신풍리(전 삭주군 수풍면 신풍리, 대풍리), 수풍리(전 삭주군 수풍면 수풍리, 전풍리, 구곡면 연포리), 인풍리(전 삭주군 구곡면 인풍리), 신상리(전 삭주군 구곡면 신안리, 신상리), 판막리(전 삭주군 구곡면 판막리), 구곡리(전 삭주군 구곡면 송정리, 송신리), 신연리(전 삭주군 구곡면 연평리, 연창리, 창성군 창성면 갑암리 일부), 연삼리(전 삭주군 구곡면 연삼리), 온천리(전 삭주군 삭주면 남평리 일부, 온풍리), 금부리(전 삭주군 삭주면 금부리, 금오리), 룡암리(전 삭주군 삭주면 룡암리, 룡연리), 신서리(전 삭주군 삭주면 신서리, 남대리 일부, 남평리 일부), 소덕리(전 삭주군 삭주면 소덕리, 광성리), 대대리(전 삭주군 삭주면 대대리), 수풍리와 청수리를 노동자구로 개편.	
1953	〃	남사리, 사평리, 청수노동자구를 청성군에 편입.	
1954	〃	부풍리를 갈라 일부는 신풍리에, 일부는 수풍노동자구에 편입하고 부풍리를 폐지.	
1958	〃	신상리 폐지.	
1974	〃	청성군 청성읍, 천감리, 도평리, 옥강리, 방산리, 내옥리, 당목리, 북사리, 중대리, 좌리, 부평리, 판막리, 상광리, 사평노동자구, 남사노동자구, 청수노동자구가 삭주군에 넘어옴. 청성읍을 청성노동자구로 개편.	
1978	〃	대대리를 대대노동자구로 개편. 소덕리를 갈라 일부는 대대노동자구에, 일부는 룡암리에 넘기고 소덕리를 폐지.	
1997	〃	삭주읍, 룡암리, 금부리, 신서리, 연삼리, 구곡리, 신풍리, 천감리, 도평리, 옥강리, 방산리, 내옥리, 당목리, 북사리, 중대리, 좌리, 부평리, 판막리, 상광리, 남사노동자구, 사평노동자구, 청성노동자구, 대대노동자구, 청수노동자구, 수풍노동자구(1개 읍, 18개 리, 6개 노동자구)	

대관군(大館郡)

도의 중부에 있는 군. 1952년에 평안북도 삭주군 외남면, 량산면, 수동면, 남서면을 합쳐서 내온 군인데 녕색관의 큰 집자리가 있었으므로 대관군이라고 하였다.

【 대관군의 변천 】

연 도	이 름	관 할 지 역	비 고
1952	평안북도 대관군	대관읍, 오봉리, 신은리, 송평리, 명상리, 수원리, 운창리, 운림리, 수룡리, 송남리, 신광리, 청계리, 금창리, 평화리, 남장리, 로흥리, 대안리, 량산리, 로하리, 원풍리, 답풍리, 룡산리, 룡창리, 덕연리, 룡성리, 개혁리, 덕하리, 수동리, 신상리, 룡흥리(1개 읍, 29개 리)	
1954	〃	룡흥리 폐지.	
1967	〃	수룡리 폐지.	
1987	〃	수동리, 룡성리, 덕하리를 폐지.	
1997	〃	대관읍, 신광리, 송남리, 운창리, 운림리, 수원리, 명상리, 신은리, 오봉리, 원풍리, 로하리, 량산리, 덕연리, 답풍리, 룡산리, 룡창리, 남장리, 대안리, 로흥리, 청계리, 금창리, 평화리, 신상리(1개 읍, 22개 리)	

창성군(昌城郡)

도의 북부에 있는 군. 1402년(태종 2년)에 서북면 창주와 니성을 합쳐서 내온 군인데 창주의 창자와 니성의 성자를 따서 창성군이라고 하였다.

【 창성군의 변천 】

연 도	이 름	관 할 지 역	비 고
고구려	장정현		
995	패서도 장정현		
1035	북계 창주	고려 정종 원년에 장정현을 창주로 고침.	
1102	서북면 창주		

연도	이름	관할지역	비고
1369	서북면 창주, 니성		
1402	서북면 창성군	니성을 창주에 합치어 창성군을 만듬.	
1413	평안도 창성군		
1420	평안도 창성도호부		
1895	의주부 창성군	부내면, 남창면, 창주면, 전창면, 우면, 신창면, 동창면, 대창면, 정산면	
1896	평안북도 창성군		
1914	〃	부내면, 남창면, 창주면, 전창면, 우면, 동창면, 대창면, 신창면, 청산면,	
1918	〃	부내면을 창성면으로 고침.	
1939	〃	남창면이 장성면에 들어감.	
1949	〃	창성면 림산리를 분리하여 림산리와 창신리, 중산리로 하고 신평리를 분리하여 신평리와 어시리로 하고 봉천리를 분리하여 봉천리와 자작리로 하고 간암리를 분리하여 간암리와 간아리로 하고 유전리를 분리하여 유전리아 문봉리로 하고 옥계리를 분리하여 옥계리와 옥포리로 하고 달산리를 분리하여 달산리와 송상리로 하고 덕성리를 분리하여 락성리와 성산리로 변경함. 신창면 신창리를 분리하여 신아리, 신창리로 하고 화풍리를 분리하여 화풍리와 성흥리로 하고 회덕리를 분리하여 회덕리와 회신리로 하고 연풍리를 분리하여 연풍리와 풍덕리로 하고 완풍리를 분리하여 송풍리로 변경함. 등창면 대유리를 분리하여 대유리와 장현리, 금산리로 하고 소유리를 분리하여 소유리와 로막리로 하고 리천리를 분리하여 리천리와 광천리로 하고 대리를 분리하여 대동리와 속사리로 하고 두룡리를 분리하여 두룡리와 양간리로 변경함. 대창면 창서리를 분리하여 창서리와 창암리로 하고 학성리를 분리하여 학성리와 감천리로 하고 봉룡리를 분리하여 봉룡리와 구룡리로 하고 고적리를 분리하여 고적리와 운향리로 변경함. 청산면 학송리를 분리하여 학송리와 봉소리로 하고 청룡리를 분리하여 청룡리와 성현리로 하고 학봉리를 분리하여 학봉리와 우현리로 하고 양덕리를 분리하여 장평리와 양지리로 하고 룡전리를 분리하여 룡전리와 원풍리로 변경함.	

연도	이름	관할지역	비고
1952	평안북도 창성군	면 폐지. 창성군은 전 창성군 창성면의 전체 리와 신창면중 6개 리를 포함하여 읍과 리들을 구성함. 창성읍(창성면 림산리, 창신리, 옥계리 일부), 금야리(창성면 금야리, 중산리), 옥포리(창성면 옥포리, 옥계리 일부), 달산리(창성면 달산리, 송상리), 인산리(창성면 인산리), 의산리(창성면 의산리), 상리(창성면 상리), 중리(창성면 중리), 간암리(창성면 간암리, 갑암리 일부), 봉천리(창성면 봉천리, 자작리), 유평리(창성면 유평리), 유전리(창성면 유전리, 문봉리), 신평리(창성면 신평리), 락성리(창성면 락성리, 성상리), 연풍리(신창면 연풍리), 회덕리(신창면 회덕리, 회신리), 풍덕리(신창면 풍덕리), 어신리(창성면 어신리), 완풍리(신창면 완풍리, 송풍리)	
1963	〃	간암리가 중리에 들어 가고 중리를 약수리로 고침.	
1970	〃	상리가 약수리에 들어감.	
1972	〃	유전리를 유전노동자구로 고침.	
1997	〃 〃	창성읍, 유전노동자구, 금야리, 옥포리, 달산리, 의산리, 인산리, 약수리, 봉천리, 유평리, 어신리, 신평리, 락성리, 연풍리, 풍덕리, 회덕리, 완풍리(1개 읍, 1개 노동자구, 15개 리)	

동창군(東倉郡)

도의 동북부에 있는 군. 1952년에 창성군 동창면, 대창면, 청산면과 신창면의 4개 면을 합쳐서 내온 군인데, 동창면을 중심으로 이루어진 군이라 하여 동창군이라고 하였다.

【 동창군의 변천 】

연도	이름	관할지역	비고
1952	평안북도 동창군	동창읍(전 창성군 동창면 대유리, 장현리, 금산리) 신안리(전 창성군 신창면 신상리, 신안리) 화풍리(전 창성군 신창면 화풍리, 성홍리) 소유리(전 창성군 동창면 소유리, 로막리)	

연도	이름	관할지역	비고
1952	평안북도 동창군	리천리(전 창성군 동창면 리천리, 광천리) 두룡리(전 창성군 동창면 두룡리, 양간리) 대동리(전 창성군 동창면 대동리, 속사리) 창암리(전 창성군 대창면 창암리) 학성리(전 창성군 대창면 학성리, 창서리 일부) 봉룡리(전 창성군 대창면 봉룡리, 감천리) 구룡리(전 창성군 대창면 구룡리) 고직리(전 창성군 대창면 고직리, 윤향리) 학송리(전 창성군 청산면 학송리, 봉소리) 룡두리(전 창성군 청산면 룡두리, 봉명리) 양지리(전 창성군 청산면 양지리, 장평리 일부) 룡전리(전 창성군 청산면 룡전리, 원풍리, 장평리 일부) 학봉리(전 창성군 청산면 우현리, 학봉리) 률곡리(전 창성군 청산면 률곡리, 금성리) 청룡리(전 창성군 청산면 청룡리, 성현리) (1개 읍, 18개 리)	
1953	〃	동창읍을 대유리로, 소유리를 동창읍으로 개편. 대유리를 대유노동자구로 개편.	
1954	〃	벽동군 회상리를 분리하여 동창군에 편입.	
1958	〃	양지리, 룡전리를 태천군에 편입.	
1991	〃	학성리를 성평리로 개편.	
1997	〃	동창읍, 대유노동자구, 리천리, 두룡리, 대동리, 신안리, 화풍리, 창암리, 성평리, 봉룡리, 구룡리, 고직리, 룡두리, 률곡리, 학송리, 학봉리, 회상리, 청룡리(1개 읍, 1개 노동자구, 16개 리)	

벽동군(碧潼郡)

도의 북부 압록강 연안에 있는 군. 군은 본래 고구려 땅인데 고려시기에 와서 림토와 벽단의 두 지역으로 나뉘어져 있었으며, 고려말에는 림토를 음동이라고 하였다.

1403년에 벽단과 음동을 합쳐 새로운 군을 내오면서 그 이름을 벽단의 벽자와 음동의 동자를 따서 벽동이라고 하였다.

【 벽동군의 변천 】

연 도	이 름	관 할 지 역	비 고
995	패서도 림토, 벽단		
1018	북계 림토, 벽단		
1102	서북면 림토, 벽단		
1357	서북면 벽단, 음동		
1403	서북면 벽동군		
1413	평안도 벽동군		
1895	의주부 벽동군	읍내면, 대하면, 대상면, 우면, 별면, 가상면, 동면, 남면, 서상면, 서하면, 회면.	
1896	평안북도 벽동군	군내면, 동부면, 서부면, 가면, 별면, 우면, 시면, 성면, 남면, 서상면, 서하면, 평상면, 평하면, 오면, 북면, 권면, 사면, 회면	
1914	〃	군부면, 가별면, 우시면, 성남면, 송서면, 대평면, 오복면, 권희면.	
1918	〃	군부면을 벽동면으로 고침.	
1949	〃	벽동면 일리를 분리하여 중앙리와 동주리, 대덕리로 하고 동상리를 분리하여 대동리와 영풍리로 하고 상서리를 분리하여 송흥리와 답은리로 하고 하서리를 분리하여 회평리와 마흥리로 하고 음평리를 분리하여 룡흥리와 신길리, 후동리로 하고 평외리를 분리하여 평장리와 우룡리, 중흥리로 하고 평내리를 분리하여 의평리와 장토리로 변경함. 오북면 오상리를 분리하여 오상리와 금립리로 하고 오하리를 분리하여 오하리와 내성리로 하고 북상리를 분리하여 북상리와 북중리로 하고 북하리를 분리하여 북하리와 결동리로 변경함. 우시면 우상리를 분리하여 우상리와 신형리로 하고 시하리를 분리하여 시하리와 성흥리로 하고 발은리를 분리하여 발은리와 대창리로 하고 성남리를 분리하여 성남리와 금양리로 하고 성북리를 분리하여 성북리와 금성리로 변경함. 가별면 별상리를 분리하여 별상리와 신평리, 우평리로 하고 가하리를 분리하여 가하리와 양흥리로 하고 가중리를 분리하여 가중리와 구룡리로 하고 가상리를 분리하여 가상리와 두룡리를 변경함. 권희면 사하리를 분리하여 북흥리와 룡평리로 하고	

연도	이름	관할지역	비고
1949	평안북도 벽동군	사상리를 분리하여 마양리와 신당리로 하고 관하리를 분리하여 룡상리와 신창리로 하고 관상리를 분리하여 관사리와 삼장리로 하고 회하리를 분리하여 련풍리와 대안리로 하고 회상리를 분리하여 구암리와 신고리로 변경함. 성남면 남상리를 분리하여 남상리와 남사리로 변경함. 송서면 이서리를 분리하여 이서리와 일서리, 삼서리로 하고 송사리를 분리하여 송사리와 륙서리로 하고 련수리를 분리하여 련수리와 련화리, 창평리로 변경함 면 폐지.	
1952	〃	벽동군은 전 벽동군 권희면, 성남면, 송서면의 전체 리와 벽동면중 12개 리를 포함하여 읍과 리들을 구성함. 벽동읍(벽동면 동주리, 중앙리, 이동리), 대동리(벽동면 대동리, 대덕리), 영풍리(벽동면 영풍리, 권희면 북흥리 일부), 남서리(벽동면 답은리, 송흥리, 회평리 일부), 마전리(벽동면 마흥리, 회평리 일부), 동하리(벽동면 동하리, 후동리 일부), 사창리(권희면 신당리, 마양리), 룡평리(룡평리, 북흥리 일부, 룡상리 일부), 권창리(권희면 신창리, 룡상리 일부), 권상리(권희면 권사리, 삼장리), 대풍리(권흼면 대안리, 련풍리), 회상리(권희면 신고리 구암리), 남하리(성남면 남하리, 남중리), 남중리(성남면 남상리, 남사리), 성하리(성남면 성하리 성중리), 성상리(성남면 성상리), 송일리(송서면 송일리, 송이리), 송이리(송서면 일서리, 이서리, 삼서리), 송삼리(송서면 송삼리), 송사리(송서면 송사리, 륙서리), 송련리(송서면 연수리, 연하리, 창평리)	
1953	〃	벽동읍을 동주리로 하고 송일리를 벽동읍으로 변경함.	
1954	〃	회상리가 동창군에 넘어감.	
1997	〃	벽동읍, 동주리, 대동리, 영풍리, 남서리, 마전리, 동하리, 사창리, 룡평리, 권창리, 대풍리, 남하리, 남중리, 성하리, 성상리, 송이리, 송삼리, 송사리, 송련리, 권상리(1개 읍, 19개 리)	

평안북도 행정구역도

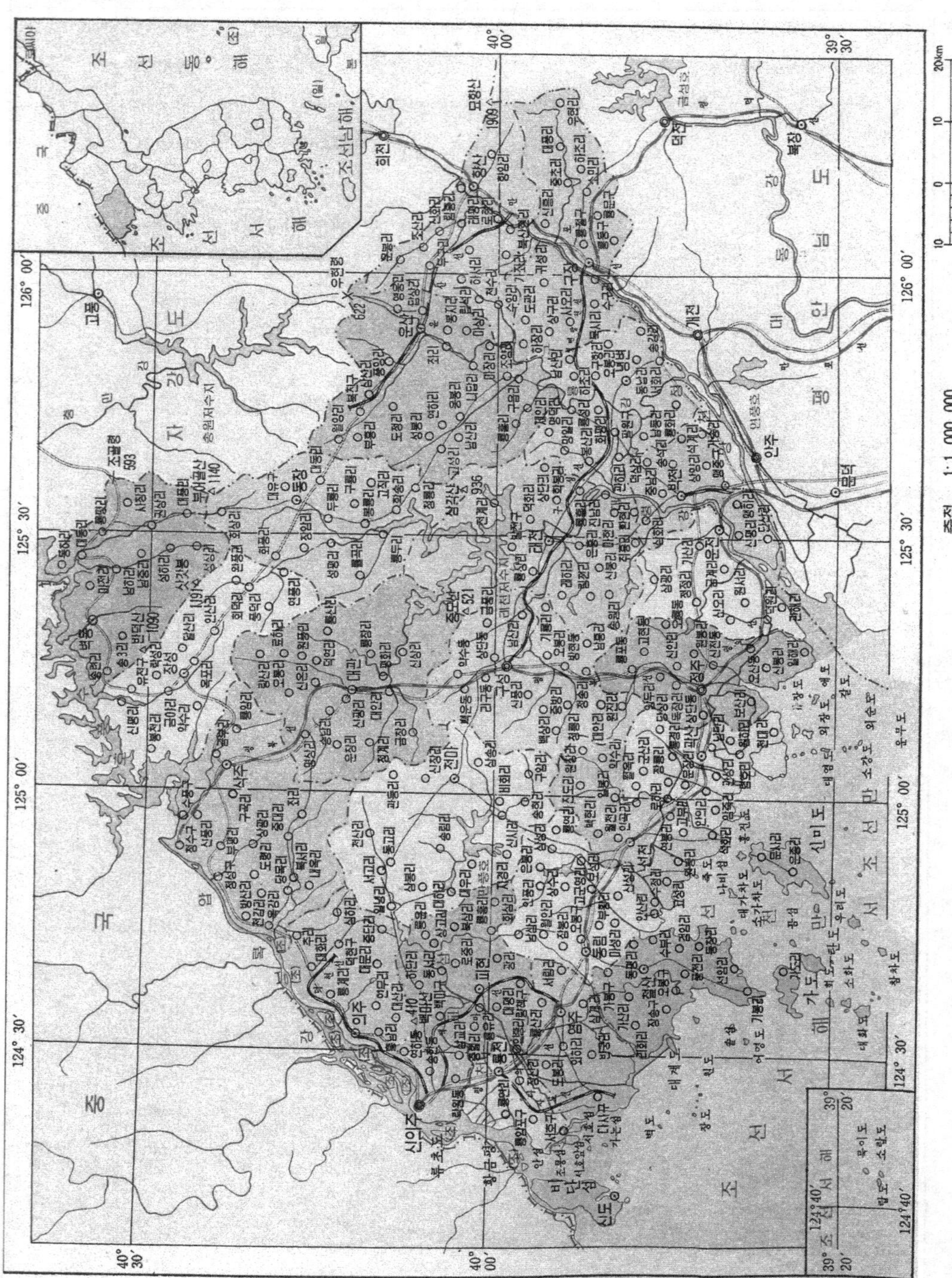

05 함경남도 행정구역명 연혁

함경남도는 1896년 당시의 함경도를 남북 2개 도로 나누어 내온 도인데, 함경도의 남쪽지역을 차지한 도라 하여 함경남도라 하였다.

도는 본래 고조선에 속한 지역이었고, 삼국시대에는 고구려에 속한 지역이었다. 고구려때 철령이북의 동해안지역에는 12개의 큰 고을과 진이 있었다. 발해 때에는 남경남해부에 속한 지역이었다. 남경남해부는 오늘의 함경남북도의 동해안지방을 차지하고 있었는데 그 중심지인 남경은 오늘의 북청군 신창지방으로 보여진다.

당시 남경남해부 아래에는 여러개의 주, 현으로 행정구역이 나뉘어져 약 200여년간 존속되었다. 고려시기에 들어와 초기에는 철령이북의 동해안지방은 동계라 하였다.

995년(고려 성종 14년)에 전국을 10개 도로 나눌 때 이 지역을 삭방도라고 부르다가 그 후 전국을 5도 양계로 개편하면서 1036년(정종 2년) 다시 동계라고 하였다. 1047년(문종 원년)에는 동북면이라고 하고 동북면을 동북로, 또는 동북계라고도 불렀다. 1178년(명종 8년)에는 오늘의 강원도 강릉지방까지 포괄한 지역을 연해명주도라고 하였으며, 1263년에 명주를 강릉으로 개칭하면서 강릉도라고 하다가 1356년에는 강릉삭방도 또는 동북면이라고 하고, 1360년에는 삭방강릉도 또는 강릉삭방도라고 하였다. 고려 말기에 강릉삭방도를 두 개 도로 가르면서 철령 이북지역을 삭방도라고 하였다. 조선시기에 들어와 1413년(태종 13년)에 도관찰사 감영을 영흥(오늘의 금야군)에 두고 철령이북의 동해안지역을 영길도라고 하였다.

1416년(태종 16년)에는 함흥부와 길주목을 중심으로 한 도라고 하여 함길도라고 하고 1470년에는 영흥과 안변의 이름을 따서 영안도라고 하였다가, 1509년에 도관찰사 감영을 다시 함흥에 옮겨 놓고 함흥부와 경성군을 중심으로 한 도라고 하여 함경도라고 하였다. 1895년에 전국을 23부제로 개편할 때 함경도지역은 함흥부(11개 군), 갑산부(2개 군), 경성부(10개 군)로 개편되었다. 다음해인 1896년에 13도제가 실시되면서 함경도지역을 남북으로 갈라 함흥부, 갑산부를 합쳐 함경남도라고 하였다.

【 함경남도의 변천 】

연도	이름	관할지역	비고
995(성종 14)	삭방도	문주, 의주, 고주, 화주(혹은 화주안변도호부), 명주(5개 주)	
1036(정종 2)	동계	원흥진을 내옴(정종때 새로 내왔다가 후에 정주에 들어감)	
1041(정종 7)	〃	정주를 새로 내옴.	
1047(문종 1)	동북면(동북로, 동북계, 동면, 동로라고도 함)		
1108(예종 3)	〃	복주, 함주, 예주, 응주, 영주, 길주를 내옴.	
1178(명종 8)	연해명주도		
1233(원종 4)	강릉도		
1356(공민왕 5)	강릉삭방도(동북면)	화주, 동주, 정주, 장주, 예주, 고주, 문주, 의주(8개 주) 선덕, 원흥, 녕인, 요덕, 정병(5개 진)	
1360(공민왕 9)	삭방강릉도		
고려말(공양왕 때)	삭방도	철령이북을 삭방도로, 이남을 강릉도로 가름. 선덕진과 원흥진을 합쳐 덕주를 내오고 공험진과 예주진(후에 문주에 들어 감)을 새로 내옴. 복주를 단주로 고치고 장평진(후에 영흥에 들어 감)을 현으로, 동주를 안변도호부로, 진명진을 진명현(후에 덕원에 들어 감)으로 룡진진을 룡진현(후에 문주에 들어 감)으로 하고 함주이북에 7개 주를 신설함. 응주, 영주 가 길주에 들어감. 함주대도호부, 안변도호부(속현 7개) 진명현 예주, 문주, 고주, 화주, 의주(속현 1개), 장주, 정주, 덕주, 북청주부, 단주, 흥주, 공주, 경주, 길주, 갑주부	
1398	삭방도	공주를 경원으로 북청주부를 청주부로, 홍헌을 홍원으로, 길주를 길주목으로, 경주를 경성으로 고침.	
1416	함길도	행정구역 개편규례에 따라 주를 부, 목, 군, 현으로 개편하면서 이때 함주도독부에 덕주를 합쳐 함흥부로, 영흥부를 화주목으로 각각 개편함. 청주를 북청으로 고침.	
1422	〃	장주를 정평에 넘김.	
1426	〃	화주목을 영흥대도호부로 고침.	
1432	함길도	동북부 국경 두만강연안의 함길도지역에 (4군 6진)에	

연 도	이 름	관 할 지 역	비 고
1432	함길도	속하는 진을 겸한 5개 도호부(회령, 부령, 온성, 경흥, 종성)를 신설하고 갑산군을 갈라 삼수군을 내옴. 함흥부(속현 1개), 안변도호부(속현 8개), 의천군(속현 1개), 룡진현, 예원군, 문천군, 고원군, 영흥대도호부, 정평도호부(속현 1개), 북청도호부, 단천군, 길주목, 경성군, 갑산군, 경원도호부, 회령도호부, 종성도호부, 온성도호부, 경흥도호부, 부령도호부, 삼수군, 무산진	
1470	영안도	함흥부를 함흥군으로 떨구고 영흥대도호부를 영흥부로 개편하였다. 이때 예원군을 영흥부에, 룡진현을 문천군에 각각 합치고 의천군을 덕원도호부로 개편함. 길주목을 길성현으로 하고 명천현을 신설함.	
1509	함경도	함흥군을 함흥부로, 영흥부를 영흥대도호부로 개편하였다. 이때부터 부, 군에 붙어 있던 속현제도를 폐지함. 함흥부, 안변도호부, 덕원도호부, 문천군, 고원군, 영흥대도호부, 정평도호부, 흥원군, 북청도호부, 리성현, 단천군, 갑산도호부, 삼수군, 경성도호부, 길성현, 명천현, 경원도호부, 회령도호부, 종성도호부, 온성도호부, 경흥도호부, 부령도호부	
1605	〃	명천현을 명천부로 하고 길성현을 다시 길주목으로 함.	
1684	〃	무산진을 도호부로 고침.	
1720	〃	단천군을 도호부로 승격.	
1787	〃	장진도호부를 신설함. 삼수군을 도호부로 고침. 리성현을 리원현으로 개칭함.	
1886	〃	함흥부, 안변도호부, 덕원도호부, 문천군, 고원군, 영흥대도호부, 정평도호부, 흥원군, 북청도호부, 리원현, 단천도호부, 장진도호부, 갑산도호부, 삼수도호부, 길주목, 경성도호부, 경원도호부, 명천도호부, 회령도호부, 부령도호부, 종성도호부, 경흥도호부, 온성도호부, 무산도호부(24개 부, 목, 군, 현)	
1895	함흥부	전국 8도제를 23부제로 개편하면서 함경도를 함흥부(11개 군), 갑산부(2개 군), 경성부(10개 군)으로 개편함. 장진군은 강계부에 들어갔다. 이때 대도호부, 목, 도호부, 현 행정단위를 부와 군으로 통일시킴.	
1896	함경남도	전국 23부제를 13도제로 개편하면서 함흥부와 갑산부의 소속 군과 강계부의 1개 군(장진군)으로 함경남도를 구성함. 함흥군, 안변군, 덕원부, 문천군, 고원군,	

연도	이름	관할지역	비고
1896	함경남도	영흥군, 정평군, 홍원군, 장진군, 북청군, 리원군, 단천군, 갑산군, 삼수군(14개 부, 군)	
1914	〃	덕원부를 원산부와 덕원군으로 개편하고 덕원부를 폐지하였다. 함흥군, 홍원군, 장진군의 일부 지역을 갈라 신흥군을, 갑산군을 갈라 풍산군을 각각 신설함. 함흥군, 안변군, 원산부, 덕원군, 문천군, 고원군, 영흥군, 정평군, 신흥군, 홍원군, 북청군, 리원군, 단천군, 장진군, 삼수군, 갑산군, 풍산군(17개 부, 군)	
1930	〃	함흥군을 갈라 함흥부와 함주군으로 개편함(18개 부, 군)	
1939	〃	갑산군을 갈라 혜산군을 신설하고 덕원군을 갈라 원산시와 문천군에 편입시키고 덕원군을 폐지함(18개 부, 군)	
광복직후	〃	위와 같은데 부를 시로 고침. 함흥시, 원산시, 안변군, 문천군, 고원군, 영흥군, 정평군, 함주군, 신흥군, 장진군, 홍원군 북청군, 리원군, 단천군, 갑산군, 삼수군, 풍산군, 혜산군(18개 시, 군)	
1946	〃	신설된 강원도에 원산시, 문천군, 안변군을 넘겨 줌(15개 시, 군)	
1949	〃	함주군 흥남읍을 흥남시로 개편함. 함흥시, 흥남시, 함주군, 신흥군, 장진군, 정평군, 영흥군, 고원군, 홍원군, 리원군, 단천군, 북청군, 갑산군, 삼수군, 풍산군, 혜산군(16개 시, 군)	
1952	〃	단천군을 갈라 광천군, 허천군을 신설. 북청군을 갈라 덕성군, 신창군, 신포군을 신설. 신흥군을 갈라 부전군을, 함주군을 갈라 오로군을 신설. 정평군을 갈라 신상군을, 영흥군을 갈라 인흥군과 요덕군을, 고원군을 갈라 수동군을 각각 신설함. 이때 함주군, 흥남시, 홍원군의 일부 지역으로 퇴조군을 신설하였다. 삼수군을 갈라 신파군을, 갑산군을 갈라 보천군을 신설하고 풍산군과 갑산군을 갈라 풍서군을 신설하고 장진군과 자강도 장강군을 갈라 량림군을 각각 신설함(32개 시, 군)	
1954	〃	함주군을 갈라 흥산군을 , 혜산군을 갈라 운흥군을 각각 신설함. 평안남도 대흥군이 편입됨(35개 시, 군) 이때 신설된 량강도에 혜산군, 보천군, 갑산군, 삼수군, 운흥군, 풍산군, 풍서군, 부전군, 신파군을 넘겨 주고 량림군을 자강도에 넘겨 줌.	

연도	이름	관할지역	비고
1954	함경남도	함흥시, 흥남시, 함주군, 오로군, 신흥군, 장진군, 정평군, 홍상군, 신상군, 영흥군, 인흥군, 요덕군, 고원군, 수동군, 퇴조군, 홍원군, 북청군, 덕성군, 신창군, 신포군, 리원군, 단천군, 광천군, 허천군, 대흥군(25개 시, 군)	
1960	〃	함흥시, 흥남시, 퇴조군과 함주군, 오로군의 일부 지역을 9개 구역으로 개편하여 직할 함흥시(9개 구역)에 넘겨 줌(22개 시, 군) 신포군을 신포시로 개편함(22개 시, 군)	
1965	〃	량강도 부전군이 편입됨(23개 시, 군)	
1970	〃	직할 함흥시를 도에 소속시키면서 덕산구역과 퇴조구역을 군으로 각각 개편함. 함흥시 성천구역, 반룡구역, 회상구역, 사포구역, 본궁구역, 룡성구역, 흥남구역, 덕산군, 퇴조군, 함주군, 오로군, 신흥군, 부전군, 장진군, 흥상군, 정평군, 신상군, 염흥군, 인흥군, 요덕군, 고원군, 수동군, 홍원군, 신포시, 북청군, 덕성군, 신창군, 리원군, 허천군, 단천군, 광천군, 대흥군(33개 시, 구역, 군)	
1972	〃	위와 같은데 대흥군을 평안남도에 넘겨 줌(32개 시, 구역, 군)	
1974	〃	인흥군을 영흥군에, 수동군을 고원군에, 흥상군을 함주군에, 신상군을 정평군에, 신창군을 북청군과 신포시에, 덕산군을 회상구역에, 본궁구역을 사포구역에, 광천군을 단천군에 각각 합침. 함흥시 성천강구역, 반룡구역, 회상구역, 사포구역, 룡성구역, 흥남구역, 함주군, 오로군, 신흥군, 부전군, 장진군, 정평군, 영흥군, 요덕군, 고원군, 퇴조군, 홍원군, 신포시, 북청군, 덕성군, 리원군, 허천군, 단천군(24개 시, 구역, 군)	
1977	〃	위와 같은데 반룡구역을 동흥산구역으로, 영흥군을 금야군으로 개칭함.	
1981	〃	위와 같은데 오로군을 영광군으로 개칭함.	
1982	〃	위와 같은데 토조군을 락원군으로, 단천군을 단천시로 개편함.	
1990	〃	위와 같은데 함흥시 성천구역을 성천강구역으로, 룡성구역을 해안구역으로 개칭함. 고원군을 갈라 수동구를 신설함(25개 시, 구역, 군, 구)	
1994	〃	함흥시 성천강구역, 동흥산구역, 회상구역, 사포구역, 해안구역, 흥남구역, 함주군, 영광군, 신흥군, 부전군,	

연도	이름	관할지역	비고
1994	함경남도	장진군, 정평군, 금야군, 요덕군, 고원군, 락원군, 홍원군, 신포시, 북청군, 덕성군, 리원군, 단천시, 허천군, 수동구(3개 시, 6개 구역, 15개 군, 1개 구)	
1995	〃	사포구역을 갈라 흥덕구역을 새로 내옴(3개 시, 7개 구역, 15개 군, 1개 구)	
1998	〃	위와 같음(3개 시, 7개 구역, 15개 군, 1개 구)	

함흥시(咸興市)

도의 서남쪽에 있는 시. 1416년에 함길도의 함주목을 고쳐 내온 부였는데 행정구역 단위 목을 부로 승격시키면서 함주의 함자에 번흥하는 고장이 되라는 뜻에서 흥자를 붙여 함흥부라 하고 광복후에는 함흥시라고 하였다. 고려시기에는 함주(1108년: 예종 3년), 함주목(1369년: 공민왕 18년)이라고 불렀고, 고려사에 함평, 함산이라고도 하였다. 한 때 이 고장을 갈라전, 합란부라고도 하였다.

【 함흥시의 변천 】

연도	이름	관할지역	비고
1416	함길도 함흥부	함주도독부와 덕주를 합쳐 함흥부를 새로 내옴.	
1470	영안도 함흥군	함흥부를 함흥군으로 고치면서 군을 갈라 홍원군을 내옴.	
1509	함경도 함흥부	함흥군을 함흥부로 고침.	
1872	〃	주남사, 운전사, 삼평사, 주지사, 선덕사, 주동사, 덕천사, 덕산사, 동명사, 퇴조사, 보청사, 주서사, 천원사, 천서사, 주북사, 조양사 기곡사, 기천사, 가평사, 원평사, 고천사, 영고산사, 원천사	
1895	함흥부 함흥군	주남사, 기곡사, 운전사, 기천사, 삼평사, 동명사, 주지사, 퇴조사, 주동사, 가평사, 덕천사, 원평사, 덕산사, 고천사, 주서사, 영천사, 천원사, 고산사, 천서사, 원천사, 주북사, 신덕사, 조양사, 보청사	
1896	함경북도 함흥군	위의 사들을 면으로 고치면서 주남사를 주남면으로, 삼평사를 갈라 동삼평면, 서삼평면으로, 주동사를 갈라 남주동면, 북주동면으로, 덕산사를 덕산면으로,	

연도	이름	관할지역	비고
1896	함경북도 함흥군	천원사를 천원면으로, 주북사를 주북면으로, 기곡사를 기곡면으로, 동명사를 동명면으로, 가평사를 가평면으로, 고천사를 갈라 하동고천면, 상동고천면, 서고천면으로, 고산사를 고산면으로, 운전사를 갈라 동운전면, 서운전면으로, 주지사를 주지면으로, 덕천사를 덕천면으로, 주서사를 갈라 하주서면, 상주서면으로, 천서사를 천서면으로, 조양사를 갈라 하조양면, 상조양면으로, 기천사를 갈라 하기천면, 상기천면으로, 원평사를 갈라 동원평면, 서원평면으로, 영천사를 영천면으로 각각 개편. 선덕사는 정평군에, 퇴조사, 원천사, 보청사는 홍원군에 넘김. 련포면 편입(30개 면)	
1914	〃	위와 같되 주남면을 함흥면으로, 동명면을 서호면 으로 개칭. 동삼평면과 서삼평면을 합쳐 삼평면으로, 동운전면과 서운전면을 합쳐 운전면으로, 하주서면과 상주서면을 합쳐 주서면으로 각각 개편 서퇴조면 편입. 가평면, 동원평면, 서원평면, 하동고천면, 상동고천면, 서고천면, 고산면은 신흥군에, 영천면은 홍원군에 각각 넘김(20개 면)	
1930	함경남도 함흥부	위와 같되 함흥면(17개 리)은 함흥부에, 삼평면, 남주동면, 북주동면, 덕산면, 천원면, 주북면, 기곡면, 서호면, 주지면, 덕천면, 주서면, 천서면, 하조양면, 상조양면, 하기천면, 상기천면, 서퇴조면, 련포면은 함주군에 넘김. 이때 운전면 일부로 운남면을, 흥남면과 운전면 일부로 흥남읍을 신설. 함흥군 함 흥면의 하서리 동평리, 동흥리, 동양리, 서양리, 신창리, 하동리, 신흥리, 운흥리, 향교리, 중리, 중하리, 상리, 중각리, 풍양리, 풍서리, 사포리 등 17개 리를 함흥부에 넘김.	
1933	〃	하서리를 황금정 1, 2정목으로, 동평리를 중앙정 1, 2, 3정목, 일출정 서정 1, 2정목, 금정 1, 2정목으로, 동양리를 군영통 1, 2정목 조일정으로, 서양리를 유락정으로, 신창리를 주길정으로, 하동리를 북부정 1정목 본정 1, 2, 3정목으로, 신흥리를 신흥정으로, 운흥리를 동문정으로, 향교리를 반룡대정, 락민정, 지락정, 만세정으로, 중리, 중하리, 상리를 성천정 1, 2, 3, 4정목으로,	

연 도	이 름	관 할 지 역	비 고
1933	〃	종각리를 본정 4, 5정목, 황금정 3, 4정목으로, 풍양리, 풍서리를 북부정 2, 3정목, 영정, 대화정, 1, 2, 3, 4정목으로, 사포리를 사포정으로 개편. 둔지에 소화정 1, 2정목, 산수정 1, 2, 3정목, 춘일정 1, 2정목, 출운정 신설. 함주군 북주동면의 화상리 일부를 떼내어 치마정 신설(50개 정목)	
1939	함경남도 함흥부	위와 같되 동흥리를 룡흥정으로 개편. 신흥정 일부로 하신흥정 신설. 사포정을 사포 1, 2, 3정목으로 가름. 함주군 북주동면의 회상리를 편입하여 회상정으로 개편. 주북면의 서상리, 룡상리를 편입하여 서흥정으로 개편.	
1943	〃	함주군 동천면의 운흥리가 산수정 1, 2, 3정에 합쳐 짐.	
광복직후	함경남도 함흥시	황금정 1, 2정목을 통남리 1, 2, 3, 4구로, 중앙정 1, 2, 3정목을 중앙리 1, 2, 3구로, 일출정, 금정 1, 2정목을 금사리 1, 2구로, 서정 1, 2정목을 룡마리로, 룡흥정을 룡흥리로, 군영통 1, 2정목과 조일정을 동문리로, 유락정을 서문리로, 주길정을 신창리로, 복부정 1정목, 본정 1, 2, 3정목을 련지리로, 신흥정, 하신흥정을 신흥리로, 동운정을 리화리로, 반룡대정을 반룡리, 독립리 1, 2구로, 지락정을 지락리, 락산리 1, 2구로, 만세정을 만세리로, 락민정을 락민리로, 성천정 1, 2, 3, 4정목을 성천리 1, 2, 3, 4구로, 본정 4, 5정목과 황금정 3, 4정목을 남문리 1, 2, 3, 4, 5구로, 복부정 2, 3정목, 영정을 광화리 1, 2, 3구로, 대화정 1, 2, 3, 4정목을 삼일가 1, 2, 3, 4구로, 사포정 1, 2, 3정목을 사포리 1, 2구로, 소화정 1, 2정목을 해방리 1, 2구로, 산수정 1, 2, 3정목을 운흥리 1, 2, 3구로, 춘일정 1, 2정목을 지장리 1, 2구로, 출운정을 서운리로, 회상정을 회상리로, 서흥정을 서흥리로, 치마정을 치마리로 각각 개편(함주군 구서면의 구억리, 십이리가 들어 옴). 38개 구, 17개 리	
1949	〃	함주군 동천면 경흥리, 평수리, 하신흥리, 회양리, 회상리가 함흥시에 넘어 옴(38개 구, 22개 리)	
1952	〃	함주군 운남면의 보고리(보고리는 당보리에 들어감), 당보리, 초운리, 련흥리가 들어 옴(38개 구 25개 리)	
1953	〃	통남리 1, 2, 3, 4구를 통남동으로, 중앙리 1, 2, 3구를 중앙동으로, 금사리 1, 2구를 금사동으로, 룡흥리를	

연도	이름	관할지역	비고
1953	함경남도 함흥시	룡흥동으로, 동문리를 동문동으로, 련지리를 련지동으로, 신창리를 신창동으로, 서문리를 서문동으로, 신흥리를 신흥동으로, 성천리 1, 2, 3, 4구를 성천동으로, 남문리 1, 2, 3, 4, 5구를 남문동으로, 광화리 1, 2, 3구를 광화동으로, 삼일가 1, 2, 3구를 삼일동으로, 룡마리를 룡마동으로, 독립 1, 2구를 독립동으로, 반룡리를 반룡동으로, 지락리를 지락동으로, 락산 1, 2구를 락산동으로, 락민리를 락민동으로, 만세리를 만세동으로, 해방 1, 2구를 해방동으로, 운흥리 1, 2, 3구를 운흥동으로, 지장리 1, 2구를 지장동으로, 서운리를 서운동으로, 사포리 1, 2구를 사포동으로 고침(25개 동, 13개 리)	
1954	〃	우와 같되 구억리가 함주군 구흥리에, 십이리가 함주군 동암리에 들어 감(25개 동, 11개 리)	
1955	〃	하신흥리, 리화리, 회상리, 치마리가 동으로 됨(29개 동, 7개 리)	
1957	〃	통남동을 갈라 통남1동, 통남2동으로, 룡흥동을 갈라 룡흥1동, 룡흥2동으로, 신흥동을 갈라 신흥1동, 신흥2동으로, 남문동을 갈라 남문1동, 남문2동으로, 운흥동을 갈라 운흥1동, 운흥2동으로, 회상동을 갈라 회상1동, 회상2동, 회상3동, 회상4동으로 치마동을 갈라 치마1동, 치마2동을 각각 내옴. 독립동이 동문동에, 신창동이 서문도에 들어 갔고 지락동이 반룡동, 만세동에, 락민동이 만세동에, 락산동이 동문동, 반룡동, 만세동에 편입되어 없어졌다. 중앙동 일부가 해방동에, 금사동 일부가 중앙동, 룡마동에, 하신흥동 일부가 룡흥2동에, 성천동 일부가 통남2동에, 광화동 일부가 삼일동에, 삼일동 일부가 동문동, 서문동에, 룡마동 일부가 중앙동과 금사동에, 만세동 일부가 서문동에, 해방동 일부가 반룡동에, 지장동 일부가 해방동, 룡마동, 운흥1동에, 서운동 일부가 지장동, 룡마동, 금사동, 리화동, 운흥2동에 각각 들어 감(33개 동, 7개 리)	
1960	〃	함경남도 함흥시를 직할시로 고치면서 함경남도 함흥시와 흥남시, 퇴조군, 함주군 일부, 오로군 일부를 편입하여 다음과 같은 구역들을 신설. 성천구역, 반룡구역, 회상구역, 덕산구역, 사포구역, 본궁구역, 룡성구역, 흥남구역, 토조구역(9개 구역)	

연도	이름	관할지역	비고
1970	함경남도 함흥시	직할시를 없애면서 함흥시의 덕산구역과 퇴조구역을 떼내어 덕산군과 퇴조군을 신설함(7개 구역)	
1974	〃	본궁구역을 사포구역에, 덕산군을 회상구역에 편입.(6개 구역)	
1977	〃	반룡구역을 동흥산구역으로 고침(6개 구역)	
1990		성천구역을 성천강구역으로, 룡성구역을 해안구역으로 고침(6개 구역)	
1995	〃	사포구역에서 은덕동, 흰실동, 흥덕1동, 흥덕2동, 흥덕3동, 흥덕4동, 흥서동, 흥북동, 련못동, 샘물동, 룡신동, 룡연동, 창흥리를 떼내어 흥덕구역에 새로 내옴.	
1997	〃	성천강구역, 동흥산구역, 화상구역, 사포구역, 흥덕구역, 해안구역, 흥남구역(7개 구역)	

흥남구역(興南區域)

시의 남쪽에 있는 구역. 1960년에 함흥시(직할)에서 내온 구역인데 함흥의 남쪽에 있는 고장이라 하여 〈흥남구역〉이라고 하였다. 1949년에 내온 흥남시와 퇴조군의 일부 리로 구성하였다. 1930년에는 함흥군 흥남면이 함주군 흥남읍으로, 1949년에는 함경남도 흥남시로 되면서 흥남이라는 이름이 쓰여져 왔다.

【 흥남구역의 변천 】

연도	이름	관할지역	비고
1960	함흥시(직할) 흥남구역	흥남시의 호남동, 천기동, 덕동, 응봉동, 하덕동, 내호동, 후농동, 서호동, 작도동, 류정동, 풍흥리와 퇴조군의 마전리, 릉동리로 구성, 이때 류정동을 류정1동, 류정2동으로 가르고, 풍흥리를 풍흥동으로 고치고 내호동 일부를 류정2동에 넣었음(12개 동, 2개 리)	
1963	〃	류정1동 일부와 류정2동 일부로 송상동을 내옴(13개 동, 2개 리)	
1965	〃	응봉동을 갈라 응봉1동, 응봉2동을 내옴(14개 동, 2개 리)	

연도	이름	관할지역	비고
1967	함흥시(직할) 흥남구역	서호동을 갈라 서호1동, 서호2동을 내오고 류정1동 일부와 후농동 일부로 류정3동을 내옴. 풍흥 동 일부가 작도동에 들어 감(16개 동, 2개 리)	
1970	함경남도 함흥시 흥남구역		
1977	〃	릉동리를 새마을리로 고침.	
1997	〃	호남동, 천기동, 응봉1동, 응봉2동, 덕동, 하덕동, 내호동, 류정1동, 류정2동, 류정3동, 송상동, 후농동, 작도동, 풍흥동, 마전리, 새마을리, 서호1동, 서호2동(16개 동, 2개 리)	

흥남시(興南市)

1949년에 함주군의 흥남읍 전체와 운남면 일부로 내온 시. 종전 읍의 이름을 따서 흥남시라고 하였다. 1960년에 흥남시가 폐지되고 함흥시의 4개 구역에 들어갔다.

【 흥남구역의 변천 】

연도	이름	관할지역	비고
1949	함경남도 흥남시	함주군 흥남읍의 구룡리, 송호리, 운중리, 운동리, 신경리, 호남리, 후농리, 룡흥리, 복흥리, 응봉리, 작도리 서흥리, 동경리, 류정리, 덕리, 풍서리, 마전리, 쌍도리, 신상리, 하덕리 운흥리, 운남리, 궁서리 흥경리, 룡서리, 내후리, 동흥리, 천기리, 흥남리, 룡암리, 중수리, 흥상리, 동상리, 농양리, 송상리, 운성리, 흥덕리, 수변리, 중흥리, 룡전리, 서호리, 원풍리, 송흥리, 풍부리, 송호리, 동변리, 송정리, 상부리, 수서리, 신덕리와 운남면의 영대리, 구탄리, 호상리, 호남리, 축전리로 구성. 이때 룡전리와 동경리, 신경리를 합쳐 릉경리로, 대후리, 농양리를 대농리로 고침(50개 리)	
1952	〃	위와 같은데 함주군 운남면의 로남리, 축전리, 인흥리, 창인리, 룡성리, 신성리, 수동리, 상수리가 들어 옴.	

연 도	이 름	관 할 지 역	비 고
1952	함경남도 흥남시	수서리, 송흥리, 원풍리, 신덕리를 합쳐 덕풍리를, 풍부리, 송호리, 동변리, 송정리, 상부리를 합쳐 풍동리를, 인흥리, 창인리를 합쳐 창흥리를, 호남리와 축전리를 합쳐 호전리를 내옴.	

해안구역(海岸區域)

시의 서남쪽에 있는 구역. 1990년에 함경남도 함흥시의 룡성구역을 고쳐 내온 구역인데 해안을 끼고 있는 구역이라 하여 해안구역이라고 하였다. 구역에는 운성1동, 운성2동, 룡성1동, 룡성2동, 운중1동, 운중2동, 금빛동, 은빛동, 송흥동, 룡암동, 수도리, 덕풍리, 풍동리(10개 동, 3개 리)가 들어 왔다.

【 해안구역의 변천 】

연 도	이 름	관 할 지 역	비 고
1960	함흥시(직할) 룡성구역	흥남시의 송흥동, 운중동, 운성동, 구룡동과 함주군의 수도리, 풍동리, 덕풍리로 구성. 이때 운성동 일부와 구룡동 일부로 룡성동을 내옴. (5개 동, 3개 리)	
1963	〃	위와 같은데 룡성동을 룡성1동, 룡성2동으로, 운성동을 운성1동, 운성2동으로 가름(7개 동, 3개 리)	
1965	함흥시(직할) 룡성구역	위와 같은데 구룡동을 구룡1동, 구룡2동으로, 운중동을 운중1동, 운중2동으로 가름. 본궁구역 룡암동을 편입(10개 동, 3개 리)	
1970	함경남도 함흥시 룡성구역	위와 같은데 수도리, 풍동리, 덕풍리를 함주군에 넘김(10개 동)	
1970. 10	〃	위와 같은데 함주군의 수도리, 풍동리, 덕풍리가 들어옴(10개 동, 3개 리)	
1977	〃	구룡1동을 금빛동으로, 구룡2동을 은빛동으로 고침.	
1990	함경남도 함흥시 룡성구역 폐지	구역의 모든 동, 리가 해안구역에 들어 감.	

흥덕구역(興德區域)

시의 남쪽에 있는 구역. 1995년에 사포구역을 갈라 새로 내온 구역인데 이 지역에 있는 흥덕동의 이름을 붙여 지었다. 원래 흥덕이란 함흥성 앞쪽 덕진곳이란 데서 붙인 말이다. 구역은 1997년 현재 은덕동, 흰실동, 흥덕1동, 흥덕2동, 흥덕3동, 흥덕4동, 흥서동, 흥북동, 련못동, 샘물동, 룡신동, 룡연동, 창흥리, 수변동으로 구성되어 있다.

동흥산구역(東興山區域)

시의 서쪽에 있는 구역. 1977년에 반룡구역을 고쳐 내온 구역인데 동흥산을 끼고 있는 구역이므로 동흥산구역이라고 하였다. 구역은 동흥산동, 해방동, 새별동, 서운1동, 서운2동, 양지동, 운흥1동, 운흥2동, 서흥동, 송흥동, 신상동, 서상동, 여위동, 풍호동, 덕성동, 구흥동, 류정리 부민리(16개 동, 2개 리)로 구성되었다.

【 동흥산구역의 변천 】

연도	이름	관할지역	비고
1960	함흥시(직할) 반룡구역	함경남도 함흥시의 만세동, 운흥1동, 운흥2동, 지장동 반룡동, 해방동, 룡마동, 서운동, 서흥리(이때 서흥동으로 고침), 오로군의 송흥리, 부민리, 함주군의 함주읍(이때 서상동과 풍호동으로 고침), 류정리, 구흥리(11개 동, 4개 리)로 구성됨.	
1963	〃	위와 같은데 서상동 일부를 갈라 여위동 신설. 풍호동 일부를 갈라 신상동 신설. 송흥리를 송흥동으로 고침(14개 동, 3개 리)	
1967	〃	서운동을 서운1동, 서운2동으로, 신상동을 신상1동, 신상2동으로 각각 고침.	
1970	함경남도 함흥시 반룡구역	풍호동, 여위동, 신상1동, 신상2동, 서상동, 류정리, 구흥리를 함주군에 넘김(11개 동, 1개 리)	
1972	〃	만세동을 반룡동에 합침.	
1974	〃	함주군의 함주읍, 구흥리, 류정리가 들어 옴. 이때 함주읍을 갈라 풍호동, 서상동, 신상동, 여위동, 덕성동을 내오고 구흥리를 구흥동으로 고침(16개 동, 2개 리)	

연도	이름	관할지역	비고
1977	함경남도 함흥시 동흥산구역	반룡동을 동흥산동으로, 룡마동을 새별동으로, 지장동을 양지동으로 고침.	
1997	〃	동흥산동, 해방동, 운흥1동, 운흥2동, 양지동, 서흥동, 송흥동, 서운1동, 서운2동, 부민리, 구흥동, 류정리, 풍호동, 서상동, 신상동, 여위동, 덕성동, 새별동(16개 동, 2개 리)	

성천구역

1960년에 함흥시(직할)에 나왔던 구역. 성천강을 끼고 있는 구역이라 하여 성천구역이라고 하였다. 1990년에 성천강구역으로 고쳤다.

【 성천구역의 변천 】

연도	이름	관할지역	비고
1960	함흥시(직할) 성천구역	함경남도 함흥시의 서문동, 동문동 중앙동, 금사동, 성천동, 통남1동, 통남2동, 남문1동 남문2동, 삼일동, 광화동, 련지동 신흥1동, 신흥2동, 하신흥동, 룡흥2동으로 구성. 이때 룡흥2동을 룡흥동으로 고침(16개 동)	
1963	〃	하신흥동 일부룰 갈라 상신흥동 신설(17개 동)	
1965	〃	중앙동 일부를 갈라 금사동에, 금사동 일부가 회상구역 치마3동에, 룡남1동 일부를 갈라 성천동에, 성천동 일부를 갈라 룡남1동에 각각 넣음(17개 동)	
1967	〃	룡흥동을 룡흥1동, 룡흥2동으로 가르고 서문동 일부를 갈라 성천동에, 성천동 일부를 갈라 통남1동에, 련지동 일부를 갈라 광화동에, 광화동 일부를 갈라 삼일동에, 신흥2동 일부를 갈라 신흥1동에, 신흥1동 일부를 갈라 신흥2동에, 통남1동 일부를 갈라 통남2동에, 통남2동 일부를 갈라 련지동에 각각넣음(18개 동)	
1970	함경남도 함흥시 성천구역	위와 같음.	
1985	〃	룡흥1동을 역전1동으로, 룡흥2동을 역전2동으로 각각 고침.	

연도	이름	관할지역	비고
1990	함경남도 함흥시 성천강구역	위와 같음.	
1993	〃	중앙동을 은정동으로 고침.	
1997	〃	서문동, 성천동, 통남1동, 통남2동, 남문1동, 남문2동, 련지동, 광화동, 삼일동, 동문동, 은정동, 신흥1동, 신흥2동, 하신흥동, 상신흥동, 금사동, 역전1동, 역전2동(18개 동)	

【 본궁구역의 변천 】

연도	이름	관할지역	비고
1960	함흥시(직할) 본궁구역	함경남도 함흥시의 룡흥동, 운흥동, 흥덕동, 흥남동, 룡암동, 룡신리, 창흥리로 구성. 이때 운흥동을 본궁1동, 본궁2동으로, 흥덕동을 흥덕1동으로, 흥남동을 흥덕2동을 고침(6개 동, 2개 리)	
1963	〃	위와 같은데 본궁2동을 갈라 흥서동, 흥북동을 내옴. 본궁1동의 일부로 본궁2동을 내오고 룡신리 일부를 갈라 룡연동을 내오고 흥덕1동 일부와 흥덕2동 일부를 갈라 흥덕3동을 내옴(10개 동, 2개 리)	
1965	〃	위와 같은데 룡신리를 룡신동으로 고침. 룡암리를 룡성구역에 넘김(10개 동, 1개 리)	
1967	〃	위와 같은데 본궁1동 일부를 갈라 본궁3동을, 흥덕3동 일부를 갈라 흥덕4동을 내옴(12개 동, 1개 리)	
1970	함경남도 함흥시 본궁구역	위와 같음(12개 동, 1개 리)	
1974	함경남도 함흥시 본궁구역 폐지	위와 같은 12개 동, 1개 리는 사포구역에 들어갔음.	

사포구역(沙浦區域)

시의 서쪽에 있는 구역. 1960년에 함흥시(직할)에 내온 군인데 모래등판으로 흐르는 개울을 끼고 있는 고장이라 하여 사포구역이라고 하였다. 1970년에는 함경남도 함흥시에 들어갔다가, 1974년에 본궁구역이 편입되었다.

【 사포구역의 변천 】

연 도	이 름	관 할 지 역	비 고
1960	함흥시(직할) 사포구역	함경남도 함흥시의 사포동, 룡흥1동, 당보리, 함경남도 흥남시의 궁서동, 상수동, 수변동, 호전리, 영호리로 구성. 이때 사포동을 사포1동으로, 룡흥1동을 사포2동으로, 당보리를 당보동으로 고치고 호전리는 영호리에 합침(6개 동, 1개 리)	
1963	〃	위와 같은데 영호리를 영호동으로 고침(7개 동)	
1965	〃	위와 같은데 사포1동의 일부는 사포2동에 들어가고 사포2동의 일부를 갈라 사포3동이, 영호동 일부를 갈라 호전동이 각각 나왔음(9개 동)	
1967	〃	위와 같은데 당보동이 당보1동, 당보2동으로 갈라 졌음(10개 동)	
1070	함경남도 함흥시 사포구역	위와 같음(10개 동)	
1974	〃	위와 같은데 본궁구역의 본궁1동, 본궁2동, 본궁3동, 흥덕1동, 흥덕2동, 흥덕3동, 흥덕4동, 흥북동, 흥서동, 룡연동, 룡신동, 룡흥동, 창신리, 회상구역의 련흥리, 초운리가 들어 왔음(22개 동, 3개 리)	
1977	〃	위와 같은데 영호동을 영광동으로, 궁서동을 소나무동으로, 본궁1동을 은덕동으로, 본궁2동을 련못동으로, 본궁3동을 샘물동으로, 룡흥동을 흰실동으로 고침(22개 동, 3개 리)	
1982	〃	위와 같은데 사포1동 일부를 갈라 새거리1동, 새거리2동이 나오고, 사포2동 일부를 갈라 새거리3동이 나왔음. 초운리를 초운동으로 고침(26개 동, 2개 리)	
1993	〃	위와 같은데 새거리3동 일부를 갈라 새거리4동이 나왔음.	
1995	〃	사포궁역을 분할하여 흥덕구역을 새로 내오면서 사포1동, 사포2동, 사포3동, 영광동, 호전동, 상수동, 소나무동, 당보1동, 당보2동, 새거리1동, 새거리2동, 새거리3동, 새거리4동, 수변동으로 됨(14개 동)	
1996	〃	수변동이 흥덕구역에 넘어 감. 사포1동, 사포2동, 사포3동, 영광동, 호전동, 상수동, 소나무동, 당보1동, 당보2동, 새거리1동, 새거리2동, 새거리3동, 새거리4동으로 됨(13개 동)	

회상구역(會上區域)

시의 북쪽에 있는 구역. 사람들이 자주 모여 놀던 모임터 위쪽에 있는 고장이라는 뜻에서 불러 온 마을인 회상리 이름을 따서 회상구역이라고 하였다.

【 회상구역의 변천 】

연도	이름	관할지역	비고
1960	함흥시(직할) 회상구역	함경남도 함흥시의 리화동, 치마1동, 치마2동, 회상1동, 회상2동, 회상3동, 회상4동, 회양동, 평수리, 경흥리, 초운리, 련흥리(8개 동, 4개 리)로 구성.	
1963	〃	위와 같은데 회상4동은 치마2동에 들어가고 회상1동의 일부가 갈라 져 회상4동이 나옴(8개 동, 4개 리)	
1965	〃	위와 같은데 치마1동 일부와 성천구역 금사동 일부를 갈라 치마3동을 내옴. 평수리를 평수동으로, 경흥리를 경흥동으로 각각 고침(11개 동, 9개 리)	
1967	〃	경흥동 일부를 평수동에 넘김.	
1970	함경남도 함흥시 회상구역		
1974	〃	덕산군의 덕산읍, 하덕리, 풍흥리, 풍경리, 쌍봉리, 동흥리, 수동리, 대흥리, 광덕리, 성원리, 금사리, 령봉리가 넘어 옴. 덕산읍을 덕산동으로 고침. 추운리, 련흥리는 사포구역에 넘어 감(12개 동, 11개 리)	
1977	〃	치마1동을 해빛동으로, 치마2동을 정성동으로, 치마3동을 세거리동으로, 경흥동을 금실동으로 고침.	
1977	〃	회상1동, 회상2동, 회상3동, 회상4동, 해빛동, 정성동, 세거리동, 리화동, 회양동, 평수동, 금실동, 덕산동, 하덕리, 풍흥리, 풍경리, 쌍봉리, 동흥리, 수동리, 대흥리, 광덕리, 성원리, 금사리, 령봉리(12개 동, 11개 리)	

신포시(新浦市)

도의 동북부 동해바닷가에 있는 시. 1952년에 북청군 신포면, 양화면, 홍원군 룡원면, 룡포면을 합쳐서 내온 군인데 이름은 이 고장에 흐르던 개울이름 시신개에서 유래되었다.

전하는 말에 의하면, 이 고장에 흐르던 개울이 장마철이 되면 범람하여 온 마을을 씻어 내린다 하여 개울 이름을 시씻개라고 하면서 마을 이름도 그렇게 불렀다고 한다. 이름 시씻개는 음이 와전되면서 시신개로, 그것을 한자 새 '신'과 개 '포'로 옮겨 신포라고 하였다. 또한 이 고장은 자그마한 어촌에 지나지 않은 나룻가 마을이었으나 점차 사람들이 모여 들어 큰 어장으로 전변되면서 새롭게 번창해지는 포구라는 뜻에서 신포라고 하였다고도 한다. 오늘날 신포는 커다란 어항도시로 변하엿다.

【 신포시의 변천 】

연도	이름	관할지역	비고
1952	함경남도 신포군	전 북청군 신포면 , 양화면, 홍원군 룡연면, 룡포면의 전체 리로 군을 구성. 신포읍(신포면 신포일리, 신포이리, 신포삼리), 보주리(신포면 상보주리, 하보주리, 로평리 일부), 신호리(신포면 신호일리, 신호이리), 륙대리(신포면 륙대동리, 륙대남리, 로평리 일부), 마양도리(신포면 문암리, 통성리, 도서리, 중흥리, 석정리), 련호리(신포면 련호리), 호만포리(양화면 호만포리), 방가대리(양화면 방가대리), 호남리(양화면 유호리, 남안대리), 동호리(양화면 동리, 후호리), 양화리(양화면 양화리), 부창리(양화면 부창리, 창상리), 신풍리(룡원면 신춘리, 풍운리), 룡성리(룡원면룡호리, 룡동리), 삼성리(룡원면 천하리, 다남리), 룡중리(룡원면 중호리, 중동리), 령무리(룡원면 도룡리, 령무리), 룡삼리(룡포면 룡하리, 룡중리, 룡상리), 중서리(룡포면 송암리, 중서리, 내양리), 운하리(룡포면 외하리, 운흥리, 오평리), 동중리(룡포면 동흥리, 중평리), 중은리(룡포면 로은리, 내중리, 내초리, 어은리), 룡포리(룡포면 동평리, 룡포리, 신흥리), 룡신리(룡포면 신계리, 룡천리), 륙대리, 동호리, 마양도리를 륙대노동자구, 동호노동자구, 마양도노동자구로 개편.(1개 읍, 3개 노동자구, 20개 리)	
1953	〃	위와 같되 마양도노동자구를 마양도리로, 련호리를 련호노동자구로 만듬. 보주리 일부를 갈라 명무리에 편입됨(1개 읍, 3개 노동자구, 20개 리)	

연도	이름	관할지역	비고
1960	함경남도 신포시	군을 시로 개편함. 신포읍 일부를 갈라 해암동, 어항동, 포항동, 해산동 내옴. 련호노동자구 일부를 갈라 련호동, 광복동을 내옴. 신포읍 일부와 련호노동자구 일부를 갈라 신흥동을 내옴. 룡성리 일부와 룡중리 일부를 합쳐 룡중리 내옴. 륙대노동자구를 륙대동으로, 동호노동자구를 동호동으로, 령무리를 령무동으로 개편. 룡성리 일부와 삼성리, 룡포리, 운하리, 중은리, 중서리, 룡신리, 룡삼리, 동중리를 홍원군에 넘김. 룡성리 일부는 삼성리에, 룡중리 일부는 홍원군 운포리에 편입됨. 호만포리, 방가대리는 신창군에 넘김(10개 동, 8개 리)	
1967	〃	위와 같되 해암동을 갈라 해암1동, 해암2동, 륙대동을 갈라 륙대1동, 륙대2동 내옴(12개 동, 8개 리)	
1971	〃	위와 같되 마양도리를 마양도노동자구로 개편함(1개 노동자구, 12개 동, 7개 리)	
1974	〃	위와 같되 마양도노동자구를 마양동으로 개편함. 신창군 남흥리, 중흥리, 서흥리, 광천리, 금호리, 오매리, 호만포리, 강상리를 신포시에 편입함(13개 동, 15개 리)	
1977	〃	위와 같되 령무동을 풍어동으로 개칭함.	
1986	〃	위와 같되 중흥리를 속후리로 개칭함.	
1991	〃	위와 같되 광복동을 광복1동, 광복2동으로 가르고 양화리 일부와 부창리 일부를 갈라 동호동에 편입시킴 동호동을 동호1동, 동호2동으로 가르고 륙대1동의 일부를 갈라 양지동을 내옴(16개 동, 15개 리)	
1995	〃	신포시에서 금호리, 강상리, 호만포리, 오매리, 속후리, 남흥리, 서흥리, 광천리가 신설된 금호지구로 넘어 감. 강상리가 강상노동자구로 개편됨.	
1997	〃	어항동, 포항동, 해산동, 해암1동, 해암2동, 동호1동, 동호2동, 광복1동, 광복2동, 륙대1동, 륙대2동, 신흥동, 련호동, 양지동, 풍어동, 마양동, 양화리, 룡중리, 보주리, 호남리, 신호리, 부창리, 신풍리(16개 동, 7개 리)	

단천시(端川市)

도의 동북쪽 바닷가에 있는 시. 단천시는 오랜 옛날부터 고구려의 땅이었다. 단천시는 1982년에 단천군을 개편하여 내온 시이다. 단천이란 이름은 1413년에 생기었는데 그전부터 불러 오던 단주를 고친 것이다. 단주란 말은 고려시기 북쪽으로 끝이 되는 고을이라는 뜻이다. 단천은 앞시기의 이름 단주에서 단자를 따고 주자를 천이나 산자로 바꾼 규례에 따라 천자를 붙인 것인데 북대천과 남대천의 큰 강이 흐르기 때문에 단천이라 한 것이다.

【 단천시의 변천 】

연도	이름	관할지역	비고
1108(예종 3년)	동북면 북주		
1214년 이후	독로을		
고려말	삭방도 단주		
년대미상	중산		
1413(태종 13년)	영길도 단천군		
1702(숙종 28년)	함경도 단천군	파도사, 복귀사,아다사, 마암사, 수하사, 수상사, 리만사, 고만사, 리상사, 두일사(10개 사)	
1720(숙종 46년)	함경도 단천부	군을 도호부로 승격	
1872	〃	파도사, 복귀사, 하다사(아다사), 신만사, 수하사, 리하사, 고만사, 리상사, 두일사(9개 사) 마암사를 신만사로 개칭함. 수상사를 갑산부에 넘김. 리만사를 갈라 일부를 성진군에 넘기고 일부로 리하사를 내옴.	
1894	〃	위와 같음(9개 사)	
1985(고종 32년)	함경도 단천군	부를 군으로 만듬. 위와 같음(9개 사)	
조선조말	〃	사를 면으로 개편함. 파도사를 파도면으로, 복귀사를 복귀면으로, 하다사를 하다면으로, 신만사를 신만면으로, 수하사를 수하면으로, 고만사를 광천면으로, 리상사를 리상면으로, 리하사를 리하면으로, 두일사를 두일면으로 개편함.	
1914	함경남도 단천군	파도면, 복귀면, 하다면, 신만면, 주하면, 광천면, 리중면, 남두일면, 북두일면(9개 면) 리상면, 리하면을 합쳐 리중면으로 됨.	

연도	이름	관할지역	비고
1914	함경남도 단천군	두일면을 갈라 북두일면, 남두일면으로 됨.	
1939	〃	위와 같되 파도면을 단천면으로 개편함(9개 면)	
1943	〃	위와 같되 단천면을 단천읍으로 개편함(1개 읍, 8개 면)	
광복후	〃	단천읍을 단천면으로 개편함(9개 면)	
1953	〃	령산리 일부를 분리하여 단천읍에 편입.	
1954	〃	위와 같되 송파리 일부를 분리하여 양평리에 편입. 양평리 일부를 분리하여 달전리에 편입. 두언리 일부를 분리하여 오동리를 내옴(1개 읍, 23개 리)	
1961	〃	위와 같되 장내리 일부를 두언리에 편입하고 두언리를 두언노동자구로 만듬(1개 읍, 1개 노동자구, 22개 리)	
1967	〃	위와 같되 장내리 일부를 갈라 두언노동자구에 편입하고 직절리와 양평리 일부로 직절노동자구로 만듬(1개 읍, 2개 노동자구, 21개 리)	
1974	〃	광천군을 폐지하면서 거기에 속하여 있던 7개 노동자구와 19개 리가 단천군에 넘어 옴. ※ 광천노동자구, 대흥노동자구, 금덕노동자구, 룡양노동자구, 룡대노동자구, 동암노동자구, 포거노동자구 (7개 노동자구) 리파리, 신평리, 와동리, 운천리, 신풍리, 룡덕리, 룡잠리, 영평리, 리풍리, 봉화리, 송정리, 두연리, 화장리, 덕주리, 가응리, 답동리, 돌산리, 문암리, 중산리 (19개 리) 문호리 일부가 단천읍에 편입. 단천군에 속해 있던 기암리, 원산리, 룡흥리를 리원군에 넘겨 줌(1개 읍, 9개 노동자구, 37개 리)	
1981	〃	위와 같되 리원군에 넘어 갔던 원산리, 룡흥리가 다시 단천군에 넘어 옴(1개 읍, 9개 노동자구, 39개 리)	
1982	함경남도 단천시	군을 폐지하고 시를 내옴. 이미 있던 9개 노동자구와 읍을 폐지하고 25개 동을 내옴. 단천읍을 갈라 복천동, 덕흥동, 금봉동, 내문동, 양산동을 내오고 직절노동자구의 일부가 양산동에 들어 감. 직절노동자구를 직절동으로, 룡대노동자구를 룡대동으로, 광천노동자구를 광천동으로, 동암노동자구를 동암동으로, 포커노동자구를 포커동으로, 대흥노동자구를 대흥동으로 고침. 금덕노동자구를 갈라 금골동, 문화동, 사오동, 본산동, 전진동, 탐사동, 백암동,	

연도	이름	관할지역	비고
1982	함경남도 단천시	선광동을 내오고 룡양노동자구를 갈라 백금산동, 영웅동, 금산동, 돈산동을 내오고 두언노동자구를 갈라 항구동, 두언동을 내옴(25개 동, 39개 리)	
1985	〃	위와 같되 두언동을 해안동으로 개칭. 위와 같되 금골동을 갈라 금골1동, 금골2동, 금골3동을 내오고 본산동의 일부를 떼내어 남풍동을, 탐사동의 일부를 떼내어 지초동을 내옴(29개 동, 39개 리)	
1986	〃	위와 같되 룡연리 일부를 떼내어 신단천1동, 신단천2동을 새로 내옴(31개 동, 39개 리)	
1988	〃	대흥동의 일부를 떼내어 북두동, 무학동, 대신동, 양천동을 새로 내옴(35개 동, 39개 리)	
1995	〃	항구동을 갈라 항구1동, 2동, 3동을, 양천동을 갈라 대흥2동을 내오고 대흥동을 대흥1동으로 고침.	
1996	〃	해안동을 갈라 해안1동, 2동을 내옴.	
1997	〃	복천동, 남풍동, 백금산동, 영웅동, 금산동, 돈산동, 금골1동, 금골2동, 금골3동, 항귀동, 항구2동, 항구3동, 해안1동, 해안2동, 양산동, 내문동, 금봉동, 대흥1동, 대흥2동, 룡대동, 동암동, 포거동, 광천동, 선광동, 백암동, 탐사동, 지초동, 전진동, 본산동, 사오동, 문화동, 직절동, 덕흥동, 무학동, 양천동, 대신동, 북두동, 신단천1동, 신단천2동, 문호리, 신호리, 련대리, 양평리, 달전리, 송파리, 령산리, 백산리, 가원리, 쌍룡리, 신동리, 정동리, 석우리, 삼거리, 복평리, 오몽리, 장내리, 룡흥리, 문암리, 돌산리, 답동리, 가응리, 덕주리, 화장리, 두연리,, 송정리, 봉화리, 리풍리, 영평리, 룡잠리, 룡덕리, 신풍리, 운천리, 와동리, 신평리, 리파리, 중산리, 원산리, 룡연리(39개 동, 39개 리)	

함주군(咸州郡)

도의 서쪽에 있는 군. 1930년에 함흥군에서 갈라져 나온 군인데 함흥의 옛이름 함주를 되살린 것이다. 함주라는 말은 크다, 큰의 옛날 우리말인 한을 비슷한 음의 한자 함자로 옮기고 지난 시기 쓰인 행정구역의 단위이름 주자를 붙여 만든 말이다. 함주라는 말이 쓰이기 시작한 것은 고려 예종 3년인 1108년부터이다. 1416년에 함흥으로 바뀌었다.

【 함주군의 변천 】

연도	이름	관할지역	비고
1930	함주군	함흥군의 흥남면과 운전면 일부로 흥남읍 신설. 남주동면과 운전면 일부로 운남면 신설. 기곡면, 하기천면, 상기천면, 하조양면, 상조양면, 천서면, 천원면, 주서면, 주북면, 주지면, 련포면, 삼평면, 서퇴조면, 덕산면, 서호면(1개 읍, 17개 면) 서호면을 갈라서 흥남읍과 퇴조면에 소속시킴. 남주동면이 모두 운남면에 들어 감. 덕천면과 북주동면 일부로 동천면 신설. 흥남읍 전체와 운남면 일부로 흥남시 구성. 가곡면, 하기천면, 상기천면, 하조양면, 주북면을 오로군에 넘김. 동천면, 덕산면, 퇴조면을 퇴조군에 넘김. 함주군 주서면, 천서면, 상조양면, 삼평면, 련포면, 천원면의 전체 리와 주지면중 7개 리를 포함하여 군을 구성. 함주읍(주서면 서중리, 신흥리, 중상리, 원상리), 홍보리(상조양면 봉명리, 상보리, 홍상리), 대성리(상조양면 신안리, 신한리, 상한리, 탑동리), 천길리(상조양면 상리, 삼길리, 중평리, 천원리, 동상리), 천원리(천원면 중상리, 상중리, 홍상리, 신경리), 류정리(천원면 류정리, 원성리), 신성리(신흥리, 원흥리, 중리), 홍서리(천서면 화목리, 흥남리, 천원면 신서리), 룡안리(천서면 룡강리, 룡서리, 신상리, 신흥리), 고양리(천서면 고양리, 은곡리), 지석리(천서면 지석리, 원충리, 홍덕리, 신덕리), 운동리(천서면 운동리, 덕흥리), 수흥리(천서면 원흥리, 원상리, 원봉리), 동암리(주서면 상암리, 동심일리), 주서리(주서면 상하구리, 풍남리, 팔복리), 풍성리(주서면 신풍리, 흥남리, 오리, 주지면 원흥리), 원동리(주서면 삼리, 원풍리, 중사리, 칠리), 부흥리(주지면 부전리, 신흥리), 수동리(주지면 풍계리, 중흥리), 련지리(주지면 신평리, 호남리, 련포면 서흥리, 중흥리), 포구리(련포면 동흥리, 홍성리, 룡성리), 련포리(련포면 신흥리, 경흥리, 중평리, 룡상리), 구상리(련포면 상리, 중리 구만리, 원상리), 신하리(삼평면 풍서리, 중하리, 신풍리),	

연도	이름	관할지역	비고
1930	함주군	동원리(삼평면 원상리, 동부리, 삼중리), 신상리(삼평면 자상리, 신흥리, 신경리), 수도리(삼평면 수흥리, 송도리, 상태리). 1개 읍, 26개 리	
1954	〃	위와 같은데 함주읍을 상중리로 하고 함흥시의 신상리와 서상리를 합쳐 함주읍으로 함. 운동리, 수흥리, 련포리, 포구리, 부흥리, 수동리, 련지리를 홍상군에 넘김. 함흥시의 구억리, 홍도리를 합쳐 구홍리 신설. 함흥시 풍토리가 들어 옴. 동암리에 함흥시 십이리가 편입(1개 읍, 24개 리)	
1958	〃	풍호리를 갈라 함주읍과 류정리에 편입하고 함주읍의 일부를 류정리에 편입. 대성리, 천길리를 합쳐 조양리를 신설(1개 읍, 22개 리)	
1960	〃	류정리, 구흥리, 수도리, 풍동리, 덕풍리를 함흥시에 넘김(1개 읍, 17개 리)	
1974	〃	홍상군의 운동리, 수흥리, 련포리, 포구리, 항수리, 신덕리, 송정리, 부흥리, 수동리, 련지리, 포항리, 신경리, 왕락리, 운봉리, 동봉리, 로동리, 추상리 홍봉리, 풍송리, 상창리 편입. 홍상읍을 함주읍으로 고침(1개 읍, 37개 리)	
1977	〃	왕락리를 재안리로 고침.	
1998	〃	홍보리를 붉은별리로 고침. 함주읍, 운동리, 수흥리, 항수리, 신덕리 송정리, 부흥리, 수동리, 련지리, 련포리, 포구리, 포항리, 신경리, 재안리, 운봉리, 동봉리, 로동리, 추상리, 홍봉리, 풍송리, 상창리, 동원리, 신상리, 신하리, 구상리, 풍성리, 원동리, 주서리, 동암리, 상중리, 지석리, 홍서리, 룡안리, 고양리, 조양리, 붉은별리, 천원리, 신성리(1개 읍, 37개 리)	

영광군(榮光郡)

1981년에 오로군이라고 하던 것을 영광군으로 개칭하였다. 조선조 때에는 함경남도 함흥군 기천사, 하조양사, 주북사, 기곡사의 전체 리를 포괄한 지역이었다.

조선조말에 사를 면으로 고치었다. 1930년에는 함주군에 들어갔다가 1952년에 면을 없애고 리들을 고쳐 오로군을 내왔다. 당시 군 이름은 소재지 리 이름에서 따온 것이었는데 오로는 삼을 의미하였다. 지난 날 이곳에서 삼을 심어 삼배를 많이 짜냈다고 한다

【 영광군의 변천 】

연도	이름	관할지역	비고
1952	오로군	오로읍(함주군 상기천면의 죽리, 오로리, 오상리) 상중리(함주군 상기천면의 신경리, 중상리, 상리) 동양리(함주군 상기천면의 경흥리, 경복리, 하기천면의 송당리, 하조양면의 쌍봉리) 신상리(하기천면의 동정리, 서상리) 상통리(하기천면의 상통리, 하대리) 산창리(하기천면의 중평리, 중흥리, 신풍리, 은봉리) 수전리(하기천면의 동흥리, 진흥리, 내직동리) 인다리(하조양면의 인흥리, 풍흥리, 기회리, 기산리) 봉흥리(하조양면의 봉명리, 삼흥리, 안서리) 룡동리(하조양면의 룡안리, 추동리) 봉덕리(하조양면의 봉흥리, 흥덕리, 봉하리) 기상리(기곡면의 상리, 서원리, 중리, 기양리) 동중리(기곡면의 동흥리, 신풍리, 신중리, 풍동리) 신덕리(기곡면의 동덕리, 흥복리, 신흥리) 삼흥리(기곡면의 장동리, 삼당리, 흥서리, 신동리) 홍봉리(주북면의 홍봉리, 운흥리, 신계리, 신덕리) 후주리(주북면의 기양리, 운룡리, 중흥리) 장흥리(주북면의 장흥리, 상운리, 상반리, 신풍리) 부민리(주북면의 부민리, 부흥리, 홍경리, 반송리, 흥덕리) 송흥리(주북면의 쌍송리, 봉하리, 홍삼리 송흥리). (1개 읍, 19개 리)	
1953	오로군	위와 같은데 봉덕리를 봉흥리에 합침. 동양리 일부를 갈라 쌍송리 신설. 봉흥리 일부를 룡동리에 넣음. 산창리 일부를 갈라 은중리 신설. 수전리를 수전노동자구로 고침. 오로읍 일부를 인다리에 넣음(1개 읍, 1개 노동자구, 19개 리)	
1954	오로군	위와 같은데 은중리를 산창리에 합침.	

연도	이름	관할지역	비고
1954	오로군	인다리의 일부를 갈라 풍호리 신설. 봉흥리 일부와 함주군 천원리 일부를 인다리에 넣음. 신흥군의 풍상리, 룡리, 자동리, 관수리, 전동리, 천불산리, 화장리, 중상리, 중리, 원평리가 들어 옴(1개 읍, 1개 노동자구, 29개 리)	
1956	오로군	위와 같은데 룽리를 풍상리에, 중리를 중상리에, 원평리를 천불산리에 각각 합침(1개 읍, 1개 노동자구, 26개 리)	
1960	〃	위와 같은데 부민리, 송흥리를 함흥시 반룡구역에 넘김(1개 읍, 1개 노동자구, 24개 리)	
1981	영광군	오로군을 영광군으로 개칭	
1987	〃	영광읍, 인다리, 풍호리, 봉흥리, 룡동리, 동양리, 쌍송리, 신상리, 상통리, 신창리, 수전노동자구, 상중리, 풍상리, 자동리, 관수리, 전동리, 천불산리, 기상리, 동중리, 신덕리, 삼흥리, 화장리, 중상리, 홍봉리, 후주리, 장흥리(1개 읍, 1개 노동자구, 24개 리)	

신흥군(新興郡)

도의 중부 내륙지대에 있는 군. 1914년에 함흥군의 지역과 홍원군의 일부 지역을 떼내어 내온 군인데 새로 내왔다는 뜻에서 신자와 함흥군에서 흥자를 따서 신흥군이라고 하였다.

【 신흥군의 변천 】

연도	이름	관할지역	비고
1914	신흥군	가평면, 원평면, 동고천면, 서고천면, 영고면, 상원천면, 하원천면, 동상면(8개 면, 13개 리)	
1930	〃	동고천면을 신흥읍으로 개편.	
1946	〃	신흥읍을 신흥면으로 개편.	
1952	함경남도 신흥군	신흥군 상원천면, 하원천면, 동상면을 새로 내오는 부전군에 넘기고 신흥군 신흥면, 가평면, 원평면, 서고천면의 전체리로 군을 구성. 신흥읍(신흥면 삼일리, 창흥리, 원흥리, 부번리, 흥경리,	

연도	이름	관할지역	비고
1952	함경남도 신흥군	중상리, 신흥리, 길흥리), 화장리(가평면 화장리, 상리), 중리(가평면 중양리, 흥남리, 중리), 릉리(릉상리, 릉리), 관수리(가평면 지동리, 관수리), 풍상리(가평면 풍상리, 풍양리), 자동리(가평면 풍서리, 자동리, 장풍리), 중상리(가평면 중흥리, 중상리, 동흥리), 중평리(원평면 풍동리, 중평리, 서리, 남리), 원동리(동상리, 흥덕리, 장흥리, 장하리, 장전리), 원평리(원평면 최남리, 풍양리), 서남리(원평면 오신리, 서남리), 천불산리(원평면 사리, 신성리), 우상리(원평면 중산리, 우상리, 우하리), 도동리(서고천면 도상리, 로중리, 주양리), 창서리(서고천면 창전리, 창서리), 길봉리(서고천면 삼상리, 길리, 길봉리), 대동리(서고천면 신동리, 중흥리, 풍양리, 신기리), 흥복리(신흥면 상리, 복흥리, 중동리, 중흥리), 리전리(신흥면 신성리, 리전리, 풍양리), 부흥리(동상리, 부흥리, 흥평리), 신풍리(신흥면 신정리, 신풍리, 서흥리), 풍흥리(신흥면 인풍리, 동흥리, 풍남리), 전동리(원평면 장풍리, 장하리, 장전리). 1개 읍, 23개 리.	
1953	〃	위와 같되 길봉리 일부를 창서리에 넘김.	
1954	〃	영광군(당시 오로군)에 10개 리(화장리, 중리, 릉리, 관수리, 풍상리, 자동리, 중상리, 원평리, 원불산리, 전동리)를 넘겨 주고 부전군에서 16개 리(발전리, 영고리, 경흥리, 서곡리, 동곡리, 상원천리, 해반리, 반석리, 축상리, 신풍리, 영웅리, 흥경리, 복거리, 동흥리, 부연리, 기린리)를 넘겨 받음. 발전리를 발전노동자구로 고치고 서곡리 일부를 상원천리에 넘겨 줌(1개 읍, 1개 노동자구, 28개 리)	
1956	〃	위와 같되 신풍리를 하원천리로 고침.	
1958	〃	도동리를 창서리에, 신풍리를 부흥리에 합치고 신풍리와 도덕리를 폐지. 해방리를 동곡리와 반석리에 각각 떼어 주고 해방리를 폐지. 동곡리 일부를 상원천리에, 부흥리일부를 리전리에, 창서리 일부를 대동리에 넘김(1개 읍, 1개 노동자구, 25개 리)	
1961	〃	위와 같되 창서리 일부를 신흥읍에 넘김.	
1967	〃	복거리를 영웅리와 흥경리에 넘겨주고 복거리를 폐지(1개 읍, 1개 노동자구, 24개 리)	

연도	이름	관할지역	비고
1971	함경남도 신흥군	위와 같은데 풍흥리를 신흥노동자구로 개칭(1개 읍, 2개 노동자구, 23개리)	
1972	〃	위와 같은데 부흥리를 부흥노동자구로 개칭(1개 읍, 1개 노동자구, 22개 리)	
1997	〃	신흥읍, 신흥노동자구, 부흥노동자구, 리전리, 흥복리, 원동리, 중평리, 서남리, 우상리, 창서리, 대동리, 길봉리, 동흥리, 부연리, 경흥리, 영고리, 발전노동자구, 기린리, 상원천리, 서곡리, 동곡리, 반석리, 하원천리, 축상리, 영웅리, 흥경리(1개 읍, 3개 노동자구, 22개 리)	

장진군(長進郡)

"고려말에 하가루의 '하'는 옛날말로 크다는 뜻이며 '가루'는 강 또는 호수라는 뜻이다"로 불리워 왔는데 1667년에 한자로 옮기면서 장진이라고 하였다. 큰 강 또는 큰 늪이 있었던 이곳의 특징을 긴 나루로 옮겨 적은 것으로 보인다. 장진은 옛날에 고구려와 발해, 고려에 속한 땅이었고, 조선조 초기에는 함흥부 함후구비사지역이었다. 1667년에 이곳에 보루를 구축할 때 긴 강의 나루를 따라 목책을 둘러 쳤으므로 장진책(성산책 또는 장행채라고도 하였다)이라고 불리운 것으로 해석하기도 한다. 1787년에 장진부로 승격되었다. 그 후 계속되는 흉년으로 주민들이 다른 곳으로 떠나가 버림으로써 주민 수가 급격히 줄어들자 1843년에 장진군을 개편하였다.

1865년에 장진군은 장진도호부로 개편되었다가 1895년에 삼수도호부에 속한 군으로 되었다. 1895년에 전국 8도제를 23부제로 개편할 때 장진군은 강계부에 속한 군으로 되었다가 1896년에 전국 23부제를 13도제로 개편할 때 함경남도 장진군으로 되었다.

【 장진군의 변천 】

연도	이름	관할지역	비고
고려말	하가루		
조선초	함흥부 함후구비사		

연도	이름	관할지역	비고
1667	함경도 장진책 (청산책, 장향채)		
1785	장진진		
1787	장진부	중사, 동사, 서사, 남사, 북사	
1815	〃	삼수군 별대진이 편입.	
1843	장진군		
1865	장진도호부	읍사, 부민사, 일남사, 이남사, 상남사, 사남사, 구읍사 서사, 중강사, 묘파사, 동상사, 통기사	
1895	삼수도호부 장진군	위와 같음.	
1895	강계부 장진군	〃	
1896	함경남도 장진군	조선조말에 사를 면으로 개편함. 읍면, 부민면, 상남면, 중남면, 하남면, 신흥면, 구읍면, 북상면, 북하면, 동상면, 동하면(11개 면)	
1914	〃	동상면을 신흥군에 넘기고 10개 면을 7개 면으로 개편함. 하남면과 신흥면을 합쳐 신남면을, 북상면과 북하면을 합쳐 북면을, 읍면과 부민면을 합쳐 군내면을 내옴. 이때 동상면의 18개 리중 7개 리가 신흥군에 넘어 가고 11개 리는 동하면에 편입됨. 군내면, 상남면, 중남면, 구읍면, 신남면, 북면, 동하면(7개 면)	
1943	〃	군내면을 장진면으로 개편.	
1943	〃	구읍면을 서한면으로 개편.	
광복직후	〃	장진면을 동문면으로, 신남면을 장진면으로 개편.	
1949	〃	자강도를 신설하면서 장진군 동문면이 자강도 장강군에 들어 감.	
1952	〃	장진군은 장진면, 중남면, 서남면으 전체 리와 상남면의 12개 리로 구성됨. 장진읍(장진면 경하리), 축전리(장진면 서흥리, 중남면 문천리), 신대리(장진면 대남리, 신흥리), 황초리(장진면 상가리 일부, 고토리), 신풍리(장진면 만풍리, 신하리), 해방리(중남면 사수리), 신흥리(중남면 풍류리 일부), 청량리(중남면 신흥리 일부, 통지수리), 중화리(서남면 류담리), 양묘리(서남면 한상리, 신포리), 림산리(서남면 서중리, 복수리), 서목리(서남면 서목리), 룡호리(서남면 적수리, 중남리, 고별우리), 갈전리(상암면 갈전리, 천이수리), 속사리(상남면 속사리),중흥리(상남면 삼흥리, 창평리), 운수리(상남면 서덕리, 운수리),	

연도	이름	관할지역	비고
1952	함경남도 장진군	황포리(황포축리, 황포초리), 양덕리(상남면 덕실리, 양거수리), 풍류리(중남면 풍류리 일부), 도내리(장진면 도내리, 상갈리 일부), 백암리(중남면 백암리), 늪수리(서한면 늪수리), 메물리(상남면 멤물리). 1개 읍, 23개 리.	
1953	〃	양덕리 일부가 랑림군 문악리에, 갈전리 일부가 랑림군 대흥리에, 황포리가 랑림군에 넘어 감(1개 읍, 22개 리). 양덕리, 운수리, 중흥리가 랑림군에 넘어 감(1개 읍, 19개 리). 해방리를 해방노동자구로 개칭.	
1961	〃	신풍리를 황초리에 합침.	
1967	〃	황초리 일부로 신풍노동자구 신설.	
1972	〃	황초리를 황초노동자구로 개편.	
1977	〃	해방노동자구를 양지노동자구로 개편.	
1991	〃	중화리를 류담리로 개칭.I	
1997	〃	장진읍, 황초노동자구, 도내리, 신대리, 축전리, 양지노동자구, 백암리, 신흥리, 풍류리, 청량리, 갈전리, 속사리, 메물리, 룡호리, 서목리, 림산리, 류담리, 양묘리, 늪수리, 만풍노동자구, (1개 읍, 3개 노동자구, 16개 리)	

정평군(定平郡)

도의 남쪽 바닷가에 있는 군. 1896년 함경도 정평도호부를 함경남도 정평군으로 개편하여 내온 군이다. 정평이란 말은 1413년에 생겼는데 그때까지 이곳을 정주라고 하였었다. 평안도의 정주와 갈기 때문에 벌지대에 있는 안정된 곳이라는 뜻에서 정평이라고 하였다. 정주의 정자에 함흥 100리 벌을 끼고 있는 지대라 하여 평자를 붙인 것이다.

【 정평군의 변천 】

연도	이름	관할지역	비고
고려이전	파지, 선위		
983	천정만호부 (삭방도 천정)		
1015	〃	장주가 속현으로 됨.	

연 도	이 름	관 할 지 역	비 고
1041	동개 정주		
1356	강릉삭방도 정주도호부	장곡현이 속현으로 됨.	
년대미상	중산		
1413	영길도 정평도호부	부내사, 주이사, 산지사, 여인사, 장곡사, 세류사, 문산사, 파춘사, 귀림사(9개 사)	
조선시대	함경남도 정평군	위와 같되 부내사를 부남사, 흥인사, 창덕사로, 주이사를 상주이사, 중주이사, 성락사로 분리시키고 함흥군에서 선덕사를 넘겨 받아 동선덕사, 서선덕사, 남선덕사, 상신덕사로 분리시키었으며 장곡사에서 초원사를, 파춘사에서 부춘사를 갈라 내오고 산지사를 광덕사로, 여인사를 고산사로 개칭(19개 사)	
조선조말	〃	부남면, 흥인면, 창덕면, 광덕면, 문산면, 귀림면, 장곡면, 초원면, 고산면, 중주이면, 상주이면, 성락면, 동선덕면, 서선덕면, 남선덕면, 상선덕면, 세류면, 파춘면, 부춘면(19개 면)	
1914	〃	부남면, 흥인면, 창덕면을 통합하여 부내면으로, 상주이면, 중주이면, 성락면을 통합하여 주이면으로, 장곡면, 초이면을 통합하여 장원면으로, 파춘면, 세류면, 부춘면을 통합하여 춘류면으로, 동선덕면, 서선덕면, 남선덕면, 상선덕면을 통합하여 선덕면으로 개편(9개 면)	
1939	〃	위와 같은데 부내면을 정평면으로, 춘류면을 신상면으로 개칭.	
1949	〃	위와 같은데 선덕면을 함주군에 편입.	
1952	〃	정평군 정평면, 주이면, 고산면의 전체 리와 광덕면중 22개 리, 함주군 주지면중 13개 리로 군을 구성. 정평읍(정평면 일동천리, 이동천리, 삼동천리, 사동천리, 오동천리) 운봉리(주이면 신흥리, 추하리, 운봉리, 신성리) 신경리(주이면 복흥리, 포항리, 신경리, 함주군 주지면 포흥리) 왕락리(주이면 왕상리, 왕락리) 추상리(주이면 령성리, 추상리, 룡상리) 보중리(주이면 보상리, 보흥리, 보중리)	

연도	이름	관할지역	비고
1952	함경남도 정평군	동봉리(주이면 이동봉리, 신덕리, 일둥봉리, 로동리, 룡강리) 장천리(광덕면 원흥리, 장천리, 원상리) 장흥리(광덕면 장흥리, 향중리, 중흥리) 장동리(광덕면 하작동리, 장동리, 상작동리) 문창리(광덕면 동흥리, 문창리, 용응리, 오상리) 신천리(광덕면 송천리, 신천리, 송오리) 률성리(광덕면 률봉리, 률성리, 신흥리, 유흥리) 향덕리(광덕면 향동리, 향흥리, 정평면 흥덕리) 태양리(정평면 태양리, 신동리, 신서리, 봉양리) 구유리(정평면 문흥리, 구유리, 직상리, 동현리) 봉대리(정평면 경흥리, 봉대리) 다호리(정평면 련정리, 덕풍리, 표상리, 영포리) 호남리(정평면 성남리, 일호남리, 이호남리) 독산리(정평면 련봉리, 광성리, 구상리) 홍봉리(고산면 신성리, 홍봉리, 일신풍리, 이신풍리) 고양리(고산면 고양리, 일흥천리, 이흥천리) 구창리(고산면 구창리, 신경리, 풍양리, 남양리) 상창리(고산면 일상서리, 이상서리, 일덕흥리, 이덕흥리) 풍송리(고산면 풍서리, 일풍송리, 이풍송리) 항수리(함주군 주지면 항소리) 홍상리(함주군 주지면 계동리, 성락리, 홍상리, 풍서리, 오봉리) 신덕리(함주군 주지면 신경신중리, 신안장흥리, 덕성리) 송정리(함주군 주지면 서흥리, 송흥리, 구만리) (1개 읍, 28개 리)	
1953	〃	위와 같은데 신경리 일부를 분리하여 포항리를 신설. 운봉리를 분리하여 동봉리에 편입. 동봉리 일부를 분리하여 로동리를 내오고 다호리 일부를 분리하여 독산리에 편입(1개 읍, 30개 리)	
1954	〃	위와 같은데 운봉리 일부를 갈라 왕락리에 넘기고 독산리 일부를 분리하여 태양리에 넘김. 홍상군에 운봉리, 신경리, 왕락리, 동봉리, 상창리, 홍봉리, 풍송리, 신덕리, 추상리, 보중리, 로동리, 송정리,	

연도	이름	관할지역	비고
1954	함경남도 정평군	포항리, 항수리를 넘기고 신상군에서 부평리, 서경리, 호중리, 남창리, 창신리, 선덕리, 동호리, 삼도리를 넘겨받음. 호남리 일부를 정평군에 편입.(1개 읍, 23개 리)	
1961	〃	위와 같은데 신상군 삼덕리를 남창리에 편입.	
1974	〃	위와 같은데 신상군이 정평군에 편입. 신상군의 신상읍, 화동리, 복흥리, 조양리, 하남리, 동하리, 신평리, 내동리, 문흥리, 문봉리, 동천리, 기산리, 풍양리, 관평리, 용흥리, 중평리, 사수리, 초원리, 광흥리, 신풍리, 신성리를 편입. 신상읍을 신상노동자구로 개편(1개 읍, 1개 노동자구, 43개 리)	
1987	〃	위와 같은데 용흥리를 용흥노동자구로 개편.	
1997	〃	정평읍, 구창리, 고양리, 태양리, 독산리, 다호리, 봉대리, 호남리, 구읍리, 항동리, 장흥리, 신천리, 률성리, 장천리, 장동리, 문창리, 부평리, 서경리, 호중리, 남창리, 창신리, 선덕리, 동호리, 삼도리, 신상노동자구, 화동리, 복흥리, 조양리, 하남리, 동하리, 신평리, 내동리 문흥리, 문봉리, 동천리, 기산리, 풍양리, 관평리, 용흥노동자구, 중평리, 사수리, 초원리, 광흥리, 신풍리, 신성리(1개 읍, 2개 노동자구, 42개 리)	

금야군(金野郡)

도의 남쪽에 있는 군. 1977년 영흥군을 벌방에서 검은 금인 석탄이 많이 나오고 황금나락 설레이는 기름진 밭을 낀 살기 좋은 고장이라는 뜻에서 금야군이라고 하였다.

【 금야군의 변천 】

연도	이름	관할지역	비고
고구려	장령진(당문, 박평군)		
고려초	화주		
995	화주 안변도호부		
1018	화주		

연도	이름	관할지역	비고
1214 ~ 1259 (고려 고종)	화주	등주와 합침.	
〃	통주	통주와 합침.	
1356	화주목		
1369	화녕부		
1393	영흥부		
1403	영흥군		
1404	영흥부		
1416	화주목		
1426	영흥대도호부		
1470	영흥부		
1480	영흥대도호부	생주진, 고녕진, 녕인전, 장평진, 요덕진	
그 후	영흥군	흥인사, 복흥사, 순녕사, 역기사, 진평사, 녕인사, 인흥사, 덕흥사, 장흥사, 정변사, 요덕사, 횡천사, 운곡사(13개 사)	
조선 말	영흥군	운곡사는 운곡면으로 개칭되면서 고원군에 이관되었다(흥인면, 복흥면, 순녕면, 억기면, 진평면, 고녕면, 녕인면, 인흥면, 덕흥면, 장흥면, 신흥면, 요덕면, 횡천면(13개 면)	
1935	〃	흥인면을 영흥면으로 개편 복흥면이 영흥면에 편입(12개 면)	
1939	〃	영흥면이 영흥읍으로 됨.	
1943	〃	영흥읍을 영흥면으로 개칭.	
1952	〃	면을 없애고 영흥면, 억기면, 장흥면의 전체 리와 순녕면의 29개 리, 진평면의 5개 리, 횡천면의 1개 리, 인흥면의 1개 리로 영흥군을 구성하였다. 선흥면, 요덕면의 전체 리와 횡천면의 23개 리가 요덕군에 들어 감. 덕흥면, 고녕면, 호도면의 전체 리와 인흥면의 30개 리,진평면의 13개 리, 순녕면의 1개 리가 인흥군에 들어 감. 영흥읍(영흥면 삼사리, 룡남리, 도랑리, 련당리, 남산리, 도정리, 운평리), 문하리(영흥면 문하리, 상태리, 반룡리횡천면 산계리), 영풍리(연흥면 영풍리, 팔정리, 순녕면원천리, 흥남리), 룡원리(영흥면 룡원리, 신흥리, 장흥리 인흥리),	

연도	이름	관할지역	비고
1952	영흥군	사현리(영흥면 사현리, 성동리, 상산리, 룡연리), 상중리(영흥면 상중리, 하국사리 국태리), 중남리(영흥면 필석리, 중동리, 순녕면 류남리, 류북리), 평화리(순녕면 석북리 석남리, 송전리, 두산리), 갈전리(순년면 상갈전리, 하갈전리, 풍동리, 남양리), 중양리(순녕면중양리, 광진리, 정지리, 대흑석리, 소흑석리), 순안리(순녕면 신정리, 경암리 성남리, 풍흥리), 룡강리(순녕면작산리, 쌍화산리, 소라리), 풍남리(순녕면 송재리, 풍남리, 룡포리, 덕동리, 태평리), 덕산리(억기면 덕미리, 신산리, 삼기리), 흥평리(억기면 신흥리, 남북세리, 중흥리, 진평면 평탄리, 인흥면 인남리), 봉흥리(억기면 인흥리, 미흥리, 봉조리), 구룡리(억기면 룡호리, 오포리, 구만리), 해중리(억기면 류도리, 률산리, 진평면 제도리)성재리(억기면 인성리, 남성리, 재리), 진흥리(진평면 진흥리, 석남리, 건천리), 량탄리(억기면 량탄리, 량상리, 신창리), 봉산리(장흥면 봉남리, 봉양리, 초하리, 초상리), 신성리(장흥면 인하리, 삼봉리, 문성리, 신흥리), 수원리(장흥면 늪재리, 인산리, 원산리, 동하리), 정동리(장흥면 정동리, 현흥리), 룡흥리(장흥면 염교리, 송천리원하리, 정산리). 1개 읍, 25개 리.	
1953	〃	해중리 일부가 인흥군 양덕리에, 진흥리 일부가 인흥군 진수리에, 중양리 일부가 인흥군 금풍리에 들어 감.	
1954	〃	구룡리 일부가 인흥군 룡산리에 들어 감.	
1972	〃	갈전리를 갈전노동자구로 개편.	
1974	〃	인흥군이 폐지되면서 그에 소속되었던 모든 리와 로동자구(24개 리, 2개 구)가 영흥군에 편입됨. 인흥읍은 인흥노동자구로 개칭됨. (인흥노동자구, 금풍리, 청동리, 풍동리, 백산리, 동흥리, 지인리, 작동리, 온정리 송재리, 범포리, 대응리, 삼봉리왕장리, 중동리, 신당리, 진수리, 룡산리, 광덕리 독구미리, 원평리, 안동리, 년동리, 청백리, 가진노동자구, 호 도리)(1개 읍, 48개 리, 3개 구)	
1977	〃	영흥군을 금야군으로 개칭.l	
1977	금야군	영흥읍을 금야읍으로, 룡흥리를 비단리로, 순안리를 긴재리로, 중양리를 솔발리로, 룡강리를 새동리로 고침.	

연 도	이 름	관 할 지 역	비 고
1986	금야군	요덕군의 룡상리, 룡천리, 룡암리, 룡남리가 금야군에 넘어 옴.	
1991	〃	왕장리를 금사리로 고침.	
1995	〃	풍동리를 풍성리로 고침.	
1997	〃	금야읍, 사현리, 룡원리, 문하리, 상중리, 중남리, 영풍리, 새동리, 솔밭리, 긴재리, 갈전구, 풍남리, 평화리, 봉흥리, 량탄리, 덕산리, 성재리, 해중리, 구룡리, 진흥리, 흥평리, 정동리, 신성리, 수원리, 봉산리, 비단리, 인흥구, 지인리, 작동리, 온정리, 송재리, 범포리, 대응리, 삼봉리, 금사리, 중동리, 신당리, 진수리, 룡산리, 광덕리, 독구미리, 원평리, 안동리, 련동리, 가진구, 청백리, 호도리, 룡삼리, 룡천리, 룡남리, 룡암리, 금풍리, 청동리, 풍성리, 백산리, 동흥리(1개 읍, 52개 리, 3개 구)	

요덕군(耀德郡)

도의 남서부에 있는 군. 1952년에 영흥군의 요덕면, 횡천면, 선흥면을 갈라 내온 군인데 요덕이라는 이름은 고려시기부터 있은 이름으로서 해가 잘 비치는 덕이 진 곳이라는 뜻이다.

【 요덕군의 변천 】

연 도	이 름	관 할 지 역	비 고
1952	함경남도 요덕군	전 영흥군 선흥면, 요덕면의 전체 리와 횡천면중 23개 리로 군을 구성. 요덕읍(요덕면 상신리, 중신리, 하신리), 동산리(횡천면 남평리, 봉산리), 회평리(횡천면 률평리, 초평리, 하평리), 삼평리(횡천면, 률평리, 초평리, 하평리), 운흥리(횡천면 자아리, 운흥리), 평원리(횡천면 사평리, 원흥리) 천흥리(횡천면 당재리, 천흥리), 송도리(횡천면 덕평리, 도내리), 미삼리(횡천면 마자아리, 미로리, 신흥리), 대평리(횡천면 하동리, 대평리, 요덕면 화전리), 립석리(요덕면 립 석리, 소숙리), 대숙리(요덕면 대숙리),	

연도	이름	관할지역	비고
1952	함경남도 요덕군	홍상리(요덕면 인상리, 인하리, 인흥리), 평전리(요덕면 평전리, 상평리), 룡평리(요덕면 룡남리, 성백리, 룡평리), 룡남리(선흥면 룡남리, 서상리, 세류리), 문암리(선흥면 문상리, 대흥리, 문흥리), 향봉리(선흥면 향봉리, 향산리, 남흥리), 룡천리(선흥면 룡신리, 룡천리, 룡습리, 습상리), 성천리(선흥면 평천리, 삼성리), 인화리(선흥면 인풍리, 평화리, 태화리), 성리(선흥면 자산리, 성리, 중하리), 룡상리(선흥면 룡상리, 룡반리),완산리(선흥면 신흥리, 검산리, 완문리), 량수리(횡천면 률가리, 량수리), 룡암리(선흥면 룡암리, 룡동리), 백산리(요덕면 백산리)(1개 읍, 26개 리)	
1954	〃	백산리를 대숙리에 합치고 홍상리를 분리하여 인흥리 신설(1개 읍, 26개 리)	
1958	〃	삼평리, 회평리를 수동군에 이관(1개 읍, 24개 리)	
1967	〃	요덕군 소재지를 대평리로 옮기면서 대평리를 요덕읍으로, 본래의 요덕읍을 구읍리로 각각 개칭(1개 읍, 24개 리)	
1986	〃	룡남리, 룡암리, 룡천리, 룡상리를 금야군에 이관(1개 읍, 20개 리) 고원군 관평리를 요덕군에 편입(1개 읍, 21개 리)	
1993	〃	요덕읍, 운흥리, 미삼리, 평원리, 동산리, 량수리, 구읍리, 송도리, 천흥리, 인흥리, 홍상리, 룡평리, 평전리, 립석리, 대숙리, 인화리, 성리, 향봉리, 완산리, 성천리, 문암리, 관평리(1개 읍, 21개 리)	

고원군(高原郡)

도의 서남쪽에 있는 군. 1413년 고주를 개편하여 내온 군인데 고주에서 고자를 따고 주자 대신 그 이전의 이름인 홍원에서 원자를 따서 합쳐 지은 이름이다.

덕이 진 벌지대라는 뜻에서 고원이라고 한다. 고려시기에는 홍원 또는 덕녕진이라고도 하였다. 모두 큰 덕이 있는 고장이라는 뜻이다.

【 고원군의 변천 】

연 도	이 름	관 할 지 역	비 고
옛날	덕녕진(홍원군)		
고려 성종(995)	삭방도 고주		
조선 태종 13년 (1413)	영포도 고원군	하발산사, 군내사, 신산사, 상발산사, 산곡사, 수동사(6개 사)	
조선조 말(1914)	함경남도 고원군	하발면, 군내면, 신산면, 상발면, 산곡면, 수동면(6개 면) 신산면과 상발면을 합쳐 상산면으로 개편. 영흥군의 운곡면이 고원군에 편입. 군내면, 상산면, 하발면, 산곡면, 수동면, 운곡면(6개 면)	
1939	〃	위와 같되 후달면이 고원면으로 개편(6개 면)	
1943	〃	위와 같되 고원면이 고원읍으로 개편(1개 읍, 5개 면)	
1946	〃	고원읍이 고원면으로 개편(6개 면)	
1952	〃	고원군 고원면, 상산면, 군내면의 전체 리와 수동면중 3개 리, 강원도 문천군 명구면 구부암리 일부, 천내면 제위리 일부, 룡산리 일부로 군을 구성. 고원읍(고원면 신정리, 도정리, 덕흥리, 관덕리, 정산리, 조양리, 창항리, 신평리, 보충리, 신성리 일부, 동산리), 남흥리(고원면 합탄리, 남흥리, 매편리 일부, 진사리 일부), 상평리(고원면 동양리, 남양리 일부, 상산면 장흥리, 북방축리), 중평리(고원면 하고도리, 신성리 일부, 매평리 일부), 하평리(고원면 문조리, 홍호리, 상광탄리, 하광탄리, 매평리 일부, 강원도 문천군 면구면 구부암리 일부), 미둔리(수동면 미둔리, 룡산리, 계남리), 신창리(군내면 신창리, 신하리, 상사창리, 하사창리), 군내리(군내면 현흥리, 신흥리, 상가남리, 하가남리, 상석연리, 가동산리), 황송리(군내면 황송리, 도청리, 중사막리, 중석연리), 송천리(군내면 송천리, 몽상리, 하석연리), 다천리(군내면 천동리, 다삼포리, 고원면 금수리 일부), 풍남리(상산면 방축리, 지경리, 립석리, 풍남리, 도내리, 교초리, 강원도 문천군 천내면 제위리 일부), 원봉리(상산면 봉현리, 석교리, 원봉리, 내동리, 복흥리, 강원도 문천군 천내면 룡산리 일부), 송흥리(상산면 도흥리, 회동리, 송현리, 은하리), 락천리(상산면 룡흥리, 하다리, 락천리, 룡봉리, 하상리),	

연도	이름	관할지역	비고
1952	함경남도 고원군	상산리(상산면 상말리, 신흥리, 고원면 진사리 일부), 금수리(고원면 대수곡리, 금수리 일부, 남양리 일부)(1개 읍, 16개 리)	
1953	〃	하평리 일부를 분리하여 남흥리에 편입하고 풍남리와 원봉리를 개편하여 풍남리와 원봉리와 전탄리를 내오고 하평리 일부를 분리하여 문하리를 내오고 강원도 천내군 구포리 일부를 분리하여 고원군 하평리에 편입함(1개 읍, 18개 리)	
1954	〃	풍남리 일부를 분리하여 전탄리에 편입함(1개 읍, 18개 리)	
1972	〃	위와 같되 상평리를 부래산노동자구로 개칭(1개 읍, 1개 구, 17개 리)	
1974	〃	수동군이 고원군에 통합되면서 수동군에 속하였던 1개 읍, 5개 구, 14개 리(수동읍, 장동구, 운곡구, 산곡구, 수산리, 성남리, 죽전리, 팔홍구, 원거구, 운흥리, 천을리, 룡평리, 운산리, 관평리, 천성리, 장량리, 성내리, 축전리, 삼평리, 회평리)가 고원군에 편입. 수동읍이 고원군에 넘어 오면서 수동노동자구로 개칭(1개 읍, 7개 구, 31개 리) 고원군에 속하였던 4개 리(풍암리, 원봉리, 송흥리, 전탄리)가 강원도 천내군에 이관되고 락천리 일부가 풍남리에 들어 감(1개 읍, 7개 구, 27개 리)	
1981	〃	강원도 천내군에 넘어갔던 4개 리(풍남리, 원봉리, 송흥리, 전탄리)는 다시 고원군에 편입(1개 읍, 7개 구, 31개 리)	
1981	〃	위와 같되 산곡노동자구는 산곡리로 개편(1개 읍 6개 구, 32개 리)	
1983	〃	위와 같되 고원군 금수리는 덕지리로 개칭.	
1983	〃	고원군 수동노동자구 일부와 장동노동자구 일부를 떼내어 덕사노동자구를 새로 내옴(1개 읍, 7개 구, 32개 리)	
1986	〃	관평리를 요덕군에 넘김(1개 읍, 7개 구, 31개 리)	
1990	〃	고원군에서 수동리를 분리하여 새로 내오면서 고원군에 속하였던 6개 구와 14개의 리(수동구, 덕사구, 원거구, 팔홍구, 운곡구, 장동구, 성남리, 수산리, 천성리, 장량리, 심평리, 회평리, 룡평리, 운산리, 산곡리, 축전리, 운흥리, 천을리)는 수동구에 이관.	

연도	이름	관할지역	비고
1990	함경남도 고원군	수동노동자구를 수동동으로, 운곡노동자구를 운곡동을로, 장동노동자구를 장동동으로, 팔흥노동자구를 팔흥동으로, 원거노동자구를 원거동으로, 덕사노동자구를 덕사동으로 고침.	
1992	〃	고원읍, 부래산구, 상산리, 남흥리, 중평리, 락천리, 송흥리, 풍남리, 전탄리, 운봉리, 하평리, 문하리, 송천리, 황송리, 군내리, 신창리, 다천리, 덕지리, 미둔리(1개 읍, 1개 구, 17개 리)	
1995	〃	위와 같되 부래산노동자구의 일부를 떼내어 상평리를 내옴(1개 읍, 1개구, 18개 리)	

홍원군(洪原郡)

도의 중부 해안연선에 있는 군. 서북부는 함흥시, 신흥군, 덕성군, 동부는 북청군, 신포시, 남부는 동해와 락원군을 경계하고 있다. 홍원군은 1895년에 홍원현을 개편하여 내온 군인데 언덕진 넓은 벌을 가지고 있는 군이라고 하여 홍원군이라고 하였다.

홍원군은 오랜 역사를 가지고 있는 군이다. 고려 이전에는 홍궁, 고려시기에는 홍헌으로 불리워 오다가 고려 말에 홍헌현으로 되었다. 조선조 때인 1398년에 홍원군으로 함주대도독부에 속하였다가 1402년에 홍원현으로 되었으며, 그 후에는 함흥부에 속하였다. 1895년에는 함흥부 홍원군으로 되었다가 1896년에 함경남도 홍원군으로 되었다.

【 홍원군의 변천 】

연도	이름	관할지역	비고
고려시기	홍궁 홍현		
고려말 조선초	홍헌현		
1398	홍원군	함주대도독부에 속함	
1402	홍원현	〃	
1433	〃	함흥부에 속함	

연도	이름	관할지역	비고
1872	홍원현	룡전사, 요원사, 룡호사, 포사, 경포사, 신의사, 룡연사, 학천사, 부민사, 효현사,	
1895	홍원군	동퇴조사, 상원천사, 하원천사, 주남사, 신의사, 상신의사, 경포사, 운룡사, 령포사, 룡원사, 룡전사, 동천사, 회현사, 신흥사, 호현사, 학산사, 학천사, 룡운사, 룡연사, 호남사, 등보청사, 서보청사(22개 사)	
1896	〃	위의 사들을 모두 면으로 고침(22개 면)	
1914	〃	사원천면과 하원천면을 신흥군에 넘기고 북청군 평포면이 편입됨(21개 면을 12개 면으로 고침) 주남면, 신익면, 상신익면을 합쳐 주익면으로, 룡운면, 룡연면, 호남면을 합쳐 룡운면으로, 운룡면과 평포면을 합쳐 운포면으로, 동보청면과 서보청면을 합쳐 보청면으로 고치고 룡천면에 동천면을, 회현면에 신흥면을, 학천면에 학산면을 합침. 주익면, 룡운면, 운포면, 보청면, 동천면, 회현면, 학천면, 호현면, 경포면, 룡원면, 동퇴조면, 평포면(12개 면)	
1935	〃	주익면을 홍원면으로, 룡운면과 학천면을 합쳐 운학면으로, 회현면과 호현면을 합쳐 보현면으로, 경포면과 운포면을 합쳐 경운면으로, 룡천면과 평포면을 합쳐 룡포면으로, 보청면과 동퇴조면을 합쳐 보청면으로 고쳐 홍원면, 경운면, 룡포면, 운학면, 보현면, 보청면, 룡원면 7개 면으로 됨.	
광복직후	〃	보청면을 삼호면으로 고침.	
1952	〃	홍원군 홍원면, 경운면, 보현면, 운학면의 전체 리로 군을 구성. 홍원읍(홍원면 성서리, 성중리, 성남리, 기양리 일부, 성동리 일부), 방동리(홍원면 방동리, 성동리 일부), 전진리(호원면 남흥리, 장정리, 천중리, 룡천리 일부), 남천리(홍원면 남원리, 룡천리 일부), 남산리(홍원면 남산리회흥리, 기양리 일부), 고읍리(홍원면 고읍리, 풍양리, 풍촌리), 호남리(홍원면 호남리), 룡운리(홍원면 암내리, 룡수리, 신풍리, 삼성리), 경포리(경운면 동좌리, 좌덕리, 남포리), 학송리(경운면 송양리, 장송리), 신성리(경운면, 흥사리), 경흥리(경운면 우양리, 송중리, 중흥리), 광명리(경운면 관하리, 룡풍리),	

연도	이름	관할지역	비고
1952	홍원군	운상리(경운면 운흥리, 동흥리, 룡삼리), 운포리(경운면 남풍리, 동중리, 원동리, 광산리), 동상리(보현면 동흥리 일부, 동토리, 직동리), 방평리(보현면 방평리, 동흥리 일부), 구룡리(보현면 신흥리, 룡삼리, 룡곡리), 보현리(보현면 어삼리, 원풍리), 원흥리(보현면 은택리, 연풍리, 신풍리), 룡덕리(운학면, 룡덕리, 룡전리), 장풍리(운학면 흥상리, 은행리, 장풍리), 관흥리(운학면 장흥리, 관상리, 함동리), 부상리(운학면 부상리, 신풍리 일부), 산양리(운학면 산양리, 신풍리 일부), 남풍리(운학면 룡택리, 풍남리, 효달리), 전진리를 전진노동자구로 개편(1개 읍, 1개 노동자구, 24개 리)	
1954	〃	홍원군에 남산리의 일부와 방동리의 일부를 합침. 룡운리에 남산리의 일부와 호남리의 일부를 합침. 룡덕리의 일부를 고읍리에 합침(1개 읍, 1개 노동자구, 24개 리)	
1960	〃	신포군에서 운하리, 룡삼리 삼성리, 동중리, 중서리, 중은리, 룡신리, 룡포리들이 편입됨. 호원읍에 남천리와 전진노동자구를 합침. 운포리에 신포군 룡중리의 일부가 합침. 삼성리에 신포군 룡성리의 일부를 합침(1개 읍, 30개 리)	
1967	〃	운포리를 운포노동자구로 고침(1개 읍, 1개 노동자구, 29개 리)	
1988	〃	경포리에 경흥리와 신성리를 합치고 경포리를 경포노동자구로 고침(1개 읍, 2개 노동자구, 27개 리)	
1993	〃	호원읍, 경포노동자구, 운포노동자구, 방동리, 남산리, 고읍리, 호남리, 관흥리, 룡덕리, 산양리, 장풍리, 남풍리, 부상리, 보현리, 구룡리, 원덕리, 동상리, 방평리, 광명리, 학송리, 운상리, 삼성리, 룡포리, 동중리, 운하리, 중은리, 중서리, 룡신리 룡삼리, 봉화리(룡운리를 봉화리로 고침)(1개 읍, 2개 노동자구, 27개 리)	

수동구(水洞區)

도의 서남쪽에 있는 구. 1952년에 고원군 운곡면, 산곡면의 전체 리와 수동면의 8개 리, 강원도 문천군 운림면 구덕리 일부를 포함하여 함경남도에 새로 내온 군이었는데, 수동면의 이름을 따서 수동군이라고 하였다. 수동은 덕지 강물을 끼고 있다고 하여 물골이라고 하던 것을 한자로 옮겨 놓은 것이다. 수동이 행정구역 지명으로 쓰이기 시작된 시기는 조선조 때 고주(고원의 옛이름) 수동사가 나온 때부터이다. 조선조 말에 사가면으로 바뀌고 1952년에 수동군으로 되었고, 1974년에 군이 폐지되면서 고원군에 합쳐졌다가 1990년에 다시 고원군에서 수동구가 분리되어 나왔다.

【 수동구의 변천 】

연도	이름	관할지역	비고
1952	함경남도 수동군	전 고원군 운곡면, 산곡면의 전체 리와 수동면중 8개 리, 강원도 문천군 운림면 구덕리 일부로 군을 구성. 수동읍(수동면 성내리, 적가슬리), 인흥리(수동면 상인흥리), 축전리(수동면 하인흥리, 축전리), 장량리(수동면 상장량리, 하장량리), 천성리(수동면 천성리), 산곡리(산곡면 화남리, 회하리), 성남리(성남리 와우리), 수산리(산곡면 수산리, 고곶리), 건천리(건천리, 건하리), 경둔리(산곡면 상경둔리, 하경둔리), 원거리(산곡면 원거리, 사동리), 장동리(산곡면 장동리), 죽전리(산곡면 하죽전리, 회동리, 상죽전리), 운흥리(운곡면 운흥리, 운하리), 천을리(운곡면 천을리, 천하리), 운산리(운곡면 태을리, 태하리), 운곡리(운곡면 룡상리, 룡천리), 룡평리(룡하리, 룡평리), 관평리(운곡면 관평리, 관하리)	
1954	〃	수동군 소재지가 정둔리로 이동하여 정둔리는 수동읍으로, 본래의 수동읍은 성내리로 각각 개칭.	
1956	〃	건천리를 장동노동자구에 편입(1개 읍, 3개 구, 14개 리)	
1958	〃	요덕군 삼평리와 회평리를 수동군에 편입.	
1961	〃	운곡노동자구 일부를 룡평리에 편입.	
1972	〃	인흥리는 팔흥노동자구로, 원거리는 원거노동자구로 각각 개칭됨(1개 읍, 5개 구, 14개 리)	

연도	이름	관할지역	비고
1974	함경남도 수동군	군이 폐지되면서 고원군에 편입.	
1990	함경남도 수동구	고원군에서 다시 수동구가 분리되어 신설되면서 고원군에 속했던 6개의 구와 14개 리는 수동구에 편입. 구를 동으로 개칭. 수동동 덕사동, 원거동, 팔흥동, 운곡동, 장동동, 성남리, 수산리, 천성리, 장량리, 삼평리, 회평리, 룡평리, 운산리, 산곡리, 죽전리, 성내리, 축전리, 운흥리, 천을리	

덕성군(德城郡)

도의 동북쪽에 있는 군. 1952년 북청군 상거서면, 하거서면, 니곡면, 성대면의 전체 리와 덕성면의 13개 리를 합쳐 내온 군인데, 군소재지가 덕성면에 자리잡고 있으므로 그 이름을 붙여 덕성군이라고 하였다. 원래 덕성이라는 이름은 대덕산 밑에 있는 룡의동산성과 홍도동산성이 둘러싼 곳에 자리잡고 있다 하여 대덕산의 덕자에 재 성자를 붙여 지은 것이다.

【 덕성군의 변천 】

연도	이름	관할지역	비고
1952	함경남도 덕성군	전 북청군 상거서면, 하거서면, 니곡면, 성대면의 전체 리와 덕성면중 13개 리로 군을 구성함. 덕성읍(덕성면 수동1리, 수동2리, 죽전리), 라하대리(덕성면 등장내리 일부, 라하대1리, 라하대2리), 수서리(덕성면 수서리). 주의동리(덕성면 주의동1리, 주의동2리, 이은리, 서흥리), 니망지리(니망지1리, 니망지2리, 만항리), 상일리(니곡면 상1리), 상이리(니곡면 상2리), 송중리(니곡면 송전리, 중리), 삼기리(니곡면 고립리, 삼기리, 로평리), 인동리(니곡면 삼강리, 가산리), 중동리(니곡면 제초리, 제중리), 직동리(니곡면 장생리, 직동리), 창성1리(성대면 창성1리), 창성2리(성대면 창성2리), 보성리(성대면 보성1리, 보성2리), 동중리(성대면 조양리, 수동리, 수서리 일부), 장흥리(성대면 수서리 일부, 평리,	

연도	이름	관할지역	비고
1952	함경남도 덕성군	양평1리), 양승리(성대면 승동1리, 승동2리, 양평2리), 신태리(상거서면 신태리), 상돌리(상거서면 상돌리, 상서리), 중돌리(상거서면 중돌리, 하돌리), 엄동리(상거서면 엄동리, 엄서리), 엄서리(상거서면 수서리), 덕우대리(하거서면 덕우대리), 암지동리(하거서면 임동리, 임서리), 월근대리(하거서면 월상리, 월중리, 월하리), 신흥리(하거서면 상신흥리, 하신흥리)(1개 읍, 26개 리)	
1953	〃	월근대리 일부를 갈라 엄서리에 편입.	
1956	〃	라하대리 일부를 덕성읍에 편입하고 나머지를 북청군에 넘김.	
1981	〃	니망지리를 락원리로 개칭.	
1984	〃	상1리, 상2리를 합쳐 철산노동자구를 내옴.	
1997	〃	덕성읍, 수서리, 락원리, 주의동리, 양승리, 장흥리, 동중리, 보성리, 창성1리, 창성2리, 삼기리, 송중리, 철산노동자구, 인동리, 중동리, 직동리, 덕우대리, 임자동리, 신흥리, 월근대리, 엄동리, 엄서리, 중돌리, 상돌리, 신태리(1개 읍, 1개 노동자구, 23개 리)	

북청군(北靑郡)

도의 동북부 남대천의 중류와 하류 일대에 자리잡고 있는 군. 안북이라고 불러 오던 것을 1372년(공민왕 21년)에 북청이라고 고치고 주급으로 높이었다.

북청이라는 이름은 종래의 안북에서 북자를 따고 푸른 바다를 끼고 있는 고장이라는 뜻에서 푸를 청자를 붙인 것이다. 그 후 1398년(태조 7년)에 청주(靑州)라고 고쳤는데, 충청도 청주목과 발음이 같으므로 자주 혼란이 일어난다고 하여 1417년(태종 17년)에 본래의 이름대로 북청이라고 고쳤다.

【 북청군의 변천 】

연도	이름	관할지역	비고
고려시기	삼산		

연도	이름	관할지역	비고
1356	안북		
1372(년대 미상)	북청주 청해		
1398	청주부		
1417	북청부		
1427	북청도호부		
1872	북청부	로덕사, 량가사, 해안사, 상보청사, 하보청사, 거산사, 중산사, 중평사, 인후사, 인창사, 대양화사, 소양화사, 양평사, 량천사, 대속후사, 소속후사, 가회사, 평포사, 하거서사, 상거서사, 덕성사, 성대사, 니곡사, 안산사 (24개 사	
1887	북청부	위와 같되 상보청사, 하보청사가 통합되어 보청사로 되고 상거서사, 하거서사가 통합되어 거서사로 됨. 양평사는 없어져 21개 사로 됨.	
1894	북청부	대양화사와 소양화사가 통합되어 양화사로 됨. 안산사는 없어지고 인창사는 종산사로 개칭되어 19개 사로 됨.	
1895	북청군	부를 군으로 고침. 위와 같음(19개 사)	
조선조말	북청군	사를 면으로 개편. 보청사를 상보청면, 하보청면으로 나눔. 양화사를 대양화면, 소양화면으로 나눔. 거서사를 상거서면, 하거서면으로 나눔. 종산사를 인창면으로 다시개칭함. 안산사는 안산면으로 되어 다시 넘어 옴. 23개 면으로 됨.	
1914	북청군	로덕면, 량가면, 양천면, 거산면, 신창면, 청해면, 평산면, 속후면, 양화면, 신포면, 후청면, 가회면, 하거서면, 상거서면, 니곡면, 성대면, 덕성면(17개 면). 안산면을 새로 나온 풍산군에 넘김. 평포면을 홍원군에 넘김. 인후면과 인창면을 통합하여 후창면을 내옴. 해안면과 상보청면을 통합하여 청해면을 내옴. 하보청면을 신창면으로 개편. 중산면과 중평면을 통합하여 평산면을 내옴. 소양화면을 신포면으로 개편. 대양화면을 양화면으로 개편. 소속후면과 대속후면을 통합하여 속후면으로 개편.	
1917	북청군	위와 같음(17개 면)	
1923	〃	위와 같음(17개 면)	
1930년 초	〃	위와 같되 로덕면을 북청읍으로 개편(1개 읍, 16개 면)	

연도	이름	관할지역	비고
1937	북청군	북청읍, 신포읍, 후창면, 가회면, 신북청면, 거산면, 신창면, 속후면, 양화면, 덕성면, 성대면, 니곡면, 상거서면, 하거서면(2개 읍, 12개 면) 신포면을 신포읍으로 개편. 량가면, 양천면을 통합하여 신북청면을 내옴. 청해면은 신창면에 통합됨. 평산면을 분할하여 일부는 속후면에 또 일부는 신북청면에 들어 가면서 없어짐.	
1943	〃	위와 같되 신창면을 신창읍으로 개편. 북청읍, 신포읍, 신창읍, 후창면, 가회면, 신북청면, 거산면, 속후면, 양화면, 덕성면, 성대면, 니곡면, 상거서면, 하거서면(3개 읍, 11개 면)	
1945	〃	읍을 면으로 개편. 북청면, 신포면, 신창면, 후창면, 가회면, 신북청면, 거산면,속후면, 양화면, 덕성면, 성대면, 니곡면, 상거서면, 하거서면(14개 면)	
1952.12	〃 함경남도 북청군	면을 폐지하고 북청군에 속하여 있던 신창면을 신창군으로, 신포면을 신포군으로, 덕성면을 덕성군으로 개편하여 군을 새로 내옴. 전 북청군 북청면, 가회면, 후창면의 전체 리와 속후면중 1개 리, 신북청면중 5개 리, 덕성면 동장내리 일부로 군을 구성. 북청읍(북청면 상동리, 하동리, 북리, 내리, 서리, 남리, 외서리, 외동리, 덕성면 동장내리 일부), 죽상리(북청면 죽평리, 북상리), 중평리(북청면, 중평리), 장항리(북청면 장항리), 청흥리(북청면 남흥리, 당포리, 동흥리), 당우리(후창면 동평리, 당우리), 문동리(후창면 이리), 부동리(후창면 부동리), 중산리(후창면 통구리, 일리), 오평리(후창면 오평리), 라흥리(가회면 라흥리), 봉의리(가회면 봉의리), 초리(가회면 초리), 중리(가회면 중리, 마산리), 룡전리(속후면 룡전리), 신상리(신북청면 신상리), 안곡리(신북청면 안곡리), 량가리(신북청면 초리, 량가리), 신북청리(신북청면 신북청리), 라하대리(라하대리1, 2, 동장내리 일부) (1개 읍, 19개 리)	
1953	〃	위와 같되 서리, 지만리를 새로 내옴(1개 읍, 21개 리)	
1954	〃	위와 같되 마산리를 새로 내옴(1개 읍, 21개 리)	
1957	〃	위와 같되 신북청리를 신북청노동자구로 개편함(1개 읍, 1개 노동자구, 21개 리)	

연 도	이 름	관 할 지 역	비 고
1974	함경남도 북청군	신창군을 폐지하면서 거기에 소속되었던 1개 노동자구와 17개 리가 북청군에 넘어 옴(1개 읍, 2개 노동자구, 38개 리)	
1997	〃	신창노동자구, 건자리, 반송리, 상립석리, 상세동리, 하세동리, 평리, 보천리, 하호리, 동도리, 양천서리, 경안대리, 토성리, 청해리, 예승리, 덕음리, 만춘리 (1개 읍, 2개 노동자구, 38개 리) 북청읍, 신북청노동자구, 신창노동자구, 죽상리, 중평리, 장항리, 청흥리, 당우리, 문동리, 부동리, 중산리, 오평리, 라흥리, 봉의리, 초리, 중리, 룡전리, 신상리, 안곡리, 량가리, 라하대리, 서리, 지만리, 마산리, 건자리, 반송리, 상립석리, 상세동리, 하세동리, 평리, 보천리, 하호리, 동도리, 양천서리, 경안대리, 토성리, 청해리, 예승리, 덕음리, 만춘리	

리원군(利原郡)

도의 동북쪽 바닷가에 있는 군. 18세기 말에 함경도 리성현을 리원현으로 개편하였다가 1896년에 리원현을 리원군으로 개편하였다. 전 이름 리성의 리자와 들과 언덕이 많다 하여 언덕 원자를 써서 리원이라고 하였다. 지금은 리원을 논벌이 많고 바다를 끼고 있는데다가 산림자원까지 풍부하여 살기에 편리하고 유리한 언덕지대라는 뜻으로 풀이하고 있다.

【 리원군의 변천 】

연 도	이 름	관 할 지 역	비 고
고려시기	시리		
1436	함길도 리성현	시리사, 사질간사, 다보사(3개 사)	
18세기말	함경도 리원현		
1896	함경도 리원군	시리사를 서사로, 사질간사를 동사로, 다보사를 남사로 개편(3개 사)	
조선조말	〃	서사를 서면으로, 동사를 동면으로, 남사를 남면으로 개편(3개 면)	

연도	이름	관할지역	비고
1930년대 초	함경도 리원군	위와 같은데 서면을 리원읍으로 개편.	
1943	〃	위와 같은데 남면을 차호읍으로 개편.	
1945		리원읍을 서면으로, 동면을 리원면으로 개편하고 차호읍을 분리하여 차호면과 남송면으로 개편(4개 면)	
1952	〃	리원군 리원면, 서면, 남송면, 차호면의 전체 리로 군을구성. 리원읍(리원면 선호리, 동흥리, 하선리, 룡호리, 안교리, 위계리, 서흥리, 장문리 일부, 서면 봉현리 일부), 대덕리(리원면 대평리, 대흥리, 대수리, 의덕리), 청산리(리원면 룡산리, 효우리, 청계리, 청동리), 성곡리(리원면 청곡리, 좌역리), 장축리(리원면 와평리, 방축리, 장문리 일부), 곡구리(리원면 창평리, 룡평리, 관서리, 장원리, 관동리), 학사대리(리원면 고암리, 승호리, 문성리, 룡암리), 풍암리(리원면 쌍암리, 동류정리, 신풍리), 원사리(서면 원전리, 원천리, 원동리, 원상리), 문앙리(서면 리덕리, 아당리, 앙시동리, 문평리), 하전리(서면 소하전리, 대하전리, 하류정리, 한당리), 송동리(서면 송로대리, 송강리, 성동리), 룡북리(서면 북문리, 대오리, 룡포리, 룡흥리), 구읍리(서면 서문리, 교동리, 남문리, 봉현리 일부), 중평리(남송면 원평리, 증산리, 각종리), 다보리(남송면 풍선리, 장선리, 장동리), 송정리(남송면, 중흥리, 송당리), 염성리(남송면 염분리, 선분리, 룡성리), 곡창리(남송면 수항리, 문호리, 안시리, 률지리), 오일리(차호면 라흥리, 철산리, 포항리, 포진리), 유성리(차호면 유성리, 유진리), 차호리(차호면 창동리, 천부리, 하차호리, 상차호리 일부), 경포리(차호면 내포리, 경호리, 룡항리, 상차호리 일부), 차호리를 차호노동자구로, 경호리를 경호노동자구로 개편(1개 읍, 20개 리, 2개 노동자구)	
1954	〃	오일리 일부, 차호노동자구 일부를 중평리에 편입. 나머지 오일리로 라흥노동자구를 내옴. 경포노동자구를 차호노동자구에 합침(1개 읍, 2개 노동자구, 19개 리)	
1974	〃	단천군에서 기암리, 룡흥리, 원산리가 넘어옴.	
1981	〃	룡흥리, 원산리가 다시 단천군에 넘어감.	
1991	〃	곡창리 일부를 분리하여 률지리를, 라흥노동자구를 분리하여 활석노동자구를 새로 내옴. 구읍리 일부를 분리하여 리원읍에 편입.	

연도	이름	관할지역	비고
1997		리원읍, 장축리, 청산리, 대덕리, 성곡리, 풍암리, 학사대리, 곡구리, 구읍리, 룡북리, 률지리, 하전리, 송동리, 문앙리, 원사리, 곡창리, 활석노동자구, 송정리, 염성리, 다보리, 중평리, 라흥노동자구, 차호노동자구, 유성리, 기암리(1개 읍, 3개 노동자구, 21개 리)	

허천군(虛川郡)

도의 동북쪽에 있는 군. 1952년 함경남도 단천군 수하면과 풍산군 천남면을 합하여 새로 내온 군인데 군안에 허천강발전소가 있으므로 허천군이라고 하였다.

허천강의 이름 허천은 옛날 이 고장이 행정적으로 속해 있던 갑산의 옛 이름이 허천이었던 것과 관련되어 있다. 갑산을 1391년 이전에 허천이라고 한 것은 사람이 살지 않은 빈고장에 큰 강이 흐르고 있다는 뜻에서 빌 허자와 내 천자를 합쳐 이름을 지은 것과 관련된다. 조선조 중엽에는 함경도 단천군 수하사, 수상사 지역이었는데 1755년에 수상사가 함경도 갑산군 상남사로 개편되었다. 1910년대 초에 단천군 수하사가 함경남도 단천군 수하면으로, 갑산군 상남사가 함경남도 풍산군 천남면으로 개편되었다.

【 허천군의 변천 】

연도	이름	관할지역	비고
1952	함경남도 허천군	전 단천군 수하면, 풍산군 천남면의 전체 리로 군을 구성. 허천읍(수하면 고성리), 중평리(수하면 풍곡리, 중평리) 룡원리(수하면 농촌리, 룡원리), 은흥리(수하면 은흥리) 만덕리(수하면 웅덕리, 만덕리), 하농리(수하면 상운승리, 하농리), 수의리(수하면 내촌리, 수의리), 황곡리(수하면 황곡리), 운승리(수하면 축전리, 하운승리), 상농리(수하면 상농리, 인풍리), 금창리(천남면 하금창리, 상금창리), 통흥리(천남면 상리, 통리), 장평리(천남면 어평리, 장파리), 와포리(천남면 주포리, 포치리),	

연도	이름	관할지역	비고
1952	함경남도 허천군	신흥리(천남면 하흥군리, 신흥리), 홍군리(천남면 상홍리), 슬암리(천남면 령암리, 슬리), 상남리(천남면 장흥리, 상남리 일부), 황명리(천남면 상남리 일부, 황토포리), 신평리(천남면 신평리), 양음평리(천남면 흥포리 일부, 양음평리), 사탑리(천남면 홍포리 일부, 사탑리), 화장리(천남면 화장리), 상산리(천남면 상산리). 1개 읍, 23개 리	
1953	〃	위와 같은데 황명리 일부를 상남리에 편입.	
1954	〃	위와 같은데 중평리 일부를 룡원리에, 상남리 일부를 슬암리에 편입.	
1957	〃	위와 같은데 만덕리를 만덕노동자구로 개편.	
1961	〃	위와 같은데 상농리를 상농노동자구로, 상산리를 상산노동자구로 개편.	
1963	〃	위와 같은데 룡원리를 룡원노동자구로 개편.	
1983	〃	위와 같은데 상산노동자구 일부를 분리하여 량강도 갑산군 동점노동자구에 편입.	
1988	〃	위와 같은데 신흥리와 홍군리를 통합하여 신흥노동자구로 개편.	
1993	〃	허천읍, 운승리, 하농리, 상농노동자구, 중평리, 룡원노동자구, 은흥리, 황곡리, 만덕노동자구, 수의리, 장평리, 통흥리, 금창리, 와포리, 신흥노동자구, 슬암리, 상남리, 황명리, 신평리, 양음평리,사탑리, 화장리 상산노동자구(1개 읍, 5개 로도자구, 17개 리)	

【 락원군의 변천 】

연도	이름	관할지역	비고
1952	함경남도 퇴조군	동천면 덕허리, 하신풍리, 하동흥리로 하덕리, 동천면 상신흥리, 남봉리, 상봉리로 쌍봉리, 동천면 상동흥리, 송흥리, 동덕리, 가흥리, 경동리로 동흥리 동천면 흥동리, 억동리, 흥덕리, 청송리로 수동리 덕산면 대동리, 중앙리, 송호리, 중흥리, 흥사리로 중호리	

연 도	이 름	관 할 지 역	비 고
1952	함경남도 퇴조군	덕산면 광덕리, 상혜리로 광덕리 덕산면 광문리, 풍동리, 성원리로 성원리 덕산면 구상리, 은사리, 신상리로 금사리 덕산면 령성리, 문봉리, 청계리로 령봉리 흥남시 운동리, 대농리, 릉서리, 마전리로 마전리 흥남시 릉경리, 동상리, 쌍도리로 릉동리 퇴조면 신상리, 서중리, 신중리로 서중리 퇴조면 상송리, 려호리, 원상리로 려호리 퇴조면 백동리, 장흥리, 신흥리로 장흥리 퇴조면 상흥리, 사동리로 사동리 퇴조면 장동리, 서상리로 홍서리 퇴조면 풍서리, 송흥리, 룡흥리로 송흥리 홍원군 삼호면 세포리, 금호리, 무신리로 세포리 홍원군 삼호면 송천리, 연청리, 상동리 일부로 천중리 홍원군 삼호면 운호리, 송평리, 송화리로 송해리 홍원군 삼호면 동흥리, 상촌리, 신전리로 신풍리 홍원군 삼호면 홍평리, 상동리 일부로 홍상리 홍원군 삼호면 신흥리, 삼덕리, 삼성리로 삼호리 함주군 덕산면 대평리, 삼봉리, 운봉리로 대흥리	
1953	〃	삼호리를 삼호노동자구로 개편(1개 읍, 1개 구, 24개 리) 홍상리 일부와 천중리 일부로 상송리를 새로 내옴(1개 읍, 1개 구, 25개 리)	
1954	〃	송흥리를 폐지하고 그 일부를 퇴조읍과 사동리에 각각 편입시킴. 풍흥리의 일부와 쌍봉리의 일부로 풍경리를 새로 내옴(1개 읍, 1개 구, 25개 리)	
1960	함경남도 함흥시 퇴조구역	퇴조읍을 퇴조동으로, 삼호노동자구를 삼호동으로 고침. 서중리, 리호리, 홍서리, 장흥리, 사동리, 세포리, 홍상리, 상송리, 천중리, 신풍리, 송해리(2개 동, 11개 리) 마전리, 릉동리를 흥남구역에 넘김. 하덕리, 풍흥리, 풍경리, 쌍봉리, 동흥리, 수동리, 중호리, 대흥리, 광덕리, 성원리, 금사리, 령봉리는 덕산구에넘김.	
1963	함흥시 퇴조구역	위와 같음.	
1967	〃	퇴조동을 퇴조1, 2동으로 나눔(3개 동 11개 리)	
1970	〃	퇴조1동과 퇴조2동을 합쳐 퇴조읍으로,	

연도	이름	관할지역	비고
1970	함흥시 퇴조구역	삼호동을 삼호노동자구로 고침(1개 읍, 1개 노동자구, 11개 리)	
1982	락원군	군의 전체 동, 리가 락원군에 들어 감.	
1997	〃	락원읍, 삼호노동자구, 사동리, 장흥리, 홍서리, 려호리, 서중리, 홍상리, 천중리, 세포리, 신풍리, 송해리, 상송리(1개 읍, 1개 노동자구, 11개 리)	

부전군(赴戰郡)

도의 북쪽 고원지대에 자리 잡고 있는 군. 부전이라는 이름은 이 지방에 있는 (부전령)에서 따온 것인데 그 뜻은 '싸움에 나선다' 는 것이다. 고려시기와 조선조에 걸쳐 이 지역은 외적들과 대치한 곳이었다. 이로부터 많은 군사들이 이곳을 지키려 왔었는데 부전령은 바로 싸움하러 온 군사들이 있는 령이라는 뜻을 나타내고 있다. 부전지방은 조선조 때 함흥군의 영천사, 고산사, 원천사, 장진군의 동상사에 속하였었는데 조선조 말에 원천사는 상원천면, 하원천면으로 개편되었다가 1909년에 홍원군으로 넘어 갔다.

1914년 신흥군을 내오면서 당시의 함흥군 영고면과 홍원군의 상원천면, 하원천면, 장진군의 동상면을 신흥군에 소속시켰다. 1952년에 함경남도 신흥군 영고면과 상원천면, 하원천면, 동상면의 전체 리를 합쳐 부전군을 내왔다. 1954년 량강도 부전군으로 되었다가 1965년에 다시 함경도로 넘어 왔다.

【 부전군의 변천 】

연도	이름	관할지역	비고
1952	함경남도 부전군	전 신흥군 영고면, 사원천면, 하원천면, 동상면의 전체 리로 군을 구성함. 부전읍(영고면 당하리, 신풍리, 중앙리, 송하리, 홍경리)발전리(영고면 송흥리, 상송흥리), 영고리(영고면 신평리, 부흥리, 경흥리, 동평리), 상원천리(상원천면 구증리, 홍봉리, 원상리, 중앙리), 서곡리(상원천면 복흥리, 홍동리, 내동리, 삼풍리, 풍상리), 동곡리(상원천면	

연 도	이 름	관 할 지 역	비 고
1952	함경남도 부전군	신성리, 문성리, 신풍리), 해방리(상원천면 해방리, 풍동리), 반석리(하원천면 서양리, 반석리), 축상리(하원천면 홍덕리, 축전리, 축상리), 신풍리(하원천면 신풍리, 송흥리), 영웅리(하원천면 부흥리, 삼흥리, 대흥리, 문성리), 홍경리(하원천면 홍경리, 문흥리, 명흥리), 복거리(하원천면 부흥리, 복거리), 백암리(동상면 자양리, 신성리 일부, 신중리, 함지원리), 문천리(동상면 북개리, 문천리, 신성리 일부), 동상리(동상면 동상리, 원풍리, 건동리, 고암리), 이팔리(동상면 동곡리, 축봉리), 문암리(동상면 달이리, 안풍리, 문암리), 차일리(동상면 원동리, 발전리), 호반리(동상면 삼포리, 도안리, 호반리), 광대리(동상면 옥간리, 광대리), 서늪리(동상면 서늪리, 유린리), 동늪리(동상면 동늪리, 대흥리), 한대리(동상면 한대리, 평산리), 동흥리(영고면 당북리, 창평리, 동흥리, 흥남리), 부연리(영고면 연흥리, 신중리, 연동리, 부연리, 기린리(영고면 기린리, 영복리)(1개 읍, 26개 리)	
1954	〃	영고리 일부가 부전리에 들어 감. 부전읍을 경흥리로 하고 한개리를 부전읍으로 함. 서곡리 일부가 상원천리에 들어 감. 량림군 산수리, 개화리, 여운리, 릉구리, 안기리, 문하리가 군에 넘어 옴(1개 읍, 32개 리)	
	량강도 부전군	량강도 부전군으로 되면서 16개 리(발전리, 영고리, 상원천리, 서곡리, 동곡리, 해방리, 반석리, 축상리, 신풍리, 영웅리, 홍경리, 복거리, 동풍리, 부연리, 기린리, 경흥리)가 신흥군으로 넘어 감(1개 읍, 16개 리)	
1956	〃	부전읍을 한개리로 하고 동상리를 부전읍으로 함.	
1963	〃	호반리가 노동자구로 됨(1개 읍, 1개 노동자구, 15개 리)	
1965	함경남도 부전군	위와 같음.	
1977.12	〃	차일 리가 노동자구로 개편(1개 읍, 2개 노동자구, 14개 리)	
1992	〃	부전읍, 백암리, 문천리, 이팔리, 문암리, 차일노동자구,호반노동자구, 광대리, 서늪리, 동늪리, 한대리, 산수리,개화리, 여운리, 릉구리, 은하리, 안기리(1개 읍, 2개 노동자구, 14개 리)	

대흥군(大興郡)

도의 동북부에 있는 군. 1952년 당시의 녕원군 대흥면, 소백면, 신성면, 성룡면, 덕화면의 일부, 온화면의 일부로 새로 내온 군으로서 군소재지가 있는 면인 대흥면의 이름을 따서 대흥군이라 하였다. 군이름 대흥은 1914년 태백면과 장흥면을 합쳐 새로운 면을 내오면서 태백면에서 태(太)자를 따서 대(大)자로 바꾸고 장흥면에서 흥자를 따서 지은 이름이다.

【 대흥군의 변천 】

연도	이름	관할지역	비고
1952	평안남도 대흥군	대흥읍, 경수리, 랑림리, 평화리, 소백리, 대동리 인룡리, 복흥리, 흑수리, 광통리, 운흥리, 룡평리, 창현리, 덕흥리, 신남리, 문상리, 도흥리, 금성리, 창장리, 룡대리, 청산리, 순호리, 온양리, 회양리, 신흥리(1개 읍, 24개 리)	
1954	함경남도 대흥군	위와 같되 6개 리를 녕원군에 넘김(룡대리, 청산리, 순호리, 온양리, 회양리, 신흥리). (1개 읍, 18개 리)	
1956	〃	위와 같되 창장리를 창현리와 운흥리에 갈라 넘김 (1개 읍, 17개 리)	
1961	〃	위와 같되 경수리를 경수노동자구로 고침(1개 읍, 1개 노동자구, 16개 리)	
1972	평안남도 대흥군	위와 같음.	
1997	〃	대흥읍, 경수노동자구, 랑림리, 평화리, 소백리, 대동리, 인룡리, 복흥리, 흑수리, 광통리, 운흥리, 룡평리, 창현리, 덕흥리, 신남리, 문삼리, 도흥리, 금성리(1개 읍, 1개 로도자구, 16개 리)	

함경남도 행정구역도

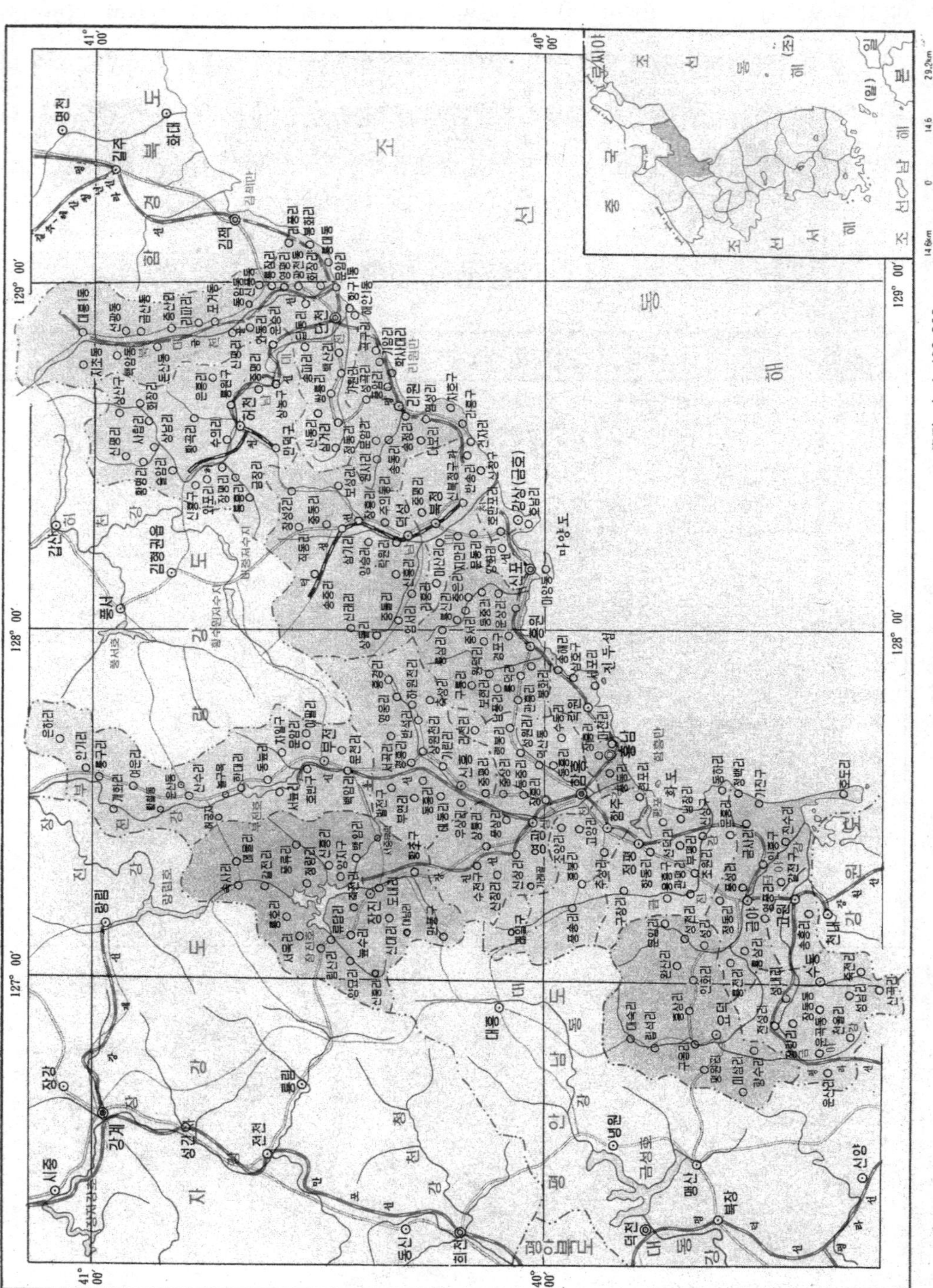
축척 1:1 460 000
조 선 동 해
마양도
신포
홍원
함흥
흥남
단천
북청
이원
허천
장진
영광
정평
금야
고원
요덕
수동
천내
중국
로씨야
일본

06 함경북도 행정구역명 연혁

함경북도(咸鏡北道). 우리나라 동북부에 있는 도. 서부는 량강도와 함경남도에 잇닿아 있고 북부와 동부는 중국 및 러시아와 인접해 있으며 남동부는 동해에 접해 있다.

함경북도는 1986년 경성부(1895년에 내옴)를 고쳐 내온 도인데 1894년까지 있었던 함경도의 북쪽지역이므로 (함경북도)라고 하였다. 함경북도는 오랜 기간 고조선에 속해 있다가 행인국과 북옥저에, 다음에는 고구려에 속해 있었다. 발해 때에는 동경룡원부의 영역이었으며 그의 중심지는 오늘의 청암구역 부거였다. 고려 때에는 지금의 함경남도와 강원도의 일부 지역을 포함하여 하나의 도로 되었는데 이름은 여러번 달라졌다. 신증동국여지승람에 의하면 995년(성종 14년)에는 삭방도로, 1036년(정종 2년)에는 동계로, 1047년(문종 원년)에는 동북면 또는 동면, 동로, 동북로, 동북계 등으로 부르다가 1178년(명종8년)에는 연해명주도로, 1263년(원종 4년)에는 강릉도로, 조선조 때인 1413년(태종 13년)에는 영길도로, 1416년(태종 16년)에는 함길도로 불러왔다. 1470년(성종 원년)에는 영안도로, 1509년(중종 4년)에는 함흥부와 경성군을 중심으로 한 도라 하여 함경도라고 하였다가 1895년에 전국을 23부제로 개편할때 함경도지역은 함흥부, 갑산부, 경성부로 되었다. 다음해인 1896년(고종 33년)에 13도제로 되어 함경도지역을 남북도로 갈라 함흥부지역을 함경남도라고 하였다.

【 함경북도의 변천 】

연도	이름	관할지역	비고
995(성종 14년)	삭방도	문주, 의주, 고주, 화주(또는 화주안변도호부), 영주(5개 주)	
1036(정종 2년)	동계	원흥진을 내옴(정종때 새로 내왔다가 후에 정주에 들어 감)	
1041(정종 7년)	동계	정주를 새로 내옴.	

연도	이름	관할지역	비고
1047(문종 원년)	동북면(또는 동, 면, 동로, 동북로 동북계라고도 한다)		
1108(예종 3년)	〃	복주, 함주, 예주, 웅주, 영주, 길주를 내옴.	
1178(명종 8년)	연해명주도		
1263(원종 4년)	강릉도		
1356(공민왕 5년)	강릉삭방도 (또는 동북면)	화주, 등주, 정주, 장주, 예주, 고주, 문주, 의주(8개 주) 선덕, 원흥, 녕인, 요덕, 정병(5개 진)	
1360(공민왕 9년)	삭방강릉도		
고려말(공양왕 때)	삭방도	철령이북을 삭방도로, 이남을 강릉도로 가름. 선덕진과 원흥진을 합쳐 덕주를 내오고 공험진과 애수진(후에 문주에 들어 감)을 새로 내옴. 복주를 단주로, 장평진(후에 영흥에 들어 감)을 현으로, 등주를 안변도호부로, 진명진을 진명현 (후에 덕원에 들어 감)으로, 룡진진을 룡전현(후에 문주에 들어 감)으로 하고 함주이북에 7개 주를 새로 내옴. 웅주, 영주가 길주에 들어 감. 함주대도독부, 안변도호부(속현 7개), 진명현, 예주, 문주, 고주, 화주, 의주(속현 1), 장주, 정주, 덕주, 북청주부, 단주, 홍주, 공주, 경주, 길주, 갑주부	
1398	〃	홍현을 홍원으로, 청주를 청주부로, 공주를 경원으로, 길주를 길주목으로, 경주를 경성으로 고침	
1413	영길도	문주를 문천군으로, 정주를 정평도호부로, 고주를 고원군으로, 단주를 단천군으로 고침.	
1416	함길도	함주대도독부에 덕주를 합쳐 함흥부로, 영흥부를 화주목으로 개편. 청주를 북청으로 고침.	
1422	〃	장주를 정평에 넘김(정평도호부)	
1426	〃	화주목을 영흥대도호부로 고침.l	
1432	〃	녕북진을 설치함.	
1434	〃	회령진을 두었다가 회령도호보로 함.	
1435	〃	종성군과 공성현(공주라고도 함)을 내옴.	
1436	〃	경성군을 경성도호부로 함.	
1437	〃	공성현을 경흥군으로 고침.	
1438	〃	녕북진을 부거현으로 하고 무산진을 새로 내옴.	
1440	〃	온성군을 내옴.	

연도	이름	관할지역	비고
1441	함길도	종성군을 종성도호부로, 온성군을 온성도호부로 고침.	
1443	〃	경흥군을 경흥도호부로 고침.	
1449	〃	부거현을 부령도호부로 고침. 함흥부(속현 1개), 안변도호부(속현 8개), 영흥대도호부, 정평도호부(속현 1개), 북청도호부, 경성도호부, 경원도호부, 경흥도호부, 회령도호부, 종성도호부, 온성도호부 의천군(속현 1개), 예원군, 문천군, 고원군, 단천군, 갑산군, 삼수군, 길주목, 룡진현, 무산진	
1470	영안도	함흥부를 함흥군으로, 영흥대도호부를 영흥부로, 길주목을 길성현으로, 의천군을 덕원도호부로 고침. 예원군을 영흥부에, 룡진현을 문천군에 각각 합치고 명천현을 새로 신설.	
1509	함경도	함흥군을 함흥부로, 영흥부를 영흥대도호부로 고침. 이때부터 부, 군에 속하여 있던 현제도를 없앰.	
1605	〃	명천현을 명천부로 하고 길성현을 길주목으로 함. 온성도호부를 온성현으로 고침.	
1630	〃	온성현을 다시 온성부로 고침.	
1633	〃	무산진을 도호부로 고침.	
1684	〃	단천군을 도호부로 고침.	
1720 1787	〃 〃	장진도호부를 새로 내오고 삼수군을 도호부로 고침. 정조때에 리성현을 리원현으로 함.	
1886	〃	함흥부, 안변도호부, 덕원도호부, 문천군, 고원군 영흥대도호부, 정평도호부, 홍원군, 북청도호부, 리원현, 단천도호부, 장진도호부, 갑산도호부, 삼수도호부, 길주목, 경성도호부, 경원도호부, 명천도호부, 회령도호부, 부령도호부, 종성도호부, 경흥도호부, 온성도호부, 무산도호부(24개 부, 목, 군, 현)	
1895	경성부	전국 8도제를 23부제로 고치면서 함경도를 함흥부, 경성부, 갑산부로 나눔. 도호부, 부, 현 등 행정단위를 없애고 부와 군으로 통일시킴. 길주, 명천, 경성, 부령, 회령, 종성, 온성, 경원, 경흥, 무산(10개 군)	
1896	함경북도		
1898	〃	길주군을 갈라 성진군 설치(11개 군)	

연 도	이 름	관 할 지 역	비 고
1900. 1	함경북도	길주군을 길성부로, 성진군을 폐지하고 길성부에 합침(1개 부, 9개 군)	
1900. 5	〃	길성부를 길주군으로 함. 성진군을 다시 설치(11개 군)	
1901.10		성진군을 폐지하고 길주에 합침(10개 군)	
1903	〃	성진군을 다시 설치(11개 군)	
1906	〃 〃	경흥군을 경흥부로, 성진군을 성진부로 함(2개 부, 9개 군)	
1907	〃	경흥부를 경흥군으로 함. 청진부 설치(2개 부, 10개 군)	
1910		성진부를 성진군으로 함. 부령군을 청진부에 소속시킴(1개 부, 10개 군)	
1926	〃	부령군을 다시 설치(1개 부, 11개 군)	
1936	〃	경흥군 신안면과 풍해면을 떼내어 라진부를 내옴(2개 부, 11개 군)	
1943	〃	성진군을 성진부로, 길주군을 길성군으로 하고 학성군을 신설(3개 부, 11개 군)	
1945	〃 〃	청진부를 청진시로, 성진부를 성진시로, 라진부를 라진시로, 길성군을 길주군으로 하고 라남시를 새로 내옴(4개 시, 11개 군)	
1949	〃	라진시를 라진군으로 함(3개 시, 12개 군)	
1951	〃	성진시를 김책시로, 학성군을 갬책군으로 함(3개 시, 12개 군)	
1952	〃	화대, 영안(화성), 어랑, 삼사, 연사, 유선, 웅기(선봉)군을 새로 내옴(3개 시, 19개 군)	
1954	〃	삼사군을 백암군으로 하고 량강도에 넘김(3개 시, 18개 군)	
1960	〃	청진시에 신암, 청암, 포항, 수남, 송평, 라남, 부령구역을 내오고 부려운, 라남시 폐지.(2개 시, 17개 군, 7개 구역)	
1961	〃	김책군을 김책시에 합치고 김책군을 폐지(2개 시, 16개 군, 7개 구역)	
1962	〃	청진시가 직할시로 됨.	
1967. 8	〃	라진군을 라진시로 하고 웅기군을 라진시에 합침. 웅기군 폐지.	
1967.10	〃	영안군을 명간군으로 고침. 라진시에서 본래의 웅기군 지역을 떼내어 다시 웅기군을 내옴.	

연도	이름	관할지역	비고
1970	함경북도	청진시를 다시 도에 소속시키면서 부령구역을 청진시에서 떼내어 부령군으로 하고 라남구역에서 부윤노동자구와 어유리를 떼내어 부윤구역으로 하고 도에 소속시킴(3개 시, 16개 군, 7개 구역)	
1972	〃	부령군을 부령구역으로 함.	
1973	〃	라진시에 남산구역, 신흥구역, 관해구역을 내옴(3개 시, 15개 군, 11개 구역)	
1974	〃	종성군을 온성군에, 유선군을 회령군에 합치고 종성군, 유선군 폐지. 라진시의 구역 폐지(3개 시, 13개 군, 8개 구역)	
1977	〃	경원군을 새벽군으로, 경흥군을 은덕군으로 함.	
1977.11	〃	청진시를 다시 직할시로 하고 경성군, 무산군을 청진시에 소속시킴.	
1981	〃	명간군을 화성군으로, 웅기군을 선봉군으로 고침	
1985. 7	〃	청진시를 다시 도에 소속시킴. 청진시에서 경성군, 무산군을 떼내어 도에 소속시킴. 함경북도 청진시에는 신암구역, 포항구역, 청암구역, 수남구역, 송평구역, 라남구역, 부령구역, 부윤구역 등을 둠.	
1985.12	〃	부령구역을 다시 부령군으로 하고 도에 소속시킴(3개 시, 14개 군, 7개 구역)	
1991	〃	회령군을 회령시로 함(4개 시, 13개 군, 7개 구역)	
1993. 1	〃	부윤구역을 라남구역에 합치고 부윤구역을 폐지(4개 시, 13개 군, 6개 구역)	
1993. 9	〃	함경북도에서 라진시와 선봉군을 떼내어 라진-선봉시(직할시)를 내옴.	
1993.12	〃	청진시, 김책시, 회령시, 길주군, 화대군, 명천군, 화성군, 어랑군, 경성군, 부령군, 연사군, 무산군, 온성군, 새별군, 온덕군, 신암구역, 청암구역, 포항구역, 수남구역, 송평구역, 라남구역(3개 시, 12개 군, 6개 구역)	
1994. 3	〃	청진시 라남구역 부윤노동자구를 떼내어 부윤구역을 내옴.	
1997	〃	청진시, 김책시, 회령시, 길주군, 화대군, 명천군, 화성군, 어랑군, 경성군, 부령군, 연사군, 무산군, 온성군, 새별군, 은덕군, 신암구역, 청암구역, 포항구역, 수남구역, 송평구역, 라남구역, 부윤구역(3개 시, 12개 군, 7개 구역)	

청진시(淸津市)

도의 가운데에 있는 시. 조선조 말에 함경북도에 있은 부인데 푸른색을 띤 바위가 많은 청암산과 그 앞의 나루가에 위치한 고장이므로 청진이라고 하였다. 처음에는 푸를 '청' 자를 썼으나 후에 글자가 바뀌어 소리가 같은 맑을 청자를 쓰게 되었다.

청진은 처음에 지금의 신암으로부터 산기슭을 따라 마을이 생겼으며 점차 수성벌 일대에 마을이 이루어져 행정구역이 나오게 되었다. 조선조 말에 수성천을 사이로 동쪽은 부령군 영역에, 서쪽은 경성군영역에 속해 있었다.

【 청진시의 변천 】

연도	이름	관할지역	비고
조선조 말	함경북도 청진부	청하, 청상, 련천, 동, 판장, 삼리, 해, 서촌, 상, 하무산, 석막면(11개 면)	
1914	〃	청진부 청하면, 청진동 일부와 부령군 청곡면 포항동, 인곡동 일부를 분리하여 24개 정, 2개 동(송도정, 일출정, 영정, 서정, 교립정, 고사정, 파정, 수정, 행정, 축정 상반정, 상생정, 길천정, 부도정, 대화정, 조일정, 목가전정, 명치정, 보정, 입반정, 미생정, 부귀정, 복천정, 북성정, 신암동, 포항동)을 내옴. 청상, 련천, 동, 판장, 삼리, 해, 서촌, 상, 하무산, 석막면은 부령군에 넘어 감.	
1939	〃	위와 같은데 부령군 청암면의 수남동과 경성군 룡성면의 송향동을 포함시킴(24개 정, 4개 동)	
1943	〃	위의 정과 동에서 신암동, 포항동, 수남동을 정으로 하고 경성군 오촌면의 회향동, 룡성면 수성동, 근동, 회암동, 송정동, 룡향동, 송동, 남석동, 봉암동, 강덕동, 농포동, 수북동, 수남동, 룡암동, 부령군 청암면의 직하동, 자작동, 월포동, 청평동, 반죽동, 라남읍의 라남정, 생구정, 초뢰정, 미길정, 라북동을 포함함. ※ 라북동은 라북정으로 됨(33개 정, 20개 동)	
광복직후	〃	명성, 동신암, 서신암, 천마, 서흥, 관해, 중앙, 근동(근화), 교동, 신진, 동서수라, 대서수라, 남강, 민주, 락양, 해방, 정산, 인곡, 반죽, 직하, 창평, 수남, 신양, 어항,	

연도	이름	관할지역	비고
광복직후	함경북도 청진부	추평, 송평, 송향, 강덕, 농포, 수성, 룡호, 월포, 남석, 근동리(34개 리)	
1960	〃	함경북도에서 라남시, 부령군을 분리하여 청진시에 포함시켜 신암, 청암, 포항, 수남, 송평, 라남, 부령구역을 내옴(7개 구역)	
1963	청진시	위와 같음.	
1970	함경북도 청진시	라남구역의 부윤노동자구와 어유리를 합쳐 부윤구역을 내오고 부령구역을 청진시에서 떼내어 부령군으로 하여 도에 소속시킴(7개 구역)	
1972	〃	부령군을 다시 부령구역으로 하고 청진시에 합침(8개 구역)	
1977	청진시	함경북도에서 분리되어 직할시로 됨. 경성군과 무산군이 들어 옴(2개 군, 8개 구역)	
1985. 7	함경북도 청진시	청진시는 다시 도에 소속됨. 경성군과 무산군을 분리하여 도에 소속시킴(8개 구역)	
1985.12	〃	부령구역이 다시 부령군으로 되어 도에 속함(7개 구역)	
1993	〃	부윤구역을 부윤노동자구로 하고 라남구역에 합침(6개 구역, 1개 노동자구, 75개 동, 17개 리) 라진시의 관해 동, 방진동, 락산동, 리진동, 삼해동, 로창동, 라석동, 무창리, 서리가 청암구역에 들어 옴.	
1994. 3	〃	함경북도 청진시 라남구역에서 부윤노동자구, 어유리를 떼내어 부윤구역을 다시 내옴(부윤노동자구를 갈라 부윤1동, 부윤2동, 천수동, 고성1동, 고성2동, 선바위동, 아양동을 내오고 부윤노동자구를 없앰.)	
1995. 3	〃	함경북도 청진시 청암구역 무창리를 라진-선봉시에 넘김.	
1997	〃	신암구역, 청암구역, 포항구역, 수남구역, 송평구역, 라남구역, 부윤구역(7개 구역)	

신암구역(新岩區域)

시의 북동쪽에 있는 구역. 1960년에 청진시의 근화동, 신진동, 관해동, 서흥동, 포항동(중앙동), 천마동, 신암동, 명성동, 교동과 동서수라리, 대서수라리로 함경북도 청진시 신암구역을 내왔는데 구역의 중심이 신암동이므로 (신암구역)이라고 하였다.

【 신암구역의 변천 】

연도	이름	관할지역	비고
1960	함경북도 청진시 신암구역	근화동, 신진동, 관해동, 서흥동, 포항동, 천마동, 신암동, 명성동, 교동, 동서수라리, 대서수라리(9개 동, 2개 리)	
1963	청진시 신암구역	위와 같음.	
1970	함경북도 청진시 신암구역	위와 같음.	
1977	청진시 신암구역	위와 같음.	
1981	〃	명성동을 해안동으로 고침(9개 동, 2개 리)	
1985	함경북도 청진시 신암구역	위의 동과 리에서 동서수라리와 대서수라리를 합쳐 은혜동으로 함(10개 동)	
1997	〃	해안동, 신암동, 천마동, 관해동, 포항동, 근화동, 교동, 신진동, 은혜동, 서흥동(10개 동)	

청암구역(靑岩區域)

1960년에 청진시의 창평리, 반죽동, 인곡동, 락양동, 정산동, 해방동과 부령군의 직하리, 토막리를 합쳐 내온 구역으로 지난 날의 청암면과 련천면, 부거면, 판장면의 대부분을 차지하는데 청암면의 이름을 따서 청암구역이라고 하였다. 구역을 내올 당시 창평리를 청암동으로 개칭하였다.

【 청암구역의 변천 】

연도	이름	관할지역	비고
1960	함경북도 청진시 청암구역	반죽동, 인곡동, 락양동, 정산동, 해방동, 청암동, 직하리, 토막리(6개 동, 2개 리)	창평리를 청암동으로 고침.
1963	청진시 청암구역	위의 동, 리에서 해방동의 일부로 역전동을 내오고 인곡동을 분리하여 인곡1, 2동을, 반죽동을 분리하여 반죽1, 2동을 내옴(9개동, 2개 리)	
1967	〃	위의 동과 리에서 반죽1동 일부와 청암동을 분리하여 청암1, 2동을 새로 내오고 토막리를 금바위동으로 고침(11개 동, 1개 리)	

연도	이름	관할지역	비고
1970	함경북도 청진시 청암구역	위와 같음.	
1972	〃	부령군의 교원리, 련천리, 련진리, 사구리, 마전리, 룡제리, 부거리가 들어 옴(11개 동, 8개 리) 산업동을 새로 조직하고 포항구역에 넘김.	청진시는 직할시로 됨.
1977	청진시 청암구역	위와 같음.	
1985	함경북도 청진시 청암구역	위와 같음.	청진시가 도에 속함.
1991	〃	위의 동에서 반죽1, 2동을 문화1, 2동으로 고침(11개 동, 8개 리)	
1992	〃	련진리, 마전리, 룡제리가 동으로 됨.	
1993	〃	라진시의 관해동, 방진동, 락산동, 리진동, 삼해동, 로창동, 라석동, 무창리, 서리가 들어 옴(18개 동, 10개 리)	
1995	〃	무창리를 라진-선봉시에 넘김(18개 동, 9개 리)	
1997	〃	락양동, 역전동, 해방동, 청산동, 인곡1동, 인곡2동, 문화1동, 문화2동, 직하리, 금바위동, 청암1동, 청암2동, 련천리, 련진동, 마전동, 룡제동, 부거리, 사구리, 교원리, 라석동, 삼해동, 로창동, 서리, 관해동, 리진동, 락산동, 방진동(21개 동, 6개 리)	

포항구역(浦項區域)

시의 중부에 북남으로 길게 놓여 있는 구역. 1960년에 청진시의 남강동, 남향동, 청송동, 수원동, 수북동을 합쳐 새로 내온 구역인데 조선조 말에 있은 부령군 청곡면 포항동지역을 차지하고 있으므로 그 이름을 따서 포항구역이라고 하였다. 포항은 강이나 내에 밀물이 드나드는 개목이라는 뜻이다.

【 포항구역의 변천 】

연도	이름	관할지역	비고
1960	함경북도 청진시포항구역	남강동, 남향동, 청송동, 수원동, 수북동(5개 동)	

연 도	이 름	관 할 지 역	비 고
1963	청진시 포항구역	위의 동에서 남강동을 1, 2동으로, 수원동을 1, 2동으로, 청송동을 1, 2, 3동으로, 수북동을 1, 2, 3동으로 나누고, 남향동 일부를 분리하여 북향동을 내옴(12개 동)	
1967	〃	위의 동에서 남강2동 일부와 청송1동 일부를 분리하여 남강3동을 내옴(13개 동)	
1970	함경북도 청진시 포항구역	청암구역의 청암1동 일부, 청암2동 일부, 직하리 일부를 합쳐 산업동을 내옴(14개 동)	
1977	청진시 포항구역	위와 같음.	
1985	함경북도 청진시 포항구역	남강1동, 남강2동, 남강3동, 남향동, 북향동, 청송1동, 청송2동, 청송3동, 수원1동, 수원2동	
1997	〃	수북1동, 수북2동, 수북3동, 산업동(14개 동)	

수남구역(水南區域)

시의 중부에 북남으로 길게 놓여 있는 구역. 1960년에 청진시 수남동, 어항동, 말음동, 신향동, 추평동을 합쳐 내온 구역인데 이때 수남동의 일부를 분리하여 청남동을 내왔다. 수남동이 구역의 중심이 되므로 수남동의 이름을 따서 수남구역이라고 하였다.

【 수남구역의 변천 】

연 도	이 름	관 할 지 역	비 고
1960	함경북도 청진시 수남구역	수남동, 어항동, 말음동, 신향동, 추평동 청남동(6개 동)	
1963	청진시 수남구역	청남동 일부를 분리하여 수남동에 편입하고 수남동을 분리하여 수남1동, 수남2동을 내옴. 말음동을 분리하여 말음1동, 말음2동을, 추평동 일부를 떼내어 추목동을 내옴(9개 동)	
1970	함경북도 청진시 수남구역	위와 같음.	
1977	청진시 수남구역		
1985	함경북도 청진시 수남구역	수남1동, 수남2동, 어항동 말음1동, 말음2동, 신향동, 추평동, 추목동, 청남동(9개 동)	

송평구역(松坪區域)

시의 서남쪽에 있는 구역. 1960년에 청진시의 송평동, 송향동, 사봉동, 강덕리, 월포리, 룡호리, 농포리와 부령군의 부령읍(지금의 수성동), 남석리, 송곡리, 근동리를 합쳐 내온 구역인데 송평동을 중심으로 이루어졌으므로 송평구역이라고 하였다.

당시 구역을 새로 내오면서 송평동 일부를 분리하여 서향동을, 사봉동 일부를 분리하여 남포동을 새로 내오고 부령읍을 수성동으로, 강덕리를 강덕동으로, 농포리를 농포동으로 고치고 근동리 일부를 남석리에 넘기었다.

【 송평구역의 변천 】

연 도	이 름	관 할 지 역	비 고
1960	함경북도 청진시 송평구역	부령읍(수성동), 송평동, 송향동, 사봉동, 남포동, 서향동, 농포동 강덕동 송곡리, 월포리, 룡호리, 남석리, 근동리(8개 동, 5개 리)	
1963	청진시 송평구역	서향동 일부와 송평동 일부로써 서항1동을 내오고 서항동을 서항2동으로 함. 남포동 일부로 제철동을, 사봉동 일부로 송림동을 내옴(11개 동, 5개 리)	
1970	함경북도 청진시 송평구역	농포동을 농포1동, 농포2동으로 나눔(12개 동, 2개 리)	
1977	청진시 송평구역	위와 같음.	
1987	함경북도 청진시 송평구역	강덕동을 강덕1동, 강덕2동으로 나눔(13개 동, 5개 리)	
1991	〃	농포1, 2동을 은정1, 2동으로 고침.	
1997	〃	송평동, 송향동, 서항1동, 서항2동, 제철동, 남포동, 사봉동 송림동, 강덕1동, 강덕2동, 은정1동, 은정2동, 수성동, 룡호리, 월포리, 남석리, 근동리, 송곡리(13개 동, 5개 리)	

라남구역(羅南區域)

시의 남서쪽에 있는 구역. 1960년에 라남시의 라흥동, 평화동, 리곡동, 풍곡동, 해방동, 신흥동, 룡암리, 라북리, 어유리, 부윤리, 회향리, 봉암리, 룡천리를 합쳐 내온 구역인데 라남면 지역에 내온 구역이므로 라남구역이라고 하였다. 당시 구역을 새로 내올 때에 부윤리를 부윤동으로, 해방동을 라성동으로 고치고 룡천리를 어유리에 합쳤다.

【 라남구역의 변천 】

연도	이름	관할지역	비고
1960	함경북도 청진시 라남구역	라흥동 풍곡동 리곡동, 평화동 라성동, 신흥동, 부윤동, 룡암리, 라북리, 어유리, 회향리, 봉암리(7개 동, 5개 리)	
1963	청진시 라남구역	라흥동을 분할하여 라흥1동, 라흥2동으로 함. 라성동 일부를 라흥동에 넘김(8개 동, 5개 리)	
1967	청진시 라남구역	부윤동을 부윤노동자구로 함(1개 구, 7개 동, 5개 리)	
1970	함경북도 청진시 라남구역	부윤노동자구와 어유리를 부윤구역에 넘김(7개 동, 4개 리)	
1972	〃	위와 같음.	
1977	청진시 라남구역	위와 같음.	
1978	〃	청진시 경성군 구덕리를 라남구역에 떼붙이고 구덕리를 은덕동으로 고침. 봉암리 일부를 분리하여 락원동, 새거리동, 봉천동을 내옴. 라북리를 라북동으로 고침(12개 동, 3개 리)	
1985	함경북도 청진시 라남구역	위와 같음.	
1987	〃	송평구역 송포1동 일부 지역을 락원동에 떼넘기고 락원동을 분리하여 락원1동, 락원2동을, 라북동을 분리하여 라북1동과 라북2도을 내옴. 부윤구역 어유리 일부를 떼내어 라남구역 봉천동에 붙이고 봉천동을 분리하여 봉천1동과 봉천2동을 내옴(15개 동, 3개 리)	
1991	〃	봉천2동을 분리하여 부암동과 룡천동을 새로 내오고 지금의 봉천2동을 없애며 봉천1동을 갈라 봉천2동과 봉천3동을 새로 내옴(18개 동, 3개 리)	
1993. 1	〃	부윤구역을 부윤노동자구로 하고 부윤구역에 있던 어유리와 같이 라남구역에 넘김.	
1993. 9	〃	부윤노동자구, 라흥1동, 라흥2동, 풍곡동, 리곡동 평화동, 라성동, 신흥동, 라북1동, 라북2동, 락원1동,	

연 도	이 름	관 할 지 역	비 고
1993. 9	함경북도 청진시 라남구역	락원2동, 새거리동, 봉천1동, 봉천2동, 봉천3동, 은덕동, 부암동, 룡천동, 회향리, 룡암리, 봉암리, 어유리(1개 구, 18개 동, 4개 리)	
1994. 3	〃	부윤노동자구와 어유리를 부윤구역에 넘김(18개 동, 3개 리)	
1999	〃	회양리를 회양동으로 개칭(19개 동, 2개 리)	

라남시

광복직후에 청진부를 분리하여 새로 내온 시. 광복전에 경성군 라남읍에 속했던 지역이므로 (라남시)라고 하였다. 시에는 해방동, 라흥동, 수남동, 중앙동, 풍곡동, 리곡동, 평화동, 신흥동, 룡암동, 수북동, 어유동, 라북동, 봉암동, 회향동, 부윤동이 있었다(15개 동) 1960년에 함경북도 청진시 라남구역으로 되었다.

【 라남시의 변천 】

연 도	이 름	관 할 지 역	비 고
1949	함경북도 라남시	동을 리로 고치면서 라흥리 일부와 중앙리 일부를 해방리에 합치고 라흥리와 중앙리를 합쳐 라흥리로 함.	
1952	〃	수남리를 룡암리에, 수북리는 봉암리에, 경성군 경성면 아양리 일부를 어유리에 합침(12개 리)	
1955	〃	시내 리들을 동으로 고침. 해방동, 라흥동, 풍곡동, 리곡동, 평화동, 신흥동, 회향리, 라북리, 룡암리, 봉암리, 부윤리, 어유리(6개 동, 6개 리)	
1957	〃	리곡동 일부를 풍곡동에 넘김.	
1960	라남구역	라남구역으로 개편됨.	

부령군(富寧郡)

도의 중부에 있는 군. 1914년에 청진부 하무산면, 판장면, 동면, 해면, 련천면, 청산면, 청하면, 석막면, 상면, 서촌면, 회령군 관해면으로 내온 군인데 당시 하무산면에 있었던 부령동의 이름을 따서 지은 이름이다. 부령은 이곳에 있었던 부거동의 부자와 지난 날 이 지역에 설치되었던 녕북진의 녕자를 붙여서 지은 이름이다.

【 부령군의 변천 】

연 도	이 름	관 할 지 역	비 고
1432(세종 14년)	함길도 녕북진	녕북진을 새로 내옴.	
1438(세종 20년)	함길도 부거현	녕북진을 부거현으로 고침.	
1449(세종 31년)	함길도 부령도호부	부거현을 부령도호부로 고침.	
1469(성종 원년)	영안도 부령도호부		
1509(중종 4년)	함경도 부령도호부		
1895(고종 32년)	경성부 부령군	하무산사, 상부산사, 석막사, 청암사, 련천사, 동면사, 삼라사, 파장사(9사)	
1896	함경북도 부령군	위의 사들을 면으로 고치면서 청암사를 청산면과 청하면으로 갈랐다.	
1907	〃	청진부를 새로 내오면서 청진부에 들어 감.	
1914	〃	하무산, 부거, 관해, 삼해, 련천, 청암, 석막, 서상면(8개 면, 58개의 동)	
1943	〃	하무산면을 부령면으로 고침(8개 면, 53개의 동)	
1949	〃	련천, 부거, 삼해, 관해면을 신설되는 라진군에 넘기고 청진시에서 자작, 송암, 수성, 근동, 송정의 각 리와 회양리 일부 및 남석리의 일부의 7개 리를 분리하여 수성면을 신설(5개 면) 청진시에서 직하리를 분리하여 부령군 청암면에, 부령군 청암면에서 서수라리를 분리하여 청진시에 편입.	
1952	〃	전 부령군 청암면, 부령면, 석막면, 라진군 련천면의 전체 리와 부령군 수성면중 7개 리, 서상면중 4개 리, 라진군 부거면중 4개 리를 포함하되 다음과 같이 개편된 읍과 리들로서 구성(1개 읍, 18개 리) 부령읍(수성면 수성리, 송곡리, 석막면 송동리), 최현리(부령면 백사리, 최현리), 구읍리(부령면 부령리), 련천리(련천면 기승리, 승원리, 창평리), 형제리(부령면 형제리, 다갈리, 허통리), 무수리(서상면 무수리), 금강리(석막면 금강리, 장흥리), 교원리(련천면 교원리,	

연도	이름	관할지역	비고
1952	함경북도 부령군 ″	남원리, 불용리), 마전리(부거면 마전리, 쌍포리), 련진리(련천면 련진리, 여은리, 만진리), 창평리(서상면 양현리 창평리), 고무산리(서상면 고무산리), 토막리(청암면 토막리), 사구리(부거면 사구리, 청산리), 직하리(청암면 도동리, 직하리), 사하리(석막면 사하리, 황만리), 석막리(석막면 수원리, 옥련리), 남석리(수성면 남석리, 송정리), 근동리(수성면 근동리, 회암리, 자작리) 고무산리를 고무산구로 고침.	
1954	″	부령읍 일부를 분리하여 송곡리로 하고 근동리 일부를 분리하여 부령읍에 편입하고 구읍리를 구읍노동자구로 변경.	
1960	함경북도 청진시 부령구역	부령군의 고무산노동자구, 구읍노동자구, 석막리, 사하리, 금강리, 형제리, 최현리, 무수리, 창평리로 구성하고 고무산노동자구를 고무산동으로, 구읍노동자구를 부령동으로 개칭하고 사하리 일부를 석막리에 편입. 부령동을 수성동으로 개칭. 부령군으로부터 교원리, 련천리, 련진리, 마전리, 사구리를 분리하여 라진군에 편입. 직하리, 토막리를 청진시에 편입.l	
1963	청진시 부령구역	고무산동을 분리하여 고무산1동, 고무산2동을 신설하고 고무산동을 폐지.	
1967	″	라진군의 련천리, 련진리, 마전리, 룡제리, 부거리, 사구리, 교원리가 부령구역에 넘어 옴. 부령구역 부령동을 분리하여 부령1동, 부령2동을 새로 내오고 부령동을 폐지.	
1970	함경북도 부령군	부령1동, 부령2동을 합하여 부령읍으로, 고무산 1동, 고무산2동을 합하여 고무산노동자구로 함.	
1972	함경북도 청진시 부령구역 ″ ″	부령군의 부령읍, 고무산노동자구, 사하리, 석막리, 금강리, 형제리, 최현리, 창평리, 무수리를 함경북도 청진시에 합쳐 부령구역으로 하고 부령읍을 갈라서 부령1동과 부령2동을, 고무산로 동자구 일부를 떼내어 고무산1동을, 고무산로 동자구 일부와 창평리 일부를 합하여 고무산2동을 새로 내오고 부령읍과 고무산노동자구를 없애며 부령군 고원리, 련천리, 마전리, 사구리, 룡제리, 부거리를 청암구역에 합치고 부령군을 없앰.	

연도	이름	관할지역	비고
1974	함경북도 청진시 부령구역	석막노동자구를 석막동으로 고침.	
1977	〃	청진시를 함경북도에서 떼내어 직할시로 함.	
1985. 7	〃		
1985.12	함경북도 부령군	부령읍, 고무산노동자구, 무수리, 창평리, 최현리, 형제리, 금강리, 석막리, 사하리	
1987	〃	석막리를 석막노동자구로 고침.	
1991. 9	〃	무수리를 무수노동자구로 개칭.	
1997	〃	부령읍, 고무산노동자구, 무수노동자구, 창평리, 최현리, 형제리, 금강리, 석막노동자구, 사하리(1개 읍, 3개 노동자구, 5개 리)	

경성군(鏡城郡)

도의 중심부에 자리 잡고 있는 군. 1398년(태조 7년)에 일부 지명을 고치면서 경성이라고 하였다. 군이름 경성은 이 고장에 거울같이 맑은 감호가 있었기 때문에 거울 '경' 자를 쓰고 거기에 성 '성' 자를 붙인 이름이다. 고려시기 이전에는 이 고을을 오룡구라고도 하고 모룡고라고도 하였다.

【 경성군의 변천 】

연도	이름	관할지역	비고
고려말(공민왕 때)	삭방도 경주	함주이북에 7개 주를 새로 내오면서 경주를 내옴.	
1398(태조 7년)	삭방도 경성군	경주를 경성군으로 고침.	
1413(태종 13년)	영길도 경성군		
1416(태종 16년)	함길도 경성군		
1436	함길도 경성도호부	경성군을 경성도호부로 고침.	
1469	영안도 경성도호부		
1509	함경도 경성도호부		
1895	경성부 경성군	경성도호부를 경성군으로 고침. 오촌사, 룡성사, 주을은사, 주촌사, 어랑사, 명간사(6개 사)	

연도	이름	관할지역	비고
1896	함경북도 경성군	위의 사를 면으로 고치면서 주촌면을 남북으로 갈라 주남면, 주북면으로 하고 명간면을 동서로 갈라 동면, 서면으로 함(8개 면)	
1914	〃	동면과 서면을 명천군에 넘김(6개 면)	
1918	〃	오촌면을 경성읍으로 고침(1개 읍, 5개 면)	
1943	〃	주을온면을 주을읍으로 고치고 경성읍을 경성면으로 고침(1개 읍, 5개 면)	
1949	〃	주을읍을 주을온면으로 고침.	
1952	〃	전 경성군 줄온면(주을온면을 줄욘면이라고 함), 경성면의 전체 리와 주북면중 1개 리를 포함하여 1개 읍, 23개 리로 구성함. 경성읍(줄온면 줄온일리, 줄온이리, 줄온삼리, 줄온사리, 광산리 일부), 생기령리(줄온면 생기령리, 직동리, 광산리 일부), 모래온천리(줄온면 류향리, 팔향리, 모래온천리), 줄온포리(줄온면 온포리, 봉파리, 중향리), 룡산리(줄온면 룡산리, 삼칠리, 중칠리), 하면리(줄온면 하면리), 화하리(줄온면 화상리, 화하리), 룡현리(줄온면 룡현리, 염분리), 온대진리(줄온면 온대진리, 초향리, 집삼리), 일향리(줄온면 일향리, 련향리, 향남리), 중평리(줄온면 오류리, 중평리), 매향리(줄온면 매향리, 회동리), 룡천리(줄온면 룡천리, 영강리, 리암리 일부), 관모리(줄온면 보암리, 청암리, 도암리), 수성리(경성면 수성리), 승암리(경성면 승암리, 룡포리 일부), 독연리(경성면 독연리, 성북리), 구덕리(경성면 구덕리, 아양리 일부), 오상리(경성면 오상리, 봉남리), 박충리(경성면 박충리, 소동리), 장평리(경성면 장평리, 룡포리 일부), 대향리(줄온면 대향리, 리암리 일부), 남석리(경성면 남석리), 보상리(줄온면 보상리, 주북면 남하리)	
1953	〃	생기령리를 생기령노동자구로 고침(1개 읍, 1개 구, 22개 리)	
1954	〃	위의 리들에서 모래온천리를 주을리로 고치고 장평리 일부를 분리하여 수성리에 편입하고 보상리를 매향리에 합침(1개 읍, 1개 구, 21개 리)	
1963	〃	위의 리에서 수성리를 승암리에 합치고 승암리를 승암노동자구로 함(1개 읍, 2개 구, 19개 리)	

연도	이름	관할지역	비고
1972	함경북도 경성군	위의 리에서 룡천리를 룡천노동자구로, 박충리를 박충노동자구로 함(1개 읍, 4개 구, 17개 리)	
1977	청진시 경성군	위와 같음.	
1978	〃	위의 리에서 구덕리를 라남구역에 넘김(1개 읍, 4개 구, 16개 리)	
1981	〃	위의 리에서 주을리를 하온포리로, 주을온포리를 상온포리로 함(1개 읍, 4개 구, 16개 리)	
1985	함경북도 경성군	위와 같음.	
1992	〃	경성읍, 생기령노동자구, 승암노동자구, 룡천노동자구, 박충노동자구, 하온포리, 상온포리, 룡산리, 하면리, 화하리, 관모리, 대향리, 중평리, 룡현리, 온대진리, 일향리, 오상리, 독연리, 장평리, 남석리, 매향리(1개 읍, 4개 노동자구, 16개 리)	
1993	〃	하온포리를 하온포노동자구로 고침.	
1999	〃	룡현리를 염분리로 고침. 경성읍, 생기령노동자구, 승암노동자구, 하온포노동자구, 상온포리, 룡산리, 하면리, 화하리, 관모리, 대향리, 룡천노동자구, 중평리, 염 분리, 온대진리, 일향리, 박충노동자구, 오상리, 독연리, 장평리, 남석리, 매향리(1개 읍, 5개 노동자구, 15개 리)	

무산군(茂山郡)

도의 서쪽 두만강 연안에 있는 군. 조선조 말에 함경북도 무산도호부를 개편하여 내온 군인데 군이름 무산은 조선조 때에 생긴 이름으로 산에 나무가 무성한 고장이라는 뜻을 나타낸다.

【 무산군의 변천 】

연도	이름	관할지역	비고
1438	함길도 무산진	무산진을 새로 내옴.	
1469	평안도 무산진		
1509	함경도 무산진		

연도	이름	관할지역	비고
1684	함경도 무산도호부	무산진을 도호부로 고침. 하동사, 동하사, 동사, 어사, 어하사, 상면사, 연면사, 연사, 삼사, 장파사, 삼상사, 삼하사, 서면사, 하면사, 량영사, 상북사, 하북사, 무계사, 풍산사, 룡면사, 해면사	
1895	경성부 무산군	읍면사, 하동사, 상동사, 량영사, 북면사, 무계사, 룡면사, 풍산사, 어남사, 상면사, 연면사, 서면사, 삼상사, 장파사, 해면사, 연사, 삼사, 하면사(18개 사)	
1896	함경북도 무산군	위의 사들을 면으로 고침(18개 면)	
1914	〃	읍면, 영북면, 동면, 어하면, 연상면, 서하면, 연사면, 삼사면, 삼장면, 풍계면(10개 면)	
1939	〃	읍면을 무산면으로 개편.	
1946	〃	영북면과 풍계면을 통합하여 영풍면을 내옴.	
1947	〃	영풍면을 회령군에 편입. 서하면은 연상면에 편입.	
1949	〃	무산면 량영리를 분리하여 량영리와 칠성리, 로덕리 일부를 량영리에 편입. 어하면 온천리를 분리하여 온천리와 광덕리로, 동면 차유리를 분리하여 차유리와 동사리로, 연상면 흥암리를 분리하여 흥암리와 삼천리로, 연사면 신장리를 분리하여 신장리와 삼포리로, 사지리를 분리하여 사지리와 남작리, 팔소리로, 광양리를 분리하여 광양리와 량수리로, 신양리를 분리하여 신양리와 당동리로, 서안리를 분리하여 서안리와 삼포리로 신흥리를 분리하여 신흥리와 로평리로, 유평리를 분리하여 유평리와 덕림리로, 창평리를 분리하여 창평리와 천수리, 상단리로, 굴송리를 분리하여 굴송리와 동계리로, 연암리를 분리하여 연암리와 박천리로, 신양리를 분리하여 신양리와 서두리로, 삼장면 삼장리를 분리하여 삼장리와 신덕리로, 농사리를 분리하여 농사리와 유곡리로 개편.	
1952	〃	무산군 동면, 어하면, 연상면의 전체 리와 삼장면중 2개 리, 무산면중 9개 리, 부령군 서산면 중 2개 리로 군을 구성. 무산읍(무산면 성천리, 남산리 일부), 상창리(연상면 상창리), 박천리(연상면 박천리), 문암리(연상면 문암리), 흥암리(연상면 삼천리, 흥암리), 림강리(삼장면 림강리), 삼장리(삼장면 삼장리), 량영리(무산면 량연리, 침소리), 독소리(무산면 독소리, 남산리	

연 도	이 름	관 할 지 역	비 고
1952	함경북도 무산군	일부), 창렬리(무산면 창렬리, 남산리 일부), 칠성리(무산면 도덕리, 칠성리 일부), 강선리(동면 강선리, 풍선리 일부), 차유리(동면 차유리, 동사리), 풍산리(동면 풍산리 일부), 허언리(어하면 허언리), 오봉리(어하면 오봉리)	
1954	〃	무산군 삼장리와 상하리는 연사군에, 유선군 서호리와 지초리를 무산군에 편입.	
1961	〃	창렬리와 마양리를 창렬노동자구와 마양노동자구로 개편.	
1977	청진시 무산군	함경북도 무산군을 청진시에 편입.	
1979	〃	무산읍을 분리하여 무산읍과 삼봉노동자구, 남산노동자구로 개편. 칠성리 일부 지역을 무산읍에 편입. 강선리를 강선노동자구로 개편.	
1981	〃	량영리를 새골리로 개편.	
1985	함경북도 무산군	청진시 무산군을 함경북도에 편입.	
1989	〃	강선노동자구 일부지역을 주초노동자구로 개편. 마양노동자구의 천중지역을 청진시 부윤구역에 편입.	
1990	〃	허언리를 만봉리로 개편.	
1977	〃	무산읍, 삼봉노동자구, 남산노동자구, 창렬노동자구, 강선노동자구, 주초노동자구, 마양노동자구, 서호리, 지초리, 새골리, 칠성리, 풍산리, 차유리, 오봉리, 민봉리, 온천리, 박천리, 상창리, 문암리, 흥암리, 림강리, 독소리(1개 읍, 6개 노동자구, 15개 리)	

【 김책시의 변천 】

광복 당시 학성군으로 있던 지역을 김책시로 고쳤다.

연 도	이 름	관 할 지 역	비 고
1898	함경북도 성진군	길주군 일부 지역을 떼내어 성진군을 내옴. 다초사, 서이사, 서초사, 리하사(4개 사)	
1914	〃	학성면, 학상면, 학중면, 학동면, 학서면, 학남면(6개 면)	
1939	〃	성진읍, 학상면, 학중면, 학동면, 학서면, 학남면(1개 읍, 5개 면)	
1943	함경북도 학성군 함경북도 성진부	성진군을 학성군(학상면, 학중면, 학동면, 학서면, 학남면)으로, 성진읍을 성진부(본정, 욱정, 행정, 남정, 쌍포정, 서정)로 고침.	

연도	이름	관할지역	비고
광복직후	함경북도 성진시 함경북도 학성군	성진부를 성진시로 고침.	
1949	〃	학성면 장평리를 분리하여 장평리와 탄소리로 하고 옥천리와 룡천리를 병합하여 옥천리로 변경. 학서면 덕인리를 분리하여 덕인리와 련풍리로 변경.	
1951	함경북도 김책시 함경북도 김책군	성진시를 김책시로, 학성군을 김책군으로 고침.	
1952	함경북도 김책시	청학동, 신평동, 한천동, 연호동, 수원동, 성남동, 쌍암동, 쌍화동, 송암동, 쌍포동, 김책시의 농촌 리는 다음과 같이 개편함. 장현리로 학성면 장현리를, 룡소리로 학남면 룡소리를, 만춘리로 학남면 만춘리를, 은호리로 학남면 은호리를, 달리리로 학남면 달리리를, 금천리로 학성면 금천리를 내옴. 학남면의 7개 리는 함경남도 광천군에 넘김.	
1952	김책군	김책군은 전 김책군 학동면, 학중면, 학서면의 전체 리와 학성면중 14개 리를 포함하여 1개 읍, 23개 리로 구성. 김책읍(학성면 학성리), 탄소리(학성면 장평리, 탄소리), 송중리(학성면 송중리, 농성리), 홍평리(학성면 양호리, 홍평리), 림명리(학중면 림명리), 수동리(학중면 수동리, 학서면 탑평리 일부), 방학리(학중면 송하리, 송상리), 옥천리(학성면 옥천리), 호통리(학성면 호양리, 호통리), 송흥리(학성면 송흥리, 상평리), 원평리(학서면 원평리), 업억리(학서면 업억리, 탑평리 일부), 덕만리(학서면 청학리, 신흥리, 연풍리), 덕인리(화서면 덕인 리), 세천리(학서면 세천리, 차삼리), 탑하리(학동면 탑하리), 동흥리(학동면 동흥리, 하천리), 학동리(학동면 한동리, 방동리), 룡호리(학동면 룡호리, 룡포리), 원진리(학동면 룡연리, 석호리, 룡암리), 춘동리(학중면 해평리, 춘동리), 수사리(학성면 수사리), 왕덕리(학성면 왕덕리), 성상리(학동면 성상리, 성하리)	
1953	함경북도 김책군	김책읍을 학성리로, 림명리를 김책읍으로, 방학리 일부를 송흥리에 넘김.	
1954	〃	송중리 일부와 호통리의 일부를 떼내어 학성리에 넘김. 홍평리 일부를 떼내어 탄소리에 넘기고 원진리를 석호리로, 김책읍을 림명리로, 학성리를 김책읍으로 고침. 송흥리 일부를 분리하여 상평리를 내옴.	

연 도	이 름	관 할 지 역	비 고
1956	함경북도 김책군 함경북도 김책시	룡소리를 만춘리에 편입. 수사리를 옥천리에 편입. 덕만리 일부를 분리하여 청학리로 함.	
1957	함경북도 김책시	송암동 일부를 분리하여 성남동에, 성남동 일부를 분리하여 송암동에 각각 편입. 쌍화동 일부를 분리하여 쌍포동과 쌍암동에, 쌍포동 일부를 분리하여 쌍화동에 편입.	
1961. 3	〃 〃 〃 함경북도 김책군	쌍포동 일부와 쌍화동 일부를 분리병합하여 송령동으로, 쌍포동 일부를 분리하여 쌍포1동과 쌍포2동을 각각 신설하고 쌍포동을 폐지. 금천리를 금천동으로, 장현리를 장현동으로 개칭함. 청학리와 덕만리를 세천리에 통합.	
1961.12	함경북도 김책시	김책군을 김책시에 편입하고 김책읍을 학성동으로, 탄소리를 탄소동으로, 업억리를 업억동으로 고침.	
1965	〃 〃	청학동 일부를 분리하여 역전동을, 한천동 일부를 분리하여 해안동을 새로 내옴.	
1972	〃	송령동을 갈라 송령1동과 송령2동을 내오고 송령동을 없앰.	
1981	〃	왕덕리를 풍년리로 고침.	
1985	〃	쌍포1동을 제강1동으로, 쌍포2동을 제강2동으로 고침.	
1988	〃	은호리 일부 지역을 떼내어 달리리에 붙이고 달리리를 쌍룡동으로 고침.	
1989	〃	장현동, 금천동, 송암동, 성남동, 청학동, 역전동, 신평동, 한천동, 해안동, 련호동, 수원동, 쌍암동, 쌍화동, 제강1동, 제강2동, 송령1동, 송령2동, 탄소동, 학성동, 업억동, 쌍룡동, 만춘리, 은호리, 송중리, 홍평리, 풍년리, 옥천리, 상평리, 송흥리, 호통리, 방학리, 수동리, 림명리, 춘동리, 학동리, 룡호리, 석호리, 동흥리, 성상리, 탑하리, 원평리, 덕인리, 세천리(21개 동, 22개 리)	
1993	〃	위의 동과 리에서 쌍암동을 쌍암1동, 쌍암2동으로 분리함.	
1997	〃	신평동, 해안동, 한천동, 련호동, 수원동, 장현동, 역전동, 청학동, 송암동, 성남동, 쌍룡동, 제강1동, 제강2동, 송령1동, 송령2동, 쌍화동, 쌍암1동, 쌍암2동, 금천동, 탄소동, 학성동, 업억동, 만춘리, 은호리, 춘동리,	

연도	이름	관할지역	비고
1997	함경북도 김책시	림명리, 수동리, 방학리, 원평리, 덕인리, 세천리, 홍평리, 풍년리, 옥천리, 호통리, 송흥리, 상평리, 학동리, 룡호리, 석호리, 동흥리, 성상리, 탑하리, 송중리(22개 동, 22개 리)	

화대군(花臺郡)

함경북도의 동남쪽에 있는 군. 군은 1952년에 당시 길주군의 동해면, 명천군의 상가면, 하고면, 상고면, 하가면을 합쳐 내온 군이다. 옛날에는 이 고장을 더부(덧붙어 있는 고을이라는 뜻)라고 불렀는데 이곳을 내륙지대와 해안지대로 가르면서 해안지대를 하데(아래 더부의 뜻)라고 불렀다.

그후 면이 나올 때 하데라고 하던 것을 하대라고 부르면서 쓰이게 된 이름이라고 한다. 화대는 하데를 비슷한 음으로 바꾸어 쓴 것이다.

【 화대군의 변천 】

연도	이름	관할지역	비고
1952	함경북도 화대군	전 길주군 동해면, 명천군 하고면, 하가면의 전체 리와 상고면중 1개 리, 상가면중 10개 리를 합쳐 화대군을 새로 내옴 → 명천군 하고면, 하가면 화대읍(전 명천군 하가면 화대리, 남산리, 지명리 일부)학림리(전 길주군 동해면 룡동리, 시장리, 룡원리), 양촌리(전 명천군 상가면 와연리, 양촌리, 철연리), 사포리(전 명천군 하가면 둔지리, 사포리), 정문리(전 명천군 하고면 수룡리, 정문리), 자가리(전 명천군 상가면 자가리, 석현리, 조당리, 하가면 지명리 일부), 량상리(전 명천군 하가면 천동리, 량상리, 포항리), 토원리(전 명천군 하고면 황앙리, 토원리), 룡소리(전 명천군 상가면 북간리, 룡소리), 장덕리(전 명천군 하고면 창전리, 대포리), 중산리(전 명천군 하고면 마유리,	

연도	이름	관할지역	비고
1952	함경북도 화대군	중산리), 주의리(전 명천군 하고면 귀락리, 주의리), 룡포리(전 길주군 동해면 동호리, 명천군 하가면 평촌리, 룡포리, 둔전리(전 명천군 하가면 둔전리, 성구리), 교향리(전 명천군 하고면 암방리, 교향리), 하평리(전명천군 하고면 리배리, 하평리), 철수리(전 길주군 동해면 석성리, 신효리 일부), 목진리(전 명천군 상고면 목진리), 불로리(전 길주군 동해면 사계리, 불로리), 창촌리(전 길주군 동해면 룡산리, 창촌리, 신호리 일부), 금성리(전 길주군 동해면 금성리, 산성리 일부), 동호리(전 명천군 하고면 동호리) 등으로 구성(1개 읍, 22개 리)	
1954	〃	화대읍을 분리하여 자가리에 편입. 자가리 일부와 양촌리 일부를 분리병합하여 송동리와 석현리로 하고 장덕리 일부와 룡소리를 분리하여 양촌리에 편입하고 둔전리를 화대읍에 편입. 토원리 일부를 분리하여 주의리에 편입함.	
1958	〃	량상리를 분리하여 화대읍과 사포리에 편입.	
1961	〃	동호리와 창전리를 병합하여 무수단리로 하고 학림리를 룡원리로, 철수리를 석성리로 고쳤다.	
1997	〃	화대읍, 금성리, 석성리, 창촌리, 룡원리, 불로리, 룡포리, 사포리, 송동리, 자가리, 석현리, 양촌리, 장덕리, 주의리, 교향리, 정문리, 하평리, 증산리, 무수단리, 목진리, 토원리, (1개 읍, 20개 리)	

명천군(明川郡)

도의 남부에 있는 군. 1469년에 길주목을 갈라서 명천현을 내왔는데 현 이름은 현소재지로 된 명원역에서 명자를 따고 지난 날 규례에 따라 큰 강을 낀 고장이라 하여 천자를 붙여 명천이라 하였다.

【 명천군의 변천 】

연도	이름	관할지역	비고
1470	영안도 명천현	길주목을 떼내어 명천현을 새로 내옴.	

연도	이름	관할지역	비고
1509	함경도 명천현		
1605	함경도 명천부	명천현을 명천부로 고침.	
1895	경성부 명천군	하우사, 상우사, 아간사, 상가사, 하가사, 상고사, 하고사(7개 사)	
1896	함경북도 명천군	하우면, 상우북면, 상우남면, 아간면, 상가면, 하가면, 상고면, 하고면(8개 면)	
1914	〃	경성군에서 동면과 서면이 넘어 옴(10개 면)	
광복직후	〃	상우북면을 북면으로, 상우남면을 남면으로 고침.	
1952	〃	전 명천군 아간면의 전체 리와 상고면중 8개 리, 상가면중 4개 리를 포함하여 1개 읍, 15개 리로 구성함. 명천읍(아가면 어전리, 룡암리 일부), 개심리(상고면 내산리, 개심리), 보촌리(상고면 중평리, 보촌리, 황진리), 포중리(상고면 포중리, 포상리), 포하리(상고면 포하리), 고참리(아간면 고참리, 신계리), 룡암리(아간면 룡호리, 룡암리 일부), 만호리(아간면 만호리, 배령리), 사리(아간면 사리, 로송리 일부), 황곡리(아간면 황덕리, 황곡리), 다호리(아간면 다호리, 로성리 일부), 허의리(아간면 답기리, 허의리), 독포리(아간면 독포리), 양정리(아간면 양정리, 거문리), 락동리(상가면 초장리, 락동리, 관평리 일부), 연덕리(상가면 연덕리, 관평리)	
1954	〃	위의 리에서 보촌리 일부와 영안군(화성군) 량화리 일부를 넘겨 받아 황진리를 내옴.	
1958	〃	룡암리 일부를 분리하여 고참리에 편입하고 룡암리를 룡암노동자구로 고침.	
1961	〃	개심리를 보촌리에 합침.	
1990	〃	허의리를 마산리로 고침.	
1994	〃	독포리를 노동자구로 고침.	
1997	〃	명천읍, 룡암노동자구, 독포노동자구, 고참리, 만호리, 황곡리, 사리, 양정리, 다호리, 마산리, 연덕리, 락동리, 포중리, 포하리, 보촌리, 황진리(1개 읍, 2개 노동자구, 13개 리)	

명간군(明間郡)

도의 남쪽에 있던 군. 1967년에 영안군을 고쳐 내온 군인데 명간천을 낀 군이므로 명간군이라고 하였다.

【 명간군의 변천 】

연 도	이 름	관 할 지 역	비 고
1967	함경북도 명간군	영안군을 명간군으로 고치고 웅점리를 부화리에, 룡산리를 백록리에 합치고 웅점리와 룡산리를 없앰. 명간읍 극동리, 화룡리, 광암리, 신양리, 호남리, 삼포리, 랑화리, 양천리, 립석리, 명남리, 호산리, 백록리, 근동리, 함진리, 하우리, 하평리, 룡동리, 룡덕리, 룡반리 상장리, 하월리, 청룡리, 고성리, 부암리, 부화리(1개 읍, 25개 리)	
1972	〃	룡반리를 룡반로도자구로 고침(1개 읍, 1개 노동자구, 24개 리)	
1981. 2	〃	극동리를 극동노동자구로 고침(1개 읍, 2개 노동자구, 23개 리)	
1981.10	화성군	명간군을 화성군으로, 명간읍을 화성읍으로 고침.	
1999.10	〃	화성읍, 극동노동자구, 화룡리, 광암리, 신양리, 호남리, 삼포리, 량화리, 양천리, 립석리, 명남리, 호산리, 백록리, 근동리, 함진리, 하우리, 하평리, 룡동리, 룡덕리, 룡반노동자구, 상장리, 하월리, 청룡리, 고성리, 부암리, 부화리(1개 읍, 2개 로도자구, 23개 리)	

영안군(永安郡)

도의 남쪽에 있던 군. 1952년에 전 맹천군 북면, 하우면, 서면의 전체 리와 동면중 13개 리, 남면중 10개 리, 경성군 어랑면중 3개 리로써 새로 내온 군이다.

군이름 영안은 일제 때 한 재벌이 1932년에 흥남비료공장인 질소비료영안공장을 건설하면서부터 생긴 이름이다. 비료공장의 공장장의 성이 나가야스(永安)였기 때문에 공장이름을 영안(永安)공장이라고 하였다. 이로부터 이 고장도 영안공장이 있는 곳이라 하여 영안이라고 부르게 되었다.

【 영안군의 변천 】

연도	이름	관할지역	비고
1952	함경북도 영안군	영안읍(서면 삼향리, 지경리 일부), 청룡리(남면 신설리, 청룡리), 부암리(남면 규동리, 부암리, 축삼리), 상장리(남면 마전리, 상장리), 하월리(남면 상월리, 북면 하월리), 룡반리(북면 룡반리, 하장리, 룡덕리 일부), 룡덕리(북면 룡덕리 일부, 상아리, 세이리), 부화리(북면 중향리, 서면 서삼리 일부, 부화리), 웅평리(북면 웅평리, 남면 웅주리), 웅점리(북면 장포리, 웅점리, 서면 서삼리 일부), 하우리(하우면 노동리, 명천리), 하평리(하우면 룡전리, 하평리), 함진리(하우면 석우리, 함진리), 극동리(동면 장덕리 일부, 서면 극동리, 신창리 일부), 백록리(하우면 백록리), 룡동리(서면 평기리, 룡동리), 립석리(서면 립석리, 산성리), 호산리(서면 호산리), 근동리(하우면 근동리, 명간리), 광암리(동면 광암리, 수암리),삼포리(동면 다진리, 삼포리), 량화리(동면 우동리, 량화리), 양천리(동면 학암리, 양천리), 호남리(동면 호남리, 발하리), 신양리(동면 신양리, 룡암리, 장덕리 일부), 화룡리(어랑면 화룡리, 룡양리, 교향리), 고성리(남면 내포리, 고성리), 명남리(서면 명남리, 고삼리), 리평리(북면리평리), 룡산리(서면 룡산리, 지경리 일부, 신창리 일부)	
1953	〃	위의 리에서 립석리 일부가 명남리와 합쳐 지고 명남의 일부가 립석리에 넘어 갔다(1개 읍, 29개 리)	
1954		위의 리에서 웅평리를 부화리에 합치고 웅평리를 없앰. 삼포리 일부를 량화리에, 량화리 일부를 명천군 황진리에 넘겼다. 룡동리 일부를 영안읍에 합침(1개 읍, 28개 리)	
1959		위의 리에서 리평리를 웅점리에 합치고 리평리를 없앰(1개 읍, 27개 리)	

어랑군(漁郎郡)

도의 중부 경성만쪽에 있는 군. 1952년에 전 경성군 주남면의 전체 리와 어랑면 중 21개 리, 주북면 중 16개 리, 명천군의 동면 중 1개 리를 떼내어 새로 내온 군인데 군이름은 조선조 때부터 불러 오던 어랑사의 이름에서 온 것이다. 어랑은 이 고장의 앞바다와 주북천, 장연호, 무계호 들에서 고기를 잡는 사나이들이 많았다는 데서 불리워 온 이름이다.

【 어랑군의 변천 】

연 도	이 름	관 할 지 역	비 고
1952	어랑군	전 경성군 주남면의 전체 리와 어랑면중 21개 리, 주북면중 16개 리, 명천군 동면중 1개 리로 구성함. 어랑읍(주북면 룡중리, 시남리 일부), 수남리(어랑면 하남리, 룡천리), 봉강리(어랑면 봉강일리, 봉강이리, 하우리, 장연리), 이엄리(어랑면 이엄리, 부산리, 룡강리), 어진대리(어랑면 어진대리, 신포리), 대흥리(어랑면 대흥리, 송흥리), 룡평리(어랑면 룡평리 일부, 호양리, 수중대리), 지방리(어랑면 안교리, 지방리, 무계리 일부), 무계리(어랑면 오상리, 리암리, 무계리 일부), 회문리(주북면 회문리, 주남면 화우리 일부), 팔경대리(어랑면 팔경대리, 룡평리 일부), 룡연리(주북면 룡연리, 시남리 일부), 운곡리(주북면 운곡리, 접왕리), 두남리(주북면 영원리, 두남리 일부), 하고리(주북면 화산리, 룡호리, 하고리), 부평리(주남면 수남리, 부평리, 화우리 일부), 룡전리(주남면 룡전리, 자산리), 소요리(주남면 소요리, 대문리), 삼향리(주남면 삼향일리, 삼향이리), 칠향리(주남면 칠향리, 룡암리), 이향리(주남면 이향리, 일암리), 남평리(주남면 남평리, 선경리, 광덕리), 삼포리(주남면 삼포일리, 삼포이리, 신운리), 엄광리(주북면 청송리, 엄광리), 량견리(동면 량견리), 화룡리(주북면 화룡리, 두남리 일부), 부암리(주남면 오상리, 주북면 부암리)	
1952.12	〃	남평리와 삼포리를 병합하여 삼포리로 변경.	
1953.12	〃	룡평리 일부와 대흥리를 어대진리에 편입하고 팔경대리 일부를 분리하여 룡평리에 편입하고 봉강리 일부를 분리하여 팔경대리에 편입하고 하고리 일부를 분리하여 화룡리에 편입하고 엄강리 일부를 분리하여 삼포리에 편입.	

연도	이름	관할지역	비고
1954.10	어랑군	삼향노동자구를 삼향리로 개편.	
1957. 4	〃	어대진리를 어대진노동자구로 개편. 삼포리를 칠향리에엄광리를 룡연리에, 하고리를 화룡리에 각각 통합.	
1999	〃	1개 읍(어랑), 1개 구(어대진노동자구), 20개 리(회문, 룡평, 무계, 량견, 수남, 지방, 팔대경, 봉강, 이엄, 소요, 부평, 룡연, 두남, 운곡, 부암, 룡전, 이향, 삼향, 칠향, 화룡)로 구성.	

연사군(延社郡)

도의 서쪽 고산지대에 있는 군으로 1952년 행정구역 개편시 무산군 연사면의 대부분 지역을 차지하였기 때문에 연사군이라 하였다.

【 연사군의 변천 】

연도	이름	관할지역	비고
1952	함경북도 연사군	전 무산군 연사면의 전체 리와 삼장면중 5개 리를 떼내어 연사군을 새로 내옴(1개 읍, 16개 리로 구성) 연사읍(연사면 사지리, 구소리 일부), 삼상리(삼장면 삼상리), 농사리(삼장면 농사리), 신덕리(삼장면 신덕리), 유곡리(삼장면 유곡리), 신북리(연사면 신북리), 신장리(연사면 신장리, 상포리), 팔소리(연사면 팔소리, 구소리일부), 남작리(연사면 남작리, 랑수리), 광양리(연사면 광양리), 신양리(연사면 신양리, 당동리), 삼포리(연사면 삼포리, 서안리 일부), 석수리(연사면 석수리, 서안리 일부), 로평리(연사면 로평리), 신흥1리(연사면 신흥리일부), 신흥2리(연사면 신흥리 일부), 삼하리(삼장면 삼하리)	
1953	〃	무산군 연수리를 분리하여 연사군에 편입. 신흥1리를 신흥로도자구로 하고 신흥2리는 노운산로도자구로, 유곡리 일부를 유곡노동자구로, 신덕리를 신덕노동자구로 농사리를 가동노동자구로, 삼상리를 삼상노동자구로 함	
1954	〃	유곡노동자구를 삼상노동자구에 편입. 무산군 삼장리와 백암군 원봉리를 분리하여 연사군에 편입. 신북리 일부를 분리하여 삼하리에 편입. 연사군 삼하리 일부를 무산군 림강리에 편입.	

연도	이름	관할지역	비고
1961	함경북도 연사군	신양리를 신양노동자구로 개칭. 신덕노동자구, 가동로동자구, 신흥노동자구, 삼상노동자구, 로은산노동자구를 량강도 삼지연군에 넘김. 연사군 원봉리를 량강도 백암군에 편입. 량강도 백암군 원봉리 일부가 연사군 로평리에, 량강도 백암군 원봉리와 유평노동자구의 일부를 연사군 광양리에 편입.	
1967	〃	량강도 백암군 원봉리를 분리하여 연사군에 편입. 연사군 광양리 일부를 원봉리에 편입. 원봉리를 원봉노동자구로 고침.	
1978	〃	연사군 삼장리 일부, 삼하리 일부, 원봉노동자구 대부분지역을 량강도 대흥단군에 넘김. 원봉노동자구의 일부를 로평리에 편입.	
1997	〃	연사읍, 신양노동자구, 연수리, 신북리, 신장리, 팔소리, 광양리, 석수리, 삼포리, 남작리, 삼하리, 로평리(1개 읍, 1개 구, 10개 리)	

새별군

도의 동북부에 있는 군. 1977년에 경원군의 이름을 고쳐서 내온 군인데 군이름 새별은 샛별과 같이 비춰 준 역사의 고장이라는 뜻에서 지은 이름이다.

【 새별군의 변천 】

연도	이름	관할지역	비고
1392	삭방도 공주 (또는 광주)	공주를 새로 내옴.	
1398	삭방도 경원도호부	공주를 경원도호부로 고침.	
1413 1416 1469 1509	영길도 경원도호부 함길도 경원도호부 영안도 경원도호부 함경도 경안도호부		
1895	경성부 경원군	읍사, 훈융사, 소을하사, 성천사, 농포사, 안원사, 동림사, 고건원사, 신건원사, 고아산사, 신아산사, 유신사, 해진사(13개 사)	

연도	이름	관할지역	비고
1896	함경북도 경원군	위의 사를 면으로 고치면서 훈융면을 온성군에 넘기고 건원사를 신건원면으로, 소을하사를 송하면으로, 아산사를 신아산면으로, 농포사를 분리하여 농포면과 의동면으로, 해진사를 분리하여 덕천면과 덕명면으로 함(14개 면)	
1914	〃	경원면(읍면, 송하면, 성천면), 안농면(의농면, 농포면 안원면), 동원면(동림면 신건원면), 아산면(신아산면, 고아산면), 룡덕면(고건원면, 덕천면), 유덕면(덕명면, 유신면)(6개 면)	
1947	〃	유덕면을 경흥군에 넘김(5개 면)	
1952	함경북도 경원군	위의 면들을 폐지하고 전 경원군 룡덕면, 안농면, 동원면, 경원면의 전체 리와 아산면중 1개 리, 온성군 훈융면중 3개 리를 포함하여 1읍, 21개 리로 구성함. 경원읍(안농면 리동리), 금동리(안농면 금동리, 상동리), 량동리(안농면 량동리), 안농리(안농면 김히리, 신개리), 안원리(동원면 금월리, 안농면 안원리), 고성리(안농면 세동리, 고성리), 봉운리(경원면 봉운리, 관류리 일부), 중산리(경원면 중산리, 심령리, 안농면 석현리), 중영리(경원면 중영리, 송천리), 하면리(경원면 하면리, 이도리), 사수리(훈융면 사수리, 풍무리), 성내리(경원면 성내리, 회동리, 관류리 일부), 금화리(훈융면 금화리), 동림리(동원면 유수리, 중평리, 공자리), 룡북리(동원면 룡북리, 림대리), 신건리(동원면 신건리, 화정리), 룡현리(룡덕면 룡서리, 룡현리), 룡문리(룡덕면 룡문리), 룡남리(룡덕면 룡남리, 룡향리), 룡신리(룡덕면 룡신리, 룡평리), 승량리(안농면 승량리, 여운리), 로관리(아산면 수정리, 동원면 로관리)	
1953	〃	하면리 일부를 분리하여 사수리에 편입하고 사수리와 금화리를 분리하여 사수리와 훈융리로 하고 신건리, 로관리를 병합하여 신건리와 화정리로 함. 룡북리 일부를 분리하여 고건원노동자구를 내옴.	
1954	〃	동림리 일부를 분리하여 룡북리에 편입하고 룡북리 일부를 분리하여 고건원노동자구에 넘김.	
1958	〃	종성군 룡계리, 봉산리, 종산리, 연산리를 경원군에 편입하고 고성리를 안원리에 편입하고 화정리를 신건리에 편입하고 경원읍을 농포리로 하고 봉운리를 경원읍으로 함.	

연도	이름	관할지역	비고
1961	함경북도 경원군	하면리를 하면노동자구로, 룡북리를 룡북노동자구로 하고 중산리를 성내리에 통합.	
1964	〃	경원읍을 분리하여 후석리를 신설.	
1977	함경북도 새별군	경원군을 새별군으로, 경원읍을 새별읍으로, 승량리를 룡당리로 고침.	
1986	〃	안농리를 류다섬리로 고침.	
1997	〃	새별읍, 고건원노동자구, 룡북노동자구, 하면노동자구, 훈융리, 사수리, 중영리, 후석리, 류다섬리, 량동리, 성내리, 농포리, 금동리, 안원리, 룡당리, 동림리, 신건리 룡현리, 룡남리, 룡문리, 룡신리, 연산리, 봉산리, 종산리, 룡계리(1개 읍, 3개 노동자구, 21개 리)	

은덕군(恩德郡)

도의 북동부 두만강하류 연안에 있는 군으로 1977년 기존의 경흥군을 개칭한 군이다.

【 은덕군의 변천 】

연도	이름	관할지역	비고
1435(세종 17년)	함길도 공성현(공주)		
1437(세종 19년)	함길도 경흥군		
1443(세종 25년)	함길도 경흥도호부		
1509(중종 4년)	함경도 경흥도호부		
1872	〃	읍사, 무이사, 로란산사, 아오지사, 무안사, 신안사, 서수라사, 해정사, 조산사,	
1895(고종 32년)	경성부 경흥군	읍사, 무이사, 아오지사, 신안사, 해정사, 서수라사, 조산사(7개 사)	
1896	함경북도 경흥군	읍면, 고면, 신면, 서면, 로면, 상면, 하면, 해면, 신해면, 안화면(10개 면)	
1914	〃	경흥면, 로서면, 상하면, 웅기면, 신안면, 풍해면(6개 면)	
1936	〃	웅기면을 웅기읍으로 고치고 신안면과 풍해면을 떼내어 라진부를 새로 내옴(1개 읍, 3개 면)	
1947	〃	경원군 유덕면과 종성군 화방면을 경흥군에 편입하고 웅기읍을 웅기면으로 고침(6개 면)	

연도	이름	관할지역	비고
1952	함경북도 경흥군	전 경흥군 아오지면, 유덕면의 전체 리와 경흥면중 7개 리, 화방면중 4개 리, 경원군 아산면중 10개 리, 회령군 팔을면중 1개 리를 포함하여 다음과 같은 리들로 구성하였다. 아오지면, 신아오지리, 농경리, 신농경리, 회암리 일부로써 경흥읍을, 경흥면 오봉리 일부, 아오지면, 아오지리, 룡연리로써 아오지리를, 아오지면 송학리, 삼봉리, 명룡리로써 송학리를, 경흥면 경흥리, 원정리로써 원정리를, 아산면 아산리, 산서리, 백안리, 신아산리로써 신아산리를, 화방면 화운리, 록야리로써 록야리를, 아오지면 귀락리, 송상리, 회암리 일부로써 귀락리를, 화방면 사탄리, 금송리로써 금송리를, 아산면 백동리, 하면리, 송동리 일부로써 백동리를, 아산면 차동리, 장평리, 최치리, 송동리 일부로써 장평리를, 유덕면 죽기리, 룡막리, 고사리로써 죽기리를, 경흥면 하회리, 은계리, 청학리로써 하회리를, 유덕면 가현리, 창평리, 아오지면 오봉리로써 오봉리를, 유덕면 박상리, 지경리, 학동리로써 박상리를, 유덕면 장안리, 대동리, 록야리, 소랑리로써 장안리를, 아오지면 태양리, 룡성리로써 룡성리를, 경흥면 하여평리, 오봉리 일부로써 하여 평리를 내옴.	
1958	〃	귀락리 일부를 분리하여 경흥읍에 편입.	
1961	〃	아오지리 일부를 분리하여 룡연노동자구를 신설. 백동리를 장평리에 통합.	
1963	〃	룡성리를 록야리에 편입하고 룡성리를 폐지함.	
1965	〃	오봉리를 오봉노동자구로 고침.	
1977	함경북도 은덕군	경흥군을 은덕군으로, 경흥읍을 은덕읍으로 고침.	
1981	〃	아오지리를 학송리로, 장안리를 안길리로 고침.	
1987	〃	송학리를 분리하여 명룡노동자구를 내옴.	
1990	〃	박상리를 양덕리로 고침.	
1991	〃	죽기리를 송산리로 고침.	
1993	〃	원정리, 하회리, 하여평리가 라진-선봉시의 선봉군에 넘어 가고 선봉군의 철주리가 은덕군에 넘어 옴.	
1995	〃	은덕읍을 갈라 농경노동자구를, 귀락리의 일부를 은덕읍에 넘기고 은덕읍의 일부를 귀락리에 합쳐 귀락노동자구를, 학송리의 일부를 룡연노동자구에 넘기고 룡연노동자구의 일부를 학송리에 합쳐 학송노동자구를 내오고 귀락리와 학송리는 없앰.	

연 도	이 름	관 할 지 역	비 고
1997	함경북도 은덕군	은덕읍, 오봉노동자구, 농경노동자구, 룡연노동자구, 학송노동자구, 명룡노동자구, 송학리, 태양리, 신아산리, 장평리, 귀락노동자구, 송산리, 양덕리, 안길리, 금송리, 록야리, 철주리(1개 읍, 5개 노동자구, 11개 리)	

회령시(會寧市)

도의 북부 두만강 중류연안에 있는 시. 1991년에 회령군을 고쳐 내온 시인데 고려시기 이 고장 이름인 오음회에서 회자를 따고 방어진인 녕북진에서 녕자를 따서 회령이라고 하였다. 녕자는 고장 이름에서 령으로 된다.

【 회령시의 변천 】

연 도	이 름	관 할 지 역	비 고
고려시기 1434 1469	오산(또는 회산) 함경도 회령도호부 영안도 회령도호부	회령에 청사진을 두었다가 회령도호부로 함.	
1599	함경도 회령도호부		
1872	〃	내남사, 내북사, 상리사, 하리사, 창효사(팔을사사), 고령사, 웅회일리사, 웅회이리사, 보을하일리사, 보을하이리사, 고풍산사, 령산사, 세곡사,어운동사, 반산사	
1895	경성부 회령군	부남사, 공북사, 대덕사, 영유사, 운두사, 봉의사, 풍산사, 령산사, 관해사, 룡성사, 신흥사, 창효사, 웅회사, 인계사, 원산사(15개 사)	
1896	함경북도 회령군	위의 15개 사를 면으로 고침(15개 면)	
1914	〃	위의 15개 면을 분리, 병합하여 8개 면을 내옴. 회령면(공북면, 부남면, 대덕면 일부, 창효면 일부), 벽성면(영유면, 대덕면 일부), 운두면, 봉의면, 창두면(풍산면, 대덕면 일부, 운산면), 룡흥면(룡성면, 신흥면), 화풍면(웅회면, 인계면), 팔을면(창효면 일부, 원산면)	
1939	〃	회령면을 회령읍으로 하고 운두면과 봉의면을 합쳐 보을면으로 함(1개 읍, 6개 면)	
1952	〃	면을 폐지하면서 전 회령군 회령면, 창두면, 화풍면의	

연도	이름	관할지역	비고
1952	함경북도 회령군	전체 리와 팔을면중 5개 리, 벽성면중 4개 리, 부령군 서상면중 1개 리, 종성군 남산면중 2개 리로서 1개 읍, 16개 리를 구성함. 회령읍(회령면 삼일리, 오동리, 성천리, 오산리, 동명리, 팔을면 창효리 일부), 오봉리(벽성군 오봉리), 덕흥리(벽성면 덕흥리, 서촌리), 풍산리(창두면 창두리, 풍산리), 무산리(창두면 무산리, 부령군 서상면 신평리), 창태리(창두면 창태리, 령산리, 종암리), 창효리(팔을면 창효리 일부), 금생리(팔을면 금생리), 원산리(팔을면 원산리, 령천리), 인계리(화풍면 인계리, 신금생리), 궁심리(화풍면 궁심리), 사을리(화풍면 사을리), 학포리(화풍면 학포리, 종성군 남산면 방원리 일부), 세천리(종성군 남산면 세천리, 신천리), 신흥리(팔을면 신흥리), 대덕리(벽성면 대덕리, 회령면 료동리), 망양리(회령면 망양리)	

길주군(吉州郡)

도의 남쪽에 있는 군으로 조선조말 길성현을 개칭한 군으로 예전에는 궁한촌 해양 또는 삼행양이라고도 하였다.

【 길주군의 변천 】

연도	이름	관할지역	비고
1108	동북면 길주	길주를 새로 내옴.	
1393	삭방도 길주목		
1413	영길도 길주목		
1416	함길도 길주목		
1470	영안도 길성현	길주목을 길성현으로 고침.	
1509	함경도 길성현		
1872	〃	백초사, 백이사, 백삼사, 다이사, 다초사, 서초사, 서이사	
1886	함경도 길주목		
1895	경성부 길주군		
1896	함경북도 길주군	위의 사들을 면으로 고침.	
1898	〃	길주군 일부 지역을 떼내어 성진군을 내옴.	

연도	이름	관할지역	비고
1914	함경북도 길주군	길성면, 웅평면, 동해면 덕산면, 장백면, 영북면, 양사면(7개 면)	
1939	〃	길성면을 길주읍으로 고침(1개 읍, 6개 면)	
1943	함경북도 길성군	길성읍(영북면 길주읍), 웅평면, 동해면, 덕산면, 장백면, 양사면(1개 읍, 5개 면)	
1946	함경북도 길주군	길성읍을 길주면으로 고침(6개 면)	
1952	함경북도 길주군	위의 면을 폐지하고 전 길주군 길주면, 장백면, 덕산면 웅평면의 전체 리와 양사면중 3개 리를 포함하여 1개 읍, 24개 리로 구성함. 길주읍(길주면 길남리, 영남리, 영기리 일부, 길북리 일부), 영기리(길주면 영기리, 영북리, 봉암리 일부, 장백면 주남리 일부), 류천리(길주면 류천리, 홍수리, 길북리 일부), 쌍룡리(길주면 쌍룡리, 룡천리), 봉암리(길주면 봉암리, 영북리 일부), 온천리(길주면 표봉리, 금송리), 룡성리(웅평면 룡남리, 남양리 일부, 동해면 산성리 일부), 탑양리(웅평면 탑양리, 백원리), 상하리(웅평면 상하리, 내포리, 백탑리), 남양리(웅평면 남일리, 남이리, 남양리 일부), 일신리(덕산면 대동리, 일신리 일부), 덕신리(덕산면 덕신리, 위남리, 일신리 일부), 문암리(덕산면 문암리, 량동리), 금천리(덕산면 금천리, 신탑리), 청암리(덕산면 도목리, 지산리), 주남리(장백면 주남리, 도화리 일부), 평륙리(장백면 평륙리, 도화리, 룡당리 일부), 림동리(장백면 회남리, 림동리), 룡담리(장백면 상팔리, 룡담리 일부), 합포리(장백면 합포리), 십일리(장백면 십일리, 목성리 일부), 신동리(장백면 십사리, 신동리 일부), 풍계리(장백면 신동리 일부, 양사면 신풍리, 장흥리), 목성리(장백면 목성리 일부, 영호리), 춘흥리(양사면 춘흥리), 길주군 영기리를 영북구로 고침.	
1953	〃	문암리 일부를 떼내어 금천리에, 류천리 일부를 떼내어 영북노동자구에 넘김.	
1954	〃	류천리 일부를 떼내어 길주읍에 넘기고 길주읍 일부, 류천리 일부를 떼내어 홍수리를 내오고 영북노동자구 일부를 류천리에 넘김. 온천리 일부를 떼내어 금송리로 하고 주남리 일부를 떼내어 평륙리에, 탑양리 일부를 떼내어 상하리에, 신동리 일부를 떼내어 목성리에 넘김	
1967	〃	룡담리를 룡담노동자구로 고침.	
1972	〃	주남리를 주남노동자구로 고침.	

연도	이름	관할지역	비고
1981	함경북도 길주군	일신리를 일신노동자구로 고침.	
1991	〃	길주읍 일부를 떼내어 영남노동자구를 새로 내옴.	
1996	〃	상하리를 백원리로 고침.	
1997	〃	길주읍, 영북노동자구, 주남노동자구, 일신노동자구, 룡암노동자구, 홍수리, 봉암리, 합포리, 십일리, 목성리, 신동리, 풍계리, 춘흥리, 쌍룡리, 백원리, 평륙리, 림동리, 류천리, 금송리, 온천리, 금천리, 문암리, 덕신리, 청암리, 탑양리, 룡성리, 남양리, 영남노동자구(1개읍, 5개 노동자구, 22개 리)	

온성군(穩城郡)

도의 북쪽 우리나라 최북단에 있는 군. 북방개척이 활발하던 15세기 중엽(1440년 세종22년)에 함길도에서 내온 군인데 성을 쌓고 외적을 다스려 온화한 고장으로 되었다 하여 온성군이라고 하였다. 1441년에 도호부로 승격하고 1442년에 진을 두었다.

고구려의 옛땅으로서 고려시기에는 다온평 또는 전성이라고 하였다. 신증동국여지승람 제3권 다온평에서 다온은 털가죽을 의미하는 말로 예로부터 소문났던 이 고장의 털가죽과 그로 인하여 번성하였던 무역거래과정에서 생겨 난 말이다. 평은 두만강 기슭의 벌 혹은 마을을 가리킨 것이다. 전성은 다온평의 의미를 한자로 적은 것인데 전은 털가죽제품을 가리키며, 성은 이 고장에 성을 쌓은 것과 관련된다.

【 온성군의 변천 】

연도	이름	관할지역	비고
고려시기	다온평(또는 전성)		
1440	함길도 온성군	온성군을 새로 내옴.	
1441	함길도 온성도호부	온성군을 도호부로 고침.	
1469	영안도 온성도호부		
1509	함경도 온성도호부		
1630	함경도 온성현	온성도호부를 현으로 고침.	
1633	함경도 온성도호부	온성현을 온성도호부로 다시 고침.	

연 도	이 름	관 할 지 역	비 고
1872	함경도 온성도호부	포항사, 풍천사, 주원사, 미도동사, 영달동사, 당동사, 어후사, 충동사, 덕천사, 덕산사, 덕명 사, 안화사, 황석파사, 미전사, 유원사, 영달사	
1895	〃	온성도호부를 온성군으로 고침. 포항사, 주원사, 와동사, 영달사, 변포사, 충동사, 미전사, 유원사, 당동사, 방후사, 덕천사, 덕산사, 덕명사, 황석파사(16개 사)	
1896	경성부 온성군	읍면, 주원면, 변포면, 유원면, 영동면, 와동면, 훈융면, 충동면, 영달면, 포항면, 미전면(11개 면)	
1914	함경북도 온성군	온성면(읍면, 포항면 일부, 주원면 일부), 유포면(어후면, 변포면, 유원면), 영와면(영동면, 와동면), 영충면(영달면, 충동면), 미포면(포항면 일부, 주원면 일부, 미전면), 훈융면	
광복직후	〃	유포면을 남양면으로 고침.	
1952	〃	위의 면들을 폐지함. 전 온성군 남양면, 온성면, 미포면, 영와면의 전체 리와 종성군 종성면중 1개 리를 포함하여 1개 읍, 14개 리로 구성함. 온성읍(온성면 동화리 일부, 서흥리 일부, 남양리(남양면 남양리), 세선리(남양면 세선리, 향당리(남양면 향당리), 영강리(종성면 청강리, 산성리 일부, 남양면 영달리), 풍인리(미포면 풍인리, 풍교리 일부), 월파리(미포면 풍교리 일부, 월파리, 훈융면 금화리 일부), 미산리(미포면 미산리), 심청리(온성면 심청리, 미포면 장덕리), 주원리(온성면 주원리, 동화리 일부), 룡남리(영와면 룡남리, 송북리), 상화리(영와면 상화리, 석수리), 창평리(영와면 창평리), 풍서리(남양면 풍서리), 풍리리(남양면 풍리리)	
1954	〃	온성읍을 고성리로, 남양리를 온성읍으로 고치고 영강리를 종성군에 넘김.	
1958	〃	고성리 일부로 온탄노동자구 신설. 창평리가 종성군에 넘어 감.	
1967	〃	고성리, 상화리, 주원리, 풍인리를 각각 노동자구로 개편.	
1974	〃	종성군의 종성노동자구(종성읍을 노동자구로 개편함), 동관리, 영강리, 풍천리, 하삼봉리, 창평리, 풍계리, 동포리, 산성노동자구, 삼봉노동자구가 온성군에 들어 옴.	
1975	〃	온성읍을 남양노동자구로, 고성노동자구를 온성읍으로 함.	

연도	이름	관할지역	비고
1976	함경북도 온성군	심청리를 왕재산리로 고침.	
1981	〃	동관리를 강안리로 고침.	
1987	〃	창평리 일부와 산성노동자구 일부로 운암리를, 창평리 일부로 중산리를 새로 내오고 창평리는 창평노동자구로 개편.	
1990	〃	월파리를 두루봉리로 고침.	
1991	〃	동포리를 동포노동자구로 개편.	
1997		온성읍, 남양노동자구, 온탄노동자구, 상화노동자구, 주원노동자구, 풍인노동자구, 산성노동자구, 창평노동자구, 종성노동자구, 삼봉노동자구, 동포노동자구, 중산리, 향당리, 운암리, 강인리, 영강리, 하삼봉리, 세선리, 두루봉리, 왕재산리, 룡남리, 풍서리, 풍계리, 풍천리, 미산리, 풍리리(1개 읍, 10개 노동자구, 15개 리)	

종성군(鍾城郡)

조선조 중엽인 1435년(세종 17년)에 함길도 녕북진지역에 내온 군. 북방안정을 위해 4군6진이 개척되던 시기에 새로 설치한 군인데, 이 고장의 릉건산(동건산이라고도 한다)과 거기에 쌓은 돌성과 연관된다. 릉자와 성자를 합쳐 릉성이라고 하던 것을 한자로 옮기면서 종성으로 되었다. 릉을 종으로 고친 것은 릉의 본래말인 릉건이 종 또는 가슴을 의미하기 때문이다. 산의 생김이 마치 종을 엎어 놓은 것 같다 하여 그 이름을 릉건산 또는 동건산이라고 하였다고 한다. 동국여지승람에 군소재지 지역이 외적의 주요 침공로였으므로 1440년(세종 22년)에 군 소재지를 강외로 옮겼으며 1441년에 도호부로 승격하였다.

당시 군지역에는 부계, 림천, 록야, 방산, 조산, 시반 등이 속해 있었다. 고려시기에는 수주 또는 백안수소라고도 하였다.

【 종성군의 변천 】

연도	이름	관할지역	비고
고려시기	수주(또는 백안수소)		
1435	함길도 종성군	부계, 림천, 록야, 방산, 조산, 시반	

연도	이름	관할지역	비고
1441	함길도 종성도호부		
1469 1509 1872	영안도 종성도호부 함경도 종성도호부 〃	읍사, 서동사, 향고개사, 동관사, 운곡사, 동풍사, 방원사, 대평사, 고읍사, 계하사, 배계사, 록야사, 방산사, 조산사	
1895	경성부 종성군	읍사, 동관사, 운곡사, 향산사, 고읍사, 계하사, 방산사, 방원사, 동풍사, 서풍사, 소계사, 록야사, 조산사	
1896	함경북도 종성군	읍면, 계하면, 계북면, 남계면, 향산면, 동풍면, 서풍면, 운곡면, 계상면, 화산면, 방산면, 고읍면	
1914	〃	종관면(읍면, 계북면), 남산면(남계면, 향산면), 풍곡면(동풍면, 서풍면, 운곡면), 룡계면(계상면, 계하면), 화방면(화산면, 방산면), 고읍면	
1943	〃	종성면, 풍곡면, 남산면, 행영면, 룡계면, 화방면	
1949	〃	남산면 삼봉리를 갈라 삼봉리와 하삼봉리로, 방원리를 갈라 방원리와 간평리로, 세천리를 갈라 신천리로 함.	
1952	〃	위의 면들을 폐지하고 전 종성군 풍곡면, 풍계면, 행영면의 전체 리와 종성면중 4개 리, 남산면중 4개 리를 포함하여 1개 읍, 17개 리로 구성함. 종성읍(종성면 주산리, 금산리 일부), 동관리(종성면 동관리), 운암리(풍곡면 운봉리, 운암리 일부), 산성리(종성면 산성리 일부, 풍곡면 운암리 일부), 봉산리(룡계면 봉산리), 풍천리(풍곡면 풍천리, 관산리), 종산리(룡계면 종산리, 림천리 일부), 동포리(풍곡면 동포리), 룡계리(룡계면 부계리, 서원리, 림천리 일부), 방원리(남산면 간평리, 방원리 일부), 중봉리(행영면 중봉리, 룡산리), 풍계리(풍곡면 풍계리), 행영리(행영면 행영리), 굴산리(행영면 굴산리, 수동리), 락생리(행영면 락생리), 삼봉리(남산면 삼봉리), 하삼봉리(남산면 하삼봉리, 종성면 금산리 일부), 연산리(룡계면 연산리)	
1953	〃	산성리를 산성노동자구로 함.	
1954	〃	온성군 영강리가 종성군에 들어 옴.	
1958	〃	온성군 창평리가 종성군에 들어 옴. 룡계리, 봉산리, 종산리, 연산리가 경원군에 넘어 감.	
1961	〃	운암리가 창평리에 들어 감.	
1967	〃	중봉리를 중봉노동자구로 함.	
1972	〃	삼봉리를 삼봉노동자구로 함.	
1974	〃	(종성군 폐지)	

연도	이름	관할지역	비고
1974	함경북도 종성군	종성읍, 동관리, 영강리, 풍천리, 하삼봉리, 창평리, 풍계리, 동포리, 산성노동자구, 삼봉노동자구는 온성군에, 락생리, 행영리, 방원리, 굴산리, 중봉노동자구는 회령군에 들어 감.	

새별군

도의 북동부에 있는 군. 1977년에 경원군의 이름을 고쳐서 내온 군이다.

【 새별군의 변천 】

연도	이름	관할지역	비고
1392	삭방도 공주 (또는 광주)	공주를 새로 내옴.	
1398	삭방도 경원도호부	공주를 경원도호부로 고침.	
1413	영길도 경원도호부		
1416	함길도 경원도호부		
1469	영안도 경원도호부		
1509	함경도 경원도호부		
1895	경성부 경원군	읍사, 훈융사, 소을하사, 성천사, 농포사, 안원사, 동림사, 고건원사, 신건원사, 고아산사, 신아산사, 유신사, 해진사(13개 사)	
1896	함경북도 경원군	위의 사를 면으로 고치면서 훈융면을 온성군에 넘기고 건원사를 신건원면으로, 소을하사를 송하면으로, 아산사를 신아산면으로, 농포사를 분리하여 농포면과 의동면으로, 해진사를 분리하여 덕천면과 덕명면으로 함(14개 면)	
1914	〃	경원면(읍면, 송하면, 성천면), 안농면(의동면, 농포면, 안원면), 동원면(동림면, 신건원면), 아산면(신아산면, 고아산면), 룡덕면(고건원면, 덕천면), 유덕면(덕명면, 유신면)(6개 면)	
1947	〃	유덕면을 경흥군에 넘김(5개 면)	
1952	〃	위의 면들을 폐지하고 전 경원군 룡덕면 안농면,	

연 도	이 름	관 할 지 역	비 고
1952	함경북도 경원군	동원면, 경원면의 전체 리와 아산면중 1개 리, 온성군 훈융면중 3개 리를 포함하여 1개 읍, 21개 리로 구성함. 경원읍(안농면 리동리), 금동리(안농면 금동리, 상동리), 량동리(안농면 량동리), 안농리(안농면 김히리, 신개리), 안원리(동원면 금월리, 안농면 안원리), 고성리(안농면 세동리, 고성리), 봉운리(경원면 봉운리, 관류리 일부), 중산리(경원면 중산리, 심령리, 안농면 석현리), 중영리(경원면 중영리, 송천리), 하면리(경원면 하면리, 이도리), 사수리(훈융면 사수리, 풍무리), 성내리(경원면 성내리, 회동리, 관류리 일부), 금화리(훈융면 금화리), 동림리(동원면 유수리, 중평리, 공자리), 룡북리(동원면 룡북리, 림대리), 신건리(동원면 신건리, 화정리), 룡현리(룡덕면 룡서리, 룡현리), 룡문리(룡덕면 룡문리), 룡남리(룡덕면 룡남리, 룡향리), 룡신리(룡덕면 룡신리, 룡평리), 승량리(안농면 승량리, 여운리), 로관리(아산면 수정리, 동원면 로관리)	
1953	〃	하면리 일부를 분리하여 사수리에 편입하고 사수리와 금화리를 분리하여 사수리와 훈융리로 하고 신건리, 로관리를 병합하여 신건리와 화정리로 함. 룡북리 일부를 분리하여 고건원노동자구를 내옴.	
1954	〃	동림리 일부를 분리하여 룡북리에 편입하고 룡북리 일부를 분리하여 고건원노동자구에 넘김.	
1958	〃	종성군 룡계리, 봉산리, 종산리, 연산리를 경원군에 편입하고 고성리를 안원리에 편입하고 화정리를 신건리에 편입하고 경원읍을 농포리로 하고 봉운리를 경원읍으로 함.	
1961	〃	하면리를 하면노동자구로, 룡북리를 룡북노동자구로하고 중산리를 성내리에 통합.	
1964	〃	경원읍을 분리하여 후석리를 신설.	
1977	함경북도 새별군	경원군을 새별군으로, 경원읍을 새별읍으로, 승량리를 룡당리로 고침.	
1986	〃	안농리를 류다섬리로 고침.	
1977	〃	새별읍, 고건원노동자구, 룡북노동자구, 하면노동자구, 훈융리, 사수리, 중영리, 후석리, 류다섬리, 량동리, 성내리, 농포리, 금동리, 안원리, 룡당리, 동림리, 신건리 룡현리, 룡남리, 룡문리, 룡신리, 연산리, 봉산리, 중산리, 룡계리(1개 읍, 3개 노동자구, 21개 리)	

라선시(羅先市)

북동부 동해바닷가에 있는 시로 2000년에 라진-선봉시를 라선시로 고쳤다. 라진-선봉시는 1993년 9월에 라진시와 선봉군을 합쳐 내왔다 하여 라진-선봉시라고 하였다. 시는 1개의 구역인 라진구역과 1개의 군인 선봉군으로 구성되어 있었다. 이 지역은 우리 선조들이 태고로부터 개척해 온 고장으로서 굴포원시 유적을 비롯한 유적들이 여러 곳에 있다. 시에는 자연호인 서번포를 비롯한 동번포, 만포 같은 호수들이 있다.

라진구역(羅津區域)

시의 남쪽 바닷가에 있는 구역. 1993년 9월에 라진시를 고쳐 라진-선봉시에 내온 구역이다. 구역은 유현동, 안주동, 신해동, 관곡동, 창평동, 역전동, 남산동, 신안동, 지경동 동명동, 안화동, 신흥동, 청계동, 후창리로 구성되어 있다.

1995년 3월에 함경북도 청진시 청암구역 무창리가 본구역으로 넘어 왔다.

【 라선시의 변천 】

연 도	이 름	관 할 지 역	비 고
1930년대 초	함경북도 라진부	경흥군 신안면, 풍해면	
1930년대 말 (1943)		신안면과 풍해면을 합쳐 라진부를 내옴. (80개의 정목, 동으로 개편) 소화통일정목, 소화통이정목, 소화통삼정목, 소화통 사정목, 소화통오정목, 금강통일정목, 금강통이정목, 금강통삼정목, 환산통일정목, 환산통이정목, 흥안통 일정목, 흥안통이정목, 흥안통삼정목, 빈정통일정목, 빈정통이정목, 빈정통삼정목, 빈정통사정목, 태평통 일정목, 태평통이정목, 태평통삼정목, 부사견정일정목, 부사견정이정목, 부사견정삼정목, 부사견정사정목, 부사견정오정목, 록정일정목, 록정이정목, 록정삼정목, 약초정일정목, 약초정이정목, 약초정삼정목, 산수정일정목, 산수정이정목, 산수정삼정목, 대화정일정목, 대화정이정목, 대화정삼정목, 대화정사정목, 원정일정목, 원정이정목, 원정삼정목, 궁정일정목, 궁정이정목, 욱정일정목, 욱정이정목, 욱정삼정목, 중정일정목,	

연도	이름	관할지역	비고
1930년대 말 (1943)		중정이정목, 중정삼정목, 청수정일정목, 청수정이정목, 청수정삼정목, 금정일정목, 금정이정목, 금정삼정목, 말광정일정목, 말광정이정목, 영정일정목, 영정이정목, 영정삼정목, 남산정일정목, 남산정이정목,남산정삼정목, 남산정사정목, 대정일정목, 대정이정목, 대정삼정목, 금평정일정목, 금평정이정목, 금평정사정목, 금평정사정목, 금평정오정목, 신안동, 간의동산해동, 라진동, 초도동, 유현동, 명호동, 신수동	
광복직후	함경북도 라진시		
1949	함경북도 라진군	라진시를 폐지하고 라진면(유현리, 산해리, 창평리, 삼보리, 신흥리, 청계리, 안지리, 중앙리, 남산리, 명호리, 동원리, 안주리, 라진리, 항로리)과 풍해면(명동리, 후창리, 무창리, 방진리)으로 하며 부령군에서련천, 부거, 삼해, 관해의 4개 면을 분리하여 이와 병합하여 라진을 중앙으로 한 라진군을 신설.	
1952	〃	위의 면이 전부 폐지되고 라진군 풍해면, 관해면의 전체 리와 라진면중 12개 리, 삼해면중 6개 리, 부거면중 5개 리를 포함하여 1개읍, 17개 리를 내옴. 라진읍(라진면 안화리, 남산리, 삼보리, 창평리, 중앙리, 동명리, 동원리), 유현리(라진면 유현리, 항로리 일부, 풍해면 명호리 일부), 안주리(라진면 안주리, 라진리, 항로리 일부), 신흥리(라진면 신흥리, 청계리 일부), 후창리(풍해면 후창리, 명호리 일부), 무창리(풍해면 무창리), 부광리(관해면 락산리, 부광리), 관해리(관해면 소청리 일부, 삼해면 내포리), 서리(관해면 서리, 구룡리), 라석리(관해면 라석리, 신흥리), 로창리(삼해면 로창리, 사진리, 남랑리), 삼해리(삼해면 수평리, 농운리, 가전리), 부거리(부거면 부거리, 독동리), 룡제리(부거면 룡제리), 판장리(부거면 판장리), 방진리(풍해면 방진리), 리진리(관해면 리진리, 소청리 일부), 중평리(부거면 중평리) 부광리를 락산노동자구로 고침.	
1952.12	〃	관해리 일부를 분리하여 서리에 편입하고 서리 일부를	
1953	〃	분리하여 관해리에 편입. 중평리를 판장리에 편입하고 웅기군 비파리 일부를 분리하여 신해리를 내옴.	
1958	〃	라진리 일부를 분리하여 관해리에 편입.	

연 도	이 름	관 할 지 역	비 고
1960	함경북도 라진군	부령군으로부터 교원리, 련천리, 련진리, 마전리, 사구리를 분리하여 라진군에 편입.	
1961	〃	신흥리를 신흥노동자구로, 안주리를 안주노동자구로 고치며 판장리를 부거리에 합치고 판장리는 없앰.	
1967	함경북도 라진시	라진군의 일부와 웅기군을 통합하여 라진시를 내옴. 라진군의 련천리, 련진리, 마전리, 룡제리. 부거리, 사구리, 교원리를 청진시 부령구역에 넘김. 라진군과 웅기군은 없앰. 라진군 라진읍을 분할하여 역전동, 창평동, 지경동, 남산동, 동명동, 안화동, 신안동을, 신흥노동자구를 분할하여 신흥동, 청계동을 내오고 안주노동자구를 안주동으로 고침. 웅기군 웅기읍을 분할하여 상현동, 중현동, 하현동, 송평동을, 백학리 일부를 떼내어 백학1동을, 백학리 일부와 관곡리를 통합하여 백학2동을 내옴. 웅기군 홍의리 일부를 떼내어 두만강노동자구를 내옴. 라진군의 유현리, 후창리, 방진리, 무창리, 리진리, 판해리, 라석리, 서리, 삼해리, 로창리, 신해리, 락산 노동자구, 웅기군의 룡수리, 철주리, 웅상리, 홍의리, 사회리, 조산리, 부포리, 굴포리, 서수라리들을 라진시에 편입하며 웅기군 적지리를 홍의리에, 신회리를 사회리에 붙임.	
1968	〃	라진시 백학2동 일부, 룡수리 일부로 관곡동을 내오고 룡수리 나머지 일부는 신해리에 편입. 라진시 상현동, 중현동, 하현동, 송평동과 백학1동 일부를 통합하여 웅기군 웅기읍을 내오고 종전의 웅기읍은 웅상리로 함. 백학1동의 나머지 일부와 백학2동의 나머지 일부를 통합하여 웅기군 백학리로 하며 라진시 철주리를 웅기군에 편입. 라진시 백학1동, 백학2동, 룡수리, 상현동, 중현동, 하현동, 송평동은 없앰.	
1972	〃	삼해리를 삼해노동자구로 개칭.	
1973	〃	라진시안에 남산구역, 신흥구역, 관해구역을 새로 내옴. 관곡동, 안화동, 동명동, 안주동, 남산동, 신해리와 신안동 일부, 지경동 일부로 남산궁역을 내오고 신안동 일부, 지경동 일부를 합쳐 신안동으로, 신해리를 신해동으로 고침.	

연도	이름	관할지역	비고
1973	함경북도 라진시	청계동, 신흥동, 역전동, 창평동, 유현리와 신안동 일부, 지경동 일부로 신흥구역을 내오고 신안동 일부와 지경동 일부를 합쳐 지경동으로, 유현리를 유현동으로 고침. 후창리, 무창리, 방진리, 락산노동자구, 리진리, 관해리, 라석리, 서리, 삼해노동자구, 로창리로 관해구역을 내오고 방진리, 리진리, 라석리를 노동자구로, 관해리를 관해동으로 고침.	
1974	〃	관해구역 삼해노동잗구, 라석노동자구, 리진노동자구, 락산노동자구, 방진노동자구를 동으로 고침. 남산구역, 관해구역, 신흥구역을 없애고 라진시안의 리, 동을 시에 직속시킴.	
1993	〃	로창리를 로창동으로 고침.	
1993. 9	라진–선봉시 라진구역	유현동, 안주동, 신해동, 관곡동, 창평동, 역전동, 남산동, 신안동, 지경동, 동명동, 안화동, 신흥동, 청계동, 후창리로 구역을 내옴(관해동, 방진동, 락산동, 라진동, 삼해동, 로창동, 라석동, 무창리, 서리는 청진시 청암구역에 넘어 감)	
1995	〃	청진시 청암구역 무창리가 라진구역에 넘어 옴.	
2000	라선시	라진–선봉시를 라선시로 고치고 라진구역을 없애고 라선시에 소속시켰다.	

웅기군(雄基郡)

웅기는 이 고장에 있은 면 이름과 동 이름인 웅기면과 웅기동에서 나온 것이다. 예부터 광복후까지 경원군 경흥군에 소속되어 있다가, 1952년에 경흥군 웅기면과 로서면의 전체 리와 화방면에서 1개 리, 경흥면에서 3개 리, 라진군 라진면에서 1개 리를 떼어 구성되었다. 1981년 10월 선봉군으로 고쳐졌다.

【 웅기군의 변천 】

연도	이름	관할지역	비고
1952	함경북도 웅기군	웅기읍(웅기면 상현리, 하현리, 중현리), 백학리(웅기면	

연도	이름	관할지역	비고
1952	함경북도 웅기군	백학리), 관곡리(웅기면 관곡리), 웅상리(웅기면 웅상리), 홍의리(로서면 홍의리, 중산리), 서수라리(로서면 서수라리, 토리 일부), 굴포리(로서면 서포항리, 굴포리, 대암리, 포리 일부), 부포리(로서면 부포리), 조산리(로서면 조산리), 룡수리(웅기면 룡수리, 송평리), 사회리(경흥면 사회리, 신회리 일부), 비파리(웅기면 비파리, 라진면 신해리), 적지리(경흥면 적지리), 철주리(웅기면 철주리, 화방면 류성리, 라진면 청계리 일부), 신회리(경흥면 신회리)	
1954	〃	룡수리 일부를 분리하여 관곡리와 웅기읍, 백학리에 편입하고 적지리 일부를 홍의리에, 비파리를 룡수리에 편입.	
1967. 8	함경북도 라진시	라진군 일부와 웅기군을 통합하여 라진시로 함. 웅기읍을 분할하여 상현동, 중현동, 하현동, 송평동을 새로 내옴. 백학리 일부로 백학1동을, 백학리 나머지 일부와 관곡리를 통합하여 백학2동을 내오고 홍의리 일부를 분할하여 두만강노동자구를 새로 내오고 적지리를 홍의리에, 신회리를 사회리에 붙였다.	
1967.10	함경북도 웅기군	라진시를 분리하여 웅기군을 다시 내옴(두만강노동자구, 웅상리, 홍의리, 사회리, 조산리, 부포리, 굴포리, 서수라리, 홍의리를 웅기읍으로 고침)	
1967.11	〃	웅기읍을 홍의리로, 웅상리를 웅기읍으로 고침.	
1968	〃	웅기읍을 웅상리로 하고 라진시 상현동, 중현동, 하현동, 송평동과 백학1동 일부를 떼내어 웅기읍을 내오고 백학1동의 나머지 일부와 백학2동의 나머지 일부로 백학리를 내오고 라진시 철주리를 웅기군에 편입.	
1981.10	함경북도 선봉군	웅기군을 선봉군으로, 웅기읍을 선봉읍으로, 서수라리를 우암리로 고침.	
1993	라진-선봉시 선봉군	은덕군의 원정리, 하회리, 하여령리가 선봉군에 들어오고 선봉군의 철주리가 은덕군에 넘어 갔다. 현재 군은 선봉읍, 웅상노동자구, 두만강로도자구, 백학리, 굴포리, 부포리, 우암리, 조산리, 홍의리, 사회리, 원정리, 하회리, 하여평리로 구성되어 있다.	
2000	라선시	선봉군을 없애고 선봉읍을 갈라 상현동, 중현동, 하현동, 송평동을 새로 내오고 선봉읍은 없앴다. 두만강노동자구를 두만강동으로, 웅상로도자구를 웅상동으로 고쳤다.	

함경북도 행정구역도

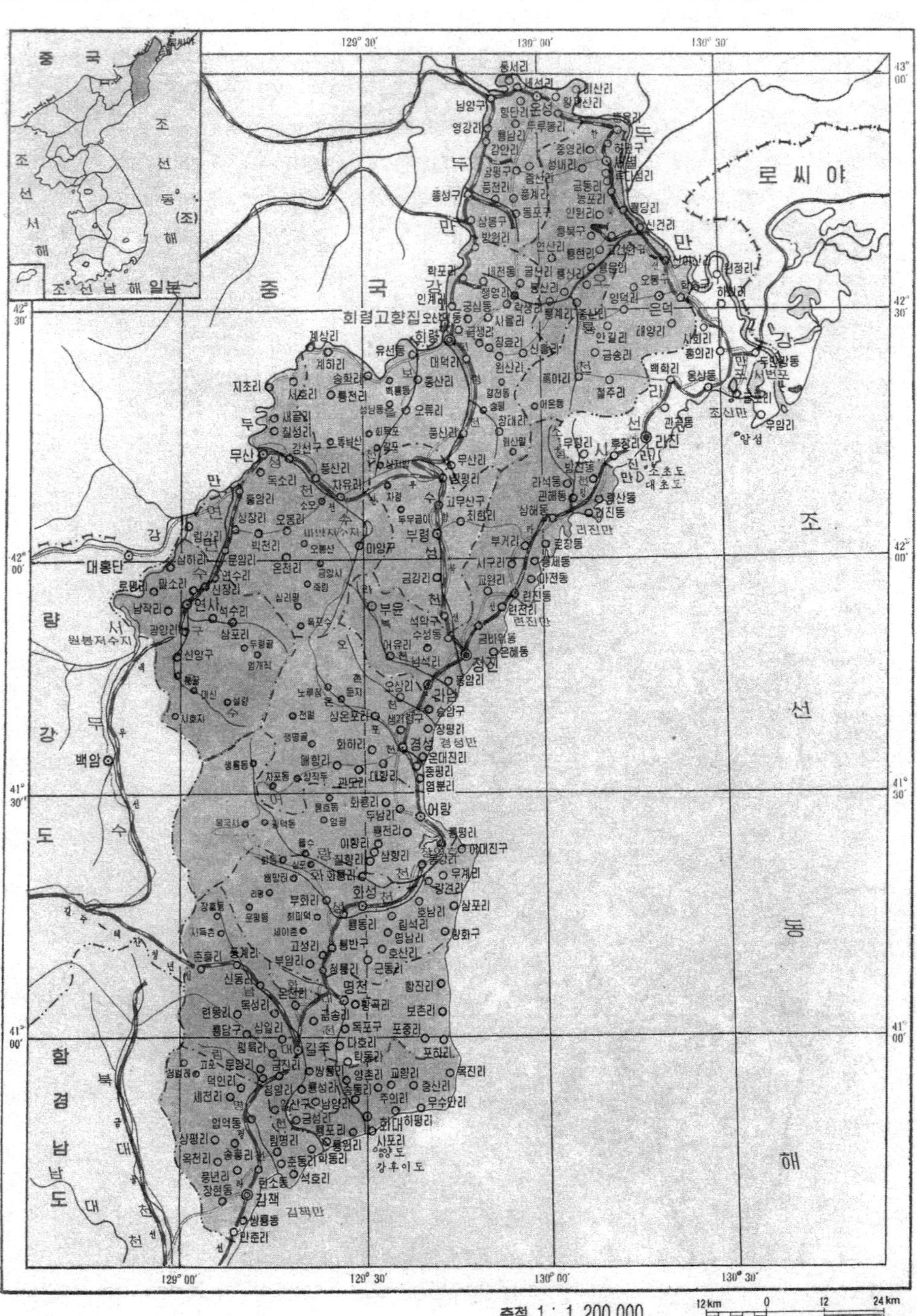

축적 1 : 1 200 000

12 km 0 12 24 km

07 자강도 행정구역명 연혁

자강도(慈江道)

1949년 1월 당시의 평안북도 강계군, 자성군, 후창군, 위원군, 초산군, 회천군과 함경남도 장진군을 분리통합하여 새로 내온 도인데 자성군의 자(慈)와 강계군의 강(江)자를 따서 자강도라고 하였다. 이 지역은 본래 고조선 땅이었고 그 후에는 고구려 땅이었다.

발해 때 서경압록부에 속한 지역이며, 고려시기인 995년에 전국을 10도로 나눌 때 패서도에 속한 지역이었으며, 그후 5도량계로 가르면서 북계에 속하였다. 1102년 북계를 서북면으로 고쳐 부르게 되면서 서북면에 속한 지역이었다.

그후 전국을 8도로 나누어 1413년 평안도를 내올 때는 평안도 지역에 속하였다.

1895년 전국을 23부로 나누면서 강계부에 들어갔으며 1896년에 전국을 13도로 나누면서 평안북도에 속하였다. 자강도가 나온 후 도의 이름은 변동이 없고 관할 지역은 아래와 같이 변하여왔다.

【 자강도의 변천 】

연 도	이 름	관 할 지 역	비 고
1949	자강도	강계군, 만포군, 전천군, 회천군, 초산 군, 위원군, 자성군, 후창군(8개 군)	강계군 → 만포군, 전천군 장진군 동북면 → 강계군
1949	〃	강계시, 장강군, 만포군, 전천군, 회천군, 초산군, 위원군, 자성군, 후창군(1개 시, 8개 군)	강계군 → 강계시, 장강군
1952.12	〃	강계시, 장강군, 만포군, 시중군, 전천군, 성강군, 룡림군, 회천군, 동신군, 초산군, 고풍군, 송원군, 위원군, 자성군, 중강군, 화평군, 후창군(1개 시, 16개 군)	전천군 → 전천군, 성간군, 룡림군 만포군 → 만포군, 시중군 회천군 → 회천군, 동신군 초산군 → 초산군, 고풍군, 송원군 자성군 → 자성군, 중강군 후창군 → 후창군, 화평군

연 도	이 름	관 할 지 역	비 고
1954	자강도	강계시, 장강군, 만포군, 시중군, 전천군, 성간군, 룡림군, 회천군, 동신군, 초산군, 고풍군, 송원군, 위원군, 자성군, 중강군, 화평군, 우시군, 랑림군(1개 시, 17개 군)	후창군 → 량강도에 넘어 감. 평안북도 우시군 〉자강도에 넘어옴 함경남도 랑림군
1967	〃	강계시, 회천군, 만포시, 장강군, 시중군, 전천군, 성간군, 룡림군, 동신군, 초산군, 고풍군, 송원군, 위원군, 자성군, 중강군, 화평군, 우시군, 랑림군(3개 시, 15개 군)	회천군 → 회천시 만포군 → 만포시
1992	〃	위와 같음.	

【 강계시의 변천 】

강계군으로 있던 지역을 1949년 자강도가 생겨나면서 시로 승격되었다.

연 도	이 름	관 할 지 역	비 고
조선시대		상면, 시하면, 리남면, 리서면, 고산면, 삼상면, 삼중면, 삼하면, 자상면, 자하면, 관동면, 자송면, 무창면, 하산면, 려연면, 장성면, 리상면, 리하면, 우예면, 진목면, 칠평면, 곡하방, 오뢰방, 외귀방(3개 방, 35개 면)	성간방 → 간상면, 간하면, 간북면 공귀방 → 공서면, 공남방, 공북면 종포방 → 종남면, 종서면 리판방 → 리남면, 리서면 시천방 → 시상면, 시하면 삼천방 → 삼상면, 삼중면, 삼하면 자성방 → 자상면, 자하면, 자송면, 관동면 리판면 → 리상면, 리하면 우채 → 려연면, 장성면, 우예면 고산리방 → 고산면 좌채 → 무창면 중채 → 하산면
1896	평안북도 강계군	읍동면, 읍서면, 룡림면, 립관면, 화경면, 전천면, 간상면, 간하면, 간북면, 공서면, 공북면, 종남면, 종서면, 시하면, 시상면, 어뢰면, 곡하면, 리서면, 외귀면, 문옥면, 고산면(21개 면)	삼상면, 삼중면, 삼하면, 자상면, 자하면, 자송면, 관동면, 리상면, 리하면, 려연면, 장성면, 우예면은 자성군에, 하산면, 무창면, 진목면, 칠평면은 후창군에 넘어 감. 곡하방 → 곡하면, 어뢰방 → 어뢰면 화피면 → 룡림면 리서면, 리남면 → 리서면 외귀방 → 외귀면, 문옥면 공북면, 공남면 → 공북면

연도	이름	관할지역	비고
1914	평안북도 강계군	강계면, 룡림면, 립관면, 화경면, 전천면, 성간면, 공서면, 공북면, 종남면, 종서면, 시중면, 어뢰면, 곡하면, 리서면, 외귀면, 문옥면, 고산면, 간북면(18개 면)	간상면, 간하면 → 성간면 시상면, 시하면 → 시중면 읍동면, 읍서면 → 읍내면
1918	〃	읍내면을 강계면으로 고침.	
1931	〃	강계읍, 룡림면, 립관면, 화경면, 전천면, 성간면, 간북면, 공북면, 종남면, 종서면, 시중면, 어뢰면, 곡하면, 리서면, 외귀면, 문옥면, 고산면(1개 읍, 16개 면)	강계면, 공서면 → 강계읍
1942	〃	위와 같은데 문옥면 대신 만포읍을 내옴(2개 읍, 15개 면)	
1946	〃	강계면, 만포면, 룡림면, 립관면, 화경면, 전천면, 성간면, 간북면, 공북면, 종남면, 종서면, 시중면, 어뢰면, 리서면, 외귀면, 곡하면, 고산면(17개 면)	만포읍 → 만포면 강계읍 → 강계면
1949	자강도 강계군	강계면, 공북면, 종남면, 종서면, 곡하면, 어뢰면, 동문면(7개 면)	만포면, 시중면, 리서면, 외귀면, 고산면 → 만포군 전천면, 화경면, 립관면, 룡림면, 성간면, 간북면 → 전천군 장진군 동문면 → 강계군
1949. 12	자강도 강계시	강계면이 강계시로 개편. 명륜, 구정, 서원, 동부, 고당, 남문, 부참, 관전, 동문, 류동, 고영, 연동, 인풍, 신문, 강서외룡, 내룡, 사직, 석현(20개 리)	공북면, 종남면, 종서면, 곡하면, 어뢰면, 동문면 → 장강군
1952. 12	〃	명륜, 구정, 서원, 동부, 고당, 남문, 남산, 부창, 관전, 동문, 류동, 만수, 고영연동, 인풍, 신문, 강서, 외룡, 서산, 내룡, 사직, 석현, 향로, 공귀, 공인, 두흥(26개리)	외룡 → 외룡, 서산, 부창 → 부창,만수, 향로, 공귀, 공인, 두흥 ← 장강군에서 넘어 옴.
1957. 6	〃	명륜동, 고영동, 고당동, 류동, 석조동, 연풍동, 신문동, 북문동, 인풍동, 부창동, 만수동, 동문동, 남문동, 남천동, 석현동, 강서동, 남산동, 외룡동, 서산동, 내룡동, 동부리, 향로리, 공귀리, 공인리, 두흥리(20개 동, 5개 리)	강서동, 사직동 → 강서동, 서원동→ 구정동, 인풍동에 편입. 관전동→ 인풍동, 구정동에 편입. 고당동→ 고당동, 석조동, 동문동 일부, 남문동 일부 → 남천동, 구정동 → 북문동으로 개칭.
1961. 3	〃	동문동, 동부동, 야학동, 향노동, 석현동, 고영동, 고당동, 류동, 석조동, 연주동, 연풍동,	동부리 → 동부동, 야학동 남천동, 남문동 → 남문동

연도	이름	관할지역	비고
1961. 3	자강도 강계시	수침동, 신문동, 북문동, 인풍동, 부창동, 만수동, 남산동, 남문동, 흥주동, 강서동, 외룡동, 대웅동, 서산동, 내룡동, 공귀리, 공인리, 두흥리 (25개 동, 3개 리)	명륜동, 남산동 → 남산동 석조동 → 석조동, 연주동 외룡동 → 외룡동, 대웅동 신문동 일부, 연풍동 일부 → 수침동 향로리 → 향노동 시중군 흥주리 → 강계시 흥주동
1967. 10	〃	북문동, 동부동, 고당동, 남문동, 남산동, 부창동, 만수동, 동문동, 남천동, 류동, 석조동, 연주동, 연석동, 석현동, 고영동, 고계동, 연풍동, 수침동, 신문동, 인풍동, 강서동, 외룡동, 서산동, 대웅동, 내룡동, 흥주동, 야학동, 향노동, 공귀동, 공인리, 두흥리, 인가리(29개동, 3개 리)	석조동 → 석조동, 연석동 연주동 → 연주동, 연석동 남천동 ← 동문동 일부, 야학동 일부 고영동 → 고영동, 고계동 공귀리 → 공귀동 인가리 ← 석현동 일부, 공인리 일부
1976. 2	〃	위와 같은데 고계동을 장자동으로 고침(29개 동, 3개 리)	고계동 → 장자동
1981. 2	〃	북문동, 동부동, 고당동, 남문동, 남산동, 부창동, 만수동, 동문동, 남천동, 류동, 석조동, 연주동, 연석동, 석현동, 장자동, 고영1동, 고영2동, 연풍동, 수침동, 신문동, 인풍동, 강서동, 외룡동,서산동, 대웅동, 내룡동, 흥주동, 야학동, 목산동, 향노동, 공귀동, 공인리, 두흥리, 인가리 (31개 동, 3개 리)	서산동 → 서산동, 독산동 고영동 → 고영1동, 고영2동
1981. 10	〃	북문동, 동부동, 노동자동, 남문동, 남산동, 부창동, 만수동, 동문동, 남천동, 류동, 석조동, 연주동, 연석동, 석현동, 장자동, 고영1동, 고영2동, 연풍동, 수침동, 신문동, 충성동, 강서동, 외룡동, 서산동, 대웅동, 내룡동, 흥주동, 야학동, 독산동, 향노동, 공귀동, 공인동, 두흥리, 인가리(32개 동, 2개 리)	인풍동 → 충성동 고당동 → 노동자동 공인리 → 공인동
1995. 12	〃	쌍신리를 신흥리로 고침.	
1998. 7	〃	노동자동, 연주동, 석조동, 류동, 고영1동, 고영2동, 연풍동, 수침동, 신문동, 남산동, 만수동, 북문동, 부창동, 충성동, 동문동, 야학동, 동부동, 향노동, 남문동, 석현동, 강서동, 외룡동, 대웅동, 서산동, 독산동, 내룡동, 흥주동, 두흥리, 공귀동, 공인동, 연석동, 은정동, 남천동, 장자동, 의진리, 신흥리(33개 동, 3개 리)	인가리 → 은정동 시중군 의진리, 쌍신리가 강계시에 편입

만포시(滿浦市)

도의 서북부 압록강기슭에 있는 시. 조선조 초엽부터 평안도 강계부에 속하여 있으면서 압록강을 오르내리는 배들로 가득 찬 포구라는 뜻에서 만포라고 하였다.

1461년에 북방경비를 위하여 성을 쌓았으며 1669년에는 만포진을 설치하였다. 1833년 만포진이 폐지되면서 외귀방에 속하였다가 1868년에 새로 나온 문옥면에 속하였으며, 광복직후에 문흥동을 중심으로 하여 만포진을 새로 내오면서 평안북도 강계군 만포면이 되었다.

【 만포시의 변천 】

연도	이름	관할지역	비고
1949	자강도 만포군	만포면, 고산면, 외귀면, 리서면, 시중면(5개 면)	
1952	〃	만포군은 전 만포군 만포면, 고산면, 외귀면, 리서면의 전체 리로 다음과 같은 읍과 리들을 구성함. 만포읍(만포면 문흥리, 관문리, 압강리, 고개리, 해방리, 군막리), 별오리(만포면 별오리), 건평리(만포면 건평리), 문악리(만포면 문악리, 청룡리), 연포리(만포면 연포리, 림토리), 삼강리(만포면 삼강리), 미타리(고산면 립석리, 미타리), 포상리(고산면 분토리, 포상리), 춘산리(고산면, 춘산리, 춘원리), 남상리(고산면 남상리, 마시리), 연하리(고산면 연하리, 신풍리), 오류리(고산면 오류리, 취암리), 연상리(고산면 연상리, 연풍리), 건상리(외귀면 건상리, 양지리), 건중리(외귀면 건중리), 건하리(외귀면 건하리, 건신리), 약수리(외귀면 약수리, 홍판리 일부), 홍판리(외귀면 장항리, 홍판리 일부), 리남리(외귀면 리남리, 손이리), 등공리(리서면 등공리), 송하리(리서면 송하리), 송학리(리서면 송일리, 송이리), 함부리(리서면 함일리, 함이리)(1개 읍, 22개 리) 같은 해에 건평리를 해방노동자구로 고침(1개 읍, 1개 구, 21개 리)	
1958	〃	춘산리와 포상리를 통합하여 고산리로 함(1개 읍, 1개 구, 20개 리)	
1961	〃	시중군 로남리 일부를 분리하여 만포군 연상리에 편입하고 오류리를 연하리에 통합함. 약수리, 홍판리, 리남리를 시중군에 편입하고 홍판리 일부를 분리하여 리남리에 넘김(1개 읍, 1개 구, 16개 리)	

연 도	이 름	관 할 지 역	비 고
1967	자강도 만포시	만포군을 만포시로 고치면서 만포읍을 분리하여 고개동, 군막동, 강안동, 세검동, 샘물동, 봉화동, 관문동을, 문악리를 분리하여 새마을동, 문악동을, 연포리 일부를 분리하여 십리동리를, 해방노동자구 일부를 분리하여 구오동을 새로 내오고 해방노동자구를 별오리에 붙이고 별오리를 별오동으로 고쳤으며 만포읍, 해방노동자구, 문악리를 없앰(11개 동, 15개 리)	
1997	〃	고개동, 군막동, 강안동, 세검동, 샘물동, 봉화동, 관문동, 새마을동, 문악동, 구오동, 별오동, 미타리, 고산리, 남상리, 연하리, 연상리, 건상리, 건중리, 건하리, 등공리, 송하리, 송학리, 함부리, 삼강리, 연포리, 십리동리(11개 동, 15개 리)	

희천시(熙川市)

도의 동남부에 있는 시. 1967년에 자강도 희천군을 개편하여 내온 시인데, 이 고장의 옛이름인 희주의 희자와 주를 천이나 산으로 바꾸는 규례에 따라 천자를 따서 지은 이름이다. 희는 외적을 물리치는 싸움에서 큰 전과를 이룩한 빛나는 고장이라는 뜻에서 쓰인 말이며, 천은 청천강 기슭에 자리잡은 고장이라는 뜻에서 붙인 이름이다.

【 희천시의 변천 】

연 도	이 름	관 할 지 역	비 고
고구려(고려 경종 4년)	청새진		
1217(고려 고종 4년)	서북면 위주		
그후(고려 원종 2년)	서북면 희주		
1396(조선조 태조 5년)	서북면 희주군		
1418(조선조 태조 13년)	평안도 희천군		
1895	〃	동면, 북면, 서면, 서동면, 남면, 진면, 장동면 동창면, 읍내면(9개 면)	1895년에 간행된 관서읍지
1896	평안북도 희천군	서면, 동면, 남면, 북면, 진면, 장동면, 동창면, 신풍면(8개 면)	

연도	이름	관할지역	비고
1914	평안북도 희천군	읍내면, 서면, 동면, 남면, 북면, 진면, 장동면, 신풍면, 동창면(9개 면)	
1918	〃	위와 같되 읍내면이 회천면으로 됨.	
1952	자강도 희천군	희천군은 희천면, 서면, 남면, 북면, 진면의 전체 리와 동면중 4개 리를 포함하여 구성. 희천읍(희천면, 읍상리, 청천리, 읍하리, 송우리, 시장리, 산저리, 추령리, 청산리 포함), 향천리(진면 향천리, 향산리 포함), 마선리, 동문리(진면 초리, 동문리 포함), 장평리(진면 장평리, 남성리 포함), 부흥리(남면 부성리, 부흥리 포함), 남신리(남면 남신리, 신성리 포함), 원명리, 송지리, 평원리(서면 평일리, 평이리 포함), 상서리(서면 상서리, 고읍리 포함), 극성리(서면 극성리, 회서리 포함), 전평리, 류중리(희천면 류중리, 영안리 포함), 지신리, 명대리, 관대리(북면 관대리, 정상리 포함), 청운리(북면 청운리, 문암리 포함), 갈현리, 청하리, 청상리(동면 초상리, 청상리 포함)	
1954	〃	류중리 일부를 분리하여 희천읍에 편입. 전평리를 전평노동자구로 개편.	
1967	자강도 희천시	희천군을 희천시로 개편. 희천읍 일부, 류중리 일부를 분리하여 역평동을, 희천읍을 분리하여 솔모루동, 역전동, 청천동, 남천동, 서문동, 대흥동, 추평동, 매봉동을, 전평노동자구를 분리하여 갈골동, 전평동, 전신동을, 지신리를 분리하여 지신동, 풍산동, 신흥동을 내오고 부흥리 일부를 류중리에 편입시키고 나머지로 금산동을 내오고 평원리를 평원동으로 개편.	
1981	〃	추평동을 갈라 추평1동, 2동을 내옴. 명문리, 양지리를 송원군에, 청운리를 동신군에 넘김.	
1990	〃	청상리 일부를 동신군 청운리에 넘김.	
1993	〃	향천리를 장평리에 편입.	
1994	〃	청하리를 청하동으로, 갈현리를 갈현동으로 개편.	
1995	〃	추평2동을 갈라 청년동을 내옴.	
1997	〃	솔모루동, 역전동, 청천동, 남천동, 서문동, 추평1동, 추평2동, 청년동, 대흥동, 매봉동, 풍산동, 신흥동, 지신동, 전신동, 전평동, 갈골동, 평원동, 역평동, 금산동, 청하동, 청상리, 관대리, 명대리, 갈현동, 류중리,	

연 도	이 름	관 할 지 역	비 고
1997	자강도 희천시	부흥리, 남신리, 송지리, 극성리, 상서리, 마선리, 동문리, 장평리(21개 동, 12개 리)	

장강군(長江郡)

도의 중심에 있는 군. 1949년 1월 새로 자강도가 나올 때 이 지역은 자강도 강계군에 속하여 있었다. 1949년 12월에 강계면이 강계시로 되고 강계군에 속하였던 5개의 면과 함경남도 장진군의 동문면을 넘겨 받아 새로운 군을 내오면서 장진군에서 장자와 강계면에서 강자를 합치어 장강군이라고 하였다.

【 장강군의 변천 】

연 도	이 름	관 할 지 역	비 고
1949	자강도 장강군	강계군의 강계면을 제외한 종전의 강계군이 장강군으로 개편됨.	
1952	〃	면 폐지. 장강군은 전 장강군 종남면, 종서면의 전체 리와 공북면의 5개 리를 포함하여 읍과 리들을 구성함. 장강읍(종남면 한전리), 향하리(공북면 향하리), 장항리(공북면 장항리), 승방리(공북면 승방리), 문암리(공북면 문암리), 아득리(공북면 아득리), 장평리(종남면 세중리, 장평리), 무덕리(종남면 무덕리), 성장리(종남면 도가리, 성장리), 원평리(종남면 장항리, 원평리), 종포리(종서면 종포리), 황청리(종서면 황청리), 신성리(종서면 신성리), 명신리(종서면 명신리)	
1952.12	〃	문암리를 오일노동자구로, 아득리를 랑림노동자구로 개편	
1967	〃	승방리를 승방노동자구로 개편.	
1981	〃	황청리를 혁신리로 개칭.	
1997	〃	장강읍, 장평리, 원평리, 오일노동자구, 랑림노동자구, 장항리, 무덕리, 종포리, 승방노동자구, 명신리, 성장리, 향하리, 혁신리, 신성리(1개 읍, 3개 노동자구, 10개 리)	

화평군(和坪郡)

도소재지 북쪽에 있는 군. 1952년에 자강도 후창군 남신면과 칠평면, 자성군 리평면의 12개 리를 합쳐 새로 내온 군인데 화평은 군소재지인 유화리의 화자와 리평면의 평자를 따서 붙인 이름이다.

【 화평군의 변천 】

연도	이름	관할지역	비고
1952	자강도 화평군	후창군 칠평면, 남신면의 전체 리와 자성군 리평면의 12개 리를 포함하여 신설. 후창군 남신면 지인리, 유화리로 화평읍, 남신면 가림리로 가림리, 남신면 가산리로 가산리, 남신면 수절리, 양계리로 양계리, 남신면 부흥리로 부흥리, 남신면 부남리로 부남리, 남신면 만흥리, 칠평리, 중흥리로 중흥리, 후창군 칠평면 회리, 흑수리로 흑수리, 칠평면 소북리, 중리로 소북리, 칠평면 대흥리, 회선리로 대흥리, 칠평면 석막리로 석막리, 자성군 리평면 회중리, 회창리, 현조리로 회중리, 리평면 부유리, 심포리, 송덕리로 송덕리, 리평면 진송리, 부창리, 석자리로 진송리, 리평면 리평리, 하죽리, 전평리로 리평리를 포함(1개 읍, 1개 노동자구, 13개 리) 부흥리를 장백노동자구로 개편. 부흥리 폐지.	
1954	〃	후창군 룡출리를 화평군에 편입.	
1958	〃	중흥리를 중흥노동자구로, 가산리를 가산노동자구로 개편.	
1974	〃	룡출리를 회중리에, 석막리를 대흥리에 통합. 룡출리, 석막리를 없앴다.	
1977	〃	화평읍, 가산노동자구, 장백노동자구, 중흥노동자구, 리평리, 진송리, 송덕리, 회중리, 양계리, 가림리, 부남리, 흑수리, 소북리, 대흥리(1개 읍, 3개 노동자구, 10개 리)	

랑림군(狼林郡)

랑림군(狼林郡) 도의 동쪽에 있는 군. 1952년에 함경남도에 내온 군인데 1954년에 자강도로 넘어 왔다. 산이 높고 수풀이 우거진 랑림산줄기를 낀 군이라 하여 랑림군이라고 하였다.

【 랑림군의 변천 】

연 도	이 름	관 할 지 역	비 고
1952	함경남도 랑림군	장진군 북면, 동하면, 자강도 동문면, 장진군 상남면중 1개 리를 포함하여 신설. 면 폐지. 랑림읍(장진군 북면 중강리가 개편) 련화리(장진군 북면 고암리, 리상리 포함) 갈점리(장진군 북면 동안리, 갈점리 포함) 신전리(장진군 북면 신방리, 구전리 포함) 류별리(장진군 북면 장동리, 장항리 포함) 산수리(장진군 동하면 운산리, 서어수리 포함) 개화리(장진군 동하면 량부리, 황철리 포함) 은하리(장진군 동하면 대통기리 개편) 원동리(장진군 동하면 신부리, 원동리 포함) 삼포리(장강군 동문면 월상리, 삼포리 포함) 오만리(장강군 동문면 령상리, 오만리 포함) 동문거리(장강군 동문면 동문거리, 신흥리 포함) 서중리(장강군 동문면 서민리, 서중리 포함) 장성리(장강군 동문면 장성리, 련당리 포함) 문악리(장강군 동문면 주파리, 장진군 상암면 문악리 포함) 인산리, 여운리, 룡구리, 서상리, 대흥리, 안기리	
1953	〃	랑림읍을 중강리로 개편. 동문거리를 랑림읍으로 개편. 갈점리 일부가 대흥리와 중강리에 편입. 심전리 일부가 류벌리에 편입. 장진군 양덕리 일부가 문악리에 편입. 갈점리 일부가 대흥리에 편입. 장진군 황포리 일부가 랑림군에 편입.	
1954	자강도 랑림군	랑림군이 자강도에 편입.	
1958	〃	운수리 일부가 덕우대노동자구로 신설.	
1961	〃	운수리가 운수노동자구로 개편.	

연도	이름	관할지역	비고
1963	자강도 랑림군 〃	양덕리가 중흥리에, 덕우대노동자구가 운수노동자구에 편입.	
1981	〃	운수노동자구가 운수리로 개편.	
1997	〃	랑림읍, 삼포리, 신원노동자구, 장성리, 서중리, 서상리, 황포리, 문악리, 중흥리, 운수리, 련화리, 중강리, 대흥리, 갈점리, 인산리, 신전리, 류벌리(1개 읍, 1개 노동자구, 15개 리)	

시중군(時仲郡)

도의 서부 장자강 하류에 있는 군. 시중군은 1952년 12월 전국적으로 면이 없어질 때에 만포군 시중면, 장강군의 곡하면과 어뢰면에 속해 있던 리들로 새로 내왔다. 만포군 시중면을 중심으로 내온 군이라 하여 시중군이라고 하였다.

【 시중군의 변천 】

연도	이름	관할지역	비고
1952	자강도 시중군	면 폐지. 시중군은 전 장강군 곡하면, 어뢰면, 만포군 시중면의 전체 리를 포함하여 읍과 리들을 구성함. 시중읍(시중면 외시천리, 전평리), 쌍신리(곡하면 쌍신리), 의진리(곡하면 부의리, 의진리), 흥주리(곡하면 흥주리), 쌍부리(곡하면 쌍부리), 천성리(어뢰면 천성리), 천장리(어뢰면 천장리), 풍룡리(어뢰면 풍룡리), 종인리(어뢰면 종인리, 로인리), 풍청리(어뢰면 풍청리), 상청리(시중면 내리, 상청리), 안찬리(시중면 청가리, 안찬리), 심귀리(시중면 심포리, 심귀리), 로남리(시중면 로남리, 남파리), 연평리(시중면 연평리)	
1958	〃	안찬리 일부를 상청리에 편입.	
1961	〃	만포군 약수리, 홍판리, 리남리를 시중군에 편입. 홍판리 일부가 리남리에 넘어 옴.	
1995	〃	의진리, 쌍산리가 강계시에 넘어 감.	

연 도	이 름	관 할 지 역	비 고
1998	자강도 시중군	쌍부리를 영흥리로 고침. 시중읍, 상청리, 영흥리, 안찬리, 연평리, 천성리, 천장리, 풍룡리, 종인리, 풍청리, 로남리, 심귀리, 약수리, 홍판리, 리남리(1개 읍, 14개 리)	

자성군(慈城郡)

도의 동북쪽에 있는 군. 1443년에 군사적 요충지인 자작마을에 성을 쌓고 평안도 자성군을 내왔다. 자작나무가 많은 고장을 중심으로 성을 쌓고 고을을 내왔으므로 자성군이라고 하였다.

【 자성군의 변천 】

연 도	이 름	관 할 지 역	비 고
1416	평안도 려연군 자작		
1443	평안도 자성군		
1895	강계부 자성군	읍내방, 자상면, 자하면, 장토면, 려연면, 관동면, 리평면, 삼상면, 삼하면	
1896	평안북도 자성군	군내면, 자상면, 자하면, 삼흥면, 삼풍면, 서해면, 관동면, 리평면, 려연면, 장토면,	
1914	〃	군내면, 자하면, 삼흥면, 삼풍면, 리평면, 려연면, 장토면	
1918	〃	군내면을 자성면을 고침.	
1939	〃	자성면, 자하면, 삼풍면, 리평면, 중강면, 장토면	
1949	자강도 자성군	자성면 읍내리를 분리하여 동부리와 서부리, 수침리, 령상리로, 상평리를 분리하여 상평리와 귀인리로, 화전리를 분리하여 화전리와 화행리로, 호례리를 분리하여 호례리와 대호리, 소호리로 변경. 리평면 평상리를 분리하여 평상리와 관동리, 대남리, 삼형제리로, 리평리를 분리하여 리평리와 종자리, 전평리, 하죽리로, 진송리를 분리하여 진송리와 부창리, 석자리, 부유리, 송덕리, 심포리로, 회중리를 분리하여 회중리와 회창리, 현조리, 룡출리, 감덕리로 변경.	

연도	이름	관할지역	비고
1949	자강도 자성군	삼풍면 인풍리를 분리하여 구중영리와 외삼리, 자작리, 심원리로, 영풍리를 분리하여 중동리와 류삼리, 죽암리로, 신풍리를 분리하여 신풍리와 량덕리, 대동리로, 신흥리를 분리하여 굴포리와 역수리, 무선리로, 운봉리를 분리하여 운봉리와 하진평리, 독암리로, 조아리를 분리하여 조아리와 웅곡리로 변경. 자하면 법동리를 분리하여 법동리와 벌동리로, 연풍리를 분리하여 연풍리와 노동리로, 서해리를 분리하여 서해리와 원동리로, 송암리를 분리하여 송암리와 송덕리로 변경. 장토면 호하리를 분리하여 호하리와 중상리, 창평리로, 호상리를 분리하여 호상리와 신성리로, 호남리를 분리하여 호남리와 룡암리로, 호서리를 분리하여 호서리와 원동리로, 토성리를 분리하여 토성리와 조속리로 변경. 중강면 장흥리를 분리하여 장흥리와 금동리, 신흥리로, 중평리를 분리하여 중평리와 창평리로, 중상리를 분리하여 중상리와 안도리로, 건하리를 분리하여 건하리와 건중리, 건상리로, 련풍리를 분리하여 련풍리와 남산리로, 만흥리를 분리하여 만흥리와 오산리, 초당리, 외덕리로, 중덕리를 분리하여 중덕리와 하장리로, 진평리를 분리하여 진평리와 덕삼리, 소중리, 부감리로 변경. 면 폐지.	
1952	〃	자성군은 전 자성군 자성면, 삼풍면, 자하면의 전체 리와 리평면중 5개 리를 포함하여 읍과 리들을 구성함. 자성읍(전 자성군 자성면 동부리, 서부리), 호례리(전 자성군 자성면 호례리), 화전리(전 자성군 자성면 화향리, 화전리), 상평리(전 자성군 자성면 상평리), 삼거리(전 자성군 자성면 대호리, 소호리), 귀인리(전 자성군 자성면 귀인리, 리평면 종자리), 수침리(전 자성군 자성면 령상리, 수침리), 구중영리(전 자성군 삼풍면 외삼리, 구중영리), 자작리(전 자성군 삼풍면 자작리, 심원리), 운봉리(전 자성군 삼풍면 운봉리, 하진평리, 독암리), 조아리(전 자성군 삼풍면 조아리, 웅곡리), 류삼리(전 자성군 삼풍면 류삼리, 중동리, 죽암리), 신풍리	

연도	이름	관할지역	비고
1952	자강도 자성군	(전 자성군 삼풍면 신풍리, 굴포리), 량덕리(전 자성군 삼풍면 대동리, 량덕리), 역수리(전 자성군 삼풍면 역수리, 무선리), 연풍리(전 자성군 자하면 연풍리, 노동리), 송암리(전 자성군 자하면 송덕리, 송암리), 서해리(전 자성군 자하면 서해리, 원동리), 법동리(전 자성군 자하면 법동리, 벌동리), 대남리(전 자성군 리평면 대남리, 삼형제리), 관평리(전 자성군 리평면 관동리, 평상리)	
1967	〃	운봉리를 운봉노동자구로 고침.	
1972	〃	조아리를 화전리에, 서해리를 갈라 법동리와 화전리에 편입시키고 조아리와 서해리는 없앰.	
1993	〃	화전리와 수침리를 자성읍에 합치고 화전리와 수침리는 없앰.	
1997	〃	자성읍, 운봉노동자구, 호례리, 삼거리, 귀인리, 상평리, 법동리, 연풍리, 송암리, 량덕리, 역수리, 구중영리, 자작리, 신풍리, 류삼리, 대남리, 관평리	

중강군(中江郡)

도의 북쪽 량강도와 경계하고 있는 군. 15세기 초까지 함길도 갑산군에 속해 있었는데 압록강 연안에 길게 뻗어 내린 마을이라 하여 려연촌이라고 하였다. 외적의 침입으로부터 나라의 북방을 지키기 위하여 성새와 보루를 쌓고 4군 6진을 개척할 때 맨 처음으로 생긴 군이 려연군이다. 1416년에 려연촌을 중심으로 평안도 려연군을 새로 내왔다가 1435년에는 려연도호부로 승격하여 진을 두게 되면서 북방의 군사적 요충지로 되었다. 1443년에 군의 서남부에 우예군을 갈라 내었다가 1455년에 려연, 우예 두 군이 폐지되어 평안도 구성군에 속하였고 1896년에는 평안북도 자성군에 속하였다.

1949년 1월 자강도가 나오면서 자강도 자성군에 속하였다가 1952년 12월에 자성군 일부를 분리하여 새로운 군을 내오면서 압록강의 중부에 위치하고 있던 중강면을 중심으로 한 고을이라 하여 중강군이라고 하였다.

【 중강군의 변천 】

연도	이름	관할지역	비고
15세기초	함길도 길산군 려연촌		
1416	평안도 려연군		
1435	평안도 려연도 호부 중강진		
1455	평안도 구성군		
1869	평안도 자성군	려연면, 장토면	
1896	평안북도 자성군	려연면, 장토면	
1939	〃	중강면, 장토면	
1949	자강도 자성군	중강면, 장토면	
1952	자강도 중강군	자강군은 전 자성군 중강면, 장토면의 전체 리로 다음과 같은 읍과 리들로써 구성함. 중강읍(중강면 중평리, 창평리), 중상리(중강면 중상리, 안도리), 건하리(중강면 건하리, 건상리, 건중리), 련풍리(중강면 건상리, 련풍리), 진평리(중강면 진평리, 소중리, 남산리), 덕삼리(중강면 덕삼리, 부감리), 초당리(중강면 신흥리, 초당리, 금동리), 만흥리(중강면 오산리, 만흥리), 장흥리(중강면 장흥리), 상장리(중강면 외덕리, 상장리), 중덕리(중강면 중덕리, 하장리), 호남리(장토면 호남리), 조석리(장토면 조석리), 토성리(장토면 토성리, 벌동리), 장성리(장토면 장성리, 호서리), 원동리(장토면 원동리, 룡암리), 호하리(장토면 중상리, 호하리, 창평리), 호상리(장토면 호상리, 신성리)(1개 읍, 17개 리)	
1958	〃	위의 리에서 조속리를 토성리에 편입하고 련풍리 일부와 진평리 일부를 분리병합하여 신덕리를 신설하고 련풍리 일부를 건하리에 편입함(1개 읍, 16개 리)	
1967	자강도 중강군	위의 리에서 초당리 일부를 떼내어 오수리를, 상장리 일부를 떼내어 석주리를 새로 내옴(1개 읍, 18개 리)	
1969	〃	위의 리에서 석주리, 덕삼리, 진평리, 초당리를 오수리에, 호상리, 호남리를 호하리에, 원동리를 장성리에, 신덕리를 건하리에, 만흥리를 중상리에 합치고 석주리, 덕삼리, 진평리, 초당리, 호상리, 호남리, 원동리, 신덕리, 만흥리를 없앰(1개 읍, 9개 리)	

연 도	이 름	관 할 지 역	비 고
1977	자강도 중강군	위의 리에서 호하리를 노동자구로 함(1개 읍, 1개 노동자구, 8개 리)	
1997	〃	중강읍, 중상리, 중덕리, 장흥리, 오수리, 건하리, 호하 노동자구, 장성리, 토성리, 상장리(1개 읍, 1개 노동자구 8개 리)	

위원군(渭原郡)

도의 서북쪽에 있는 군. 1443년 평안도에 내온 군인데 위수강(오늘의 위원강)을 끼고 있는 벌을 중심으로 한 군이라 하여 위원군이라 하였다.

【 위원군의 변천 】

연 도	이 름	관 할 지 역	비 고
1413	평안도 리산군		
1443	평안도 위원군		
1460	평안도 리산군		
1463	평안도 위원군		
1743	〃	위성면, 남면, 사면, 한면, 동면, 위면, 북면, 서면(8개 면)	
1871	〃	위면, 동상면, 동하면, 송면, 사상면, 사하면, 북면, 한하면, 한상면, 백면, 남면, 서상면, 서하면, 군상면, 군하면(15개 면)	
1896	평안북도 위원군	군내면, 군상면, 군하면, 북면, 남면, 위면, 동상면, 동하면, 송면, 한상면, 한하면, 백면, 사상면, 사하면, 서상면서하면(16개 면)	
1914	〃	군내면과 군상면을 합쳐 위성면으로, 동상면과 동하면을 합쳐 봉산면으로, 위면과 송면을 합쳐 위송면으로, 북면과 한하면을 합쳐 화창면으로, 사상면과 사하면을 합쳐 대덕면으로, 백면과 한상면을 합쳐 숭정면으로, 군하면과 남면을 합쳐 밀산면으로, 서상면과 서하면을 합쳐 서태면으로 고침(8개 면)	
1918	〃	위성면을 위원면으로 고침.	

연도	이름	관할지역	비고
1939	평안북도 위원군	위원면과 밀산면을 합침(7개 면)	
1949	자강도 위원군	위원면, 봉상면, 위송면, 화창면, 대덕면, 숭정면, 서태면(7개 면)	
1952	〃	위원군은 전 위원군 화창면, 대덕면, 숭정면, 위원면, 봉산면, 위송면의 전체 리와 서태면중 3개 리로 다음과 같은 읍과 리들로서 구성함. 위원읍(화창면 문명리, 대안리, 신흥리), 구읍리(위원면 구읍리, 사장리, 남파리 일부), 월평리(위원면 월평리, 남파리 일부), 도봉리(위원면 도봉리, 송상리), 락민리(위원면 락민리, 상소리), 고성리(위원면 고성리, 성내리), 덕암리(위원면 덕암리, 만호리), 송진리(위원면 송진리, 봉산면 향양리 일부), 신연리(서태면 신연리, 룡문리, 인덕리), 고보리(봉산면 개곡리, 룡봉리, 고보리), 향양리(봉산면 호안리, 향양리), 구암리(위송면 구암리, 마평리), 룡탄리(위송면 갑령리, 석표리, 룡탄리), 개원리(위송면 개원리, 신풍리), 량강리(화창면 량강리, 합천리), 대야리(화창면 월현리, 대야리), 어곡리(대덕면 소인리, 어곡리), 광천리(대덕면 광천리, 동원리), 창평리(대덕면 독산리, 창평리), 축포리(대덕면 독산리, 축포리), 로연리(숭정면 심명리, 삼기리, 룡연리 일부), 삼락리(숭정면 삼락리, 백림리), 지산리(숭정면 지산리, 룡연리 일부), 부흥리(숭정면 신창리, 부흥리)(1개 읍, 23개 리)	
1959	〃	월평리의 일부를 분리하여 구읍리에 편입하고 구읍리를 위원읍으로 변경하고 위원읍을 화창리로 변경함.	
1965	〃	룡연리를 룡연노동자구로 개칭함.	
1967	〃	량강리를 량강노동자구로 개칭함.	
1985	〃	월평리와 신연리 일부를 합쳐 위원읍을 새로 내옴. 종전의 위원읍을 갈라 월평리와 고성리에 붙임.	
1997	〃	위원읍, 룡연노동자구, 도봉리, 락민리, 신연리, 고성리, 송진리, 향양리, 고보리, 덕암리, 구암리, 룡탄리, 개원리, 량강노동자구, 화창리, 어곡리, 광천리, 창평리, 축포리, 대야리, 삼락리, 지산리, 부흥리(1개 읍, 2개 노동자구, 20개 리)	

초산군(楚山郡)

도소재지의 서쪽에 있는 군. 군은 본래 고구려 땅이었는데 한때는 두목리라고 하였다. 1402년에는 리주라 하였고 1413년에는 리산군이라고 하였다. 1724년 고을을 한급 높여 리산부라고 하였고, 그후 1777년에 초산부라고 하다가 1895년에 초산군으로 되었다. 궁벽한 산골에 나무가 무성하게 자라고 있다 하여 초산군이라고 하였다.

【 초산군의 변천 】

연도	이름	관할지역	비고
1317	두목리		
1402	리주		
1413	리산군		
1724	리산부	산양회, 도을한, 등이언	
1777	초산부	부동변면, 부서변면, 동면, 건면, 고리산면, 판막면, 우장면, 별하면, 아이진면, 차령진면, 우현진면, 동건면	
1895	강계부 초산군	부동변면, 부서변면, 동면, 건면, 유백면, 고리산면, 풍면, 판막면, 송면 별면, 강면, 충면, 아이진면, 차령진면, 우현진면	
1896	평안북도 초산군	군면, 동면, 유면, 서상면, 서하면, 남면, 충상면, 충하면, 고성면, 백면, 고중면, 풍면, 판상면, 송상면, 송하면, 약산면, 판하면, 부숭면, 별상면, 별하면, 강면, 도원면(22개 면)	
1914	〃	면들의 통합과 개칭이 있었음. 동면(유면), 서면(서상면), 남면(충상면, 충하면), 판면(판상면, 판하면, 부숭면), 성면(고성면, 서하면), 고면(백면, 고중면), 풍면(판상면 일부), 송면(송상면, 송하면약산면), 강면(별상면, 별하면), 군면, 도원면(11개 면)	
1918	〃	군면을 초산면으로 고침.	
1939	〃	서면과 성면을 합쳐 성서면으로 고침.	
1943	〃	성서면의 일부가 벽동군에 넘어 감.	
1949	자강도 초산군	초산면 성서리를 분리하여 성서리와 성남리로 하고 양토리를 분리하여 양토리와 상단리로 하고 수침리를 분리하여 수침리와 수암리로 하고 직리를 분리하여 직리와 령저리로 하고 련무리를 분리하여 련담리와	

연도	이름	관할지역	비고
1949	자강도 초산군	무학리, 장토리로 하고 룡암리를 분리하여 고란리와 룡상리, 웅암리로 변경함. 동면 화신리를 분리하여 화신리와 화곡리로 변경함. 남면 구평리를 분리하여 구평리와 하삼리로 하고 충상리를 분리하여 충상리와 남산리로 하고 송묘리를 분리하여 송묘리와 룡안리로 하고 부평리를 분리하여 부평리와 하창리로 변경함. 고면 부평리를 분리하여 부평리와 사곡리로 하고 대수리를 분리하여 대수리와 삼평리로 하고 문덕리를 분리하여 문덕리와 문암리로 변경함. 풍면 룡암리를 분리하여 룡암리와 룡산리로 하고 룡당리를 분리하여 룡당리와 룡안리로 변경함. 판면 판막리를 분리하여 판막리와 삼수리로 하고 판하리를 분리하여 판하리와 판상리로 하고 부숭리를 분리하여 부숭리와 월음리로 변경함. 송면 량강리를 분리하여 량강리와 연강리, 신흥리, 궁노리로 하고 송정리를 분리하여 송정리와 관리로 하고 원대리를 분리하여 원대리와 원흥리로 하고 송령리를 분리하여 송평리와 중풍리로 변경함. 도원면 관대리를 분리하여 관대리와 우현리로 하고 회목리를 분리하여 회목리와 모덕리로 하고 회창리를 분리하여 회창리와 동양리, 총건리로 변경함. 강면 석상리를 분리하여 석상리와 룡암리로 하고 룡성리를 분리하여 룡성리와 룡해리로 변경함. 면 폐지.	
1952	〃	전 초산군 남면, 초산면, 동면의 전체 리와 위원군 서태면중 4개 리를 포함하여 읍과 리들을 구성함. 초산읍(전 초산군 초산면 성동리, 성서리, 성남리), 앙토리(전 초산군 초산면 앙토리, 상단리), 운평리(전 초산군 초산면 운해천리, 평강리), 수침리(전 초산군 초산면 수침리, 수암리), 와인리(전 초산군 초산면 와인리, 모단리), 직리(전 초산군 초산면 직리, 령저리), 련무리(전 초산군 초산면 무학리, 련담리), 룡상리(전 초산군 초산면 고란리, 룡상리, 룡암리) 구룡리(전 초산군 초산면 삼상리, 안찬리, 전 초산군 동면 구룡리, 양덕리),	

연도	이름	관할지역	비고
1952	자강도 초산군	신양송리(전 초산군 동면 신양송리), 화신리(전 초산군 동면 화신리, 화곡리), 화건리(전 초산군 동면 화풍리, 건양리), 연풍리(전 위원군 서태면 송계리, 연풍리, 신천리), 리산리(전 위원군 서태면 리산리) 신창리(전 초산군 남면 신막리, 창평리), 구평리(전 초산군 남면 룡상리, 구평리, 하삼리), 하창리(전 초산군 남면 부평리, 하창리, 충하리), 충상리(전 초산군 남면 충상리, 남산리), 송묘리(전 초산군 남면 송묘리, 룡안리), 장토리(전 초산군 초산면 사기덕리, 장토리) (1개 읍, 19개 리)	
1961	〃	초산군 신창리와 하창리를 고풍군에 넘김.	
1997	〃	초산읍, 앙토리, 운평리, 수침리, 와인리, 직리, 련무리, 룡상리, 구룡리, 신양송리, 화신리, 화건리, 련풍리, 리산리, 구평리, 충상리, 송묘리, 장토리, 안찬리(1개 읍, 18개 리)	

우시군(雩時郡)

도의 서북쪽 끝에 있는 군. 1952년에 평안북도 벽동군 우시면, 오북면 가별면의 전체 리와 벽동면의 9개 리로 내온 군인데 우시면의 이름을 따서 우시군이라고 하였다.

【 우시군의 변천 】

연도	이름	관할지역	비고
1952	평안북도 우시군	면 폐지. 우시군은 전 벽동군 우시면, 오북면, 가별면의 전체 리와 벽동면의 9개 리로 읍과 리들을 구성함. 우시읍(우시면 우하리, 송하리, 우중리 일부, 오북면 오상리 일부), 금성리(우시면 성북리, 금성리, 오북면 내연리, 오하리 일부), 금양리(우시면 금양리, 성남리), 발은리(우시면 대창리, 발은리), 우중리(우시면 우중리, 양풍리), 우상리(우시면 우상리, 신형리 일부), 시상리(우시면 시상리 일부), 시하리(우시면 시하리,	

연도	이름	관할지역	비고
1952	평안북도 우시군	시상리 일부 성흥리), 오상리(오북면 오상리 일부, 금립리), 오하리(오북면 오하리, 내성리), 북하리(오북면 북하리 일부), 북상리(오북면 북상리, 북중리, 결동리), 별상리(가별면 별상리, 별하리 일부), 별하리(가별면 신평리, 우평리), 가하리(가별면 가하리, 왕흥리), 가중리(가별면 가중리, 구룡리), 가상리(가별면 가상리, 두룡리), 부흥리(벽동면 신길리, 룡흥리, 오북면 북하리 일부), 하평리(벽동면 하평리, 후동리 일부), 상평리(벽동면 상평리), 대평리(벽동면 평장리, 운룡리), 평상리(벽동면 중흥리, 이평리, 장토리)(1개 읍, 21개 리)	
1954	자강도 우시군	위와 같음. 초산군 하창리 일부가 우시읍에 넘어 옴.	
1961	〃	고풍군 룡해리와 초산군 하창리가 우시군에 넘어 옴.	
1967	〃	발은리를 발은노동자구로 고침.	
1997	〃	우시읍, 발은노동자구, 우중리, 우상리, 금양리, 하창리, 룡해리, 시상리, 시하리, 별하리, 별상리, 가하리, 가중리, 가상리, 평상리, 대평리, 상평리, 하평리, 부흥리, 북하리, 북상리, 오상리, 오하리, 금성리(1개 읍, 1개 노동자구, 22개 리)	

고풍군(古豊郡)

도의 서남쪽에 있는 군. 1952년에 자강도 초산군의 고면, 풍면, 강면을 합쳐 내온 군인데 고면과 풍면의 첫 글자를 따서 고풍군이라고 하였다.

【 고풍군의 변천 】

연도	이름	관할지역	비고
1952	자강도 고풍군	고풍군은 전 초산군 고면, 풍면, 강면의 전체 리로 다음과 같은 읍과 리들로써 구성함. 고풍읍(고면 부평리, 사곡리), 방성리(고면 구아리, 소수리, 대수리), 삼평리(고면 대소리, 삼평리), 월명리(고면월악리, 영풍리), 문덕리(고면 문암리, 문덕리), 룡대리(풍면 룡흥리, 룡암리), 룡곡리(풍면 룡곡리), 룡당리	

연도	이름	관할지역	비고
1952	자강도 고풍군	(풍면 룡당리, 룡안리), 룡풍리(풍면 룡연리, 룡산리), 동도리(강면 신풍리, 동도리), 석상리(강면 석상리, 룡암리), 룡성리(강면 룡성리, 풍덕리, 룡해리)(1개 읍, 11개 리)	
1954	〃	위의 리에서 룡성리를 분리하여 룡해리를 내옴(1개 읍, 12개 리)	
1961	〃	룡해리를 우시군에 넘기고 초산군 신창리를 넘겨 받음. (1개 읍, 12개 리)	
1997	〃	고풍읍, 방성리, 삼평리, 월명리, 문덕리, 룡풍리, 룡곡리, 룡성리, 룡대리, 룡다일, 동도리, 석상리, 신창리 (1개 읍, 12개 리)	

송원군(松源郡)

도의 서남부에 있는 군. 1952년 자강도 초산군 송면, 판면, 도원면을 합쳐서 새로 내온 군인데 송면에서 송자와 도원면에서 원자를 따서 송원군이라고 하였다.

【 송원군의 변천 】

연도	이름	관할지역	비고
1952	자강도 송원군	송원군은 초산군 송면, 판면, 도원면의 전체 리 포함. 송원읍(초산군 송면 량강리, 연강리 포함), 월숭리(판면 월은리, 부숭리 포함), 상거리(판면 삼거리, 판상리 포함), 판삼리(판면 판막리, 삼수리 포함), 판평리(판면 판평리, 판하리 포함), 원대리(송면 원흥리, 원대리 포함), 송파리, 중풍리(송면 중풍리, 궁노리 포함), 신흥리, 차평리(송면 송평리, 차령리 포함), 송천리(송면 송성리, 송정리 포함), 송관리(송면 송수리, 관리 포함), 창덕리(도원면 동창리, 모덕리 포함), 전창리(도원면 회창리, 총전리 포함), 회양리(도원면 동양리, 회목리 포함), 월현리(도원면 우현리, 관대리 포함)	
1953	〃	중풍리 일부 신흥리에 편입.	
1967	〃	전창리를 전창노동자구로 개편.	

연도	이름	관할지역	비고
1981	자강도 송원군	회천시 명문리, 양지리를 송원군에 편입. 전창노동자구를 전창리로 개편.	
1987	〃	송원읍을 연강리로, 명문리를 송원읍으로 개편. 송파리와 관평리 일부, 신흥리 일부 연강리에 편입. 판삼리를 송관리에, 신흥리 일부와 중풍리를 차평리에 편입. 신흥리를 원대리에, 삼거리를 월숭리에, 판평리를 고풍군 석상리에 편입하고 월현리 일부, 회양리 일부를 분리하여 신양리 신설.	
1997	〃	송원읍, 양지리, 회양리, 창덕리, 월현리, 송천리, 전창리, 신양리, 원대리, 연강리, 송관리, 차평리, 월숭리 (1개 읍, 12개 리)	

성간군(城干郡)

도의 중부에 있는 군. 1952년 자강도 전천군 성간면, 간북면의 전체 리와 장강군 공북면의 부지리를 합쳐 내왔는데 장자강과 간북강이 옛성을 방패처럼 막아 흐른다고 하여 성간군이라고 하였다.

【 성간군의 변천 】

연도	이름	관할지역	비고
1952	자강도 성간군	성간군은 전 전천군 성간면, 간북면의 전체 리와 장강군 공북면의 1개 리를 포함하여 읍과 리들을 구성. 성간읍(성간면 성하리, 별하리), 무채리(간북면 운리, 무채리), 백암리(간북면 백암리, 적목리), 남리(간북면 덕전리, 남리), 북리(간북면 령리, 북리), 백자리(간북면 간리, 백자리), 무선리(간북면 적포리, 무선리), 동산리(성간면 동산리), 쌍방리(성간면 쌍방리), 중성간리(성간면 중성간리), 외중리(성간면 외중리, 대덕리), 수침리(성간면 수침리, 역전리), 외서리(성간면 외서리, 내서리), 오모로리(성간면 오모로리, 신청리), 부지리(공북면 부지리)	

연 도	이 름	관 할 지 역	비 고
1954	자강도 성간군	성간읍을 성하리로 고치고 성하리 일부, 중성간리 일부아 수침리를 합쳐 성간읍으로 함.	
1981	〃	남리를 창평노동자구로, 외중리를 외중노동자구로, 오모로리를 신청리로 고침.	
1998	〃	쌍방리를 광명리로 고침.	
1997	〃	성간읍, 창평노동자구, 외중노동자구, 백암리, 백자리, 무채리, 무선리, 북리, 신청리, 부지리, 외서리, 광명리 (1개 읍, 2개 노동자구, 9개 리)	

전천군(前川郡)

도의 남부에 있는 군. 1949년에 자강도가 새로 나오면서 평안북도 강계군의 화경면, 전천면, 성간면, 간북면, 립관면, 룡림면을 합쳐 새로 내온 군으로서 화살처럼 물살이 빠른 살내가 있는 전천면을 중심으로 하여 내왔다고 하여 전천군이라 하였다. 원래 전천(箭川)으로 써오던 것인데, 그후 쓰기 쉬운 글자로 바꾸어 앞 전(前)자로 쓰게 되었다.

【 전천군의 변천 】

연 도	이 름	관 할 지 역	비 고
1949	전천군	강계군 성간면, 간북면, 전천면, 립관면, 화경면, 룡림면의 6개 면으로 전천군을 신설. 전천면 장흥리를 분리하여 장흥리, 장평리, 장림리, 장수리로 하고 중암리를 분리하여 중암리, 화암리로 하고 창덕리를 분리하여 창덕리, 와운리, 회덕리로 함. 간북면 북리를 분리하여 북리, 랭리, 적포리, 무선리로 하고 남리를 분리하여 남리, 덕전리, 무채리, 운리, 간리, 백자리, 백암리, 적목리로 함. 화경면 진평리를 분리하여 진평리, 구현리, 화룡리, 운포리로 하고 고인리를 분리하여 고인리, 천야리, 신계리라 하고 길다리를 분리하여 길다리, 길상리로 함 룡림면 후지리를 분리하여 후지리, 신흥리로, 남흥리를 분리하여 남흥리, 남상리로 함.	

연도	이름	관할지역	비고
1949	전천군	성간면 오모로리를 분리하여 오모로리, 신청리로 하고 서리를 분리하여 내서리와 외서리로 하고 별하리를 분리하여 별하리, 역전리, 성하리, 수침리로 하고 외중리를 분리하여 외중리, 중성간리, 대덕리로 하고 쌍방리를 분리하여 쌍방리와 동산리로 함. 립관면 창평리를 분리하여 창평리, 두문리로 하고 화양리를 분리하여 화양리, 도양리로 함.I	
1952	〃	면 폐지. 전천군 성간면, 간북면은 성간군에, 룡림면, 립관면의 5개 리는 룡림군에 들어 감. 전천군 전천면, 화경면, 립관면의 2개 리로 전천군을 구성. 전천면 중암리로 전천읍, 장수리, 장평리, 장흥리로 무평리, 장림리로 장림리, 창덕리로 창덕리, 와운리로 와운리, 회덕리로 회덕리, 립관면 창평리로 창평리, 운송리로 운송리, 전천면 화암리로 화암리, 화경면 운포리, 화룡리, 진평리 일부로 화룡리, 구현리, 진평리 일부로 진평리, 천아리, 고인리로 고인리, 신계리로 신계리, 리만리, 황림리로 리만리, 신적리, 길상리 일부로 신적리, 길다리, 길상리 일부로 길다리(1개 읍, 16개 리)	
1954	〃	전천읍을 중암리로, 화암리 일부와 길다리를 통합하여 전천읍으로 하고 무평리 일부를 분리하여 화암리에 편입시키고 화룡리 일부를 분리하여 운포리로 함.	
1961	〃	중암리를 중암노동자구로, 운송리를 운송노동자구로 개편.	
1963	〃	전천읍 일부를 분리하여 중암노동자구, 중암노동자구를 전천읍으로 개편.	
1967	〃	고인리를 고인노동자구로, 신적리를 신적노동자구로 개편.	
1997	〃	전천읍, 신적노동자구, 운송노동자구, 고인노동자구, 무평리, 장림리, 창덕리, 회덕리, 와운리, 창평리, 리만리, 진평리, 운포리, 화룡리, 신계리 등(1개 읍, 3개 노동자구, 11개 리)	

동신군(東新郡)

도의 동남부에 있는 군. 1952년에 평안북도 회천군 신풍면, 동창면, 장동면 전체와 동면의 일부를 합쳐 내온 군인데 회천군의 동쪽을 떼내서 새로 내온 군이라 하여 동신군이라고 하였다.

【 동신군의 변천 】

연도	이름	관할지역	비고
1952	자강도 동신군	전 회천군 신풍면, 동창면, 장동면의 전체 리와 동면의 3개 리를 포함하여 다음과 같이 개편된 읍과 리들로써 구성함. 동신읍(전 회천군 장동면 교리, 생리), 동흥리(전 회천군 동창면 동흥리, 창리), 석포리(전 회천군 동창면 석포리), 아룡성리(전 회천군 동창면 회암리, 룡성리, 아룡성리), 백산리(전 회천군 동창면 백산리, 신죽리), 관리(전 회천군 장동면 관상리, 관리), 룡평리(전 회천군 장동면 엄평리, 룡평리), 원흥리(전 회천군 장동면 원상리, 원흥리), 서양리(전 회천군 신풍면 서양리, 청수리), 온천리(전 회천군 신풍면 남신리, 온천리), 금석리(전 회천군 신풍면 갑현리, 금석리), 수전리(전 회천군 신풍면 신양리, 수전리), 문화리(전 회천군 신풍면 생산리, 리명리, 문화리), 경흥리(전 회천군 동면 서흥리, 경사리 일부), 온사리(전 회천군 동면 온사리, 경사리 일부)(1개 읍, 14개 리)	
1953	〃	동신읍을 생리로 하고 관리를 동신읍으로 함. 동신읍, 생리, 원흥리, 문화리, 서양리, 온천리, 수전리, 백산리, 아룡성리, 동흥리, 석포리, 금석리, 경흥리, 온사리, 룡평리(1개 읍, 14개 리)	
1958	〃	온사리를 갈라 경흥리와 동신읍에 편입시키고 온사리는 없앰. 동신읍, 생리, 원흥리, 문화리, 서양리, 온천리, 수전리, 백산리, 아룡성리, 동흥리, 석포리, 금석리, 경흥리, 룡평리(1개 읍, 13개 리)	
1981	〃	회천시 청운리를 떼내어 동신군 청운리로 하며 아룡성리를 약수리로 고침.	

연도	이름	관할지역	비고
1990	자강도 동신군	회천시, 청상리 일부 지역을 동신군 청운리에 떼어 넘기며 동신읍을 동창리로, 청운리를 동신읍으로 고치고 청운리는 없앰.	
1997	〃	동신읍, 동창리, 생리, 원흥리, 룡평리, 문화리, 서양리, 온천리, 수전리, 백산리, 약수리, 동흥리, 석포리, 금석리, 경흥리(1개 읍, 14개 리)	

룡림군(龍林郡)

도소재지 동남쪽 장자강 상류에 자리잡고 있는 군. 1952년에 자강도 전천군에서 룡림면과 립관면의 일부를 분리하여 새로 내온 군인데 용이 살았다던 큰 늪이 있고 숲이 무성하게 우거진 곳이라 하여 룡림이라고 하였다.

【 룡림군의 변천 】

연도	이름	관할지역	비고
1952	자강도 룡림군	룡림군은 전 전천군 룡림면 전체 리와 립관면의 5개 리를 포함하되 다음과 같이 개편된 읍과 리들로써 구성함. 룡리읍(룡림면 신창리), 광성리(룡림면 광성리), 후지리(룡림면 후지리), 신흥리(룡림면 신흥리), 남흥리(룡림면 남흥리), 남상리(룡림면 남상리), 룡운리(룡림면 룡운리), 구룡리(룡림면 룡림리), 도양리(립관면 도양리), 화양리(립관면 화양리), 룡문리(립관면 룡문리), 두문리(립관면 두문리)(1개 읍, 12개 리)	
1959	〃	화양리를 룡림읍으로, 룡림읍을 신창리로 개칭함.	
1967	〃	룡운리를 룡운노동자구로 개편함.	
1981	〃	룡운노동자구를 룡운리로 개편함.	
1991	〃	룡운리를 룡상리로 고침.	
1997	〃	룡림읍, 구룡리, 남흥리, 남상리, 광성리, 룡상리, 도양리, 신창리, 후지리, 신흥리, 두문리, 룡문리, 천산리(1개 읍, 12개 리)	

자강도 행정구역도

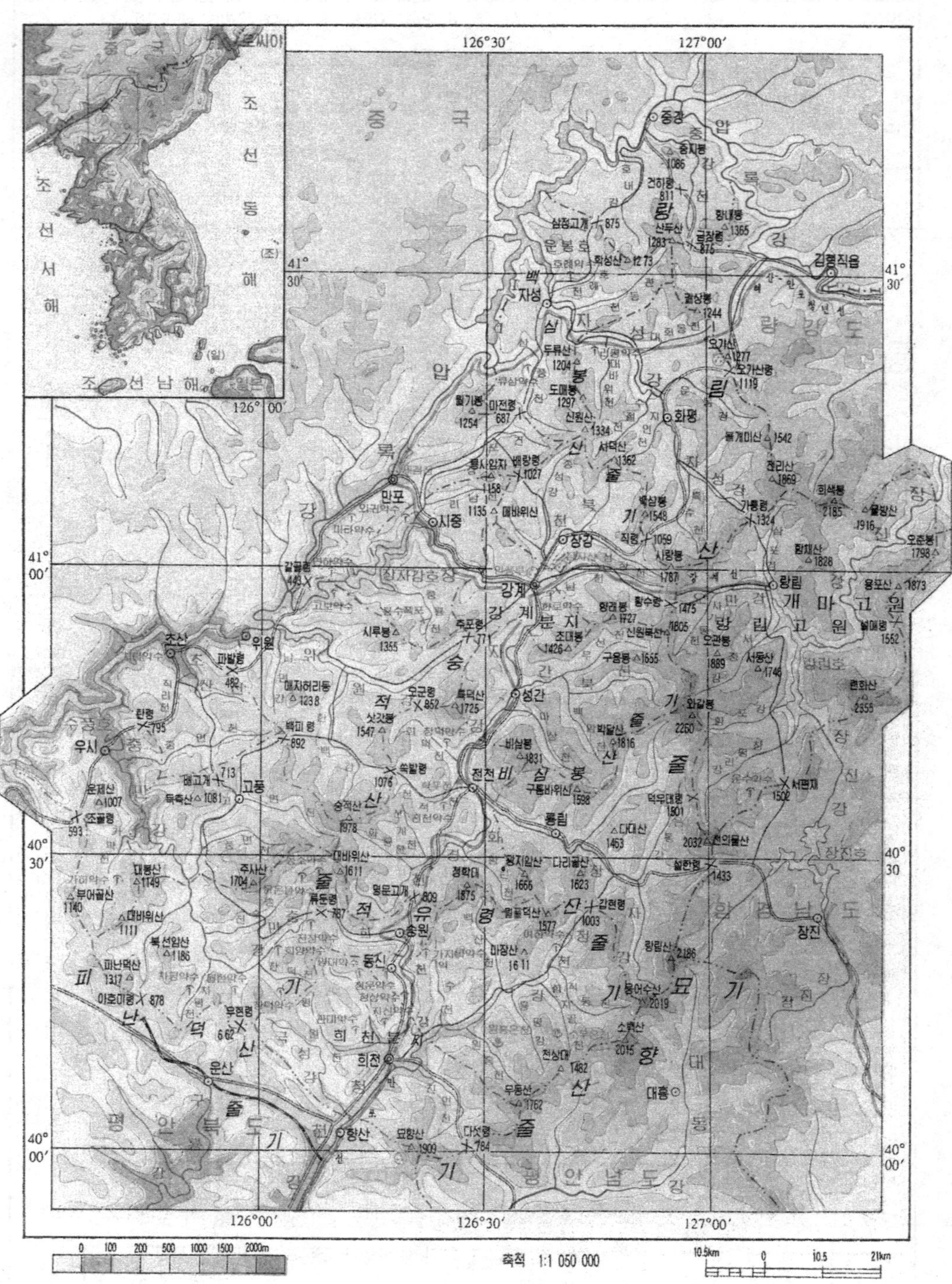

중국
조선동해
조선서해
조선남해
126°30′
127°00′
126°00′
41° 30′
41° 00′
40° 30′
40° 00′
중강
김형직읍
자성
화평
만포
시중
장강
강계
랑림
위원
초산
우시
고풍
성간
전천
룡림
송원
동신
희천
향산
운산
장진
대흥
압록강
장자강
독로강
청천강
장진강
랑림산줄기
자성강
강계분지
숭적산줄기
적유령산줄기
묘향산줄기
피난덕산줄기
개마고원
랑림고원
평안북도
평안남도
량강도
함경남도
축척 1:1 050 000
0 100 200 500 1000 1500 2000m
10.5km 0 10.5 21km

08 량강도 행정구역명 연혁

량강도(兩江道)

제일 큰 강물인 압록강과 두만강을 끼고 있는 지역이라는 의미에서 도의 이름을 량강도라고 하였다. 량강도 일대는 본래 고조선, 고구려, 발해 땅이었다.

995년 고려시기에는 삭방도에, 그후 10도를 5도 량계로 개편하였을 때에는 동계에 속하였다. 1047년에는 동북면에 속하였으며, 1178년에는 연해명주도에 속하였다. 1391년에는 강릉삭방도에 속하였는데 갑주만호부가 있었으며, 1413년에는 영길도에 속하였는데 갑산군이 있었다. 1416년에는 함길도에 속하였으며, 이때 갑산군의 서북부 일부 지역을 떼내어 려연군을 만들고 그곳을 평안도에 넘기었다. 1446년(세종 28년)에는 갑산군의 서부지역을 갈라서 함길도 삼수군을 내왔다. 1462년에는 갑산군이 갑산도호부로 되었고, 1470년에는 영안도에 속하였다. 1509년에는 함경도의 갑산도호부와 삼수군지역으로 되어 있었다.

1896년 13도제를 실시할 때 이 고장은 대부분 함경남도 갑산군과 삼수군에 속해 있었고 오늘의 대홍단군과 삼지연군, 백암군은 함경북도에, 후창군은 평안북도에 속해 있었다.

1914년에 갑산군의 일부 지역을 분리하여 풍산군을 신설하였다.

1952년에 함경남도 보천군, 풍서군, 신파군이 신설되었고, 1954년 10월 함경남도의 혜산군, 보천군, 삼수군, 신파군, 갑산군, 풍산군, 풍서군, 부전군과 함경북도의 삼사군, 자강도의 후창군을 넘겨 받아 량강도를 신설하였다. 도가 신설될 때 삼사군은 백암군으로 개칭되었고 혜산군에서 혜산시와 운흥군이 분리 신설되었다.

【 량강도의 변천 】

연도	이름	관할지역	비고
1954	량강도	전 함경남도 혜산군, 보천군, 삼수군, 신파군, 갑산군, 풍산군, 풍서군, 부전군, 함경북도 삼사군, 자강도 후창	

연 도	이 름	관 할 지 역	비 고
1954	량강도	군으로 량강도를 신설. 혜산군이 혜산시와 운흥군으로 분리신설됨. 삼사군이 백암군으로 개칭됨(1개 시, 10개 군)	
1961	〃	보천군 리명수노동자구, 포태리, 함경북도 연사군 신덕노동자구, 가동노동자구, 신흥노동자구, 삼상노동자구, 로은노동자구를 합쳐 삼지연군을 신설(1개 시, 11개 군)	
1965	〃	부전군이 함경남도에 넘어 감(1개 시, 10개 군)	
1978	〃	량강도 5호지구-5호노동자구, 신덕노동자구, 서두노동자구, 농사노동자구, 신흥노동자구, 흥암노동자구, 삼지연군 대흥단노동자구, 함경북도 연사군 삼장리, 삼하리 일부, 원봉노동자구의 대부분 지역을 합쳐 대흥단군을 신설(1개 시, 11개 군)	
1981	〃	신파군이 김정숙군으로 개칭됨(1개 시, 11개 군)	
1988	〃	후창군이 김형직군으로 개칭됨(1개 시, 11개 군)	
1990	〃	풍산군이 김형권군으로 개칭됨(1개 시, 11개 군)	
1997	〃	혜산시, 김정숙군, 김형직군, 김형권군, 보천군, 삼수군, 갑산군, 삼지연군, 대흥단군, 운흥군, 백암군, 풍서군(1개 시, 11개 군)	

혜산시(惠山市)

도의 북쪽 압록강연안에 있는 시로 이곳 주민들이 홍수가 날 때 산에 올라가 목숨을 구했고, 산림자원의 혜택으로 살아왔다는데서 유래되었다.

【 혜산시의 변천 】

연 도	이 름	관 할 지 역	비 고
1952	함경남도 혜산군	전 혜산군 혜산면, 봉두면의 전체 리와 운흥면의 23개 리, 별동면의 6개 리로 혜산군을 새로 개편함. 나머지 보천면, 대진면의 전체 리와 운흥면의 오산리 가새로 신설되는 보천군에 들어 가고 별동면의 6개 리가 삼수군에 들어 감. 면이 폐지됨. 혜산읍(전 혜산면 혜흥리, 혜강리, 혜화리, 혜장리, 혜명리, 혜산리), 룡암리(전 봉두면 룡암리, 신전리, 화동리일부), 복안리(전 봉두면 복안리, 룡은리, 사덕리, 신덕리 일부), 장항리(전 봉두면 장항리, 룡천리, 신풍리,	

연도	이름	관할지역	비고
1952	함경남도 혜산군	발막리), 심포리(전 봉두면 별남리, 보안소리, 심포리, 백암리), 봉두리(전 봉두면 하봉리, 봉두리), 령하리(전 봉두면 설령리, 화동리 일부), 생장리(전 봉두면 생장리, 동흥리), 룡포리(전 봉두면 룡포리, 룡봉리), 운흥리(전 운흥면 산양천리 일부, 남포리, 대오시천리), 동포리(전 운흥면 삼포리, 수동리), 장언리(전 운흥면 하자문리, 후복리, 상자문리), 오시천리(전 운흥면 오시천리, 산양천리 일부), 운총리(전 운흥면 산당리, 모정리, 운총리), 로중리(전 운흥면 장성리 일부, 노동리, 중평리), 일건리(전 운흥면 장성리 일부, 일건리, 대봉리), 대하리(전 운흥면 문산리, 대하리), 대중리(전 운흥면 대중리, 봉두리, 신덕리 일부), 춘동리(전 혜산면 강구리, 늪평리, 요동리, 춘동리), 영흥리(전 혜산면 영봉리, 려달평리, 운흥면, 산홍리), 신장리(전 별동면 보사리, 신석리, 장수리), 장안리(전 별동면 안계리, 동평리, 장강리), 위연포리(전 혜산군 위연포리, 성후리), 중리(전 혜산면 송봉리, 중리, 신부리), 대상리(전 운흥면 대상리, 대전평리), 위연포리를 위연포노동자구로 개편(1개 읍, 1개 노동자구, 23개 리)	
1954	량강도 혜산시	일건리 일부를 분리하여 로중리에 넘김. 룡암리 일부로 신전리를 내오고 운흥군에 넘김. 갑산군 동평리, 대덕리, 신중리, 상산리가 혜산군에 들어왔다가 운흥군으로 넘어 감. 삼수군 중운리 일부를 분리하여 춘동리에 편입함. 혜산군에서 혜산읍, 춘동리, 영흥리, 중리, 위연포노동자구를 분리하여 혜산시를 내옴. 혜산군의 나머지 리들로 운흥군을 신설함. 혜산읍을 분리하여 혜산리, 혜화동, 혜흥동, 혜장동, 혜신동, 혜명동, 혜강동을 신설함. 위연포노동자구를 위연동, 성후리, 련두리로 분리함(7개 동, 6개 리)	
1955	〃	혜산리를 혜산동으로, 성후리를 성후동으로, 련두리를 련두동으로 개칭(10개 동, 3개 리)	
1957	〃	위연동 일부를 분리하여 연풍동을 내오고 혜장동을 혜강동에 편입(10개 동, 3개 리)	
1961	〃	혜강동을 혜장동으로 개칭. 혜산동 일부와 혜흥동 일부로 혜강동 신설. 혜명동 일부와 영흥리 일부로 련봉동신설. 영흥리를 영흥동으로 개칭. 중리를 송봉동으로 개칭.	

연도	이름	관할지역	비고
1961	량강도 혜산시	춘동리 일부와 삼수군 중운리 일부로 강구동을 신설. 중운리의 나머지 일부는 삼수군 보성노동자구에 편입. 춘동리를 춘동으로 개칭. 운흥군 오시천리, 로중리, 운총리, 신장리, 장안리를 혜산시에 편입(15개 동, 5개 리)	
1965	〃	혜흥동 일부로 신흥동을, 련두동 일부와 위연동 일부로 강안동을, 춘동 일부와 혜화동 일부로 혜탄동을, 혜명동 일부와 련봉동 일부와 성후동 일부로 탑성동을 각각 신설함. 연풍동 일부를 위연동에, 혜산동 일부를 혜명동에 각각 편입함(20개 동, 5개 리)	
1972	〃	련봉동을 갈라 련봉1동과 련봉2동을 내오고 련봉동을 폐지함(21개 동, 5개 리)	
1973	〃	춘동리 일부로 마산동을 내옴(22개 동, 5개 리)	
1981		오시천리를 검산동으로 개칭(23개 동, 4개 리)	
1993	〃	마산동을 갈라 마산1동과 마산2동을 내오고 마산동을 폐지함(24개 동, 4개 리)	
1999	〃	송봉동을 갈라 송봉1동과 송봉2동을 내오고 송봉동을 폐지함. 혜산동, 혜화동, 혜흥동, 신흥동, 혜신동, 혜강동, 혜명동, 탑성동, 성후동, 련두동, 강안동, 위연동, 연풍동, 련봉1동, 련봉2동, 영흥동, 송봉1동, 송봉2동, 강구동, 춘동, 마산1동, 마산2동, 혜탄동, 혜장동, 검산동, 로중리, 운총리, 신장리, 장안리(25개 동, 4개 리)	

김정숙군(金正淑郡)

도의 서북쪽 압록강과 장진강이 합쳐지는 지대의 군으로 1981년 8월 기존의 신파군을 개칭한 군이다.

【 김정숙군의 변천 】

연도	이름	관할지역	비고
1952	함경남도 신파군	신파읍(전 삼수군 삼수면 신갈파리), 신상리(전 삼수군 삼수면 민탕리, 소농리 일부), 삼포동리(전 삼수군 삼수면 삼포동리), 풍양리(전 삼수군 삼수면 리방리, 보파리 두지리, 포리), 강하리(전 삼수군 삼수면 차항리,	

연도	이름	관할지역	비고
1952	함경남도 신파군	토평리, 박주평리, 구갈파리), 장항리(전 삼수군 삼수면 만항리), 신중리(전 삼수군 삼수면 선소리, 소농리 일부), 상대리(전 삼수군 삼수면 지웅리, 호인면 인산리), 자서리(전 삼수군 자서면 상동구리, 동암리 일부), 태양리(전 삼수군 자서면 태양리, 동암리 일부), 도룡덕리(전삼수군 자서면 도룡덕리), 석평리(전 삼수군 자서면 석평리), 차보리(전 삼수군 자서면 차보리), 원동리(전 삼수군 자서면 소암리, 원동리), 거룡리(전 삼수군 자서면 상거리, 룡교리), 황철리(전 삼수군 자서면 황철리, 고영리, 하동구리), 목서리(전 삼수군 자서면 서가리, 목척리), 하원동리(전 삼수군 자서면 하원동리), 성동리(전 삼수군 삼서면 동동리, 성기리 일부), 삼서리(전 삼수군 삼서면 포성리, 구지리, 금천포리 일부), 룡하리(전 삼수군 삼서면 장재기리, 강응계리, 상니구지리), 송지리(전 삼수군 삼서면 자지리, 운송리), 저풍리(전 삼수군 삼서면 신흥리, 계양리), 포덕리(전 삼수군 삼서면 성기리 일부, 금천포리 일부(1개 읍, 23개 리)	
1954	량강도 신파군	함경남도 랑림군의 원동리가 넘어 옴. 상대리 일부를 삼수군 보성리에, 강하리 일부를 신중리에, 태양리 일부를 도룡덕리에, 목서리 일부를 황철리에, 황철리 일부를 목서리에 각각 편입시킴(1개 읍, 24개 리)	
1956	〃	원동리를 신흥리로 개칭. 후창군 련송리의 일부를 넘겨 받아 송전리를 내옴(1개 읍, 25개 리)	
1961	〃	룡하리를 룡하노동자구로 개편. 신중리를 갈라 신파읍, 강하리, 장항리에 각각 편입시키고 신중리는 폐지(1개 읍, 1개 노동자구, 23개 리)	
1969	〃	신흥리를 신흥노동자구로 개편(1개 읍, 2개 노동자구, 22개 리)	
1981	량강도 김정숙군	신파군을 김정숙군으로, 신파읍을 김정숙읍으로 개칭(1개 읍, 2개 노동자구, 22개 리)	
1997	〃	김정숙읍, 룡하노동자구, 신흥노동자구, 신상리, 삼포동리, 풍양리, 강하리, 장항리, 상대리, 자서리, 태양리, 도룡덕리, 석평리, 차보리, 원동리, 거룡리, 황철리, 목서리, 하원동리, 정동리, 삼서리, 송지리, 저풍리, 포덕리, 송전리(1개 읍, 2개 노동자구, 22개 리)	

【 김형직군의 변천 】

이전의 후창군을 김형직군으로 고쳤다.

연도	이름	관할지역	비고
1416	평안도 려연군 상무로보	영길도 소훈두 서쪽 지역을 떼내어 려연군을 내오고 평안도에 편입.	
1436	〃	만호진을 둠.	
1440	평안도 무창현	려연군의 손량, 후주, 보산 등지의 주민을 떼내어 현을 새로 설치함.	
1442	평안도 무창군	강계도호부의 관할군으로 됨.	
1456		무창군을 폐지(주민을 구주로 옮김)	
1788	평안도 무창군		
1813	함경도 무창부		
그후		무창부 폐지.	
1869	평안도 후창군	후주와 무창을 합쳐 군을 내옴. 진목면, 부남면, 칠평면하산면, 부성면, 무창면, 련성면, 후평면, 쌍남면	
1895	강계부 후창군	진목면, 부남면, 칠평면, 하산면, 부성면, 무창면, 련성면	
1896	평안북도 후창군	군내면, 하산면, 부성면, 무창면, 련성면, 칠평면, 부남면, 진목면(8개 면)	
1914	〃	군내면, 하산면을 합쳐 군내면을, 부성면, 무창면 일부를 합쳐 동신면을, 련성면, 무창면 일부를 합쳐 동흥면을, 부남면 진목면을 합쳐 남신면을 내옴(5개 면)	
1918	〃	군내면을 후창면으로 개칭(5개 면)	
1949	자강도 후창군	후창면 장흥동을 자강도 자성군 중강면에 넘김(5개 면)	
1952	〃	전 후창군 후창면, 동신면, 동흥면의 전체 리와 자성군 리평면의 2개 리를 포함하여 새로 개편되미. 칠평면, 남신면의 전체 리는 화평군에 넘김. 후창읍(동신면 창평리, 강구리), 남사리(동흥면 남사리), 록림리(동흥면 록림리), 련하리(동흥면 련하리), 련송리(동흥면 련송리), 고읍리(동흥면 고읍리, 서부리), 대웅리(동흥면 대웅리), 라죽리(동흥면 라죽리, 압강리), 무창리(동신면 무창리), 포삼리(동신면 부산리, 포평리, 포리), 연포리(동신면 삼포리, 연포리), 부전리(후창면 부흥리, 갈전리), 죽전리(후창면 죽전리), 금창리(후창면 금창리), 로탄리(후창면 로탄리, 회리), 회양리(후창면 자개리, 회양리), 운중리(후창면 운중리, 북문리), 월탄리(후창면 월탄리, 남문리, 동문리, 중문리), 령저리(후창면 령저리, 대아치리), 룡출리(자성군 리평면 감덕리, 룡출리)(1개 읍, 19개 리)	

연 도	이 름	관 할 지 역	비 고
1953	자강도 후창군	후창읍을 두지리로 하고 포삼리를 후창읍으로 변경 (1개 읍, 19개 리)	
1954	량강도 후창군	룡출리를 자강도 화평군에 넘김(1개 읍, 18개 리)	
1956	〃	후창읍을 포삼리로 하고 월탄리를 후창읍으로 변경 (1개 읍, 18개 리)	
1961	〃	록림리를 록림노동자구로 개편. 후창읍을 월탄리로 하고 포삼리를 후창읍으로 개편(1개 읍, 1개 노동자구, 17개 리)	
1967	〃	로탄리를 로탄노동자구로, 고읍리를 고읍노동자구로, 남사리를 남사노동자구로 각각 개칭(1개 읍, 4개 노동자구, 14개 리)	
1988	량강도 김형직군	후창군을 김형직군으로, 후창읍을 김형직읍으로 개칭 (1개 읍, 4개 노동자구, 14개 리)	
1990	〃	월탄리, 운중리, 령저리, 회양리를 합쳐 월탄노동자구를 내오고 연포리를 연포노동자구로 함(1개 읍, 6개 노동자구, 9개 리)	
1997	〃	김형직읍, 록림노동자구, 로탄노동자구, 고읍노동자구, 남산노동자구, 월탄노동자구, 연포노동자구, 두지리, 련하리, 련송리, 대웅리, 라죽리, 무창리, 부전리, 죽전리, 금창리(1개 읍, 6개 노동자구, 9개 리)	

김형권군(金亨權郡)

도의 남쪽에 있는 군으로 1990년 기존의 풍산군을 개칭한 군이다.

【 김형권군의 변천 】

연 도	이 름	관 할 지 역	비 고
리조말	함경남도 갑산군 북청군	천남면, 리인면, 웅이면 안산면	
1914	함경남도 풍산군	갑산군 천남면, 리인면, 웅이면, 북청군 안산면, 안수면(안산면에서 분리신설)으로 풍산군을 신설(5개 면)	
1934	〃	풍산면(리인면을 개칭), 천남면, 웅이면, 안산면, 안수면(5개 면)	

연도	이름	관할 지역	비고
1952	함경남도 풍산군	천남면의 전체 리가 허천군에 들어 가고 웅이면의 전체 리와 풍산면의 8개 리가 풍서군에 들어 감. 안산면, 안수면의 전체 리와 풍산면의 10개 리로 풍산군을 새로 조직. 풍산읍(풍산면 신풍상리, 신풍하리, 장암리 일부), 직설리(풍산면 직설리), 신원리(풍산면 신원상리, 신원하리), 사아리(풍산면 사아리, 안산면 상지경리 일부), 광덕리(풍산면 광덕리 일부), 리포리(풍산면 리덕리, 원포리), 양평리(안산면 양평리, 장안리 일부), 하지경리(안산면 하지경리, 풍산면 광덕리 일부, 장암리 일부), 지경리(안산면 중지경리, 상지경리 일부), 장안리(안산면 장안리 일부), 황수원리(안산면 황수원리), 동흥리(안산면 동흥리, 내웅리 일부), 파바리(안산면 파발리, 내웅리 일부), 로은리(안산면 로은리), 미감리(안수면 감토리, 미전리), 장평리(안수면 장평리, 장령리), 수동리(안수면 수동리), 평산리(안수면 평산리), 수상리(안수면 수상리, 수하리), 내중리(안산면 내중리)(1개 읍, 19개 리)	
1954	량강도 풍산군	위와 같음(1개 읍, 19개 리)	
1961	〃	위와 같되 수상리가 평산리에 들어 감(1개 읍, 18개 리)	
1983	〃	위와 같되 평산리가 평산노동자구로 됨(1개 읍, 1개 노동자구, 17개 리)	
1990	량강도 김형권군	위와 같되 풍산군을 김형권군으로, 풍산읍을 김형권읍으로 개칭.	
1997	〃	풍산읍, 직설리, 신원리, 사아리, 지경리, 하지경리, 광덕리, 리포리, 양평리, 장안리, 내중리, 동흥리, 파발리, 로은리, 황수원리, 미감리, 수동리, 장평리, 평산노동자구(1개 읍, 1개 노동자구, 17개 리)	
1997	〃	김형권읍, 직설리, 신원리, 사아리, 광덕리, 리포리, 양평리, 하지경리, 지경리, 장안리, 황수원리 파발리, 로은리, 미감리, 장평리 수동리, 내중리, 평산노동자구, 동흥리(1개 읍, 1개 노동자구, 17개 리)	

풍서군(豊西郡)

도의 남쪽에 있는 군. 1952년에 풍산군 웅이면의 전부와 풍산면의 8개 리, 그리고 갑산군 산남면의 9개 리로 함경남도에 내온 군인데, 풍산의 서쪽에 있는 군이라 하여 풍서군이라 고 하였다. 1954년에 량강도가 신설되면서 풍서군으로 되었다.

【 풍서군의 변천 】

연 도	이 름	관 할 지 역	비 고
1952	함경남도 풍서군	전 풍산군 웅이면의 전체 리와 풍산면의 8개 리, 갑산군 산남면의 7개 리, 갑산군 산남면의 신봉리 일부, 석우리 일부로 군을 신설함. 풍서읍(전 풍산군 웅이면 어룡리, 늪평리 통합), 관흥리(전 풍산군 웅이면 관창리, 선흥리 통합), 석우리(전 풍산군 웅이면 석산리, 우가리 통합), 속신리(전 풍산군 웅이면 도상리, 속신리 통합), 룡문리(전 풍산군 웅이면 룡문리), 림서리(전 풍산군 웅이면 림장리, 서상하리 통합), 서창리(전 풍산군 웅이면 서창리), 문조리(전 풍산군 웅이면 문조상리, 문조하리 통합), 로흥리(전 풍산군 웅이면 라흥리, 로암리 통합), 청서리(전 풍산군 웅이면 청삼포리, 서리 통합), 약수리(전 풍산군 웅이면 약수리), 신덕리(전 풍산군 풍산면 신암리, 내덕리 일부 통합), 내포리(전 풍산군 풍산면 재포리, 내덕리 일부 통합), 귀복리(전 풍산군 풍산면 신복리, 귀잠리 통합), 신명리(전 풍산군 풍산면 신명리), 무하리(전 풍산군 풍산면 무하리), 신창리(전 풍산군 풍산면 신창리), 유상하리(전 갑산군 산남면 유하리, 유상리 통합), 회은리(전 갑산군 산남면 회복리, 은포리 통합), 상리(전 갑산군 산남면 상리, 중흥리, 신봉리 일부 통합), 우포리(전 갑산군 산남면 포치리, 석우리 일부 통합) (1개 읍, 20개 리)	
1953	〃	귀복리 일부를 신창리에 넘김(1개 읍, 20개 리)	
1954	량강도 풍서군	관흥리 일부를 풍서읍에 넘김(1개 읍, 20개 리)	
1961	〃	약수리를 약수노동자구로 개편(1개 읍, 1개 노동자구, 19개 리)	
1981	〃	서창리를 서창노동자구로 개편(1개 읍, 2개 노동자구, 18개 리)	
1986	〃	청서리 일부로 합포노동자구를 내오고 나머지 일부는 로흥리에 넘김(1개 읍, 3개 노동자구, 17개 리)	

연도	이름	관할지역	비고
1997	량강도 풍서군	풍서읍, 약수노동자구, 서창노동자구, 합포노동자구, 로흥리, 문조리, 림서리, 룡문리, 유상하리, 내포리, 신덕리, 우포리, 상리, 무하리, 귀복리, 신명리, 신창리, 속신리, 석우리, 관흥리, 회은리(1개 읍, 3개 노동자구, 17개 리)	

갑산군(甲山郡)

도의 중심에 있는 군. 1413년에 갑주를 고쳐 내온 군인데 갑산이란 사람들이 산골지대에서 처음으로 개척하여 살기 시작하였다는 의미에서 갑자를 붙이고 당시 행정구역 단위의 명칭인 산자를 덧붙여 지은 이름이다.

【 갑산군의 변천 】

연도	이름	관할지역	비고
1391	허천, 이산 강릉삭방도 갑주만호부		
1413	영길도 갑산군		
1416	함길도 갑산군	서북부 일부 지역을 떼내어 려연군을 만들고 평안도에 넘김.	
1446	〃	서부지역을 갈라 삼수군을 내옴.	
1462	함길도 갑산도호부		
1470	영안도 갑산군		
1509	함경도 갑산도호부		
1871	〃	허천사, 이리사, 호린사, 웅이사, 락생사, 진동사, 상남사, 하남사, 회사, 동인사, 운총사, 보천사, 혜산사, 허린사	
조선조말	함경남도 갑산군	회사, 회린사, 허천사, 진동사, 동인사, 웅이사, 호린사 신흥사, 운총사, 보천사, 혜산사, 수상사, 상남사, 락생사(14개 사) 그후 사가 폐지되고 면이 나옴.	

연 도	이 름	관 할 지 역	비 고
조선조말	함경남도 갑산군	화사, 회린사, 허천사를 합쳐 회린면을, 신흥사, 운총사를 합쳐 운흥면을, 보천사, 혜산사를 합쳐 보혜면을 수상사, 상남사를 합쳐 천남면을 각각 내오고 진동사를 진동면으로, 동인사를 동인면으로, 웅이사를 웅이면으로, 호린사를 산남면으로, 락생사를 리인면으로 각각 개칭함. 장평면이 신설됨.	
1914	〃	회린면, 운흥면, 보혜면, 천남면, 진동면, 동인면, 장평면, 산남면, 리인면, 웅이면(10개 면)	
1934	〃	리인면, 천남면, 웅이면이 신설되는 풍산군에 들어 감(7개 면)	
1952	〃	보혜면과 운흥면이 신설되는 혜산군에 들어 감. 보혜면이 혜산읍과 보천면으로 분리됨. 장평면을 갑산면으로 개칭함(5개 면) 면이 폐지됨. 전 갑산군 갑산면, 회린면, 동인면, 진동면의 전체 리와 산남면의 7개 리, 그리고 산남면의 신봉리 일부와 석우리 일부로 갑산군을 새로 내옴. 산남면의 나머지 7개 리와 신봉리 일부, 석우리 일부는 신설되는 풍서군에 들어 감 갑산읍(전 갑산면 룡림리, 몽충리, 남부리, 북부리, 서부리, 동부리 통합), 남평리(전 갑산면 동흥리, 중평리 통남리, 장남리 일부 통합), 송암리(전 갑산면 도하리 도상리, 고암리, 대흥리, 회린면 룡계리 일부 통합), 상흥리(전 갑산면 사기리, 부흥리, 회린면 룡계리 일부 통합), 추풍리(전 갑산면 싸소리, 쌍대리, 부연리 통합), 창송리(전 갑산면 선평리, 세동리 통합), 평화리(전 갑산면 지경리, 진동면 석우리, 로평리, 신성리 통합), 양흥리(전 진동면 신양리, 로적리, 련흥리 통합), 사장리(전 진동면 상리, 온사리, 중장리 통합), 석동리(전 진동면 동점리, 주막리 통합), 동포리(전 진동면 내유포리, 유포리, 남대리 통합), 창동리(전 진동면 신동리, 양류리, 창평리, 남양리 통합), 림동리(전 산남면 가림리, 동천리 통합), 삼봉리(전 산남면 고소리, 신봉리 일부 통합), 사평리(전 산남면 송우리, 룡평리 일부, 갑산면 장남리 일부 통합), 시양리(전 산남면 시화리, 풍양리, 룡평리 일부 통합), 금화리(전 회린면 위계리, 장중리, 서당리 통합), 회린리(전회린면 포항리, 신화리,	

연도	이름	관할지역	비고
1952	함경남도 갑산군	산남면 석우리 일부 통합), 중천리(전 회린면 진둔리, 후지리, 신흥리 통합), 사동리(전 회린면 장기리, 남동리, 조양리, 중초리 통합), 대중리(전 회린면 중흥상리, 중흥하리, 대풍리 통합), 천성리(전 회린면 동축리, 천성리, 삼상리 통합), 동평리(전 동인면 남흥리, 풍산리 일부, 종포리, 동흥리 통합), 대덕리(전 동인면 대동리, 안교리, 명덕리 통합), 신중리(전 동인면 신상리, 외산리, 중흥리 통합), 상산리(전 동인면 백암리, 풍산리 일부 통합), 금풍리(전 동인면 상후리, 련풍리, 신개리 통합), 오일리(전 동인면 대상리, 신흥리, 신성리, 오일리 통합), 신정리(전 동인면 사정리, 신풍리, 련흥리 통합), 삼일리(전 동인면 신창리, 삼일리, 회린면 신포리 통합), (1개 읍, 29개 리)	
1954	량강도 갑산군	상흥리 일부가 갑산읍에 편입. 동포리, 석동리를 합쳐 동점노동자구를 신설함. 동평리, 대덕리, 신중리, 상산리가 혜산군에 넘어 갔다가 다시 신설되는 운흥군에 들어 감(1개 읍, 1개 노동자구, 23개 리)	
1956	〃	시양리를 삼봉리에 편입시킴(1개 읍, 1개 노동자구, 22개 리)	
1973	〃	오일 리가 운흥군에 넘어 가 신중리 일부와 통합되어 오일노동자구로 됨(1개 읍, 1개 노동자구, 21개 리)	
1977	〃	삼일리를 노동자구로 개편(1개 읍, 2개 노동자구, 20개 리)	
1981	〃	운흥군 오일노동자구가 다시 넘어 옴. 이때 일부가 운흥군 대동노동자구로 됨(1개 읍, 3개 노동자구, 20개 리)	
1982	〃	금화리를 조양리로 개칭(1개 읍, 3개 노동자구, 20개 리)	
1983	〃	함경남도 허천군 상산노동자구 일부가 동점노동자구에 편입됨(1개 읍, 3개 노동자구, 20개 리)	
1988	〃	동점노동자구의 일부로 문락평노동자구를 신설(1개 읍, 4개 노동자구, 20개 리)	
1997	〃	갑산읍, 동점노동자구, 오일노동자구, 삼일노동자구, 문락평노동자구, 남평리, 림동리, 사평리, 삼봉리, 창송리, 송암리, 양흥리, 평화리, 사장리, 회린리, 대중리, 천성리, 창동리, 신정리 금풍리, 조양리, 중천리, 상흥리, 추풍리, 사동리(1개 읍, 4개 노동자구, 20개 리)	

삼수군(三水郡)

도의 중부 압록강 연안에 있는 군. 1441년에 함길도 갑산군 삼수보이였다가 1446년에 갑산군에서 분리되어 함길도 삼수군으로 되었다. 압록강, 장진강, 허천강 등 세 개의 큰 강을 끼고 있으므로 삼수라고 하였다. 옛 문헌에는 '세 강이 합하여 압록강 물로 들어간다고 하여 삼수라고 하였는데, 군이 어연강, 압록강, 삼수동강 3개의 지류 사이에 있으므로 삼수라고 이름 지을 수 있다' 고 하였다. 대동수경에 삼수군은 옛날에 삼잔수라고 하였고 속빈 또는 흘품이라고 하였다고 한다.

【 삼수군의 변천 】

연도	이름	관할지역	비고
1441	갑산군	삼수보	
1446	함길도 삼수군		
1454		군이 폐지됨.	
1462 1463 1465 1470 1696 1710	함길도 삼수군 함길도 삼수도호부 함길도 삼수군 영안도 삼수군 함경도 삼수현 삼수부		
1895	갑산부 삼수군	읍사, 관동사, 호재사, 별해사, 동별사, 인차사, 라난사, 소농사, 신파사, 양산사, 서별사, 자작사, 어면사	
조선조말	함경남도 삼수군	읍사, 관남사, 관서사, 인차외사, 별해사, 남별사, 서별사, 자작사, 라난사, 관동사, 갈파사, 어면사, 신농사, 소농사, 하남사(15개 사) 그후 사가 폐지되고 면이 나옴. 읍사를 읍면으로, 관남사를 관남면으로, 관서사를 관서면으로, 인차외사를 인차외면으로, 별해사를 별해면으로, 남별사를 남별면으로, 서별사를 서별면으로, 자작사를 자작면으로, 라난사를 라난면으로, 어면사를 어면면으로, 신농사, 소농사를 신농면으로, 관동사를 관동면으로, 갈파사를 양산면으로 각각 개편함. 하남사가 폐지되고 남희면, 하동면, 상동면, 흥남면, 호재면이 신설됨(18개 면)	

연도	이름	관할지역	비고
1914	함경남도 삼수군	남별면, 남희면, 관남면을 합쳐 삼남면을, 읍면, 관동면 일부를 합쳐 읍관면을, 별해면, 하동면, 상동면을 합쳐 별동면을, 호재면, 인차외면을 합쳐 호인면을, 라난면, 신농면, 양산면을 합쳐 강진면을, 자작면, 서별면을 합쳐 자서면을, 관동면 일부, 관서면, 흥남면을 합쳐 관흥면을 각각 내오고 어면면을 삼서면으로 개칭함(8개 면)	
1934	〃	별동면이 신설되는 혜산군으로 넘어 감. 삼남면을 삼수면으로, 읍관면을 금수면으로, 강진면을 신파면으로 각각 개칭함(7개 면)	
광복직후	〃	삼수면을 삼남면으로, 신파면을 삼수면으로 각각 개칭함(7개 면)	
1952	〃	면이 폐지됨. 전 삼수군 삼수면, 자서면, 삼서면의 전체 리와 호인면의 인산리가 신설되는 신파군에 넘어가고 전 삼수군 삼남면, 금수면, 관흥면의 전체리와 호인면의 15개 리, 전 혜산군 별동면의 6개 리로 삼수군을 새로 개편함. 삼수읍(전 삼수군 금수면 탑동리, 성내리, 인동리), 중평장리(전 삼수군 삼남면 운봉리, 회산리, 중평장리), 신양리(전 삼수군 삼남면 신풍리, 화양리, 독산리, 화산리), 원동리(전 삼수군 삼남면 은동리 원덕장리, 중석리), 천남리(전 삼수군 삼남면 남풍리, 천평리), 관동리(전 삼수군 삼남면 북수리, 관동리), 관서리(전 삼수군 관흥면 상두릉리, 하두릉리, 고암포리, 삼포 리), 청수리(전 삼수군 관흥면 청계리, 청학리, 복서리), 관흥리(전 삼수군 관흥면 삼덕리, 은산리), 심포동리(전 삼수군 관흥면 간평리, 심포리 일부), 간령리(전 삼수군 관흥면 간령리, 상청계리, 심포리 일부), 일자봉리(전 삼수군 관흥면 일자봉리), 개운성리(전 삼수군 관흥면 개운성리, 남양동리 일부), 룡복동리(전 삼수군 관흥면 룡복동리, 남양동리 일부), 례흥리(전 삼수군 금수면 중리, 함포리), 반룡기리(전 삼수군 금수면 반룡기리, 간천리, 일건리 일부), 동수리(전 삼수군 금수면 관동리, 룡천리, 룡하리, 일건리 일부), 삼곡리(전 삼수군 금수면 량응리, 농막리, 삼흥리, 수차리 일부), 관평리(전 삼수군 호인면 중평리, 관흥리),	

연도	이름	관할지역	비고
1952	함경남도 삼수군	신전리(전 삼수군 호인면 재전리, 신봉리), 왕가리(전 삼수군 호인면 왕가리, 금수면 억두리), 중운리(전 삼수군 호인면 한평리, 중위리, 운전리), 농평리(전 삼수군 호인면 농평상리, 농평하리, 금수면 수차리 일부), 령성리(전 삼수군 호인면 신풍리, 령성리, 대복리), 포성리(전 삼수군 호인면 포성리), 광생리(전 혜산군 별동면 광동리, 신생리), 문천리(전 혜산군 별동면 통목리, 장동리, 효소리), 번포리(전 혜산군 별동면 번포리)(1개 읍, 27개 리)	
1954	량강도 삼수군	중평장리 일부를 원동리에, 원동리 일부를 천남리에, 청수리 일부를 관흥리에, 문천리 일부를 반룡기리에, 신파군 상대리 일부를 보성리에, 중운리 일부를 혜산군 춘동리에 각각 넘김(1개 읍, 27개 리)	
1958	〃	문천리가 번포리에 들어 감(1개 읍, 26개 리)	
1961	〃	농평리 일부를 령성리에, 중운리와 농평리 일부를 포성리에 각각 넘기고 중운리와 농평리를 폐지함.(1개 읍, 24개 리)	
1981	〃	왕가리를 회골리로 개칭(1개 읍, 24개 리)	
1982	〃	례흥리를 풍덕리로 개칭(1개 읍, 24개 리)	
1991	〃	포성리를 포성노동자구로 개편(1개 읍, 1개 노동자구, 23개 리)	
1997	〃	삼수읍, 포성노동자구, 동수리, 반룡기리, 신양리, 중평장리, 일자봉리, 원동리, 천남리, 관동리, 심포동리, 풍덕리, 관흥리, 관서리, 청수리, 간령리, 개운성리, 룡복동리, 삼곡리, 령성리, 신전리, 회골리, 관평리, 광생리, 번포리(1개 읍, 1개 노동자구, 23개 리)	

운흥군(雲興郡)

도의 동남쪽 운총강 유역에 있는 군. 1954년에 함경남도 혜산군을 개편하여 량강도에 내온 군인데, 조선조 때에 함경도 갑산군에 있은 운총사의 운자와 신흥사의 흥자를 따서 운흥군이라 하였다. 1569년경에 당시 운총사지방에 있은 운총잦덕령에 운총보성을 쌓고 만호를 두어 방비를 강화하도록 한 고장이었다.

【 운흥군의 변천 】

연도	이름	관할지역	비고
1954	량강도 운흥군	혜산군을 운흥군으로 변경하고 운흥리를 운흥읍으로 함. 혜산읍, 춘동리, 영흥리, 중리, 위연포노동자구로 혜산시를 신설. 운흥읍, 룡암리, 복안리, 장항리, 심포리, 봉두리, 생장리, 룡포리, 동포리, 장언리, 오시천리, 운총리, 로중리, 일건리, 대하리, 대중리, 대상리, 신장리, 장안리, 신전리, 동평리, 대덕리, 신중리, 상산리(1개 읍, 23개 리)	
1958	〃	생장리를 생장노동자구로 함(1개 읍, 1개 노동자구, 22개 리)	
1961	〃	오시천리, 로중리, 운총리, 신장리, 장안리를 혜산시에 넘김. 대상리 일부를 대중리에, 동포리 일부를 운흥읍에 각각 편입함. 일건리를 일건노동자구로, 대상리를 대전평리로 각각 개칭함. 신전리를 룡암리에 통합하고 룡암리를 룡암노동자구로 개칭. 백암군 령하리를 넘겨받음(1개 읍, 3개 노동자구, 15개 리) 운흥읍을 대오시천리로, 봉두리를 운흥읍으로 각각 개칭함(1개 읍, 3개 노동자구, 15개 리)	
1967	〃	생장노동자구의 일부를 분리하여 남중노동자구를 내오고 령하리를 령하노동자구로 개칭함(1개 읍, 5개 노동자구, 14개 리)	
1973	〃	갑산군 오일리를 운흥군에 넘기고 운흥군 신중리 일부와 오일리를 합쳐 오일노동자구를 내옴(1개 읍, 6개 노동자구, 14개 리)	
1981	〃	대오시천리를 대오시천노동자구로 개칭하고 오일노동자구 일부로 대동노동자구를 내오고 오일노동자구는 갑산군에 넘김(1개 읍, 7개 구, 13개 리)	
1982	〃	장언리를 잠운리로 개칭(1개 읍, 7개 노동자구, 13개 리)	
1983	〃	대덕리를 대덕노동자구로, 룡포리를 룡포노동자구로, 대전평리를 대전평노동자구로 각각 개칭함(1개 읍, 10개 노동자구, 10개 리)	
1996	〃	운흥읍, 대하리, 대중리, 동포리, 잠운리, 심포리, 복안리, 장항리, 동평리, 신중리, 상산리, 대전평노동자구, 일건노동자구, 대오시천노동자구, 생장노동자구, 룡포	

연도	이름	관할지역	비고
1996	량강도 운흥군	노동자구, 룡암노동자구, 대덕노동자구, 령하노동자구, 남중노동자구, 대동노동자구(1개 읍, 10개 리, 10개 노동자구)	

보천군(普天郡)

도의 동북쪽 가림천 기슭에 있는 군. 1509년경에 함경도 갑산도호부 보천보였다. 이 지대는 나라의 북방경비를 위한 보를 설치하면서 개척되었는데, 우리나라에서 제일 높은 지역에 설치된 보였으므로 보천이라 하였다. 보는 성을 의미하며 천은 높다는 것을 의미한다. 1952년에 혜산군 보천면과 대진면의 전체 리와 운흥면의 1개 리를 통합하여 보천군을 내왔다.

【 보천군의 변천 】

연도	이름	관할지역	비고
1509	함경도 갑산도호부	보천보	
	〃	보천사	
조선조말	함경남도 갑산군	보혜면	
1934	함경남도 혜산군	보천면(보혜면이 보천면과 혜산읍으로 분리됨)	
광복직후	〃	보천면, 대진면(보천면에서 대진면이 분리신설됨)	
1952	함경남도 보천군	전 혜산군 보천면, 대진면의 전체 리와 운흥면의 오산리를 합쳐 보천군을 새로 조직. 보천읍(보천면 보전리), 청림리(보천면 청림리, 명교리, 부흥리, 내곡리 일부), 포태리(보천면 포태리, 독산리 일부), 운남리(보천면 운흥리, 남양리), 흥성리(보천면 흥성리), 내곡리(보천면 축전리, 내곡리 일부) 의화리(보천면 의하리 일부, 운흥면 오산리), 화전리(보천면 화전리, 봉수리 일부), 중흥리(보천면 중흥리, 농산리), 신흥리(보천면 신흥리, 의화리 일부), 독산리(보천면 독산리 일부), 통남리(보천면 통남리, 신남리 일부), 록수리(보천면 록수리, 신남리 일부), 가산리(보천면 가산리, 봉수리 일부), 보태리(보천면 보태리, 서동리), 대신리(대진면 대성리, 신성리), 대평리(대진면 오계리, 대평리)	

연 도	이 름	관 할 지 역	비 고
1952	함경남도 보천군	대흥리(대진면 대흥리, 사지리), 보흥리(대진면 보흥리, 함풍리), 상룡리(대진면 룡동리, 룡남리), 룡덕리(대진면 룡덕리, 룡북리), 송봉리(대진면 룡봉리, 송가리), 백자리(대진면 백자리, 명산리), 호산리(대진면 려산리, 호암리), 문암리(대진면 문암리, 수침리), 대진평리(대진면 려수리, 대진평리)	
1953	〃	독산리를 독산노동자구로 개칭(1개 읍, 1개 노동자구, 24개 리)	
1954	량강도 보천군	함경북도 연사군 유곡노동자구 일부를 독산노동자구에 편입(1개 읍, 1개 노동자구, 24개 리)	
1958	〃	대평리를 대평노동자구로 개칭. 보태리를 보서리로 하고 독산노동자구를 리명수노동자구로 개칭(1개 읍, 2개 노동자구, 22개 리)	
1961	〃	대진평리 일부를 대평노동자구에 편입. 리명수노동자구, 포태리가 삼지연군으로 넘어 감(1개 읍, 1개 노동자구, 21개 리) 대흥리(대진면 대흥리, 사지리), 보흥리(대진면 보흥리, 함풍리), 상룡리(대진면 룡동리, 룡남리), 룡덕리(대진면 룡덕리, 룡북리), 송봉리(대진면 룡봉리, 송가리), 백자리(대진면 백자리, 명산리), 호산리(대진면 려산리, 호암리), 문암리(대진면 문암리, 수침리), 대진평리(대진면 려수리, 대진평리)	
1978	〃	중흥리 일부, 통남리 일부를 보천읍에 편입. 록수리와 중흥리의 대부분, 통남리의 대부분이 삼지연군으로 넘어 감. 보서리가 삼지연군에 넘어 가 보서노동자구로 됨(1개 읍, 1개 노동자구, 18개 리)	
1981	〃	대진평리를 대진평노동자굴 개편함(1개 읍, 2개 노동자구, 17개 리)	
1997	〃	보천읍, 대평노동자구, 대진평노동자구, 가산리, 화전리, 의화리, 신흥리, 운남리, 대신리, 흥성리, 보흥리, 백자리, 대흥리, 문암리, 내곡리, 송봉리, 상룡리, 룡덕리, 호산리, 청림리(1개 읍, 2개 노동자구, 17개 리)	

백암군(白岩郡)

량강도의 동북쪽에 있는 군. 1952년에 함경북도 무산군 삼사면, 길주군 양사면의 3개 리를 합하여 함경북도 삼사군을 내왔다가 1954년에 량강도가 신설될 때 거기에 소속되었고 백암군으로 개칭하였다. 흰 바위인 백암를 끼고 있으므로 백암군이라고 하였다. 군은 중요한 림산기지이다.

【 백암군의 변천 】

연도	이름	관할지역	비고
1952	함경북도 삼사군	전 함경북도 무산군 삼사면의 전체 리와 길주군 양사면의 3개 리로 삼사군을 신설. 삼사읍(전 무산군 삼사면 굴송리, 연암리 통합), 유평리(전 무산군 삼사면 유평리, 덕림리 통합), 상담리(전 무산군 삼사면 상단리, 창평리 통합), 동계리(전 무산군 삼사면 동계리), 박천리(전 무산군 삼사면 박천리), 산양리(전 무산군 삼사면 산양리), 서두리(전 무산군 삼사면 서두리), 신전리(전 무산군 삼사면 신전리), 황토리(전 무산군 삼사면 황토리), 천수리(전 무산군 삼사면 천수리), 양흥리(전 길주군 양사면 양흥리), 백암리(전 길주군 양사면 백암리), 양곡리(전 길주군 양사면 양곡리), 원봉리(전 무산군 삼사면 원봉리)(1개 읍, 13개 리)	
1953	〃	삼사읍을 연암리로 하고 백암리를 삼사읍으로 변경. 유평리 일부로 덕립노동자구를 내오고 박천리를 박천노동자구로 개편(1개 읍, 2개 노동자구, 12개 리)	
1954	량강도 백암군	삼사군을 백암군으로, 삼사읍을 백암읍으로 개칭. 운흥군의 령하리가 넘어 옴. 원봉리가 함경북도 연사군으로 넘어 감(1개 읍, 2개 노동자구, 12개 리)	
1958	〃	연암리 일부로 연암노동자구를 내오고 나머지 일부를 동계리에 넘김(1개 읍, 3개 노동자구, 11개 리)	
1961	〃	백암읍을 백암노동자구로 하고 연암노동자구를 백암읍으로 함. 함경북도 연사군 원봉리가 편입됨. 유평리를 유평노동자구로, 동계리를 동계노동자구로, 산양리를 산양노동자구로, 양흥리를 양흥노동자구로 각각 개편하고 령하리를 운흥군에 넘김(1개 읍, 7개 노동자구, 7개 리)	

연 도	이 름	관 할 지 역	비 고
1967	량강도 백암군	원봉리가 함경북도 연사군으로 넘어 가 노동자구로 개편됨(1개 읍, 7개 노동자구, 6개 리)	
1981	〃	천수리를 천수노동자구로 개편하고 백암노동자구 일부와 양흥노동자구 일부로 대택노동자구를 내옴(1개 읍, 9개 노동자구, 5개 리)	
1990	〃	유평노동자구의 일부로 10월15일노동자구, 은덕노동자구, 옥천노동자구를 내오고 덕립노동자구 일부로 청봉노동자구를 내옴. 대홍단군의 대홍단노동자구 일부를 넘겨 받아 부흥노동자구, 중산노동자구를 내오고 원봉노동자구를 넘겨 받아 삼수평노동자구로 개칭.	

삼지연군(三池淵郡)

도소재지의 동북쪽 압록강과 두만강의 상류에 있는 군. 1961년에 보천군 리명수노동자구, 포태리, 함경북도 연사군 신덕, 가동, 신흥, 삼상, 로은산노동자구를 합쳐 량강도에 내온 군이다. 삼지연 호수를 끼고 있으므로 삼지연군이라고 하였다.

【 삼지연군의 변천 】

연 도	이 름	관 할 지 역	비 고
1961	량강도 삼지연군	량강도 보천군 리명수노동자구와 포태리, 함경북도 연사군 신덕노동자구, 가동노동자구, 신흥노동자구, 삼상노동자구, 로은산노동자구로 군을 신설.	
		삼지연읍(량강도 보천군 리명수노동자구 일부), 무봉로동자구(량강도 보천군 리명수노동자구 일부), 리명수로동자구(량강도 보천군 리명수노동자구 일부), 5호노동자구(함경북도 연사군 신덕노동자구), 신흥노동자구(함경북도 연사군 신흥노동자구), 흥암노동자구(함경북도 연사군 가동노동자구), 포태노동자구(량강도 보천군 포태리), 대홍단노동자구(함경북도 연사군 로은산노동자구), 삼상노동자구(함경북도 연사군 삼상노동자구) (1개 읍, 8개 노동자구)	

연 도	이 름	관 할 지 역	비 고
1967	량강도 삼지연군	리명수노동자구 일부를 분리하여 소백산노동자구를, 삼지연읍 일부를 분리하여 신무성노동자구를, 국영제5호종합농장지구위원회 흥암노동자구 일부를 분리하여 농사노동자구를, 국영제5호종합농장지구위원회 신흥노동자구 일부를 분리하여 서두노동자구를 내오고 국영 제5호종합농장지구위원회 5호노동자구 일부를 삼상노동자구에 넘기고 삼상노동자구를 신덕노동자구로 개칭(1개 읍, 12개 노동자구)	
1978	〃	5호지구(5호노동자구, 신덕노동자구, 서두노동자구, 농사노동자구, 신흥노동자구, 흥암노동자구)와 대홍단노동자구가 새로 조직되는 대홍단노동자구에 들어 감 (1개 읍, 5개 노동자구)	
1979	〃	량강도 보천군 보서리, 록수리와 중흥리 대부분, 통남리 대부분이 삼지연군으로 넘어 옴. 중흥리 일부와 통남리 일부를 합쳐 중흥노동자구를, 보서리 일부와 록수리 일부를 합쳐 통남노동자구를 내오고 포태노동자구 일부로 홍계수노동자구를 내옴 (1개 읍, 9개 노동자구)	
1988	〃	소백산노동자구를 백두산밀영노동자구로 개칭(1개 읍, 9개 노동자구)	
1991	〃	리명수노동자구 일부로 5호물동노동자구를 내옴(1개 읍, 10개 노동자구)	
1997	〃	삼지연읍, 무봉노동자구, 리명수노동자구, 백두산밀영노동자구, 홍계수노동자구, 중흥노동자구, 보서노동자구, 통남노동자구, 포태노동자구, 5호물동노동자구, 신무성 노동자구(1개 읍, 10개 노동자구)	

대홍단군(大紅湍郡)

도의 동북쪽 두만강상류와 서두수 하류 사이에 있는 군. 1978년에 량강도 5호지구(5호노동자구, 신덕노동자구, 서두노동자구, 신흥노동자구, 흥암노동자구)와 삼지연군 대홍단노동자구, 함경북도 연사군 삼장리와 삼하리 일부, 원봉노동자구 대부분 지역을 합쳐서 새로 내온 군으로 대홍단벌을 끼고 있는 고장이라 하여 대홍단군이라고 하였다. 대홍단에서 대는 소홍단 마을에 상대하여 큰 마을을 가리키고 홍은 붉은 빛을 가리키고 단은 물결을 가리킨다. 철쭉꽃, 진달래꽃의 붉은 빛깔에 의하여 바위도 벼랑도 흐르는 강물도 붉게 보이는 아름다운 고장이라는 뜻이다.

【 대홍단군의 변천 】

연도	이름	관할지역	비고
1978	량강도 대홍단군	대홍단읍(량강도 5호지구 5호노동자구의 일부), 삼장노동자구(함경북도 연사군 삼장리), 삼봉노동자구(량강도 5호지구 5호노동자구 일부, 신덕노동자구 일부, 함경북도 연사군 삼하리 일부), 신덕노동자구(량강도 5호지구 신덕노동자구), 서두노동자구(량강도 5호지구 서두노동자구), 농사노동자구(량강도 5호지구 농사노동자구), 신흥노동자구(량강도 5호지구 신흥노동자구), 흥암노동자구(량강도 5호지구 흥암노동자구), 대홍단노동자구(량강도 삼지연군 대홍단노동자구), 원봉노동자구(함경북도 연사군 원봉노동자구)(1개 읍, 9개 노동자구)	
1990	〃	대홍단노동자구가 유곡노동자구로 개칭. 개척노동자구가 신흥노동자구에서 분리신설됨. 원봉노동자구가 백암군에 넘어 감(1개 읍, 9개 노동자구)	
1997	〃	대홍단읍, 유곡노동자구, 개척노동자구, 삼장노동자구, 삼봉노동자구, 신덕노동자구, 서두노동자구, 흥암노동자구, 농사노동자구, 신흥노동자구(1개 읍, 9개 노동자구)	

량강도 행정구역도

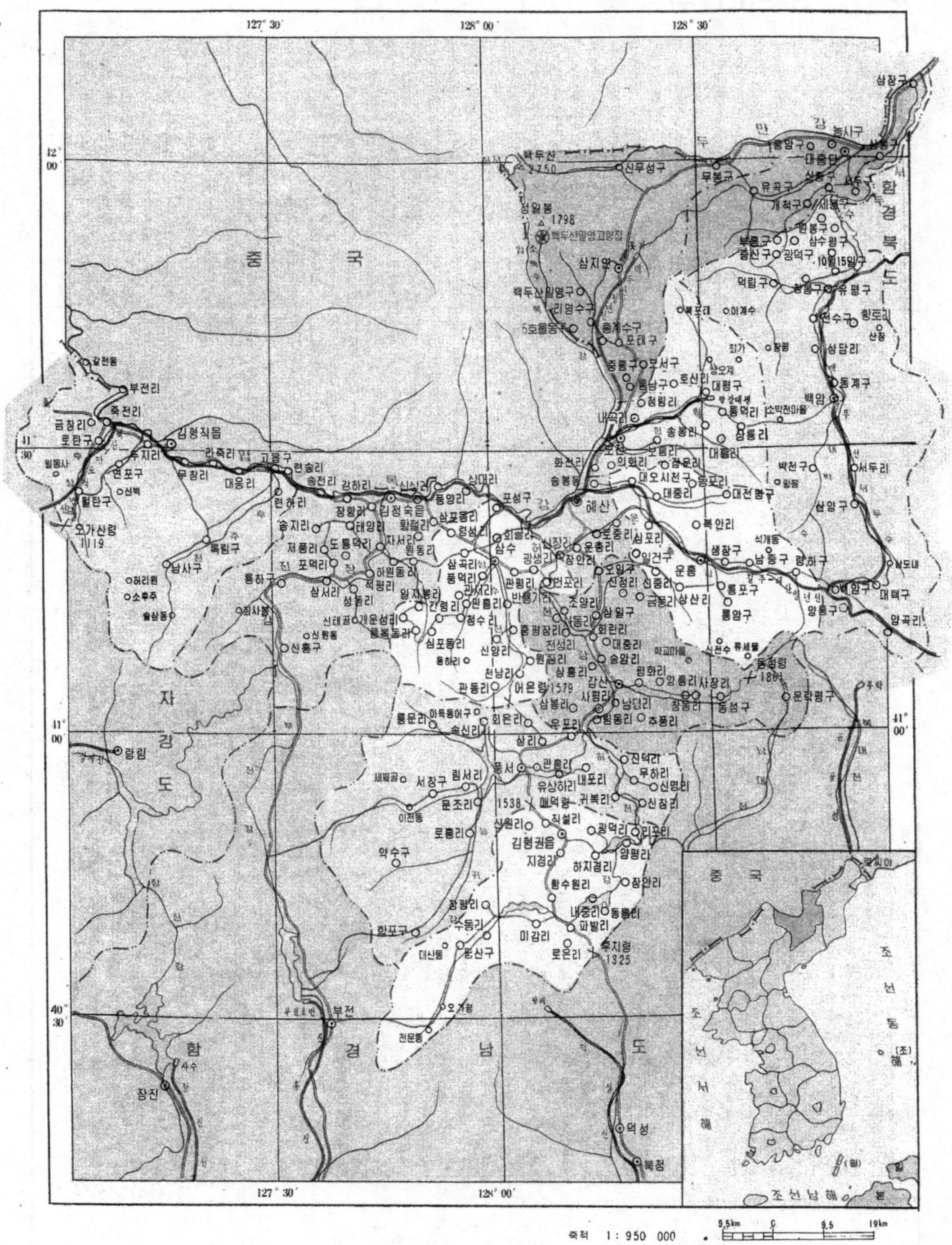

축척 1 : 950 000

09 황해남도 행정구역명 연혁

【 황해남도의 변천 】

연도	이름	관할지역	비고
고구려		내미홀, 동음홀, 도랍현, 식성군, 구을현, 양악군, 궐구, 마경이, 률구, 판마곶, 웅한이, 웅천, 장연현, 부진이, 동홀, 휴암군, 승산, 식달, 대곡군, 오곡군, 십곡성, 신은, 수곡성현, 장색현	
후기신라		폭지군(내미홀), 해고군(동음홀), 구택(도랍현), 중반군(식성군), 구을현, 양악군, 궐구, 마경이, 률구, 판마곶, 웅한이, 웅천, 장연현, 부진이, 취성군(동홀), 서암군(휴암군), 승산, 토산현(식달), 영풍군(대곡군), 오관군(오곡군), 진서(십곡성), 신은현, 단계(수곡성현), 서암군(장색현)	
고려초		해주(폭지군), 염주(해고군), 백주(구택), 안주(중반군), 풍주(구을현), 안악군(양악군), 유주(궐구), 청송현(마경이), 은률현(률구), 가화현(판마곶), 영녕현(웅한이), 웅진현(웅천), 장연현, 영강현(부진이), 황주(취성군), 봉주(서암군), 신주(승산), 토산현, 평주(영풍군), 동주(오관군), 곡주(진서), 신은현, 협계현(단계), 수안현(서암군)	
995	관내도		
1018 ~ 1030	서해도	해주안서대도호부 속현 : 염주, 백주, 안주 령군 : 풍주(속군 : 안악, 속현 : 유주, 은률, 청송, 가화, 영녕) 령현 : 웅진(속현 : 장연, 영강) 령진 : 백령 황주목 속군 : 봉주, 신주 속현 : 토산 령군 : 평주(속현 : 동구)	

연도	이름	관할지역	비고
1018 ~ 1030	서해도	곡주(속현 : 신은, 협계) 령현 : 수안 (대도호부 1개, 목 1개, 군 6개, 현 16개, 진 1 개)	
1395	풍해도	서해도를 풍해도로 고침	
1417	황해도	풍해도를 황해도로 고침	
1454	〃	황주목 서흥도호부, 봉산군, 안악군, 수안군, 곡성군, 신은현 해주목 재령군, 옹진현, 장연현, 강령현, 신천현 연안도호부 평산도호부, 배천군, 우봉현, 토산현, 강음현 풍천군 문화현, 송화현, 은률현, 정련현 (목 2개, 도호부 3개, 군 6개, 현 12개)	
1531	〃	황해우도 해주진 해주목, 연안도호부, 풍천도호부, 배천군, 옹진현, 송화현, 은률현, 강음현, 강령현, 장연현(목 1개, 도호부 2개, 군 1개, 현 6개) 황해좌도 황주진 황주목, 평산도호부, 서흥도호부, 봉산군, 안악군, 재령군, 수안군, 곡산군, 신천군, 신계현, 우봉현, 문화현, 토산현, 장련현(목 1개, 도호부 2개, 군 6개, 현 5개)	
1895	〃	23부를 내오면서 군들이 해주부와 개성부, 평양부에 소속됨 해주부 해주, 연안, 배천, 옹진, 장연, 송화, 강령, 풍천, 안악, 장련, 은률, 재령, 신천, 문화, 서흥, 봉산 개성부 토산, 평산, 금천, 수안, 곡산, 신계 평양부 황주	
1896	〃	다시 황해도에 소속됨 황주군, 안악군, 해주군, 평산군, 봉산군, 연안군,	

연도	이름	관할지역	비고
그 후	황해도	곡산군, 서흥군, 장연군, 재령군, 수안군, 배천군, 신천군, 금천군, 문화군, 풍천군, 신계군, 장련군, 송화군, 은률군, 토산군, 옹진군, 강령군(23개 군)	
1910	〃	문화군이 신천군에, 풍천군이 송화군에, 장련군이 은률군에 들어가 폐지됨 강령군이 옹진군과 합치면서 폐지됨 연안군과 배천군을 합쳐 연백군 신설, 연안군, 배천군이 폐지됨. 토산군이 금천군과 신계군에 들어 가 폐지됨. 연백군, 금천군, 신계군, 해주군, 평산군, 곡산군, 옹진군, 장연군, 송화군, 재령군, 서흥군, 봉산군, 수안군, 신천군, 안악군, 황주군, 은률군, 해주군, 옹진군 일부 지역을 갈라 내어 벽성군을 내옴. 경기도 일부 지역으로 장풍군을 새로 내옴. 사리원시, 송림시를 새로 내옴. 연백군, 벽성군 일부 지역을 갈라서 청단군을, 옹진군을 갈라서 강령군을, 연백군을 갈라서 배천군과 연안군을, 평산군 일부와 연백군 일부를 갈라서 평천군을, 평산군을 갈라서 린산군을, 금천군을 갈라서 토산군을, 봉산군 일부와 재령군 일부로 은파군을, 재령군 일부와 벽성군 일부를 갈라서 신원군을, 장연군 일부와 벽성군 일부를 갈라서 태탄군을, 장연군 일부를 갈라서 룡연군을, 송화군 일부 지역을 갈라서 삼천군을, 안악군 일부 지역을 갈라서 은천군을, 황주군 일부 지역과 수안군 일부 지역을 갈라서 연탄군을, 수안군 일부 지역과 곡산군 일부 지역을 갈라서 연산군을, 곡산군을 갈라서 신평군을 새로 내옴. 사리원시, 해주시, 송림시, 벽성군, 청단군, 강령군, 옹진군, 배천군, 연안군, 평천군, 린산군, 평산군, 금천군, 토산군, 장풍군, 서흥군, 봉산군, 은파군, 재령군, 신원군, 송화군, 은률군, 장연군, 태탄군, 룡연군, 신천군, 삼천군, 안악군, 은천군, 황주군, 연탄군, 연산군, 수안군, 신계군, 곡산군, 신평군(3개 시, 33개 군)	
	황해남도	황해도를 갈라 황해남도, 황해북도를 내옴. 해주시, 벽성군, 청단군, 강령군, 옹진군, 연안군, 배천군, 평천군, 재령군, 신원군, 송화군, 은률군, 장연군, 태탄군, 룡연군, 신천군, 삼천군, 안악군, 은천군	

연도	이름	관할지역	비고
1910	황해남도	(1개 시, 18개 군) 송화군을 분리하여 과일군을 새로 내옴. 해주시, 벽성군, 강령군, 옹진군, 태탄군, 장연군, 룡연군, 삼천군, 송화군, 과일군, 은률군, 은천군, 안악군, 신천군, 재령군, 신원군, 평천군, 배천군, 연안군, 청단군(1개 시, 19개 군)	

【 해주시의 변천 】

연도	이름	관할지역	비고
고구려	내미흘(지성, 장지)		
통일신라	폭지군		
940	해주		
983	해주목		
995	관내도 해주목		
1018	서해도 해주 안서도호부		
1122	서해도 해주 대도호부		
1247	서해도 해주목		
1373	서해도 해주군		
그 후	해주목		
1417	황해조 해주목		
1895	황해도 해주부	동변방, 고촌방, 금산방, 천결방, 태공리방, 평창방, 소문창방, 추이방, 래성방 일신방, 동강방, 송림방, 해남방, 서변방, 석동방, 가좌방, 월곡방, 아달방, 대진방, 어거방, 고장방, 삼곡방, 백운방, 청산방, 검단방, 미륵방, 률지방, 고산방, 소라방, 군곡방	
1896	〃	방이 면으로 개편. 동대면, 운곡면, 청운면, 룡문면, 월곡면, 록달면, 대진면, 어거면, 고장면, 삼곡면, 청산면, 백운면, 률지면, 미륵면, 소라면, 대덕면, 영동면, 주내면, 화양면, 태성면, 금산면, 추이면, 천결면, 일신면, 가좌면, 동강면, 석동면, 고산면	

연도	이름	관할지역	비고
1914	황해도 해주군	동운면, 청룡면, 월록면, 대거면, 장곡면, 운산면, 미률면, 라덕면, 영동면 서변면, 해주면, 천결면, 화양면, 추이면, 일신면, 태성면, 동강면, 송림면, 해남면, 가좌면, 검단면, 고산면, 석동면, 금산면	
1916	〃	화양면과 추이면을 통합하여 추화면을 내옴.	
1939	황해도 해주부	해주면이 부로 승격됨. 나머지 면은 벽성군에 넘어 감.	
1952	황해도 해주시	읍파리(읍청리, 황파리), 석천리(석계리, 청풍리 일부) 석미리(석반리 일부로 신설), 결성리(결성리, 성현리) 연양리(연하리, 동양리), 룡당리(룡당리 일부), 왕신리(왕신리)	
1954	황해남도	황해도를 남북도로 나눔.	
1957	황해남도 해주시	남천동을 갈라 태봉동과 장춘동에 편입. 장춘동 일부를 태봉동에 편입. 백림동을 부용동에 편입.	
1961	〃	룡당리를 분리하여 룡당동과 서애동을, 승마동 일부를 분리하여 대곡동을 신설, 구제동 일부를 양사동에, 석천리 일부를 청풍동에 각각 편입, 청단군 영월리와 벽성군 신광리를 해주시에 편입.	
1963	〃	연양리를 연하동으로 개편.	
1965	〃	청단군 작천리, 장방리가 해주시에 편입.	
1967	〃	작천리 일부로 학현동 신설.	
1972	〃	승마동 일부로 신성동 신설.	
1977	〃	청풍동을 새거리동으로, 태봉동을 영광동으로, 왕신동을 남산동으로 개칭.	
1993	〃	학현동 일부로 양지동 신설, 학현동 일부가 작천리에 편입. 연하동과 읍파동 일부로 연양리 신설.	
1997	〃	옥계동, 구제동, 연하동, 양사동, 선산동, 장춘동, 영광동, 부용동, 시비동, 해운동, 해청동, 광하동, 광석동, 승마동, 대곡동, 룡당동, 서애동, 석천동, 석미동, 새거리동, 결성동, 영양리, 남산동, 읍파동, 신광리, 장방리, 작천리, 학현동, 산성동, 양지동, 영양리(26개 동, 5개 리)	

【 삼천군의 변천 】

기존의 송화군 일부를 나누어 1952년 삼천군을 신설하였다.

연도	이름	관할지역	비고
1952	황해도 삼천군	송화군, 봉래면, 도원면, 장양면의 전체 리와 신천군 궁흥면의 12개 리, 문무면의 8개 리, 초리면의 9개 리, 문화면의 5개 리, 송화군 련방면의 2개 리로 구성함. 삼천읍(궁흥면 치수리, 문박리, 삼천리), 고현리(문무면 묘각리, 고현리, 축령리), 추릉리(문무면 동곡리, 추릉리, 양암리), 달천리(문무면 월남리, 초리면 홍학리, 달천리), 도명리(초리면 도명리, 월산리, 백현리), 궁흥리(문무면, 괴정리, 초리면 청산리, 궁흥면 응봉리), 신명리(초리면 거문리, 신명리, 룡학리), 만궁리(궁흥면 만궁리, 룡천리), 금천리(궁흥면 오월리, 석정리, 금천리), 월봉리(궁흥면 월봉리, 능사리), 룡암리(궁흥면 룡암리, 련방면 청사리, 관천리), 탑평리(도원면 탑평리, 가화리), 군산리(도원면 매계리, 도암리, 군산리), 공세리(도원면 산현리, 화계리, 공세리 일부, 동천리), 방남리(봉래면 내괴리, 석교리, 득성리, 앵가리), 용천리(장양면 효촌리, 봉래면 릉동리, 산천리), 자양리(장양면 순막리, 자양리), 도봉리(장양면 동자리, 애천리, 억소리), 덕천리(문화면 탄현리, 천내리, 덕천리), 련평리(장양면 주련리, 평촌리, 학령리), 수장리(문화면 수장리, 룡현리), 괴정리(장양면 전산리, 련산리, 괴원리, 모정리), 수교리(봉래면 수이리, 수교리). 1개 읍, 22개 리	
1953	〃	공세리가 태탄군에, 덕천리 일부가 신천군에 넘어 감.	
1954	황해남도 삼천군	만궁리 일부가 삼천읍에, 방남리 일부가 수교리에 편입.	
1958	〃	만궁리가 삼천읍에, 자양리가 도봉리에 편입.	
1967	〃	도봉리 일부가 련평리에 편입.	
1997	〃	삼천읍, 수장리, 덕천리, 고현리, 추릉리, 달천리, 도명리, 신명리, 궁흥리, 금천리, 월봉리, 룡암리, 룡천리, 수교리, 방남리, 군산리, 탑평리, 도봉리, 련평리, 괴정리(1개 읍, 19개 리)	

벽성군(碧城郡)

도의 남부 가운데에 있는 군. 1939년에 해주군의 일부와 옹진군의 일부 지역을 갈라 내어 내온 군이다. 푸른 돌이 많은 고장이라 하여 벽성이라 하였다.

【 벽성군의 변천 】

연도	이름	관할지역	비고
1939	황해도 벽성군	영천면, 금산면, 동운면, 추화면, 래성면, 일신면, 청룡면, 동강면, 송림면, 해남면, 서석면, 가좌면, 월륵면, 대차면, 장곡면, 운산면, 검단면, 미률면, 고산면, 라덕면(20개 면)	
1952	〃	가좌면, 월륵면, 장곡면, 검단면, 미률면, 서석면, 고산면과 운산면의 2개 리, 라덕면의 4개 리로 구성. 가좌면 취야리, 국봉리, 룡호리로 벽성읍을, 가좌면 매곡리, 자양리, 옥정리로 옥정리를, 가좌면 오봉리, 장현리로 장현리를, 월옥면 군만리 일부, 상림리 일부, 사천리로 상림리를, 월옥면 삼현리, 답동리, 군만리 일부로 월현리를, 월옥면 룡정리, 장둔리, 안현리, 상림리 일부로 룡정리를, 장곡면 죽천리로 죽천리를, 장곡면 쌍암리, 동봉리, 청현리로 쌍암리를, 장곡면 백운리, 회산리 일부, 운산면 서동리로 백운리를, 장곡면 대성리, 죽봉리로 대성리를, 검단면 온천리로 온천리를, 검단면 지남리로 지남리를, 검단면 대암리, 도락리로 도락리를, 운산면 오담리 일부, 검단면 팽정리로 팽정리를, 미률면 월봉리, 석정리, 매정리 일부로 월봉리를, 미률면 안곡리, 가정리, 매정리 일부로 안곡리를, 미률면 내동리, 동호리로 내호리를, 미률면 도현리, 검단면 가현리로 도현리를, 라덕면 라치리 일부, 한평리 일부, 일곡리, 통산리로 통산리를, 서석면 석동리, 면근리, 백운리로 석동리를, 서석면 신광리, 문정리, 지동리로 신광리를,	

연도	이름	관할지역	비고
1952	황해도 벽성군	서석면 서원리, 남파리, 송간리로 서원리를, 고산면 립암리, 원평리로 원평리를, 고산면 석담리, 사현리, 수정리로 사현리를 내옴(1개 읍, 23개 리)	
1953	〃	상림리 일부를 분리하여 월현리에 편입하고 룡정리 일부를 분리하여 상림리에 편입.	
1954	황해남도 벽성군		
1958	〃	온천리, 도락리, 팽정리, 지남리가 신천군에 넘어 감.	
1961	〃	신광리가 해주시에 넘어 감.	
1965	〃	원평리 일부, 내호리 일부를 사현리에 편입하고 사현리 일부를 분리하여 석담리를 새로 내 옴.	
1967	〃	안곡리 일부를 월봉리에, 백운리 일부, 쌍암리 일부를 안곡리에, 옥정리 일부를 룡정리에, 쌍암리 일부를 죽천리에 붙인다.	
1990	〃	벽성읍 일부 지역과 새로 개간한 간석지를 합쳐 남창리를 서원리 일부 지역과 새로 개간한 간석지를 합쳐 장촌리를 새로 내 옴.	
1999	〃	장촌릴를 장천리로 고침. 벽성읍, 옥정리, 장현리, 석동리, 서원리, 상림리, 월현리, 룡정리, 죽천리, 쌍암리, 백운리, 대성리, 월봉리, 안곡리, 내호리, 도현리, 통산리, 원평리, 사현리, 석담리, 남창리, 장천리(1개 읍, 21개 리)	

강령군(康翎郡)

도의 남쪽 강령반도에 있는 군. 1428년 영강현과 백령진을 합치고 영강현에서 강자를 따오고 백령진에서 령자를 따서 강령현이라고 하였다. 강령현이라는 이름은 본래 고구려의 부진이었던 것을 고친 이름이며, 백령진은 본래 고구려의 곡도를 고려에서 고쳐 내온 진의 이름이다. 1437년에 해주부 옹진현에 소속되었다. 1896년 강령군으로 되어 해주부에 소속되었다. 봉현방, 구주방, 아미방, 룡연방으로 구성되어 있었다가 조선조 말에 옹진군에 통합되었다. 1952년 12월에 당시의 옹진군 부민면, 봉구면의 전체 리와 홍미면의 10개 리, 벽성군 해남면의 5개 리, 송리면의 6개 리, 동강면의 7개 리를 분할하여 강령군을 다시 내왔다.

【 강령군의 변천 】

연도	이름	관할지역	비고
1952	강령군	옹진군 부민면, 룡연면, 봉구면, 홍미면중 10개 리, 해남중 5개 리, 송림면중 6개 리, 동강면중 7개 리 포함. 강령읍(부민면 강령리, 고동리) 부민리(부민면 부암리, 미산리, 석계리 일부) 광천리(부민면 광평리, 내동리, 천상리) 금수리(부민면 금병리, 성도리, 석계리) 오봉리(룡연면 봉황리, 수계리, 오산리) 인봉리(룡연면 한봉리, 장릉리) 룡연리(룡연면 룡연리, 룡산리, 송학리) 향죽리(봉구면 죽교리, 향가리, 옥은리) 신암리(봉구면 도화리, 신평리, 광암리, 닭섬리) 평화리(봉구면 무도리, 륙도리, 진지리, 평양리) 부포리(봉구면 부포리, 장수리) 식여리(홍미면 식여리, 팽정리, 송산리) 등암리(홍미면 등산리, 패암리, 봉강리) 쌍교리(홍미면 석포리, 아미리, 월계리, 안락리) 삼봉리(해남면 삼봉리, 항현리, 장산리) 봉오리(해남면 봉대리, 오남리) 연평리(송림면 연평도리) 송현리(송림면 송현리, 가평리) 내동리(송림면 내동리) 수암리(송림면 소수암리, 대수암리) 사연리(동강면 사인리, 연봉리) 동포리(동강면 덕현리, 석교리, 금산리) 동강리(동강면 오금리, 화산리)	
1954	〃	부민리 일부와 룡연리 일부를 강령읍에 편입. 옹진군 어화도리, 순위리 강령군에 편입. 연평리 폐지 (1개 읍, 23개 리)	
1972	강령군	위와 같되 부포리를 부포노동자구로 개편.	
1981	〃	위와 같되 평화리를 갈라 부포노동자구와 향죽리에 편입시키고 평화리 폐지(1개 읍, 1개 노동자구, 21개 리)	
1983	〃	금수리를 금정리로 개칭.	
1991	〃	쌍교리 일부로 금동리를 새로 내 옴, 향죽리 일부로 평화리를 내 옴.	

연도	이름	관할지역	비고
1997	강령군	쌍교리 일부를 식여리에 넘김. 강령읍, 부민리, 금정리, 오봉리, 인봉리, 룡연리, 향죽리, 신암리, 부포노동자구, 식여리, 등암리, 쌍교리, 평화리, 금동리, 봉오리, 송현리, 내동리, 광천리, 삼봉리, 사연리, 동포리, 동강리, 순위리, 어화도리, 수압리(1개 읍, 1개 노동자구, 23개 리)	

옹진군(甕津郡)

도의 서남쪽 옹진반도에 위치하고 있는 군. 고구려 시기에는 옹천이라고 하였고 고려초에 옹진이라고 불렀다. 옹진군은 옹천에서 옹자를 따고 이 고장에 나루가 있다고 하여 나루진자를 붙여 이름 지었다. 옹진현은 1417년에 해주목의 속현이었으며, 1895년에 강령군에 속하였다가 1896년 여기서 분리하여 옹진군을 내왔다. 원래 옹진이란 말은 이 고장의 화산골 마을이 벼랑으로 둘러 쌓여 모양이 독과 같고 또한 그 곳에 나루가 있다하여 생겨난 지명이다.

【 옹진군의 변천 】

연도	이름	관할지역	비고
고구려	옹천		
고려초	옹진		
1018	서해도 옹진현		
1395	풍해도 옹진현		
1417	황해도 옹진현	해주목에 속함	
1895	해주부 옹진현	강령군에 속함. 동면, 서면, 남면, 읍내면, 룡연면	
1896	황해도 옹진군	동면, 서면, 남면, 북면, 룡연면을 합쳐 옹진군을 내 옴.	
1914	〃	동남면, 홍미면, 봉구면, 서면, 룡천면, 교정면, 가천면, 북면, 마산면, 부민면, 룡연면	
1938	〃	옹진읍, 부민면, 룡연면, 봉구면, 홍미면, 동남면, 북면, 가천면, 교정면, 서면, 룡천면	
1940	〃	옹진면을 내 옴.	
1952	〃	옹진면, 동남면, 북면, 서면, 룡천면, 교정면의 전체 리와 가천면의 3개 리, 홍미면의 2개 리로서 군을 구성함.	

연도	이름	관할지역	비고
1952	황해도 옹진군	옹진읍(옹진면 온천1리, 온천2리, 온천3리, 온천4리, 당현 1리, 당현2리), 도원리(옹진면 도원1리, 도원2리), 로호리(옹진면 단천리, 로호리), 팽정리(옹진면 송정리, 양암리, 팽정리), 수대리(옹진면 수대리, 개평리, 구계리), 립석리(동남면 석교리, 거답리, 당장리), 장송리(동남면 송강리, 장청리, 송현리), 룡호도리(동남면 룡호도리, 무파리), 순위리(홍미면 창암리, 례진리), 어화도리(동남면 어화도리), 남해리(동남면 서장리, 인평리, 전당리, 사곳리), 구곡리(북면 고안리, 웅현리, 상심적리), 산삼리(북면 장현리, 삼산리, 하심적리), 본영리(북면 봉소리, 화산중리, 초일리, 화산동리), 소강리(서면 읍저리, 동문외리, 련봉리), 해방리(서면 비파리, 월암리), 념불리(서면 건전리, 동오리, 국봉리), 전산리(서면 내전산리, 외전산리), 만진리(서면 서경리, 장포리, 만진리), 창린도리(서면 창린도리), 대기리(룡천면 마함리, 대기리, 포산외리), 룡천리(룡천면 손양리, 룡암리, 원산리, 대정리), 제작리(룡천면포산내리, 마합리, 룡문리, 제작리), 기린도리(룡천면 기린도리), 서해리(동남면 갈함리, 안산리, 신안리), 구랑리(교정면 구포리, 란천리, 송현리, 랑암리), 송월리(교정면 판정리, 송림리, 월암리), 진해리(가천면 서산리, 삼괴리,한현리)	
1954	황해남도 옹진군	황해도를 황해남도와 황해북도로 가름. 어화도리, 순위리가 강령군에 넘어 감.	
1956	〃	태탄군 은동리가 넘어 옴.	
1961	〃	도원리가 옹진읍에 들어 감.	
1967	〃	옹진읍, 은동리, 수대리 각 일부로 옹진노동자구 신설함	
1972	〃	구곡리가 구곡노동자구로 개편.	
1981	〃	남해리가 남해노동자구로 개편.	
1993	〃	로호리가 원사리로 개칭.	
1996	〃	삼산리를 분리하여 선풍리를 내 옴.	
1997	〃	옹진읍, 수대리, 팽정리, 원사리, 립석리, 장송리, 남해노동자구, 서해리, 본영리, 구곡노동자구, 삼산리, 선풍리,국봉리, 해방리, 송월리, 구랑리, 진해리, 은동리, 만진리련봉리, 전산리, 대기리, 룡천리, 제작리, 기린도리, 창린도리, 룡호도리, 웅진노동자구(1개 읍, 3개 노동자구, 24개 리)	

태탄군(苔灘郡)

도의 서부 대동만 기슭에 있는 군. 1952년에 새로 내온 군인데 당시의 장연군 속달면 상하 태탄리의 이름에서 유래한 것이다. 태탄은 조선조 때 광탄천하류에 있던 나루 이름으로 밀물이 빠지면 해태 낀 바닥이 드러나면서 큰 여울이 진다 하여 붙여진 이름이다.

【 태탄군의 변천 】

연 도	이 름	관 할 지 역	비 고
1952	황해도 태탄군	장연군 목감면, 속달면, 후남면, 벽성군 대거면, 운산면 중 6개 리, 장곡면 중 1개 리, 옹진군 가천면 중 3개 리, 송화군 도원면 공세리 일부를 포함	
		태탄읍(장연군 속달면 하태탄리, 상태탄리, 속달리 포함) 목감리(장연군 목감면 도원리, 지촌리 포함) 학천리(목감면 로평리, 신문리, 공세리, 송화군 도원면 공세리 일부 포함) 삼봉리(목감면 룡봉리, 극락리, 라당리 포함) 공탄리(속달면 룡산리, 남교리, 목감리, 무산리, 화금리 포함) 기암리(속달면 호암리, 목감면 기동리, 당안리 포함) 성남리(속달면 령남리, 령서리, 성오리 포함) 부양리(후남면 한애리, 부양리, 남호리 포함) 향초리(후남면 반계리, 향초리, 중평리 포함) 원촌리(후남면 원촌리, 도지리 포함) 고현리(후남면 삼가리, 고현리, 성지리 포함) 지촌리(벽성군 운산면 오담리 일부, 황금리, 지촌리 포함) 운산리(운산면 당동리, 백정리, 관동리 포함) 류정리(장곡면 회산리 일부, 운산면 류정리 포함) 의거리(대거면 갈현리, 도평리, 과산리 포함) 대진리(대거면 강정리, 숙달리, 종평리 포함) 은동리(대거면 수동리, 은동리 포함) 옥암리(옹진군 가천면 성변리, 가암리, 옥천리 포함) 곡정리(장연군 후남면 곡정리, 학포리 포함). 1개 읍, 18개 리 삼천군 공세리가 편입(1개 읍, 19개 리)	

연도	이름	관할지역	비고
1953	황해도 태탄군	황해도가 황해남북도로 갈라 지면서 황해남도 태탄군으로 됨.	
1956	황해남도 태탄군	은동리 일부가 옹진군에 편입. 옥암리 일부와 은동리 일부를 분리하여 수동리를 신설 (1개 읍, 19개 리)	
1958	〃	성남리 일부를 분리하여 태탄읍에 편입.	
1961	황해남도 태탄군	곡정리, 향초리, 원촌리, 고현리를 룡연군에 넘김. 공세리 일부를 학천리에, 학천리 일부를 공세리에 편입 (1개 읍, 15개 리)	
1981	〃	태탄군 성남리 일부를 태탄읍에 편입.	
1991	〃	태탄군 의거리를 과산리로 개칭.	
1992	〃	광탄리를 무산리로 개칭.	
1997	〃	태탄읍, 성남리, 대진리, 옥암리, 수동리, 과산리, 운산리, 공세리, 학천리, 목감리, 삼봉리, 무산리, 기암리, 부양리, 류정리, 지촌리(1개 읍, 15개 리)	

장연군(長淵郡)

도의 서부 바닷가에 있는 군. 이름 난 큰 소(룡정소, 모정소, 잠두소, 검우소)들이 길게 놓여 있는 고장이므로 고구려 때부터 장연군으로 불렀다. 일명 장담이라고 불렀다.

【 장연군의 변천 】

연도	이름	관할지역	비고
고구려	장연군		
995	관내도 장연현		
1018	서해도 〃		
1395	풍해도 〃		
1417	황해도 연강현	영강현을 병합.	
1531	황해우도 장연현		
1609	황해도 장연부		
1826	황해도 장연군	설산방, 락산방, 산정방, 락흥방, 추화방, 순택방, 신남방, 신북방, 해안방, 룡호방, 대곡방, 대구방, 후선방	

연도	이름	관할지역	비고
1871	황해도 장연군	락산통, 목감통, 속내통, 속외통, 남창통, 후선통, 대곡통, 해안통, 추화통, 룡호통, 신화통, 순택통, 설산통	
1896	〃	설산면, 락산면, 순택면, 산정면, 락흥면, 속내면, 목단면, 태호면, 속외면, 후선면, 남창면, 동대면, 서대면, 추화면, 룡호면, 신남면, 신북면, 백령면, 해안면	
1914	〃	설산면, 대구면, 순택면, 후남면, 신화면, 목감면, 룡연면, 백령면, 속달면, 해안면, 락도면	
1918	〃	설산면을 장연면으로 개칭.	
1939	〃	백령면이 옹진군에 넘어 감.	
1952	〃	면 폐지. 전 장연군 순택면, 신화면, 장연면, 락도면의 전체 리와 룡연면 중 2개 리. 송화군 련정면 중 2개 리, 은유면 중 1개 리로서 장연군 구성. 장연읍(전 장연면 읍후리, 읍서리, 읍외리, 읍내리, 읍남리, 읍동리) 산천리(전 락도면 월장리, 삼천리, 도습리) 송경리(전 락도면 송죽리, 지경리, 오응리) 명천리(전 장연면 칠남리, 칠북리, 송화군 련정면 률사리) 화원리(전 장연면 곡암리, 죽계리) 청계리(전 장연면 죽계리, 곡암리) 박산리(전 순택면 려산리, 박산리, 송화군 련정면 조령리) 산수리(전 순택면 상좌리, 승탑리) 학림리(전 순택면 두현리, 학현리, 창현리) 눌산리(전 순택면 종현리, 비석포리, 눌산리) 창파리(전 순택면 갈사리, 왕제리) 태자리(전 신화면 군산리, 쌍월리, 신령리) 광천리(전 신화면 휴동리, 삼은리, 서곶리, 송화군 운유면 서이리) 금사리(전 신화면 대사리, 자양리, 휴서리) 백촌리(전 신화면 효제리, 금산리, 야랑리) 추화리(전 룡연면 복구리, 서원리) 삼산리(전 신화면 도산리, 상현리) 세마리(전 락도면 세마리) 락흥리(전 락도면 천사리, 락흥리) 석장리(전 락도면 석장리) 선정리(전 장연면 선정리). 1개 읍, 20개 리 송경리를 락연노동자구로 개편(1개 읍, 1개 노동자구, 19개 리)	

연 도	이 름	관 할 지 역	비 고
1954	황해남도 장연군		
1981	〃	태자리를 샘물리로 개칭.	
1990	〃	백촌리를 해안리로 개칭,	
1997	〃	장연읍, 락연노동자구, 화원리, 눌산리, 청계리, 창파리, 학림리, 해안리, 삼산리, 금사리, 광천리, 샘물리, 산수리, 박산리, 선정리, 세마리, 락흥리, 석장리, 추화리, 산천리, 명천리(1개 읍, 1개 노동자구, 19개 리)	

룡연군(龍淵郡)

도의 서쪽에 위치한 군으로 1952년 룡연면의 이름을 따서 명명한 군명으로 용이 하늘로 올라갔다는 못의 전설에서 유래되었다고 한다.

【 룡연군의 변천 】

연 도	이 름	관 할 지 역	비 고
1952	황해도 룡연군	장연군 해안면, 대구면의 전체 리와 룡연면의 13개 리로 룡연군을 새로 내옴(1개 읍, 15개 리) 룡연읍(장연군 해안면 구진리, 병산리, 대구면 룡전리) 룡호리(장연군 룡연면 제산리, 기남리, 송계리) 룡정리(장연군 룡연면 룡정리, 도경리, 룡연리) 근록리(장연군 룡연면 근록리, 태화리) 석교리(장연군 룡연면 석교리, 길동리, 초동리) 평촌리(장연군 룡연면 우평리, 신오리) 봉태리(장연군 해안면 봉태리, 부성리) 순계리(장연군 해안면 순계리, 대촌리) 몽금포리(장연군 해안면 몽금포리, 신안리) 장산리(장연군 해안면 장산리, 선교리) 오차진리(장연군 해안면 오차진리) 선포리(장연군 대구면 선대리, 송탄리) 가평리(장연군 대구면 가전리, 교평리, 선원리) 구미리(장연군 대구면 구미리, 송천리) 사원리(장연군 대구면 두산리, 룡반리) 금수리(장연군 대구면 금수리)	
1954	황해남도 룡연군	태탄군 원촌리, 향초리, 고현리, 곡정리가 들어 옴.	

연도	이름	관할지역	비고
1961	황해도 룡연군	원촌리 일부로 남창리 내옴.	
1967	〃	룡연읍, 룡호리, 룡정리, 몽금포리, 장산리, 오차진리,	
1997	〃	선포리, 고현리, 구미리, 가평리, 곡정리, 원촌리, 향초리, 순계리, 근록리, 석교리, 평촌리, 봉태리, 남창리, 사원리, 등산리(1개 읍, 20개 리)	

송화군(松禾郡)

도의 북서쪽에 있는 군. 1408년(태종 8년)에 풍해도 청송현과 가화현을 합쳐 내 온 현인데 청송현의 송자와 가화현의 화자를 따서 송화현이라고 하였다.

1895년에 해주부 송화군으로 개편되었다.

【 송화군의 변천 】

연도	이름	관할지역	비고
고구려	마경이 판마곶		
995	관내도 청송현, 가화현		
1018	서해도 청송현, 가화현	풍주관하에 소속시킴.	
1395	풍해도 청송현, 가화현		
1408	풍해도 송화현	청송현과 가화현을 통합	
1417	황해도 송화현		
1871	〃	약산방, 련화방, 방죽방, 온정방, 봉래방, 도원방, 장양방, 룡문방(룡운방)	
1895	해주부 송화군		
1896	황해도 송화군	동련화면, 방죽면, 상봉래면, 하봉래면, 상장양면, 하장양면, 중장양면, 상도원면, 하도원면, 서련화면, 온정면, 운산면, 유사면, 인풍면, 진등면, 풍해면, 약산면, 률리면, 천동면, 상리면, 하리면(21개 면)	
1914	〃	련방면, 봉래면, 장양면, 도원면, 련정면, 운유면, 진풍면, 약산면, 률리면, 천동면, 상리면, 하리면, 풍해면(13개 면)	
1918	〃	약산면을 송화면으로 개편.	

연도	이름	관할지역	비고
1952	황해도 송화군	면폐지, 전 송화군 송화면, 률리면, 상리면, 진풍면, 풍해면, 천동면의 전체 리와 련정면의 9개 리, 련방면의 7개리, 하리면의 6개 리, 운유면의 10개 리, 신천군 초리면의 1개 리, 궁흥면의 1개 리로 송화군을 구성. 송화읍(전 송화군 송화면 읍내리) 생왕리(전 송화군 송화면 선암리, 약산리, 생왕리) 흥암리(전 송화군 송화면 흥암리, 화당리, 련정면 화암리) 수중리(전 송화군 송화면 무당리, 룡정리 일부, 부왕리) 룡호리(전 송화군 송화면 룡호리, 련정면 두죽리, 부산리) 명례리(전 송화군 송화면 옥현리, 련방면 명례리, 신천군 초리면 수원리) 다암리(전 송화군 련방면 다암리, 방림리, 신천군 궁흥면 성암리) 구탄리(전 송화군 련방면 백화리, 구탄리, 마산리) 온천리(전 송화군 련방면 연교리, 련정면 운룡리, 온수리, 광대리) 관양리(전 송화군 련정면 고양리, 백석리, 관어정리) 산수리(전 송화군 하리면 수사리, 률리면, 대촌리, 신촌리) 률리(전 송화군 률리면 대밀리, 월현리, 당잠리, 세린리) 운산리(전 송화군 률리면 보덕리, 운유면 당관리, 당산리, 조항리) 사기리(전 송화군 운유면 간촌리, 다천리, 사기리) 룡학리(전 송화군 운유면 룡수리, 송학리) 송곡리(전 송화군 운유면 송곡리, 송현리, 풍해면 천남리) 세교리(전 송화군 풍해면 성상리, 세교리, 하리면 장천리) 장암리(전 송화군 하리면 로정리, 안농리, 풍해면 문헌리) 풍해리(전 송화군 풍해면 성하리, 천북리) 오정리(전 송화군 하리면 청양리, 오정리, 두복리) 수풍리(전 송화군 상리면 도은리, 철관리, 화천리 일부) 신평리(전 송화군 상리면 신평리, 와룡리) 초도리(전 송화군 풍해면 소사리, 이현리) 포구리(전 송화군 천동면 포정리, 석탄리, 유포리) 월사리(전 송화군 진풍면 동현리, 월사리) 덕안리(전 송화군 진풍면 학계리, 덕안리)	

연도	이름	관할지역	비고
1952	황해도 송화군	신대리(전 송화군 천동면 우영리, 신촌리, 대야리) 염전리(전 송화군 진풍면 수산리, 태을리, 태양리) 석도리(전 송화군 진풍면 석도리)	
1954	〃	덕정리(전 송화군 진풍면 내안리, 덕정리). 1개 읍, 29개 리	
1958	〃	세교리가 풍해리에 편입.	
1963		군의 19개 리로 송화파수농장지구를 내옴(풍해리, 신평리, 수풍리, 신대리, 염전리, 포구리, 덕안리, 월사리, 덕정리, 오정리, 장암리, 송곡리, 룡학리, 사기리, 운산리, 률리, 산수리, 초도리, 석도리)	
1967	〃	은률군 원당리가 송화군에 편입. 송화파수농장지구에 속하였던 19개 리가 새로 신설되는 과일군에 편입.	
1981	〃	생왕리를 약산리로 개편.	
1997	〃	송화읍 약산리, 수중리, 명례리, 구탄리, 다암리, 관양리, 온천리, 룡호리, 흥암리, 원당리(1개 읍, 10개 리)	

과일군

도의 서북부에 있는 군. 1967년에 송화군 과수농장지구를 분리하여 새로 내온 군이다. 하나의 큰 과수원으로 뒤덮여 있는 군이라 하여 과일군이라고 하였다.

【 과일군의 변천 】

연도	이름	관할지역	비고
1967	과일군	송화과수농장지구에 있던 산수리, 률리, 운산리, 사기리, 룡학리, 덕정리, 송곡리, 장암리, 풍해리, 오정리, 수풍리, 신평리, 포구리, 덕안리, 신대리, 염전리, 월사리, 석도리, 초도리를 합쳐 과일군을 새로 내옴. 과일읍 세교리, 천남리, 주촌리, 북창리, 구왕리를 새로 내옴. 풍해리, 덕정리를 없앰.	
1981	〃	구왕리를 논벌리로 고침.	
1990	〃	주촌리를 연광리로 고침.	

연도	이름	관할지역	비고
1991	과일군	과일읍 일부로 풍해리를, 월사리, 염전리 각 일부로 덕정리를, 과일읍, 신령리 각 일부로 청룡리를 내옴.	
1996	〃	초도리를 남포시 항구구역에 넘김.	
1997	〃	과일읍, 신평리, 수풍리, 신대리, 염전리, 포구리, 덕안리, 월사리, 오정리, 장암리, 송곡리, 룡학리, 사기리, 운산리, 률리, 산수리, 석도리, 세교리, 천남리, 연광리, 북창리, 논벌리, 풍해리, 덕정리, 청룡리(1개 읍, 24개 리)	

은률군(殷栗郡)

도의 서북부 대동강하류 바닷가에 있는 군. 1896년에 황해도 은률현을 개편하여 내왔다. 1907년에 장련군이 편입되었고 1952년에 황해남도 은률군으로 되었다.

【 은률군의 변천 】

연도	이름	관할지역	비고
고구려	률구(률천)		
고려초	은률현		
995	관내도 은률현		
1018	서해도 은률현	풍주의 소속현으로 됨.	
1395	풍해도 은률현		
1414	풍해도 풍률군	풍주와 은률현을 합쳐 풍률군을 내옴.	
1415	풍해도 은률현	은률현을 다시 내옴.	
1417	황해도 풍률군		
1460	황해도 장련현	은률현이 장련현에 편입.	
1470	황해도 은률현	은률현을 다시 내옴.	
1665	황해도 문화현	은률현이 문화현에 편입.	
1669	황해도 은률현	현내방, 서상방, 서하방, 남상방, 남하방, 북상방, 북하방	
1896	황해도 은률군	방을 면으로 개편.	
1907	〃	장련군이 은률군에 편입(일도면, 이도면, 동면, 현내면, 도리면, 장련면)	
1914	〃	현내면, 서부면, 남부면, 북부면, 일도면, 이도면, 장련면(7개 면)	

연도	이름	관할지역	비고
1918	황해도 은률군	현내면을 은률면으로 개편.	
1952	〃	면폐지, 은률군 은률면, 남부면, 서부면, 북부면, 일보면, 이도면, 장련면의 전체 리로 은률군을 신설. 은률읍(은률면 남천리, 홍문리, 조산리) 연암리(서부면 룡암리, 은률면 선암리, 부산리) 산승리(은률면 풍산리, 란문리) 락천리(북부면 가락리, 양정리, 은률면 랭천리) 구월리(일도면 루리, 우산리, 농림리, 신암리) 구보리(일도면 보림리, 장통리, 구양리) 원평리(남부면 봉암리, 개원리, 석천리, 계림리) 구왕리(남부면 구왕리, 만화리, 서부면 송림리 일부) 산동리(남부면 정곡리, 산동리, 장암리) 원당리(남부면 청석리, 청계리, 남창리, 갈산리, 송화군 송화면 룡정리 일부, 상리면 화천리 일부) 웅도리(서부면 웅도리, 청양도리) 삼리(서부면 고암리, 석교리, 양정리) 운성리(서부면 강운리, 운성리, 곡리) 가천리(서부면 리문리, 가천리, 신기리) 대조리(서부면 대조리, 내리, 송림리 일부) 관산리(북부면 운산리, 사이리, 간담리) 서곡리(북부면 신흥리, 성산리, 동곡리, 서곡리) 금산리(북부면 금산리, 해정리, 와룡리) 서해리(이도면 서해리, 승학리) 금천리(이도면 고정리, 생팔리) 송관리(이도면 오리포리, 어양리, 지내리) 이도포리(이도면 가담리, 감정리) 철산리(이도면 문성리, 운전리, 고현리) 관해리(장련면 관해리, 사리, 룡포리, 감적리) 장련리(장련면 동부리, 서부리) 률리(장련면 붕암리, 학리, 률리) 금복리(장련면 작전리, 화천리, 금복리) 1개 읍, 26개 리	
1954	황해남도 은률군	웅도리가 삼리에 편입.	
1963	〃	금산리를 금산노동자구로 개편. 구보릭가 장련리와 관산리에 편입.	

은천군(銀泉郡)

도의 북부 대동강하구 왼쪽에 있는 군. 1952년 안악군에서 은흥면, 대행면, 서하면, 안곡면, 룡문면을 분리하여 새로 내왔다. 예로부터 이 고장에서 샘물이 유달리 맑다 하여 불리어 오는 은천이란 이름을 그대로 군이름에 붙인것이다.

또한 은흥면에서 은자와 이 고장에 이름 난 온천이 있다 하여 온천에서 천자를 따서 붙인 이름이라고도 한다.

【 은천군의 변천 】

연 도	이 름	관 할 지 역	비 고
1952	황해도 은천군	안악군 은흥면, 대행면, 서하면, 안곡면, 룡문면을 포함하여 새로 은천군을 내옴. 은천읍(은흥면 온정리, 광석리, 약봉리), 초교리(은흥면 원봉리, 보광리, 학산리), 신창리(은흥면 내평리, 신창리, 상흥 리, 운봉리), 덕양리(은흥면 룡덕리, 두양리, 매석리, 청천리), 송봉리(대행면 월촌리, 한봉리, 수당리), 제도리(대행면 제도리), 남산리(대행면 적둔리, 석운리, 추산리), 삼산리(대행면 굴산리, 창운리), 량담리(대행면 생근리, 광풍리, 풍곡리), 마두리(서하면 신장리), 복두리(서하면 복두리, 상요리, 중기리), 덕천리(서하면 상촌리, 덕일리, 매천리), 초정리(서하면 초정리, 중도리, 상보리), 재량리(안곡면 제중리, 동량리, 봉곡리, 상사리), 안리(안곡면 중하리, 신덕리, 만월리), 학천리(안곡면 동파리, 룡천리, 학포리, 상용리), 학월리(안곡면 학산리, 장월리, 복삼리, 당석리), 매화리(룡문면 매화리, 송곡리, 상무리), 동창리(안곡면 금정리, 룡문면 동창리, 석양리, 상덕리), 정동리(안곡면 락암리, 룡문면 덕학리, 신오리, 룡운리)	
1954	〃	안악군 금강리 일부가 매화리에 편입됨.	
1954	〃	황해남도를 내오면서 은천군이 황해남도에 소속됨.	
1986	〃	제량리를 은혜리로 개칭.	
1991	〃	초정리, 학월리, 안리 각 일부 지역과 개간한 간석지를 합쳐 양지리를, 량담리, 제도리 각 일부 지역과 개간한 간석지를 합쳐 남해리를 내옴.	

연도	이름	관할지역	비고
1997	황해도 은천군	은천읍, 초교리, 덕양리, 신창리, 매화리, 동창리, 은혜리, 학천리, 안리, 청대리, 학월리, 정동리, 덕천리, 초정리, 복두리, 양지리, 마두리, 제도리, 남해리, 량담리, 송봉리, 삼산리, 남산리(1개 읍, 22개 리)	
	황해도 은률군	원당리를 송화군에 넘김.	
	〃	구왕리를 은혜리로 고침.	
	〃	송관리를 남포시에 넘김.	
	〃	은률읍, 금산포노동자구, 연암리, 산승리, 락천리, 구월리, 원평리, 은혜리, 산동리, 삼리, 운성리, 가천리, 대조리, 관산리, 서곡리, 서해리, 금천리, 이도포리, 철산리, 관해리, 장련리, 률리, 금복리(1개 읍, 1개 노동자구, 21개 리)	

안악군(安岳郡)

도의 북쪽에 있는 군. 고려초에 고구려 시기의 안악군을 개편하여 내온 군인데 외적의 침입을 막는데 유리한 산을 끼고 있는 편안하고 안정된 고을이라 하여 안악군이라고 하였다. 995년에 관내도에, 그 후 서해도에, 1395년에는 풍해도에, 1417년에는 황해도에 속하였다. 1587년에 백성들의 폭동이 심하게 일어나자 군을 현으로 바꾸었다가 1681년에 다시 군으로 되었다. 1954년에 황해남도에 속하였다.

【 안악군의 변천 】

연도	이름	관할지역	비고
고구려	양악군		
고려초	안악군		
995	관내도 안악군		
그 후	서해도 안악군	1018년에 풍주에 소속.	
1395	풍해도 안악군		
1417	황해도 안악군		
1597	황해도 안악현		
1631	황해도 안악군	판교방, 장경방, 대원방, 원성방, 문산방, 소곶방, 화석방,	

연도	이름	관할지역	비고
1631	황해도 안악군	문일방, 초교방, 청파방, 순풍방, 사곶방, 세동방, 흘흥방, 행촌방, 대덕방, 도하방, 안곡방(18개 방)	
리조말	〃	방을 면으로 개편. 장경면, 세동면, 판교면, 수석면, 원성면, 대원면, 은천면, 흘흥면, 초교면, 행촌면, 대덕면, 청룡면, 순풍면, 룡연면, 서하면, 안곡면, 룡문면, 문산면(18 개 면)	
1914	〃	읍내면, 대원면, 은천면, 대행면, 룡순면, 서하면, 안곡면, 룡문면, 문산면(9개 면)	
1918	〃	읍내면을 안악면으로 개편.	
1938	〃	안악면을 안악읍으로 개편.	
1946	〃	안악읍을 안악면으로 개편.	
1949	〃	원룡리를 원룡1리, 원룡2리로, 하금리를 하금1리, 하금2리로, 엄곶리를 엄곶북리, 엄곶동리, 엄곶서리로 개편.	
1952	〃	면폐지, 안악군 안악면, 룡순면, 대원면, 문산면, 신천군 로월면, 산천면, 용진면의 전체 리로 안악군을 구성. 나머지 면으로 은천군을 내옴. 안악읍(안악군 안악면 비석리, 신장리, 소천리, 판팔리, 류성리, 남암리, 판칠리, 서산리, 훈련리), 판륙리(안악군 안악면 판오리, 판륙리, 차신리), 남정리(안악군 안악면 남정리, 룡석리, 해창리), 연등리(안악군 안악면 연곡리, 수삼리), 평정리(안악군 안악면 어은리, 평정리, 사현리), 구와리(안악군 대원면 송산리, 굴룡리, 엄곶1리), 대추리(안악군 대원면 망암리, 상산리, 당오리, 당정리), 원룡리(안악군 대원면 원룡1리, 원룡2리, 하금1리, 하금2리), 엄곶리(안악군 대원면 엄곶북리, 엄곶동리, 엄곶서리), 봉성리(안악군 대원면 덕산리, 봉성리, 가양리), 복사리(안악군 대원면 복사리, 월암리), 금강리(안악군 문산면 금강리, 원성리, 안랑리), 신촌리(안악군 문산면 신당리, 상당리, 신촌리), 유성리(안악군 문산면 감문리, 송간리, 유성리), 류설리(안악군 룡순면 류설리, 옥정리, 류순리, 가정리), 로암리(안악군 룡순면 신곡리, 신률리, 로암리, 장산리), 오국리(신천군 로월면 설매리 일부, 오국리 일부, 의둔리 일부), 마명리(신천군 로월면 마명리 일부, 성월리, 초당리, 청룡리), 굴산리(신천군 로월면 동성리, 월음리, 굴산리 일부, 구창리), 덕성리(신천군 로월면 덕성리 일부, 고초리, 정례리), 월산리	

연도	이름	관할지역	비고
1952	황해도 안악군	(신천군 산천면 월송리, 송오리, 사산리), 한월리(신천군 산천면 한양리, 룡정리, 룡월리), 강산리(신천군 산천면 강촌리, 대덕리, 산현리), 룡산리(신천군 산천면 동산리, 순흥리, 룡동리), 경지리(신천군 산천면 경지리, 사읍리, 천내리, 로월리, 마명리 일부), 월지리(신천군 용진면 류천리, 삼봉리, 현천리, 석성리), 월정리(신천군 용진면 운계리, 월정리, 박달리), 패엽리(신천군 용진면 패엽리, 사문리, 삼성리)	
1954	황해남도 안악군		
1974	〃	류설리를 분리하여 덕성리, 오국리, 로암리에 편입하고 류설리 폐지.	
1997	〃	안악읍 판륙리, 남정리, 평정리, 금강리, 신촌리, 유성리, 엄곶리, 구와리, 복사리, 원룡리, 봉성리, 대추리, 굴산리, 덕성리, 오국리, 마명리, 경지리, 월산리, 룡산리, 강산리, 월지리, 월정리, 패엽리, 한월리, 로암리, 연등리(1개 읍, 26개 리)	

신천군(信川郡)

도의 중부에 있는 군. 고구려 때 승산이었던 것을 고려 때 신주로 고치고 1413년(조선조 태종 13년)에 규제에 따라 신천현으로 고치면서 생겨 난 이름이다. 신주나 신천은 이곳에 신성산이 있다 하여 붙인 이름이다. 신천을 승산, 신주, 신안, 신성, 승주, 화산 등으로 불렀는데 다 이 지방의 유명한 산인 신성산이 있다 하여 부른 이름들이다.

신천군에는 고려에서 조선조까지 고구려 때의 궐구라고 하던 문화현이 속해 있었다.

【 신천군의 변천 】

연도	이름	관할지역	비고
고구려	승산		
983	신주		
995	관내도 신주		
그 후	서해도 신주	1010년경(현종초) 황주목에 속함.	

연도	이름	관할지역	비고
1395	풍해도 신주		
1413	황해도 신천현		
1469	황해도 신천군		
1895	〃	읍내방, 동부방, 대정방, 어항방, 련사방, 두라방, 릉동방, 마산방, 가개방, 서부방, 가산방, 어로방, 성월방, 월천방, 가곶방, 죽령방	
1909	〃	문화현이 신천군에 편입.	
1914	〃	동부면, 가련면, 온정면, 북부면, 로월면, 산천면, 문화면, 궁흥면, 남부면, 두라면, 가산면, 문무면, 용진면, 초리면, 룡문면	
1917	〃	동부면을 신천면, 온정면을 온천면으로 개칭.	
1952	〃	신천면, 룡문면, 남부면, 두라면, 가련면, 온천면, 북부면, 가산면 전체의 문무면, 문화면, 로월면, 재령군 서호면 일부로 신천군을 내옴. 문화면, 문무면, 초리면, 궁흥면은 삼천군에 넘어 감. 신천읍(신천면 사직리, 칙서리, 교탑리, 무정리와 량정리, 동양리, 남부면 부정리, 서부리 각 일부를 통합) 사창리(룡문면 성당리, 남산리, 매추리, 사창리 통합) 복우리(룡문면 삼황리, 복우리, 사정리, 팽정리 통합) 반정리(신천면 량장리 일부, 룡문면 반정리, 청송리 통합) 릉동리(남부면 천봉리, 비봉리, 릉동리 통합) 서원리(남부면 화남리, 서부리 일부, 청양리, 서원리 통합) 봉황리(남부면 한은리, 봉황리, 부정리 일부 통합) 석교리(두라면 신전리, 쌍천리, 청계리, 청산리, 삼산리 통합) 호암리(두라면 간동리, 봉내리, 원동리, 백은리 통합) 명사리(가련면 명사리, 조우리, 란전리, 지봉리 통합) 동령리(가련면 백산리, 동령리, 백련리 통합) 발산리(온천면 발산리, 한정리, 송정리 일부, 가련면 미산리 통합) 월성리(남부면 마산리, 가련면 사견리, 월성리 통합) 원암리(신천면 동양리 일부, 대관리, 월암리 통합) 우룡리(북부면 야죽리, 산죽리, 승도리 통합) 석당리(북부면 서호리, 석당리, 동창리, 로월면 오국리 일부, 설매리 일부 통합)	

연도	이름	관할지역	비고
1952	황해도 신천군	우산리(로월면 의둔리 일부, 북부면 구동리, 남천리, 우산리 통합) 청산리(북부면 청산리, 수철리, 토성리, 신충리 포함) 룡당리(온천면 룡당리, 산수리, 운봉리, 송정리 일부 통합) 송오리(신천면 송오리, 온천면 추산리, 고송리, 가산면 룡천리 통합) 온천리(온천면 온천리, 장재리, 진우리 통합) 석봉리(가산면 배촌리, 룡두리, 간성리, 온천리 통합) 백석리(가산면 백석리, 송연리, 서정리, 온천면 룡구리, 재령군 재령면 고산리 일부 통합) 명석리(재령군 서호면 창석리, 신호리, 석산리 통합) 화산리(문화면 화암리, 화산리 통합) 건산리(문무면 건산리, 문화면 동각리, 서정리 통합) 룡산리(문화면 룡산리, 련봉리 통합)	
1954	황해남도 신천군	황해도를 황해남북도로 개편.	
1958	〃	벽성군 온천리, 도락리, 팽정리, 지남리를 신천군에 편입.	
1959	〃	온천리를 리목리로 개칭.	
1967	〃	온천리, 송오리, 원암리 일부로 온천리를 내오고 온천리를 장재리로 개칭.	
1977	〃	석봉리를 새날리로 , 봉황리를 새길리로 개칭.	
1981	〃	릉동리를 근로자리로 개칭.	
1997	〃	신천읍, 원암리, 우룡리, 석당리, 화산리, 우산리, 새날리, 명석리, 백석리, 송오리, 룡당리, 명사리, 동령리, 발산리, 월성리, 새길리, 서원리, 근로자리, 석교리, 호암리, 반정리, 룡산리, 청산리, 사창리, 건산리, 복우리, 도락리, 리목리, 팽정리, 지남리, 온천리, 장재리(1개 읍, 31개 리)	

재령군(載寧郡)

도의 북쪽에 있는 군. 1217년(고려 고종)에 고려초부터 불러 온 안주를 개편하여 서해도 재령현을 내왔다. 실을 '재', 편안 할 '녕'을 쓴 재령은 그리운 것이 없이 살기 좋은 편안한 곳이란 뜻을 담고 있다. 이것은 고구려때 유명한 성이었던 장수산성이 있다고 하여 재령(재는 성의 고유어이다)이라 불려져 온 것을 소리옮김으로 리두식으로 적은 것으로 짐작된다. 고구려 때에는 식성, 한성, 한홀, 내홀이라 하였다. 이 이름들은 모두 고구려의 부수도로서 장수산성과 같은 큰 성이 있다 하여 붙인 이름들이다. 통일신라 때 중반군으로, 고려초에는 안주로 개칭되었다. 1397년에 서해도가 풍해도로 되면서 풍해도 재령군으로 개편되었다. 1417년에는 황해도 재령군으로, 1954년에는 황해남도 재령군으로 되었다.

【 재령군의 변천 】

연 도	이 름	관 할 지 역	비 고
고구려	식성군(한성군, 내홀, 한홀)		
통일신라	중반군		
고려초	안주		
1217	서해도 재령현		
1397	풍해도 재령현	풍주관하의 삼주현을 없애면서 이 고을에 소속시킨	
1415	풍해도 재령군	다음 직촌으로 만듬.	
1417	황해도 재령군	군의 다른 이름으로 안풍 또는 안릉이라고도 하였다.	
1871	황해도 재령군	좌리통, 읍내통, 우리통, 성원통, 률곶통, 삼지강통, 우두통(우도통), 은질지통, 화산통, 역대통(룡연통), 성당통, 유등동통, 방동통, 청수리통	
1896	〃	우률면, 좌률면, 상률면, 하률면, 좌리면, 상안면, 하안면, 우리면, 서호면, 토산면, 룡연면, 하성면, 삼류면, 삼지강면, 우두천면, 은질지면, 화산면, 상성면, 하류면, 상방면, 하방면, 청수리면(22개 면)	
1914	〃	북률면, 남률면, 재령면, 하호리면, 룡산면, 하성면, 상류면, 삼지강면, 우두천면, 은산면, 화산면, 상성면, 하류면, 상방면, 하방면, 청수리면(16개 면)	
1939	〃	재령읍, 북률면, 남률면, 삼강면, 은룡면, 상성면, 하성면, 신원면, 장수면, 청천면, 서호면(1개 읍, 10개 면)	
광복직후	〃	재령읍을 재령면으로 개편.	
1952	〃	면폐지. 재령군 북률면, 남률면, 재령면, 청천면, 장수면의 전체 리와 서호면의 7개 리, 삼강면의 7개 리, 은룡면의 5개 리로 재령군을 구성함. 재령읍(재령면	

연도	이름	관할지역	비고
1952	황해도 재령군	남정리, 수창리, 석전리, 문창리, 향교리, 국화리, 일신리, 신대리, 유화리), 동신흥리(북률면 동신흥리, 서신흥리, 강서리), 대흥리(북률면 대흥리, 석포리, 석해리), 굴해리(북률면 굴해리, 쌍교리, 무상리 일부), 북지리(북률면 북지리, 내종리, 장하리), 남지리(북률면 신지리, 남지리, 신초리), 강교리(북률면 무상리 일부, 남률면 강교리, 방성리, 신연리), 래림리(남률면 좌곡리, 진곡리, 래림리), 벽산리(재령면 부성리, 림천리, 벽산리), 고잔리(남률면 해창리, 고잔리, 야두리), 봉천리(재령면 봉천리, 내야리, 양산리), 신환포리(서호면 작도리, 무덕리, 신탄리, 신환포리, 신천군 로월면 덕성리 일부, 굴산리 일부) 재천리(서호면 왕현리, 재천리, 신전리, 재령면 신정리), 고산리(재령면 고산리 일부), 금산리(재령면 한천리, 삼강면 금산리), 청룡리(삼강면 청룡리, 학교리, 은산리). 룡교리(삼강면 룡소리, 설산리, 룡교리), 부덕리(청천면 부천리, 부덕리, 망월리), 청천리(청천면 곤산리, 청천리), 신곶리(청천면 원내리, 신곶리, 송암리), 석탄리(청천면 양대리, 은룡면 신창리, 석탄리). 봉오리(은룡면 신유리, 봉오리, 양지리), 서원리(장수면 동락리, 서원리, 재궁리), 서림리(장수면 동림리, 서림리, 식성리), 장국리(장수면 장국리, 룡천리), 양계리(장수면 양계리, 청천리, 량현리), 천마리(장수면 천마리, 두목리, 학현리), 룡평리(장수면 룡평리), 금산리를 금산노동자구로 개편. (1개 읍, 1개 노동자구, 26개 리)	
1953	황해도 재령군	벽산리 일부, 봉천리 일부, 고산리 일부가 재령읍에 편입.	
1954	황해남도 재령군	벽산리 일부가 고잔리에, 안악군 덕성리 일부가 신환포리에, 은파군 양동리 일부가 룡교리에 편입. 은파군	

연도	이름	관할지역	비고
1954	황해남도 재령군	신덕리 일부와 신원군 운양리 일부로 신덕리를 내옴.	
1961	〃	대흥리를 김제원리로 개편.	
1967	〃	신덕리가 신원군에 편입.	
1979	〃	청룡리를 삼지강리로 개편.	
1988	〃	고잔리가 래림리에 편입.	
1997	〃	재령읍, 금산노동자구, 삼지강리, 룡교리, 석탄리, 봉오리, 서림리, 양계리, 천마리, 장국리, 서원리, 청천리, 신곶리, 부덕리, 벽산리, 고산리, 재천리, 신환포리, 강교리, 굴해리, 동신흥리, 김제원리, 북지리, 남지리, 래림리, 봉천리(1개 읍, 1개 노동자구, 24개 리)	

신원군(新院郡)

도의 북쪽에 있는 군. 1952년에 황해도 재령군 신원면, 하성면, 상성면의 전체 리와 은룡면의 3개 리, 벽성군 라덕면의 7개 리, 금산면의 3개 리를 포함하여 황해도에 내온 군이다. 신원면의 이름을 따서 신원군이라고 하였다.

【 신원군의 변천 】

연도	이름	관할지역	비고
1952	황해도 신원군	재령군 신원면, 하성면, 상성면의 전체 리와 은룡면의 3개 리, 벽성군 라덕면의 7개 리, 금산면의 3개 리로 신원군을 내옴. 신원읍(재령군 신원면 신원읍), 무학리(재령군 신원면 무학리, 신대리), 화석리(재령군 신원면 계남리, 화석리, 원고리), 가려리(재령군 신원면 기양리, 송학리, 가려리), 백우리(재령군 신원면 송림리, 가국리, 백우리), 염탄리(재령군 신원면 염탄리, 신정리), 검촌리(재령군 하성면 신덕리, 벽화리, 검촌리), 대청리(재령군 하성면 대청리), 아양리(재령군 하성면 운대리, 아양리), 장금리(재령군 하성면 장금리, 갈산리, 송향리), 령월리(재령군 하성면 립암리, 령월리, 삼학리), 덕현리(재령군 하성면 덕현리, 상성리, 관암리), 월당리	

연 도	이 름	관 할 지 역	비 고
1952	황해도 신원군	(재령군 하성면 룡호리, 상성면 월당리), 신촌리(재령군 상성면 중곡리, 상신리, 신촌리), 청석두리(재령군 상성면 청석두리), 수원리(재령군 상성면 천정리, 수원리), 률라리(재령군 상성면 률라리, 병암리), 운양리(재령군 은룡면 수남리, 창전리, 운양리), 중덕리(벽성군 라덕면 통천리, 내곡리, 중덕리와 라치리 일부), 자하리(벽성군 라덕면 한평리 일부, 전산리, 자하리), 신창리(벽성군 금산면 선산리, 신창리, 부산리) 신원군 대청리를 신덕노동자구로 고침.	
1953	〃	백우리 일부를 분리하여 신원읍에 편입.	
1954	황해남도 신원군	덕현리를 령월리에 편입. 신창리 일부를 분리하여 률라리에 편입. 화석리 일부와 중덕리 일부, 자하리 일부를 분리 병합하여 계남리를 새로 내옴. 린산군 수원리 일부를 수원리에 편입. 신촌리를 분리하여 청석두리에 편입.	
1958	〃	아양리 일부를 신덕노동자구에 편입. 신덕노동자구를 신원읍으로 개칭. 신원읍을 신흥리로 개칭.	
1961	〃	중덕리를 계남리에 합침.	
1967	〃	재령군 신덕리를 신원군에 편입.	
1993	〃	신흥리를 무학리에 합침.	
1995	〃	신원읍의 일부로 하성노동자구를 내옴.	
1997	〃	신원읍, 하성노동자구, 아양리, 월당리, 무학리, 염탄리, 률라리, 운양리, 가려리, 신창리, 청석두리, 수원리, 신덕리, 계남리, 장금리, 령월리, 자하리, 화석리, 백우리, 검촌리(1개 읍, 1개 노동자구, 18개 리)	

봉천군(鳳泉郡)

도의 동부에 있는 군. 1990년에 황해남도 평천군을 봉천군으로 고쳤다.

봉암리의 봉자와 평천군의 천(泉)자를 따서 봉천군이라고 하였다. 군의 중심거리에 사적건물이 보존되어 있다. 군 유적으로는 봉암리 고려자기 가마터와 신답리의 고인돌, 산성, 봉수터가 있다.

【 봉천군의 변천 】

연도	이름	관할지역	비고
1952	황해도 평천군	연백군 산외면, 서북면, 평산군 세곡면, 적암면, 룡산면, 고지면, 마산면을 합쳐서 평천군을 신설(1개 읍, 24개 리) 평천읍(적암면 온정리, 온후리), 향정리(적암면 향정리, 세동리) 한정리(적암면 한정리, 세동리), 신답리(적암면 신답리, 송암리, 갈산리) 신명리(적암면 면곡리, 산외면 오봉리, 신명리), 황룡리(산외면 황룡리, 설학리, 영청리), 원산리(서북면 원산리, 전포리 일부, 화암리, 룡포리) 백석리(서북면 백석리, 조읍리, 전포리 일부), 송정리(고지면 송정리, 달성리, 금릉리) 연홍리(서북면 연홍리, 강읍리, 광신리), 봉암리(고지면 봉암리, 완정리, 세관리) 대룡리(고지면 대룡리, 서오리), 군동리(세곡면 군동리, 오포리, 진보리) 루천리(세곡면 루천리, 적성리, 석교리), 죽동리(세곡면 죽동리, 운봉리, 생금리) 응촌리(세곡면 응촌리, 광평리, 덕촌리), 주답리(마산면 주답리, 립암리, 주흥리) 성기리(마산면 성기리, 천초리, 대경리), 한촌리(마산면 한촌리, 은촌리, 서촌리) 가동리(마산면 가동리, 도평리), 화촌리(룡산면 화촌리, 평촌리, 두동리) 석사리(룡산면 석사리, 석탄리, 미수리), 광암리(룡산면 광암리, 노동리, 삼봉리) 은동리(세곡면 도천리, 수동리), 간평리(마산면 간평리, 석수리)	
1954	황해남도 평천군	룡천리를 새로 내옴(연홍리 일부, 평산군 룡궁리 일부)	
1961	〃	은동리 폐지(군동리, 루천리, 응천리에 들어 감.)	
1974	〃	간평리 폐지(응천리, 주답리에 들어 감)	
1990	봉천군	평천군을 봉천군으로 개편. 백석리 폐지(원홍리, 원산리에 들어 감)	

연도	이름	관할지역	비고
1992	봉천군	원산리를 배천군에 넘겨 주고 배천군 대야리가 봉천군에 넘어 옴.	
1997	〃	봉천읍, 향정리, 한정리, 신답리, 신명리, 황룡리, 연홍리, 송정리, 봉암리, 대룡리, 군동리, 루천리, 죽동리, 응촌리, 주답리, 성기리, 한촌리, 가동리, 화촌리, 석사리, 광암리, 룡촌리, 대야리(1개 읍, 22개 리)	

배천군(白川郡)

도의 동남부 예성강 하류에 있는 군. 1413년에 풍해도 백주를 개편하여 내온 군인데 배천의 배자는 백주의 백자가 옮겨 쓰이면서 ㄱ이 빠진 것이고 천자는 주자가 달린 고을 이름을 산이나 천자로 쓰여진 것이다.

【 배천군의 변천 】

연도	이름	관할지역	비고
고구려	도랍현	치악성이라고도 함.	
그 후	구택현		
고려초기	백주		
995	관내도 백주		
1159	서해도 개흥부		
	서해도 백주		
1259	서해도 충익현		
1269	서해도 부흥군		
1368	서해도 백주		
1395	풍해도 백주		
1413	풍해도 배천군	은천이라고도 함.	
1417	황해도 배천군		
1895	황해도 배천군	동촌방, 서촌방, 도상방, 류천방, 화산방, 지척방, 무구리방, 각산방, 발산방, 금곡방, 여의방, 로천방, 도하방, 상금산방, 하금산방	
1912	황해도 연백군	배천군이 연안군과 통합되어 연백군으로 됨.	

연 도	이 름	관 할 지 역	비 고
1952	황해도 배천군	연백군 은천면, 해월면, 류곡면, 석산면, 운산면, 도촌면, 온정면, 화성면, 금산면, 호동면의 5개 리로 배천군 다시 내옴. 배천읍(은천면 영천리, 련남리, 련동리, 옥산리, 구암리) 강호리(은천면 성호리, 강서리, 우포리) 봉량리(운산면 비봉리, 량청리) 문산리(해월면 벽란리, 문산리, 룡봉리) 금산리(해월면 해월리, 환성리, 금산리) 운산리(온정면 상월리, 해월면 송계리, 토현리, 운산리) 홍현리(도촌면 마천리, 류곡면 연성리, 충무리) 방현리(류곡면 리포리) 류천리(류곡면 류천리, 화성리) 금곡리(류곡면 금곡리, 계화리, 룡현리) 수원리(도천면 금성리, 지산리, 괴암리) 신월리(석산면 묵화리, 도촌면 신원리, 오산리, 토월리, 무구리) 행정리(호동면 봉화리, 온정면 행정리, 락선리, 창동리, 아양리) 금성리(호동면 거안리, 온정면 금성리, 모례리) 추정리(호동면 추정리, 류정리, 룡산리, 라진포리 일부) 수복리(석산면 구산리, 수복리, 룡동리, 광동리) 창포리(석산면 문창리, 포운리, 운곡리, 월암리) 화산리(화성면 산전리, 룡전리, 금계리, 화산리, 화장리) 오봉리(화성면 호국리, 송천리, 오봉리) 정촌리(화성면 정촌리, 산읍리, 은천면 홍곡리, 고읍리) 일곡리(금산면 성선리, 일곡리, 례의리) 대아리(금산면 선암리, 장현리, 은산리, 대아리) 화양리(금산면 화양리, 석천리, 장현리) 석산리(운산면 피릉리, 석산리, 대야리) 도태리(운산면 도태리, 주암리, 호산리) 1개 읍, 24개 리	
1954	황해남도 배천군	수복리 일부 , 창포리 일부로 룡동리를, 향정리 일부로 봉화리를 내옴.	
1956	〃	향정리 일부, 추정리 일부로 역구도리를 내옴.	
1967	〃	금산리 일부를 봉화리에, 신월리 일부를 홍현리에 붙임.	
1981	〃	봉량리가 봉량노동자구로 개편.	
1991	〃	도태리를 물길리로 개편.	

연도	이름	관할지역	비고
1992	황해남도 배천군	봉천군 원산리가 배천군에 넘어 오고 배천군 대아리가 봉천군에 넘어 감.	
1997	〃	배천읍, 강호리, 문산리, 금산리, 운산리, 홍현리, 방현리, 류천리, 금곡리, 수원리, 신월리, 행정리, 금성리, 추정리, 수복리, 창포리, 화산리, 오봉리, 정촌리, 일곡리, 화양리, 석산리, 물길리, 룡동리, 봉화리, 역구도리, 봉량노동자구, 원산리(1개 읍, 1개 노동자구, 26개 리)	

연안군(延安郡)

도의 동남부에 있는 군. 1309년에 여러 목을 없앨 때 서해도 온주목을 개편하여 연안부라고 하였다. 고려태조 왕건이 이 지역을 지반으로 건국위업을 달성하는데 크게 기여하였다 하여 끝없이 안전한 고장으로 되었다는 뜻에서 연안부라고 하였다.

1395년에 풍해도에, 1417년에는 황해도에 속하였다가 1895년에 연안군으로 되었다. 1912년에 배천군이 연안군에 들어오면서 황해도 연백군으로 개편되었다. 1945년에 38선 이북 연백군 지역은 황해도 연백군으로, 그 이남지역은 경기도 연백군으로 되었다. 1950년 6 · 25 전쟁이 일어나면서 경기도 연백군 지역이 황해도 남연백군으로 되었다. 1952년에 남연백군 룡도면, 송봉면, 호남면, 봉서면, 혜성면과 호동면의 3개 리, 봉북면의 7개 리, 연안면의 11개 리, 해룡면의 6개 리와 연백군 패궁면과 목단면의 8개 리를 합쳐서 연안군을 다시 내왔다. 1954년에 황해도를 2개 도로 나눌 때 황해남도 연안군으로 되었다.

【 연안군의 변천 】

연도	이름	관할지역	비고
고구려	동음홀	일명 동삼홀, 고염성이라고도 부름.	
735	시(고)염성		
755	해고군		
918	오원현		
995	관내도 염주부		
1018	서해도 양원현		
1214	서해도 영음현		

연도	이름	관할지역	비고
1235	서해도 복주부		
1260	서해도 석주부		
1270	서해도 봉주부		
1275	서해도 온주목		
1309	서해도 연안부		
1395	풍해도 연안동호부		
1417	황해도 연안도호부		
1871	황해도 연안군	다정방, 석곶방, 지촌방, 적촌방, 반산방, 신성방, 구현방, 률반방, 병성방, 대출방, 축산방, 유주룡방, 봉촌방, 송청방, 잉지곶방, 정촌방, 검암방, 호정방, 마전방, 홍정방	
1895	황해도 연안군		
1912	황해도 연백군	배천군이 연안군에 들어오면서 연백군으로 개편.	
1914	황해도 연백군	룡봉면, 호남면, 해성면, 송봉면, 해룡면, 룡도면, 패궁면, 목단면, 봉서면, 봉북면, 은천면, 화성면, 금산면, 도촌면, 해월면, 온정면, 류곡면, 운산면, 석산면, 해동면(20개 면)	
1917	황해도 연백군	룡봉면이 연안면으로 됨.	
1939	황해도 연백군	연안면이 연안읍으로 개편(1개 읍, 19개 면)	
1945	황해도 연백군 경기도 연백군	연백군이 황해도 연백군과 경기도 연백군으로 갈라 짐 황해도 연백군 – 운산면, 화성면, 금산면, 목단면, 패궁면(5개 면) 경기도 연백군 – 연안면, 봉서면, 호동면, 호남면, 송봉면, 해성면, 해룡면, 룡도면, 봉북면, 은천면, 도촌면, 온정면, 해월면, 류곡면, 석산면,벽성군의 청룡면, 추화면, 일신면, 래성면이 경기도에 들어 옴(19개 면)	
1950	황해도 연백군 황해도 남연백군	평산군 적암면, 금천군 산외면, 서북면이 황해도 연백군에 들어 옴 경기도 연백군이 황해도 남연백군으로 개편.	
1952	황해도 연안군	남연백군 룡도면, 호남면, 봉서면, 해성면, 송봉면, 호동면 3개 리, 봉북면 7개 리, 연안면 11개 리, 해룡면 6개 리와 연백군 패궁면, 목단면 8개 리로 연안군을 다시 내옴. 면폐지. 다음과 같은 읍, 리를 내옴. 연안읍(남연백군 연안면, 연성리, 산양리, 봉남리, 모정리) 자양리(남연백군 연안면 자양리, 봉무리, 단산리)	

연 도	이 름	관 할 지 역	비 고
1952	황해도 연안군	소정리(남연백군 송봉면 청송리, 호남면 자봉리, 소정리) 호남리(남연백군 호남면 석천리, 송야리, 개현리) 라진포리(남연백군 연안면 오주리, 호남면, 남당리, 라진포리) 개안리(남연백군 연안면 미산리, 호동면 개안리) 장곡리(남연백군 연안면 장곡리, 봉북면, 풍양리) 룡호리(남연배군 봉북면 소성리, 룡남리, 원동리) 해월리(남연백군 봉북면 산정리, 오현리, 송전리) 소아리(남연백군 봉서면 월파리, 명천리, 소아리, 반계리) 고포리(남연백군 패궁면 고포리, 관동리, 오현리) 봉덕리(연백군 목단면 봉덕리, 덕양리, 동운리) 아현리(연백군 목단면 탁영리, 아현리, 의현리) 창덕리(연백군 패궁면 한정리, 목단면 창덕리, 정동리) 도남리(연백군 패궁면 우번리, 대흥리, 도성리, 갈암리) 천태리(연백군 룡도면 송학리, 옥야리, 천태리) 발산리(연백군 룡도면 발산리, 현암리, 란계리) 부흥리(연백군 해룡면 부토리, 맹산리, 홍운리) 풍천리(연백군 해룡면 금산리, 금천리, 룡남리) 정촌리(연백군 봉서면 현죽리, 봉황리, 오성리, 미산리, 정촌리) 와룡리(연백군 송봉면 로정리, 도룡리, 대룡리) 청화리(연백군 송봉면 중산리, 창계리, 운계리) 호서리(연백군 송봉면 송현리, 호남면 호서리, 읍동리) 화양리(연백군 해성면 화양리, 매정리, 호남면 읍항리) 신양리(연백군 해성면 일신리, 초양리) 해남리(연백군 해성면 무릉리, 해남리, 구룡리) 홍산리(연백군 패궁면 산두리, 구암리, 봉현리, 생금리, 화천리) 천정리(연백군 룡도면 대평리, 안정리, 심계리, 운중리, 청계리(1개 읍, 27개 리)	
1954	황해남도 연안군		
1956	〃	오현리, 신평리, 송호리를 새로 내옴.	
1958	〃	해남리 일부로 염전노동자구를 내옴.	
1974	〃	홍산리, 신평리, 청정리가 청단군에 들어 감.	
1991	〃	고포리를 동산리로 개편.	
1997	〃	연안읍, 염전노동자구, 지양리, 개안리, 라진포리,	

연 도	이 름	관 할 지 역	비 고
1997	황해남도 연안군	소정리, 호서리, 호남리, 신양리, 해남리, 화양리, 청화리, 와룡리, 정촌리, 장곡리, 소아리, 룡호리, 해월리, 풍천리, 부흥리, 천태리, 발산리, 도남리, 동산리, 창덕리, 봉덕리, 아현리, 오현리, 송호리(1개 읍, 1개 노동자구, 27개 리)	

청단군(淸丹郡)

도의 동남부 서해바다 기슭에 있는 군. 1952년에 벽성군 영천면, 화양면, 동운면, 남연백군 청룡면, 래성면, 일신면의 전체 리와 추화면의 7개 리, 벽성군 금산면의 6개 리를 합쳐서 황해도에 내온 군이다. 군 이름은 조선시기 해주 동쪽 40리에 있는 청단역이라는 역참이름에서 유래되었다. 청단은 동남쪽을 가리키는 말이다.

【 청단군의 변천 】

연 도	이 름	관 할 지 역	비 고
1952	청단군	벽성군 영천면, 화양면, 동운면, 남연백군 래성면, 청룡면 일신면의 전체 리와 추화면의 7개 리, 벽성군 금산면의 6개 리로 청단군을 내옴. 청단읍(남연백군 추화면 약현리, 향산리, 만송리, 학남리, 월학리), 갈산리(벽성군 영천면 갈산리, 좌랑리), 영양리(벽성군 영천면 영양리, 수산리, 한우리), 장방리(벽성군 영천면 장방리, 공해리, 매산리), 화양리(벽성군 화양면 오천리, 문화리, 서덕리, 신왕리), 칠봉리(벽성군 금산면 감수리, 송전리, 추정리 일부), 작천리(벽성군 금산면 작천리, 팽정리, 학현리, 추정리 일부), 덕달리(벽성군 동운면 주산리, 덕달리 일부), 동대리(벽산군 동운면 영정리, 사동리 일부), 운곡리(벽성군 동운면 공수리, 운양리, 사동리 일부), 삼정리(벽성군 동운면 삼정리, 두동리, 덕달리 일부), 화산리(남연백군 래성면 화전리, 대산리, 벽성군 영천면 척두리),	

연도	이름	관할지역	비고
1952	청단군	금학리(남연백군 래성면 금성리, 팔학리, 오봉리), 룡포리(남연백군 추화면 마룡리, 순명리), 구월리(남연백군 청룡면 덕영리, 학월리, 구정리), 영산리(남연백군 추화면 영양리, 맹해리, 학산리, 룡매리) 신생리(남연백군 일신면 법교리, 생왕리, 심해리), 남촌리(남연백군 일신면 광전리, 천석리, 제산리), 소정리(남연백군 일신면 무정리, 내동리, 태성면 소호리). 1개 읍, 18개 리	
1954	황해남도 청단군		
1961	〃	영양리가 해주시에 들어 감.	
1965	〃	장방리, 작천리가 해주시에 들어 감.	
1974	〃	연안군 신평리, 청정리, 홍산리가 청단군에 들어 감(1개읍, 18개 리)	
1990	〃	구월리 일부, 영산리 일부를 분리하여 신풍리 신설.	
1991	〃	청단읍 일부 지역을 분리하여 대풍리를 내옴. 룡포리 일부 지역을 분리하여 마룡리를 내옴. 화산리 일부 지역을 분리하여 양화리를 내옴.	
1996	〃	금학리, 갈산리, 양화리 각 일부 지역을 분리하여 신흥노동자구를 내옴.	
1997	〃	청단읍, 갈산리, 화양리, 칠봉리, 덕달리, 동대리, 운곡리, 삼정리, 화산리, 금학리, 룡포리, 구월리, 영산리, 신생리, 남촌리, 소정리, 심평리, 청정리, 홍산리, 신풍리, 대풍리, 마룡리, 양화리, 신흥노동자구(1개 읍, 1개 노동자구, 22개 리)	

황해남도 행정구역도

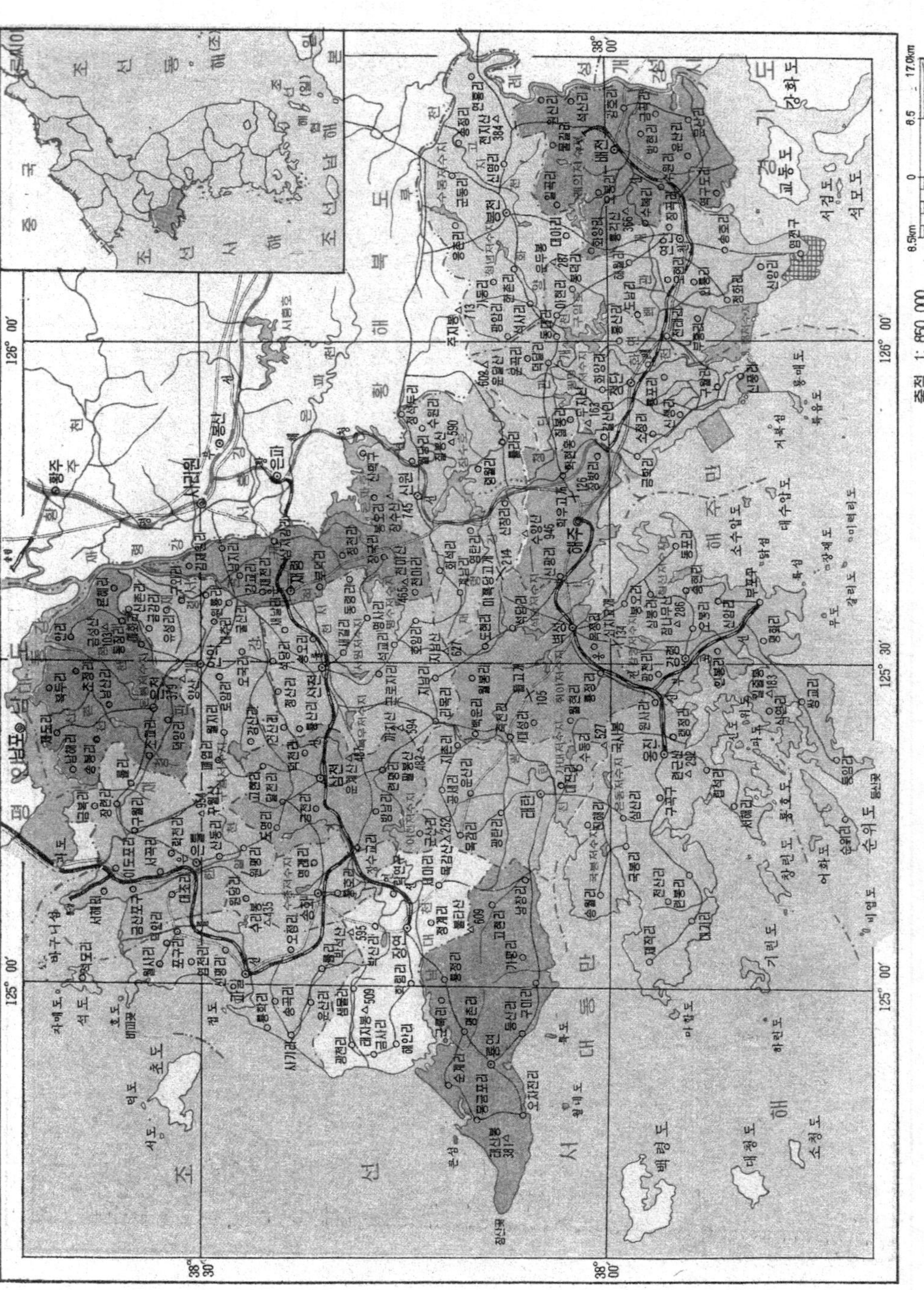

10 황해북도 행정구역명 연혁

황해북도(黃海北道)

1954년에 황해도를 2개 도로 나누어 내온 도인데, 황해도의 북쪽 내륙지역에 있는 도라 하여 황해북도라고 하였다. 황해도는 1417년 당시 이 지역의 주요 고을이었던 황주와 해주에서 각각 첫 자를 따서 지은 이름이다. 본래 이 도는 고대시기에는 고조선 땅이었고 삼국시대에는 고구려영역에 속해 있었다. 통일신라 및 발해시기에는 재령강 동쪽지역만 통일신라에 속해 있었다.

【 황해북도의 변천 】

연 도	이 름	관 할 지 역	비 고
고구려		내미홀, 동음홀, 도람현, 식성군, 구을현, 양악군, 궐구, 마경이, 률구, 판마곶, 웅한이, 웅천, 장연현, 부진이, 동홀, 휴암군, 승산, 식달, 대곡군, 오곡군, 십곡성, 신은, 수곡성현, 장색현	
후기신라		폭지군(내미홀), 해고군(동음홀), 구택(도람현), 중반군(식성현), 구을현, 양악군, 궐구, 마경이, 률구, 판마곶, 웅한이, 웅천, 장연현, 부진이, 취성군(동홀), 서암군(휴암군), 승산, 토산현(식달), 영풍군(대곡군), 오관군(오곡군), 잔서(십곡성), 신은현, 단계(수곡성현), 서암군(장색현)	
고려초		해주(폭지군), 염주(해고군), 백주(구택), 안주(중반군), 풍주(구을현), 안악군(양악군), 유주(궐구), 청송현(마경이), 은률현(률구), 가화현(판마곶), 영녕현(웅한이), 웅진현(웅천), 장연현, 영강현(부진이), 황주(취성군), 봉주(서암군), 신주(승산), 토산현, 평주(영풍군), 동주(오관군), 곡주(진서), 신은현, 협계현(단계), 수안현(서암군)	
995	관내도		
1018 ~ 1030	서해도	관내도를 서해도로 고침.	

연도	이름	관할지역	비고
1018 ~ 1030	서해도	해주안서도호부 속현 : 염주, 백주, 안주 령군 : 풍주(속군 : 안악, 속현 : 유주, 은률, 청송, 가화, 영녕) 령현 : 옹진(속현 : 장연, 영강) 령진 : 백령 황주목 속군 : 봉주, 신주, 속현 : 토산 령군 : 평주(속현 : 동주), 곡주(속현 : 신은, 협계) 령현 : 수안 (대도호부 1개, 목 1개, 군 6개, 진 1개)	
1395	풍해도	서해도를 풍해도로 고침.	
1417	황해도	풍해도를 황해도로 고침.	
1454	〃	황주목 서흥도호부, 봉산군, 안악군, 수안군, 곡산군, 신은현 해주목 재령군, 옹진현, 장연현, 강령현, 신천현 연안도호부 평산도호부, 배천군, 우봉현, 토산현, 강음현 풍천군 문화현, 송화현, 은률현, 장연현	
1531	〃	황해우도 해주진 : 해주목, 연안도호부, 풍천도호부, 배천군, 옹진현, 송화현, 은률현, 강음현, 강령현, 장연현(목 1개, 도호부 2개, 현 6개) 황해좌도 황주진 : 황주목, 평산도호부, 서흥도호부, 봉산군, 안악군, 재령군, 수안군, 곡산군, 신천군, 신계현, 우봉현, 문화현, 토산현, 장련현(목 1개, 도호부 2개, 군 6개, 현 5개)	
1895	〃	23부제를 내오면서 군들이 해주부와 개성부, 평양부에 소속됨. 해주부 해주, 연안, 배천, 옹진, 장연, 송화, 강령, 풍천, 안악, 장련, 은률, 재령, 신천, 문화, 서흥, 봉산	

연도	이름	관할지역	비고
1895	황해도	개성부 토산, 평산, 금천, 수안, 곡산, 신계 평양부 황주	
1896	〃	다시 황해도에 소속됨. 황주군, 안악군, 해주군, 평산군, 봉산군, 연안군, 곡산군, 서흥군, 장연군, 재령군, 수안군, 배천군, 신천군, 금천군, 문화군, 풍천군, 신계군, 장련군, 송화군, 은률군, 통산군, 옹진군, 강령군(23개 군)	
그 후	〃	문화군이 신천군에, 풍천군이 송화군에, 장련군이 은률군에 들어가 폐지됨.	
1910	〃	강령군이 옹진군과 합치면서 폐지됨.	
1913	〃	연안군과 배천군 합쳐 연백군 신설. 연안군, 배천군이 폐지됨.	
1914	〃	토산군이 금천군과 신계군에 들어가 폐지됨. 연백군, 금천군, 신계군, 해주군, 평산군, 곡산군, 옹진군, 장연군, 송화군, 재령군, 서흥군, 봉산군, 수안군, 신천군, 안악군, 황주군, 은률군(17개 군)	
1939	〃	해주군, 옹진군 일부지역을 갈라서 벽성군을 내옴.	
1946	〃	경기도 일부 지역으로 장풍군을 내옴.	
1947	〃	사리원시, 송림시를 내옴.	
1952	〃	연백군 일부와 벽성군 일부 지역을 갈라 청단군을, 옹진군을 갈라 강령군을, 연백군을 갈라 배천군과 연안군을, 평산군 일부, 연백군 일부를 갈라 평천군을, 평산군을 갈라 린산군을, 금천군을 갈라 토산군을, 봉산군 일부, 재령군 일부를 갈라 은파군을, 재령군 일부, 벽성군 일부를 갈라 신원군을, 장연군 일부, 벽성군 일부를 갈라 태탄군을, 장연군 일부를 갈라 룡연군을, 송화군 일부를 갈라 삼천군을, 안악군 일부를 갈라 은천군을, 황주군 일부, 수안군 일부를 갈라 연탄군을, 수안군 일부, 곡선군 일부를 갈라 연산군을, 곡산군을 갈라 신평군을 새로 내옴. 연백군이 폐지됨. 사리원시, 해주시, 송림시, 벽성군, 청단군, 강령군, 옹진군, 배천군, 연안군, 평천군, 린산군, 평산군, 금천군, 토산군, 장풍군, 서흥군, 봉산군, 은파군, 재령군, 신원군, 송화군, 은률군, 장연군, 태탄군, 룡연군, 신천군,	

연도	이름	관할지역	비고
1952	황해도	삼천군, 안악군, 은천군, 황주군, 연탄군, 연산군, 수안군, 신계군, 곡산군, 신평군(3개 시, 33개 군)	
1954	황해북도	황해도를 갈라 황해남도, 황해북도를 내옴. 경기도 개풍군, 판문군이 황해북도에 넘어 옴. 사리원시, 송림시, 봉산군, 은파군, 린산군, 평산군, 금천군, 토산군, 장풍군, 서흥군, 황주군, 연탄군, 수안군, 연산군, 신계군, 곡산군, 신평군, 개풍군, 판문군(2개 시, 17개 군)	
1960	〃	장풍군, 개풍군, 판문군이 개성시로 넘어 감.	
1997	〃	사리원시, 송림시, 황주군, 봉산군, 은파군, 린산군, 서흥군, 연산군, 수안군, 신계군, 곡산군, 평산군, 금천군, 토산군, 연탄군, 신평군(2개 시, 14개 군)	

사리원시(沙里院市)

도의 서부에 있는 시. 1947년에 봉산군 사리원면을 개편하여 내왔다. 사리원이라는 이름은 조선 초기부터 있어왔다. 신증동국여지승람에는 사리원은 행정단위의 명칭으로가 아니라 역원, 역참으로 기록되어 있다. 즉 사원리, 사리에 있는 역원이라 하여 사리원이라고 하였다.

【 사리원시의 변천 】

연도	이름	관할지역	비고
1947	황해도 사리원시 〃	황해도 봉산군 사리원면을 사리원시로 개편 구천리, 대원리, 신창리, 신양리, 철산리, 경암리, 상하리, 사원리, 사리, 동리, 서리, 북리(12개 리)	
1952	〃	동리, 서리, 북리, 구천리, 신창리, 상하리, 신양리, 경암리와 새로 원주리, 상매리, 대성리를 내오고 철산리, 사원리, 사리, 대원리를 폐지.	
1953		사리원시 상하리와 봉산군 구룡리 일부, 만금리 일부, 은파군 묘송리 일부를 합쳐 사리원시 상하리, 구룡리, 광성리를 새로 내옴.	
1954	황해북도 사리원시	황해도를 황해남도와 황해북도로 분할.	

연 도	이 름	관 할 지 역	비 고
1955	황해북도 사리원시	사리원시 동리, 서리, 북리, 구천리, 경암리를 동으로 개편하면서 동1동, 동2동, 동3동, 서1동, 서2동, 북1동, 북2동, 북3동, 북4동, 구천1동, 구천2동, 경암동을 내옴.	
1956	〃	상매리를 폐지하고 오강리, 철산리, 상매동으로 개편.	
1957	〃	북3동, 서1동 폐지. 서2동을 서리동으로 개편.	
1959	〃	신양리를 신양동으로 개편.	
1961	〃	구천3동, 운하동 신설. 경암동을 경암리고 개칭. 오강리를 신흥동으로 개칭. 상하리를 상하동으로, 대성리를 대성동으로, 원주리를 원주동으로 개편. 봉산군 도림리가 넘어옴	
1965	〃	운하동을 운하1동, 운하2동으로 개편. 생매동을 상매1동, 상매2동으로 분리, 북3동, 산업동, 구천4동 신설.	
1973	〃	봉산군 미곡리, 만금리, 어수노동자구를 편입.	
1974	〃	어수노동자구를 어수동으로 개칭.	
1981	〃	봉산군 해서리를 편입. 경암리를 경암동으로, 광성리를 광성동으로, 도림리를 도림동으로 개칭.	
1986	〃	봉산군 선정리, 봉의리, 대룡리, 문현리, 정방리를 편입.	
1990	〃	연탄군 성산리를 편입.	
1991	〃	신흥동을 신흥1동, 신흥2동으로 분리, 은별동을 신설. 만금리를 만금동으로, 신창리를 신창동으로 개칭.	
1993	〃	구천1동, 구천2동, 구천3동, 구천4동, 산업동, 동1동, 동2동, 북1동, 북2동, 북3동, 북4동, 운하1동, 운하2동, 신양동, 철산동, 상매동, 상매2동, 원주동, 신흥1동, 신흥2동, 상하동, 서리동, 대성동, 도림동, 신창동, 광성동, 경암동, 어수동, 만금동, 성문동, 은별동, 구룡리, 미곡리, 해서리, 선정리, 대룡리, 봉의리, 문현리, 정방리, 성산리(31개 동, 9개 리)	

송림시(松林市)

조선조 말에 황주군에 있는 면. 소나무 숲이 우거진 마을이 있는 면이라 하여 송림면이라 불리우다 송림시로 승격 되었다.

【 송림시의 변천 】

연도	이름	관할지역	비고
1947	황해도 송림시	룡봉리, 가운리, 대송리, 월봉리, 산서리, 운곡리, 철산리, 신흥리, 대흥리, 운하리, 인수리, 강포리, 지석리, 제철리, 송산리, 오류리, 대동리, 연봉리, 마산리, 송림리, 지전리, 탄탄리, 석탄리, 당산리, 성거리, 량진리, 신포리(27개 리)	
1952	〃	대동리, 오류리, 연봉리, 송림리, 지전리, 탄탄리, 성거리, 신포리, 량진리를 폐지하고 동송리, 서송리, 신성리, 신량리를 신설.	
1954	황해북도 송림시	신양리 일부가 황주군 삼전리에 들어 감.	
1955	〃	15개 리를 동으로 개편(15개 동, 7개 리) 룡봉동, 자운동, 대송동, 월봉동, 산서동, 운곡동, 철산동, 신흥동, 대흥동, 운하동, 인수동, 강포동, 지석동, 제철동, 송산동, 서송리, 동송리, 신성리, 신량리, 마산리, 석탄리, 당산리,	
1957	〃	강포동, 룡봉동, 자운동, 인수동, 대송동, 지석동, 제철동을 폐지.	
1958	〃	동송리를 동송동으로 개편. 오류동 신설. 운하동 폐지.	
1961	〃	사포1동, 사포2동, 석탑동, 전동, 삼가동 신설.	
1967	〃	새마을동, 내길동, 꽃핀동, 새살림동 신설.	
1988	〃	새살림1동, 새살림2동, 새살림3동을 신설. 대흥동, 새살림동을 폐지.	
1992	〃	새살림4동을 신설. 산서동 폐지.	
1997	〃	신흥동, 송산동, 오류동, 월봉동, 운곡동, 동송동, 철산동, 사포1동, 사포2동, 석탑동, 전동, 삼가동, 새마을동, 내길동, 꽃핀동, 새살림1동, 새살림2동, 새살림3동, 새살림4동, 당산리, 석탄리, 신성리, 마산리, 서송리, 신량리(19개 동, 6개 리)	

황주군(黃州郡)

도의 북서쪽 대동강 하류 연안에 있는 군. 1895년에 평양부 황주목을 개편하여 평양부에 내온 군인데 누런 흙으로 된 넓은 벌이 있는 군이라 하여 황주군이라고 하였다. 신증동국여지승람에는 황주의 다른 이름으로 제안, 룡흥, 성성, 대룡, 동울, 대흘이라고도 불렀다고 기록되어 있다.

【 황주군의 변천 】

연 도	이 름	관 할 지 역	비 고
고구려	동흘(우동어흘)		
통일신라	취성군		
고려초	황주		
983	황주목		
995	관내도 황주천덕군		
1010 ~ 1030	서해도 황주목		
1217	서해도 고령군 미상 – 서북면 황주목 미상 – 서해도 황주목		
1417	황해도 황주목	주남방, 도참방, 소현방, 신교방, 인제방, 경천방, 고정방, 두암방, 읍내방, 목곡방, 포리방, 송림방, 모성방, 청원방, 사등곶방, 주북방, 삼전적방, 청룡방	
1871	황해도황주군	제안방, 주남방, 도치방, 구락방, 신교방, 인제방, 경천방, 고정방, 천주방, 목곡방, 덕수방	
1895	평양부 황주군	송림방, 모성방, 청원방, 구림방, 영풍방, 삼전방, 청룡방	
1896	황해도 황주군		
조선조말	〃	인교면, 흑교면, 청수면, 구성면, 춘주면, 제안면, 주남면, 도치면, 구락면, 영풍면, 삼전면, 송림면, 청룡면(13개 면	
1918	〃	제안면을 황주면으로 개편.	
1939	〃	우와 같되 황주면을 황주읍으로 개편. 송림면을 갈라서 겸이포읍을 내옴(2개 읍, 12개 면)	
광복직후	〃	황주읍이 황주면으로 개편됨.	
1947	〃	송림면과 겸이포읍을 송림시로 개편.	
1952	〃	면폐지. 황주군 황주면, 주남면, 청룡면, 삼전면, 영풍면, 구성면, 청수면, 흑교면의 전체 리와 천주면의 11개 리, 평안남도 중화군 중화면의 1개 리를 포함하여 황주군을 내옴(1개 읍, 24개 리)	

연도	이름	관할지역	비고
1952	황해도 황주군	황주면 덕월리, 적벽리, 례동리 일부, 황강리, 제안리, 성남리, 벽성리를 합쳐 황주읍, 황주면 운봉리, 성북리를 합쳐 운성리, 황주면 신상리, 동천리, 례동리, 일부를 합쳐 신상리, 주남면 금산리, 내함리, 소선리를 합쳐 선봉리, 주남면 순천리, 리우리, 률목리를 합쳐 순천리, 주남면 정방리, 청룡면 화산리, 소곶리를 합쳐 침촌리, 청룡면 구로리, 포북리, 포남리를 합쳐 구포리, 청룡면 청룡리, 인덕리, 상비리 일부를 합쳐 청룡리, 삼전면 내송리 일부, 외송리, 석현리를 합쳐 삼전리, 삼전면 철도리, 내송리 일부, 청룡면 상비리 일부를 합쳐 철도리, 영풍면 영풍리, 성재리, 랭천리를 합쳐 장천리, 영풍면 리정리, 신정리, 팽정리를 합쳐 삼정리, 영풍면 동산리, 삼전면 룡전리, 주남면 대열리를 합쳐 대동리, 구성면 석산리, 구림리, 서정리를 합쳐 석산리, 구성면 룡궁리, 화동리를 합쳐 룡궁리, 구성면 룡두리, 죽대리, 청운리, 청수면 청원리를 합쳐 청운리, 청수면 인포리, 금광리, 묵천리를 합쳐 삼가포리, 청수면 토정리, 진교리, 원정리, 석평리를 합쳐 석정리, 흑교면 흑교리, 정수리, 내로리를 합쳐 흑교리, 흑교면 고정리, 룡연리, 원동리, 천주면 룡계리를 합쳐 고연리, 흑교면 정자리, 룡정리, 청천리, 흑정리를 합쳐 룡천리, 흑교면 금석리, 장사리, 빙양리, 평양남도 중화군 중화면 신유리를 합쳐 금사리, 천주면 외상리, 외하리, 내동리를 합쳐 내외리, 천주면 봉진리, 경천리, 장좌리를 합쳐 삼훈리, 천주면 리동리, 내교리, 와동리를 합쳐 천주리를 내옴(1개 읍, 24개 리)	
1953	〃	위와 같되 삼가포리를 분리하여 인포리와 광천리를, 금사리를 분리하여 금석리와 장사리를 내옴. 삼가포리, 금사리 폐지(1개 읍, 26개 리)	
1954	황해북도 황주군	평안남도 상원군 창리 일부가 삼훈리에 들어 감. 송림시 신양리 일부가 삼전리에 들어 옴.	
1959	〃	내외리 일부를 분리하여 외상리를, 구포리 일부를 분리하여 포남리를 내옴(1개 읍, 28개 리)	

연탄군(燕灘郡)

도의 서북부에 있는 군. 1952년에 황주군 구락면, 도치면, 인교면, 서흥군 도면, 사면, 세평면과 수안군 률계면의 6개 리를 합쳐서 내온 군인데 제비처럼 물살이 빠른 여울인 연탄이 있는 군이라 하여 연탄군이라고 하였다.

【 연탄군의 변천 】

연도	이름	관할지역	비고
1952	황해도 연탄군	전 황주군 구락면, 도치면, 인교면, 서흥군 도면, 소사면, 세평면의 전체 리, 수안군 률계면의 6개 리를 포함하여 1개 읍, 18개 리를 내옴. 전 황주군 구락면 덕우리, 구락리, 미산리를 합쳐 연탄읍을, 구룡리, 월이리, 령암리를 합쳐 월룡리를, 박산리, 안훈리, 장평리를 합쳐 금봉리를, 도치면 노동리, 성동리 일부, 상산리 일부를 합쳐 성산리를, 도치리, 가와리, 금송리, 대송리를 합쳐 칠봉리를, 인교면 소매리, 창대리, 인제리를 합쳐 창매리를, 묵치리, 상매리, 여이리를 합쳐 봉재리를, 문수리, 천파리, 룡산리를 합쳐 룡산리를 , 전 서흥군 도면 도통리, 송화리, 금교리를 합쳐 오덕리를, 성매리, 신전리, 화음리를 합쳐 성매리를, 두무리, 수곡리, 양학리를 합쳐 두무리를, 릉리, 국대리를 합쳐 릉리를, 전 서흥군 소사면 방곡리, 장암리, 릉운리를 합쳐 장운리를, 평촌리, 남죽리, 송전리를 합쳐 송죽리를, 세평면 고읍리, 어룡리, 간평리를 합쳐 풍답리를, 지산리, 니산리, 직현리를 합쳐 신흥리를, 전 수안군 률계면 지석리 일부, 회석리를 합쳐 장지리를 지석리 일부, 수동리, 심적리를 합쳐 오봉리를, 신평리, 금촌리를 합쳐 심금리를 내옴.	
1953	〃	성산리 일부와 칠봉리 일부로 도치리 신설. 연탄읍, 금봉리를 합쳐 연탄읍, 금봉리, 미산리를 내옴.	

연도	이름	관할지역	비고
1954	황해북도 연탄군	위와 같음.	
1961	〃	릉산리 일부가 황주군 운성리에 들어 감.	
1974	〃	장지리를 릉리에 합치고 장지리를 폐지. 두무리를 신흥리, 성매리에 합치고 두무리를 폐지. 오덕리를 성매리, 장운리에 합치고 오덕리를 폐지.	
1981	〃	릉산리를 수봉리로 고침. 릉리를 문화리로 고침.	
1990	〃	성산리를 사리원시에 편입.	
1997	〃	연탄읍, 미산리, 월룡리, 금봉리, 도치리, 칠봉리, 수봉리, 창매리, 봉재리, 풍답리, 신흥리, 심금리, 오봉리, 문화리, 성매리, 장운리, 송죽리(1개 읍, 16개 리)	

봉산군(鳳山郡)

도의 서쪽에 있는 군. 1413년에 황해도 봉주를 개편하여 황해도에 내온 군인데 봉주의 봉자와 고을 주자를 천이나 산으로 고치던 규례에 따라 산으로 고쳐 봉산군이라고 하였다. 봉산은 봉황새가 많은 산이라는 뜻이다.

【 봉산군의 변천 】

연도	이름	관할지역	비고
고구려	휴암군 (휴류성 조파의)		
통일신라	서암군		
고려 995	관내도 봉주		
1010 ~ 1030	서해도 봉주	황주목에 소속.	
1285	서해도 봉양군	봉주를 봉양군으로 개편.	
조선조 1395	풍해도 봉주	서해도를 풍해도로 고침. 봉양군을 다시 봉주로 개편.	
1413	풍해도 봉산군	봉주를 봉산군으로 개편.	
1417	황해도 봉산군	풍해도를 황해도로 개편.	
1499	황해좌도 봉산군	황주목에 속함.	
1757	〃	동선방, 토성방, 산수방, 구연방, 감당방, 무릉방, 묵천방,	

연 도	이 름	관 할 지 역	비 고
1757	황해좌도 봉산군	어사방, 초구방, 와현방, 서호방, 미산방, 문정방, 사월방, 사인방(15개 방)	
1871	〃	동선방, 토성방, 지황방, 문정방, 와현방, 초구방, 산수방, 구연방, 감당방, 무릉방, 묵천방, 전산방, 기산방, 서호방, 미산방, 령천방, 사원방, 사인방, 종암방	
1895	해주부 봉산군		
1896	황해도 봉산군	동선방, 토성방, 산수방, 구연방, 감당방, 무릉방, 묵천방, 적성방, 전산방, 기산방, 릉산방, 초와방, 문정방, 종암방, 서호방, 미산방, 령천방, 사원방, 만천방, 사인방(20개 방)	
조선조말	〃	방을 면으로 개편. 초구면과 와현면을 다시 내오고 초와면을 폐지.	
1914	〃	동선면, 토성면, 산수면, 구연면, 초와면, 령천면, 사원면, 만천면, 사인면, 그리고 감당면과 적성면을 합쳐 덕재면, 전산면과 룡산면을 합쳐 쌍산면, 기산방과 목천방을 합쳐 기천면, 서호면과 종암면을 합쳐 서종면, 문정면과 미산면을 합쳐 문정면으로 개편. 초구면, 와현면을 합쳐 초와면을 내옴. 무릉면을 평산군 문무면에 편입. ※ 봉산군에 : 기천면, 덕재면, 쌍산면, 초와면, 문정면, 서종면, 동선면, 토성면, 산수면, 구연면, 사인면, 사원면, 만천면, 령천면(14개 면, 136개 리)	
1930	황해도 봉산군	사원면을 사리원면으로 개편.	
1939	〃	사리원면을 사리원읍으로 개편(1개 읍, 13개 면)	
1945	〃	사리원읍을 사리원면으로 개편.	
1947	〃	사리원면이 폐지되고 사리원시가 새로 생기면서 마동을 봉산읍으로 개편.	
1950	〃	봉산읍, 동선면, 토성면, 산수면, 구연면, 덕재면, 쌍산면, 기산면, 초와면, 문정면, 서종면, 령천면, 만천면, 사인면(1개 읍, 13개 면)	
1952	〃	면을 폐지하고 리로 개편. 봉산군 토성면, 만천면, 사인면, 구연면, 동선면, 산수면과 령천면의 6개 리, 문정면의 8개 리, 서흥군 목감면의 4개 리, 황주군 도치면 성동리 일부, 상산리 일부를 포함하여 봉산군을 내옴(1개 읍, 24개 리) 봉산군 토성면 마산리, 무정리, 문정면 룡답리로	

연도	이름	관할지역	비고
1952	황해도 봉산군	봉산읍, 토성면 함릉리, 비정리, 가촌리, 동선면 청룡리로 가촌리, 문정면 석성리, 지탑리, 월성리로 지탑리, 토성면 률리, 토성리, 라산리로 토성리, 문정면 구룡리, 송산리로 구룡리, 만천면 길성리 일부, 령천면 강락리, 해서리, 경천리로 해서리, 령천면 미곡리, 수성리, 길양리로 미곡리, 만천면 해당리, 유정리, 선정리로 선정리, 봉산군 만천면 길성리 일부, 만금리, 광성리로 만금리, 사인면 명류리, 대룡리, 만화리로 대룡리, 사인면 안곡리, 령증리, 룡림리로 룡림리, 사인면 국사리, 원산리, 계동리로 계동리, 사인면 검천리, 봉의리, 내요리로 봉의리, 사인면 문구리, 룡현리, 선산리로 문현리, 동선면 선령리, 구읍리로 구읍리, 동선면 고산리, 독정리, 황주군 도치면 상산리 일부로 독정리, 동선면 구암리, 도덕리, 도림리로 도림리, 구연면 탑촌리, 산수면 천덕리, 고려리로 천덕리, 산수면 내성리, 오봉리, 성수리, 황주군 도치면 성동리 일부로 오봉리, 산수면 청송리, 관정리, 망정리로 관정리, 산수면 룡현리, 구연면 화간리, 관대리로 청계리, 토성면 창촌리, 구연면 구산리, 송정리로 구산리, 서흥군 목감면 흥수리, 봉산군 구연면 신원리, 상동리, 구룡리로 구연리, 목감면 장양리, 립암리, 소기리로 류정리, 봉산군 문정면 탄광리, 어수리로 어수리	
1953	〃	어수리를 어수노동자구로 개편. 구룡리 일부, 만금리 일부, 미곡리 일부 사리원시로 넘어 감 구룡리를 송산리로 개편.	
1954	황해북도 봉산군	황주군 침촌리 일부가 룡림리에 넘어 옴.	
1956	〃	룡림리와 계동리를 합쳐 정방리를 내옴. 룡림리, 계동리를 폐지. 황주군 구포리 일부가 봉의리에 넘어 옴.	
1958	〃	봉산읍 일부를 갈라 마산리 신설.	
1961	〃	도림리를 사리원시에 넘김. 구산리를 청계리에 통합. 구산리 폐지.	
1973	〃	미곡리, 만금리, 어수노동자구를 사리원시에 편입.	
1981	〃	해서리를 사리원시에 편입.	
1982	〃	은파군 청룡리가 들어 옴.	

연도	이름	관할지역	비고
1986	황해북도 봉산군	선정리, 봉의리, 대룡리, 문현리, 정방리를 사리원시에 넘김.	
1989	〃	은파군 묘송리, 서흥군 은정리, 수곡리, 삼천리가 편입.	
1992	〃	청계리 일부 지역을 갈라 내어 송정노동자구 신설.	
1997	〃	봉산읍. 가촌리, 토성리, 지탑리, 송산리, 천덕리, 오봉리, 류정리, 관정리, 구연리, 청계리, 송정노동자구, 마산리, 구읍리, 독정리, 청룡리, 묘송리, 수곡리, 은정리, 삼천리(1개 읍. 1개 노동자구, 18개 리)	

은파군(銀波郡)

도의 서남부에 있는 군. 1952년에 봉산군 서종면, 초와면, 덕재면, 쌍산면, 기천면과 령천면 중 2개 리(가산리, 갑현리), 문정면 중 1개 리(태봉리), 재령군 삼강면 중 4개 리(당원리, 광탄리, 상해리, 은정리), 은룡면 중 4개 리(구연리, 신덕리, 옥현리, 서창리)를 합쳐서 내온 군인데 은파천을 끼고 있다 하여 은파군이라 하였다.

【 은파군의 변천 】

연도	이름	관할지역	비고
1952	황해도 은파군	봉산군 서종면, 초와면, 덕재면, 쌍산면, 기천면의 전체 리, 령천면의 2개 리, 문정면의 1개 리, 재령군 삼강면의 4개 리, 은룡면의 4개 리를 포함하여 은파군을 내옴(1개 읍, 19개 리) 봉산군 초와면 은파리, 덕암리, 장산리를 합쳐 은파읍, 문정면 태봉리, 령천면 가산리, 서종면 추진리, 묘송리를 합쳐 묘송리, 령천면 갑현리, 서종면 례로리, 화리를 합쳐 례로리, 서종면 로산리, 단장리, 대한리, 홍리를 합쳐 대한리 재령군 삼강면 상해리, 봉산군 서종면 온채리, 간촌리를 합쳐 온채리,	

연도	이름	관할지역	비고
1952	황해도 은파군	삼강면 당원리, 광탄리, 봉산군 초와면 양동리를 ,합쳐 양동리, 봉산군 서종면 흥수리, 초와면 태안리, 구암리를 합쳐 구암리 재령군 삼강면 은정리, 봉산군 초와면 류정리, 세류리를 합쳐 류정리, 봉산군 초와면 관수리, 대청리, 룡석리를 합쳐 대청리, 초와면 회루리, 초구리, 립봉리를 합쳐 초구리, 재령군 은룡면 구연리, 신덕리를 합쳐 신덕리, 은룡면 옥현리, 서창리를 합쳐 옥현리, 봉산군 쌍산면 화양리, 전산리, 송정리 일부를 합쳐 전산리. 쌍산면 요강리, 갈현리를 합쳐 갈현리. 쌍산면 궁대리, 룡산리, 송정리 일부를 합쳐 궁대리, 기천면 어사리, 송탄리, 팽정리, 기산리를 합쳐 기산리, 기천면 묵천상리, 묵천중리, 묵천하리를 합쳐 묵천리, 덕재면 작시리, 대창리, 청룡리 일부를 합쳐 금대리. 덕재면 청룡리 일부, 화전리를 합쳐 청룡리, 덕재면 적성리, 대구리, 소구리를 합쳐 적성리,	
1953	〃	묘송리 일부가 사리원시에 넘어 감. 신원군 신촌리 일부가 갈현리에 들어오고 신원군 운양리 일부가 기산리에 들어 옴.	
1954	황해북도 은파군	신덕리 일부와 재령군 봉오리 일부를 합쳐 구련리를, 신원군 신촌리 일부, 운양리 일부를 합쳐 신촌리를 내옴. 양동리 일부가 재령군 룡교리에, 신덕리 일부가 재령군 신덕리에 넘어가고 재령군 룡교리 일부가 류정리에 넘어 옴.	
1967	〃	온채리, 대한리를 합쳐 강안리 신설. 온채리, 대한리 폐지. 구암리를 대청리에 편입(구암리를 폐지)	
1972	〃	궁대리를 광명노동자구로 개편.	
1982	〃	청룡리를 봉산군에 넘김.	
1985	〃	금대리 일부 지역을 련산군 상하리에 넘김.	
1989	〃	묘송리를 봉산군에 넘김.	

연도	이름	관할지역	비고
1997	황해북도 은파군	은파읍, 광명노동자구 초구리, 대청리, 례로리, 류정리, 양동리, 옥현리, 구련리, 기산리, 묵천리, 갈현리, 신촌리, 전산리, 적성리, 금대리, 강안리(1개 읍, 1개 노동자구, 15개 리)	

린산군(麟山郡)

도의 남쪽에 있는 군. 1952년에 평산군 신암면, 린산면, 상월면과 문무면의 일부와 서흥군 내덕면을 합쳐서 내온 군인데 린산면의 이름을 따서 린산군이라고 하였다.

【 린산군의 변천 】

연도	이름	관할지역	비고
1952	황해도 린산군	전 평산군 린산면 허사리, 기린리, 락촌리로써 린산읍, 신암면 남산리, 월봉리, 문림리, 백천리로써 백천리, 신암면 청룡리, 재동리, 성북리로써 상암리, 신암면 장동리, 월전리, 주상리로써 주암리, 신암면 반월리, 가정리, 당평리로써 팽정리, 신암면 대촌리, 수회리, 검현리, 태봉리로써 대촌리, 린산면 대미리, 평촌리, 진천리로써 진천리, 린산면 주련리, 건천리, 망도리로써 령풍리, 린산면 수마리, 진석리, 토옥리로써 수현리, 상월면 계동리, 신촌리로써 상월리, 상월면 사탄리, 동막리로써 동사리, 상월면 대촌리, 하월리로써 가춘리, 상월면 석교리, 룡수리로써 룡석리, 문무면 미로리, 물안리, 자창리로써 안창리, 문무면 화원리, 창평리로써 화창리, 문무면 구손리, 양어리, 고산리로써 평화리, 문무면 금은리, 지당리, 대택리로써 지택리, 문무면 문구리, 재명리로써 문구리, 전 서흥군 내덕면 류판리, 신촌리로써 신촌리, 내덕면 대화리, 감당리로써 대화리, 내덕면 석련리, 장포리로써 석련리, 내덕면 다전리, 상금리로써 다전리, 내덕면 하석리, 상석리로써 상하리, 내덕면 덕성리, 팽정리로써 석교리.	

연 도	이 름	관 할 지 역	비 고
1953	황해도 린산군	린산읍을 기린리로, 화창리, 문구리를 합하여 린산읍과 화명리로 개편.	
1954	황해북도 린산군	백천리 일부, 평산군 은동리 일부, 간평리 일부를 합하여 도천리를, 백천리 일부, 대천리 일부를 합하여 검현리를 새로 내옴.	
1965	〃	신촌리를 분리하여 상하리와 석련리에, 대화리를 분리하여 석련리, 동사리, 상월리에 편입. 도천리를 백천리에, 검현리를 대촌리에 각각 편입하고 신촌리, 대화리, 도천리, 검현리를 폐지.	
1967	〃	화명리를 린산읍에 편입하고 화명리를 폐지. 상암리를 평산군에 넘김.	
1982	〃	기춘리를 대풍리로 고침.	
1985	〃	은파군 금대리 일부와 봉산군 청룡리 일부를 상하리에 편입.	
1997	〃	린산읍, 지택리, 안창리, 평화리, 상하리, 다전리, 석교리, 기린리, 백천리, 대촌리, 팽정리, 주암리, 련풍리, 석련리, 동사리, 상월리, 룡석리, 대풍리, 진천리, 수현리(1개 읍, 19개 리)	

서흥군(瑞興郡)

도의 중부에 있는 군. 1415년에 서흥현을 개편하여 내온 군인데 고려 왕실의 태를 이곳에 묻었다 하여 상서롭고 흥한다는 뜻에서 서흥이라 하였다.

【 서흥군의 변천 】

연 도	이 름	관 할 지 역	비 고
고구려	오곡군(우차탄홀)		
통일신라 (경덕왕 시기)	오관군		
고려 초	동주		
1010 ~ 1030 (현종 초)	서해도 동주	평주(평산)에 소속.	

연도	이름	관할지역	비고
1260~ 1274 (원종시기)	서해도 서흥현		
1415(태종 15년)	풍해도 서흥군		
1424(세종 6년)	황해도 서흥도호부		
1671(현종 12년)	황해도 서흥현		
1762(영조 38년)	황해도 서흥도호부		
1777(정조 원년)	황해도 서흥현		
1786(정조 10년)	황해도 서흥도호부		
1895	해주부 서흥군	중부방, 동부방, 매양방, 화회방, 전막방, 소기방, 평리방, 소사방, 세평방, 도의방, 구정방, 목감방, 률리방.	
1896	황해도 서흥군	방을 개편하여 구정면, 현포면, 도하면, 도상면, 룡연면, 평리면, 내기면, 상덕면, 동부면, 목감면, 매양면, 중부면, 화회면, 률리면, 세평면, 소사면(16개 면)을 내옴.	
1914	〃	위와 같되 구정면, 현포면, 도상면, 도하면, 평리면, 룡연면, 상덕면, 내기면을 폐지하고 구포면, 도면, 룡평면, 내덕면을 내옴(12개 면)	
1918	〃	중부면을 서흥면으로 개칭.	
광복직후	〃	동부면과 화회면을 합치어 신막면으로 개편. 서흥면, 신막면, 소사면, 세평면, 구포면, 매양면, 률리면, 목감면, 룡평면, 도면, 내덕면(11개 면)	
1952	〃	내덕면은 린산군에, 도면, 세평면, 소사면은 연탄군에 넘겨 줌. 신막면, 매양면, 룡평면, 률리면, 서흥면의 전체 리, 목감면의 6개 리와 구포면의 5개 리를 포함하여 서흥군을 내옴(1개 읍, 23개 리) 전 서흥군 서흥면 화곡리, 와류리, 예운리, 명의리, 잠두리, 영파리로써 서흥읍, 률리면, 봉암리, 칠송리, 구포면, 신당리로써 신당리, 신막면 가창리, 리괴리로써 가창리, 매양면 청포리, 양사리, 매정리, 신막면 시담리로써 청포리, 매양면 대평리, 록안리, 월봉리로써 대평리, 서흥면 고성리, 오운리, 작문리, 주산리로써 고성리, 률리면 오동리, 송월리, 신방리, 서달리로써 송월리, 매양면 서봉리, 백화리, 덕암리로써 화봉리, 목감면 백암리, 향교리, 북대리로써 백암리, 서흥면 구암리, 룡평면 범안리로써 범안리, 룡평면 봉하리, 월탄리, 금천리, 룡연리로써 봉하리, 구포면 자작리, 오암리로써 자작리, 룡평면 금릉리, 서곡리로써 금릉리,	

연도	이름	관할지역	비고
1952	황해도 서흥군	률리면 상률리, 구포면 정문리, 운천리로써 운천리, 목감면 당현리, 창촌리로써 당현리, 서흥면 덕어리, 신막면 거문리로써 거문리, 신막면 서락리, 중락리로써 락촌리, 신막면 천곡리, 와야리로써 천곡리, 신막면 부흥리, 만세리, 대성리, 신흥리, 등거리로써 대성리, 신막면 팔선리, 송현리, 주교리, 경송리, 연지리, 철수리로써 신막리, 목감면 수곡리로써 수곡리, 신막면 남한리, 은현리로써 남한리, 룡평면 사천리, 삼평리로써 삼천리, 룡평면 문무리, 월은리로써 문무리	
1953	〃	백암리 일부를 범안리에 편입.	
1954	〃	청포리 일부를 분리하여 양사리 신설	
1956	〃	대성리 일부는 신막리에, 일부는 거문리에 편입하고 대성리 폐지.	
1958	〃	서흥읍을 화곡리로 고치고 평산군 양암리와 물개리 일부를 분리하여 서흥군에 편입함. 신막리와 물개리 일부를 합하여 서흥읍으로 함.	
1963	〃	화봉리 일부를 대평리에 편입.	
1967	〃	신당리 일부를 운천리에 편입.	
1974	〃	천곡리를 갈라서 남한리와 청포리에 편입시키고 천곡리를 폐지함.	
1981	〃	당현리를 은정리로 고침.	
1989	〃	은정리, 수곡리, 삼천리를 봉산군에 넘겨 줌.	
1997	〃	서흥읍, 남한리, 거문리, 가창리, 락촌리, 청포리, 송월리, 자작리, 신당리, 운천리, 화곡리, 고성리, 백암리, 범안리, 봉하리, 금릉리, 문무리, 양암리, 대평리, 양사리, 화봉리(1개 읍, 20개 리)	

금천군(金川郡)

도의 남쪽에 있는 군. 1652년 황해도 우봉현과 개성부 강음현을 합쳐서 황해도에 내온 군인데 강음현 금교역의 금자와 우봉현으로 흐르는 오조천의 천자를 따서 금천군이라고 하였다.

【 금천군의 변천 】

연 도	이 름	관 할 지 역	비 고
고구려	우잠군 (우령, 수지의)		
통일신라 (경덕왕 시기)	우봉현		
995(성종 14년)	관내도 우봉현		
1010 ~ 1030 (현종시기)	서해도 우봉현		
1015(현종 6년)	서해도 우봉현	서해도 평주에 속함.	
1061(문종 15년)	우봉현	경기도 개성부에 직속됨.	
1295(태조 4년)	풍해도 우봉현		
1552(효종 3년)	황해도 금천군	황해도 우봉현과 개성부 강음현 통합. 대남면, 도화곡면, 산외면, 소남면, 합탄면, 귀이면, 백번면, 호현면, 구수산면, 현내면, 강동면, 고현면, 강남면, 강북면, 강서면, 군내면(16개 면)	
1820	〃	대남면, 소남면을 경기도 개성부에 넘김.	
1866	〃	강남면을 경기도 개성부에 넘김.	
1895	개성부 금천군	합탄면, 귀이면, 백번면, 호현면, 도화면, 현내면, 구수면, 기산면, 강동면, 강서면, 강남면, 강북면, 고현면	
1896	황해도 금천군	군내면, 구수면, 현내면, 마산면, 우면, 북면, 서면, 동면, 고현면, 합탄면, 호현면, 좌면, 산외면, 동화면, 구이면(15개 면)	
1914	〃	금교면, 백마면, 고동면, 현내면, 월성면, 외류면, 서천면, 서북면, 합탄면, 호현면, 좌면, 산외면, 동화면, 구이면, 숙인면(15개 면)	
1918	〃	금교면을 금천면으로 개편.	
1939	〃	현내면, 백마면을 합쳐 우봉면을, 호현면과 동화면을 합쳐 웅덕면을 내옴. 현내면, 백마면, 호현면, 동화면을 폐지.	
1947	〃	장풍군 북면이 금천군에 편입됨.	
광복직후	〃	웅덕면 일부를 갈라 동화면을 내옴.	
1949	〃	북면 일삼소리를 분리하여 일소리와 삼소리로 변경.	
1950	〃	서북면과 산외면을 연백군에 넘김.	
1952	〃	면 폐지.	

연 도	이 름	관 할 지 역	비 고
1952	황해도 금천군	외류면, 합탄면, 좌면, 서천면, 구이면의 전체 리와 토산면의 10개 리는 토산군에, 동화면의 5개 리는 평산군에,경기도 개성부에 직속됨. 우봉면, 금천면, 고동면, 북면, 웅덕면의 전체 리와 동화면의 1개 리는 금천군에 편입됨. 여기에 장풍군, 령북면 3개 리, 소남면의 1개 리, 평산군 평산면의 2개 리 포함(1개 읍, 16개 리) 전 금천군 금천면 잠성리, 금릉리, 영파리, 고동면, 구현리로 금천읍, 우봉면 대오리, 남정리로 남정리, 우봉면 룡성리, 평산군 평산면 전도리, 화산리로 룡성리, 우봉면 마산리, 묘암리, 장지리로 백마리, 우봉면 우봉리, 송정리, 삼산리로 현내리, 우봉면 원명리, 장릉리, 금천면 소학리로 원명리, 금천면 중산리, 학현리, 마전리, 문명리로 문명리, 금천면 갈현리, 룡인리, 월암리로 월암리, 고동면 구성리, 덕산리, 라성리로 덕산리, 고동면 송현리, 지동리, 구읍리, 강정리로 계정리, 북면 삼소리, 이소리로 강북리, 북면 식포리, 가토미리로 리현리, 전 장풍군 령복면 길상리, 고덕리 일부로 산성리, 금천군 북 면 일소리, 룡현리로 강남리, 금천면 가덕리, 장풍군 령북면 길수리, 고덕리 일부, 소남면, 박연리로 량합리, 웅덕면 백양리, 고릉리, 우성리, 룡천리로 백양리, 웅덕면 신강리, 벽파리, 동화면 봉탄리로 신강리를 내옴.	
1954	황해북도 금천군	강남리 일부를 개풍군 려현리에 넘김.	
1960	〃	금천군 장풍리를 개성시에, 려현리를 개풍군에, 신성리를 개성시 장풍군에 넘김.	
1961	〃	강남리 일부를 개풍군 리현리에 편입.	

연도	이름	관할지역	비고
1997	황해북도 금천군	금천읍, 백양리, 신강리. 백마리, 남정리, 룡성리, 현내리, 원명리, 문명리, 월암리, 계정리, 덕산리, 강북리, 강남리, 량합리(1개 읍, 14개 리)	

연산군(延山郡)

도의 북부에 있는 군. 1952년 황해도 수안군 도소면, 수구면, 연암면, 공포면과 대오면의 6개 리(경도리, 수치리, 시리원리, 락현리, 원신리, 동암리 일부), 그리고 곡산군 서천면 1개 리(금성리)를 합쳐서 내온 군인데 많은 산이 늘어 서 있다고 하여 연산군이라고 하였다.

【 연산군의 변천 】

연도	이름	관할지역	비고
1952	황해도 연산군	수안군의 도소면, 수구면, 연암면, 공포면의 전체 리와 대오면의 6개 리, 곡산군 서촌면의 1개 리를 포함하여 연산군을 내옴(1개 읍, 17개 리) 수안군 연암면 률리, 연금리, 소채리로 연산읍, 도소면 대두리, 룡천리로 대룡리, 도소면 옥검리, 흥덕리로 옥덕리, 도소면 생검리, 금화리로 생금리, 대오면 원신리, 락현리, 동암리 일부로 신탁리, 대오면 경도리, 시리원리, 수치리로 도치리, 수구면 석달리, 보광리로 보석리, 연암면 양곡리, 상대리, 하대리로 대평리, 연암면 상암리, 보전리, 봉곡리로 상곡리, 공포면 영천리, 하회리로 공포리, 공포면 마산리, 대달리로 대산리, 도소면 송촌리, 룡두리로 송촌리, 공포면 방화리, 비정리로 방정리, 공포면 송산리, 송전리로 송산리, 수구면 사치리, 석현리, 신현리로 신흥리, 수구면 유현리, 덕암리, 림강리로 유강리, 공포면 륙잠리, 반천리, 기내리로 반천리 수안군 수구면 군치리, 대강리, 곡산군 서촌면 금성리로 대군리, 보석리를 흘동노동자구로 개편.	
1953	〃	옥동리 일부를 연산읍에 편입. 유강리를 분리하여 덕암리 신설.	

연도	이름	관할지역	비고
1954	황해도 연산군	위와 같음.	
1958	〃	신흥리를 흘동노동자구와 덕암리에 편입하고 신흥리를 폐지.	
1974	〃	유강리를 대군리에 편입. 덕암리를 흘동노동자구에 편입하고 유강리, 덕암리를 폐지.	
1986	〃	상곡리 일부가 연산읍에 편입. 신락리 일부가 수안읍에 들어 들어 감.	
1995	〃	송산리 일부가 평양시 상원군 은구리와 노동리에 넘어 감.	
1997	〃	연산읍, 흘동노동자구, 상곡리, 대평리, 도치리, 신락리, 반천리, 송산리, 대산리, 공포리, 방정리, 송촌리, 대룡리, 옥덕리, 생금리, 대군리(1개 읍, 1개 노동자구, 14개 리)	

신평군(新坪郡)

도의 동북부 남강상류 류역에 있는 군. 1952년에 곡산군 상도면, 하도면, 멱미면, 이령면, 화촌면의 전체 리와 봉명면의 1개 리, 동촌면의 1개 리를 합쳐서 내온 군인데 새로 생긴 군이라 하여 새 '신' 자를 쓰고 개간한 벌과 들이 있다 하여 벌 '평' 자를 붙여서 신평이라고 하였다.

【 신평군의 변천 】

연도	이름	관할지역	비고
1952	황해도 신평군	전 곡산군 상도면, 하도면, 멱미면, 이령면, 화촌면, 전체 리와 봉명면의 1개 리(동천리), 동천면의 1개 리(오륜리)가 포함(1개 읍, 17개 리) 전 곡산군 멱미면 오류리, 문암리를 합쳐 신평읍, 전 곡산군 상도면 대동리, 지경리를 합쳐 대지리, 전 곡산군 상도면 장암리, 웅담리를 합쳐 석암리, 전 곡산군 상도면 희엽리, 방동리와 하도면 명탄리를 합쳐 선암리, 전 곡산군 하도면 하남리, 횡천리를 합쳐 남천리,	

연도	이름	관할지역	비고
1952	황해도 신평군	전 곡산군 하도면 미산리와 멱미면 송현리를 합쳐 미송리, 전 곡산군 멱미면 상단리와 하단리를 합쳐 화암리, 전 곡산군 멱미면 생왕리, 두무리, 장양리를 합쳐 생양리, 전 곡산군 멱미면 마가리, 동촌면 오륜리를 합쳐 평화리, 전 곡산군 이령면 원곡리, 가락리를 합쳐 백년리, 전 곡산군 이령면 거하리, 거리소리를 합쳐 거리소리, 전 곡산군 이령면 도음리를 개편하여 도음리, 전 곡산군 이령면 추전리, 란전리를 합쳐 추란전리, 전 곡산군 화촌면 운암리를 개편하여 운암리, 전 곡산군 화촌면 봉산리, 청룡리를 합쳐 룡산리, 전 곡산군 화촌면 도리리, 청금리를 합쳐 고읍리, 전 곡산군 봉명면 동천리와 화촌면 광천리를 합쳐 광천리, 전 곡산군 화촌면 무고리, 장평리를 합쳐 장암리로 됨. 백년리를 백련노동자구로 개편.	
1958	황해북도 신평군	화암리를 멱미노동자구로, 백년노동자구를 만년노동자구로 개칭.	
1995	〃	장암리, 룡산리, 광천리를 고읍리에 합침.	
1997	〃	신평읍 멱미노동자구, 평화리, 고읍리, 대지리, 석암리, 선암리, 미송리, 남천리, 추란전리, 도음리, 거리소리, 생양리, 만년노동자구(1개 읍, 1개 노동자구, 11개 리)	

곡산군(谷山郡)

도의 북동부 곡산천류역에 있는 군. 1413년에 풍해도 곡주를 개편하여 내온 군인데 곡주를 규례에 따라 곡자와 산자를 붙여서 곡산이라고 하였다.

【 곡산군의 변천 】

연도	이름	관할지역	비고
고구려	십곡성(덕돈홀, 곡성, 고곡군)		

연도	이름	관할지역	비고
후기신라 (경덕왕 시기)	진서현	영풍군에 속함.	
고려초	곡주		
1018(현종 9년)	서해도 곡주		
1393(태조 2년)	서해도 곡산부		
1402(태종 2년)	풍해도 곡주		
1413	풍해도 곡산군		
그 후	황해도 곡산군		
1499	황해도 곡산군		
1894(고종 31년)	황해도 곡산부	읍내면, 동촌면, 멱미면, 이령면, 하면, 봉명면, 화촌면, 서촌면, 운중면, 청계면,	
1895(고종 32년)	개성부 곡산군		
1914	황해도 곡산군	운중면, 읍내면, 동촌면, 도화면, 서촌면, 청계면, 멱미면, 화촌면, 봉명면, 상도면, 하도면, 이령면(12개 면)	
1917	〃	읍내면을 곡산면으로 개칭	
1952	〃	면폐지, 곡산면,청계면, 서촌면, 운중면, 도화면과 신계군 촌면의 전체 리, 동촌면의 2개 리를 포함하여 곡산군을 내옴(1개 읍, 16개 리) 곡산군 곡산면 적성리, 남천리, 부평리를 합쳐 곡산읍을, 곡산면 릉동리, 련하리, 장리를 합쳐 호암리를, 곡산면 송항리, 장림리를 합쳐 송림리를, 청계면 성곡리, 고로리를 합쳐 고성리를, 청계면 문양리를 개편하여 문양리를, 청계면 청송리를 개편하여 청송리를, 운중면 초령리를 개편하여 초평리를, 운중면 림계리와 문원리를 합쳐 계수리를, 운중면 유촌리와 완정리를 합쳐 병술리를, 운중면 우밀리, 동포리를 합쳐 룡암리를, 동촌면 한달리, 귀락리를 합쳐 동산리를, 서촌면 화천리, 조인리, 도리포리를 합쳐 서촌리를, 도화면 평원리, 현암리를 합쳐 평암리를, 도화면 무릉리, 갈천리를 합쳐 무갈리를, 도화면 월계리, 산양리를 합쳐 월양리를, 신계군 촌면 률암리, 세림리를 합쳐 세림리를, 촌면 리탄리, 사현리, 궁암리를 합쳐 사현리를 내옴.	
1954	황해북도 곡산군	서촌리 일부가 수안군 평원리에 들어 가고 수안군 평원리 일부가 서촌리에 편입.	
1963	〃	계림리, 률리, 현암리, 오리포리, 해포리 신설.	
1965	〃	해포리가 신계군에 편입.	

연도	이름	관할지역	비고
1982	황해도 곡산군	병슬리를 덕흥리로 고침.	
1986	〃	무갈리 일부가 오리포리와 현암리에, 현암리 일부가 무갈리에, 송림리 일부가 계림리와 초평리에, 곡산읍 일부, 계림리 일부가 송림리에 편입.	
1997	〃	곡산읍 송림리, 호암리, 문양리, 청송리, 고성리, 계수리, 초평리, 덕흥리, 룡암리, 동산리, 세림리, 사현리, 월양리, 서촌리, 무갈리, 계림리, 평암리, 률리, 오이포리, 현암리(1개 읍, 28개 리)	

신계군(新溪郡)

도의 동부에 있는 군. 1895년 황해도 신계현을 개편하여 개성부에 내온 군인데 신계는 조선조 때에 있은 신은현의 신자와 협계현의 계자를 따서 붙인 고을 이름이다.

【 신계군의 변천 】

연도	이름	관할지역	비고
고구려	수곡성현(매단홀)		
통일신라 (경덕왕 시기)	단계현	영풍(평산)군에 속함.	
고려초	신은현, 협계현	두 개의 현으로 분리되어 있었음. 단계현을 협계현으로 구침.	
1018(현종 9년)	서해도 신은현, 협계현	곡주(곡산)에 속함.	
1259(고종 46년)	서해도 신은주	신은현을 주로 승격. 그후 인차 신은현으로 다시 고침.	
1936(태조 5년)	풍해도 신은현	협계현이 신은현에 속함.	
1413(태조 13년)	풍해도 신은현, 협계현	두 개의 현으로 분리됨.	
1445(세종 27년)	황해도 신계군	신은현과 협계현을 합쳐 신계군으로 됨. 중부방, 동리방, 고도산방, 수회방. 다원방, 률탄방, 서리방. 마지곡방, 여배이방, 적암방, 사이곡방, 지파막방, 채촌방(13개 방)	

연도	이름	관할지역	비고
1895	개성부 신계군	개성부에 속함.	
1896	황해도 신계군	방이 전부 폐지되고 중면, 동면, 적면, 여면, 수면, 마면, 서면, 사면, 지면, 고면, 다면, 촌면, 률면으로 개편(13개 면)	
1914	〃	토산군 미원면이 들어오고 중면, 동면, 적면, 여면, 수면, 마면, 서면, 사면, 지면을 폐지하고 중동면, 적여면, 미수면, 마서면, 사지면을 내옴(9개 면)	
1917	〃	촌면이 강원도 이천군으로 넘어 감.	
1918	〃	중동면을 신계면으로 개편.	
1939	〃	다면, 미수면, 률면을 폐지하고 다률면, 다미면을 내옴.	
1952	〃	면 폐지. 신계면, 고면, 다미면, 다률면, 다서면, 적여면의 전체 리와 사리면중 6개 리를 포함하여 신계군을 내옴. 촌면은 곡산군에, 사지면의 4개 리는 수안군에 편입. 신계면 향교리, 회동리, 성북리를 합쳐 신계읍, 신계면 마산리, 석정리, 고면 직동리를 합쳐 마산리, 신계면 릉수리, 사지면 태봉리를 합쳐 릉수리, 고면 태을리, 립암리를 합쳐 태을리, 고면 천개리, 무고리를 합쳐 천개리, 고면 정봉리, 화개리를 합쳐 정봉리, 고면 왕당리, 화천리, 성내리를 합쳐 왕당리, 다미면 중산리, 효자리를 합쳐 중산리, 다미면 금성리, 백오리를 합쳐 금성리, 다미면 추천리, 무시광리, 백암리를 합쳐 추천리, 다미면 신성리, 강성리, 지리를 합쳐 신성리, 다미면 부용리, 사암리를 합쳐 부용리, 다미면 가무리, 다률면 삼미리를 합쳐 가무리, 다률면 백곡리, 죽루리, 송릉리를 합쳐 송릉리, 침교리, 구만리, 반시리를 합쳐 침교리, 마서면 구락리, 초탄리, 증영리를 합쳐 구락리, 마서면 번지리, 삼거리를 합쳐 지석리, 마서면 은점리, 갈현리를 합쳐 은점리, 마서면 천곡리, 신촌리를 합쳐 천곡리, 적여면 대정리, 목전리, 삼합리를 합쳐 대정리, 적여면 화야리, 우암리를 합쳐 화야리, 적여면 사정리, 신대리를 합쳐 사정리, 적여면 대평리, 승평리, 흑천리를 합쳐 대평리, 사지면 화성리, 주답리, 막대리를 합쳐 화성리, 사지면 굴원리, 원교리를 합쳐 원교리를 내옴(1개 읍, 24개 리)	

연도	이름	관할지역	비고
1954	황해북도 신계군		
1963	〃	화성리 일부와 원교리 일부를 분리하여 대성리를 내옴 (1개 읍, 25개 리)	
1965	〃	대성리 일부가 곡산군 해포리에 들어 감. 곡산군 해포리가 신계군에 들어 옴(1개 읍, 26개 리)	
1967	〃	대성리 일부를 분리하여 신흥리를 신설(1개 읍, 27개 리)	
1997	〃	신계읍, 마산리, 릉수리, 태을리, 천개리, 정봉리, 왕당리, 중산리, 금성리, 추천리, 부용리, 신성리, 가무리, 백곡리, 침교리, 구락리, 지석리, 은점리, 천곡리, 대정리, 화야리, 대평리, 화성리, 원교리, 대성리, 해포리, 신흥리, 사정리(1개 읍, 27개 리)	

평산군(平山郡)

도의 남부 예성강 기슭에 있는 군. 1413년에 서해도 평주를 개편하여 황해도에 내온 군인데 평평한 덕지대, 벌지대로 되어 있는 군이라 하여 평산군이라고 하였다.

【 평산군의 변천 】

연도	이름	관할지역	비고
고구려	대곡군(다지홀)		
통일신라	영풍군	※ 영풍군의 설치년대를 748년으로 볼 수 있다. 이해에 신라에서 14개 군, 현을 설치하였다.	
경덕왕시기 (743-765)			
고려초(940)	평주		
1273(원종 13년)	서해도 부흥군	평주가 부흥군에 병합됨.	
1275 ~ 1307 (충렬왕시기)	서해도 평주 (연덕, 동양)	평주로 다시 복구.	
1413(태종 13년)	풍해도 평산도호부		
1895	개성부 평산군		
1896	황해도 평산군	읍내방, 금암방, 보산방, 서봉방, 문구방, 상월방, 하월방, 신읍방, 세곡방, 고지방, 적암방, 방동방, 궁위방,	

연도	이름	관할지역	비고
1896	황해도 평산군	마산방, 도하방, 개일방이 있었는데 도하바을 도률방으로 개편하고 궁위방, 도룡방, 개일방, 방동방을 연백군에 넘김. 우의방을 개편하여 면을 내옴. 외읍면, 금암면, 서상면, 서하면, 고지면, 세상면, 세하면, 적암면, 마산면, 룡산면, 주암면, 신읍면, 린산면, 문구면, 화천면, 안성면, 보상면, 보하면, 상월면(19개 면)	
1914	〃	위와 같되 보상면, 보하면, 서상면, 서하면, 주암면, 신읍면, 세상면, 세하면, 문구면, 화천면을 없애고 보산면, 서봉면, 신암면, 세곡면, 문무면을 내옴(14개 면)	
1917	〃	외읍면을 평산면으로 개편.	
광복직후	〃	보산면을 남천면으로 개편. 적암면을 연백군에 넘겨 줌	
1952	〃	면을 폐지. 안성면, 남천면, 금암면, 서봉면의 전체 리, 평산면의 5개 리, 문무면의 3개 리는 평산군에, 세곡면, 룡산면, 고지면, 마산면의 8개 리는 평천군에, 평산면 2개 리는 금천군에, 신암면, 린산면, 상월면과 문무면의 13개 리는 린산군에 편입. 전 평산군 안성면, 남천면, 금암면, 서봉면의 전체 리와 평산면중 5개 리, 문무면중 3개 리, 금천군 동화면중 5개 리로 평산군을 신설. 전 평산군 남천면 남천일리, 남천이리, 남천삼리, 신남천일리, 신남천이리, 신남천삼리, 신남천사리로써 평산읍, 노동리, 보산리, 양암리로써 평화리, 월하리, 운천리로써 월천리, 삼가리, 두무리, 갈탄리로써 탄교리, 평산면 빙고리, 산성리, 은담리로써 산성리, 전 금천군 동화면 문탄리, 법천리로써 기탄리, 전 평산군 평산면 직하리, 단구리로써 복수리, 금암면 재궁리, 부정리, 룡천리로써 룡궁리, 강정리, 대촌리, 한포리로써 한포리, 필대리, 저탄리, 화암리로써 옥촌리, 서봉면 당우리, 해수리, 월봉리, 장륙당리로써 해월리, 전 금천군 동화면 매남리, 매서리, 어양리로써 해상리, 전 평산군 서봉면 어사천리, 범안리, 봉동리로써 봉천리, 룡두리, 삼산리로써 삼릉리, 상령리, 주촌리, 진포리로써 주포리, 철봉리, 만탄리로써 봉탄리, 전 평산군 안성면 설현리, 총수리로써 외현리, 속실리, 물개리, 발참리로써 물개리, 마유리, 유천리, 당인리로써 삼천리, 제암리, 양촌리, 덕암리로써 양암리, 문무면 청수리, 한정리, 화랑리로써 청수리,남천면 산막리, 수구리로써 산수리	

연도	이름	관할지역	비고
1954	황해북도 평산군	룡궁리 일부를 황해남도 평천군 룡천리에 넘김. 탄교리 일부와 산수리 일부를 통합하여 평산군 림산리를 신설함.	
1958	〃	양암리와 물개리 일부를 서흥군에 넘겨 주고 와현리를 와현노동자구로 개편.	
1963	〃	와현노동자구를 와현리로 개편.	
1967	〃	물개리를 청학노동자구로 개편. 린산군 상암리를 평산군에서 넘겨 받음.	
1982	〃	평산군 해상리를 례성리로 개편.	
1991	〃	평화리를 평화노동자구로 개편.	
1997	〃	평산읍, 월천리, 탄교리, 림산리, 산수리, 기탄리, 례성리, 평화노동자구, 복수리, 삼룡리, 산성리, 한포리, 옥촌리, 룡궁리, 주포리, 봉탄리, 해월리, 청수리, 봉천리, 삼천리, 청학노동자구, 와현리, 상암리(1개 읍, 2개 노동자구, 20개 리)	

수안군(遂安郡)

도의 북동쪽에 있는 군. 수도와 멀리 떨어져 있는 산세가 험하고 깊숙한 산간지방이어서 외적의 침습과 동란의 영향을 받지 않고 편안하게 마음 놓고 살 수 있는 고을이라 하여 수안이라고 하였다고 한다. 수안은 원래 장새, 고소어, 수주, 료산, 장률 등으로 불리웠다.

【 수안군의 변천 】

연도	이름	관할지역	비고
고구려 시기	장새현(고소어)		
통일신라	장새현	서암(봉산)군에 속함.	
고려초	수안현	곡주(곡산)에 소속.	
1310(충선왕 2년)	서해도 수주	수안현을 수주로 승격.	
1413	풍해도 수안군	수주를 수안군으로 개편.	
1432	황해도 수안군	황주목에 소속.	
1653(효종 4년)	황해도 수안현	군을 현으로 떨굼.	
1662(현종 3년)	황해도 수안군	수안현을 수안군으로 승격.	

연도	이름	관할지역	비고
1781	황해도 수안군	대포방, 공동방, 연암방, 소내곡방, 대천방, 률계방, 서부방, 성동방, 도동방, 수구방, 오동방, 동부방, 천곡방, 대평방(14개 방, 38개 리)	
1895	개성부 수안군	대평방을 새로 내옴(14개 방)	
1896	황해도 수안군	방을 면으로 개편. 동부면, 서부면, 소내면, 대포면, 공동면, 성동면, 도동면, 대평면, 오동면, 천곡면, 수구면, 연암면, 대천면, 률계면(14개 면)	
1914	〃	읍내면(동부면, 서부면), 도소면(도동면, 소내면), 공포면(공동면, 대포면)을 새로 내옴. 동부면, 서부면, 소내면, 도동면, 대표면, 공동면을 폐지(11개 면)	
1918	〃	읍내면을 수안면으로 개편.	
1939	〃	대성면, 대오면 새로 내옴. 대평면, 성동면, 대천면, 오동면 폐지.	
1943	〃	수안면, 도소면, 공포면, 대성면, 대오면, 천곡면, 률계면, 연암면, 수구면(9개 면)	
1952	〃	면 폐지. 수안면, 천곡면, 대성면의 전체 리와 률계면의 3개 리, 대오면의 6개 리, 신계군 사지면의 4개 리, 서흥군 구포면 1개 리를 합쳐 수안군을 내옴(1개읍, 18개리) 수안군 수안면 창후리, 석교리, 룡담리, 소촌리를 합쳐 수안읍, 수안면 외암리, 하유리를 합쳐 천암리, 수안면 수류리, 고엽리, 하오리를 합쳐 룡포리, 수안면 수촌리, 자의리, 룡정리, 옥현리를 합쳐 서평리, 률계면 당치리, 시래리, 웅동리를 합쳐 신대리, 천곡면 평원리, 류촌리, 옥련리를 합쳐 평원리, 천곡면 도전리, 달촌리, 상구리를 합쳐 도전리, 천곡면 성교리, 내금리, 주암리를 합쳐 성교리, 천곡면 대정리, 룡현리, 총막리를 합쳐 룡현리, 대성면 위라리, 좌도리, 도하리를 합쳐 좌위리, 대성면 제동리, 내덕리, 건상리, 서흥군 구포면 구정리를 합쳐 상덕리, 대성면 월연리, 광수리, 덕문리를 합쳐 수덕리,	

연 도	이 름	관 할 지 역	비 고
1952	황해도 수안군	대성면 대촌리, 철령리, 미산리를 합쳐 철산리, 대오면 남정리를 개편하여 남사리, 대오면 상조양리, 하조양리를 합쳐 조양리, 수안면 갈치리, 대오면 옥원리를 합쳐 옥치리, 신계군 사지면 산북리, 사이곡리를 합쳐 산북리, 사지면 석교리, 신리를 합쳐 석교리, 수안군 대오면 사창리, 동암리를 합쳐 사동리를 내옴.	
1953	〃	남사리를 남정노동자구로 개편. 사동리를 수안읍으로, 수안읍을 석담리로 개편.	
1954	황해북도 수안군	룡포리 일부를 산북리에 편입. 서평리 일부를 좌위리에편입. 옥치리 일부를 도전리에 편입. 산북리 일부와 도전리 일부를 룡현링 편입. 곡산군 서촌리 일부를 평원리에 편입. 평원리 일부가 곡산군 서촌리로 넘어 감.	
1963	〃	산북리 일부, 석교리 일부를 갈라서 수경리를 새로 내옴.	
1974	〃	조양리가 옥치리에 들어 감. 조양리 폐지.	
1981	〃	석담리 일부를 수안읍에 편입.	
1986	〃	연산군 신락리 일부가 수안읍에 편입.	
1997	〃	수안읍, 석담리, 서평리, 신대리, 좌위리, 상덕리, 수덕리, 철산리, 석교리, 산북리, 천암리, 룡포리, 주경리, 룡현리, 평원리, 도전리, 옥치리, 성교리, 남정노동자구 (1개 읍, 1개 노동자구, 17개 리)	

토산군(兎山郡)

도의 동남쪽에 있는 군. 고구려시기 오사함달현이었는데 통일 신라시기에 토산현으로 고쳤다. 신증동국여지승람에 의하면 토산군의 진산으로 토끼산(옛 토산읍의 북쪽 2리 떨어진 곳에 있음)이 있었다고 한다. 조선조 말에는 황해도 토산군으로 되고 그 후 금천군에 들어가 없어졌다가 1952년에 금천군 외류면, 합탄면, 좌면, 서천면, 구이면과 토산면의 10개 리를 합쳐 황해도 토산군으로 되었다가 1954년에 황해북도 토산군으로 되었다.

【 토산군의 변천 】

연 도	이 름	관 할 지 역	비 고
고구려	오사함달현 (오사함달, 월성)		
748(통일신라)	토산현		
1018	〃	장단현에 속함.	
1062	〃	서해도 개성부에 속함.	
1413	〃	풍해도에 속함.	
1432	〃	황해도 황주목에 소속.	
1499	〃	황해좌도에 소속,	
1773	토산현	황해도 황주목에 소속.	
1895	개성부 토산군		
1896	황해도 토산군	읍내방(4개 리), 석적방(6개 리), 류촌방(3개 리), 서가동방(4개 리), 숙인방(5개 리), 다치방(3개 리), 외현내방(6개 리), 천동방(3개 리), 미원방(4개 리)이 있었는데방이 면으로 개편됨.	
1914	〃	토산군을 없애고 미원면을 제외한 읍내면, 서가면, 석적면, 류촌면, 숙인면, 다치면, 외현면, 천동면은 금천군에 소속됨. 미원면은 신계군에 들어 감.	
1952	〃	금천군 외류면, 합탄면, 좌면, 서천면, 구이면의 전체 리와 토산면중 10개 리 포함(1개 읍, 17개 리) 금천군 서천면 성번리, 시변리, 리구리로써 토산읍, 토산면 양사리, 두모리, 결운리로써 양사리, 토산면 행정리, 세읍리, 장포리로써 룡암리, 토산면 학산리, 상리, 당관리, 현암리로써 월성리, 외류면 대북포리, 소북포리로써 북포리, 합탄면 구량리, 외류면 안봉리, 마우리로써 안봉리, 외류면 실어리, 청항리, 문수리, 석두리로써 황강리, 서천면 홍묘리, 팽정리, 유정리로써 홍묘리, 서천면 하남리, 두석리로써 하남리, 서천면 상사리, 봉불리, 률동리로써 봉불리, 합탄면 미산리, 수원리, 수합리로써 수합리, 합탄면 매후리, 마전리, 도천리, 송탄리로써 합탄리, 구이면 관문리, 문성리로써 문성리, 구이면 월전리, 미당리로써 미당리, 좌면 송세리, 장현리, 북산리, 고산리로써 송세리, 좌면 암사리, 백화리로써 백화리, 구이면 송천리, 좌면 구성리로써 송천리, 구이면 덕안리, 무릉리로써 석봉리	

연도	이름	관할지역	비고
1954	황해북도 토산군	홍묘리를 매봉리로 고침.	
1977	〃	토산읍, 양사리, 룡암리, 월성리, 북포리, 안봉리, 황강리, 매봉리, 하남리, 봉불리, 수합리, 합탄리, 문성리, 미당리, 송세리, 백화리, 송천리, 석봉리(1개 읍, 17개 리)	
1997	〃		

11 개성직할시 행정구역명 연혁

개성시(開城市)

1955년 행정구역 개편 때 개성시와 황해북도 개풍군, 판문군을 포괄하여 내왔으며, 1957년에 직할시로 되었다. 개성시를 중심으로 하여 직할시를 조직하였으므로 개성시라고 하였다. 1960년에 황해북도 장풍군과 황해북도 금천군 려현리(개풍군에 들어 감), 산성리(장풍군에 들어 감)가 시에 들어 왔다. 개성시는 1개 시(개성시) 3개 군(개풍군, 판문군, 장풍군)으로 구성되어 있다.

개성은 통일신라 때에 동비홀을 고쳐 내온 군 이름인데 성을 열었다는 뜻에서 붙인 것이다. 고구려 때는 이 지역이 부소갑과 동비홀 두 개 고을로 되어 있었는데 통일신라 때에 부소갑은 송악군으로, 동비홀은 개성군으로 고쳐졌다. 고려 태조 2년인 919년에 개주로 통합시켰다. 이때부터 1392년까지 약 500년간 고려의 수도로 되어있었다. 개성은 고려 때 개경, 황도, 황성으로 불려졌으며 조선조 때는 송도, 송경, 중경으로도 불러왔다.

【 개성시의 변천 】

연도	이름	관할지역	비고
고구려	부소갑 동비홀		
통일신라	송악군 개성군	부소갑을 송악군으로 고침. 동비홀을 개성군으로 고침.	
919	개주	송악군과 개성군을 합침. 동부, 서부, 남부, 북부, 중부, 안정방, 봉향방, 령창방, 철령방, 양제방, 창령방, 흥인방, 덕수방, 덕동방, 안흥방, 덕산방, 안신방, 삼송방, 오정방, 건복방, 진안방, 향천방, 정원방, 법왕방, 흥국방, 오관방, 자운방, 왕륜방, 제상방, 사내방, 사자암방, 내천왕방, 남계방, 흥원방, 홍도방, 앵계방, 유암방, 변양방, 광덕방, 성화방(5부, 35방)	

연도	이름	관할지역	비고
960	개경 황도		
995	개성부	적현 6개, 기현 7개를 관할.	
1018	개성현	부를 없애고 현령을 두어 정주, 덕수, 강음 3개 현 관할하게 하고 장단현령이 송림, 림진, 토산, 림강, 적성, 파평, 마전 등 7개 현을 관할하게 함.	
1062	개성부	우봉군, 덕수, 강음, 정주, 장단, 림강, 토산, 림진, 송림, 마전, 적성, 파평현을 관할.	
1308	개성부	개성현을 설치하여 도성밖을 관할.	
1390	〃	경기 좌, 우도로 가르면서 개성부는 강음, 해풍, 덕수, 우봉 등과 함께 경기우도에 속함. 장단, 림강, 토산, 림진, 송림, 마전, 적성, 파평 등은 경기좌도에 속함.	
1395	개성류후사		
1438	개성류수		
1855	개성부	동부, 남부, 서부, 북부, 동면, 청교면, 남면, 서면, 중서면, 북서면, 북동면, 대남면, 소남면, 중북면, 동남면, 서남면, 읍북면(4부, 13면)	
1895	개성부	개성, 풍덕, 삭녕, 마전, 장단, 이천, 안협, 토산, 평산, 금천, 수안, 곡산, 신계(13개 군 관할)	
1906	개성군		
1914	〃	풍덕군이 개성군에 합침.	
1930	개성부	송도면과 청교면, 중서면, 령남면의 각 일부로 내옴	
1952	개성시	개풍군, 판문군이 들어 옴.	
1960	〃	장풍군이 들어 옴.	
1997	〃	고려동, 해운동, 지남동, 송악동, 북안동, 만월동, 남안동, 동흥동, 관훈동, 내성동, 동현동, 선죽동, 운학1동, 운학2동, 성남동, 덕암동, 보선동, 승전동, 룡신동, 룡흥동, 남문동, 역전동, 부산동, 방직동, 남산1동, 남산2동, 박연리, 삼거리, 덕암리(26개 동, 3개 리)	

개풍군(開豊郡)

시의 서남쪽에 있는 군. 1938년에 경기도 개성군을 개편하여 내온 군인데 개성군의 '개' 자와 지난 시기 풍덕군에 속한 면들이 있었다 하여 '풍' 자를 따서 개풍군이라고 하였다.

1954년에 황해북도에 속하였다가 1958년에는 개성시 개풍군으로 되었다.

【 개풍군의 변천 】

연도	이름	관할지역	비고
1938	경기도 개풍군	경기도 개성군을 개풍군으로 개편. 중서면, 남면, 서면,북면, 령북면, 령남면, 청교면, 봉동면, 중면, 상도면, 림한면, 흥교면, 대성면, 광덕면(14개 면)	
광복직후	〃	중서면을 토성면으로 개편. 개성리를 개성리일구, 개성리이구로 개편	
1952	개성지구 개풍군	면 폐지. 개풍군 개성면, 광덕면, 남면, 서면, 토성면과 청교면으로 개풍군을 구성. 개풍읍(개풍군 토성면 토성리 일부, 연하리 일부, 려릉리 일부, 남면 조제리), 해선리(개풍군 토성면 려릉리 일부, 곡령리), 묵산리(개풍군 토성면 토성리 일부, 여현리), 연릉리(개풍군 토성면 려릉리 일부, 연하리 일부), 신서리(개풍군 서면 연산리, 강리, 광정리), 연강리(개풍군 서면 개성리일구, 개성리이구, 전포리), 광답리(개풍군 청교면 광답리), 삼성리(개풍군 남면 신리, 장상리, 옥산리), 남포리(개풍군 남면 군은리, 창릉리), 신광리(개풍군 남면 후석리, 률응리), 유릉리(개성군 장교면 유릉리), 묵송리(개풍군 청교면 묵송리), 광수리(개풍군 남면 수우리, 광덕면 중련리, 광덕리), 의포리(개풍군 광덕면 황강리, 사분리, 고척리), 도원리(개풍군 대성면 풍덕리, 삼달리), 신성리(개풍군 대성면 구읍리, 대성리, 신죽리), 해평리(개풍군 대성면 지내리, 구군리, 산귀리), 고남리(개풍군 청교면 양릉리) 1개 읍, 17개 리	
1954	황해북도 개풍군		
1958	개성시 개풍군	판문군 대련리 일부가 묵송리에 편입.	
1960	〃	황해북도 금천군 려현리가 편입.	
1981	〃	류릉리를 오산리로 개편.	
1983	〃	도원리를 풍덕리로, 의포리를 룡산리로 개편.	
1997	〃	개풍읍, 묵산리, 연릉리, 해선리, 오산리, 고남리, 광답리, 묵송리, 연강리, 신서리, 삼성리, 남포리, 신광리, 광수리, 룡산리, 신성리, 풍덕리, 해평리, 려현리(1개 읍, 18개 리)	

판문군(板門郡)

개성시의 동남쪽에 있는 군. 1952년에 경기도 개풍군 흥교면, 림한면, 상도면, 중면, 봉동면과 청교면의 2개 리, 장단군 진서면의 5개 리를 합쳐서 내온 군이다.

옛날에 널문을 만들어 놓고 객주집을 운영하였다는 데서 유래되었다고 한다. 또한 옛날에 어떤 임금이 이곳을 지나다가 샘물을 마셨는데 그 물맛이 하도 좋아 돌아 올 때 다시 마시려고 널문을 해놓았다는 데서 유래되었다고도 한다.

【 판문군의 변천 】

연 도	이 름	관 할 지 역	비 고
1952	개성지구 판문군	판문군은 전 개풍군 흥교면, 림한면, 상도면, 중면, 봉동면의 전체 리와 청교면중 2개 리, 장단군 진서면중 5개 리를 포함하되 다음과 같이 개편된 판문읍과 리들로써 구성되었다. 전 개풍군 상도면 흥왕리 일부, 탄동리 일부, 상도리, 삼인리, 풍천리 일부로써 판문읍을, 중면, 대룡리로 대룡리를, 송산리, 덕수리로 덕수리를, 식현리, 림한면 정곶리, 사동리로 림한리를, 림한면 : 가정리, 채련리, 월암리로써 월정리를, 상조강리, 하조강리, 류천리로써 조강리를, 흥교면 : 흥천리, 령정리로써 후릉리를, 지현리, 조문리로써 신흥리를, 궁천리, 사곡리, 흥교리로써 화곡리를, 상도면 : 풍천리 일부, 양사리 일부, 련동리, 대릉리로써 대련리를, 봉동면 : 대조족리, 백전리, 발송리로써 평화리를, 고두산리, 봉동리 일부, 청교면 탄동리 일부로써 봉동리를, 도평리, 흥왕리 일부, 지금리, 봉동리 일부로써 흥왕리를 청교면 배야리, 탄동리 일부로써 진봉리를, 전 장단군 진서면 : 늘목리, 선적리로써 선적리를, 전재리, 대원리, 룡흥리로써 전재리를 전 개풍군 중면 : 창내리, 동강리, 천덕리로써 동창리를 내왔다.	

연 도	이 름	관 할 지 역	비 고
1953	개성지구 판문군	봉동리가 판문읍으로, 전 판문읍이 상도리로 개편.	
1958	개성시 판문군	대련리 일부를 분리하여 상도리에, 상도리 일부를 분리하여 화곡리에 각각 편입하고 화곡리 일부를 분리하여 후릉리와 신흥리에 편입하고 흥왕리 일부를 분리하여 동창리에 편입하고 황해북도 장풍군 서암리 일부를 분리하여 선적리에 편입함.	
1967	〃	평화리 일부를 분리하여 판문점리를 새로 내오며 흥왕리 일부를 분리하여 판문읍에, 덕수리 일부를 분리하여 대룡리와 림한리에, 월정리 일부를 분리하여 화곡리에 각각 붙이며 화곡리를 화곡노동자구로 고침.	
1977	〃	후릉리를 령정리로 고치고 화곡노동자구를 화곡리로 고침.	
1981	〃	흥왕리를 삼봉리로 고침.	
1997	〃	판문읍, 진봉리, 대련리, 상도리, 화곡리, 령정리, 신흥리, 월정리, 조강리, 림한리, 덕수리, 대룡리, 동창리, 삼봉리, 평화리, 선정리, 전재리, 판문점리(1개 읍, 17개 리)	

장풍군(長豊郡)

시의 동북쪽에 있는 군. 1946년에 경기도 개풍군 북면, 령남면, 령북면 일부와 장단군 대강면, 장도면, 강상면, 대남면, 소남면 일부를 합쳐 황해도에 내온 군인데 장단군의 '장' 자와 개풍구의 '풍' 자를 따서 장풍군이라고 불렀다. 1954년에 황해북도에 속하였다가 1961년에 개성시 장풍군으로 개편되었다.

【 장풍군의 변천 】

연 도	이 름	관 할 지 역	비 고
1946	황해도 장풍군	경기도 개풍군 령남면 령북면 일부, 북면, 장단군 대강면, 장도면, 강상면, 대남면, 소남면 일부로 장풍군을 새로 내옴.	
1947	〃	북면을 금천군에 넘김.	
1952	〃	면 폐지. 장풍군 령남면, 장도면, 대강면, 대남면,	

연도	이름	관할지역	비고
1952	황해도 장풍군	강상면의 전체 리와 령북면의 1개 리, 소남면의 4개 리로 장풍군을 구성. 장풍읍(소남면 유덕리, 홍화리 일부), 룡흥리(령남면 룡흥리, 대원리 일부), 수원리(령남면 현화리, 소릉리), 삼거리(령남면 심천리 반정리), 월고리(소남면 홍화리 일부, 령북면 월고리), 항동리(장도면 항동리, 오음리), 사시리(장도면 석주원리, 매현리, 사시리), 고읍리(장도면 고읍리, 상리), 서암리(령남면 경릉리, 대원리 일부, 장도면 중리, 하리), 사암리(대강면 판부리, 청정리, 독정리 일부), 국화리(대강면 우근리, 독정리 일부), 라부리(대강면 라부리, 표춘리), 석촌리(대남면 석촌리, 성곡리 일부, 위천리 일부), 가곡리(대남면 가곡리, 성곡리 일부, 위천리 일부), 장좌리(대남면 장좌리, 위천리 일부), 십탄리(소남면 두곡리, 지금리), 자하리(강상면 마성리, 자하리), 구화리(강상면 구화리, 갈운리 일부), 림강리(강상면 림강리), 흑령리(령남면 흑령리). 1개 읍, 20개 리	
1954	황해북도 장풍군	흑령리를 개풍군 해선리에 편입.	
1959	〃	수원리를 룡흥리에 편입하고 수원리 폐지.	
1960	〃	금천군 산성리가 편입.	
1961	개성시 장풍군	룡흥리, 삼거리, 산성리를 개성시에 편입. 강원도 철원군 석둔리, 솔현리, 랭정리, 가천리, 귀존리, 장학리가 장풍군에 편입.	
1967	〃	가곡리, 십탄리, 장풍읍의 일부로 새곡리를 새로 내옴. 장좌리, 서촌리의 일부를 가곡리에, 고읍리 일부를 사시리에, 서암리 일부를 고읍리에 넘김.	
1983	〃	서암리를 대덕산리로 개편.	
1997	〃	장풍읍, 고월리, 사시리, 고읍리, 대덕산리, 국화리, 석촌리, 가곡리, 장좌리, 자하리, 십탄리, 구화리, 덕적리, 림강리, 석둔리, 솔현리, 랭정리, 귀존리, 가촌리, 장학리, 세골리, 사암리, 라부리, 항등리(1개 읍, 23개 리)	

개성직할시 행정구역도

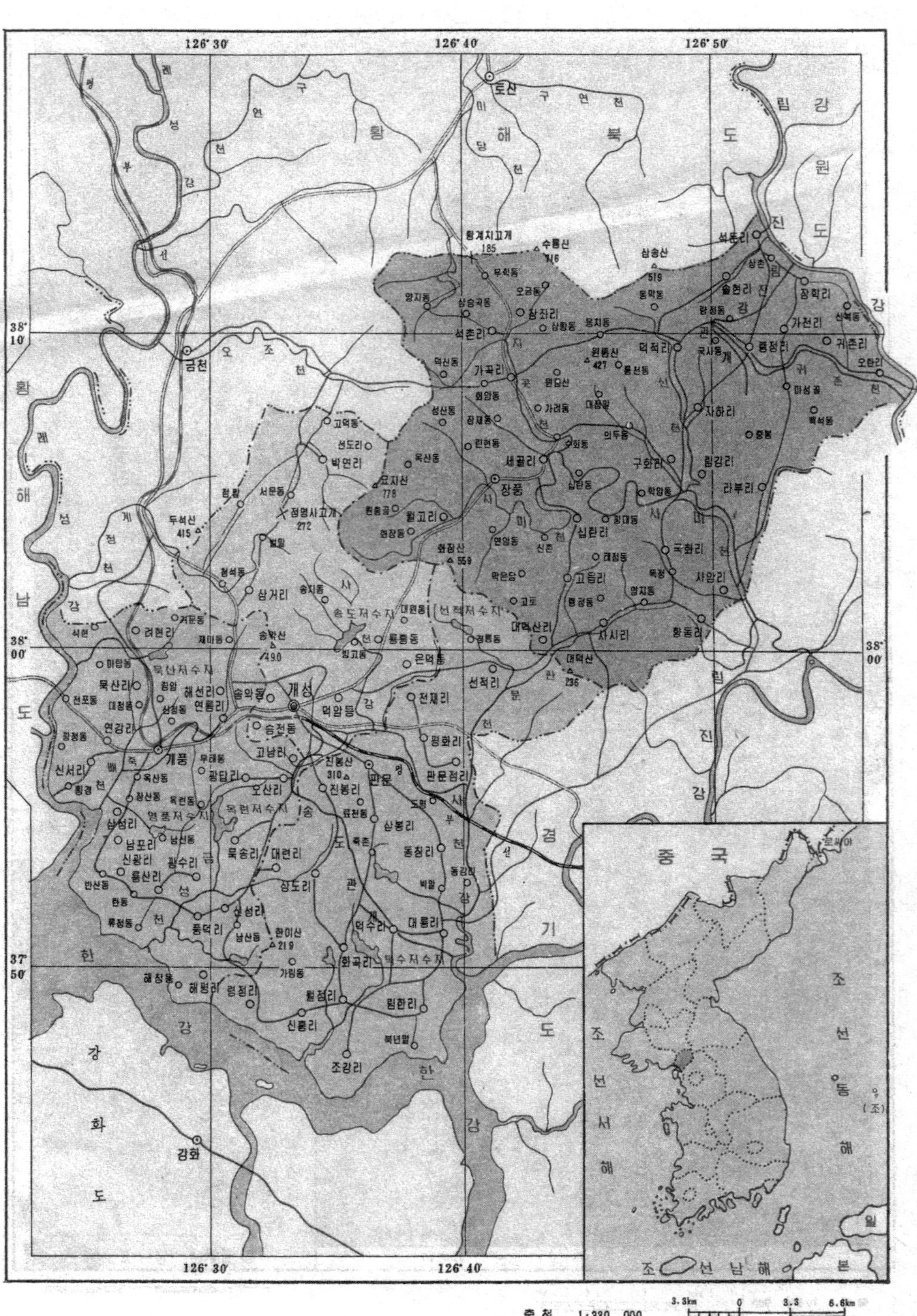

12 강원도 행정구역명 연혁

강원도

도에는 산이 많고 벌은 얼마 없으며 금강산, 삼일포, 시중호, 동정호 등 세계적 명승지가 많다. 강원도라는 이름은 1935년 당시의 교주강릉도를 개칭하여 내온 이름인데, 도안에 있는 큰 고을인 강릉에서 '강' 자, 원주에서 '원' 자를 따서 지은 것이다.

본래 강원도는 고조선 땅이었다가 고구려 땅으로 되었는데 하슬라주, 이문현, 근을어 가라홀, 달홀, 휴양군 등 여러 고을로 이루어져 있었다. 삼국시대에 강원도 영역은 고구려, 백제, 신라에 나뉘어 있었다. 통일신라 때 9주 행정구역제도가 실시되면서 삭주와 명주로 나뉘었다. 삭주는 오늘의 춘천일대이고 명주는 오늘날의 강릉일대이다.

【 강원도의 변천 】

연도	이름	관할지역	비고
995	삭방도	명주, 화주 등 군현이 속함. 춘주 등 군현이 소속됨.	
1036	동계		
1047	동북면		
1178	연해명주도	삭방도를 연해명주도라고 하였는데 대관령 서쪽지역을춘주도라고 함. 그 후 춘주도를 동도주라고 함.	
1263	강릉도 교주도	연해명주도를 강릉도라고 함. 동주도를 교주도라고 함. 교주 속군 2개 : 금성, 장양, 속현 4개 : 람곡, 통구, 기성, 화천 춘주 속군 2개 : 가평, 랑천, 속현 9개 : 기린, 린제, 횡천, 홍천,문둥방산, 서화, 양구, 조종. 동주 속군 1개 : 김화, 속현 7개 : 삭녕, 평강, 장천, 승령, 이천, 안협, 동음 (5개 군, 20개 현)	

연 도	이 름	관 할 지 역	비 고
1314	회양도	교주도를 회양도라고 함.	
1356	강릉삭방도	철령이북은 삭방도, 철령이남은 강릉도	
1357	강릉도		
1360	강릉삭방도 또는 삭방강릉도		
1336	강릉도		
1388	교주강릉도	대관령 동쪽과 서쪽을 합쳐 내옴. 충주 관할하의 평창군이 소속됨.	
1390	〃	철원부 영평현이 경기에 넘어 감.	
1395	강원도		
1399	〃	원주 소속현인 영춘과 충주 관할하의 녕월을 서로 바꿈	
1413	〃	가평, 조종이 경기도에 넘어 감.	
1430	〃	강릉대도호부 : 양양도호부, 정선군, 평창군 원주목 : 녕월군, 횡성현, 홍천현 회양도호부 : 금성현, 김화현, 평강현, 이천현 삼척도호부 : 평해군, 울진현 순천도호부 : 랑천현, 양구현, 린제현 간성군, 고성군, 통천군, 흡곡현(대도호부 1개, 목 1개, 도호부 4개, 군 6개, 현 1개)	
1434	〃	철원이 경기도에서 넘어 옴.	
1531	〃	강원도를 령동, 령서로 나눔(1499년 관할지역) 강원도 령동 강릉진 : 강릉대도호부, 삼척도호부, 양양도호부, 평해군, 간성군, 고성군, 통천군, 울진현, 흡곡현 강원도 령서 원주진 : 원주목, 춘천도호부, 정선군, 녕월군, 평창군, 린제현, 횡성현, 홍천현 회양진 : 회양도호부, 철원도호부, 금성현, 양구현, 랑천현, 이천현, 평강현, 금화현, 안협현	
1895	〃	전국에 23부제를 내옴. 강릉군, 울진군, 해평군, 삼척군, 고성군, 간성군, 통천군, 흡곡군, 양양군이 강릉부에, 춘천군, 양구군, 홍천군, 린제군, 횡성군, 철원군, 평강군, 김화군, 랑천군, 회양군, 금성군, 양구군, 저평군이 춘천부에, 이천군, 안협군이 개성부에 들어 감.	

연도	이름	관할지역	비고
1896	강원도	전국의 23부제를 없애고 13도를 내옴. 춘천군, 원주군, 강릉군, 회양군, 양양군, 철원군, 이천군, 삼척군, 녕월군, 평해군, 룡천군, 정선군, 고성군, 간성군, 평창군, 금성군, 울진군, 흡곡군, 평강군, 김화군, 랑천군, 홍천군, 양구군, 린제군, 횡성군, 안협군(26개 군)	
1910	〃	흡곡군이 통천군에 들어 가 폐지됨.	
1914	〃	금성군이 김화군에, 평해군이 울진군에, 안협군이 이천군에, 고성군이 간성군에 들어 감(21개 군) 간성군을 고성군으로 고침.	
1946	〃	함경남도 원산시, 안변군 문천군이 강원도에 넘어 옴. 철원시에서 도소재지가 원산시로 옮겨 옴. 경기도 련천군, 영평군 일부 지역이 강원도에 넘어 옴. 원산시, 문천군, 안변군, 평강군, 이천군, 철원군, 련천군, 김화군, 회양군, 화천군, 양구군, 린제군, 양양군, 고성군, 통천군, 영평군(1개 시, 15개 군) 위와 같으나 영평군 폐지(1개 시, 14개 군)	
1952	〃	천내군, 고산군, 금강군, 창도군, 세포군, 판교군, 법동군이 신설. 김화군이 창도군에 편입. 원산시, 문천군, 법동군, 천내군, 안변군, 고산군, 세포군, 판교군, 이천군, 철원군, 평강군, 창도군, 회양군, 금강군, 고성군, 통천군(1개 시, 15개 군)	
1954	〃	위와 같으나 김화군이 신설(1개 시, 16개 군)	
1972	〃	위와 같으나 문천군이 폐지되어 원산시와 천내군에 각각 편입(1개 시, 15개 군)	
1976	〃	위와 같으나 원산시 일부와 천내군 일부로 문천군을 신설(1개 시, 16개 군)	
1991	〃	위와 같으나 문천군이 문천시로 개편(2개 시, 15개 군)	
1997	〃	원산시, 문천시, 천내군, 안변군, 고산군, 통천군, 고성군, 금강군, 창도군, 김화군, 회양군, 세포군, 평강군, 철원군, 이천군, 판교군, 법동군(2개 시, 15개 군)	

원산시(元山市)

도의 동북쪽 동해의 원산만에 자리잡고 있는 시로 동쪽은 동해바다와 접해 있으며, 북쪽은 문천군, 서쪽은 법동군, 남쪽은 안변군과 잇닿아 있다. 고구려 때에 매시달이라고 하였고 통일신라 때 선산현이라 하였다. 고려 초기에 통일신라 때의 선산현을 개편하여 둥글게 생긴 산을 낀 고을이라 하여 원산(圓山)이라 하였다가 그 후 소리가 비슷한 한자로 적어 원산(元山)이라 개칭하였다.

【 원산시의 변천 】

연도	이름	관할지역	비고
고구려	매시달		
통일신라	선산현		
고려	진명현 원산 수강		
1005	원산포		
1800	원산촌		
1895	원산부 원산		
1914	함경남도 원산부	춘일정, 해안통, 욱정, 수정, 행정, 중정, 본정, 천정, 지나정, 성동, 연동, 관교동, 양지동, 석우동, 상동, 광석동, 산제동, 남촌동, 신흥동, 북촌동, 상리1동, 상리2동, 중리1동, 중리2동, 중리3동, 중리4동, 남산동, 룡동, 교하동, 하촌동, 신촌동, 장촌동, 포하동, 명석동, 영정(35개 정, 통)	
1923	함경남도 원산부	영정, 경정, 명치정, 록정, 대화정, 지하정, 명석동, 상동, 광석동, 산제동, 남촌동, 신흥동, 북촌동, 상리1동, 상리2동, 남산동, 룡동, 교하동, 중리1동, 중리2동, 중리3동, 중리4동, 하촌동, 장촌동, 신촌동, 포하동, 성동, 주동, 판교동	
1939	〃	춘일정, 해안통(1, 2, 3, 4, 5, 6 정목), 욱정(1, 2, 3 정목), 수정(1, 2 정목, 행정), 중정(1, 2, 3 정목), 천정(1, 2, 3, 4 정목), 영정, 경정, 명치정, 록정, 대화정, 명석동, 상동, 광석동, 산제동, 남촌동, 신흥동, 북촌동,	

연 도	이 름	관 할 지 역	비 고
1939	함경남도 원산부	상리 1동, 상리2동, 남산동, 룡동, 교하동, 중리1동, 중리2동, 중리3동, 중리4동, 하촌동, 장촌동, 신촌동, 포하동, 와우리, 송흥리, 송화리, 신풍리, 두방리, 두산리, 충정리	
1946	강원도 원산시	함경남도 원산시가 강원도에 편입되어 강원도 소재지로 되었다. 덕원군의 4개 면(부내면, 북성면, 적전면, 현면)이 폐지되어 원산시에 소속되었다.	
1950	〃	갈마리, 신두남리, 신성리, 룡평리, 내원산리, 성북리, 세동리, 장흥리, 방하산리, 송천리, 송하리, 송흥리, 춘성리, 중앙리, 봉수리, 철산리, 양지리, 신풍리, 와우리, 평화리, 석우리, 명석리, 상동리, 장덕리, 용주리, 관풍리, 신동리, 중평리, 당하리, 당중리, 룡교리, 당상리, 락수리, 견산리, 산제리, 해안리, 남북리, 신흥리, 상남리, 룡계리, 중청1리, 중청2리, 중리, 신하리, 장촌리, 포하리, 룡하리, 명사리, 무라리, 리도리, 성라리, 춘산리, 춘악리, 현동리, 광석리(55개 리), 삼태리(덕원면)	
1952	〃	용두리와 신동리를 중평리에, 견산리를 현동리에, 무라리를 락수리에, 춘악리를 춘산리에, 세동리를 장흥리에, 상라리와 두남리를 룡평리에 각각 합치고 당상리, 당중리, 당하리, 룡계리를 적천리에 합치였으며 중청1리와 중청2리를 합쳐 중청리라고 하였다(43개 리) 기타는 위와 같음.	
1955	〃	다음의 리들을 동으로 개편하였다. 관풍리, 신풍리, 와우리, 평화리, 양지리, 송흥리, 철산리, 봉수리, 석우리, 명석리, 상동리, 광석리, 산제리, 중청리(중청1동, 중청2동으로 개편) 신흥리, 해안리, 룡교리, 장촌리, 방하산리, 룡하리, 갈마리, 내원산리, 장흥리, 신성리, 려도리, 남북리, 중앙리, 성북리(29개 동) 다음의 리들 이었다. 명사리, 포하리, 룡평리, 송하리, 춘성리, 중평리, 적천리, 락수리, 상남리, 중리, 삼태리, 신하리, 춘산리, 현동리, 송천리(15개 리)	
1957	〃	신풍동 일부로 고능동을 신설. 남북동이 해안동에, 중앙동이 봉수동에 각각 편입. 룡평리에 성북동이 편입되어 룡천리로 개편. 중청1동이 중청동으로, 중청2동이 원남동으로 각각 개편.	

연도	이름	관할지역	비고
1957	강원도 원산시	중청1동이 중청동으로, 중청2동이 원남동으로 각각 개편. 기타는 위와 같음(27개 동, 15개 리)	
1961	〃	문천군 부운리, 덕원리, 석현리, 장림리가 원산시에 편입. 와우동 일부와 신풍동 일부로 률동이 신설. 평화동 일부와 와우동 일부로 덕성동이 신설. 철산동 일부로 해방동이 신설. 중청동 일부, 봉수동 입부, 철산동 일부로 봉춘동이 신설. 석우동 일부, 해안동 일부로 원석동이 신설. 중청동 일부로 삼봉동이 신설. 룡교동 일부로 남산동이 신설. 갈마동 일부로 북막동이 신설. 송하동이 송흥동에, 중동이 해안동에 각각 편입. 룡교동 일부는 신흥동, 장촌동에 각각 편입되고 룡교동은 폐지. 포하동이 장촌동, 내원산동에 각각 편입되고 포하동이 폐지(31개 동, 19개 리)	
1967	〃	위와 같되 해방동이 해방1동, 해방2동으로 분리. 철산동이 철산1동, 철산2동으로 분리. 장덕동이 양지도에, 춘성동이 송흥동에, 부운리가 송천동에 각각 편입(31개 동, 18개 리)	
1972	〃	철산2동이 승리동으로 개편. 문천군이 폐지되어 문천읍, 문천노동자구, 옥평노동자구, 가은노동자구, 영삼리, 신성리, 죽산리, 가평리, 남창리, 교성리, 부방리, 룡탄리, 고암리, 신안리, 삼일리, 답촌리, 룡정리, 삼동리가 원산시에 편입. 문천읍을 갈라서 문천노동자구와 성문노동자구로 개편. 가평리를 가평노동자구로, 고암리를 고암노동자구로 각각 개편. 기타는 위와 같음(31개 동, 7개 노동자구, 29개 리)	
1974	〃	천내군 석전리, 덕흥리가 원산시에 편입. 문천노동자구, 성문노동자구, 문평노동자구, 가은노동자구, 가평노동자구, 옥평노동자구, 고암노동자구를 각각 문천동, 성문동, 문평동, 가은동, 가평동, 옥평동, 고암동으로 각각 개편. 기타는 위와 같음(38개 동, 31개 리)	
1976	〃	철산1동을 개선동으로 개편. 적천리를 적천동으로 , 송림리를 송천동으로, 덕원리를 덕원동으로 각각 개편. 문천군을 다시 내오면서 문천동, 성문동, 문평동, 가은동, 가평동, 옥평동, 고암동, 남창리, 교성리, 북방리,	

연도	이름	관할지역	비고
1976	강원도 원산시	룡정리, 룡탄리, 신안리, 삼동리, 삼일리, 답촌리, 덕흥리, 석전리를 문천군에 편입. 기타는 위와 같음(31개 동, 17개 리)	
1977	〃	위와 같되 고능동이 탑동으로, 장흥동이 장산동으로, 덕원동이 세길동으로 각각 개편(34개 동, 17개 리)	
1984	〃	위와 같되 안변군 남천리, 칠봉리, 수상리, 상자리가 원산시에 편입(34개 동, 21개 리)	
1986	〃	위와 같되 덕성동 일부, 명석동 일부, 석우동 일부로 동명산동을 신설. 양지동 일부로 장덕동 신설.	
1987	〃	위와 같되 복막산동을 동명산동으로 개칭.	
1991	〃	위와 같되 산계동을 전진동으로 개칭.	
1992	〃	개선동, 해방1동, 해방2동, 승리동, 봉춘동, 평화동, 관풍동, 탑동, 신풍동, 률동, 석우동, 와우동, 덕성동, 양지동, 봉수동, 원석동, 명석동, 상동, 광석동, 전진동, 송흥동, 송천동, 중청동, 삼봉동, 원남도, 신흥동, 해안동, 남산동, 장촌동, 룡하동, 갈마동, 내원산동, 방하산동, 장산동, 복막동, 신성동, 적천동, 세길동, 동명산동, 장덕동, 려도동, 룡천리, 현동리, 춘산리, 락수리 삼태리, 중평리, 석현리, 장림리, 양삼리, 신성리, 죽산리, 남천리, 수상리, 상자리, 칠봉리(41개 동, 15개 리)	
1993	〃	내원산동을 갈라 내어 명사십리동을, 창촌동을 갈라 내어 포화동을 새로 내오고 원남동을 갈라 원남1동, 원남2동으로 개편하고 원남동을 폐지. 현동리를 갈라 북막동에, 광석동을 갈라 전진도에, 장촌동 일부를 갈라 내원산동에 넘김. 기타는 위와 같음(44개 동, 15개 리)	
1995	〃	서현리를 석현동으로 고침.	
1997	〃	관풍동, 탑동, 신풍동, 률동, 와우동, 덕성동, 평화동, 해방1동, 해방2동, 양지동, 송흥동, 봉춘동, 개선동, 승리동, 봉수동, 석우동, 원석동, 명석동, 상동, 광석동, 중청동, 삼봉동, 원남1동, 원남2동, 신흥동, 해안동, 남산동, 포화동, 장촌동, 룡하동, 갈마동, 내원산동, 명사십리동, 방하산동, 장산동, 복막동, 신성동, 려도동, 룡천리, 현동리, 춘산리, 락수리, 삼태리, 적천동, 중평리, 송천동, 세길동, 석현동, 장림리, 영삼리, 신성리, 죽산리, 남천리, 수상리, 상자리, 동명산동, 장덕동, 칠봉리, 전진동(45개 동, 14개 리)	

문천시(文川市)

도의 북부 원산만연안에 위치한 시로 원래 함경도 문주를 개편해 문천이라 명명하였다.

【 문천시의 변천 】

연 도	이 름	관 할 지 역	비 고
고구려	매성 이균		
989 (고려 성종 8년)	문주		
995 (고려 성종 14년)	삭방도 문주		
그 후	의주	문주를 의주에 합침.	
1036 (고려 정종 2년)	동계 의주		
1178 (고려 명종 8년)	연해명주도 의주		
1263 (고려 원종 4년)	강릉도 의주		
1345 (고려 충목왕 원년)	강릉도 문주	의주에 들어 갔던 문주지역을 떼내어 다시 문주를 내옴.	
1360 (고려 공민왕 9년)	강릉삭방도 문주		
1413 (조선 태종 13년)	영길도 문천군		
1416(태종 16년)	함길도 문천군		
1470(성종 원년)	영안도 문천군		
1872	함경도 문천군	군내사, 초한사, 명효사, 구산사, 돗지랑사, 운림사	
조선조말	함경남도 문천군	군내면, 초한면, 도사면, 명효면, 구산면, 운림면(6개 면)	
1914	〃	군내면, 도초면, 명효면, 구산면, 운림면(5개 면) 도사면, 초한면이 합쳐 도초면이 됨.	
1931	〃	문천면, 명구면, 도초면, 운림면(4개 면) 군내면이 문천면으로 명호면, 구산면이 명구면으로 됨.	
1943	〃	위와 같되 도초면이 천내읍으로 개편(1개 읍, 3개 면)	
1946	강원도 문천군	함경남도 문천군이 강원도 문천군으로 개편. 문천면, 명구면, 운림면, 풍상면, 천내면, 문성면, 덕원면, 풍하면(8개 면) 덕원군에서 풍상면, 덕원면, 풍하면이 넘어 옴. 문천면에서 갈라 져 문성면이 생김.	

연 도	이 름	관 할 지 역	비 고
1952	강원도 문천군	운림면 일부, 풍상면, 풍하면지역은 법동군에 들어 감 위의 면이 전부 폐지됨. 문천읍, 가평리, 신안리, 룡탄리, 고암리, 신송리, 옥평리, 부방리, 교성리, 삼화리, 룡정리, 송죽리, 남창리, 덕원리, 부운리, 석현리, 신성리, 죽산리, 영삼리, 장림리, 덕흥리, 석전리, 삼일리, 답촌리, 삼동리, 야태구, 가은구(1개 읍, 24개 리, 2개 노동자구) 문천면 : (중앙리, 문평리, 관풍리, 장백리, 삼일리, 해방리=문천읍), (염동리, 염중리, 가평리=가평리), (운성리, 용전리, 휘후리, 신안리=신안리), (송탄리, 룡평리, 욕정리=룡탄리), (고암리, 황석리, 사흘천리=고암리) 문성면 : (상평리, 송개리, 보목정리, 룡정리=신송리),(옥평하리, 옥평상리=옥평리), (부방리, 장선포리=부방리), (교성리, 구읍리=교성리), (영전리, 문양리=삼화리), (룡당리, 석교리=룡정리), (송죽리, 원봉리=송죽리), (성계리, 운봉리, 도창리=남창리) 덕원면 : (덕원리, 성하리, 삼월리=덕원리), (문암리, 부운리=부운리), (덕흥리, 석현리=석현리), (죽산리 일부, 오목리, 신성리=신성리), (죽산리 일부, 영평리=죽산리), (박천리, 영삼리=영삼리), (장림리, 삼태리=장림리) 명구면 : (덕흥리, 명신리, 신률리=덕흥리), (룡산리, 유당리, 석전리 일부=석전리), (삼일리, 추천리=삼일리), (풍무리, 팔일오리, 답촌리, 오일리=답촌리), (무우실리, 청어구이리, 류구미리, 석전리 일부=삼동리) 문천면 : (석근리, 야태리, 룡성리, 수달리=야태구) 운림면 : (가은리 : 학선리 일부, 직두리, 문성면 령상리=가은구)	
1953	〃	고성리 일부가 옥평리에, 송죽리 일부가 천내군 장평리에 편입.	
1958	〃	노동구를 문평구로 개칭.	
1961	〃	부운리, 덕원리, 석현리, 장림리를 원산시에 편(개 읍, 2개 구, 20개 리)	

연 도	이 름	관 할 지 역	비 고
1967	강원도 문천군	옥평리를 옥평노동자구로 개편(1개 읍, 3개 구, 19개 리)	
1972	〃	문천군이 원산시에 편입. 문천군의 일부는 천내군에 편입.	
		문천군의 문천읍, 문평노동자구, 옥평노동자구, 가은노동자구, 영삼리, 신성리, 죽산리, 가평리, 남창리, 교성리, 부방리, 룡탄리, 고암리, 신안리, 삼일리, 답촌리, 룡정리, 삼동리를 원산시에 합치고 문천읍을 갈라서 문천노동자구와 성문노동자구를 새로 내왔으며 가평리를 가평노동자구로, 고암리를 고암노동자구로 고치고 문천읍, 가평리, 고암리를 폐지. 문천군의 삼화리, 송죽리, 신송리, 덕흥리, 석전리를 천내군에 넘기고 문천군을 폐지.	
1976	〃	강원도 문천군을 다시 내오면서 원산시에서 문천동, 성문동, 문평동, 가은동, 가평동, 옥평동, 남창리, 교성리, 부방리, 룡정리, 룡탄리, 고암동, 신안리, 삼동리, 삼일리, 답촌리, 덕흥리, 석전리와 천내군의 삼화리, 송죽리, 신송리를 떼내어 문천군에 편입. 문천동, 성문동을 합쳐 문천읍으로 하고 문평동, 가은동, 가평동, 옥평동, 고암동을 각각 문평노동자구, 가은노동자구, 가평노동자구, 옥평노동자구, 고암노동자구로 개편(1개 읍, 5개 구, 14개 리)	
1991	강원도 문천시	문천군이 문천시로 개편되면서 문천읍이 없어지고 문천읍지구는 문천동, 성문동, 은정동, 삼오동, 해안동, 장백동, 관풍동으로 되었으며 읍의 일부와 문평노동자구의 일부를 합쳐서 해방산동을 내옴. 문평노동자구에서 문평동과 강철동을, 고암노동자구에서 고암동과 황석동을, 신안리에서 신안동과 북항동을 각각 갈라 내었으며 옥평노동자구를 옥평동으로, 가평노동자구를 가평동으로 개편(16개 동, 14개 리)	
1997	〃	문천동, 성문동, 은정동, 삼오동, 해안동, 장백동, 관풍동, 문평동, 해방산동, 강철동, 고암동, 황석동, 신안동, 북항동, 옥평동, 가평동, 남창리, 교성리, 부방리, 룡정리, 룡탄리, 가은리, 삼동리, 삼일리, 답촌리, 덕흥리, 석전리, 삼화리, 송죽리, 신송리(16개 동, 14개 리)	

천내군(川内郡)

도의 북쪽에 있는 군으로 1952년 문천군 천내 운림면 대부분 지역과 명구면 일부를 합쳐 1952년에 새로이 내온 군이다.

【 천내군의 변천 】

연 도	이 름	관 할 지 역	비 고
1952	천내군	문천군 천내면과 명구면의 20개 리, 운림면의 13개 리로 천내군을 새로 내옴. 천내읍 룡담리, 룡루리, 로운리, 화라노동자구, 신흥리, 장풍리, 풍전리, 수치리, 금성리, 염전리, 당치리, 구포리, 신암리, 신산리, 동흥리, 인흥리, 승전리, 구덕리, 회복리(1개 읍, 1개 노동자구, 18개 리) 천내면 : (천내1리, 천내2리, 천내3리, 룡담리=천내읍), (문왕리, 중덕리, 룡담리=룡담리), (룡루리, 재인리, 룡산리 일부=룡루리), (로운리, 룡암리, 제위리 일부=로운리), (화라리, 물방덕리=화라구), (천내사리, 신포리, 학포리=신흥리), (장흥리, 신풍리=장풍리) 명구면 : (귀포리, 죽산리, 풍천리=풍전리), (론산리, 덕호리, 금성리=금성리), (향교판리, 삼포리, 염전리=염전리), (송동리, 당치리, 성호리=당치리), (상평리, 구포리, 룡당리=구포리), (삼신리, 장암리=신암리), (천내면 관사리, 명구면, 내양리, 수치리, 구부안리 일부=수치리) 운림면 : (신상리, 어은리=신산리), (학선리 일부, 동흥리, 령평리=동흥리), (곰덕리, 인흥리, 가옥정리=인흥리), (고룡리, 신창리=승전리), (구덕리, 덕평리=구덕리), (회복리=회복리)	
1953	〃	구덕리가 회복리에 편입.	
1961	〃	신산리를 신산노동자구로 개편.	
1972	〃	위와 같되 문천군의 삼화리, 송죽리, 신송리, 덕흥리, 석전리가 천내군에 편입. 룡담리가 룡담노동자구로 개편.	
1974	〃	함경남도 고원군 풍남리, 전탄리, 원봉리, 송흥리가 천내군에 편입. 석전리, 덕흥리가 원산시로 넘어 감.	
1976	〃	삼화리, 송죽리, 신송리가 문천군으로 넘어 감.	
1981	〃	풍남리, 전탄리, 원봉리, 송흥리가 고원군으로 넘어 감(19개 리)	

연 도	이 름	관 할 지 역	비 고
1991	천내군	수치리를 대양리로 개편(19개 리)	
1999	〃	천내읍, 화라노동자구, 신산노동자구, 승전리, 회복리, 동흥리, 인흥리, 장풍리, 룡담노동자구, 신흥리, 로운리, 룡루리, 대양리, 구포리, 신암리, 금성리, 풍전리, 당치리, 염전리(1개 읍, 3개 노동자구, 15개 리)	

안변군(安邊郡)

도의 북동쪽에 있는 군. 동쪽은 통천군, 서쪽은 법동군, 남쪽은 고산군과 회양군, 북쪽은 원산시, 동해와 잇닿아 있다. 고려 때에 등주안변도호부를 설치하면서 처음으로 안변이라는 이름이 붙었는데, 이 말은 변방을 안정시킨 고을이라는 뜻에서 쓰인 것이다. 고구려 때에는 비렬흘이라고 하고 일명 천성이라고 하였다. 통일신라 때에는 비렬주, 삭정군이라고 하였고 고려 때에는 등주라고 하였고, 1018년(고려 현종9년)에 등주안변도호부라고 하였다. 삭방, 학성이라고도 하였다. 그 후에는 함경남도에 속해 있다가 1946년에 강원도 안변군으로 되었다.

【 안변군의 변천 】

연 도	이 름	관 할 지 역	비 고
고구려	비렬흘군(천성군)		
통일신라	비렬주 삭정군		
고려초	등주		
1018	등주안변도호부	문산현, 익곡현, 서곡현, 학포현, 파천현, 위산현, 복령현, 영풍현(속현 8개)	
1403	안변현		
1404	안변도호부		
1471	안변대도호부		
1509	안변도호부		
1872	함경도 안변군	세청사, 영춘사, 신리사, 모지사, 위익사, 문산사, 방하산사, 서곡사, 영풍사, 사동사, 상동사, 하도사, 학포사	
1895	안변군	세청면, 영춘면, 신리면, 상도면, 하도면, 서곡면, 모지면, 방화산면, 위익면, 문산면, 배양면(11개 면)	

연도	이름	관할지역	비고
1914	안변군	학성면, 안도면, 서곡면, 신모면, 문산면, 위익면, 배화면(7개 면) (신리면 일부, 영춘면, 세청면=학성면), (상도면, 하도면 일부=안도면), (방화산면 일부, 배양면, 하도면 일부=배화면), (방화산면 일부, 문산면=문산면), (모치면, 신리면 일부=신모면)	
광복전	〃	학성면이 안변면으로 고쳐 짐.	
1952	〃	안변읍, 미현리, 중앙리, 남계리, 규운리, 학천리, 비산리, 파평리, 오계리, 월랑리, 천삼리, 풍화리, 수락동리, 배화리, 배양리, 사평리, 룡대리, 남천리, 룡성리, 동포리, 칠봉리, 주암리, 상자리, 수상리, 내산리, 삼성리, 문수리, 령신리, 신화리, 모풍리, 상음리, 륙화리 (1개 읍, 31개 리) 안변면 : (영춘리, 옥리, 홍문리, 과남리, 석교리, 문외리, 문내리, 학성리, 비운리=안변읍), (미현리, 신모면 별하산리=미현리), (탑리, 두득리, 강서리=중앙리), (조전리, 송전리=남계리), (상화산리, 규운리, 석왕사면 하룡우니, 상룡운리=규운리) 배화면 : (신기리, 수항리, 안변면 곽하리, 송학리=학천리), (룡연리, 수려리, 청양리=천삼리), (방교리, 한사리, 방화리, 풍상리, 풍하리=풍화리), (등대리, 수악리, 락천리=수락동리), (송산리, 어은리, 해천리, 문동리, 내원리=배화리 안도면 : (명곡리, 비산리=비산리), (중평리, 중앙리, 장현리, 미득리, 룡운리, 상덕리=과정리), (오천리, 오계리, 가평리=오계리), (어운리, 하와리, 대와리=률화리), (랑성리, 월포리, 립석리=월랑리) 원산시 : (지경리, 안변군 배화면 신리, 지경리, 송강리, 옥천리=배양리), (사둔리, 포평리, 안변군 배화면 하사고리, 상사고리=사평리), 서곡면 : (대대리, 룡상리, 학익리, 룡현리, 계산리=룡대리), (중남리, 하남리, 하일리, 한천리=남천리), (석방리, 상남리, 성우리, 률리, 룡평리=룡성리), (동산리, 포리=동포리),	

연도	이름	관할지역	비고
1952	안변군	(후리, 계사리, 사리, 마우리=칠봉리), (보성리, 오리, 주암리, 수암리=주암리), (상리, 중리, 광자리=상자리), (창리, 릉리, 수성리, 상일리=수상리), 신모면 : (차산리, 천내리=내산리), (판기리, 상다전리, 하다전리=삼성리), (공수전리, 금천리, 문곡리, 덕산리=문수리), (하령리, 상령리, 신곤리=령신리), (신성리, 석변리, 모창리, 리원리, 룡포리, 양명리=신화리), (양지리, 내원산리, 두남리, 효자리, 어지리, 률리=모풍리) (안도면 상마리, 통천군 흡곡면 상음리, 신양리, 합진리, 연동리, 신곡리, 하동리=상음리)	
1954	〃	옥리, 중평리, 봉산리, 승산리가 새로 생김(36개 리)	
1963	〃	규운리를 화산리로 개칭.	
1967	〃	주암리를 칠봉리에 붙이고 주암리가 없어 짐. 룡대리가 룡대노동자구로 됨(34개 리, 1개 노동자구,)	
1972	〃	중앙리를 앞강노동자구로 개칭(33개 리, 2개 노동자구)	
1984	〃	남천리, 수상리, 상자리, 칠봉리가 원산시로 들어 감(31개 리)	
1987	〃	안변읍, 옥리, 비산리, 룩화리, 파평리, 중평리, 오계리, 상음리, 월광리, 사평리, 학천리, 봉산리, 배양리, 배화리, 송산리, 수락동리, 룡대노동자구, 룡성리, 동포리, 풍화리, 천삼리, 화산리, 앞강노동자구, 남계리, 미현리, 모풍리, 신화리, 령산리, 문수리, 삼성리, 내산리(1개 읍, 2개 노동자구, 28개 리)	

고산군(高山郡)

도의 중부에 있는 군. 1952년에 내 온 군인데 신고산면을 기본으로 하여 군을 내왔다고 하여 고산군이라고 하였다. 원래 고산은 높은 산을 뜻하는 고산밑에 형성되었다 하여 붙인 마을이름이다. 그러나 옛날에는 홀로 선 산이라 하여 고산(孤山)이라고 하였다. 고산지역은 고려 때에는 안변땅에 속하였고 조선조 때에는 위산현에 속하였다.

옛 기록에 의하면 위산현은 안변의 남쪽 52리에 있다고 하였다. 그 후 다시 안변군에 속했다가 조선조 말에는 안변군 위익사 고산동으로 있었다. 그 다음에는 안변군 위익면 고산리로써 면의 소재지 마을로 있었다. 광복 전에 철도가 부설되어 이 고장을 지나면서 고산리 옆에 생긴 마을을 신고산리라고 하였다. 그 후 신고산리 지역이 신고산면으로 개편되어 안변군 신고산면으로 되었으며, 1952년에 신고산면의 지역과 석왕사면의 지역을 합쳐 고산군이 되었다.

【 고산군의 변천 】

연도	이름	관할지역	비고
1952	고산군	고산읍, 금리, 평화리, 릉복리, 구령리, 연호리, 남산리, 해방리, 봉련리, 설봉리, 신현리, 란정리, 룡지원리, 금풍리, 구읍리, 위남리, 사현리, 부평리, 성북리, 량사리, 혁창리, 죽근리, 산양리, 주천리, 금천리, 산탄리(1개읍, 25개리) 안변군 신고산면 : (신고산리, 세포리, 신대리, 신점리=고산읍), (고산리, 구미리=그읍리), (위북리, 위남리, 상일온리=위남리), (강성리, 상사현리, 하사현리=사현리), (하부평리, 상부평리, 릉지원리=부평리), (성북리, 성남리=성북리), (종자리, 복곡리, 외평리, 창평리, 내평리=혁창리), (대령리, 대목리, 학소리, 죽근리=죽근리), (번지리, 산양리=산양리), (상주천리, 하주천리, 길명리, 석리=주천리), (석교리, 재천리, 금기리=금천리), (탄부리, 수청리=산탄리), 석왕사면(금리, 신성리=금리), (오산리, 중앙리=평화리), (로복리, 릉하리=릉복리), (신양리, 괴양리, 구령리=구령리), (연호리, 주음리, 송하리=연호리), (남산리, 매화리, 성남리=남산리), (송촌리, 후창리, 통천리=해방리), (상탑리, 동하리, 옥정리, 동상리=봉련리), (궐탑리, 사기리=설봉리), (행현리, 신청리=신현리), (신월리, 인두문리, 상감리, 하감리=란정리), (릉지원리, 룡문리, 장평리, 상신흥리=룡지원리), (풍포리, 교암리, 근외리=금풍리), (사리, 신고산면, 하가포리, 상가포리, 현래리=량사리)	
1961	〃	평화리, 릉복리가 합쳐 석왕사리로 됨.	
1981	〃	석왕사리가 광명리로 고쳐 짐.	

연도	이름	관할지역	비고
1987	고산군	고산읍, 주천리, 구읍리, 위남리, 성북리, 부평리, 릉지원리, 사현리, 란정리, 남산리, 금리, 연호리, 구령리, 신현리, 설봉리, 광명리, 금풍리, 해방리, 봉련리, 량사리, 혁창리, 죽근리, 산탄리, 신양리, 금천리(1개 읍, 24개 리)	

통천군(通川郡)

도의 동쪽에 있는 군. 동북쪽은 동해, 서쪽은 태백산줄기의 분수령을 경계로 안변군, 남쪽은 금강군, 고성군과 잇닿아 있다. 고구려 때에는 휴양군(休壤郡) 혹은 금뇌(金惱), 통일신라 때에는 금양군(金壤郡)으로, 고려 때에는 통주(通州)로 불렀으며 금란 (金蘭)이라고도 하였다. 1413(태조 13년)년부터 규례에 따라 통천이라 하였다. 1952년에 면이 없어지면서 고저면, 통천면, 송전면, 학1면, 백양면, 협곡면 중 31개 리를 합쳐 통천군으로 되었다.

【 통천군의 변천 】

연도	이름	관할지역	비고
고구려	휴양군(금뇌)		
통일신라	금양		
1285	통주		
1413	통천군		
1762	통천현		
1771	통천군		
1872	〃	군내면, 순달면, 룡연면, 벽산면, 양원면, 산남면, 림도면	
조선조말	〃	령외면, 순달면, 군내면, 룡수면, 벽산면, 양원면, 림도면, 산남면, 답전면, 학1면, 학2면, 학3면	
1914	통천군	순령면, 군낸면, 벽양면, 림남면, 답전면, 학1면, 학2면, 학3년	
1917	〃	우와 같고 군내면이 통천면으로 됨.	
1923	〃	군내면, 순령면, 학1면, 답전면, 학2년, 학3면, 림남면, 벽양면	

연도	이름	관할지역	비고
1928	통천군	순령면, 통천면, 벽양면, 림남면, 학1면, 협곡면, 답전면,(7개 면) 학2, 3면이 협곡면으로 됨.	
1939	〃	통천면, 고저읍, 학1면, 답전면, 협곡면, 림남면, 벽양면	
1943	〃	통천면, 고저읍, 학1면, 협곡면, 림남면, 벽양면, 송전면 (8개 면)	
광복직후	〃	고저읍이 고저면으로 됨.	
1949	〃	7개 면, 155개 리로 구성. 통천면, 고저면, 송전면, 학1면, 협곡면, 벽양면, 림남면	
1952	〃	림남면이 고성군에 넘어 감. 협곡면의 일부가 안변군에 넘어 감. 고저면소재지가 확장되어 통천읍으로 됨. 통천읍, 화통리, 하수리, 군산리, 자산리, 풍산리, 마전리, 보호리, 리목리, 대곡리, 룡천리, 송전리, 거성리, 로상리, 장대리, 보탄리, 미평리, 구읍리, 룡수리, 방포리, 가흥리, 신대리, 중천리, 벽암리, 신림리, 패천리, 강동리, 신흥리, 봉호리, 장진리, 금란리(1개 읍, 30개 리) 고저면 : (포항리, 총석리, 전산리, 하고저리, 상고저리, 홍운리=통천읍), (삼계리, 보통리, 어운리, 구항리, 백송리=보탄리), (반월리, 신월리, 오류리, 전천리=미평리), (신리, 통천면 서리, 동리, 중리, 어은리, 송산리=구읍리), (통수리, 사호리, 포일리=봉호리) 협곡면 : (사재리, 신흥리, 률동리, 동산리, 화통리, 반계리, 명고리, 신장리, 송현리=화통리), (양지리, 성현리, 풍호리, 하수리, 전당리 =하수리), (압룡리, 연화리, 군산리, 내학리, 구계리=군산리), (서역리, 립석리, 자산리, 화통리=자산리), (룡흥리, 상서왕리, 룡천리, 룡연리, 서서왕리=룡천리), (하장전리, 웅진리, 송양리=장진리) 학1면 : (벽산리, 풍패리, 항평리=풍산리), (마전리, 운수리, 마전리), (련호리, 석대리=칠보리), (가산리, 하리목리, 상리목리=리목리), (대대리, 홍곡리, 황포리=대곡리), (상화리, 패천리, 하화리=패천리)	

연 도	이 름	관 할 지 역	비 고
1952	통천군	송전면 : (오매리, 망월리, 정덕리, 송전리, 황석리, 구읍리, 석도리=송전리), (문치리, 거룩리, 치궁리, 석성리=거성리), (신흥리, 포항리, 옥마리, 아산리=로상리), (수천리, 산론리, 학1면 마자리, 괴화리, 강동리=강동리) 통천면 : 해방동리, 마암리, 서정리, 방동리, 평리, 동정리=룡수리), (신평리, 백양면 신대리, 동대리, 아간리, 계곡리=신대리) 백양면 : (회산리, 통천면 방포리, 서흥리=방포리), (신흥리, 가신1, 2리=가흥리), (중대리, 향천리, 지곡리=중천리), (곤암리, 벽산리=벽암리), (신일리, 만교리, 신점리, 고림리=신림리), (지장리, 통천면 태리, 상태리, 정리=신흥리), (가평리, 광포리, 통천면 주대리, 후금란리, 전금란리=금란리)	
1954	〃	화룡리 일부와 룡천리 일부를 분리병합하여 이를 명고리로 하고 마전리를 리목리에 편입.	
1967	〃	풍산리 일부를 분리하여 리목리에 넘김.	
1997	〃	통천읍, 장진리, 자산리, 군산리, 하수리, 화통리, 명고리, 룡천리, 보호리, 풍산리, 리목리, 대곡리, 패천리, 강동리, 장대리, 로상리, 송전리, 거성리, 보탄리, 봉호리, 미평리, 룡수리, 구읍리, 신흥리, 방포리, 신림리, 중천리, 벽암리, 신대리, 가흥리, 금란리(1개 읍, 30개 리)	

고성군(高城郡)

도의 남동쪽 동해안에 있는 군으로 높은 성이 있는 군이라는데서 명칭이 유래되었다.

【 고성군의 변천 】

연 도	이 름	관 할 지 역	비 고
고구려	달홀		
563	달홀주		
748	고성군		
995	삭방도 고성군	안창현이 편입.	

연도	이름	관할지역	비고
1018	삭방도 고성군		
1178	연해명주도 고성군		
1263	강릉도 고성군		
1356	강릉삭방도 고성군		
1357	강릉도 고성군		
1359	강릉삭방도 고성군		
1366	강릉도 고성군		
1388	교주강릉도 고성군		
1395	강원도 고성군		
1895	강릉부 고성군	동면, 서면, 남면, 일북면, 이북면, 안창면, 수동면	
1896	강원도 고성군	위와 같음(7개 면, 56개 리)	
1914	강원도 간성군	고성군이 간성군에 편입됨. 군내면, 오대면, 죽왕면, 고성면, 신북면, 서면, 수동면, 토성면, 현내면(9개 면, 124개 리)	
그 후	강원도 고성군	간성군을 고성군으로 고침. 토성면과 죽왕면이 양양군으로 넘어 감. 군내면을 간성면으로, 신북면을 외금강면으로 고침(7개 면, 99개 리)	
1938	〃	장전읍을 내옴(1개 읍, 7개 면, 99개 리)	
1943	〃	오대면을 거진면으로 고침(1개 읍, 7개 면, 103개 리)	
광복후	〃	장전읍을 장전면으로 함(8개 면, 119개 리)	
1952	〃	면을 폐지. 고성읍(외금강면 창대리, 온정리, 양진리와 룡계리 일부), 장전리(장전면 남평리, 서성리, 조양리, 경해리와 복성리 일부), 성북리(장전면 성북리), 남애리(장전면 남사리), 주험리(장전면 주험리와 복성리 일부), 종곡리(외금강면 오리진리, 신흥리), 운곡리(외금강면 운곡리), 봉화리(서면 내침리, 외금강면 계월리), 해방리(외금강면 서아리, 령진리), 장포리(외금강면 장도리, 추동리, 포항리), 삼일포리(외금강면 랑정리, 사평리), 주둔리(서면 류성리 화우리와 간천리 일부, 외금강면 룡계리 일부), 금천리(서면 양송리, 장정리와 간천리 일부), 순학리(수동면 초현리, 서면 금성리, 송탄리), 월비산리(수동면 정월리, 서면 사랑리와 보현리 일부), 유격리(수동면 태봉리, 서면 금풍리, 백천리와 보현리 일부), 구읍리(고성면 동리, 서리, 중의리), 해금강리(고성면 봉수리, 립석리, 말무리), 고봉리(고성면 하보호리, 대흥리, 고봉리), 초구리(고성면 감월리, 초구리, 포외진리), 림성리(통천군 림남면 동자원리, 서렴성리, 내렴성리), 운전리(통천군 림남면 상다전리,	

연도	이름	관할지역	비고
1952	강원도 고성군	운암리, 예륜리, 두암리), 릉동리(통천군 림남면 릉월리, 유동리, 대동리), 두포리(통천군 림남면 두백리, 장룡포리), 복송리(통천군 림남면 장림리, 말구리, 복송리, 송방리), 신봉리(림남면 운대리, 면문암리, 신남리, 오류리). 1개 읍, 25개 리	
1953	〃	위와 같되 고성읍이 온정리로 되고 장전리가 고성읍으로 개편.	
1961	〃	위와 같되 유격리가 월미산리에 편입(1개 읍, 24개 리)	
1967	〃	위와 같되 주험리가 고성읍에 편입(1개 읍, 23개 리)	
1993	〃	고성읍, 온정리, 금천리, 주둔리, 순학리, 장포리, 월비산리, 봉하리, 구읍리, 삼일포리, 해방리, 운곡리, 종곡리, 성북리, 남애리, 운전리, 두포리, 복성리, 렴성리, 릉동리, 신봉리, 해금강리, 고봉리, 초구리(1개 읍, 23개 리)	

수성군(守城郡)

통일신라 때에 고구려의 수성군을 고친 이름. 고구려 수성군의 수(𨓏)자를 소리 같은 글자인 수(守)로 바꾸어 놓은 것이다. 그 뜻은 고구려 때의 이름이나 같다.

고려초에 간성군으로 개칭되었다.

【 수성군의 변천 】

연도	이름	관할지역	비고
고구려	수성군(가라홀)		
통일신라	수성군		
고려초	간성군		
995	삭방도 간성군	렬산현이 편입.	
1178	연해명주도 간성군		
1263	강릉도 간성군		
1356	강릉삭방도 간성군		
1357	강릉도 간성군		
1359	강릉삭방도 간성군		
1366	강릉도 간성군		

연 도	이 름	관 할 지 역	비 고
1388	교주강릉도 간성군		
1395	강원도 간성군		
1895	강릉부 간성군		
1896	강원도 간성군	군내면, 해상면, 대대면, 오현면, 왕곡면, 죽도면, 토성면, 현내면(8개 면, 128개 리)	
1914	강원도 간성군	고성군이 간성군에 편입됨. 군내면, 오대면, 죽왕면, 고성면, 신북면, 서면, 수동면 토성면, 현내면(9개 면, 124개 리)	
그 후	강원도 고성군	간성군을 고성군으로 고침 → 고성군	

금강군(金剛郡)

도의 동남쪽에 위치한 군으로 금강산을 끼고 있는 군이라 하여 1952년 면제 폐지시 새로이 생겨난 군이다.

【 금강군의 변천 】

연 도	이 름	관 할 지 역	비 고
1952	금강군	금강읍, 속사리, 하회리, 병무리, 소곤리, 북점리, 순갑리, 현동리, 신풍리, 금천리, 내강리, 신원리, 화천리, 방목리, 풍미리, 안미리, 룡암리, 금풍리, 세동리, 신교리, 신읍리, 곡산리, 산월리, 이포리, 청두리, 현리(1개 읍, 25개 리) 회양군 내금강면 : (말휘 1, 2리, 류동리=금강읍), (속사동1, 2리=속사리), (하현리, 상현리, 하소곤리=현리), (상회리, 하회리, 양구군 수입면 분지수리=하회리), (병이무지리, 중산리=병무리), (상소곤 1, 2리=소곤리), (하북점리, 상북점리=북점리), (순갑 1, 2리, 하북점리 일부=순갑리), (봉현리, 추동리=현동리), (온전동리 일부, 신풍 1, 2리=신풍리), (온정동리 일부, 금강원리=금천리), (삼억동리, 정양동리, 장연리=내강리), (하신원리, 상신원리=신원리),	

연 도	이 름	관 할 지 역	비 고
1952	금강군	안풍면 : (가동리, 화천리, 본리=화천리), (흥인동리, 방목 1, 2리=방목리), (풍미 1, 2리, 성동리, 장치동1리=풍미리), (화산리, 안미리, 추동리=안미리), (룡암리, 신창리=룡암리), (장치동2리 → 금풍리), (상세동리, 중세동리=세동리), 사동면 : (이교리, 쌍계평리=신교리), (마전동리, 신읍리, 광동리=신읍리), (상구만리, 금곡리=곡산리), (상점방리, 산월리, 사동리, 간점방리=산월리), 양구군 수입면 : (청송리, 두포리=청두리)	
1977	〃	신풍리를 단풍리로 고침.	
1987	〃	곡산리, 산월리가 창도군에 넘어 감.	
1997	〃	금강읍, 신월리, 현리, 현동리, 하회리, 소곤리, 청두리, 이포리, 속사리, 순갑리, 북점리, 내강리, 병무리, 금천리, 단풍리, 금풍리, 룡암리, 안미리, 화천리, 방목리, 세동리, 풍미리, 신교리, 신읍리(1개 읍, 23개 리)	

창도군(昌道郡)

도의 남쪽에 있는 군. 1952년에 김화군 창도면, 원북면, 금성면, 통구면과 임남면의 11개 리, 근북면의 5개 리, 원동면의 1개 리, 근동면의 2개 리, 원남면의 1개 리, 회양군 사동면의 11개 리, 양구군 수입면의 13개 리를 합쳐서 내 온 군인데, 이 지역의 면으로 있었던 창도면의 이름을 따서 창도군이라고 하였다. 창도는 지난 날에 나라의 큰 군량창고 뒤에 있은 마을이라 하여 창뒤로 불리우던 것을 한자로 옮겨 적으면서 창도라고 하였다.

【 창도군의 변천 】

연 도	이 름	관 할 지 역	비 고
1952	창도군	김화군 창도면, 원북면, 금성면, 통구면과 임남면의 11개 리, 근북면의 5개 리, 원동면의 1개 리, 근동면의 2개리, 원남면의 1개 리, 회양군 사동면의 11개 리, 양구군 수입면의 13개 리로 창도군을 내옴. 창도읍(창도면 유창리, 창도리, 득사1리, 득사2리),	

연도	이름	관할지역	비고
1952	창도군	신창리(원북면 고대리, 탄감리), 신풍리(원북면 추의1리, 추의2리), 당현리(원북면 감천리 일부, 당현1리), 법수리(원북면 법수현1리, 법수현2리), 성도리(창도면 도성리, 성현리), 판교리(창도면 대백2리, 방성리), 대백리(창도면 대백1리, 회현리, 성현리 일부), 학방리(창도면 학방1리, 학방2리), 기성리(창도면 기성1리, 기성2리), 두목리(임남면 두목리), 임남리(임남면 로남 1리, 로남2리, 사천리), 면천리(임남면 봉잔리, 면천1리, 면천2리), 탑기리(금성면 매회리, 탑거리), 성산리(근북면 신현리, 성암리), 장현리(통구면 통현리, 장안리, 화평리 일부), 당산리(통구면 당평리, 보막리, 삼태리), 도화리(통구면 화사리 일부, 도피리, 화평리 일부), 통구리(통구면 현리, 화사리 일부, 북둔리), 원북리(원북면 고적1리, 고적2리, 감천리 일부), 사동리(회양군 사동면 히앙리, 상사동리, 회동리, 하사동리), 신성리(사동면, 만도리, 능동리, 양수암리), 지석리(사동면 상지석리, 하지석리), 금산리(사동면 속사동리, 하구만리), 상판리(김화군 임남면 달전리, 상판리, 좌패리), 대정리(양구군 수입면 대정1리, 대정2리), 천리(수입면 천리), 인패리(수입면 인패1리, 인패2리), 점방리(수입면 전방리), 오천리(수입면 오천리), 송거리(수입면 송거리, 근리, 지혜리), 문등리(수입면 문등1리), 금성리(김화군 금성면 경파리, 방충리, 상리, 후천리, 원동리, 장연리), 초서리(금성면 초서리, 별양리, 어천리), 수태리(원남면 백양리,근동면 수태리, 아침리), 건천리(근북면 건천1리, 건천2리, 두촌리). 1개 읍, 35개 리	
1953	〃	김화군 임남면 파호리와 어운리, 수동리를 합쳐 어호리로 하고 근동면 하소1리, 하소2리와 교전리, 광삼리 일부, 김화면 갈봉리 일부를 합쳐 근동리로 하고 원남면 구룡리와 월봉리, 풍동리, 현리, 근동면 방통리 각 일부를 합쳐 구봉리로 하고 원남면 경상리와 남두리, 노동리, 숙대리 각 일부를 합쳐 원남리로 하고 원동면 룡연리, 송실리와 세현리, 등대1리 각 일부를 합쳐 룡현리로 하고 이를 창도군에 편입(1개 읍, 40개 리)	
1954	〃	통구리를 창도읍으로 개편. 창도읍, 신창리, 신풍리, 당현리, 법수리, 학방리, 탑거리, 성산리, 원북리, 상판리,	

연 도	이 름	관 할 지 역	비 고
1954	창도군	금성리, 초서리, 수태리, 건천리, 어호리, 근동리, 구봉리, 원남리, 원동리, 룡현리로 김화군을 내옴. 창도읍을 창도리로 개편.	
1981	〃	점방리를 철벽리로 개편.	
1987	〃	회양군 신안리, 신동리, 구룡리, 송포리, 추전리, 교주리, 명우리와 금강군 산월리, 곡산리가 편입.	
1997	〃	창도읍, 당산리, 도화리, 장현리, 신성리, 사동리, 금산리, 지석리, 대백리, 판교리, 성도리, 기성리, 두목리, 면천리, 임남리, 대정리, 천리, 인패리, 오천리, 철벽리, 송거리, 백현리, 문등리, 신안리, 신동리, 구룡리, 송포리, 추전리, 교주리, 명우리, 산월리, 곡산리(1개 읍, 31개 리)	

김화군(金化郡)

도의 동남쪽에 있는 군. 고구려 때 부여군이라고 하였고 통일신라 때에 부평군으로 되었다가 고려 때에 김화현으로 되었다. 1896년에 강원도 김화현을 개편하여 내 온 군인데 그 현 이름을 따서 김화군이라고 하였다. 김화는 금이 나는 벌이라는 뜻을 옮긴 금벌(金伐)을 잘못 써서 바뀌어진 이름으로 짐작된다. 1908년 금정군에 합쳤다가 1914년에 김화군으로 되었다. 1952년에 창도군에 들어가 없어졌다가 1954년에 창도군의 1개 읍과 19개의 리를 분리하여 김화군을 다시 내왔다.

【 김화군의 변천 】

연 도	이 름	관 할 지 역	비 고
고구려	부여군		
통일신라	부평군		
1018	김화현	다른 이름으로 화산이라고도 한다.	
1896	김화군	군내면, 초등면, 서면, 2동면, 남면, 초화면, 원북면(7개 면)	
1914	〃	군내면, 선면, 근동면, 근남면, 근북면(5개 면) 금성군이 김화군에 편입(원동면, 원남면, 원북면, 금성면, 기오면, 통구면, 임남면)	

연도	이름	관할지역	비고
1917	김화군	군내면을 김화현으로 개편.	
1952	창도군	김화구이 창도군에 들어 가면서 군을 폐지.	
1954	김화군	창도군에서 1개 읍과 19개 리를 분리하여 김화군을 내옴. 김화읍, 학방리, 금성리, 신창리, 월북리, 당현리, 법수리, 신풍리, 탑거리, 성산리, 건천리, 초서리, 구봉리, 수태리, 근동리, 원남리, 원동리, 룡현리, 상판리, 어호리 창도읍을 창도리로 하고 금성리를 김화읍으로 개편.	
1963	〃	위와 같되 학방리를 학방노동자구로 개편.	
1998	〃	위와 같음. 김화읍, 학방노동자구, 금성리, 신창리, 월북리, 당현리, 법수리, 신풍리, 타자리, 성산리, 건천리, 초서리, 구봉리, 수태리, 근동리, 원남리, 원동리, 룡현리, 상판리, 어호리(1개 읍, 1개 노동자구, 18개 리)	

회양군(淮陽郡)

도의 중부에 있는 군. 고구려 때 각련성군, 객련성군 혹은 가혜아 (加兮牙)라고 써 왔으나 이것들은 모두 리두표기로서 그 뜻은 자세치 않다. 통일신라 때에는 련성군이라고 하였다. 고려초에는 이물성(伊勿城), 교주(交州)로, 1300년 이후에는 회주(淮州)로, 회양(淮陽)으로도 불러 왔으나, 이 이름들의 유래는 자세치 않다. 1952년에 회양군 회양면, 성북면, 하북면, 신안면 중 13개 리, 란곡면 중 18개 리, 안풍면 중 3개 리를 합쳐 회양군으로 되었다.

【 회양군의 변천 】

연도	이름	관할지역	비고
고구려	각련성군 (객련성군, 가혜아)		
통일신라	련성군		
고려초	이물성		
995	교주		
1308	회주목		
1310	회양부		

연도	이름	관할지역	비고
1413	회양도호부		
1871	〃	부내면, 초북면, 람곡면, 이동면, 사동면, 장양면, 수입면	
1896	회양군	2동면, 부내면, 상초북면, 하초북면, 란곡면, 안풍면, 사동면, 장양면(8개 면)	
1914	〃	위와 같되 2동면이 부내면에 편입.(7개 면)	
1917	〃	상초북면이 상북면으로, 하초북면이 하북면으로, 부내면이 회양면으로 개편.	
1925	〃	장양면이 내금강면으로 개편.	
광복직후	〃	회양면을 분리하여 신안면을 내옴(8개 면)	
1952		면 폐지. 회양군, 회양면, 상북면, 하북면과 신안면의 13개 리, 란곡면의 18개 리, 안풍면의 3개 리로 회양군을 구성. 내금강면과 사동면의 11개 리, 안풍면의 18개 리는 금강군에 사동면 11개 리는 창도군에, 란곡면의 6개 리는 평강군에, 란곡면의 7개 리는 세포군에 들어 감. 회양읍, 전곡리, 룡포리, 오랑리, 신명리, 도납리, 기정리, 광전리, 전항리, 하교리, 소풍리, 금철리, 금곡리, 선대리, 신계리, 신안리, 신동리, 송포리, 구룡리, 교주리, 명우리, 추전리, 오봉리, 귀락리, 유읍리, 포천리, 봉포리, 강돈리, 마전리(1개 읍, 28개 리) 회양읍 : (읍내리, 하북면 소풍리 일부=회양읍), (고대리, 갈화리, 광석리, 두전동리=광전리), (미우리, 전항리=전항리), (하교리, 금교리=하교리), (대읍리, 소풍리=소풍리), (외강돈리, 대강돈리, 상만리=상돈리), (봉현리, 신안면 지석리, 이동리, 부로지리=교주리), 상북면 : (하전탄리, 상전탄리, 두허동리, 목곡리=전곡리), (하진평리, 송포리, 막덕리, 룡연리=룡포리), (신명1리 일부, 오랑1, 2리=오랑리), (상신정리 일부, 신명1리 일부, 신명2리=신명리), (도납1리, 도납2리 일부, 상신정리 일부=도납리), (도납2리일부, 중신정리, 판기리=가정리), 하북면 : (거탑1, 2리, 철령1, 2리=금철리), (하신정1리, 하신정2리, 금곡1, 2리, 선암리 일부=금곡리), (대일1, 2리, 선암리 일부=선대리), (문내동리, 마산1리, 상평리, 은계리=신계리), (초일리 일부, 초남리, 마산2리=마전리)	

연도	이름	관할지역	비고
1952	회양군	신안면 : (관리, 노동리, 신안리=신안리), (오동리, 추방리=신동리), (곡돌리, 란곡리, 추전1, 2리=추전리), (심포리, 고재리=구룡리) 안풍면 : (명우1, 2리, 백석리=명우리) 전곡면 : (봉일리, 오동1, 2리=오봉리), (귀락1, 2, 3리=귀락리), (조동1리, 유읍1, 2리=유읍리), (니포리, 천읍1, 2리=포천리), (수천동1, 2리, 조동2리, 봉통포리=봉포리) 김화군 창도면 : (성현리 일부, 회양군 신안면 연송포리, 와포리, 송치리=송포리)	
1958	회양군	유읍리, 귀락리, 오봉리가 세포군에 편입	
1987	〃	교주리, 신동리, 신안리, 구룡리, 송포리, 추전리, 명우리가 창도군에 소속.	
1997	〃	회양읍, 소풍리, 하교리, 강돈리, 전항리, 광전리, 포천리, 봉포리, 선대리, 금곡리, 금철리, 신계리, 마전리, 룡포리, 전곡리, 오랑리, 기정리, 도납리, 신명리(1개읍, 18개 리)	

세포군(洗浦郡)

강원도의 중부 추가령지구대의 중심등마루에 자리잡고 있는 군. 1952년에 전 평강군 세포면, 유진면의 전체 리와 회양군 란곡면 중 7개 리, 안변군 신고산면 중 3개 리를 포함하여 새로 내 온 군인데 세포면의 이름을 따서 세포군이라 하였다. 세포라는 말은 싯개(씻개)를 한자로 옮긴 것이다. 전하는 말에 의하면 태봉국을 세운 궁예가 왕건의 추격을 피하여 철원에서 달아나 원남리에 이르러 많은 사람들을 죽이고 개울가에서 피 묻은 칼을 씻었다 하여 그 개울이름을 싯개, 씻개라고 하였다 한다.

【 세포군의 변천 】

연도	이름	관할지역	비고
1952	세포군	세포읍, 후평리, 내평리, 천기리, 대문리, 유연리, 상술리,	

연도	이름	관할지역	비고
1952	세포군	금평리, 신생리, 백산리, 서하리, 약수리, 성평리, 북평리, 원남리, 성산리, 중평리, 현리, 신평리, 삼방리(1개 읍, 19개 리) 평강군 세포면 : (세포1리, 세포2리, 세포3리=세포읍), (근남1리, 근남2리=백산리), (서하1리, 서하2리=서하리), (동상1리, 동상2리=약수리), (북평1리=성평리), (북평2리=북평리), (원남1리=원남리), (원남2리=성산리), (중평 1리, 중평2리=중평리) 유진면 : (후평리, 사창리, 답전리=후평리), (리구리, 주빈리=내평리), (천기리, 진동리 일부=대문리), (유연리, 룡구리=유연리), (상술리, 하술리=상술리), (적전리, 금평리=금평리) 회양군 란곡면 : (직포리, 현1리, 현2리=현리), (속사동리, 신평1리, 신평2리, 신평3리=신평리), (안변군 신고산면 : (삼방협리, 삼방리, 청학리=삼방리)	
1953	세포군	위와 같되 금평리가 판교군으로 넘어 감(19개 리)	
1958	〃	위와 같되 회양군 유읍리, 오봉리, 귀락리가 편입됨(22개 리)	
1961	〃	위와 같되 평강군 리목리와 법동군 신동리가 편입됨(24개 리) 세포읍, 대곡리, 삼방리, 성평리, 북평리, 신동리, 상술리, 유연리, 대문리, 천기리, 후평리, 내평리, 서하리, 중평리, 약수리, 백산리, 신성리, 성산리, 원남리, 리목리, 신평리, 현리, 유읍리, 귀락리, 오봉리(1개 읍, 24개 리)	

평강군(平康郡)

도의 남쪽에 있는 군. 동쪽은 김화군, 서쪽은 이천군, 서남쪽은 철원군, 서북쪽은 판교군, 북쪽은 세포군, 남쪽은 군사분계선을 사이에 두고 강원도 철원군과 잇닿아 있다. 1985년 평강현을 개편하여 내 온 군인데 군이름 평강은 고려 때에 생긴 것이다. 평강군을 고구려시기에는 부양현(斧壤縣) 또는 어사내(於斯內)라고 불렀으며 통일신라 때(748년)에는 광평(廣

平)이라고 하였다. 1018(고려 현종 9년)에 벌판에 강이 있는 고장이라 하여 평강(平江)이라고 쓰다가 강(江)자를 음이 같은 편안할 강(康)자로 바꿔 썼다.

【 평강군의 변천 】

연도	이름	관할지역	비고
고구려	부양현(어사내)		
통일신라	광평현	부평(김화)군의 령현으로 됨.	
1018	평강현	동주(철원)에 소속됨.	
1389	〃	동주에서 갈라져 나옴.	
1895	평강군	현이 군으로 개편. 춘천부에 들어 감.	
리조말	〃	군내면, 초서면, 고삼면, 현내면, 서면, 목전면, 남면, 유진면(8개 면)	
1914	〃	군내면(초서면과 군내면 통합), 목전면, 고삼면, 남면, 서면, 현내면, 유진면(7개 면)	
1917	〃	위와 같되 군내면이 평강면으로 개칭(7개 면)	
1923	〃	위와 같되 평강면이 군내면으로 개칭.	
1939	〃	위와 같되 군내면이 평강면으로 개칭.	
1943	〃	위와 같되 평강면이 평강읍으로 개칭.	
광복직후	〃	평강읍이 다시 평강면으로 됨.	
1952	〃	평강읍, 해방리, 남양리, 구읍리, 암동리, 랑월리, 백룡리, 문산리, 리수덕리, 랑하리, 하복리, 신정리, 송포리, 적동리, 축산리, 상원리, 천암리, 내천리, 자원리, 전승리, 송현리, 옥동리, 망일리, 문봉리, 금곡리, 정산리, 화암리, 복만리, 장촌리, 상송관리, 하송리, 하주리, 정동리, 중삼리, 기산리(1개 읍, 34개 리) 평강면 : (복계리, 상갑리, 하갑리, 전중리, 평화리, 북포리=평강읍), (어룡포리, 해방리=해방리), (간리, 신촌리, 남양리=남양리), (서변리, 동변리=구읍리), 서면 : (회암상리, 평강면 랑월리=랑월리), (옥동1리, 옥동2리=옥동리), (문봉1리, 문봉2리=문봉리), (금곡1리, 금곡2리=금곡리), (정산1리, 정산2리=정산리),(화암1리, 화암2리=화암리), 현내면 : (송우리, 백룡리=백룡리), (문산리, 갈궁정리=	

연 도	이 름	관 할 지 역	비 고
1952	평강군	문산리), (림단리, 북촌리=리수덕리), (마장리, 랑하리=랑하리), (하복리, 감둔리=하복리), (신래리, 송포리=송포리), (리목리 일부, 백천리=축산리), (하원리, 상원리=상원리), (하주리, 린각리=하주리) 남면 : (천마리, 지암리,=천암리), (지촌리, 달전리=내천리), (외상리, 신도리, 가곡리, 내상리=자원리), (중동리, 학전리=전승리), (상송리, 송현리=송현리) 목전면 : (복만리, 적동리=복만리), (정동리, 사흘리=정동리), (기산1리, 기산2리=기산리), 회양군 란곡면 : (상송관리, 공동1리, 공동2리=상송관리), (하송관1리, 하송관2리, 랑하리=하송리),	
1953	〃	위와 같되 평강읍의 일부로 상갑리를 새로 내옴. 백룡리가 평강읍에 편입. 평강읍 일부가 구읍리에 편입(1개 읍, 34개 리)	
1954	〃	위와 같되 적동리 일부와 축산리 일부를 합쳐 리목리를 새로 내오고 적동리 일부와 하복리 일부를 갈라 신정리에, 하복리가 문산리에, 적동리 일부가 상원리에, 축산리 일부가 송포리에, 망일리를 옥동리에, 송현리가 암동리, 천암리에 편입. 하복리, 송현리, 망일리, 축산리, 적동리가 없어 짐(1개 읍, 30개 리)	
1961	〃	위와 같되 평강읍을 복계리로, 구읍리를 평강읍으로 개칭. 리목리가 세포군으로 넘어 감(1개 읍, 29개 리)	
1963	〃	위와 같되 남양리 일부로 봉래리를 새로 내옴(1개 읍, 30개 리)	
1965	〃	위와 같되 복계리 일부가 상갑리의 평강읍에 각각 편입되고 지원리 일부로 가곡리를 새로 내옴.	
1984	〃	위와 같되 장촌리를 장촌노동자구로 개칭(1개 읍, 1개 노동자구, 30개 리)	
1997	〃	평강읍, 장촌노동자구, 신정리, 문산리, 리수덕리, 암동리, 해방리, 전승리, 자원리, 천암리, 랑하리, 하복리, 송관리, 강원리, 송포리, 하주리, 남양리, 화암리, 랑월리, 정동리, 중삼리, 기산리, 하송리, 금곡리, 정산리, 내천리, 복개리, 가곡리, 상갑리, 봉래리(1개 읍, 1개 노동자구, 30개 리)	

철원군(鐵原郡)

도의 남서쪽끝에 있는 군. 동북쪽은 평강군, 서북쪽은 이천군, 서쪽과 서남쪽은 임진강을 사이에 두고 황해북도 토산군, 개성시 장풍군과 각각 잇닿아 있고 동쪽은 군사분계선과 인접해 있다. 철원이라는 이름은 예로부터 불리웠는데 쇠두레라는 말을 한자로 옮긴 이름을 써, 쇠가 많이 나는 고장이라는 뜻이다.

한자 표기에서 고구려 시기에는 둥글 원자를 써서 철원이라고 하였는데 고려시기(충선왕 때)에 언덕 원자로 고쳐 표기하였다. 통일신라 시기에는 철성이라고 하였다.

이밖에 군 이름은 쇠가 많은 벌마을이라는 뜻을 리두식으로 표기하여 모을동비라고도 하였으며, 동쪽지방에 있는 곳이라 하여 동주, 번창하고 살기 좋은 곳이라 하여 창원 또는 육창이라고도 불리웠다.

철원은 광복후 강원도가 북과 남으로 갈라지게 되면서 북반부지역 강원도의 도소재지로 되었을 당시에는 시로 되었으나 1946년 9월 원산시가 강원도에 편입되어 도소재지로 되면서 다시 철원군으로 되었다.

【 철원군의 변천 】

연 도	이 름	관 할 지 역	비 고
고구려	철원군(모을동비)		
통일신라	철성군		
고려초	동주(창원, 륙창)		
1254	〃	현으로 됨.	
그 후	동주목		
고려말	철원		
1310	철원부		
1434	철원도호부	경기도에서 강원도로 넘어 옴.	
1871	〃	서변면, 동변면, 갈말면, 송내면, 관인면, 외서면, 묘장면, 북면, 어운동면	
1895	철원군	춘천부에 속함.	
1896	〃	13도제를 내오면서 강원도 철원군으로 됨. 동변면, 송내면, 서변면, 갈말면, 어운동면, 북면, 신서면, 묘장면(8개 면)	

연 도	이 름	관 할 지 역	비 고
1914	철원군	위와 같되 동변면과 송내면을 합쳐 동송면으로 개칭하고 경기도 삭녕군 내문면, 안목면, 마장면을 철원군에 편입(10개 면)	
1917	〃	위와 같되 서변면이 철원읍으로 개편되고 어운동면이 어운면으로 개칭됨(1개 읍, 9개 면)	
1943	〃	위와 같되 철원읍이 철원면으로 개편(10개 면).	
1946	〃	위와 같되 영평군이 폐지되고 영북면, 영중면, 이동면이 편입됨(13개 면)	
1951	〃	마장면, 인목면, 내문면, 북면, 어운면(5개 면).	
1952	〃	위의 면이 전부 폐지되고 1개 읍, 40개 리로 됨. 철원군은 마장면, 인목면, 내문면, 이천군 동면, 안협면, 령천군의 삭령면 이천군의 서면중 2개 리, 평강군 서면중 1개 리, 철원군의 어운면중 12개 리로 구성. 마장읍 류대포리, 정동리, 하식점리, 월암리, 읍내리, 상하리, 저탄리, 대전리, 립석리, 내문리, 상마산리, 여척리, 석둔리, 장학리, 솔현리, 랭정리, 부암리, 문암리, 밀암리, 왕피리, 반석리, 오동리, 독검리, 마방리, 도말리, 송현리, 갈현리, 가승리, 검사리, 회산리, 삼사리, 외학리, 룡학리, 삭녕리, 적동리, 적산리, 중강리, 강산리, 유정리, 복막리(1개 읍, 40개 리) 철원읍 마장면 : (장포1, 2, 3, 4리=마장읍), (대전1, 2리=대전리), (립석1, 2리=립석리), (밀암1, 2, 3리=밀암리), (남원리, 왕피1, 2리=왕피리), 평강군 서면 : (정산3리, 이천군 동면 월암리=월암리), 이천군 안협면 : (거성리, 읍내리=읍내리), (상수회리, 하수회리=상하리), (저전리, 퇴탄리=저탄리), 철원군 내문면 : (창동리, 내문1, 2리=내문리), (반석1, 2리=반석리), (오동1, 2리=오동리), (마방1, 2리=마방리), 련천군 삭녕면 : (고마리, 상마산리=상마산리), 황해도 금천군 토산면 : (내리, 외리, 부암리=부암리), 철원군 인목면 : (송현리, 내복리=송현리), (덕산리, 석현리, 갈현리, 신현리=갈현리), (가탑리, 승양리=가승리),	

연 도	이 름	관 할 지 역	비 고
1952	철원군	철원군 북면 : (회산1, 2리=회산리), (회산3, 4리=삼사리), (외학1, 2, 3리=외학리), (룡학1, 2리=룡학리), (유정1, 2리=유정리), (복막1, 2리=복막리), 철원군 어운면 : (중강1, 2, 3, 4, 5, 6리=중강리), (강산1, 2, 3, 4, 5, 6리=강산리)	
1953	〃	련천군 서남면 오탄리, 귀존리, 가천리가 편입(1개 읍, 43개 리)	
1956	〃	여척리를, 삭령리에 통합.	
1961	〃	마장읍이 마장리로 개편. 상하리 일부가 읍내리에 들어가고 읍내리가 철원읍으로 개편. 석둔리, 솔현리, 랭정리, 가천리, 귀존리, 장학리가 장풍군에 넘어 감(1개 읍, 36개 리)	
1991	〃	왕피리를 신진리로 개칭,	
1996	〃	삭녕리를 백로산리로 개칭.	
1997	〃	철원읍 류대포리, 문암리, 저탄리, 정동리, 월암리, 하식점리, 대전리, 상하리, 부암리, 백로산리 상마산리, 립석리, 밀암리, 검사리, 마장리, 신진리, 마방리, 대문리, 오동리, 반석리, 룡학리, 외학리, 보막리, 회산리, 독검리, 도밀리, 송현리, 갈현리, 가승리, 삼사리, 적동리, 적산리, 중강리, 강산리, 유정리, 오탄리(1개 읍, 36개 리)	

이천군(伊川郡)

도의 남서쪽 황해북도와의 경계에 있는 군. 북쪽은 판교군, 서쪽은 황해북도 신계군, 토산군, 남쪽은 철원군, 동쪽은 평강군과 잇닿아 있다. 고구려시기에 이진매현이라고 하였고 통일신라 시기에 이천이라고 고치고 로산군관할하에 들어갔다.

고구려 시기의 이름 이진매에서 이(伊)자를 따고 강을 의미하는 매(買)자를 내천(川) 자로 바꾸어 이천이라고 하였다. 1263년에 교주도 속현으로 이천현이 되었다가 1430년 회양도호부 속현으로 되었다. 1608(조선조 광해1년)년에 이천부로 되었다가 1623(인조 1년)년에 현으로 되고 1687(숙종 13년)년에 다시 부로 되었다.

1895년에는 군으로 개편되어 개성부에 소속되었다가, 1896년에 13도제가 실시되면서부터 강원도에 속하였다. 당시 군에는 동읍면, 하읍면, 하남면, 구고면, 청룡면, 청포면, 방장면, 고미탄면, 산내면, 락양면 등 10개의 면이 있었다. 1914년 행정구역 개편때에 안협군에서 동면, 서면, 안협면(군내면 개칭)이 이천군에 편입되었다.

산 좋고 물 좋은 이 고장에 갖가지 꽃이 피어 난다는 데서 화산군이라고도 하였다.

【 이천군의 변천 】

연도	이름	관할지역	비고
고구려	이진매현		
통일신라	이천현		
1263	이천현	교주도 동주 속현	
1430	이천현	강원도 회양도호부 속현	
1608	이천부		
1623	이천현		
1687	이천부		
1895	개성부 이천군		
1896	강원도 이천군	동읍면, 하읍면, 하남면, 구고면, 청룡면, 청포면, 방장면, 고미탄면, 산내면, 락양면, 판교면(11개 면)	
1914	〃	읍내면, 룡포면, 동면, 안협면, 서면, 학봉면, 산내면, 락양면, 판교면, 방장면, 고미탄면(11개 면) (동읍면, 하읍면=읍내면), (청룡면, 청표면=룡포면), (안협군 군내면 → 안협면), (안협군 동면 → 동면), (안협군 서면 → 서면), (하남면, 구고면=학봉면)	
1917	〃	위와 같되 읍내면이 이천면을 개칭.	
1931	〃	이천면, 룡포면, 동면, 안협면, 서면, 학봉면, 산내면, 락양면, 판교면, 방장면, 웅탄면(11개 면)	
1952	〃	이천읍, 우미리, 신참리, 룡정리, 오현리, 사청리, 은행정리, 성북리, 학봉리, 상하리, 장동리, 송정리, 장재리, 산지리, 무릉리, 문동리, 개천리, 회산리, 신당리, 건설리, 심동리, 축동리(1개 읍, 21개 리) 이천면 : (신흥리, 비석리, 천안리, 향교1리, 향교2리, 향교3리, 탑리=이천읍), (개상리, 개하리=개천리), (추목리,회산리=회산리), (남좌리, 안양리=건설리)	

연 도	이 름	관 할 지 역	비 고
1952	강원도 이천군	서면 : (우미1리 일부, 우미2리=우미리), (하화암리 일부, 산참리=산참리), (축동리, 하화암리 일부=축동리) 학봉면 : (장항리 일부, 서면 상화암리, 우미1리 일부=룡정리), (사청리 일부, 오현리=오현리), (대하현리, 사청리 일부, 장항리 일부=사청리), (은행정리, 묵막리=은행정리), (화산리, 성북리 일부=성북리), (신파리, 학봉리=학봉리), (성북리 일부, 산내면 장재리 일부=장재리), (성호리, 노동리, 심동리, 공수탄리=심동리), 산내면 : (장재리 일부, 상하리=상하리), (삼거리 일부, 송정리=송정리), (삼거리 일부, 화풍리, 장동리=장동리) 룡포면 : (룡흥1리 일부, 산지리=산지리), (창전리, 문동리호암리=문동리)	
1954	〃	이천읍 일부와 심동리 일부로 신흥리 신설(23개 리)	
1997	〃	이천읍, 우미리, 산참리, 룡정리, 오현리, 사청리, 은행정리, 성북리, 학봉리, 상하리, 장동리, 송정리, 장재리, 산지리, 무릉리, 문동리, 개천리, 회산리, 신당리, 건설리, 심동리, 축동리, 신흥리(1개 읍, 22개 리)	

판교군(板橋郡)

도의 서쪽 임진강 기슭에 있는 군. 1952년에 이천군 락양면, 판교면, 방장면과 산내면의 4개 리, 룡포면의 5개 리, 곡산군 동촌면의 2개 리를 합쳐서 내 온 군인데, 판교면을 중심으로 이루어진 군이라 하여 판교군이라고 하였다. 판교란 널다리를 한자로 옮긴 말이다.

【 판교군의 변천 】

연 도	이 름	관 할 지 역	비 고
1952	판교군	이천군 락양면, 판교면, 방장면과 산내면의 4개 리, 룡포면의 5개 리, 곡산군 동촌면 2개 리로 판교군을 새로 내옴.	

연도	이름	관할지역	비고
1952	판교군	판교읍(판교면 명덕1리, 명덕2리), 룡당리(판교면 송원리, 룡당1리, 룡당2리), 지상리(판교면 지상리, 내락리), 구봉리(판교면 구봉리, 외락리), 지하리(판교면 지하리, 삼포리, 지석리), 풍현리(판교면 풍림리, 광현리), 군한리(판교면 군지리, 한지리), 룡포리(산내면 룡포리 일부, 추동리), 개련리(산내면 개련1리, 개련2리, 룡포리 일부), 가리주리(방장면 가하리, 가리주리), 사동리(방장면 사동1리, 사동2리, 당우리), 룡지리(방장면 룡지리), 구당리(방장면 구당1리, 구당2리), 하린원리(방장면 린원1리 일부, 경도리 일부), 상린원리(방장면 린원2리), 경도리(방장면 린원1리 일부, 경도리 일부), 룡천리(룡포면 성거리 일부, 판교면 룡천리), 상두리(룡포면 상두1리, 상두2리), 룡흥리(룡포면 룡흥2리, 룡흥1리 일부, 성거리 일부), 삼성리(황해도 곡산군 동촌면 리하리, 리상리). 1개 읍, 19개 리	
1953	〃	판교읍을 명덕리로 하고 가리주리를 판교읍으로 개편. 삼성리를 분리하여 리상리, 리하리로 변경하고 세포군 금평리가 판교군에 들어 옴.	
1954	〃	판교읍 일부, 사동리 일부를 합쳐 천암리를 내옴. 룡담리 일부를 명덕리에, 명덕리 일부를 풍현리에, 구당리 일부를 신당리에 편입.	
1997	〃	판교읍, 천암리, 사동리, 하린원리, 상린원리, 금평리, 구당리, 룡지리, 리상리, 리하리, 경도리, 풍현리, 룡천리, 명덕리, 룡포리, 개련리, 구봉리, 지하리, 지상리, 군한리, 릉당리, 룡흥리, 상두리(1개 읍, 22개 리)	

법동군(法洞郡)

도의 북서쪽에 위치한 군으로 1952년 법동면이 폐지되면서 면 이름을 그대로 군명으로 하였다.

【 법동군의 변천 】

연도	이름	관할지역	비고
1952	법동군	법동읍, 작동리, 도찬리, 령저리, 거리, 감둔리, 광사리, 로암리, 금구리, 여해리, 률동리, 백일리, 봉황산리, 취암리, 장안리, 어유리, 룡포리, 상감리, 신등리, 건자리, 해랑리, 금평리구룡리(1개 읍, 22 리) 풍하면 : (법동리, 백암리, 외고읍리, 병암리, 산동리, 내그읍리=법동읍), (로탄리, 천계리=로탄리), (여해리, 풍상면 내동리, 방하리=여해리), (원산리, 률동리=률동리), (외백일리, 내백일리, 석천리=백일리), (엄석리, 봉황산리=봉황산리), (하취암리, 상취암리=취암리), (고련리, 어유지리, 풍포리=어유리) 풍상면 : (작동리, 복회리, 억동리, 마식리=작동리), (도산리, 풍전리, 구미리=도찬리), (하령저리, 상령저리, 금동리, 수침리=령저리), (노동리, 거리, 마전리=거리), (서흥리, 상서리, 하서리=상서리), (하감산리, 상감산리=상감리) 운림면 : (마쟁리, 풍상면 룡포리=룡포리) 이천군 웅탄면 : (회정리, 회역리=신동리), (왕막리 일부, 건자리=건자리), (해랑1리, 해랑2리=해랑리), (룡금리, 평리=금평리), (왕막리 일부, 이락리=구룡리)	
1954	〃	봉황산리, 상감리가 없어 짐.	
1961	〃	신동리가 세포군으로 넘어 감.	
1987	〃	법동읍, 상서리, 감둔리, 룡포리, 마전리, 작동리, 령저리, 도찬리, 여해리, 률동리, 백일리, 취암리, 장안리, 어유리, 금구리, 로탄리, 금평리, 구룡리, 건자리, 해랑리(1개 읍, 19개 리)	

참고문헌

고려사지리지(高麗史地理志).

신증동국여지승람(新增東國輿地勝覽).

세종실록지리지(世宗實錄地理志).

비변사등록(備邊司謄錄).

각시등록(各司謄錄) 〈평안도(平安道) · 함경도(咸鏡道)〉編.

문헌비고(文獻備考) 여지고(輿地考)編.

대한강역고(大韓疆域考), 조선연구회(朝鮮研究會)編, 1903.

韓國滿洲關係史研究, 李仁榮, 乙酉文化社, 1984.

宣祖時代 女直交涉史研究, 徐炳國, 教文社, 1970

관서총도(關西總圖).

동국여지도(東國輿地圖).

택리지(擇里志), 李重煥, 三中堂, 1975.

韓國地名事典, 孫成佑, 景仁文化社, 1974.

北韓開拓史, 建設部計劃局, 1967.

우리나라 력사유적, 과학백과사전출판사. 1983.

북한의 자연지리와 사적, 통일원, 1994.

北韓의 寺刹研究,韓國佛教宗團協議會, 1993.

分斷時代의 北韓狀況, 拙著,大旺出版社,1983.

北韓의 文化遺蹟巡禮, 拙著, 白山出版社, 1995.

韓國邊境史研究, 拙著, 法經出版社, 1989.

북한의 시 · 도현황, 통일원, 1878.

북한지지요람, 통일원, 1993.

북한의 산업지리, 통일원, 1978.

북한의 행정구역개편연혁, 통일원, 1978.

북한의 행정구역 및 산천지세, 통일원, 1983.

신북한지리지, 배기찬, 다나출판사, 1996.

북한을 가다, 한국문원, 1995.

력사사전 상하, 과학백과사전출판사, 1978.

우리 영토와 지명, 양 태진, 이회출판사, 2008.

고장이름사전, 평양시 · 남포시편, 사회과학출판사, 2001

고장이름사전 평안남 · 북도, 사회과학출판사, 2001.

고장이름사전 량강도, 사회과학출판사, 2001.

고장이름사전 자강도, 사회과학출판사, 2001.

고장이름사전 황해북도 · 개성시편, 사회과학출판사, 2001.

고장이름사전 황해남도, 사회과학출판사, 2001.

고장이름사전 함경남 · 북도, 사회과학출판사, 2001.

고장이름사전 강원도, 사회과학출판사, 2001.

北朝鮮誌, 山田市太郎 安藤一枝 共著, 1913.

韓國國土開發史研究 金儀遠, 大學圖書, 1982.

平壤志, 奎章閣圖書 全16卷 10册.

平壤全誌, 平壤商工會議所編, 1927.

平安南道大觀, 平安南道編, 1928.

平安南道要覽, 平安南道編. 1928~31.
平安南道道勢一覽, 平安南道編. 1924.
平安北道鄉土誌, 平安北道教育會編. 1933.
平安北道紹介及附錄, 平安北道廳編. 1924.
平安北道道槪勢, 平安北道編. 1924.
開城郡面誌(제1~5), 開城府立圖書館編, 1926~1927.
新義州郡誌, 新義州郡民會編, 1975.
新義州案內 附 義州 龍岩浦 多獅島, 國境文化協會編, 1930.
咸鏡南道誌, 咸鏡南道道民會編, 1968
咸鏡南道誌, 咸鏡南道廳編, 1930.
咸北要覽. 1929.
咸北大觀, 金盛德, 正文社, 1967.
咸南都市大觀, 1938.
海州邑誌, 海州牧編, 1871.
海州, 海州保勝會編, 1929.
黃海道誌, 黃海道教育會編, 1937.
黃海鄉土誌, 1938.
淸津港, 淸津府廳編, 1923.
淸津, 淸津商工會議所編, 1932.
淸津 羅南(吾音會文庫第八編), 永井勝三編, 1923.
大羅津府 雄基港, 秋山健治, 1933.
咸南國境高地帶巡行記, 秋原彦三,1934.
鎭南浦府勢一般, 鎭南浦府編,1923~24.
鎭南浦, 鎭南浦通信社編,1933.
元山市史. 元山市史編纂委員會編, 1968.
元山要覽, 元山要覽編纂委員會編, 1937.
甲山府邑誌, 甲山府編, 1984.
江界邑誌, 江界府編, 年代未詳.
厚昌郡誌, 厚昌郡編, 年代未詳.
三水府邑誌(寫本), 三水府編, 1894.
渭原邑誌, 渭原郡編, 年代未詳.
楚山郡誌, 楚山郡編, 年代未詳
熙川郡誌. 年代未詳
長津郡誌, 年代未詳
載寧郡鄉土誌, 載寧郡教育會編, 1936.
義州郡誌, 義州郡民會編, 1975.
長湍誌, 徐有未編, 1871.

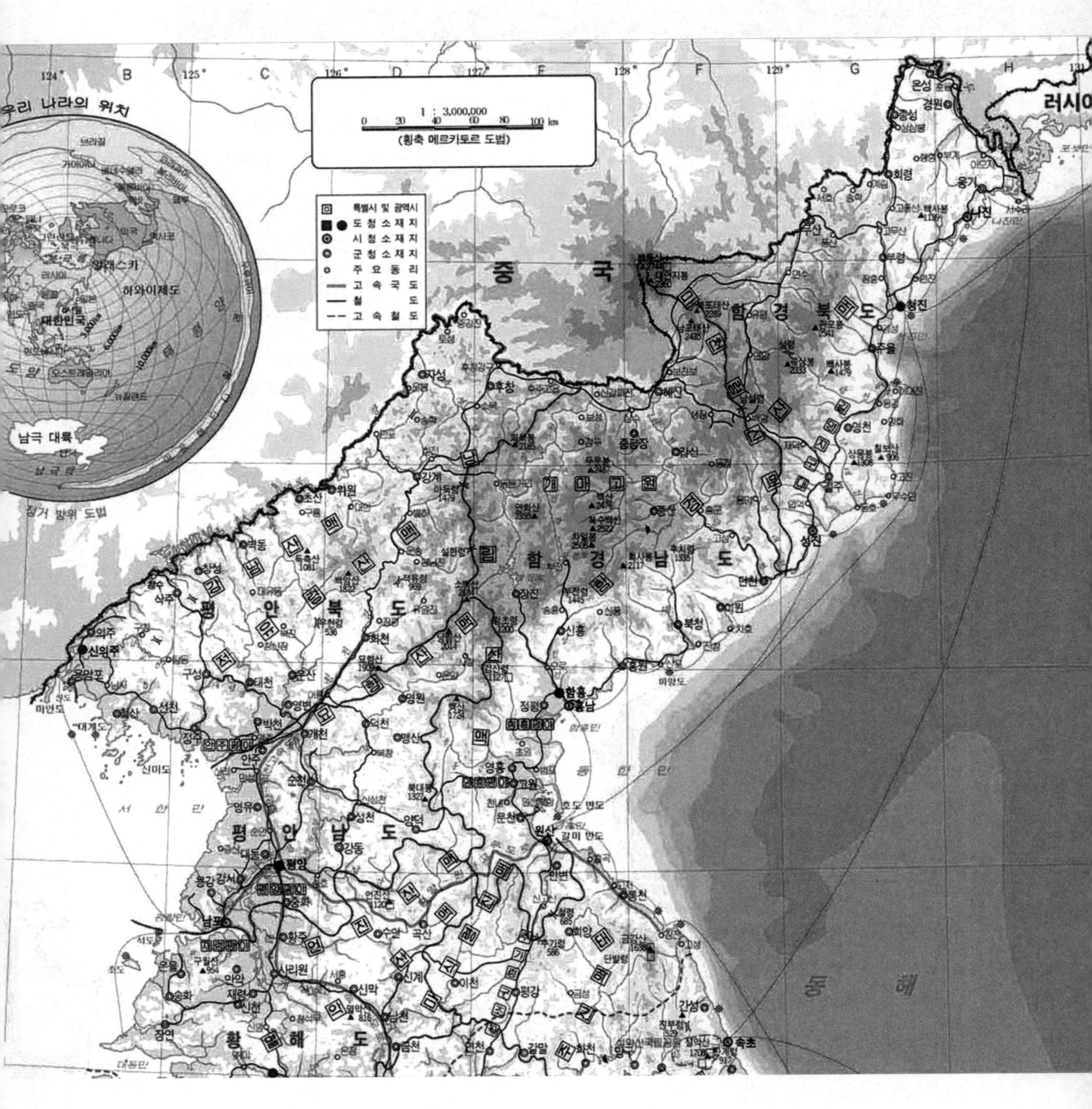
우리 나라의 위치
대한민국
하와이제도
남극 대륙
정거 방위 도법
1 : 3,000,000
0 20 40 60 80 100 km
(횡축 메르카토르 도법)
특별시 및 광역시
도 청 소 재 지
시 청 소 재 지
군 청 소 재 지
주 요 동 리
고 속 국 도
철 도
고 속 철 도
중 국
러시아
함 경 북 도
함 경 남 도
평 안 북 도
평 안 남 도
황 해 도
개 마 고 원
동 해
온성
경원
회령
나진
웅기
청진
혜산
강계
자성
후창
초산
위원
신의주
용암포
구성
태천
운산
선천
철산
정주
박천
영변
안주
개천
순천
덕천
영원
함흥
흥남
정평
단천
성진
길주
명천
북청
신흥
영흥
고원
문천
원산
갈마 반도
안변
통천
영유
성천
양덕
강동
평양
대동
강서
용강
남포
중화
황주
사리원
재령
신천
은율
송화
장연
신계
신막
곡산
수안
이천
평강
금천
철원
간성
속초

〈저자소개〉

■ 양태진

황해도 벽성군 출신으로 성균관대학과 중앙대학교대학원을 졸업하였으며
통일원,총무처 등 중앙부서에서 근무하였고 인천대학교수를 지냈다.
현재는 동아시아영토문제연구소를 운영하면서 북한학회 이사로 활동중이다.
주요저서로는 우리나라 북방국경지대를 현지 답사를 통해 저술한, 韓國邊境史研究를
비롯하여, 北韓文化遺蹟巡禮, 分斷時代의 北韓狀況 등 다수의 北韓關係 著書와
수 십편의 論文이 있다.

달라진 북한땅 이름이야기

2008년 11월 10일 인쇄
2008년 11월 15일 발행

저　자 | 양 태 진
발행인 | 진 욱 상
발행처 | 백산출판사
등　록 | 1974. 1. 9 제 1-72호
주　소 | 서울시 성북구 정릉 3동 653-40
전　화 | 02)914-1621, 917-6240
팩　스 | 02)912-4438

www.baek-san.com
edit@baek-san.com

ISBN 978-89-6183-120-8

값 35,000원